Gesetzliche Unfallversicherung

dtv

Schnellübersicht

Anschriften der gewerblichen Berufsgenossenschaften – Anhang
Berufskrankheiten-Verordnung 9
Fremdrentengesetz – Auszug – 13
Fremdrenten- und Auslandsrenten-Neuregelungsgesetz – Auszug – 14
Kraftfahrzeughilfe-Verordnung 11
Sozialgesetzbuch
    Allgemeiner Teil 2
    Gemeinsame Vorschriften für die Sozialversicherung 3
    Gesetzliche Krankenversicherung – Auszug – 4
    Gesetzliche Rentenversicherung – Auszug – 5
    Gesetzliche Unfallversicherung 1
    Rehabilitation und Teilhabe behinderter Menschen – Auszug – 6
    Sozialverwaltungsverfahren und Sozialdatenschutz – Auszug – 7
    Soziale Pflegeversicherung – Auszug – 8
Verordnung über die Berechnung des Kapitalwertes bei Abfindung
    von Leistungen 12
Verordnung über die orthopädische Versorgung Unfallverletzter 10

Gesetzliche Unfallversicherung

Mit Nebenbestimmungen,
Berufskrankheiten- und Fremdrentenrecht

Textausgabe mit ausführlichem Sachregister
und einer Einführung
von Jürgen Nehls
Geschäftsführer der Bezirksverwaltung Erfurt
der Holz-Berufsgenossenschaft a. D.

4., überarbeitete Auflage
Stand: 1. Oktober 2004

Deutscher Taschenbuch Verlag

Im Internet:

dtv.de

beck.de

Sonderausgabe
Deutscher Taschenbuch Verlag GmbH & Co. KG,
Friedrichstraße 1a, 80801 München
© 2005. Redaktionelle Verantwortung: Verlag C. H. Beck oHG
Gesamtherstellung: Druckerei C. H. Beck, Nördlingen
(Adresse der Druckerei: Wilhelmstraße 9, 80801 München)
Umschlagtypographie auf der Grundlage
der Gestaltung von Celestino Piatti
ISBN 3 423 05578 2 (dtv)
ISBN 3 406 52706 X (C. H. Beck)

Inhaltsverzeichnis

Einführung von Jürgen Nehls, Geschäftsführer der Bezirksverwaltung
Erfurt der Holz-Berufsgenossenschaft a. D. VII

I. Sozialgesetzbuch

1. **Sozialgesetzbuch (SGB VII) – Gesetzliche Unfallversicherung** – vom 7. August 1996 1
2. **Sozialgesetzbuch (SGB I) – Allgemeiner Teil** – vom 11. Dezember 1975 107
3. **Sozialgesetzbuch (SGB IV) – Gemeinsame Vorschriften für die Sozialversicherung** – vom 23. Dezember 1976 133
4. **Sozialgesetzbuch (SGB V) – Gesetzliche Krankenversicherung** – vom 20. Dezember 1988 (Auszug) 223
5. **Sozialgesetzbuch (SGB VI) – Gesetzliche Rentenversicherung** – vom 18. Dezember 1989 (Auszug) 239
6. **Sozialgesetzbuch (SGB IX) – Rehabilitation und Teilhabe behinderter Menschen** – vom 19. Juni 2001 (Auszug) 243
7. **Zehntes Buch Sozialgesetzbuch – Sozialverwaltungsverfahren und Sozialdatenschutz – (SGB X)** in der Fassung der Bekanntmachung vom 18. Januar 2001 (Auszug) 269
8. **Sozialgesetzbuch (SGB XI) – Soziale Pflegeversicherung** – vom 26. Mai 1994 (Auszug) 277

II. Berufskrankheitenrecht

9. **Berufskrankheiten-Verordnung (BKV)** vom 31. Oktober 1997 281

III. Leistungen

10. **Verordnung über die orthopädische Versorgung Unfallverletzter** vom 18. Juli 1973 287
11. Verordnung über Kraftfahrzeughilfe zur beruflichen Rehabilitation **(Kraftfahrzeughilfe-Verordnung – KfzHV)** vom 28. September 1987 291
12. **Verordnung über die Berechnung des Kapitalwertes bei Abfindung von Leistungen aus der gesetzlichen Unfallversicherung** vom 17. August 1965 297

IV. Fremdrentenrecht

13. **Fremdrentengesetz (FRG)** vom 25. Februar 1960 (Auszug) 301
14. Gesetz zur Neuregelung des Fremdrenten- und Auslandsrentenrechts und zur Anpassung der Berliner Rentenversicherung an die

Inhaltsverzeichnis

Vorschriften des Arbeiterrentenversicherungs-Neuregelungsgesetzes **(Fremdrenten- und Auslandsrenten-Neuregelungsgesetz – FANG)** vom 25. Februar 1960 (Auszug) 309

V. Übergangsrecht

15. Gesetz zur Einordnung des Rechts der gesetzlichen Unfallversicherung in das Sozialgesetzbuch **(Unfallversicherungs-Einordnungsgesetz – UVEG)** vom 7. August 1996 (Auszug) 313

Anhang

Anschriften der gewerblichen Berufsgenossenschaften und der Bundesverbände – Stand: Oktober 2004 315

Sachverzeichnis 321

Einführung

von Jürgen Nehls, Geschäftsführer der Bezirksverwaltung Erfurt
der Holz-Berufsgenossenschaft a.D.

Übersicht

I. Gerichtliche Entwicklung der Unfallversicherung
II. Statistik der gewerblichen Berufsgenossenschaften
III. Wesentlicher Inhalt des SGB VII
   (Siebtes Buch Sozialversicherung – SGB VII)
   1. Aufgaben der Unfallversicherung
   2. Versicherter Personenkreis
   3. Versicherungsfall Arbeitsunfall
      a) Unfall
      b) Versicherte Tätigkeit
      c) Haftungsbegründende Kausalitäten
      d) Beweisanforderungen
      e) Kausalitätslehre von der wesentlichen Bedingung
      f) Haftungsausfüllende Kausalität
   4. Versicherungsfall Berufskrankheit
   5. Prävention
   6. Heilbehandlung, Rehabilitation
   7. Kompensation
   8. Organisation
   9. Finanzierung
   10. Datenschutz

I. Geschichtliche Entwicklung der Unfallversicherung

Die von dem Reichskanzler Otto von Bismarck verfaßte **Kaiserliche Botschaft** vom 17. 11. 1881 legte die Richtschnur für die Schaffung einer umfassenden Sozialversicherung. Diese Magna Charta der deutschen Sozialversicherung enthielt bereits die Dreigliederung: Kranken-, Invaliden- (Renten-) und Unfallversicherung. Sie zeigte auf, wer die Aufgabe dieser Zwangsversicherung erledigen soll: selbständige Körperschaften des öffentlichen Rechts unter staatlicher Aufsicht.

Als eigenständiger Sozialversicherungszweig wurde die gesetzliche Unfallversicherung mit dem **Unfallversicherungsgesetz von 1884** errichtet, das am 1. Juli 1885 in Kraft trat. Damit begann die Zeit des Aufbaus der Gesetzlichen Unfallversicherung. Die die Unfallversicherung tragenden Grundsätze sind seit ihrer Einführung im wesentlichen unumstritten; zu nennen sind:
– Ablösung der Unternehmerhaftung durch verschuldensunabhängige, öffentlich-rechtliche Versicherungsansprüche (vgl. §§ 104 ff. SGB VII),
– Orientierung der Versicherungsleistungen am Schadenersatzprinzip,

Einführung

- Versicherungsschutz unabhängig von der formalen Begründung eines Versicherungsverhältnisses,
- alleinige Finanzierung durch die Unternehmer (§ 150 SGB VII),
- Ausschluß von Haftungsansprüchen des Arbeitnehmers gegen den Unternehmer, später auch Haftungsausschluß unter den Arbeitnehmern desselben Betriebs und unter Versicherten auf einer gemeinsamen Betriebsstätte (§§ 104 ff. SGB VII),
- Durchführung durch eigene Körperschaften mit Selbstverwaltung im gewerblichen und im landwirtschaftlichen Bereich durch Berufsgenossenschaften (§§ 114 SGB VII)
- Selbstverwaltung, seit 1953 paritätisch durch Arbeitnehmer und Arbeitgeber (§ 29 Abs. 2 SGB IV),
- Gliederung der Berufsgenossenschaften nach Branchen, die Unternehmen mit vergleichbaren Unfallrisiken zusammenfassen,
- Präventionsauftrag der Unfallversicherungsträger zur Verhütung von Arbeitsunfällen und Berufskrankheiten (§ 1 Abs. 1 SGB VII).

Die Unfallversicherung erfaßte zunächst nur Unternehmen mit besonders hohen Unfallrisiken (Bergwerke und ähnliche Anlagen, Fabriken und Hochbaubetriebe). In der Folgezeit wurden durch Gesetz immer mehr Betriebe versichert.

Durch die **Reichsversicherungsordnung** vom 19. 7. 1911 (RVO) wurde das Sozialversicherungsrecht mit den drei klassischen Teilen Kranken-, Unfall- und Rentenversicherung kodifiziert. Die gesetzliche Unfallversicherung wurde im Dritten Buch geregelt.

Im Zuge des Aufbaus der Unfallversicherung ab 1920 wurde am 12. 5. 1925 die **Verordnung über Ausdehnung der Unfallversicherung auf gewerbliche Berufskrankheiten** erlassen, die am 1. 7. 1925 in Kraft trat. Die Liste der Berufskrankheiten wurde laufend erweitert, zuletzt durch die Berufskrankheiten-Verordnung (BKV) vom 31. 10. 1997. Das Zweite Änderungsgesetz vom 14. 7. 1925 brachte auf fast allen Gebieten Fortschritte. Die **Wegeunfälle** wurden in den Versicherungsschutz einbezogen. Die Unfallverhütung wurde verstärkt. Das Heilverfahren wurde ausgebaut. Es gab jetzt auch eine Verpflichtung zur Berufsfürsorge (Berufshilfe).

Weitere wichtige Änderungen brachte das **Sechste Änderungsgesetz** vom 9. 3. 1942. Es schuf den Übergang von der Betriebs- zur Personenversicherung. Die wichtigste neue Vorschrift (heute § 2 Abs. 1 Nr. 1 SGB VII) regelte, daß gegen Arbeitsunfälle alle auf Grund eines Arbeits-, Dienst- oder Lehrverhältnisses Beschäftigte versichert sind. Diese Regelung umfaßte alle Arbeiter und Angestellten im privaten und öffentlichen Dienst, unabhängig von der Betriebsart und der Beschäftigung. Damit wurde das gesamte kaufmännische und Verwaltungspersonal einbezogen, auch wenn es in den bisher nicht versicherten Betrieben wie Banken, Versicherungen, Verwaltungen aller Art wie Anwaltsbüros, Prüfungsgesellschaften usw. beschäftigt war. Ferner wurden Hausgewerbetreibende und Heimarbeiter sowie in diesen Unternehmen tätige Ehegatten und die sonstigen mitarbeitenden Personen gesetzlich versichert. Weiter wurden neben den Lebensrettern auch Blutspender in den Versicherungsschutz einbezogen sowie Personen, die bei sonstigen Unglücksfällen oder gemeiner Gefahr oder Not Hilfe leisteten.

Einführung

Erweitert wurde auch der Versicherungsschutz bei der Bekämpfung strafbarer Handlungen (vgl. § 2 Abs. 1 Nr. 13 Buchstabe c SGB VII). Der Übergang von der Betriebs- zur Personenversicherung machte es erforderlich, auch solche Personen zu schützen, die wie ein nach – heute – § 2 Abs. 1 Nr. 1 SGB VII Versicherter tätig werden.

Die Zeit nach 1945 stand unter dem Einfluß des Zusammenbruchs. Es kam zu einem Wiederaufbau der Unfallversicherung. Das wichtigste Gesetz des Wiederaufbaus ist das **Unfallversicherungs-Neuregelungsgesetz** vom 30. 4. 1963. Der Kreis der versicherten Personen wurde ausgedehnt auf Zwischenmeister, Spender körpereigener Gewebe, auf Personen, die aus Gründen des Arbeitsschutzes oder der Unfallverhütung untersucht oder behandelt wurden, ferner auf Personen, die für den Bund, ein Land, eine Gemeinde oder eine andere Körperschaft des öffentlichen Rechts ehrenamtlich tätig waren und auch Zeugen, die von einem Gericht, einem Staatsanwalt oder einer sonst dazu berechtigten Stelle herangezogen wurden. Neben den weiterhin in einer Liste aufgezählten Berufskrankheiten wurde die Entschädigung auf solche in der Liste nicht aufgeführten Krankheiten wie eine Berufskrankheit eingeführt, bei denen nach neuen Erkenntnissen die Voraussetzungen erfüllt waren, bei denen eine Berufskrankheit in die Liste aufzunehmen war. Die Renten an die Verletzten und Hinterbliebenen wurden teilweise verbessert, sie wurden dynamisch. Auch die Unfallverhütung wurde ausgestaltet. Eine wichtige Regelung ist die Übernahme der Altlast der Bergbau-Berufsgenossenschaft durch die anderen gewerblichen Berufsgenossenschaften. Somit steht nicht der Staat für die Altlast ein, die die Bergbau-Berufsgenossenschaft wegen des Zechensterbens nicht mehr bezahlen konnte, sondern die Solidargemeinschaft der gewerblichen Berufsgenossenschaften, die somit weiterhin nur durch die Beiträge ihrer Mitglieder finanziert werden.

1969 wurde der Versicherungsschutz durch das Entwicklungshelfer-Gesetz auf Entwicklungshelfer ausgedehnt (§ 2 Abs. 3 Satz 1 Nr. 2). Das Gesetz über die Unfallversicherung für Schüler und Studenten sowie Kinder in Kindergärten vom 18. 3. 1971 brachte auch eine Erweiterung des Schutzes auf Wegen für Berufstätige, die einen Umweg machen, um ihr Kind während ihrer Arbeitszeit fremder Obhut anzuvertrauen. Das Siebzehnte Rentenanpassungsgesetz vom 1. 4. 1974 erweiterte den Versicherungsschutz bei den Wegeunfällen auf Fahrgemeinschaften im Hinblick auf die Energiekrise gegen Ende des Jahres 1973. Der Versicherungsschutz der Rehabilitanden (§ 2 Abs. 1 Nr. 15 SGB VII) ist durch § 21 Nr. 37 des Gesetzes über die Angleichung der Leistungen zur Rehabilitation vom 7. 8. 1974 (Reha-Angleichungs-Gesetz) eingefügt worden.

Zur gleichen Zeit wurde das Recht der Europäischen Gemeinschaften weiterentwickelt. Bereits Anfang der 70er Jahre waren zwei Verordnungenerlassen worden, die auch die gesetzliche Unfallversicherung betreffen, nämlich die Verordnung (EWG) Nr. 1408/71 vom 14. 6. 1971 über die Anwendung der Systeme der sozialen Sicherheit auf Arbeitnehmer und Selbständige sowie deren Familienangehörige, die innerhalb der Gemeinschaft zu- und abwandern, und die Verordnung (EWG) Nr. 574/72 vom 21. 3. 1972 über die Durchführung der Verordnung (EWG) Nr. 1408/71 über die Anwendung der Systeme der sozialen Sicherheit auf Arbeitnehmer und Selbständige sowie deren Familienangehörige, die innerhalb der Gemeinschaft zu- und abwandern. Sie gelten bereits unmittelbar und brauchten durch den deutschen Gesetzgeber nicht transformiert zu werden.

Einführung

Die Entwicklung der Unfallversicherung in den neunziger Jahren des 20. Jahrhunderts ist geprägt durch die Aufgaben im Rahmen der Wiedervereinigung. Bereits der Vertrag über die Schaffung einer Währungs-, Wirtschafts- und Sozialunion zwischen der Bundesrepublik Deutschland und der Deutschen Demokratischen Republik vom 18. 5. 1990 (Staatsvertrag) berührt die Unfallversicherung (vgl. Art. 24 Gesetz zu dem Vertrag vom 18. 5. 1990 über die Schaffung einer Währungs-, Wirtschafts- und Sozialunion zwischen der Bundesrepublik Deutschland und der Deutschen Demokratischen Republik vom 25. 6. 1990).

Nach Art. 30 Abs. 4 des Vertrages zwischen der Bundesrepublik Deutschland und der Deutschen Demokratischen Republik über die Herstellung der Einheit Deutschlands – **Einigungsvertrag** – vom 31. 8. 1990 hat die Übertragung von Aufgaben der Sozialversicherung auf die einzelnen Träger so zu erfolgen, daß die Erbringung der Leistungen und deren Finanzierung sowie die personelle Wahrnehmung der Aufgaben gewährleistet wird. Nach Absatz 5 werden die Einzelheiten der Überleitung der Vorschriften des Dritten Buches der RVO (Unfallversicherung) in einem Bundesgesetz geregelt. Diese Aufgabe hat der Gesetzgeber durch das Gesetz zur Herstellung der Rechtseinheit in der gesetzlichen Renten- und Unfallversicherung (Rentenüberleitungsgesetz – RÜG) vom 25. 7. 1991 erfüllt. Für die Übertragung der Aufgaben der Unfallversicherung in den neuen Ländern sind in der Anlage I zum Einigungsvertrag in Kapitel VIII Sachgebiet I Abschnitt III Nr. 1 bis 7 die Grundregeln festgelegt. Danach wurden zum 1. 1. 1991 die Vorschriften über die Unfallverhütung, die Heilbehandlung, die Berufshilfe, die Finanzierung, die Haftung von Unternehmern und anderen Personen und die damit im Zusammenhang stehenden Verfahrensvorschriften übertragen. Die diese Bereiche der Unfallversicherung betreffenden Bestimmungen des bisherigen Unfallversicherungsrechts der Deutschen Demokratischen Republik treten ab 1. 1. 1991 außer Kraft. Zum 1. 1. 1992 wird das übrige Unfallversicherungsrecht der Bundesrepublik Deutschland übergeleitet, insbesondere die Vorschriften über den Kreis der versicherten Personen, den Versicherungsumfang (Definition des Arbeitsunfalls, der Berufskrankheit, des Wegeunfalls) und die Entschädigung durch Renten oder sonstige Leistungen in Geld. Zum 1. 1. 1991 wurde die Zuständigkeit der bundesweiten und einiger regional tätiger Unfallversicherungsträger auf das Gebiet der Neuen Länder erstreckt. Gleichzeitig wurden für den Landwirtschafts- sowie den Landes- und kommunalen Bereich neue Unfallversicherungsträger errichtet. Für den öffentlichen Dienst verbleibt es hinsichtlich der Unfallversicherung bei den allgemeinen Vorschriften der RVO über die Eigenunfallversicherung. Das RÜG enthält einen neuen Fünften Teil des Dritten Buches der RVO, nämlich die Übergangsvorschriften aus Anlaß der Überleitung, die §§ 1148–1160, überwiegend wirksam ab 1. 1. 1992 (vgl. heute § 215 SGB VII).

Die bis zum 31. 12. 1990 eingetretenen „Altfälle" werden auf die sich auf das Beitrittsgebiet erstreckenden oder dort neu zu errichtenden Unfallversicherungsträger nach einem pauschalen Schlüssel übertragen (Verteilungsschlüssel nach Geburtstag und Namen; Stichwort: Geburtstags-Berufsgenossenschaft). Maßstab für die Verteilung ist bei den gewerblichen Berufsgenossenschaften das der Beitragsberechnung zugrundegelegte Entgelt des Jahres 1989 und der Rentenzahlbetrag im Jahr 1989 für in den Jahren 1985 bis 1989 erstmals entschädigte Arbeitsunfälle.

Einführung

Durch das Elfte Buch Sozialgesetzbuch (SGB XI, Soziale Pflegeversicherung) wurde ab 1. 4. 1995 der Kreis der versicherten Personen auf Pflegepersonen erweitert (§ 2 Abs. 1 Nr. 17).
Durch das Gesetz zur Einordnung des Rechts der gesetzlichen Unfallversicherung in das Sozialgesetzbuch vom 7. 8. 1996 **(Unfallversicherungs-Einordnungsgesetz – UVEG)**, verkündet am 20. 8. 1996, wird das Sozialgesetzbuch um das Siebte Buch (**Sozialgesetzbuch VII – SGB VII**, Gesetzliche Unfallversicherung) erweitert. Das Sozialgesetzbuch löst nunmehr die Reichsversicherungsordnung für alle Sozialversicherungszweige ab. Das SGB VII tritt grundsätzlich am 1. 1. 1997 in Kraft; die Vorschriften über die Prävention gelten bereits ab Tag nach Verkündung. Am 20. 8. 1996 wurde auch das Gesetz zur Umsetzung der EG-Rahmenrichtlinie Arbeitsschutz und weiterer Arbeitsschutz-Richtlinien verkündet. Die Ziele des Gesetzes vom 7. 8. 1996 werden in der Begründung wie folgt beschrieben:

„Mit dem Unfallversicherungs-Neuregelungsgesetz von 1963 wurde das Recht der Unfallversicherung umfassend überarbeitet. Wegen der kontinuierlichen Weiterentwicklung dieses Sozialversicherungszweiges braucht die Einordnung des Rechts der gesetzlichen Unfallversicherung in das Sozialgesetzbuch (Siebtes Buch) nicht mit einer grundlegenden inhaltlichen Reform verbunden zu werden.
Die Einordnung zielt darauf ab,
– das Sozialgesetzbuch durch Kodifikation des Rechts der gesetzlichen Unfallversicherung zu vervollständigen und damit die Reichsversicherungsordnung für alle Sozialversicherungszweige als Rechtsgrundlage abzulösen,
– das Unfallversicherungsrecht übersichtlicher zu ordnen als bisher und die Rechtsnormen insgesamt zu straffen,
– die Verfahrensvorschriften, auch im Bereich des Datenschutzes, an die Regelungen in den übrigen Büchern des Sozialgesetzbuches anzupassen,
– eine Reihe rechtlicher Zweifelsfragen zu klären.

Neben dieser rechtssystematischen Überarbeitung wird das Unfallversicherungsrecht in einigen Punkten inhaltlich weiterentwickelt."

Die Dreiteilung in Allgemeine, Landwirtschaftliche und See-Unfallversicherung wird aufgegeben. Träger der gesetzlichen Unfallversicherung sind 35 gewerbliche Berufsgenossenschaften, 20 landwirtschaftliche (inzwischen 10 einschließlich der Gartenbau-Berufsgenossenschaft) Berufsgenossenschaften und die Unfallversicherungsträger der öffentlichen Hand. Gewerbliche bzw. landwirtschaftliche Berufsgenossenschaften können sich aufgrund übereinstimmender Beschlüsse ihrer Vertreterversammlungen mit Genehmigung der Aufsichtsbehörden auch ohne einen entsprechenden Beschluß des Gesetzgebers vereinigen (§ 118). Auf den Begriff der Mitgliedschaft wird verzichtet.

Der Präventionsauftrag der Unfallversicherungsträger wird erweitert; sie sind nunmehr auch zuständig für die Verhütung arbeitsbedingter Gesundheitsgefahren (§ 1 Nr. 1).

Der Kreis der versicherten Personen ist neu geordnet worden. Zuerst werden die Personen aufgeführt, die einer Beschäftigung nachgehen, sich hierfür aus- oder fortbilden lassen oder sich Prüfungen bzw. Tests auf die Aufnahme einer solchen Tätigkeit unterziehen (§ 2 Abs. 1 Nr. 1–7). Es folgt die Gruppe der Kinder und Heranwachsenden als Besucher von erzieherischen und allgemeinbildenden Einrichtungen und der Studierenden (Nummer 8). Hierbei

Einführung

wird der Versicherungsschutz für Kinder in Kindergärten auf alle Kinder in Tageseinrichtungen (Krippen, Horte usw.) ausgedehnt (Nr. 8 Buchstabe a). Die dritte Gruppe der Versicherten sind Personen, die im Interesse der Allgemeinheit tätig werden (Nummer 9–17). § 5 enthält eine Befreiungsmöglichkeit vom Versicherungsschutz für Personen, die kleine landwirtschaftliche Nutzflächen bis zu einer Größe von 0,12 Hektar bewirtschaften.

§ 7 Abs. 1 führt für Arbeitsunfälle und Berufskrankheiten den Oberbegriff Versicherungsfälle ein. Der Arbeitsunfall wird deutlicher beschrieben (§ 8 Abs. 1 Satz 1). Satz 2 definiert den Begriff des Unfalles in Anlehnung an die Rechtsprechung. Einige Tätigkeiten werden der generell versicherten Tätigkeit (Kerntätigkeit) zugeordnet und damit unter Versicherungsschutz gestellt, nämlich die in Zusammenhang mit der versicherten Tätigkeit stehenden Wege und der mit der versicherten Tätigkeit in Zusammenhang stehende Umgang mit Arbeitsgeräten (vgl. § 8 Abs. 2). Absatz 2 Nr. 3 erweitert den Versicherungsschutz von Kindern auf einem Abweg von dem unmittelbaren Weg zur Tätigkeit (z. B. Kindergartenbesuch), wenn das Kind wegen der beruflichen Tätigkeit der Eltern in fremde Obhut gegeben werden muß. In Nummer 5 wird der bisherige Versicherungsschutz bei dem Umgang mit Arbeitsgeräten auf die Erstbeschaffung erweitert und klargestellt, daß sich die Vorschrift auch auf Schutzausrüstungen bezieht. Nach Absatz 3 gilt auch die Beschädigung oder der Verlust eines Hilfsmittels als Gesundheitsschaden (bisher Körperersatzstück oder größeres orthopädisches Hilfsmittel; neu z. B. bei Beschädigung einer Brille). Nach der amtlichen Begründung liegt der Tatbestand auch vor, wenn das Hilfsmittel nicht benutzt wurde. Unfälle auf dem Weg zum erstmaligen Abheben des Lohns vom Konto stehen nicht mehr unter Versicherungsschutz.

Das Gesetz folgt der bisherigen Definition der Berufskrankheit (§ 9 Abs. 1 Satz 1). § 9 Abs. 1 Satz 2 übernimmt den Umfang der Ermächtigungsnorm weitestgehend von dem geltenden Recht. Nach Absatz 2 haben die Unfallversicherungsträger unter bestimmten Voraussetzungen Krankheiten wie eine Berufskrankheit zu entschädigen (bisher „sollen"). Absatz 3 begründet eine gesetzliche Vermutung dahin, daß zwischen der Einwirkung und einer Listenkrankheit ein ursächlicher Zusammenhang besteht, wenn der Versicherte nach den besonderen Bedingungen der individuellen versicherten Tätigkeit der Gefahr der Erkrankungen dieser für die Einwirkung typischen Listenkrankheit in erhöhtem Maße ausgesetzt war. Für die Widerlegung ist Vollbeweis bzw. für den Ursachenzusammenhang Wahrscheinlichkeit erforderlich.

Wenn die Anerkennung einer Berufskrankheit die Aufgabe der gefährdenden Tätigkeit voraussetzt, diese Tätigkeit nicht aufgegeben worden ist, aber alle anderen Voraussetzungen gegeben sind, liegt noch kein Versicherungsfall Berufskrankheit vor. In diesem Fall verpflichtet Absatz 4 den Unfallversicherungsträger zu einer verbindlichen Entscheidung über die Anerkennung einer berufsbedingten Listenkrankheit dem Grunde nach. Absatz 7 sieht eine Information des Gewerbearztes über die Entscheidung des Unfallversicherungsträgers in Fällen vor, in denen er von dem Votum in der gutachterlichen Stellungnahme des Gewerbearztes abweicht.

§ 14 erweitert entsprechend § 1 Nr. 1 die Prävention auf die Verhütung arbeitsbedingter Erkrankungen. Hierzu sind entsprechend Unfallverhütungsvorschriften zu erlassen (§ 15 Abs. 1 Nr. 1 und 2). Nummer 3 erweitert die Möglichkeit der Regelung auf sonstige arbeitsmedizinische Maßnahmen und Nummer 4 auf Festlegungen der fachlichen Voraussetzungen der beteiligten

Einführung

Ärzte. Im Rahmen von Nummer 3 können auch arbeitsmedizinische Vorsorgeuntersuchungen auf Veranlassung des Unfallversicherungsträgers vorgesehen werden (§ 15 Abs. 1 Satz 2). Absatz 2 regelt den Datenschutz hinsichtlich der arbeitsmedizinischen Maßnahmen. Der Genehmigungsvorbehalt wird neu gefaßt und den Ländern ein größeres Beteiligungsrecht eingeräumt (Absatz 4). § 17 Abs. 3 eröffnet die Möglichkeit, Anordnungen gegenüber ausländischen Unternehmen zu erlassen, die gegen im Inland geltende Unfallverhütungsvorschriften (vgl. § 16 Abs. 2) verstoßen und dadurch inländische Beschäftigte gefährden. Der Begriff Technischer Aufsichtsbeamter wird durch den Begriff Aufsichtsperson ersetzt, weil der Überwachungsdienst sich nicht mehr auf technische Inhalte beschränkt (§ 18 Abs. 1). Die Genehmigung der Einstellung von Aufsichtspersonen durch die Aufsichtsbehörde und die Anzeige gegenüber den obersten Verwaltungsbehörden der Länder entfällt zukünftig.

§ 20 regelt die Zusammenarbeit mit Dritten neu. Absatz 1 schreibt eine enge Zusammenarbeit der Aufsichtsdienste auf der Betriebsebene vor. Absatz 2 regelt die landesbezogene Zusammenarbeit zwischen Unfallversicherungsträgern und Ländern. Das Zusammenwirken wird durch Verwaltungsvorschriften geregelt (Absatz 3). § 21 beschreibt die Verantwortung des Unternehmers und die Mitwirkung des Versicherten neu.

§ 26 Abs. 1 ist die Anspruchsnorm für alle Leistungen der Unfallversicherung zur Heilbehandlung, Rehabilitation (heutige Termonologie: zur medizinischen Rehabilitation, zur Teilhabe am Arbeitsleben und am Leben in der Gemeinschaft) sowie Pflege und für ergänzende Leistungen. In der Vorschrift fehlt der kausale Bezug zu dem Versicherungsfall (vgl. § 547 RVO a.F. „nach Eintritt des Arbeitsunfalles" und § 56 Abs. 1 Satz 1 SGB VII „infolge eines Versicherungsfalles"). Dieser ergibt sich aus dem Titel des 3. Kapitels: „Leistungen nach Eintritt des Versicherungsfalles" und dem Sachzusammenhang. § 26 Abs. 1 ordnet die medizinische Rehabilitation dem Oberbegriff Heilbehandlung zu, weil eine eindeutige Abgrenzung nicht möglich ist. Außerdem ist die Unterscheidung entbehrlich, weil die Leistungen von ein und demselben Kostenträger erbracht werden.

§ 28 Abs. 1 bestimmt den Begriff der ärztlichen Behandlung wie im Krankenversicherungsrecht (vgl. § 28 SGB V). Absatz 2 und 3 verlangen, daß die ärztliche und zahnärztliche Behandlung erforderlich und zweckmäßig sein muß. Absatz 4 schränkt die Freiheit der Arztwahl ein, soweit Art und Schwere der Erkrankung eine besondere Behandlung erfordern. § 29 definiert den Begriff der Arznei- und Verbandmittel und beschränkt sie auf Festbetragsmittel, wenn das Heilbehandlungsziel auch dadurch erreicht wird (Absatz 1). Ferner wird die Rabattregelung aus dem Krankenversicherungsrecht übernommen (Absatz 2). § 30 definiert den Begriff Heilmittel und § 31 Abs. 1 den Begriff Hilfsmittel. Für die Hilfsmittel ist eine Festbetragsregelung vorgesehen. § 32 ergänzt den Leistungskatalog durch die Leistung häusliche Krankenpflege. § 33 bestimmt den Umfang der stationären Behandlung (Absatz 1) und definiert Krankenhäuser und Rehabilitationseinrichtungen (Absatz 2). Absatz 3 beschreibt die Voraussetzung für eine stationäre Behandlung in besonderen Einrichtungen (z.B. von Querschnittsgelähmten in Berufsgenossenschaftlichen oder Universitäts-Unfallkliniken).

§ 34 Abs. 1 Satz 2 ermächtigt die Unfallversicherungsträger, die entsprechenden Anforderungen an Ärzte und Krankenhäuser festzulegen. Satz 3 gibt ihnen die Befugnis, die besonderen Heilverfahrensarten (Durchgangs-, Verletzungsartenverfahren, Erweiterte Ambulante Physiotherapie, Berufsgenos-

Einführung

senschaftliche Stationäre Weiterbehandlung usw.) weiterhin zu praktizieren und neue Verfahrensarten (z.B. BK-Arztverfahren?) zu entwickeln. Die dazu bisher erlassenen Bestimmungen des Reichsversicherungsamtes werden damit gegenstandslos und deshalb aufgehoben. Da in den Verträgen der Verbände der Unfallversicherungsträger und der kassenärztlichen Bundesvereinigungen über die Durchführung der Heilbehandlung auch Einzelheiten der gesetzlich zulässigen Datenerhebung und -verarbeitung im Rahmen des Heilverfahrens geregelt werden, sieht § 34 Abs. 3 Satz 2 die Beteiligung des Bundesbeauftragten für den Datenschutz vor. Absatz 4 verpflichtet die kassenärztlichen Bundesvereinigungen, eine ordnungsgemäße Heilbehandlung zu gewährleisten. Absatz 5 bis 7 enthalten eine schiedsamtliche Regelung.

Neu ist bei der beruflichen Rehabilitation, daß § 35 Abs. 3 eine Teilförderung bis zur Höhe des angemessenen Aufwandes vorsieht, wenn Versicherte an einer darüber hinausgehenden Maßnahme des beruflichen Aufstiegs teilnehmen.

Die Vorschriften §§ 39 ff. konkretisieren die soziale Rehabilitation und die ergänzenden Leistungen. Sie schaffen damit die dritte Säule im umfassenden Rehabilitationsrecht der gesetzlichen Unfallversicherung. § 44 definiert den Begriff der Pflegebedürftigkeit in Anlehnung an die Soziale Pflegeversicherung (§ 14 SGB XI). Absatz 5 regelt die Erbringung von Haus- und Heimpflege an Stelle des Pflegegeldes.

Nach § 45 Abs. 4 erhält – in Anlehnung an § 45 SGB V – ein berufstätiger Elternteil, der wegen Beaufsichtigung, Betreuung oder Pflege eines durch einen Versicherungsfall verletzten Kind von seiner Arbeit fern bleibt und ein Verdienstausfall erleidet, einen Anspruch auf Kinderverletztengeld.

Wenn mit dem Wiedereintritt der Arbeitsfähigkeit nicht zu rechnen ist und berufsfördernde Leistungen nicht zu erbringen sind, endet das Verletztengeld mit dem Tag, an dem die Heilbehandlung soweit abgeschlossen ist, daß die Versicherten eine zumutbare Berufs- oder Erwerbstätigkeit aufnehmen können und diese Tätigkeit zur Verfügung steht (§ 46 Abs. 3 Satz 2 Nr. 1); sonst mit dem Beginn der Erwerbsunfähigkeitsrente oder Vollrente wegen Alters aus der gesetzlichen Rentenversicherung (Nummer 2). Nummer 3 gleicht die Dauer des Anspruchs auf Verletztengeld an die Dauer des Anspruchs auf Krankengeld an (§ 48 Abs. 1 Satz 1 SGB V) und begrenzt sie auf 78 Wochen, wenn mit dem Wiedereintritt der Arbeitsfähigkeit nicht zu rechnen ist und Maßnahmen zur beruflichen Rehabilitation nicht zu erbringen sind.

Aus Gründen der Praxis wird bei der Ermittlung von erzieltem Arbeitseinkommen auf das Kalenderjahr vor Beginn der Arbeitsunfähigkeit abgestellt (§ 47 Abs. 1 Satz 2). Satz 4 enthält eine Satzungsermächtigung für die Fälle nicht kontinuierlicher Arbeit entsprechend § 47 Abs. 3 SGB V. Absatz 3 regelt die Höhe des Verletztengeldes von Entwicklungshelfern. Absatz 8 beseitigt eine unbillige Härte in Einzelfällen: Das Verletztengeld ist entsprechend § 90 Abs. 1 und 3 nach Beendigung einer Schul- und Berufsausbildung oder nach tariflichen Berufs- oder Altersjahren neu zu berechnen. Bei Wiedererkrankung gelten die §§ 45 bis 47 entsprechend (§ 48). Die Einschränkung auf den zwischenzeitlichen Eintritt von Erwerbsunfähigkeit entfällt.

Die Renten an Versicherte werden weiterhin abstrakt, also unabhängig von der tatsächlichen Lohneinbuße, berechnet. § 56 Abs. 2 Satz 1 übernimmt insoweit die Rechtsprechung zur Definition der Minderung der Erwerbsfähigkeit. Die Minderung der Erwerbsfähigkeit um wenigstens 20 v. H. als Voraussetzung für einen Rentenanspruch muß über die 26. Woche (bisher 13)

Einführung

hinaus andauern (§ 56 Abs. 1 Satz 1). Die Rente als vorläufige Entschädigung ist bis zu 3 Jahren (bisher 2) zu erbringen (§ 62 Abs. 1 Satz 1). Nach diesem Rahmen richtet sich auch die Abfindung mit einer Gesamtvergütung (§ 75 Abs. 1 Satz 1). Spätestens mit Ablauf von 3 Jahren nach dem Versicherungsfall wird die vorläufige Entschädigung als Rente auf unbestimmte Zeit (bisher Dauerrente) geleistet (§ 62 Abs. 2 Satz 1).

Das Sterbegeld beträgt $1/7$ der im Zeitpunkt des Todes geltenden Bezugsgröße (§ 64 Abs. 1; bisher der 12. Teil des Jahresarbeitsverdienstes).

Der Jahresarbeitsverdienst für landwirtschaftliche Unternehmer, ihre Ehegatten und Familienangehörigen ist neu geregelt worden (§ 93). Der Jahresarbeitsverdienst für diesen Personenkreis wird auf eine festen Betrag gesetzlich festgesetzt und jährlich an die allgemeine Einkommensentwicklung angepaßt.

Das Haftungsprivileg für den Unternehmer und die Betriebsangehörigen wird auf Betriebsfahrten erweitert (§ 104 Abs. 1 Satz 1 und § 105 Abs. 1 1) und auf Fälle der Schädigung bestimmter versicherungsfremder Personen (z.B. Beamter) und nicht versicherter Unternehmer (§ 105 Abs. 1 Satz 2).

Die Regreßmöglichkeit des Unfallversicherungsträgers gegen Unternehmer oder Betriebsangehörige, die den Schaden vorsätzlich oder grob fahrlässig herbeigeführt haben, wird auf die Höhe des wegfallenden zivilrechtlichen Schadensersatzanspruches begrenzt (§ 110 Abs. 1 Satz 2).

Die Vorschriften über die Aufbringung der Mittel (§§ 150 ff.) enthalten eine Überarbeitung und Straffung, aber keine wesentlichen inhaltlichen Veränderungen gegenüber dem bisherigen Recht.

Das SGB VII enthält ein eigenes Kapitel über den Datenschutz (§§ 199 ff.) mit bereichsspezifischen Vorschriften zur Konkretisierung von § 35 Abs. 1 SGB I und §§ 67 ff. SGB X. § 199 regelt die Erhebung, Verarbeitung und Nutzung von Daten durch die Unfallversicherungsträger. § 202 schränkt die Übermittlungsbefugnis ein. § 201 ff. regeln die Datenerhebung und -verarbeitung durch Ärzte. Nach § 200 Abs. 2 hat der Unfallversicherungsträger vor Erteilung eines Gutachtenauftrages dem Versicherten mehrere Gutachter zur Auswahl zu benennen. Außerdem ist der Versicherte auf sein Widerspruchsrecht nach § 76 Abs. 2 SGB X hinzuweisen und über den Zweck des Gutachtens zu informieren. § 204 ff. enthalten Regelungen über Dateien.

Mit dem **Sozialgesetzbuch IX (SGB IX)** – Rehabilitation und Teilhabe behinderter Menschen – vom 19. 6. 2001 ist das Ziel verwirklicht worden, das Recht der Rehabilitation Behinderter in einem eigenen Buch des SGB zu regeln. Dabei war der Gesetzgeber bestrebt, sofern möglich, einheitliche Bestimmungen für die Rehabilitationsträger zu schaffen. Dies hat dazu geführt, daß wesentliche Regelungen, die bisher im SGB VII enthalten waren, nunmehr in das SGB IX übernommen wurden. Zahlreiche Vorschriften des SGB VII wurden geändert. Das SGB IX bezeichnet die Begriffe der Rehabilitation anders. Es unterscheidet Leistungen zur medizinischen Rehabilitation – wie bisher –, zur Teilhabe am Arbeitsleben – bisher: berufliche Rehabilitation – und zur Teilhabe am Leben in der Gemeinschaft – bisher: soziale Rehabilitation.

Das **Gesetz zur** Intensivierung der **Bekämpfung der Schwarzarbeit** vom 23. 7. 2004 sieht im Falle des Arbeitsunfalles des Schwarzarbeiters eine scharfe Sanktion vor. In diesem Fall hat der Unternehmer dem Unfallversicherungsträger die Aufwendungen zu erstatten, die diesem infolge des Versicherungsfalles entstanden sind (§ 110 Abs. 1a). Die Gesetzesbegründung denkt bei dieser Maßnahme in erster Linie an die Bauwirtschaft und weniger an die schwarz arbeitende Putzfrau im Haushalt.

Einführung

II. Statistik der gewerblichen Berufsgenossenschaften

Umfang der Versicherung

	2001	2002	2003
Unternehmen	3 035 884	3 028 799	3 039 358
Versicherte	43 453 258	42 754 553	42 164 670

Arbeits- und Wegeunfälle

	2001	2002	2003
Arbeits- und Wegeunfälle			
Meldepflichtige Arbeitsunfälle	1 060 625	973 540	871 145
je 1 000 Vollarbeiter	34,51	32,45	29,37
Meldepflichtige Wegeunfälle	176 420	168 353	158 301
je 1 000 Versicherungsverhältnisse	5,06	4,93	4,72
Meldepflichtige Unfälle zusammen	1 237 045	1 141 893	1 029 446
Tödliche Arbeitsunfälle	811	773	735
Tödliche Wegeunfälle	669	581	604
Tödliche Unfälle zusammen	1 480	1 354	1 339
Neue Arbeitsunfallrenten	21 354	20 603	19 646
Neue Wegeunfallrenten	6 510	6 640	6 608
Neue Unfallrenten zusammen	27 864	27 243	26 254

Berufskrankheiten

	2001	2002	2003
Verdachtsanzeigen	66 784	62 472	56 900
Entschiedene Fälle	67 649	66 235	64 401
davon: BK-Verdacht bestätigt	23 933	24 532	23 522
• Anerkannte Berufskrankheiten	16 888	16 669	15 758
darunter neue BK-Renten	5 189	5 138	4 799
• Berufliche Verursachung festgestellt, besondere versicherungsrechtliche Voraussetzungen nicht erfüllt	7 045	7 863	7 764
BK-Verdacht nicht bestätigt	43 716	41 703	40 879
Todesfälle infolge einer BK	1 794	2 000	1 980

Einführung

Prävention

Steuerungskosten für die Prävention in 1 000 Euro

Die Berufsgenossenschaften erlassen als autonomes Satzungsrecht Unfallverhütungsvorschriften, die in den Unternehmen einzuhalten sind. Hier werden nur die Steuerungskosten der gewerblichen Berufsgenossenschaften dargestellt. Die Durchführungskosten in den Unternehmen werden statistisch nicht erfasst, machen jedoch mit Sicherheit ein Vielfaches aus.

	2001	2002	2003
insgesamt	666 546	697 540	728 146
darunter für:			
Unfallverhütungsvorschriften, Veröffentlichungen usw.	4 864	4 290	3 675
Beratung und Überwachung der Unternehmen	373 446	384 392	399 446
arbeitsmedizinische und sicherheitstechnische Dienste, Erste Hilfe	76 849	80 242	82 897
Ausbildung	103 210	114 545	120 858

Rehabilitation

Als Träger der gesetzlichen Unfallversicherung der gewerblichen Wirtschaft sind die Berufsgenossenschaften sowohl bei Arbeits- und Wegeunfällen sowie bei Berufskrankheiten für die gesamte Rehabilitation zuständig, die sie steuern und koordinieren. Hierbei werden Aufwendungen für Heilbehandlung incl. Leistungen zur medizinische Rehabilitation, Leistungen zur Teilhabe am Arbeitsleben und am Leben in der Gemeinschaft, Pflege und Geldleistungen erbracht.

Kosten der Rehabilitationsleistungen

	2001	2002	2003
Ambulante Behandlung und Zahnersatz	674 121 077	690 308 063	686 175 423
Stationäre Behandlung und häusliche Krankenpflege	667 357 384	669 821 213	658 601 413
Verletztengeld und besondere Unterstützung	531 146 220	559 690 808	504 584 404
Sonstige Heilbehandlungskosten	439 609 817	461 591 851	461 011 406
Aufwendungen für Leistungen zur Teilhabe am Arbeitsleben	236 354 639	260 002 421	274 455 496
insgesamt	**2 548 589 138**	**2 641 414 357**	**2 584 828 143**

Renten

Die Berufsgenossenschaft zahlt dem Versicherten eine Rente, wenn ein Arbeitsunfall, Wegeunfall oder eine Berufskrankheit für einen gesetzlich festgelegten Mindestzeitraum zu einer andauernden Minderung der Erwerbsunfähigkeit (MdE) von mindestens 20 Prozent geführt hat. Bei Tod des Versicherten werden ggf. Hinterbliebenenrenten gezahlt.

Renten an	2001	2002	2003
Versicherte	742 755	736 446	729 615
Witwen/Witwer	111 954	110 264	109 142
Waisen	18 132	17 910	17 646
Sonstige Berechtigte	109	99	95
Insgesamt	**872 950**	**864 719**	**856 498**

Einführung

Aufwendungen

	2001	2002	2003
Prävention	0,67 Mrd.	0,7 Mrd.	0,73 Mrd.
Entschädigungsleistungen	7,45 Mrd.	7,62 Mrd.	7,61 Mrd.
Verwaltung und Verfahren	1,03 Mrd.	1,08 Mrd.	1,12 Mrd.

Umlagesoll

Das Umlagesoll ist die Summe der Beiträge, die die Unternehmen in der gewerblichen Wirtschaft an die Berufsgenossenschaften zu leisten haben.

	2001	2002	2003
Umlagesoll	8,77 Mrd.	8,99 Mrd.	9,09 Mrd.
pro Vollarbeiter	285	300	306
pro 100 € Entgelt	1,31	1,33	1,35

III. Wesentlicher Inhalt des SGB VIII

1. Aufgaben der Unfallversicherung

Aufgabe der Unfallversicherung ist es nach § 1

- mit allen geeigneten Mitteln Arbeitsunfälle, Berufskrankheiten und arbeitsbedingte Gesundheitsgefahren zu verhüten;
- nach Eintritt von Arbeitsunfällen oder Berufskrankheiten die Gesundheit und die Leistungsfähigkeit des Versicherten mit allen geeigneten Mitteln – Heilbehandlung, medizinische, berufliche und soziale Rehabilitation – wiederherzustellen und sie oder ihre Hinterbliebenen durch Geldleistungen zu entschädigen.

Prävention hat für die Unfallversicherung Vorrang vor dem Schadensausgleich. Der gesetzliche Präventionsauftrag umfaßt alle geeigneten Maßnahmen zur Verhütung von Arbeitsunfällen und Berufskrankheiten sowie arbeitsbedingten Gesundheitsgefahren. Die Unfallversicherungsträger haben damit einen weiten Gestaltungsspielraum, den sie erfolgreich ausfüllen und dadurch zu dem hohen Stand der Arbeitssicherheit in Deutschland beitragen.

2. Versicherter Personenkreis

§ 2 bezeichnet den versicherten Personenkreis. Aus der Beschreibung des Personenkreises ergeben sich die Tätigkeiten, die den Versicherungsschutz der gesetzlichen Unfallversicherung begründen. Die Vorschrift bestimmt damit auch den Umfang des Versicherungsschutzes.

Die wichtigste Vorschrift ist § 2 Abs. 1 Nr. 1. Danach sind gegen Arbeitsunfälle und Berufskrankheit alle Beschäftigte versichert. Damit werden die Beschäftigten im Sinne des § 7 SGB IV einschließlich der Heimarbeiter im Sinne des § 12 Abs. 2 SGB IV erfaßt.

Im Laufe der Entwicklung der Unfallversicherung ist der Kreis der versicherten Personen immer mehr ausgedehnt worden (vgl. S. VIII ff.).

§ 3 räumt den Unfallversicherungsträgern das Recht ein, Unternehmer kraft Satzung zu versichern. § 6 bietet die Möglichkeit, den Unternehmern eine freiwillige Versicherung anzubieten.

Einführung

3. Versicherungsfall Arbeitsunfall

Die Unfallversicherung steht ein für die Wechselfälle des Lebens: Arbeitsunfall und Berufskrankheit (§ 7 Abs. 1). Nach Eintritt eines dieser beiden Versicherungsfälle hat der Versicherte Anspruch auf Leistungen der Unfallversicherung.

Arbeitsunfall definiert der Gesetzgeber (§ 8 Abs. 1 Satz 1) als einen Unfall einer Person infolge einer den Versicherungsschutz nach den §§ 2, 3 oder 6 begründenden Tätigkeit (versicherte Tätigkeit).

a) Unfall: § 8 Abs. 1 Satz 2 übernimmt aus der Literatur und Rechtsprechung den Begriff Unfall: **Unfall** ist ein zeitlich begrenztes, von außen auf den Körper einwirkendes Ereignis, das zu einem Gesundheitsschaden oder zum Tode führt. Kurz: **Unfall** ist ein durch ein plötzliches äußeres Ereignis verursachter Gesundheitsschaden (vgl. § 220 Abs. 1 Satz 1 Arbeitsgesetzbuch der Deutschen Demokratischen Republik – AGB – a. F.: Die Verletzung muß durch ein plötzliches, von außen einwirkendes Ereignis hervorgerufen worden sein.) Äußeres Ereignis kann nicht nur ein physischer Vorgang (Schneiden an der Säge, Sturz) sein, sondern auch ein psychischer (z. B. Schock durch betriebliche Auseinandersetzung mit der Folge, daß der Versicherte sich aus dem Fenster stürzt). Eine aus innerer Ursache, aus dem Menschen selbst kommendes Ereignis ist nicht als Unfall anzusehen. Nachdem nunmehr der Unfall näher erläutert ist, ergibt sich für den Arbeitsunfall folgendes Schaubild:

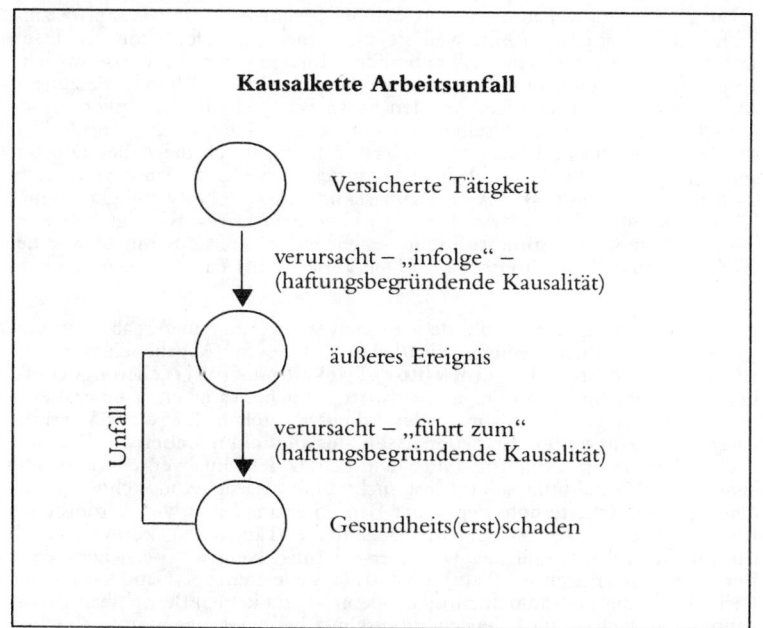

Einführung

b) Versicherte Tätigkeit: Neben dem Unfall ist weitere Voraussetzung für die Annahme eines Arbeitsunfalles **die versicherte Tätigkeit einer Person.** Als versicherte Tätigkeit bezeichnet § 8 Abs. 1 Satz 1 die den Versicherungsschutz nach den §§ 2, 3 oder 6 begründende Tätigkeit. Unter diesen Tätigkeiten ist die zahlenmäßig wichtigste die nach § 2 Abs. 1 Nr. 1: Beschäftigte. Die versicherte Tätigkeit ist gegeben, wenn die gerade zum Unfall führende Tätigkeit oder Verrichtung nach dem Willen des Verletzten der Tätigkeit dient, die ihn zur versicherten Person macht. Es ist also zu prüfen, ob die unfallbringende Tätigkeit (z. B. Schneiden an der Kreissäge) in einem **inneren Zusammenhang** zur generell versicherten Tätigkeit (Kerntätigkeit: z. B. Arbeiten als Tischler) gehört oder dem privaten eigenwirtschaftlichen Bereich zuzurechnen ist, für den die Unfallversicherung nicht einsteht. Bei diesem Zusammenhang handelt es sich nicht um eine Kausalitätsfrage, sondern um eine rechtliche Wertung. Die Grenzziehung ist schwierig. Die Literatur, aber insbesondere die Rechtsprechung, geben durch eine umfangreiche Kasuistik (Sammlung von Einzelfallentscheidungen) Hilfestellung. Zwei Beispiele:

Fall 1: Ein Tischler verletzt sich während der Arbeitszeit die linke Hand an der Fräse, an der er mit Wissen des Unternehmers dessen Holz zu einem Fenster verarbeiten will. Auf den ersten Blick scheint dies eine versicherte Tätigkeit zu sein. In Wahrheit wollte der Versicherte das Fenster für seinen eigenen Hausbau verwenden. Somit handelt es sich also nicht um eine versicherte, sondern um eine unversicherte eigenwirtschaftliche Tätigkeit.

Fall 2: Zwei Lkw-Fahrer richten sich auf einem Autobahn-Rastplatz zum Essen und Übernachten ein, weil sie nicht mehr ausliefern können. Essen wollten sie sich auf einem Grill zubereiten. Infolge einer durch Spiritus hervorgerufenen Stichflamme zog sich der eine der beiden Brandverletzungen zu, an deren Folgen er starb. Auf den ersten Blick scheint das Grillen eigenwirtschaftliche Tätigkeit zu sein. Hier sind die Umstände, welche zum Grillen auf dem Rastplatz und damit zum Unfall führten, durch die Arbeitstätigkeit geprägt. Sowohl die Auswahl des Essensortes als auch das damit verknüpfte Grillen waren durch die Auslieferungsfahrt mit der Notwendigkeit einer Übernachtung und dem Bestreben, den Lkw nicht unbeaufsichtigt stehen zu lassen, maßgebend bestimmt. Somit besteht ein innerer Zusammenhang des Grillens mit der Fernfahrertätigkeit. Der Verletzte hat einen Arbeitsunfall erlitten.

Dient eine Tätigkeit sowohl dem Betrieb (z. B. Gang zur Abgabe von Geschäftspost) als auch eigenwirtschaftlichen Interessen (Abgabe eines Lottoscheines), so steht diese **gemischte Tätigkeit** unter Versicherungsschutz. Die Rechtsprechung hat einige eigenwirtschaftliche Tätigkeiten unter Versicherungsschutz gestellt. Während der Arbeitszeit stehen **Wege zur Verrichtung von dringenden Erfordernissen des täglichen Lebens** (z. B. Essen, Trinken, Waschen, Notdurft) unter dem Schutz der Unfallversicherung. Die eigentliche Verrichtung steht selbst nicht unter Versicherungsschutz, es sei denn, der Versicherte unterliegt einer Betriebsgefahr (Essen von verdorbenen Kantinenspeisen). Andere eigenwirtschaftliche Tätigkeiten kommen auch dann nicht in den Genuß der Unfallversicherung, wenn der Versicherte einer Betriebsgefahr erlegen ist (Werkstück trifft Verletzten bei Gang durch den Betrieb, um die Freundin anzurufen), denn es gibt keinen Betriebsbann. Ausnahmsweise jedoch wird Versicherungsschutz bei einer eigenwirtschaftlichen

Einführung

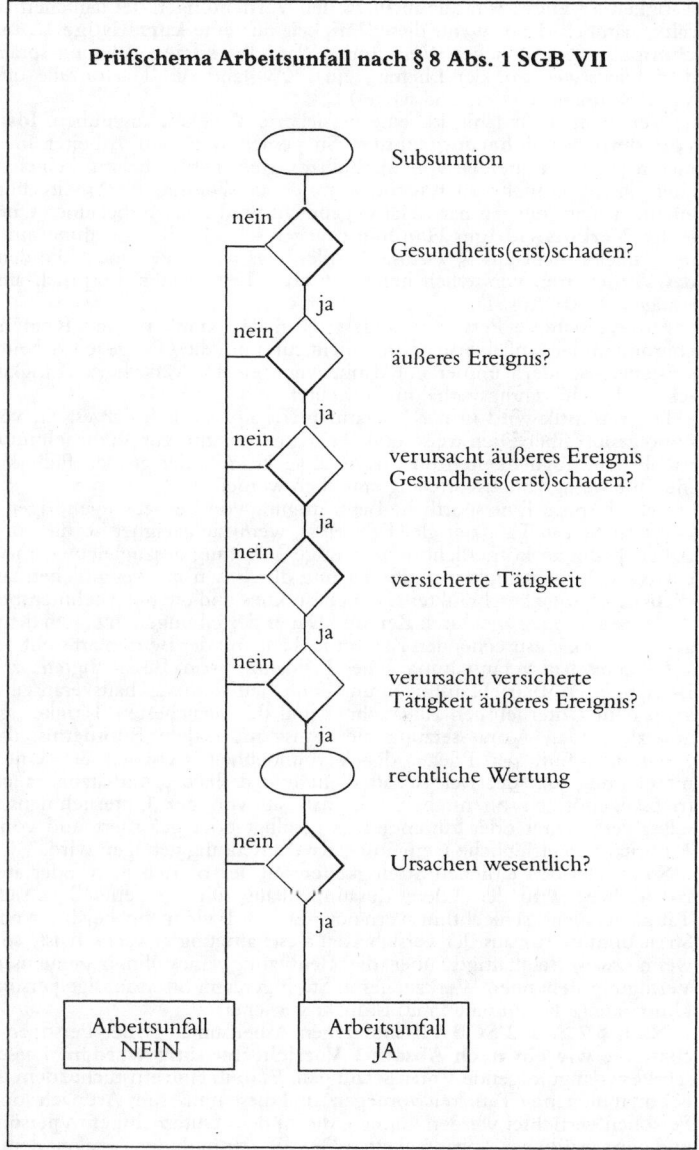

Einführung

Tätigkeit angenommen, die nicht zu den Verrichtungen des täglichen Lebens zählt, nämlich dann, wenn diese Tätigkeit nur eine **kurzfristige Unterbrechung** der betrieblichen Verrichtung darstellt (kurzes Telefongespräch auf dem Dienstweg mit der Ehefrau, ein PKW fährt die Telefonzelle um, der Versicherungsschutz bestand weiter).

Wer nicht mehr fähig ist, eine versicherte Tätigkeit auszuüben, **löst sich von dem Versicherungsschutz**. So genießt z. B. ein Arbeiter im Vollrausch (zu unterscheiden von alkoholbedingtem Fehlverhalten) keinen Versicherungsschutz mehr, auch nicht, wenn er auf Weisung des Arbeitgebers von einem Arbeitskollegen nach Hause gebracht wird und hierbei einen Unfall erleidet. **Verbotswidriges Handeln** dagegen schließt die Annahme eines Arbeitsunfalles nicht aus (§ 7 Abs. 2). Allerdings haben Personen, die den Tod des Versicherten vorsätzlich herbeigeführt haben, keinen Anspruch auf Leistungen (§ 101 Abs. 1).

Eine versicherte Person ist anders als in der Kranken- und Rentenversicherung in der Unfallversicherung nicht rund um die Uhr gegen Arbeitsunfall versichert, sondern immer nur dann, wenn er eine versicherte Tätigkeit aus seinem Beschäftigungsverhältnis verrichtet.

Die Kasuistik wird in der Literatur meist alphabetisch dargestellt, von Alkoholgenuß über Dienstreise und Reinigung bis hin zur Wahrnehmung betrieblicher Möglichkeiten für private Zwecke. Aus der großen Fülle können hier nur wenige Stichworte angesprochen werden:

Betriebssport: Eine sportliche Beschäftigung von Betriebsangehörigen ist einer versicherten Tätigkeit gleichzustellen, wenn sie geeignet ist, die durch die Arbeit bedingte körperliche und geistige Belastung auszugleichen, mit einer gewissen Regelmäßigkeit stattfindet und durch den im wesentlichen auf Betriebsangehörige beschränkten Teilnehmerkreis und die unternehmensbezogene Organisation sowie durch Zeit und Dauer der Übungen in einem dem Ausgleichszweck entsprechenden Zusammenhang mit der Betriebsart steht.

Gemeinschaftsveranstaltung: Die Teilnahme von Beschäftigten, z. B. an Betriebsfesten, Betriebsausflügen und ähnlichen Gemeinschaftsveranstaltungen kann dem Unternehmen zugerechnet und der versicherten Tätigkeit gleichgesetzt werden. Voraussetzung hierfür ist außer dem Erfordernis, daß die Zusammenkunft der Pflege, der Verbundenheit zwischen der Unternehmensleitung und der Belegschaft dient und deshalb grundsätzlich allen Betriebsangehörigen offenstehen soll, daß sie von der Unternehmensleitung selbst veranstaltet oder zumindestens gebilligt oder gefördert und von ihrer Autorität als betriebliche Gemeinschaftsveranstaltung getragen wird.

Streit: Bei den tätlichen Streitigkeiten auf der Betriebsstätte oder auf dem Betriebsweg wird der innere Zusammenhang mit der generell versicherten Tätigkeit nicht schlechthin verneint. Er wird vielmehr bejaht, wenn der Streit unmittelbar aus der versicherten Beschäftigung erwachsen ist, so z. B., wenn zwei Beschäftigte über die Benutzung eines ihnen gemeinsam zur Verfügung stehenden Werkzeuges in Streit geraten. Streit infolge persönlicher Umstände (z. B. um eine Frau) ist nicht versichert.

Nach § 2 Abs. 2 SGB VII sind gegen Arbeitsunfall ferner Personen versichert, die **wie ein nach Absatz 1 Versicherter tätig werden.** Diese Vorschrift verlangt folgende Voraussetzungen: Es muß eine ernstliche, dem Unternehmen dienende Tätigkeit vorliegen, und diese muß ihrer Art nach sonst von Personen verrichtet werden können, die zu dem Unternehmer in persönlicher und wirtschaftlicher Abhängigkeit stehen. Weiter muß die Tätigkeit dem wirk-

Einführung

lichen oder mutmaßlichen Willen des Unternehmers entsprechen. Schließlich muß sie unter solchen Umständen geleistet werden, daß sie einer nach § 2 Abs. 1 Nr. 1 unter Versicherungsschutz stehenden Tätigkeit ähnlich ist. Hierzu ist erforderlich, daß durch sie ein innerer ursächlicher Zusammenhang mit dem unterstützten Unternehmen hergestellt wird (Beispiele: Versicherungsschutz ja: Pannenhelfer; Versicherungsschutz nein: kleine Gefälligkeiten unter Verwandten; Schwarzarbeiter, der wie ein Unternehmer arbeitet).

Versicherte Tätigkeit ist auch die mit der generell versicherten Tätigkeit zusammenhängende Verwahrung, Beförderung, Instandhaltung und Erneuerung des **Arbeitsgerätes oder der Schutzausrüstung** sowie deren Erstbeschaffung (§ 8 Abs. 2 Nr. 5). Diese Regelung ist aktuell bei Schülerunfällen (z.B. Kaufen von Schreibgeräten und Heften).

Auch Tätigkeiten eines Unternehmers können versicherte Tätigkeiten sein. Voraussetzung ist, daß der Unternehmer zum Kreis der versicherten Personen gehört. Einige Unternehmer sind bereits von Gesetzes wegen versichert (z.B. Landwirte, Küstenschiffer und Küstenfischer, § 2 Abs. 1 Nr. 5 und 7), andere kraft Satzung nach § 3 oder durch freiwillige Versicherung nach § 6. Auch bei diesen versicherten Unternehmern wird für die Anerkennung eines Arbeitsunfalles ein innerer Zusammenhang zwischen der unfallbringenden Verrichtung und der Unternehmertätigkeit verlangt. Die Grenzziehung kann bei diesen Personen noch schwieriger sein als bei Arbeitnehmern (Stichwort: Betrieb und Wohnung unter einem Dach).

Nach § 8 Abs. 2 Nr. 1 ist versicherte Tätigkeit das Zurücklegen des mit der versicherten Tätigkeit zusammenhängenden unmittelbaren Weges nach und von dem Ort der Tätigkeit **(Wegeunfall)**. Das Gesetz nennt nur einen Endpunkt des Weges, nämlich den Ort der Tätigkeit. Der andere Punkt wird in der Regel die Wohnung sein. Dieser häusliche Wirkungskreis wird verlassen mit **Durchschreiten der Außenhaustür**. Auf dem Weg im Treppenhaus eines Miethauses besteht kein Versicherungsschutz (anders das Recht der ehemaligen DDR bis 1991: Der Schutz beginnt an der Wohnungstür). Der andere Punkt kann auch ein **sogenannter Dritter Ort** sein. Dieser muß den Weg so prägen, daß er den Weg zwischen Arbeitsstätte und Wohnung und umgekehrt gleichgesetzt werden kann (Aufenthalt ab zwei Stunden). Dies ist nicht gegeben bei einem Abweichen von dem direkten Weg wegen einer eingeschobenen Unterbrechung (z.B. zum Einkaufen). Die Entfernung muß angemessen sein.

Der Weg kann **bis zu zwei Stunden unterbrochen** werden; danach lebt der Versicherungsschutz auf dem Weg von und zur Arbeit wieder auf. Werden die zwei Stunden – diese Zwei-Stunden-Regelung gilt nicht für Dienstgänge und -reisen – überschritten, kommt es zur Lösung. Auf dem weiteren Weg besteht kein Versicherungsschutz mehr.

Es besteht die Freiheit in der Wahl des Beförderungsmittels und des Weges. Der unmittelbare Weg braucht nicht der kürzeste zu sein (wenn z.B. der längere verkehrstechnisch besser ist). Das Hinüberwechseln zur anderen Straßenseite (z.B. um Zigaretten zu kaufen) nach Verlassen des Fahrzeuges unterbricht den Versicherungsschutz (kein Straßenbann). Auf erheblichen Umwegen besteht kein Versicherungsschutz (großzügiger das Recht in der ehemaligen DDR bis 1991: Wegeunfälle wurden anerkannt, wenn sich bestimmte Abweichungen vom direkten oder üblichen Weg aus dringenden Erfordernissen des täglichen Lebens ergaben, z.B. durch Einkauf, einen Arztbesuch, Aufsuchen des Kindergartens, der Kinderkrippe oder einer Dienstleistungsein-

Einführung

richtung, solange festgestellt werden konnte, daß ein räumlicher und zeitlicher Zusammenhang zwischen der Beschäftigung und dem Weg zur bzw. von der Wohnung bestand).

Drei Abweichungen von dem üblichen Weg stellt § 8 Abs. 2 Nr. 2 und Nr. 3 ausdrücklich unter Versicherungsschutz, nämlich wenn der Versicherte abweicht, weil sein **Kind**, das mit ihm in einem Haushalt lebt, wegen seiner oder seines Ehegatten beruflicher Tätigkeit **fremder Obhut anvertraut wird** (Nr. 2 Buchstabe a) oder er mit anderen berufstätigen oder versicherten Personen gemeinsam ein Fahrzeug für den Weg nach oder von dem Ort der Tätigkeit benutzt (**Fahrgemeinschaft,** Nr. 2 Buchstabe b). Versichert ist auch ein Kind auf einem Abweg von dem unmittelbaren Weg zur versicherten Tätigkeit (z. B. Kindergartenbesuch), wenn das Kind wegen der beruflichen Tätigkeit der Eltern in fremde Obhut gegeben werden muß (Nummer 3). Nummer 4 stellt die **Familienheimfahrt** unter Versicherungsschutz, wenn der Mittelpunkt der Lebensverhältnisse nicht am Beschäftigungsort liegt, sondern der Versicherte dort nur eine Unterkunft bewohnt.

c) Haftungsbegründende Kausalitäten: Neben dem Unfall (äußeres Ereignis, Gesundheitsschaden und haftungsbegründende Kausalität zwischen Ereignis und Gesundheitsschaden) und einer versicherten Tätigkeit einer Person ist ein weiteres Tatbestandsmerkmal die Kausalität zwischen dieser versicherten Tätigkeit und dem Unfall (genauer: dem äußeren Ereignis des Unfalls) erforderlich. Zur Anerkennung eines Arbeitsunfalles müssen somit **zwei Kausalitäten** gegeben sein. Zum einen muß ein Ursachenzusammenhang bestehen zwischen der versicherten Tätigkeit und dem äußeren Ereignis und zum anderen im Unfallbegriff zwischen äußerem Ereignis und Körperschaden. Ursache für einen Erfolg im naturwissenschaftlich-philosophischen Sinne (= Bedingungs-, Äquivalenztheorie) ist jede Bedingung, die nicht hinweggedacht werden kann, ohne daß dieser Erfolg entfiele (conditio sine qua non). Stürzt ein Versicherter und bricht er sich dabei einen Arm, so kann der Sturz (äußeres Ereignis) nicht hinweggedacht werden, ohne daß der Armbruch (Gesundheitsschaden) entfiele. Der Sturz hat den Armbruch verursacht, der Versicherte hat also einen Unfall erlitten.

Nachdem der Versicherungsfall Arbeitsunfall analysiert und in die einzelnen Tatbestandsmerkmale zerlegt ist, bietet sich für den Einzelfall an, nach dem logischen Prüfschema auf S. XVI vorzugehen:

d) Beweisanforderungen: Bevor der Prüfgang beschritten wird, sind jedoch noch einige allgemeine Grundsätze zu beachten. So legen bei der Tatsachenfeststellung **Beweisanforderungen** fest, welcher Grad an Überzeugung vorliegen muß, damit ein Sachverhalt (z. B. Arbeit als Tischler der Firma X; der Sturz kann nicht hinweggedacht werden, ohne daß der Armbruch entfiele) als erwiesen angesehen werden kann. Es ist zu unterscheiden zwischen **vollem Beweis** (kein vernünftiger, die Lebensverhältnisse klar überblickender Mensch zweifelt noch) und **Wahrscheinlichkeit** (für das Vorliegen einer Tatsache sprechen mehr Gründe als dagegen). Für alle Sachverhalte, die nicht Ursachenzusammenhänge sind, ist der volle Beweis erforderlich. Wahrscheinlichkeit ist nur ausreichend für den Nachweis der Ursachenzusammenhänge. Die bloße Möglichkeit einer Tatsache oder eines Ursachenzusammenhangs wird den Beweisanforderungen niemals gerecht; eine gute Möglichkeit kann jedoch einen Anscheinsbeweis entkräften.

Einführung

Nach dem **Grundsatz der objektiven Beweislast** sind die Folgen einer Beweislosigkeit einer Tatsache von demjenigen zu tragen, der aus dieser Tatsache ein Recht herleiten will. Der Versicherte hat keinen Anspruch, wenn der Sachverhalt für einen Arbeitsunfall nicht nachgewiesen werden kann. Das bedeutet, der Versicherte trägt die Last der Beweislosigkeit. Es gibt nicht den Grundsatz: Im Zweifel für den Versicherten. Dies scheint auf den ersten Blick unsozial zu sein. Nach der Beweislastregel darf er erst dann verfahren, wenn nach Nutzung aller Ermittlungsmöglichkeiten und engagierter und sachbezogener Beweiswürdigung Beweislosigkeit verbleibt. Auch noch zu große Ermittlungsschwierigkeiten und Anforderungen an die Beweiswürdigung dürfen nicht dazu verleiten, vorschnell nach der Beweislastregel zu entscheiden. Besser ist es, mutig eine Beweiswürdigung vorzunehmen, mit dem Ergebnis bewiesen oder nicht bewiesen, als lediglich eine ernsthafte Möglichkeit anzunehmen mit der Folge, daß Leistungen abgelehnt werden.

Nach der Feststellung, daß ein Sachverhalt sich tatsächlich zugetragen hat, erfolgt die Subsumtion, d. h. die Würdigung eines Sachverhalts als eines solchen, der die Tatbestandsmerkmale des Versicherungsfalls aufweist.

e) Kausalitätslehre von der wesentlichen Bedingung: In der Unfallversicherung gilt die von der Rechtsprechung entwickelte **Kausalitätslehre von der wesentlichen Bedingung** (gleichbedeutend: der wesentlich mitwirkenden Ursache). In der gesetzlichen Unfallversicherung sind als rechtlich relevante Ursachen und Mitursachen unter Abwägung ihres verschiedenen Wertes nur die Bedingungen anzusehen, die wegen ihrer besonderen Beziehung zum Erfolg zu dessen Eintritt wesentlich mitgewirkt haben. Bei dieser Wertung handelt es sich nicht um eine Tatsachenfeststellung, diese wird für die Wertung vorausgesetzt, sondern um eine rechtliche Wertung wie bei der Prüfung, ob die unfallbringende Versicherung zur versicherten Tätigkeit gehört. Anders als die Tatsachenfeststellung kann das Revisionsgericht (Bundessozialgericht) hierbei anders entscheiden als die Vorinstanzen. Ob eine Bedingung wesentlich ist, richtet sich nach den besonderen Umständen des Einzelfalles. Haben zwei oder mehrere Ereignisse im gleichen Maß wesentlich zu dem Erfolg beigetragen, dann sind sie alle wesentliche Bedingungen und damit Ursachen im Rechtssinne (wesentliche Mitursachen). Ist die eigenwirtschaftliche Ursache allein wesentlich und die betriebliche keine wesentliche Mitursache, ist kein Unfall bzw. Arbeitsunfall gegeben. Die Einschränkung durch diese Kausalitätslehre dient dem **Schutzzweck der Norm.** Der Arbeitgeber erbringt allein die Beiträge zur Berufsgenossenschaft, deshalb sollen ihm auch nur jene Unfälle zugerechnet werden, die wesentlich seiner betrieblichen Sphäre zuzurechnen sind.

Die Kausalitätslehre der wesentlichen Bedingung ist erst dann anzuwenden, wenn mindestens zwei Umstände vorliegen und diese eine Wirkung im naturwissenschaftlich-philosophischen Sinne verursacht haben. In der Regel wird eine der Ursachen betrieblich sein und die andere eigenwirtschaftlich (aus der privaten Sphäre). Vergleiche dazu das Schaubild auf der folgenden Seite.

Die Kausalitätslehre der wesentlichen Bedingung hat im Unfallbegriff Bedeutung, wenn der Versicherte eine Schadensanlage hat, die soweit fortgeschritten ist, daß das Ereignis alsbald bei jeder anderen Gelegenheit geschehen wäre. Beispiel: Der Versicherte hebt bei der Arbeit etwas an und es kommt zu einem Austritt der Därme durch einen vorhandenen Bruchkanal in der Bauchdecke. Das Anheben (versicherte Tätigkeit) hat zwar im naturwissenschaftlich-philosophischen Sinne den Leistenbruch (Körperschaden) verur-

Einführung

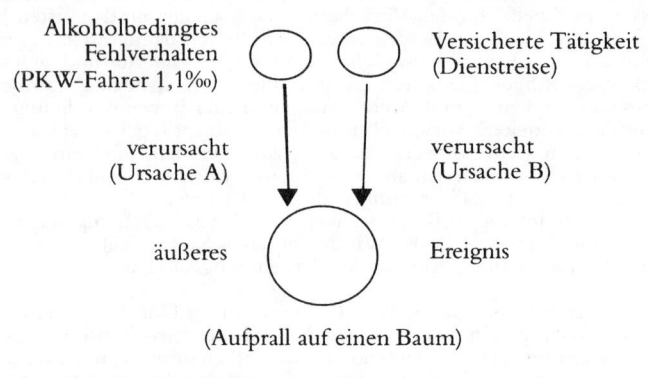

Wesentliche Ursache?

1. Kausalität im natürlichen Sinne (conditio sine qua non)?

2. Rechtliche Wertung der Ursachen A und B

sacht. Es handelt sich hierbei aber nicht um eine wesentliche Ursache, somit liegt rechtlich ein Unfall nicht vor. Häufig wird in diesem Zusammenhang der unglückliche Ausdruck Gelegenheitsursache gebraucht. Der Begriff Gelegenheitsursache wird nicht mehr verwandt, denn sie ist eben gerade keine Ursache im Sinne der Unfallversicherung. Dem Versicherten sollte dargelegt werden, daß der Umstand aus der privaten Sphäre (z.B. degenerative Veränderungen) schon so stark ausgeprägt ist, daß er allein die wesentliche Bedingung und damit allein die Ursache der Wirkung (z.B. Gesundheitsschaden) bildet.

Die Frage, ob eine Ursache wesentlich ist, stellt sich dann nicht, wenn ein Ursachenzusammenhang im naturwissenschaftlich-philosophischen Sinne nicht gegeben ist (Beispiel: leichtes Anstoßen des Knies an einer Spanplatte ohne Verdrehtrauma des Kniegelenks ist nicht Ursache im naturwissenschaftlich-philosophischen Sinne für einen Hinterhornlappenriß des Innenmeniskus, hier ist kein Raum für die Anwendung der Kausalitätslehre der wesentlichen Bedingung).

Die Kausalitätslehre der wesentlichen Bedingung hat insbesondere bei der Kausalität zwischen versicherter Tätigkeit und äußerem Ereignis Bedeutung. Hier sind die Stichworte alkoholbedingtes Fehlverhalten (nicht zu verwechseln mit dem Vollrausch) Übermüdung/Medikamente, selbstgeschaffene Gefahr und Sturz aus innerer Ursache zu nennen.

Das auf nicht betriebsbedingten **Alkoholgenuß** zurückzuführende Fehlverhalten eines Versicherten führt zur Verneinung des Unfallversicherungsschutzes, wenn dieses die unternehmensbedingten Umstände derartig in den Hintergrund drängt, daß es als die rechtlich allein wesentliche Ursache des Unfalls anzusehen ist. Entsprechendes gilt für die nicht betriebsbedingte **Übermüdung** und **Berauschung durch Medikamente.** Im Straßenver-

Einführung

kehr kann mit Hilfe des Nachweises der absoluten Fahruntüchtigkeit (1,1 Promille bei Kraftfahrern, 1,6 Promille bei Radfahrern) der Anscheinsbeweis geführt werden, daß alkoholbedingtes Fehlverhalten vorgelegen hat und dieses auch Ursache für den Unfall ist. Diese Ursache wird in der Regel rechtlich auch die allein wesentliche sein.

Eine nur aus betriebsfremden Motiven **selbstgeschaffene Gefahr** schließt den Kausalzusammenhang zwischen der versicherten Tätigkeit und dem Unfall aus, wenn die selbstgeschaffene Gefahr die zunächst noch vorhandenen betriebsbedingten Umstände soweit zurückdrängt, daß sie keine wesentliche Bedingung mehr für den Unfall bilden (Lkw-Beifahrer begleitete einen Tankzug – versicherte Tätigkeit –, indem er auf dem Tankauflieger lag, um sich zu sonnen – eine aus betriebsfremden Motiven selbstgeschaffene Gefahr; er stürzte tödlich ab, kein Arbeitsunfall). Das Institut der selbstgeschaffenen Gefahr ist eng auszulegen und nur mit größter Vorsicht zu handhaben, denn der Gesetzgeber hat den Begriff des Arbeitsunfalls unabhängig vom Verschulden des Versicherten festgelegt (§ 7 Abs. 2; vgl. § 101 Abs. 1).

Bei dem **Sturz aus innerer Ursache** ist der private Umstand (z.B. nicht betriebsbedingte Ohnmacht) an sich immer die rechtlich allein wesentliche Ursache für das äußere Ereignis. Die versicherte Tätigkeit ist regelmäßig dabei zwar Ursache im naturwissenschaftlich-philosophischen Sinne, nicht aber wesentlich. Hier hilft jedoch die Rechtsprechung mit einem deus ex machina: Der wesentliche ursächliche Zusammenhang wird angenommen zwischen der versicherten Tätigkeit und dem Unfall, wenn der Verletzte der Gefahr, der er erlegen ist, infolge der durch seine versicherte Tätigkeit bedingten Anwesenheit auf der Unfallstelle ausgesetzt war und ihm der Unfall ohne die versicherte Tätigkeit wahrscheinlich nicht in derselben Art oder derselben Schwere zugestoßen wäre (Sturz infolge Ohnmacht auf den Fabrikbetonfußboden: nicht versichert; vom Dach: Arbeitsunfall).

f) Haftungsausfüllende Kausalität: Die Grundsätze der Kausalitätslehre der wesentlichen Bedingung gelten auch für die haftungsausfüllende Kausalität. Vergleiche die folgende Abbildung:

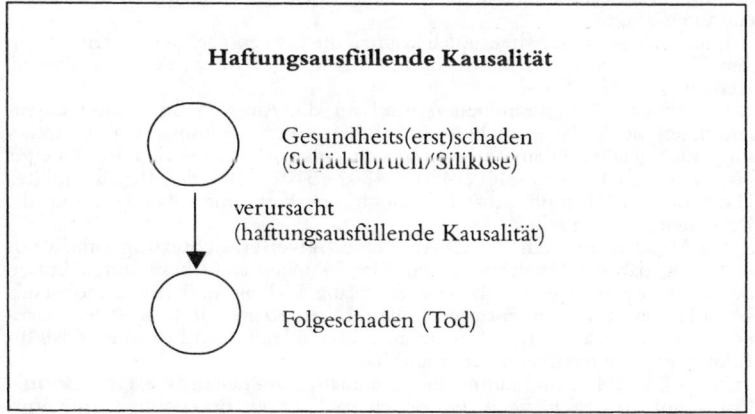

Einführung

4. Versicherungsfall Berufskrankheit

Berufskrankheiten sind nur die Krankheiten, die in der Anlage 1 zur Berufskrankheitenverordnung (BKV) genannt sind und die eine Person infolge versicherter Tätigkeit erleidet (§ 9 Abs. 1 Satz 1).
Kennzeichnend für den Arbeitsunfall ist das plötzliche äußere Ereignis. Ganz anders bei der Berufskrankheit. Hier ist die schädigende Einwirkung regelmäßig nicht plötzlich, sondern sie erfolgt über Jahre und Jahrzehnte hinweg. Diese Zeit der Einwirkung, die durch die versicherte Tätigkeit verursacht worden ist, ist die Expositionszeit. Die Krankheit macht sich nicht selten erst Zeiten nach Ende der Einwirkung bemerkbar. Diese zusätzliche Entstehungszeit der Krankheit und die vorangegangene Expositionszeit bilden zusammen die Latenzzeit. Die Krankheit kann sich also einstellen, wenn der Erkrankte gar nicht mehr versicherte Person ist (z. B. der Bergmann erkrankt erst als Rentner an Silikose).
Zu unterscheiden ist zwischen dem Versicherungsfall und dem Leistungsfall Berufskrankheit. Der **Versicherungsfall** ist gegeben, wenn eine versicherte Tätigkeit einen Gesundheitsschaden im Sinne einer Listenkrankheit verursacht hat. Gesundheitsschaden ist ein Körperzustand, der von der durch das Leitbild eines gesunden Menschen geprägten Norm abweicht (z. B. 10 v. H. Lärmschaden nach Nr. 2301 ohne Stützschaden und ohne Behandlungsbedürftigkeit). Der Unfallversicherungsträger hat hier – wenn noch keine Leistungen zu erbringen sind – eine Berufskrankheit ohne Rente anzuerkennen. Dies gilt nicht, wenn zu dem Tatbestandsmerkmal der Liste der Zwang zur Tätigkeitsaufgabe gehört und die gefährdende Tätigkeit noch nicht aufgegeben worden ist (entsprechend für Schwere und Rückfälligkeit einer Hauterkrankung, Listen-Nr. 5101). In diesen Fällen haben die Unfallversicherungsträger eine Entscheidung nach § 9 Abs. 4 zu treffen.
Für den **Leistungsfall Berufskrankheit,** der immer einen Versicherungsfall voraussetzt, ist als Zeitpunkt des Leistungsfalls auf den Beginn der Arbeitsunfähigkeit, der Behandlungsbedürftigkeit oder der renten-berechtigten Minderung der Erwerbsfähigkeit abzustellen. Entscheidend ist, was für den Versicherten günstiger ist.
Entsprechend dem Arbeitsunfall können die auf den nächsten Seiten folgenden Abbildungen „Kausalkette" und „Prüfschema Berufskrankheit" aufgestellt werden.
Bei einigen Berufskrankheiten muß für die Anerkennung von Rentenleistungen noch das versicherungsrechtliche Tatbestandsmerkmal Unterlassung aller gefährdenden Tätigkeiten gegeben sein (so bei den Krankheiten Nr. 2101, 2104, 2108–2110, 4301, 4302, 5101). Bei der Berufskrankheit Haut (Nr. 5101) muß zusätzlich noch ein bestimmter Schweregrad der Krankheit gegeben sein.
§ 9 Abs. 3 räumt dem Versicherten eine **Beweiserleichterung** ein. Ist voll bewiesen, daß ein Versicherter den Einwirkungen einer bestimmten Listennummer ausgesetzt war (z. B. jahrzehntelang Eichen- und Buchenholzstaub, Nr. 4203) und an der entsprechenden Listen-Krankheit (z. B. Adenokarzinom der Nasenhaupt- und Nasennebenhöhlen) leidet, wird vermutet, daß die Einwirkung die Krankheit verursacht hat.
Nach § 9 Abs. 2 sind ausnahmsweise auch Krankheiten **wie eine Berufskrankheit** zu entschädigen, bei denen nach neuen Erkenntnissen die Vor-

Einführung

aussetzungen erfüllt sind, unter denen eine Berufskrankheit in die Liste aufzunehmen wäre. Die Anwendung dieser Vorschrift verlangt vier Voraussetzungen: Es muß eine bestimmte Personengruppe bei ihrer Arbeit in erheblich höherem Maße als die übrige Bevölkerung bestimmten Einwirkungen ausgesetzt sein. Diese Einwirkungen müssen nach den Erkenntnissen der medizinischen Wissenschaft geeignet sein, Krankheiten solcher Art zu verursachen. Diese neuen medizinischen Erkenntnisse müssen bei der letzten Ergänzung der Anlage 1 zur BKV noch nicht in ausreichendem Maße vorgelegen haben oder ungeprüft geblieben sein. Der ursächliche Zusammenhang der Erkrankung mit der gefährdenden Arbeit muß im konkreten Fall wahrscheinlich sein. Der konkrete Fall muß also die Tatbestandsmerkmale der neuen Erkenntnisse erfüllen. Der Versicherungsfall wie eine Berufskrankheit kann nur eintreten, wenn alle vier Voraussetzungen erfüllt sind.

Immer bedeutender wird die Aufgabe des Unfallversicherungsträgers, konkrete **Prävention** zur Vermeidung einer Berufskrankheit zu erbringen. Besteht für einen Versicherten nämlich die Gefahr, daß eine Berufskrankheit entsteht, wiederauflebt oder sich verschlimmert, so hat nach § 3 BKV der Träger der Unfallversicherung mit allen geeigneten Mitteln dieser Gefahr entgegenzuwirken. Ist die Gefahr für den Versicherten nicht zu beseitigen, hat der Träger der Unfallversicherung ihn aufzufordern, die gefährdende Tätigkeit zu unterlassen. Der Versicherte hat Anspruch auf medizinische und berufliche Rehabilitation und auf entsprechende Entschädigungsleistungen (vgl. Über-gangsleistungen, § 3 Abs. 1 Satz 2 BKV). Weitere Einzelheiten ergeben sich aus den auf den nächsten Seiten folgenden Abbildungen „Voraussetzungen" und „Prüfschema für § 3 BKV-Maßnahmen".

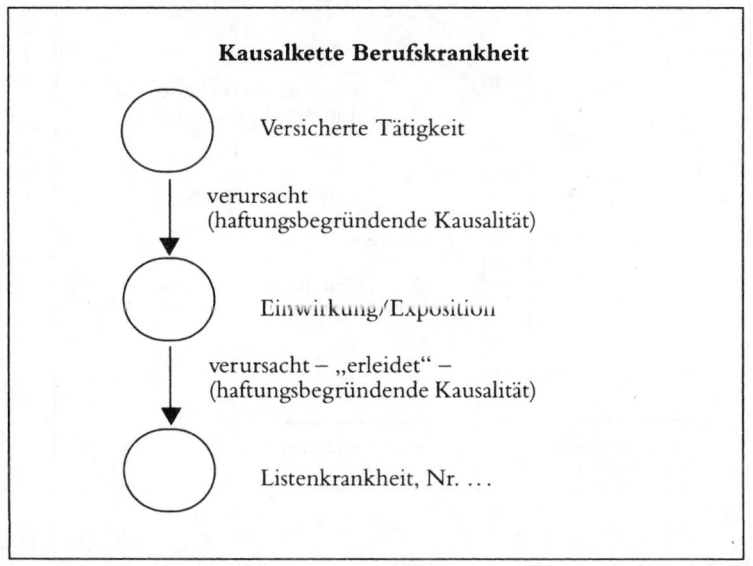

Einführung

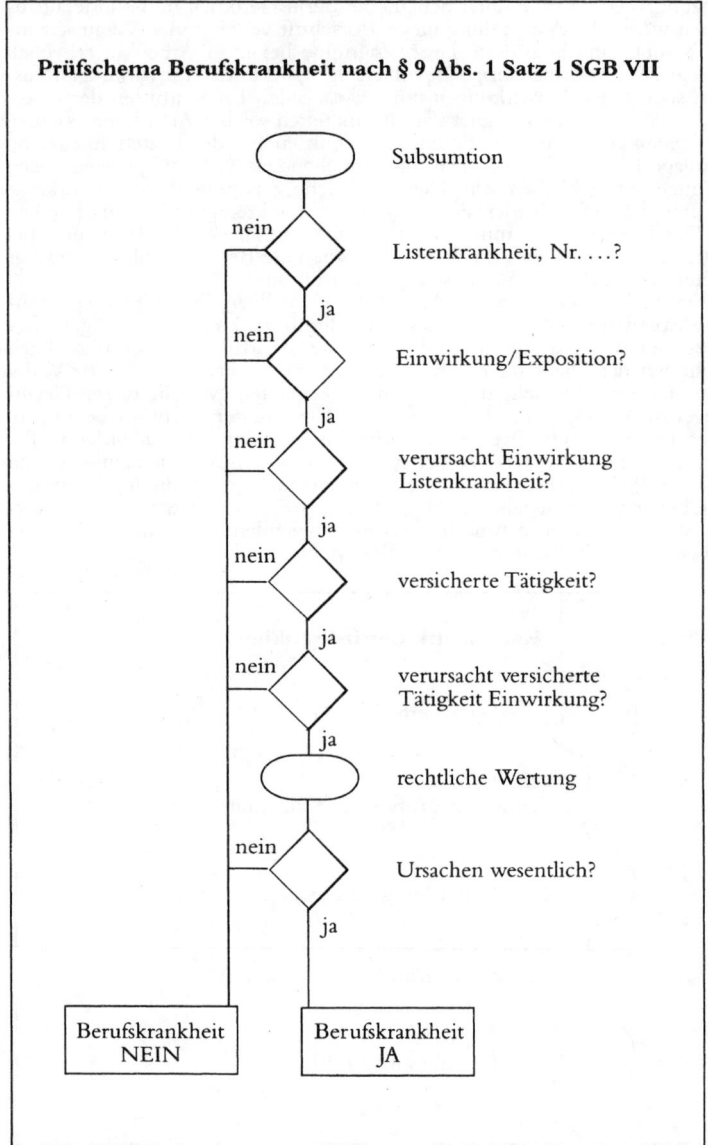

5. Prävention

Der Unfallversicherung steht für die **Prävention** ein breitgefächertes Instrumentarium von Maßnahmen zur Verfügung. Die Berufsgenossenschaften erlassen **Unfallverhütungsvorschriften** (§ 15), die materielles Recht sind und deren Verstoß mit einer Geldbuße (§ 209) geahndet werden kann. Die Unfallverhütungsvorschriften sind Regelungen über Einrichtungen, Anordnungen und Maßnahmen, welche die Unternehmer zur Verhütung von Arbeitsunfällen und arbeitsbedingten Gesundheitsgefahren zu treffen haben, sowie über die Form der Übertragung dieser Aufgaben auf andere Personen. Sie regeln das Verhalten, daß die Versicherten zur Verhütung von Arbeitsunfällen zu beobachten haben. Sie verlangen ärztliche Untersuchungen von Versicherten, die vor, während und nach der Beschäftigung mit Arbeiten durchzuführen sind, deren Verrichtung mit außergewöhnlichen arbeitsbedingten Gesundheitsgefahren für sie oder Dritte verbunden ist. Sie regeln ferner die Maßnahmen, die der Unternehmer zur Erfüllung der sich aus dem Gesetz über Betriebsärzte, Sicherheitsingenieure und andere Fachkräfte für Arbeitssicherheit ergebenden Pflichten sowie zur Ersten Hilfe zu treffen hat.
Überwacht wird die Erfüllung der Unfallverhütungsvorschriften durch die gezielten Betriebsrevisionen der **Aufsichtspersonen** der Berufsgenossenschaften, die mit entsprechenden Hoheitsbefugnissen ausgestattet sind. Ihre Aufgabe ist es auch insbesondere, bereits im Vorfeld die Mitglieder zu beraten und die Versicherten vom Lehrling bis zur Führungskraft auf dem Gebiete der Unfallverhütung zu schulen (§ 17). Die Unfallversicherungsträger und die für den Arbeitsschutz zuständigen Landesbehörden wirken bei der Überwachung der Unternehmen eng zu sammen (§ 20) (sogenanntes Duales System).
  Die Unfallversicherungsträger können **überbetriebliche arbeitsmedizinische und sicherheitstechnische Dienste** errichten (§ 24).
  Weitere Vorschriften dienen der Prävention, so z.B. § 162. Danach haben die Berufsgenossenschaften – unter Berücksichtigung der anzuzeigenden Versicherungsfälle – Zuschläge aufzuerlegen oder Nachlässe zu bewilligen; es können auch Prämien gewährt werden. Ferner hat § 110 erzieherische Wirkung im Hinblick auf die Unfallverhütung. Nach § 110 kann der Unfallversicherungsträger den Unternehmer oder den Arbeitnehmer, der einen Arbeitsunfall eines anderen vorsätzlich oder grob fahrlässig herbeigeführt hat, in Regreß nehmen.

Einführung

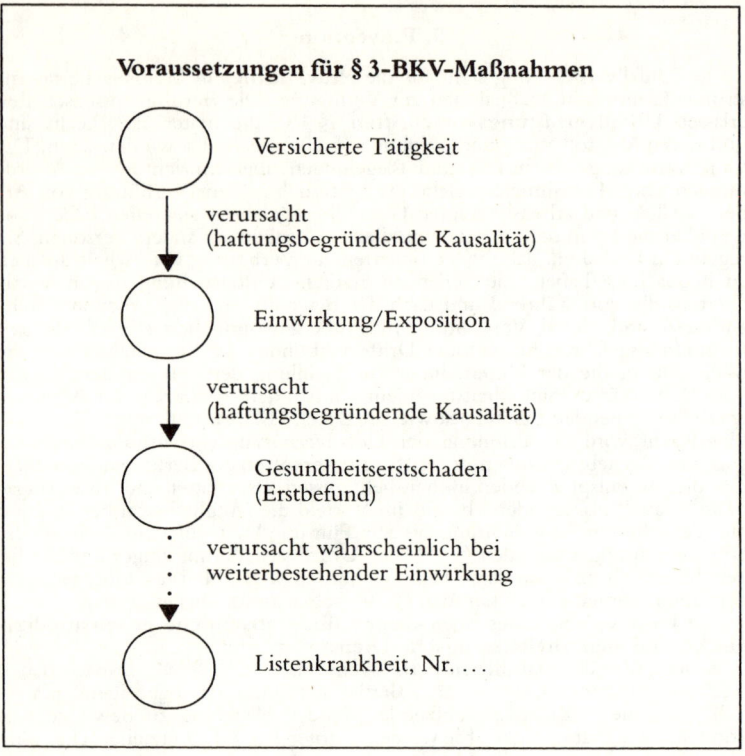

Einführung

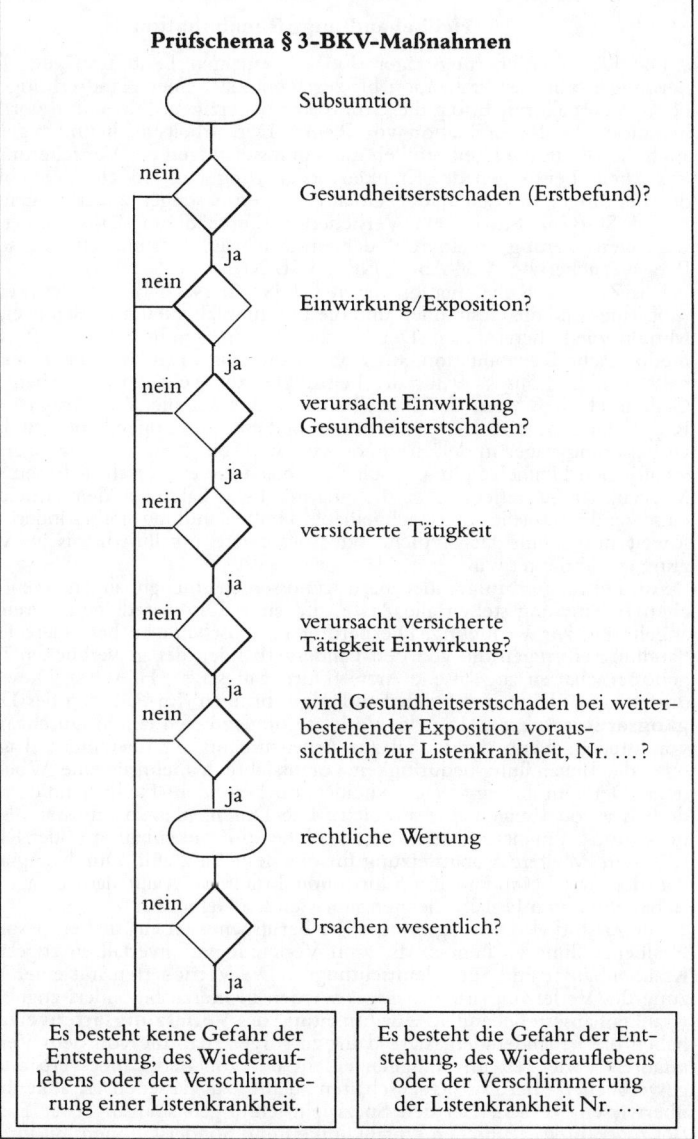

Einführung

6. Heilbehandlung, Rehabilitation

Die Unfallversicherungsträger sind die einzigen Leistungsträger, die alle Leistungen von der Prävention bis zur Rente aus einer Hand erbringen. Sie können deshalb mit Erfolg die Grundsätze beherzigen: Prävention vor Rehabilitation und Rehabilitation vor Rente. Der Arbeitsunfall und regelmäßig auch die Berufskrankheit erfüllen die Voraussetzungen des Versicherungsfalles Krankheit. Leistungen der Krankenversicherung sind jedoch ausgeschlossen, die Leistungen hat allein der Unfallversicherungsträger zu erbringen (§ 11 Abs. 3 SGB V). Soweit ein Versicherter Entschädigungsleistungen aus der Unfallversicherung erhält, ruht der Anspruch auf Leistung aus der sozialen Pflegeversicherung (§ 34 Abs. 1 Nr. 2 SGB XI).

Das Ziel der Rehabilitation nennt § 1 Nr. 2: Nach Eintritt des Versicherungsfalles sind die Gesundheit und die Leistungsfähigkeit mit allen geeigneten Mitteln wiederherzustellen. Der Leistungsumfang ergibt sich aus § 27 für die medizinische Rehabilitation, aus § 35 für die Leistungen zur Teilhabe am Arbeitsleben und aus § 39 für die Leistungen zur Teilhabe am Leben in der Gemeinschaft. Wegen der Einzelheiten verweisen die Vorschriften auf die Regelungen im SGB IX. Zur Erbringung dieser Leistungen haben die Unfallversicherungsträger in der Erfüllung von § 34 ein Netz der berufsgenossenschaftlichen Heilbehandlung geschaffen. Nach dieser Vorschrift haben sie alle Maßnahmen zu treffen, durch die eine möglichst bald nach dem Arbeitsunfall einsetzende schnelle und sachgemäße Heilbehandlung insbesondere auch, soweit nötig, eine fachärztliche oder besondere unfallmedizinische Versorgung gewährleistet wird.

Als Leistungserbringer der berufsgenossenschaftlichen allgemeinen ärztlichen Behandlung stehen alle Ärzte, die einer Kassenärztlichen Vereinigung angehören, zur Verfügung. Die berufsgenossenschaftliche besondere Heilbehandlung erbringen die von den Landesverbänden der gewerblichen Berufsgenossenschaften zugelassene Ärzte (Durchgangsärzte, H-Ärzte). Diese Ärzte dürfen auch allgemeine Heilbehandlung erbringen. Im Rahmen des **Durchgangsarztverfahrens** ist jeder Verletzte unverzüglich einem Durchgangsarzt vorzustellen, wenn der Unfall zur Arbeitsunfähigkeit über einen Tag führt oder die Behandlungsbedürftigkeit voraussichtlich mehr als eine Woche beträgt. Der Durchgangsarzt entscheidet, ob besondere Heilbehandlung erforderlich ist oder allgemeine ausreicht. Die Durchgangsärzte müssen als Ärzte für Chirurgie niedergelassen oder als solche an Krankenhäusern oder Kliniken tätig sein. Weitere Voraussetzung für die Bestellung zum Durchgangsarzt ist, daß der Arzt besondere Kenntnisse und Erfahrungen auf dem gesamten die Behandlung von Unfallverletzten umfassenden Gebiet hat.

Ferner sind als Leistungsbringer der berufsgenossenschaftlichen besonderen Heilbehandlung zu nennen die zum Verletzungsartenverfahren zugelassenen Krankenhäuser und Spezialeinrichtungen. Die Versicherten mit einer Verletzung des Verletzungsartenkataloges werden in hierzu besonders zugelassenen Krankenhäusern behandelt. Zur Einleitung des **Verletzungsartenverfahrens** haben die behandelnden Ärzte dafür zu sorgen, daß die von dem Verfahren erfaßten Verletzten unverzüglich einem der von den Landesverbänden der gewerblichen Berufsgenossenschaften dafür zugelassenen Krankenhäusern überwiesen werden. Bei den Spezialeinrichtungen sind an erster Stelle die Berufsgenossenschaftlichen Unfallkliniken und Sonderstationen mit ihren spe-

Einführung

ziellen Abteilungen (z. B. für Schwer-Handverletzte, Querschnittsgelähmte, Verbrennungen, Schwer-Schädel-Hirn-Verletzte) zu nennen.

Neben der Rehabilitation gibt es ergänzende Leistungen, insbesondere **Verletztengeld** (vgl. §§ 45 ff. RVO).

7. Kompensation

Nicht immer gelingt es durch Rehabilitation die Zahlung von **Verletztenrente** (vgl. §§ 56 ff.) zu verhindern. Grundlagen zur Berechnung der Verletztenrente sind eine rentenberechtigte Minderung der Erwerbsfähigkeit (MdE; § 56 Abs. 2) und der Jahresarbeitsverdienst (JAV; §§ 81 ff.). Die MdE wird mit Hilfe von ärztlichen Gutachten eingeschätzt, die sich auf Erfahrungswerte stützen können (z. B. rechte Hand: ganzer Verlust = 60 v. H., Verlust Feingriff durch Amputation von Daumen und Zeigefinger = 30 v. H.). Als JAV gilt der Gesamtbetrag aller Arbeitsentgelte und Arbeitseinkommen des Verletzten in den 12 Kalendermonaten vor dem Monat, in dem der Arbeitsunfall eingetreten ist (§ 82 Abs. 1). Die Vollrente beträgt 2/3 des JAV (§ 56 Abs. 3; Beispiel: Querschnittsgelähmter = 100 v. H., JAV = 30.000,00 €, Vollrente = 20.000,00 € jährlich). Bei niedrigeren MdE-Werten (z. B. MdE = 20 v. H.) ergibt sich eine entsprechende kleinere Rente (Beispiel: MdE = 20 v. H., JAV = 30.000,00 €, Vollrente = 20.000,00 €, Teilrente = 4.000,00 € jährlich).

Der Umfang der Leistung bei Tod durch Arbeitsunfall oder Berufskrankheit ergibt sich aus § 63 Abs. 1. Unterschieden wird (vgl. §§ 65 ff.) zwischen Witwen- und Witwerrente, Witwen- oder Witwerrente an frühere Ehegatten sowie Waisenrente.

Bei den Witwen- und Witwerrenten gibt es eine kleine oder eine große Rente (Voraussetzung vgl. § 65 Abs. 2 Nr. 3). Die große Witwenrente beträgt 40 v. H. des JAV (Beispiel: JAV = 30.000,00 €, Rente = 12.000,00 € jährlich), die kleine 30 v. H. Die Rente im Sterbevierteljahr ist höher, sie entspricht der Vollrente (§ 65 Abs. 2 Nr. 1). Nach Ablauf des Sterbevierteljahres ist eigenes Erwerbseinkommen der Hinterbliebenen auf die Hinterbliebenenrente anzurechnen (§ 65 Abs. 3).

8. Organisation

Unfallversicherungsträger sind die gewerblichen und die landwirtschaftlichen Berufsgenossenschaften sowie die Träger der öffentlichen Hand.

§§ 121 ff. regeln die einzelnen Zuständigkeiten.

9. Finanzierung

Die Mittel für die Ausgaben der gewerblichen Berufsgenossenschaften werden durch Beiträge der Unternehmer, die versichert sind oder Versicherte beschäftigen, aufgebracht (§ 150 Abs. 1 Satz 1). Umgelegt auf die Beiträge werden die Ausgaben des abgelaufenen Geschäftsjahres (**Umlageverfahren;** § 152). Neben diesem Bedarf des abgelaufenen Geschäftsjahres dürfen Beiträge sonst nur zur Ansammlung der für die Rücklage nötigen Beträge und zur Beschaffung der Betriebsmittel erhoben werden. Der Beitrag ergibt sich aus den zu berücksichtigenden Arbeitsentgelten, den Gefahrklassen und dem

Einführung

Beitragsfuß (§ 167 Abs. 1). Das Arbeitsentgelt wird bis zur Höhe des Höchstjahresarbeitsverdienstes zugrunde gelegt (§ 153 Abs. 2). Der Unfallversicherungsträger setzt einen Gefahrtarif fest. In dem Gefahrtarif sind zur Abstufung der Beiträge Gefahrklassen festzustellen (§ 157 Abs. 1; Beispiele der Holz-Berufsgenossenschaft: Holzfällerei 12,5, Sägewerk 9,0, Tischlerei 4,5, Kinder- und Puppenwagen 2,5). Der Beitragsfuß wird durch Division des Umlagesolls (Bedarf des abgelaufenen Kalenderjahrs einschließlich der Beträge für die Rücklage; § 152) durch die Beitragseinheiten (Arbeitsentgelte x Gefahrklassen) berechnet (§ 167 Abs. 2). Um die laufenden Ausgaben decken zu können, erheben die gewerblichen Berufsgenossenschaften Vorschüsse auf die Beiträge (§ 164 Abs. 1).

10. Datenschutz

Das achte Kapitel des SGB VII (§§ 199 ff.) ergänzt die allgemeinen Vorschriften über den Schutz der Sozialdaten (insbesondere § 35 Abs. 1 SGB I und §§ 67 ff. SGB X) unfallversicherungspezifisch.

I. Sozialgesetzbuch

1. Siebtes Buch Sozialgesetzbuch
– Gesetzliche Unfallversicherung –[1)]

Vom 7. August 1996

(BGBl. I S. 1254)

FNA 860-7

zuletzt geänd. durch Art. 6 Kommunales OptionsG v. 30. 7. 2004 (BGBl. I S. 2014)

Inhaltsübersicht

§§

Erstes Kapitel. Aufgaben, versicherter Personenkreis, Versicherungsfall

Erster Abschnitt. Aufgaben der Unfallversicherung

Prävention, Rehabilitation, Entschädigung 1

Zweiter Abschnitt. Versicherter Personenkreis

Versicherung kraft Gesetzes 2
Versicherung kraft Satzung 3
Versicherungsfreiheit 4
Versicherungsbefreiung 5
Freiwillige Versicherung 6

Dritter Abschnitt. Versicherungsfall

Begriff 7
Arbeitsunfall 8
Berufskrankheit 9
Erweiterung in der See- und Binnenschiffahrt 10
Mittelbare Folgen eines Versicherungsfalls 11
Versicherungsfall einer Leibesfrucht 12
Sachschäden bei Hilfeleistungen 13

Zweites Kapitel. Prävention

Grundsatz 14
Unfallverhütungsvorschriften 15
Geltung bei Zuständigkeit anderer Unfallversicherungsträger und für ausländische Unternehmen 16
Überwachung und Beratung 17
Aufsichtspersonen 18
Befugnisse der Aufsichtspersonen 19
Zusammenarbeit mit Dritten 20
Verantwortung des Unternehmers, Mitwirkung der Versicherten 21
Sicherheitsbeauftragte 22
Aus- und Fortbildung 23
Überbetrieblicher arbeitsmedizinischer und sicherheitstechnischer Dienst ... 24
Bericht gegenüber dem Bundestag 25

Drittes Kapitel. Leistungen nach Eintritt eines Versicherungsfalls

Erster Abschnitt. Heilbehandlung, Leistungen zur Teilhabe am Arbeitsleben, Leistungen zur Teilhabe am Leben in der Gemeinschaft und ergänzende Leistungen, Pflege, Geldleistungen

---

[1)] Verkündet als Art. 1 Unfallversicherungs-EinordnungsG v. 7. 8. 1996 (BGBl. I S. 1254); Inkrafttreten gem. Art. 36 Satz 1 dieses G am 1. 1. 1997 mit Ausnahme des § 1 Nr. 1 und der §§ 14 bis 25, die gem. Art. 36 Satz 2 am 21. 8. 1996 in Kraft getreten sind.

1 SGB VII Sozialgesetzbuch

Erster Unterabschnitt. Anspruch und Leistungsarten

Grundsatz	26

Zweiter Unterabschnitt. Heilbehandlung

Umfang der Heilbehandlung	27
Ärztliche und zahnärztliche Behandlung	28
Arznei- und Verbandmittel	29
Heilmittel	30
Hilfsmittel	31
Häusliche Krankenpflege	32
Behandlung in Krankenhäusern und Rehabilitationseinrichtungen	33
Durchführung der Heilbehandlung	34

Dritter Unterabschnitt. Leistungen zur Teilhabe am Arbeitsleben

Leistungen zur Teilhabe am Arbeitsleben	35
(aufgehoben)	36–38

Vierter Unterabschnitt. Leistungen zur Teilhabe am Leben in der Gemeinschaft und ergänzende Leistungen

Leistungen zur Teilhabe am Leben in der Gemeinschaft und ergänzende Leistungen	39
Kraftfahrzeughilfe	40
Wohnungshilfe	41
Haushaltshilfe und Kinderbetreuungskosten	42
Reisekosten	43

Fünfter Unterabschnitt. Leistungen bei Pflegebedürftigkeit

Pflege	44

Sechster Unterabschnitt. Geldleistungen während der Heilbehandlung und der Leistungen zur Teilhabe am Arbeitsleben

Voraussetzungen für das Verletztengeld	45
Beginn und Ende des Verletztengeldes	46
Höhe des Verletztengeldes	47
Verletztengeld bei Wiedererkrankung	48
Übergangsgeld	49
Höhe und Berechnung des Übergangsgeldes	50
(aufgehoben)	51
Anrechnung von Einkommen auf Verletzten- und Übergangsgeld	52

Siebter Unterabschnitt. Besondere Vorschriften für die Versicherten in der Seefahrt

Vorrang der Krankenfürsorge der Reeder	53

Achter Unterabschnitt. Besondere Vorschriften für die Versicherten der landwirtschaftlichen Berufsgenossenschaften

Betriebs- und Haushaltshilfe	54
Verletztengeld	55

Zweiter Abschnitt. Renten, Beihilfen, Abfindungen

Erster Unterabschnitt. Renten an Versicherte

Voraussetzungen und Höhe des Rentenanspruchs	56
Erhöhung der Rente bei Schwerverletzten	57
Erhöhung der Rente bei Arbeitslosigkeit	58
Höchstbetrag bei mehreren Renten	59
Minderung bei Heimpflege	60
Renten für Beamte und Berufssoldaten	61
Rente als vorläufige Entschädigung	62

Zweiter Unterabschnitt. Leistungen an Hinterbliebene

Leistungen bei Tod	63
Sterbegeld und Erstattung von Überführungskosten	64
Witwen- und Witwerrente	65
Witwen- und Witwerrente an frühere Ehegatten; mehrere Berechtigte	66

7. Buch. Gesetzliche Unfallversicherung SGB VII 1

Voraussetzungen der Waisenrente	67
Höhe der Waisenrente	68
Rente an Verwandte der aufsteigenden Linie	69
Höchstbetrag der Hinterbliebenenrenten	70
Witwen-, Witwer- und Waisenbeihilfe	71

Dritter Unterabschnitt. Beginn, Änderung und Ende von Renten

Beginn von Renten	72
Änderungen und Ende von Renten	73
Ausnahmeregelungen für die Änderung von Renten	74

Vierter Unterabschnitt. Abfindung

Abfindung mit einer Gesamtvergütung	75
Abfindung bei Minderung der Erwerbsfähigkeit unter 40 vom Hundert	76
Wiederaufleben der abgefundenen Rente	77
Abfindung bei Minderung der Erwerbsfähigkeit ab 40 vom Hundert	78
Umfang der Abfindung	79
Abfindung bei Wiederheirat	80

Dritter Abschnitt. Jahresarbeitsverdienst

Erster Unterabschnitt. Allgemeines

Jahresarbeitsverdienst als Berechnungsgrundlage	81

Zweiter Unterabschnitt. Erstmalige Festsetzung

Regelberechnung	82
Jahresarbeitsverdienst kraft Satzung	83
Jahresarbeitsverdienst bei Berufskrankheiten	84
Mindest- und Höchstjahresarbeitsverdienst	85
Jahresarbeitsverdienst für Kinder	86
Jahresarbeitsverdienst nach billigem Ermessen	87
Erhöhung des Jahresarbeitsverdienstes für Hinterbliebene	88
Berücksichtigung von Anpassungen	89

Dritter Unterabschnitt. Neufestsetzung

Neufestsetzung nach voraussichtlicher Schul- oder Berufsausbildung oder Altersstufen	90
Mindest- und Höchstjahresarbeitsverdienst, Jahresarbeitsverdienst nach billigem Ermessen bei Neufestsetzung	91

Vierter Unterabschnitt. Besondere Vorschriften für die Versicherten der See-Berufsgenossenschaft und ihre Hinterbliebenen

Jahresarbeitsverdienst für Seeleute	92

Fünfter Unterabschnitt. Besondere Vorschriften für die Versicherten der landwirtschaftlichen Berufsgenossenschaften und ihre Hinterbliebenen

Jahresarbeitsverdienst für landwirtschaftliche Unternehmer, ihre Ehegatten und Familienangehörigen	93

Vierter Abschnitt. Mehrleistungen

Mehrleistungen	94

Fünfter Abschnitt. Gemeinsame Vorschriften für Leistungen

Anpassung von Geldleistungen	95
Fälligkeit, Auszahlung und Berechnungsgrundsätze	96
Leistungen ins Ausland	97
Geldleistungen aus dem Ausland	98
Wahrnehmung von Aufgaben durch die Deutsche Post AG	99
Verordnungsermächtigung	100
Ausschluß oder Minderung von Leistungen	101
Schriftform	102
Zwischennachricht, Unfalluntersuchung	103

1 SGB VII

Viertes Kapitel. Haftung von Unternehmern, Unternehmensangehörigen und anderen Personen

Erster Abschnitt. Beschränkung der Haftung gegenüber Versicherten, ihren Angehörigen und Hinterbliebenen

Beschränkung der Haftung der Unternehmer 104
Beschränkung der Haftung anderer im Betrieb tätiger Personen 105
Beschränkung der Haftung anderer Personen 106
Besonderheiten in der Seefahrt 107
Bindung der Gerichte 108
Feststellungsberechtigung von in der Haftung beschränkten Personen 109

Zweiter Abschnitt. Haftung gegenüber den Sozialversicherungsträgern

Haftung gegenüber den Sozialversicherungsträgern 110
Haftung des Unternehmens 111
Bindung der Gerichte 112
Verjährung 113

Fünftes Kapitel. Organisation

Erster Abschnitt. Unfallversicherungsträger

Unfallversicherungsträger 114
Prävention bei der Unfallkasse des Bundes 115
Unfallversicherungsträger im Landesbereich 116
Unfallversicherungsträger im kommunalen Bereich 117
Vereinigung von Berufsgenossenschaften 118
Vereinigung landwirtschaftlicher Berufsgenossenschaften durch Verordnung 119
Bundes- und Landesgarantie 120

Zweiter Abschnitt. Zuständigkeit

Erster Unterabschnitt. Zuständigkeit der gewerblichen Berufsgenossenschaften

Zuständigkeit der gewerblichen Berufsgenossenschaften 121
Sachliche und örtliche Zuständigkeit 122

Zweiter Unterabschnitt. Zuständigkeit der landwirtschaftlichen Berufsgenossenschaften

Zuständigkeit der landwirtschaftlichen Berufsgenossenschaften 123
Bestandteile des landwirtschaftlichen Unternehmens 124

Dritter Unterabschnitt. Zuständigkeit der Unfallversicherungsträger der öffentlichen Hand

Zuständigkeit der Unfallkasse des Bundes 125
Zuständigkeit der Eisenbahn-Unfallkasse 126
Zuständigkeit der Unfallkasse Post und Telekom 127
Zuständigkeit der Unfallversicherungsträger im Landesbereich 128
Zuständigkeit der Unfallversicherungsträger im kommunalen Bereich 129

Vierter Unterabschnitt. Gemeinsame Vorschriften über die Zuständigkeit

Örtliche Zuständigkeit 130
Zuständigkeit für Hilfs- und Nebenunternehmen 131
Zuständigkeit für Unfallversicherungsträger 132
Zuständigkeit für Versicherte 133
Zuständigkeit bei Berufskrankheiten 134
Versicherung nach mehreren Vorschriften 135
Bescheid über die Zuständigkeit, Begriff des Unternehmers 136
Wirkung von Zuständigkeitsänderungen 137
Unterrichtung der Versicherten 138
Vorläufige Zuständigkeit 139

Dritter Abschnitt. Weitere Versicherungseinrichtungen

Haftpflicht- und Auslandsversicherung 140
Träger der Versicherungseinrichtungen, Aufsicht 141
Gemeinsame Einrichtungen 142
Seemannskasse 143

7. Buch. Gesetzliche Unfallversicherung — SGB VII 1

Vierter Abschnitt. Dienstrecht

Dienstordnung	144
Regelungen in der Dienstordnung	145
Verletzung der Dienstordnung	146
Aufstellung und Änderung der Dienstordnung	147
Dienstrechtliche Vorschriften für die Eisenbahn-Unfallkasse	148
Dienstrechtliche Vorschriften für die Unfallkasse Post und Telekom	149
Dienstrechtliche Vorschriften für die Unfallkasse des Bundes	149a

Sechstes Kapitel. Aufbringung der Mittel

Erster Abschnitt. Allgemeine Vorschriften

Erster Unterabschnitt. Beitragspflicht

Beitragspflichtige	150
Beitragserhebung bei überbetrieblichen arbeitsmedizinischen und sicherheitstechnischen Diensten	151

Zweiter Unterabschnitt. Beitragshöhe

Umlage	152
Berechnungsgrundlagen	153
Berechnungsgrundlagen in besonderen Fällen	154
Beiträge nach der Zahl der Versicherten	155
Beiträge nach einem auf Arbeitsstunden aufgeteilten Arbeitsentgelt	156
Gefahrtarif	157
Genehmigung	158
Veranlagung der Unternehmen zu den Gefahrklassen	159
Änderung der Veranlagung	160
Mindestbeitrag	161
Zuschläge, Nachlässe, Prämien	162
Beitragszuschüsse für Küstenfischer	163

Dritter Unterabschnitt. Vorschüsse und Sicherheitsleistungen

Beitragsvorschüsse und Sicherheitsleistungen	164

Vierter Unterabschnitt. Umlageverfahren

Nachweise	165
Auskunftspflicht der Unternehmer und Beitragsüberwachung	166
Beitragsberechnung	167
Beitragsbescheid	168
Beitragseinzug bei der See-Berufsgenossenschaft	169
Beitragszahlung an einen anderen Unfallversicherungsträger	170

Fünfter Unterabschnitt. Betriebsmittel und Rücklage

Betriebsmittel	171
Rücklage	172

Sechster Unterabschnitt. Zusammenlegung und Teilung der Last, Teilung der Entschädigungslast bei Berufskrankheiten, Erstattungsansprüche der landwirtschaftlichen Berufsgenossenschaften

Zusammenlegung und Teilung der Last	173
Teilung der Entschädigungslast bei Berufskrankheiten	174
Erstattungsansprüche der landwirtschaftlichen Berufsgenossenschaften	175

Siebter Unterabschnitt. Ausgleich unter den gewerblichen Berufsgenossenschaften

Ausgleichspflicht	176
Rentenlastsatz, Entschädigungslastsatz, Altrentenquote	177
Höhe des Ausgleichsanteils	178
Umlegung des Ausgleichsanteils	179
Freibeträge	180
Durchführung des Ausgleichs	181

Zweiter Abschnitt. Besondere Vorschriften für die landwirtschaftlichen Berufsgenossenschaften

Berechnungsgrundlagen	182
Umlageverfahren	183
Rücklage	184

Dritter Abschnitt. Besondere Vorschriften für die Unfallversicherungsträger der öffentlichen Hand

Gemeindeunfallversicherungsverbände, Unfallkassen der Länder und Gemeinden, gemeinsame Unfallkassen, Feuerwehr-Unfallkassen	185
Aufwendungen der Unfallkasse des Bundes	186

Vierter Abschnitt. Gemeinsame Vorschriften

Berechnungsgrundsätze	187

Siebtes Kapitel. Zusammenarbeit der Unfallversicherungsträger mit anderen Leistungsträgern und ihre Beziehungen zu Dritten

Erster Abschnitt. Zusammenarbeit der Unfallversicherungsträger mit anderen Leistungsträgern

Auskunftspflicht der Krankenkassen	188
Beauftragung einer Krankenkasse	189
Pflicht der Unfallversicherungsträger zur Benachrichtigung der Rentenversicherungsträger beim Zusammentreffen von Renten	190

Zweiter Abschnitt. Beziehungen der Unfallversicherungsträger zu Dritten

Unterstützungspflicht der Unternehmer	191
Mitteilungs- und Auskunftspflichten von Unternehmern und Bauherren	192
Pflicht zur Anzeige eines Versicherungsfalls durch die Unternehmer	193
Meldepflicht der Eigentümer von Seeschiffen	194
Unterstützungs- und Mitteilungspflichten von Kammern und der für die Erteilung einer Gewerbe- oder Bauerlaubnis zuständigen Behörden	195
Mitteilungspflichten der Schiffsvermessungs- und -registerbehörden	196
Übermittlungspflicht weiterer Behörden an die Träger der landwirtschaftlichen Sozialversicherung	197
Auskunftspflicht der Grundstückseigentümer	198

Achtes Kapitel. Datenschutz

Erster Abschnitt. Grundsätze

Erhebung, Verarbeitung und Nutzung von Daten durch die Unfallversicherungsträger	199
Einschränkung der Übermittlungsbefugnis	200

Zweiter Abschnitt. Datenerhebung und -verarbeitung durch Ärzte

Datenerhebung und Datenverarbeitung durch Ärzte	201
Anzeigepflicht von Ärzten bei Berufskrankheiten	202
Auskunftspflicht von Ärzten	203

Dritter Abschnitt. Dateien

Errichtung einer Datei für mehrere Unfallversicherungsträger	204
Datenverarbeitung und -übermittlung bei den landwirtschaftlichen Berufsgenossenschaften	205

Vierter Abschnitt. Sonstige Vorschriften

Übermittlung von Daten für die Forschung zur Bekämpfung von Berufskrankheiten	206
Erhebung, Verarbeitung und Nutzung von Daten zur Verhütung von Versicherungsfällen und arbeitsbedingten Gesundheitsgefahren	207
Auskünfte der Deutschen Post AG	208

Neuntes Kapitel. Bußgeldvorschriften

Bußgeldvorschriften	209
Zuständige Verwaltungsbehörde	210
Zusammenarbeit bei der Verfolgung und Ahndung von Ordnungswidrigkeiten	211

Zehntes Kapitel. Übergangsrecht

Grundsatz	212
Versicherungsschutz	213

7. Buch. Gesetzliche Unfallversicherung §§ 1, 2 SGB VII 1

Geltung auch für frühere Versicherungsfälle 214
Sondervorschriften für Versicherungsfälle in dem in Artikel 3 des Einigungsvertrages genannten Gebiet 215
Bezugsgröße (Ost) und aktueller Rentenwert (Ost) 216
Bestandsschutz 217
Länder und Gemeinden als Unfallversicherungsträger 218
Leistungen an Hinterbliebene 218a
Errichtung einer Unfallkasse des Bundes 218b
Auszahlung laufender Geldleistungen bei Beginn vor dem 1. April 2004 .... 218c
Aufbringung der Mittel 219
Ausgleich unter den gewerblichen Berufsgenossenschaften 220

Anlage 1 (zu § 114) Gewerbliche Berufsgenossenschaften

Anlage 2 (zu § 114) Landwirtschaftliche Berufsgenossenschaften

Erstes Kapitel. Aufgaben, versicherter Personenkreis, Versicherungsfall

Erster Abschnitt. Aufgaben der Unfallversicherung

§ 1 Prävention, Rehabilitation, Entschädigung. Aufgabe der Unfallversicherung ist es, nach Maßgabe der Vorschriften dieses Buches

1. mit allen geeigneten Mitteln Arbeitsunfälle und Berufskrankheiten sowie arbeitsbedingte Gesundheitsgefahren zu verhüten,
2. nach Eintritt von Arbeitsunfällen oder Berufskrankheiten die Gesundheit und die Leistungsfähigkeit der Versicherten mit allen geeigneten Mitteln wiederherzustellen und sie oder ihre Hinterbliebenen durch Geldleistungen zu entschädigen.

Zweiter Abschnitt. Versicherter Personenkreis

§ 2 Versicherung kraft Gesetzes. (1) Kraft Gesetzes sind versichert
1. Beschäftigte,
2. Lernende während der beruflichen Aus- und Fortbildung in Betriebsstätten, Lehrwerkstätten, Schulungskursen und ähnlichen Einrichtungen,
3. Personen, die sich Untersuchungen, Prüfungen oder ähnlichen Maßnahmen unterziehen, die aufgrund von Rechtsvorschriften zur Aufnahme einer versicherten Tätigkeit oder infolge einer abgeschlossenen versicherten Tätigkeit erforderlich sind, soweit diese Maßnahmen vom Unternehmen oder einer Behörde veranlaßt worden sind,
4. behinderte Menschen, die in anerkannten Werkstätten für behinderte Menschen oder in nach dem Blindenwarenvertriebsgesetz anerkannten Blindenwerkstätten oder für diese Einrichtungen in Heimarbeit tätig sind,
5. Personen, die
   a) Unternehmer eines landwirtschaftlichen Unternehmens sind und ihre im Unternehmen mitarbeitenden Ehegatten oder Lebenspartner,
   b) im landwirtschaftlichen Unternehmen nicht nur vorübergehend mitarbeitende Familienangehörige sind,

7

c) in landwirtschaftlichen Unternehmen in der Rechtsform von Kapital- oder Personenhandelsgesellschaften regelmäßig wie Unternehmer selbständig tätig sind,
d) ehrenamtlich in Unternehmen tätig sind, die unmittelbar der Sicherung, Überwachung oder Förderung der Landwirtschaft überwiegend dienen,
e) ehrenamtlich in den Berufsverbänden der Landwirtschaft tätig sind, wenn für das Unternehmen eine landwirtschaftliche Berufsgenossenschaft zuständig ist,
6. Hausgewerbetreibende und Zwischenmeister sowie ihre mitarbeitenden Ehegatten oder Lebenspartner,
7. selbständig tätige Küstenschiffer und Küstenfischer, die zur Besatzung ihres Fahrzeugs gehören oder als Küstenfischer ohne Fahrzeug fischen und regelmäßig nicht mehr als vier Arbeitnehmer beschäftigen, sowie ihre mitarbeitenden Ehegatten oder Lebenspartner,
8. a) Kinder während des Besuchs von Tageseinrichtungen, deren Träger für den Betrieb der Einrichtungen der Erlaubnis nach § 45 des Achten Buches oder einer Erlaubnis aufgrund einer entsprechenden landesrechtlichen Regelung bedürfen,
b) Schüler während des Besuchs von allgemein- oder berufsbildenden Schulen und während der Teilnahme an unmittelbar vor oder nach dem Unterricht von der Schule oder im Zusammenwirken mit ihr durchgeführten Betreuungsmaßnahmen,
c) Studierende während der Aus- und Fortbildung an Hochschulen,
9. Personen, die selbständig oder unentgeltlich, insbesondere ehrenamtlich im Gesundheitswesen oder in der Wohlfahrtspflege tätig sind,
10. Personen, die für Körperschaften, Anstalten oder Stiftungen des öffentlichen Rechts oder deren Verbände oder Arbeitsgemeinschaften, für öffentlich-rechtliche Religionsgemeinschaften oder für die in den Nummern 2 und 8 genannten Einrichtungen ehrenamtlich tätig sind oder an Ausbildungsveranstaltungen für diese Tätigkeit teilnehmen,
11. Personen, die
a) von einer Körperschaft, Anstalt oder Stiftung des öffentlichen Rechts zur Unterstützung einer Diensthandlung herangezogen werden,
b) von einer dazu berechtigten öffentlichen Stelle als Zeugen zur Beweiserhebung herangezogen werden,
12. Personen, die in Unternehmen zur Hilfe bei Unglücksfällen oder im Zivilschutz unentgeltlich, insbesondere ehrenamtlich tätig sind oder an Ausbildungsveranstaltungen dieser Unternehmen teilnehmen,
13. Personen, die
a) bei Unglücksfällen oder gemeiner Gefahr oder Not Hilfe leisten oder einen anderen aus erheblicher gegenwärtiger Gefahr für seine Gesundheit retten,
b) Blut oder körpereigene Organe, Organteile oder Gewebe spenden,
c) sich bei der Verfolgung oder Festnahme einer Person, die einer Straftat verdächtig ist oder zum Schutz eines widerrechtlich Angegriffenen persönlich einsetzen,
14. Personen, die nach den Vorschriften *des Dritten Buches oder des Bundessozialhilfegesetzes* (ab **1. 1. 2005**: des Zweiten oder des Dritten Buches) der Meldepflicht unterliegen, wenn sie einer besonderen, an sie im Einzelfall

gerichteten Aufforderung einer Dienststelle der Bundesagentur für Arbeit, eines nach § 6a des Zweiten Buches zugelassenen kommunalen Trägers oder des nach § 6 Abs. 1 Satz 1 Nr. 2 des Zweiten Buches zuständigen Trägers nachkommen, diese oder eine andere Stelle aufzusuchen,

15. Personen, die

a) auf Kosten einer Krankenkasse oder eines Trägers der gesetzlichen Rentenversicherung oder einer landwirtschaftlichen Alterskasse stationäre oder teilstationäre Behandlung oder stationäre, teilstationäre oder ambulante Leistungen zur medizinischen Rehabilitation erhalten,

b) zur Vorbereitung von Leistungen zur Teilhabe am Arbeitsleben auf Aufforderung eines Trägers der gesetzlichen Rentenversicherung oder der Bundesagentur für Arbeit einen dieser Träger oder eine andere Stelle aufsuchen,

c) auf Kosten eines Unfallversicherungsträgers an vorbeugenden Maßnahmen nach § 3 der Berufskrankheiten-Verordnung teilnehmen,

16. Personen, die bei der Schaffung öffentlich geförderten Wohnraums im Sinne des Zweiten Wohnungsbaugesetzes oder im Rahmen der sozialen Wohnraumförderung bei der Schaffung von Wohnraum im Sinne des § 16 Abs. 1 Nr. 1 bis 3 des Wohnraumförderungsgesetzes im Rahmen der Selbsthilfe tätig sind,

17. Pflegepersonen im Sinne des § 19 des Elften Buches[1]) bei der Pflege eines Pflegebedürftigen im Sinne des § 14 des Elften Buches[1]); die versicherte Tätigkeit umfaßt Pflegetätigkeiten im Bereich der Körperpflege und – soweit diese Tätigkeiten überwiegend Pflegebedürftigen zugute kommen – Pflegetätigkeiten in den Bereichen der Ernährung, der Mobilität sowie der hauswirtschaftlichen Versorgung (§ 14 Abs. 4 des Elften Buches[1]).

(2) [1]Ferner sind Personen versichert, die wie nach Absatz 1 Nr. 1 Versicherte tätig werden. [2]Satz 1 gilt auch für Personen, die während einer aufgrund eines Gesetzes angeordneten Freiheitsentziehung oder aufgrund einer strafrichterlichen, staatsanwaltlichen oder jugendbehördlichen Anordnung wie Beschäftigte tätig werden.

(3) [1]Absatz 1 Nr. 1 gilt auch für

1. Deutsche, die im Ausland bei einer amtlichen Vertretung des Bundes oder der Länder oder bei deren Leitern, deutschen Mitgliedern oder Bediensteten beschäftigt sind,

2. Entwicklungshelfer im Sinne des Entwicklungshelfer-Gesetzes, die Entwicklungsdienst oder Vorbereitungsdienst leisten,

[2]Soweit die Absätze 1 und 2 weder eine Beschäftigung noch eine selbständige Tätigkeit voraussetzen, gelten sie abweichend von § 3 Nr. 2 des Vierten Buches[2]) für alle Personen, die die in diesen Absätzen genannten Tätigkeiten im Inland ausüben; § 4 des Vierten Buches[2]) gilt entsprechend. [3]Absatz 1 Nr. 13 gilt auch für Personen, die im Ausland tätig werden, wenn sie im Inland ihren Wohnsitz oder gewöhnlichen Aufenthalt haben.

(4) Familienangehörige im Sinne des Absatzes 1 Nr. 5 Buchstabe b sind

1. Verwandte bis zum dritten Grade,

---

[1]) Nr. 8.
[2]) Nr. 3.

2. Verschwägerte bis zum zweiten Grade,
3. Pflegekinder (§ 56 Abs. 2 Nr. 2 des Ersten Buches[1])
der Unternehmer, ihrer Ehegatten oder ihrer Lebenspartner.

§ 3 Versicherung kraft Satzung. (1) Die Satzung kann bestimmen, daß und unter welchen Voraussetzungen sich die Versicherung erstreckt auf
1. Unternehmer und ihre im Unternehmen mitarbeitenden Ehegatten oder Lebenspartner,
2. Personen, die sich auf der Unternehmensstätte aufhalten; § 2 Abs. 3 Satz 2 erster Halbsatz gilt entsprechend.

(2) Absatz 1 gilt nicht für
1. Haushaltsführende,
2. Unternehmer von nicht gewerbsmäßig betriebenen Binnenfischereien oder Imkereien und ihre im Unternehmen mitarbeitenden Ehegatten oder Lebenspartner,
3. Personen, die aufgrund einer vom Fischerei- oder Jagdausübungsberechtigten erteilten Erlaubnis als Fischerei- oder Jagdgast fischen oder jagen,
4. Reeder, die nicht zur Besatzung des Fahrzeugs gehören, und ihre im Unternehmen mitarbeitenden Ehegatten oder Lebenspartner.

§ 4 Versicherungsfreiheit. (1) Versicherungsfrei sind
1. Personen, soweit für sie beamtenrechtliche Unfallfürsorgevorschriften oder entsprechende Grundsätze gelten; ausgenommen sind Ehrenbeamte und ehrenamtliche Richter,
2. Personen, soweit für sie das Bundesversorgungsgesetz oder Gesetze, die eine entsprechende Anwendung des Bundesversorgungsgesetzes vorsehen, gelten, es sei denn, daß
   a) der Versicherungsfall zugleich die Folge einer Schädigung im Sinne dieser Gesetze ist oder
   b) es sich um eine Schädigung im Sinne des § 5 Abs. 1 Buchstabe e des Bundesversorgungsgesetzes handelt,
3. Satzungsmäßige Mitglieder geistlicher Genossenschaften, Diakonissen und Angehörige ähnlicher Gemeinschaften, wenn ihnen nach den Regeln der Gemeinschaft Anwartschaft auf die in der Gemeinschaft übliche Versorgung gewährleistet und die Erfüllung der Gewährleistung gesichert ist.

(2) Von der Versicherung nach § 2 Abs. 1 Nr. 5 sind frei
1. Personen, die aufgrund einer vom Fischerei- oder Jagdausübungsberechtigten erteilten Erlaubnis als Fischerei- oder Jagdgast fischen oder jagen,
2. Unternehmer von Binnenfischereien, Imkereien und Unternehmen nach § 123 Abs. 1 Nr. 2, wenn diese Unternehmen nicht gewerbsmäßig betrieben werden und nicht Neben- oder Hilfsunternehmen eines anderen landwirtschaftlichen Unternehmens sind, sowie ihre im Unternehmen mitarbeitenden Ehegatten oder Lebenspartner; das gleiche gilt für Personen, die in diesen Unternehmen als Verwandte oder Verschwägerte bis zum zweiten Grad oder als Pflegekind der Unternehmer, ihrer Ehegatten oder Lebenspartner unentgeltlich tätig sind.

---

[1] Nr. 2.

(3) Von der Versicherung nach § 2 Abs. 1 Nr. 9 sind frei selbständig tätige Ärzte, Zahnärzte, Tierärzte, Psychologische Psychotherapeuten, Kinder- und Jugendlichenpsychotherapeuten, Heilpraktiker und Apotheker.

(4) Von der Versicherung nach § 2 Abs. 2 ist frei, wer in einem Haushalt als Verwandter oder Verschwägerter bis zum zweiten Grad oder als Pflegekind der Haushaltsführenden, der Ehegatten oder der Lebenspartner unentgeltlich tätig ist, es sei denn, er ist in einem in § 124 Nr. 1 genannten Haushalt tätig.

§ 5 Versicherungsbefreiung. Von der Versicherung nach § 2 Abs. 1 Nr. 5 werden auf Antrag Unternehmer landwirtschaftlicher Unternehmen im Sinne des § 123 Abs. 1 Nr. 1 bis zu einer Größe von 0,12 Hektar und ihre Ehegatten unwiderruflich befreit; dies gilt nicht für Spezialkulturen. [2]Das Nähere bestimmt die Satzung.

§ 6 Freiwillige Versicherung. (1) Auf schriftlichen Antrag können sich versichern
1. Unternehmer und ihre im Unternehmen mitarbeitenden Ehegatten; ausgenommen sind Haushaltsführende, Unternehmer von nicht gewerbsmäßig betriebenen Binnenfischereien oder Imkereien, von nicht gewerbsmäßg betriebenen Unternehmen nach § 123 Abs. 1 Nr. 2 und ihre Ehegatten sowie Fischerei- und Jagdgäste,
2. Personen, die in Kapital- oder Personenhandelsgesellschaften regelmäßig wie Unternehmer selbständig tätig sind.

(2) [1]Die Versicherung beginnt mit dem Tag, der dem Eingang des Antrags folgt. [2]Die Versicherung erlischt, wenn der Beitrag oder Beitragsvorschuß binnen zwei Monaten nach Fälligkeit nicht gezahlt worden ist. [3]Eine Neuanmeldung bleibt so lange unwirksam, bis der rückständige Beitrag oder Beitragsvorschuß entrichtet worden ist.

Dritter Abschnitt. Versicherungsfall

§ 7 Begriff. (1) Versicherungsfälle sind Arbeitsunfälle und Berufskrankheiten.

(2) Verbotswidriges Handeln schließt einen Versicherungsfall nicht aus.

§ 8 Arbeitsunfall. (1) [1]Arbeitsunfälle sind Unfälle von Versicherten infolge einer den Versicherungsschutz nach §§ 2, 3 oder 6 begründenden Tätigkeit (versicherte Tätigkeit). [2]Unfälle sind zeitlich begrenzte, von außen auf den Körper einwirkende Ereignisse, die zu einem Gesundheitsschaden oder zum Tod führen.

(2) Versicherte Tätigkeiten sind auch
1. das Zurücklegen des mit der versicherten Tätigkeit zusammenhängenden unmittelbaren Weges nach und von dem Ort der Tätigkeit,
2. das Zurücklegen des von einem unmittelbaren Weg nach und von dem Ort der Tätigkeit abweichenden Weges, um
   a) Kinder von Versicherten (§ 56 des Ersten Buches[1]), die mit ihnen in einem gemeinsamen Haushalt leben, wegen ihrer, ihrer Ehegatten oder ih-

---
[1] Nr. 2.

rer Lebenspartner beruflichen Tätigkeit fremder Obhut anzuvertrauen oder

b) mit anderen Berufstätigen oder Versicherten gemeinsam ein Fahrzeug zu benutzen,

3. das Zurücklegen des von einem unmittelbaren Weg nach und von dem Ort der Tätigkeit abweichenden Weges der Kinder von Personen (§ 56 des Ersten Buches[1]), die mit ihnen in einem gemeinsamen Haushalt leben, wenn die Abweichung darauf beruht, daß die Kinder wegen der beruflichen Tätigkeit dieser Personen oder deren Ehegatten oder deren Lebenspartner fremder Obhut anvertraut werden,

4. das Zurücklegen des mit der versicherten Tätigkeit zusammenhängenden Weges von und nach der ständigen Familienwohnung, wenn die Versicherten wegen der Entfernung ihrer Familienwohnung von dem Ort der Tätigkeit an diesem oder in dessen Nähe eine Unterkunft haben,

5. das mit einer versicherten Tätigkeit zusammenhängende Verwahren, Befördern, Instandhalten und Erneuern eines Arbeitsgeräts oder einer Schutzausrüstung sowie deren Erstbeschaffung, wenn dies auf Veranlassung der Unternehmer erfolgt.

(3) Als Gesundheitsschaden gilt auch die Beschädigung oder der Verlust eines Hilfsmittels.

§ 9 Berufskrankheit. (1) [1]Berufskrankheiten sind Krankheiten, die die Bundesregierung durch Rechtsverordnung mit Zustimmung des Bundesrates als Berufskrankheiten bezeichnet und die Versicherte infolge einer den Versicherungsschutz nach §§ 2, 3 oder 6 begründenden Tätigkeit erleiden. [2]Die Bundesregierung wird ermächtigt, in der Rechtsverordnung solche Krankheiten als Berufskrankheiten zu bezeichnen, die nach den Erkenntnissen der medizinischen Wissenschaft durch besondere Einwirkungen verursacht sind, denen bestimmte Personengruppen durch ihre versicherte Tätigkeit in erheblich höherem Grade als die übrige Bevölkerung ausgesetzt sind; sie kann dabei bestimmen, daß die Krankheiten nur dann Berufskrankheiten sind, wenn sie durch Tätigkeiten in bestimmten Gefährdungsbereichen verursacht worden sind oder wenn sie zur Unterlassung aller Tätigkeiten geführt haben, die für die Entstehung, die Verschlimmerung oder das Wiederaufleben der Krankheit ursächlich waren oder sein können. [3]In der Rechtsverordnung kann ferner bestimmt werden, inwieweit Versicherte in Unternehmen der Seefahrt auch in der Zeit gegen Berufskrankheiten versichert sind, in der sie an Land beurlaubt sind.

(2) Die Unfallversicherungsträger haben eine Krankheit, die nicht in der Rechtsverordnung bezeichnet ist oder bei der die dort bestimmten Voraussetzungen nicht vorliegen, wie eine Berufskrankheit als Versicherungsfall anzuerkennen, sofern im Zeitpunkt der Entscheidung nach neuen Erkenntnissen der medizinischen Wissenschaft die Voraussetzungen für eine Bezeichnung nach Absatz 1 Satz 2 erfüllt sind.

(3) Erkranken Versicherte, die infolge der besonderen Bedingungen ihrer versicherten Tätigkeit in erhöhtem Maße der Gefahr der Erkrankung an einer in der Rechtsverordnung nach Absatz 1 genannten Berufskrankheit ausgesetzt waren, an einer solchen Krankheit und können Anhaltspunkte für eine Ver-

---

[1] Nr. 2.

ursachung außerhalb der versicherten Tätigkeit nicht festgestellt werden, wird vermutet, daß diese infolge der versicherten Tätigkeit verursacht worden ist.

(4) Setzt die Anerkennung einer Krankheit als Berufskrankheit die Unterlassung aller Tätigkeiten voraus, die für die Entstehung, die Verschlimmerung oder das Wiederaufleben der Krankheit ursächlich waren oder sein können, haben die Unfallversicherungsträger vor Unterlassung einer noch verrichteten gefährdenden Tätigkeit darüber zu entscheiden, ob die übrigen Voraussetzungen für die Anerkennung einer Berufskrankheit erfüllt sind.

(5) Soweit Vorschriften über Leistungen auf den Zeitpunkt des Versicherungsfalls abstellen, ist bei Berufskrankheiten auf den Beginn der Arbeitsunfähigkeit oder der Behandlungsbedürftigkeit oder, wenn dies für den Versicherten günstiger ist, auf den Beginn der rentenberechtigenden Minderung der Erwerbsfähigkeit abzustellen.

(6) Die Bundesregierung regelt durch Rechtsverordnung mit Zustimmung des Bundesrates

1. Voraussetzungen, Art und Umfang von Leistungen zur Verhütung des Entstehens, der Verschlimmerung oder des Wiederauflebens von Berufskrankheiten,

2. die Mitwirkung der für den medizinischen Arbeitsschutz zuständigen Stellen bei der Feststellung von Berufskrankheiten sowie von Krankheiten, die nach Absatz 2 wie Berufskrankheiten zu entschädigen sind; dabei kann bestimmt werden, daß die für den medizinischen Arbeitsschutz zuständigen Stellen berechtigt sind, Zusammenhangsgutachten zu erstellen sowie zur Vorbereitung ihrer Gutachten Versicherte zu untersuchen oder auf Kosten der Unfallversicherungsträger andere Ärzte mit der Vornahme der Untersuchungen zu beauftragen,

3. die von den Unfallversicherungsträgern für die Tätigkeit der Stellen nach Nummer 2 zu entrichtenden Gebühren; diese Gebühren richten sich nach dem für die Begutachtung erforderlichen Aufwand und den dadurch entstehenden Kosten.

(7) Die Unfallversicherungsträger haben die für den medizinischen Arbeitsschutz zuständige Stelle über den Ausgang des Berufskrankheitenverfahrens zu unterrichten, soweit ihre Entscheidung von der gutachterlichen Stellungnahme der zuständigen Stelle abweicht.

(8) Die Unfallversicherungsträger wirken bei der Gewinnung neuer medizinisch-wissenschaftlicher Erkenntnisse insbesondere zur Fortentwicklung des Berufskrankheitenrechts mit; sie sollen durch eigene Forschung oder durch Beteiligung an fremden Forschungsvorhaben dazu beitragen, den Ursachenzusammenhang zwischen Erkrankungshäufigkeiten in einer bestimmten Personengruppe und gesundheitsschädlichen Einwirkungen im Zusammenhang mit der versicherten Tätigkeit aufzuklären.

(9) ¹Die für den medizinischen Arbeitsschutz zuständigen Stellen dürfen zur Feststellung von Berufskrankheiten sowie von Krankheiten, die nach Absatz 2 wie Berufskrankheiten zu entschädigen sind, Daten erheben, verarbeiten oder nutzen sowie zur Vorbereitung von Gutachten Versicherte untersuchen, soweit dies im Rahmen ihrer Mitwirkung nach Absatz 6 Nr. 2 erforderlich ist; sie dürfen diese Daten insbesondere an den zuständigen Unfallversicherungsträger übermitteln. ²Die erhobenen Daten dürfen auch zur Verhütung von Arbeitsunfällen, Berufskrankheiten und arbeitsbedingten Gesundheitsgefahren

verarbeitet oder genutzt werden. ³Soweit die in Satz 1 genannten Stellen andere Ärzte mit der Vornahme von Untersuchungen beauftragen, ist die Übermittlung von Daten zwischen diesen Stellen und den beauftragten Ärzten zulässig, soweit dies im Rahmen des Untersuchungsauftrages erforderlich ist.

§ 10 Erweiterung in der See- und Binnenschiffahrt. (1) In der See- und Binnenschiffahrt sind Versicherungsfälle auch Unfälle infolge
1. von Elementarereignissen,
2. der einem Hafen oder dem Liegeplatz eines Fahrzeugs eigentümlichen Gefahren,
3. der Beförderung von Land zum Fahrzeug oder vom Fahrzeug zum Land.

(2) In Unternehmen der Seefahrt gilt als versicherte Tätigkeit auch die freie Rückbeförderung nach dem Seemannsgesetz oder tariflichen Vorschriften oder die Mitnahme auf deutschen Seeschiffen nach dem Gesetz betreffend die Verpflichtung der Kauffahrteischiffe zur Mitnahme heimzuschaffender Seeleute in der im Bundesgesetzblatt Teil III, Gliederungsnummer 9510-3, veröffentlichten bereinigten Fassung, zuletzt geändert durch Artikel 278 des Einführungsgesetzes zum Strafgesetzbuch vom 2. März 1974 (BGBl. I S. 469).

§ 11 Mittelbare Folgen eines Versicherungsfalls. (1) Folgen eines Versicherungsfalls sind auch Gesundheitsschäden oder der Tod von Versicherten infolge
1. der Durchführung einer Heilbehandlung, von Leistungen zur Teilhabe am Arbeitsleben oder einer Maßnahme nach § 3 der Berufskrankheiten-Verordnung,
2. der Wiederherstellung oder Erneuerung eines Hilfsmittels,
3. der zur Aufklärung des Sachverhalts eines Versicherungsfalls angeordneten Untersuchung

einschließlich der dazu notwendigen Wege.

(2) ¹Absatz 1 gilt entsprechend, wenn die Versicherten auf Aufforderung des Unfallversicherungsträgers diesen oder eine von ihm bezeichnete Stelle zur Vorbereitung von Maßnahmen der Heilbehandlung, der Leistungen zur Teilhabe am Arbeitsleben oder von Maßnahmen nach § 3 der Berufskrankheiten-Verordnung aufsuchen. ²Der Aufforderung durch den Unfallversicherungsträger nach Satz 1 steht eine Aufforderung durch eine mit der Durchführung der genannten Maßnahmen beauftragte Stelle gleich.

§ 12 Versicherungsfall einer Leibesfrucht. ¹Versicherungsfall ist auch der Gesundheitsschaden einer Leibesfrucht infolge eines Versicherungsfalls der Mutter während der Schwangerschaft; die Leibesfrucht steht insoweit einem Versicherten gleich. ²Bei einer Berufskrankheit als Versicherungsfall genügt, daß der Gesundheitsschaden der Leibesfrucht durch besondere Einwirkungen verursacht worden ist, die generell geeignet sind, eine Berufskrankheit der Mutter zu verursachen.

§ 13 Sachschäden bei Hilfeleistungen. ¹Den nach § 2 Abs. 1 Nr. 11 Buchstabe a und Nr. 13 Buchstabe a und c Versicherten sind auf Antrag Schäden, die infolge einer der dort genannten Tätigkeiten an in ihrem Besitz befindlichen Sachen entstanden sind, sowie die Aufwendungen zu ersetzen, die sie den Umständen nach für erforderlich halten durften. ²§ 116 des Zehnten Buches gilt entsprechend.

Zweites Kapitel. Prävention

§ 14 Grundsatz. (1) ¹Die Unfallversicherungsträger haben mit allen geeigneten Mitteln für die Verhütung von Arbeitsunfällen, Berufskrankheiten und arbeitsbedingten Gesundheitsgefahren und für eine wirksame Erste Hilfe zu sorgen. ²Sie sollen dabei auch den Ursachen von arbeitsbedingten Gefahren für Leben und Gesundheit nachgehen.

(2) Bei der Verhütung arbeitsbedingter Gesundheitsgefahren arbeiten die Unfallversicherungsträger mit den Krankenkassen zusammen.

§ 15 Unfallverhütungsvorschriften. (1) ¹Die Unfallversicherungsträger erlassen als autonomes Recht Unfallverhütungsvorschriften über
1. Einrichtungen, Anordnungen und Maßnahmen, welche die Unternehmer zur Verhütung von Arbeitsunfällen, Berufskrankheiten und arbeitsbedingten Gesundheitsgefahren zu treffen haben, sowie die Form der Übertragung dieser Aufgaben auf andere Personen,
2. das Verhalten der Versicherten zur Verhütung von Arbeitsunfällen, Berufskrankheiten und arbeitsbedingten Gesundheitsgefahren,
3. vom Unternehmer zu veranlassende arbeitsmedizinische Untersuchungen und sonstige arbeitsmedizinische Maßnahmen vor, während und nach der Verrichtung von Arbeiten, die für Versicherte oder für Dritte mit arbeitsbedingten Gefahren für Leben und Gesundheit verbunden sind,
4. Voraussetzungen, die der Arzt, der mit Untersuchungen oder Maßnahmen nach Nummer 3 beauftragt ist, zu erfüllen hat, sofern die ärztliche Untersuchung nicht durch eine staatliche Rechtsvorschrift vorgesehen ist,
5. die Sicherstellung einer wirksamen Ersten Hilfe durch den Unternehmer,
6. die Maßnahmen, die der Unternehmer zur Erfüllung der sich aus dem Gesetz über Betriebsärzte, Sicherheitsingenieure und andere Fachkräfte für Arbeitssicherheit ergebenden Pflichten zu treffen hat,
7. die Zahl der Sicherheitsbeauftragten, die nach § 22 unter Berücksichtigung der in den Unternehmen für Leben und Gesundheit der Versicherten bestehenden arbeitsbedingten Gefahren und der Zahl der Beschäftigten zu bestellen sind.

²In der Unfallverhütungsvorschrift nach Satz 1 Nr. 3 kann bestimmt werden, daß arbeitsmedizinische Vorsorgeuntersuchungen auch durch den Unfallversicherungsträger veranlaßt werden können.

(2) ¹Soweit die Unfallversicherungsträger Vorschriften nach Absatz 1 Satz 1 Nr. 3 erlassen, können sie zu den dort genannten Zwecken auch die Erhebung, Verarbeitung und Nutzung von folgenden Daten über die untersuchten Personen durch den Unternehmer vorsehen:
1. Vor- und Familienname, Geburtsdatum sowie Geschlecht,
2. Wohnanschrift,
3. Tag der Einstellung und des Ausscheidens,
4. Ordnungsnummer,
5. zuständige Krankenkasse,

6. Art der vom Arbeitsplatz ausgehenden Gefährdungen,
7. Art der Tätigkeit mit Angabe des Beginns und des Endes der Tätigkeit,
8. Angaben über Art und Zeiten früherer Tätigkeiten, bei denen eine Gefährdung bestand, soweit dies bekannt ist,
9. Datum und Ergebnis der ärztlichen Vorsorgeuntersuchungen; die Übermittlung von Diagnosedaten an den Unternehmer ist nicht zulässig,
10. Datum der nächsten regelmäßigen Nachuntersuchung,
11. Name und Anschrift des untersuchenden Arztes.
²Soweit die Unfallversicherungsträger Vorschriften nach Absatz 1 Satz 2 erlassen, gelten Satz 1 sowie § 24 Abs. 1 Satz 3 und 4 entsprechend.

(3) Absatz 1 Satz 1 Nr. 1 bis 5 gilt nicht für die unter bergbehördlicher Aufsicht stehenden Unternehmen.

(4) ¹Die Vorschriften nach Absatz 1 bedürfen der Genehmigung durch das Bundesministerium für Wirtschaft und Arbeit. ²Die Entscheidung hierüber wird im Benehmen mit den zuständigen obersten Verwaltungsbehörden der Länder getroffen. ³Soweit die Vorschriften von einem Unfallversicherungsträger erlassen werden, welcher der Aufsicht eines Landes untersteht, entscheidet die zuständige oberste Landesbehörde über die Genehmigung im Benehmen mit dem Bundesministerium für Wirtschaft und Arbeit.

(5) Die Unternehmer sind über die Vorschriften nach Absatz 1 zu unterrichten und zur Unterrichtung der Versicherten verpflichtet.

§ 16 Geltung bei Zuständigkeit anderer Unfallversicherungsträger und für ausländische Unternehmen. (1) Die Unfallverhütungsvorschriften eines Unfallversicherungsträgers gelten auch, soweit in dem oder für das Unternehmen Versicherte tätig werden, für die ein anderer Unfallversicherungsträger zuständig ist.

(2) Die Unfallverhütungsvorschriften eines Unfallversicherungsträgers gelten auch für Unternehmer und Beschäftigte von ausländischen Unternehmen, die eine Tätigkeit im Inland ausüben, ohne einem Unfallversicherungsträger anzugehören.

§ 17 Überwachung und Beratung. (1) ¹Die Unfallversicherungsträger haben die Durchführung der Maßnahmen zur Verhütung von Arbeitsunfällen, Berufskrankheiten, arbeitsbedingten Gesundheitsgefahren und für eine wirksame Erste Hilfe in den Unternehmen zu überwachen sowie die Unternehmer und die Versicherten zu beraten. ²Sie können im Einzelfall anordnen, welche Maßnahmen Unternehmer oder Versicherte zu treffen haben
1. zur Erfüllung ihrer Pflichten aufgrund der Unfallverhütungsvorschriften nach § 15,
2. zur Abwendung besonderer Unfall- und Gesundheitsgefahren.

(2) ¹Soweit in einem Unternehmen Versicherte tätig sind, für die ein anderer Unfallversicherungsträger zuständig ist, kann auch dieser die Durchführung der Maßnahmen zur Verhütung von Arbeitsunfällen, Berufskrankheiten, arbeitsbedingten Gesundheitsgefahren und für eine wirksame Erste Hilfe überwachen. ²Beide Unfallversicherungsträger sollen, wenn nicht sachliche Gründe entgegenstehen, die Überwachung und Beratung abstimmen und sich mit deren Wahrnehmung auf einen Unfallversicherungsträger verständigen.

7. Buch. Gesetzliche Unfallversicherung §§ 18, 19 SGB VII 1

(3) Anordnungen nach Absatz 1 können auch gegenüber Unternehmern und Beschäftigten von ausländischen Unternehmen getroffen werden, die eine Tätigkeit im Inland ausüben, ohne einem Unfallversicherungsträger anzugehören.

(4) Erwachsen dem Unfallversicherungsträger durch Pflichtversäumnis eines Unternehmers bare Auslagen für die Überwachung seines Unternehmens, so kann der Vorstand dem Unternehmer diese Kosten auferlegen.

(5) Die Seemannsämter können durch eine Untersuchung der Seeschiffe feststellen, ob die Unfallverhütungsvorschriften befolgt sind.

§ 18 Aufsichtspersonen. (1) Die Unfallversicherungsträger sind verpflichtet, Aufsichtspersonen in der für eine wirksame Überwachung und Beratung gemäß § 17 erforderlichen Zahl zu beschäftigen.

(2) [1]Als Aufsichtsperson darf nur beschäftigt werden, wer seine Befähigung für diese Tätigkeit durch eine Prüfung nachgewiesen hat. [2]Die Unfallversicherungsträger erlassen Prüfungsordnungen. [3]Die Prüfungsordnungen bedürfen der Genehmigung durch die Aufsichtsbehörde.

§ 19 Befugnisse der Aufsichtspersonen. (1) [1]Zur Überwachung der Maßnahmen zur Verhütung von Arbeitsunfällen, Berufskrankheiten, arbeitsbedingten Gesundheitsgefahren und für eine wirksame Erste Hilfe sind die Aufsichtspersonen insbesondere befugt,
1. zu den Betriebs- und Geschäftszeiten Grundstücke und Betriebsstätten zu betreten, zu besichtigen und zu prüfen,
2. von dem Unternehmer die zur Durchführung ihrer Überwachungsaufgabe erforderlichen Auskünfte zu verlangen,
3. geschäftliche und betriebliche Unterlagen des Unternehmers einzusehen, soweit es die Durchführung ihrer Überwachungsaufgabe erfordert,
4. Arbeitsmittel und persönliche Schutzausrüstungen sowie ihre bestimmungsgemäße Verwendung zu prüfen,
5. Arbeitsverfahren und Arbeitsabläufe zu untersuchen und insbesondere das Vorhandensein und die Konzentration gefährlicher Stoffe und Zubereitungen zu ermitteln oder, soweit die Aufsichtspersonen und der Unternehmer die erforderlichen Feststellungen nicht treffen können, auf Kosten des Unternehmers ermitteln zu lassen,
6. gegen Empfangsbescheinigung Proben nach ihrer Wahl zu fordern oder zu entnehmen; soweit der Unternehmer nicht ausdrücklich darauf verzichtet, ist ein Teil der Proben amtlich verschlossen oder versiegelt zurückzulassen,
7. zu untersuchen, ob und auf welche betriebliche Ursachen ein Unfall, eine Erkrankung oder ein Schadensfall zurückzuführen ist,
8. die Begleitung durch den Unternehmer oder eine von ihm beauftragte Person zu verlangen.

[2]Der Unternehmer hat die Maßnahmen nach Satz 1 Nr. 1 und 3 bis 7 zu dulden. [3]Zur Verhütung dringender Gefahren können die Maßnahmen nach Satz 1 auch in Wohnräumen und zu jeder Tages- und Nachtzeit getroffen werden. [4]Das Grundrecht der Unverletzlichkeit der Wohnung (Artikel 13 des Grundgesetzes) wird insoweit eingeschränkt. [5]Die Eigentümer und Besitzer der Grundstücke, auf denen der Unternehmer tätig ist, haben das Betreten der Grundstücke zu gestatten.

(2) Die Aufsichtspersonen sind berechtigt, bei Gefahr im Verzug sofort vollziehbare Anordnungen zur Abwendung von arbeitsbedingten Gefahren für Leben oder Gesundheit zu treffen.

(3) ¹Der Unternehmer hat die Aufsichtsperson zu unterstützen, soweit dies zur Erfüllung ihrer Aufgaben erforderlich ist. ²Auskünfte auf Fragen, deren Beantwortung den Unternehmer selbst oder einen seiner in § 383 Abs. 1 Nr. 1 bis 3 der Zivilprozeßordnung bezeichneten Angehörigen der Gefahr der Verfolgung wegen einer Straftat oder Ordnungswidrigkeit aussetzen würde, können verweigert werden.

§ 20 Zusammenarbeit mit Dritten. (1) ¹Die Unfallversicherungträger und die für den Arbeitsschutz zuständigen Landesbehörden wirken bei der Überwachung der Unternehmen eng zusammen und fördern den Erfahrungsaustausch. ²Sie unterrichten sich gegenseitig über durchgeführte Betriebsbesichtigungen und deren wesentliche Ergebnisse. ³Durch allgemeine Verwaltungsvorschriften nach Absatz 3 Satz 1 Nr. 2 wird festgelegt, in welchen Fällen und wie eine Abstimmung zwischen den Unfallversicherungsträgern und den für den Arbeitsschutz zuständigen Landesbehörden erfolgt.

(2) Die Unfallversicherungsträger benennen zur Förderung der Zusammenarbeit nach Absatz 1 für jedes Land einen Unfallversicherungsträger oder einen Landesverband (gemeinsame landesbezogene Stelle), über den sie den für den Arbeitsschutz zuständigen obersten Landesbehörden Informationen zu ihrer Überwachungstätigkeit in dem jeweiligen Land zur Verfügung stellen und mit ihnen gemeinsame Überwachungstätigkeiten und Veranstaltungen sowie Maßnahmen des Erfahrungsaustauschs planen und abstimmen.

(3) ¹Durch allgemeine Verwaltungsvorschriften, die der Zustimmung des Bundesrates bedürfen, wird geregelt das Zusammenwirken
1. der Unfallversicherungsträger mit den Betriebsräten oder Personalräten,
2. der Unfallversicherungsträger einschließlich der gemeinsamen landesbezogenen Stellen nach Absatz 2 mit den für den Arbeitsschutz zuständigen Landesbehörden,
3. der Unfallversicherungsträger mit den für die Bergaufsicht zuständigen Behörden.

²Die Verwaltungsvorschriften nach Satz 1 Nr. 1 werden vom Bundesministerium für Wirtschaft und Arbeit im Einvernehmen mit dem Bundesministerium des Innern, die Verwaltungsvorschriften nach Satz 1 Nr. 2 und 3 werden von der Bundesregierung erlassen.

§ 21 Verantwortung des Unternehmers, Mitwirkung der Versicherten. (1) Der Unternehmer ist für die Durchführung der Maßnahmen zur Verhütung von Arbeitsunfällen und Berufskrankheiten, für die Verhütung von arbeitsbedingten Gesundheitsgefahren sowie für eine wirksame Erste Hilfe verantwortlich.

(2) ¹Ist bei einer Schule der Unternehmer nicht Schulhoheitsträger, ist auch der Schulhoheitsträger in seinem Zuständigkeitsbereich für die Durchführung der in Absatz 1 genannten Maßnahmen verantwortlich. ²Der Schulhoheitsträger ist verpflichtet, im Benehmen mit dem für die Versicherten nach § 2 Abs. 1 Nr. 8 Buchstabe b zuständigen Unfallversicherungsträger Regelungen

7. Buch. Gesetzliche Unfallversicherung §§ 22, 23 SGB VII 1

über die Durchführung der in Absatz 1 genannten Maßnahmen im inneren Schulbereich zu treffen.

(3) Die Versicherten haben nach ihren Möglichkeiten alle Maßnahmen zur Verhütung von Arbeitsunfällen, Berufskrankheiten und arbeitsbedingten Gesundheitsgefahren sowie für eine wirksame Erste Hilfe zu unterstützen und die entsprechenden Anweisungen des Unternehmers zu befolgen.

§ 22 Sicherheitsbeauftragte. (1) ¹In Unternehmen mit regelmäßig mehr als 20 Beschäftigten hat der Unternehmer unter Beteiligung des Betriebsrates oder Personalrates Sicherheitsbeauftragte unter Berücksichtigung der im Unternehmen für die Beschäftigten bestehenden Unfall- und Gesundheitsgefahren und der Zahl der Beschäftigten zu bestellen. ²Als Beschäftigte gelten auch die nach § 2 Abs. 1 Nr. 2, 8 und 12 Versicherten. ³In Unternehmen mit besonderen Gefahren für Leben und Gesundheit kann der Unfallversicherungsträger anordnen, daß Sicherheitsbeauftragte auch dann zu bestellen sind, wenn die Mindestbeschäftigtenzahl nach Satz 1 nicht erreicht wird. ⁴Für Unternehmen mit geringen Gefahren für Leben und Gesundheit kann der Unfallversicherungsträger die Zahl 20 in seiner Unfallverhütungsvorschrift erhöhen.

(2) Die Sicherheitsbeauftragten haben den Unternehmer bei der Durchführung der Maßnahmen zur Verhütung von Arbeitsunfällen und Berufskrankheiten zu unterstützen, insbesondere sich von dem Vorhandensein und der ordnungsgemäßen Benutzung der vorgeschriebenen Schutzeinrichtungen und persönlichen Schutzausrüstungen zu überzeugen und auf Unfall- und Gesundheitsgefahren für die Versicherten aufmerksam zu machen.

(3) Die Sicherheitsbeauftragten dürfen wegen der Erfüllung der ihnen übertragenen Aufgaben nicht benachteiligt werden.

§ 23 Aus- und Fortbildung. (1) ¹Die Unfallversicherungsträger haben für die erforderliche Aus- und Fortbildung der Personen in den Unternehmen zu sorgen, die mit der Durchführung der Maßnahmen zur Verhütung von Arbeitsunfällen, Berufskrankheiten und arbeitsbedingten Gesundheitsgefahren sowie mit der Ersten Hilfe betraut sind. ²Für nach dem Gesetz über Betriebsärzte, Sicherheitsingenieure und andere Fachkräfte für Arbeitssicherheit zu verpflichtende Betriebsärzte und Fachkräfte für Arbeitssicherheit, die nicht dem Unternehmen angehören, können die Unfallversicherungsträger entsprechende Maßnahmen durchführen. ³Die Unfallversicherungsträger haben Unternehmer und Versicherte zur Teilnahme an Aus- und Fortbildungslehrgängen anzuhalten.

(2) ¹Die Unfallversicherungsträger haben die unmittelbaren Kosten ihrer Aus- und Fortbildungsmaßnahmen sowie die erforderlichen Fahr-, Verpflegungs- und Unterbringungskosten zu tragen. ²Bei Aus- und Fortbildungsmaßnahmen für Ersthelfer, die von Dritten durchgeführt werden, haben die Unfallversicherungsträger nur die Lehrgangsgebühren zu tragen.

(3) Für die Arbeitszeit, die wegen der Teilnahme an einem Lehrgang ausgefallen ist, besteht gegen den Unternehmer ein Anspruch auf Fortzahlung des Arbeitsentgelts.

(4) Bei der Ausbildung von Sicherheitsbeauftragten und Fachkräften für Arbeitssicherheit sind die für den Arbeitsschutz zuständigen Landesbehörden zu beteiligen.

§ 24 Überbetrieblicher arbeitsmedizinischer und sicherheitstechnischer Dienst.

(1) ¹Unfallversicherungsträger können überbetriebliche arbeitsmedizinische und sicherheitstechnische Dienste einrichten; das Nähere bestimmt die Satzung. ²Die von den Diensten gespeicherten Daten dürfen nur mit Einwilligung des Betroffenen an die Unfallversicherungsträger übermittelt werden; § 203 bleibt unberührt. ³Die Dienste sind organisatorisch, räumlich und personell von den übrigen Organisationseinheiten der Unfallversicherungsträger zu trennen. ⁴Zugang zu den Daten dürfen nur Beschäftigte der Dienste haben.

(2) ¹In der Satzung nach Absatz 1 kann auch bestimmt werden, daß die Unternehmer verpflichtet sind, sich einem überbetrieblichen arbeitsmedizinischen und sicherheitstechnischen Dienst anzuschließen, wenn sie innerhalb einer vom Unfallversicherungsträger gesetzten angemessenen Frist keine oder nicht in ausreichendem Umfang Betriebsärzte und Fachkräfte für Arbeitssicherheit bestellen. ²Unternehmer sind von der Anschlußpflicht zu befreien, wenn sie nachweisen, daß sie ihre Pflicht nach dem Gesetz über Betriebsärzte, Sicherheitsingenieure und andere Fachkräfte für Arbeitssicherheit erfüllt haben.

§ 25 Bericht gegenüber dem Bundestag.

(1) ¹Die Bundesregierung hat dem Deutschen Bundestag und dem Bundesrat alljährlich bis zum 31. Dezember des auf das Berichtsjahr folgenden Jahres einen statistischen Bericht über den Stand von Sicherheit und Gesundheit bei der Arbeit und über das Unfall- und Berufskrankheitengeschehen in der Bundesrepublik Deutschland zu erstatten, der die Berichte der Unfallversicherungsträger und die Jahresberichte der für den Arbeitsschutz zuständigen Landesbehörden zusammenfaßt. ²Alle vier Jahre hat der Bericht einen umfassenden Überblick über die Entwicklung der Arbeitsunfälle und Berufskrankheiten, ihre Kosten und die Maßnahmen zur Sicherheit und Gesundheit bei der Arbeit zu enthalten.

(2) ¹Die Unfallversicherungsträger haben dem Bundesministerium für Wirtschaft und Arbeit alljährlich bis zum 31. Juli des auf das Berichtsjahr folgenden Jahres über die Durchführung der Maßnahmen zur Sicherheit und Gesundheit bei der Arbeit sowie über das Unfall- und Berufskrankheitengeschehen zu berichten. ²Landesunmittelbare Versicherungsträger reichen die Berichte über die für sie zuständigen obersten Verwaltungsbehörden der Länder ein.

Drittes Kapitel. Leistungen nach Eintritt eines Versicherungsfalls

Erster Abschnitt. Heilbehandlung, Leistungen zur Teilhabe am Arbeitsleben, Leistungen zur Teilhabe am Leben in der Gemeinschaft und ergänzende Leistungen, Pflege, Geldleistungen

Erster Unterabschnitt. Anspruch und Leistungsarten

§ 26 Grundsatz.

(1) ¹Versicherte haben nach Maßgabe der folgenden Vorschriften und unter Beachtung des Neunten Buches Anspruch auf Heilbe-

handlung einschließlich Leistungen zur medizinischen Rehabilitation, auf Leistungen zur Teilhabe am Arbeitsleben und am Leben in der Gemeinschaft, auf ergänzende Leistungen, auf Leistungen bei Pflegebedürftigkeit sowie auf Geldleistungen. ²Sie können einen Anspruch auf Ausführung der Leistungen durch ein Persönliches Budget nach § 17 Abs. 2 bis 4 des Neunten Buches[1] in Verbindung mit der Budgetverordnung und § 159 des Neunten Buches haben; dies gilt im Rahmen des Anspruches auf Heilbehandlung nur für die Leistungen zur medizinischen Rehabilitation.

(2) Der Unfallversicherungsträger hat mit allen geeigneten Mitteln möglichst frühzeitig
1. den durch den Versicherungsfall verursachten Gesundheitsschaden zu beseitigen oder zu bessern, seine Verschlimmerung zu verhüten und seine Folgen zu mildern,
2. den Versicherten einen ihren Neigungen und Fähigkeiten entsprechenden Platz im Arbeitsleben zu sichern,
3. Hilfen zur Bewältigung der Anforderungen des täglichen Lebens und zur Teilhabe am Leben in der Gemeinschaft sowie zur Führung eines möglichst selbständigen Lebens unter Berücksichtigung von Art und Schwere des Gesundheitsschadens bereitzustellen,
4. ergänzende Leistungen zur Heilbehandlung und zu Leistungen zur Teilhabe am Arbeitsleben und am Leben in der Gemeinschaft zu erbringen,
5. Leistungen bei Pflegebedürftigkeit zu erbringen.

(3) Die Leistungen zur Heilbehandlung und zur Rehabilitation haben Vorrang vor Rentenleistungen.

(4) ¹Qualität und Wirksamkeit der Leistungen zur Heilbehandlung und Teilhabe haben dem allgemein anerkannten Stand der medizinischen Erkenntnisse zu entsprechen und den medizinischen Fortschritt zu berücksichtigen. ²Sie werden als Dienst- und Sachleistungen zur Verfügung gestellt, soweit dieses oder das Neunte Buch keine Abweichungen vorsehen.

(5) ¹Die Unfallversicherungsträger bestimmen im Einzelfall Art, Umfang und Durchführung der Heilbehandlung und der Leistungen zur Teilhabe sowie die Einrichtungen, die diese Leistungen erbringen, nach pflichtgemäßem Ermessen. ²Dabei prüfen sie auch, welche Leistungen geeignet und zumutbar sind, Pflegebedürftigkeit zu vermeiden, zu überwinden, zu mindern oder ihre Verschlimmerung zu verhüten.

Zweiter Unterabschnitt. Heilbehandlung

§ 27 Umfang der Heilbehandlung. (1) Die Heilbehandlung umfaßt insbesondere
1. Erstversorgung,
2. ärztliche Behandlung,
3. zahnärztliche Behandlung einschließlich der Versorgung mit Zahnersatz,
4. Versorgung mit Arznei-, Verband-, Heil- und Hilfsmitteln,
5. häusliche Krankenpflege,
6. Behandlung in Krankenhäusern und Rehabilitationseinrichtungen,

---

[1] Nr. 6.

1 SGB VII §§ 28–31 Sozialgesetzbuch

7. Leistungen zur medizinischen Rehabilitation nach § 26 Abs. 2 Nr. 1 und 3 bis 7 und Abs. 3 des Neunten Buches[1].

(2) In den Fällen des § 8 Abs. 3 wird ein beschädigtes oder verlorengegangenes Hilfsmittel wiederhergestellt oder erneuert

(3) Während einer aufgrund eines Gesetzes angeordneten Freiheitsentziehung wird Heilbehandlung erbracht, soweit Belange des Vollzugs nicht entgegenstehen.

§ 28 Ärztliche und zahnärztliche Behandlung. (1) [1]Die ärztliche und zahnärztliche Behandlung wird von Ärzten oder Zahnärzten erbracht. [2]Sind Hilfeleistungen anderer Personen erforderlich, dürfen sie nur erbracht werden, wenn sie vom Arzt oder Zahnarzt angeordnet und von ihm verantwortet werden.

(2) Die ärztliche Behandlung umfaßt die Tätigkeit der Ärzte, die nach den Regeln der ärztlichen Kunst erforderlich und zweckmäßig ist.

(3) Die zahnärztliche Behandlung umfaßt die Tätigkeit der Zahnärzte, die nach den Regeln der zahnärztlichen Kunst erforderlich und zweckmäßig ist.

(4) [1]Bei Versicherungsfällen, für die wegen ihrer Art oder Schwere besondere unfallmedizinische Behandlung angezeigt ist, wird diese erbracht. [2]Die freie Arztwahl kann insoweit eingeschränkt werden.

§ 29 Arznei- und Verbandmittel. (1) [1]Arznei- und Verbandmittel sind alle ärztlich verordneten, zur ärztlichen und zahnärztlichen Behandlung erforderlichen Mittel. [2]Ist das Ziel der Heilbehandlung mit Arznei- und Verbandmitteln zu erreichen, für die Festbeträge im Sinne des § 35 oder § 35a des Fünften Buches[2] festgesetzt sind, trägt der Unfallversicherungsträger die Kosten bis zur Höhe dieser Beträge. [3]Verordnet der Arzt in diesen Fällen ein Arznei- oder Verbandmittel, dessen Preis den Festbetrag überschreitet, hat der Arzt die Versicherten auf die sich aus seiner Verordnung ergebende Übernahme der Mehrkosten hinzuweisen.

(2) Die Rabattregelungen der §§ 130 und 130a des Fünften Buches[2] gelten entsprechend.

§ 30 Heilmittel. [1]Heilmittel sind alle ärztlich verordneten Dienstleistungen, die einem Heilzweck dienen oder einen Heilerfolg sichern und nur von entsprechend ausgebildeten Personen erbracht werden dürfen. [2]Hierzu gehören insbesondere Maßnahmen der physikalischen Therapie sowie der Sprach- und Beschäftigungstherapie.

§ 31 Hilfsmittel. (1) [1]Hilfsmittel sind alle ärztlich verordneten Sachen, die den Erfolg der Heilbehandlung sichern oder die Folgen von Gesundheitsschäden mildern oder ausgleichen. [2]Dazu gehören insbesondere Körperersatzstücke, orthopädische und andere Hilfsmittel einschließlich der notwendigen Änderung, Instandsetzung und Ersatzbeschaffung sowie der Ausbildung im Gebrauch der Hilfsmittel. [3]Soweit für Hilfsmittel Festbeträge im Sinne des § 36 des Fünften Buches[2] festgesetzt sind, gilt § 29 Abs. 1 Satz 2 und 3 entsprechend.

---
[1] Nr. 6.
[2] Nr. 4.

(2) ¹Die Bundesregierung wird ermächtigt, durch Rechtsverordnung mit Zustimmung des Bundesrates die Ausstattung mit Körperersatzstücken, orthopädischen und anderen Hilfsmitteln zu regeln sowie bei bestimmten Gesundheitsschäden eine Entschädigung für Kleider- und Wäscheverschleiß vorzuschreiben. ²Das Nähere regeln die Verbände der Unfallversicherungsträger durch gemeinsame Richtlinien.

§ 32 Häusliche Krankenpflege.

(1) Versicherte erhalten in ihrem Haushalt oder ihrer Familie neben der ärztlichen Behandlung häusliche Krankenpflege durch geeignete Pflegekräfte, wenn Krankenhausbehandlung geboten, aber nicht ausführbar ist oder wenn sie durch die häusliche Krankenpflege vermieden oder verkürzt werden kann und das Ziel der Heilbehandlung nicht gefährdet wird.

(2) Die häusliche Krankenpflege umfaßt die im Einzelfall aufgrund ärztlicher Verordnung erforderliche Grund- und Behandlungspflege sowie hauswirtschaftliche Versorgung.

(3) ¹Ein Anspruch auf häusliche Krankenpflege besteht nur, soweit es einer im Haushalt des Versicherten lebenden Person nicht zuzumuten ist, Krankenpflege zu erbringen. ²Kann eine Pflegekraft nicht gestellt werden oder besteht Grund, von einer Gestellung abzusehen, sind die Kosten für eine selbstbeschaffte Pflegekraft in angemessener Höhe zu erstatten.

(4) Das Nähere regeln die Verbände der Unfallversicherungsträger durch gemeinsame Richtlinien.

§ 33 Behandlung in Krankenhäusern und Rehabilitationseinrichtungen.

(1) ¹Stationäre Behandlung in einem Krankenhaus oder in einer Rehabilitationseinrichtung wird erbracht, wenn die Aufnahme erforderlich ist, weil das Behandlungsziel anders nicht erreicht werden kann. ²Sie wird voll- oder teilstationär erbracht. ³Sie umfaßt im Rahmen des Versorgungsauftrags des Krankenhauses oder der Rehabilitationseinrichtung alle Leistungen, die im Einzelfall für die medizinische Versorgung der Versicherten notwendig sind, insbesondere ärztliche Behandlung, Krankenpflege, Versorgung mit Arznei-, Verband-, Heil- und Hilfsmitteln, Unterkunft und Verpflegung.

(2) Krankenhäuser und Rehabilitationseinrichtungen im Sinne des Absatzes 1 sind die Einrichtungen nach § 107 des Fünften Buches[1].

(3) Bei Gesundheitsschäden, für die wegen ihrer Art oder Schwere besondere unfallmedizinische stationäre Behandlung angezeigt ist, wird diese in besonderen Einrichtungen erbracht.

§ 34 Durchführung der Heilbehandlung.

(1) ¹Die Unfallversicherungsträger haben alle Maßnahmen zu treffen, durch die eine möglichst frühzeitig nach dem Versicherungsfall einsetzende und sachgemäße Heilbehandlung und, soweit erforderlich, besondere unfallmedizinische oder Berufskrankheiten-Behandlung gewährleistet wird. ²Sie können zu diesem Zweck die von den Ärzten und Krankenhäusern zu erfüllenden Voraussetzungen im Hinblick auf die fachliche Befähigung, die sächliche und personelle Ausstattung sowie die zu übernehmenden Pflichten festlegen. ³Sie können daneben nach Art und

---

[1] Nr. 4.

1 SGB VII § 34 Sozialgesetzbuch

Schwere des Gesundheitsschadens besondere Verfahren für die Heilbehandlung vorsehen.

(2) Die Unfallversicherungsträger haben an der Durchführung der besonderen unfallmedizinischen Behandlung die Ärzte und Krankenhäuser zu beteiligen, die den nach Absatz 1 Satz 2 festgelegten Anforderungen entsprechen.

(3) ¹Die Verbände der Unfallversicherungsträger sowie die Kassenärztliche Bundesvereinigung und die Kassenzahnärztliche Bundesvereinigung (Kassenärztliche Bundesvereinigungen) schließen unter Berücksichtigung der von den Unfallversicherungsträgern gemäß Absatz 1 Satz 2 und 3 getroffenen Festlegungen mit Wirkung für ihre Mitglieder Verträge über die Durchführung der Heilbehandlung, die Vergütung der Ärzte und Zahnärzte sowie die Art und Weise der Abrechnung. ²Dem Bundesbeauftragten für den Datenschutz ist rechtzeitig vor Abschluß Gelegenheit zur Stellungnahme zu geben, sofern in den Verträgen die Erhebung, Verarbeitung oder Nutzung von personenbezogenen Daten geregelt werden sollen.

(4) Die Kassenärztlichen Bundesvereinigungen haben gegenüber den Unfallversicherungsträgern und deren Verbänden die Gewähr dafür zu übernehmen, daß die Durchführung der Heilbehandlung den gesetzlichen und vertraglichen Erfordernissen entspricht.

(5) ¹Kommt ein Vertrag nach Absatz 3 ganz oder teilweise nicht zustande, setzt ein Schiedsamt mit der Mehrheit seiner Mitglieder innerhalb von drei Monaten den Vertragsinhalt fest. ²Wird ein Vertrag gekündigt, ist dies dem zuständigen Schiedsamt schriftlich mitzuteilen. ³Kommt bis zum Ablauf eines Vertrags ein neuer Vertrag nicht zustande, setzt ein Schiedsamt mit der Mehrheit seiner Mitglieder innerhalb von drei Monaten nach Vertragsablauf den neuen Inhalt fest. ⁴In diesem Fall gelten die Bestimmungen des bisherigen Vertrags bis zur Entscheidung des Schiedsamts vorläufig weiter.

(6) ¹Die Verbände der Unfallversicherungsträger und die Kassenärztlichen Bundesvereinigungen bilden je ein Schiedsamt für die medizinische und zahnmedizinische Versorgung. ²Das Schiedsamt besteht aus drei Vertretern der Kassenärztlichen Bundesvereinigungen und drei Vertretern der Verbände der Unfallversicherungsträger sowie einem unparteiischen Vorsitzenden und zwei weiteren unparteiischen Mitgliedern. ³§ 89 Abs. 3 des Fünften Buches[1] sowie die aufgrund des § 89 Abs. 6 des Fünften Buches[1] erlassenen Rechtsverordnungen gelten entsprechend.

(7) Die Aufsicht über die Geschäftsführung der Schiedsämter nach Absatz 6 führt das Bundesministerium für Gesundheit und Soziale Sicherung.

(8) ¹Die Beziehungen zwischen den Unfallversicherungsträgern und anderen als den in Absatz 3 genannten Stellen, die Heilbehandlung durchführen oder an ihrer Durchführung beteiligt sind, werden durch Verträge geregelt. ²Soweit die Stellen Leistungen zur medizinischen Rehabilitation ausführen oder an ihrer Ausführung beteiligt sind, werden die Beziehungen durch Verträge nach § 21 des Neunten Buches[2] geregelt.

---

[1] Nr. 4.
[2] Nr. 6.

Dritter Unterabschnitt. Leistungen zur Teilhabe am Arbeitsleben

§ 35 Leistungen zur Teilhabe am Arbeitsleben. (1) Die Unfallversicherungsträger erbringen die Leistungen zur Teilhabe am Arbeitsleben nach den §§ 33 bis 38 des Neunten Buches[1] sowie in Werkstätten für behinderte Menschen nach den §§ 40 und 41 des Neunten Buches[1], soweit in den folgenden Absätzen nichts Abweichendes bestimmt ist.

(2) Die Leistungen zur Teilhabe am Arbeitsleben umfassen auch Hilfen zu einer angemessenen Schulbildung einschließlich der Vorbereitung hierzu oder zur Entwicklung der geistigen und körperlichen Fähigkeiten vor Beginn der Schulpflicht.

(3) Ist eine von Versicherten angestrebte höherwertige Tätigkeit nach ihrer Leistungsfähigkeit und unter Berücksichtigung ihrer Eignung, Neigung und bisherigen Tätigkeit nicht angemessen, kann eine Maßnahme zur Teilhabe am Arbeitsleben bis zur Höhe des Aufwandes gefördert werden, der bei einer angemessenen Maßnahme entstehen würde.

(4) Während einer auf Grund eines Gesetzes angeordneten Freiheitsentziehung werden Leistungen zur Teilhabe am Arbeitsleben erbracht, soweit Belange des Vollzugs nicht entgegenstehen.

§§ 36–38 *(aufgehoben)*

Vierter Unterabschnitt. Leistungen zur Teilhabe am Leben in der Gemeinschaft und ergänzende Leistungen

§ 39 Leistungen zur Teilhabe am Leben in der Gemeinschaft und ergänzende Leistungen. (1) Neben den in § 44 Abs. 1 Nr. 2 bis 6 und Abs. 2 sowie in den §§ 53 und 54 des Neunten Buches[1] genannten Leistungen umfassen die Leistungen zur Teilhabe am Leben in der Gemeinschaft und die ergänzenden Leistungen
1. Kraftfahrzeughilfe,
2. sonstige Leistungen zur Erreichung und zur Sicherstellung des Erfolges der Leistungen zur medizinischen Rehabilitation und zur Teilhabe.

(2) Zum Ausgleich besonderer Härten kann den Versicherten oder deren Angehörigen eine besondere Unterstützung gewährt werden.

§ 40 Kraftfahrzeughilfe. (1) Kraftfahrzeughilfe wird erbracht, wenn die Versicherten infolge Art oder Schwere des Gesundheitsschadens nicht nur vorübergehend auf die Benutzung eines Kraftfahrzeugs angewiesen sind, um die Teilhabe am Arbeitsleben oder am Leben in der Gemeinschaft zu ermöglichen.

(2) Die Kraftfahrzeughilfe umfaßt Leistungen zur Beschaffung eines Kraftfahrzeugs, für eine behinderungsbedingte Zusatzausstattung und zur Erlangung einer Fahrerlaubnis.

(3) ¹Für die Kraftfahrzeughilfe gilt die Verordnung über Kraftfahrzeughilfe[2] zur beruflichen Rehabilitation vom 28. September 1987 (BGBl. I S. 2251),

---
[1] Nr. 6.
[2] Nr. 11.

geändert durch Verordnung vom 30. September 1991 (BGBl. I S. 1950), in der jeweils geltenden Fassung. ²Diese Verordnung[1] ist bei der Kraftfahrzeughilfe zur Teilhabe am Leben in der Gemeinschaft entsprechend anzuwenden.

(4) Der Unfallversicherungsträger kann im Einzelfall zur Vermeidung einer wirtschaftlichen Notlage auch einen Zuschuß zahlen, der über demjenigen liegt, der in den §§ 6 und 8 der Verordnung[1] nach Absatz 3 vorgesehen ist.

(5) Das Nähere regeln die Verbände der Unfallversicherungsträger durch gemeinsame Richtlinien.

§ 41 Wohnungshilfe. (1) Wohnungshilfe wird erbracht, wenn infolge Art oder Schwere des Gesundheitsschadens nicht nur vorübergehend die behindertengerechte Anpassung vorhandenen oder die Bereitstellung behindertengerechten Wohnraums erforderlich ist.

(2) Wohnungshilfe wird ferner erbracht, wenn sie zur Sicherung der beruflichen Eingliederung erforderlich ist.

(3) Die Wohnungshilfe umfaßt auch Umzugskosten sowie Kosten für die Bereitstellung von Wohnraum für eine Pflegekraft.

(4) Das Nähere regeln die Verbände der Unfallversicherungsträger durch gemeinsame Richtlinien.

§ 42 Haushaltshilfe und Kinderbetreuungskosten. Haushaltshilfe und Leistungen zur Kinderbetreuung nach § 54 Abs. 1 bis 3 des Neunten Buches[2] werden auch bei Leistungen zur Teilhabe am Leben in der Gemeinschaft erbracht.

§ 43 Reisekosten. (1) ¹Die im Zusammenhang mit der Ausführung von Leistungen zur medizinischen Rehabilitation oder zur Teilhabe am Arbeitsleben erforderlichen Reisekosten werden nach § 53 des Neunten Buches[2] übernommen. ²Im Übrigen werden Reisekosten zur Ausführung der Heilbehandlung nach den Absätzen 2 bis 5 übernommen.

(2) Zu den Reisekosten gehören
1. Fahr- und Transportkosten,
2. Verpflegungs- und Übernachtungskosten,
3. Kosten des Gepäcktransports,
4. Wegstrecken- und Mitnahmeentschädigung
für die Versicherten und für eine wegen des Gesundheitsschadens erforderliche Begleitperson.

(3) Reisekosten werden im Regelfall für zwei Familienheimfahrten im Monat oder anstelle von Familienheimfahrten für zwei Fahrten eines Angehörigen zum Aufenthaltsort des Versicherten übernommen.

(4) Entgangener Arbeitsverdienst einer Begleitperson wird ersetzt, wenn der Ersatz in einem angemessenen Verhältnis zu den sonst für eine Pflegekraft entstehenden Kosten steht.

(5) Das Nähere regeln die Verbände der Unfallversicherungsträger durch gemeinsame Richtlinien.

---

[1] Nr. 11.
[2] Nr. 6.

7. Buch. Gesetzliche Unfallversicherung § 44 SGB VII 1

Fünfter Unterabschnitt. Leistungen bei Pflegebedürftigkeit

§ 44 Pflege. (1) Solange Versicherte infolge des Versicherungsfalls so hilflos sind, daß sie für die gewöhnlichen und regelmäßig wiederkehrenden Verrichtungen im Ablauf des täglichen Lebens in erheblichem Umfang der Hilfe bedürfen, wird Pflegegeld gezahlt, eine Pflegekraft gestellt oder Heimpflege gewährt.

(2)[1] ¹Das Pflegegeld ist unter Berücksichtigung der Art oder Schwere des Gesundheitsschadens sowie des Umfangs der erforderlichen Hilfe auf einen Monatsbetrag zwischen 527 Deutsche Mark und 2106 Deutsche Mark (Beträge am 1. Juli 1995) festzusetzen. ²Ab 1. Januar 2002 tritt an die Stelle des Pflegegeldrahmens in Deutscher Mark der Pflegegeldrahmen in Euro, indem die zuletzt am 1. Juli 2001 angepassten Beträge in Euro umgerechnet und auf volle Euro-Beträge aufgerundet werden. ³Diese Beträge werden jeweils zum gleichen Zeitpunkt, zu dem die Renten der gesetzlichen Rentenversicherung angepasst werden, entsprechend dem Faktor angepasst, der für die Anpassung der vom Jahresarbeitsverdienst abhängigen Geldleistungen maßgebend ist. ⁴Übersteigen die Aufwendungen für eine Pflegekraft das Pflegegeld, kann es angemessen erhöht werden.

(3) ¹Während einer stationären Behandlung oder der Unterbringung der Versicherten in einer Einrichtung der Teilhabe am Arbeitsleben oder einer Werkstatt für behinderte Menschen wird das Pflegegeld bis zum Ende des ersten auf die Aufnahme folgenden Kalendermonats weitergezahlt und mit dem ersten Tag des Entlassungsmonats wieder aufgenommen. ²Das Pflegegeld kann in den Fällen des Satzes 1 ganz oder teilweise weitergezahlt werden, wenn das Ruhen eine weitere Versorgung des Versicherten gefährden würde.

(4)[2] Mit der Anpassung der Renten wird das Pflegegeld entsprechend dem Faktor angepaßt, der für die Anpassung der vom Jahresarbeitsverdienst abhängigen Geldleistungen maßgeblich ist.

(5) ¹Auf Antrag der Versicherten kann statt des Pflegegeldes eine Pflegekraft gestellt (Hauspflege) oder die erforderliche Hilfe mit Unterkunft und Verpflegung in einer geeigneten Einrichtung (Heimpflege) erbracht werden. ²Absatz 3 Satz 2 gilt entsprechend.

(6) Die Bundesregierung setzt mit Zustimmung des Bundesrates die neuen Mindest- und Höchstbeträge nach Absatz 2 und den Anpassungsfaktor nach Absatz 4 in der Rechtsverordnung über die Bestimmung des für die Rentenanpassung in der gesetzlichen Rentenversicherung maßgebenden aktuellen Rentenwertes fest.

---

[1] Für Versicherungsfälle, für die § 44 Abs. 2 anzuwenden ist, beträgt das Pflegegeld vom 1. 7. 2003 an zwischen 295 Euro und 1 180 Euro monatlich gemäß § 3 Rentenanpassungsverordnung 2003 - RAV 2003 v. 4. 6. 2003 (BGBl. I S. 784).

[2] Der Anpassungsfaktor für die zum 1. 7. 2003 anzupassenden Geldleistungen der gesetzlichen Unfallversicherung im Sinne des § 44 Abs. 4 und des § 95 beträgt 1,0104 gemäß § 2 Abs. 1 Rentenanpassungsverordnung 2003 - RAV 2003 v. 4. 6. 2003 (BGBl. I S. 784).

Sechster Unterabschnitt. Geldleistungen während der Heilbehandlung und der Leistungen zur Teilhabe am Arbeitsleben

§ 45 Voraussetzungen für das Verletztengeld. (1) Verletztengeld wird erbracht, wenn Versicherte
1. infolge des Versicherungsfalls arbeitsunfähig sind oder wegen einer Maßnahme der Heilbehandlung eine ganztägige Erwerbstätigkeit nicht ausüben können und

Fassung der Nr. 2 bis 31. 12. 2004:
2. unmittelbar vor Beginn der Arbeitsunfähigkeit oder der Heilbehandlung Anspruch auf Arbeitsentgelt, Arbeitseinkommen, Krankengeld, Verletztengeld, Versorgungskrankengeld, Übergangsgeld, Unterhaltsgeld, Kurzarbeitergeld, Winterausfallgeld, Arbeitslosengeld, Arbeitslosenhilfe oder Mutterschaftsgeld hatten.

Fassung der Nr. 2 ab 1. 1. 2005:
2. unmittelbar vor Beginn der Arbeitsunfähigkeit oder der Heilbehandlung Anspruch auf Arbeitsentgelt, Arbeitseinkommen, Krankengeld, Verletztengeld, Versorgungskrankengeld, Übergangsgeld, Unterhaltsgeld, Kurzarbeitergeld, Winterausfallgeld, Arbeitslosengeld, nicht nur darlehensweise gewährtes Arbeitslosengeld II oder nicht nur Leistungen für Erstausstattungen für Bekleidung bei Schwangerschaft und Geburt nach dem Zweiten Buch oder Mutterschaftsgeld hatten.

(2) [1]Verletztengeld wird auch erbracht, wenn
1. Leistungen zur Teilhabe am Arbeitsleben erforderlich sind,
2. diese Maßnahmen sich aus Gründen, die die Versicherten nicht zu vertreten haben, nicht unmittelbar an die Heilbehandlung anschließen,
3. die Versicherten ihre bisherige berufliche Tätigkeit nicht wieder aufnehmen können oder ihnen eine andere zumutbare Tätigkeit nicht vermittelt werden kann oder sie diese aus wichtigem Grund nicht ausüben können und
4. die Voraussetzungen des Absatzes 1 Nr. 2 erfüllt sind.

[2]Das Verletztengeld wird bis zum Beginn der Leistungen zur Teilhabe am Arbeitsleben erbracht. [3]Die Sätze 1 und 2 gelten entsprechend für die Zeit bis zum Beginn und während der Durchführung einer Maßnahme der Berufsfindung und Arbeitserprobung.

(3) Werden in einer Einrichtung Maßnahmen der Heilbehandlung und gleichzeitig Leistungen zur Teilhabe am Arbeitsleben für Versicherte erbracht, erhalten Versicherte Verletztengeld, wenn sie arbeitsunfähig sind oder wegen der Maßnahmen eine ganztägige Erwerbstätigkeit nicht ausüben können und die Voraussetzungen des Absatzes 1 Nr. 2 erfüllt sind.

(4) Im Fall der Beaufsichtigung, Betreuung oder Pflege eines durch einen Versicherungsfall verletzten Kindes gilt § 45 des Fünften Buches entsprechend.

§ 46 Beginn und Ende des Verletztengeldes. (1) Verletztengeld wird von dem Tag an gezahlt, ab dem die Arbeitsunfähigkeit ärztlich festgestellt wird, oder mit dem Tag des Beginns einer Heilbehandlungsmaßnahme, die den Versicherten an der Ausübung einer ganztägigen Erwerbstätigkeit hindert.

(2) [1]Die Satzung kann bestimmen, daß für Unternehmer, ihre Ehegatten oder ihre Lebenspartner und für den Unternehmern nach § 6 Abs. 1 Nr. 2

7. Buch. Gesetzliche Unfallversicherung § 47 SGB VII 1

Gleichgestellte Verletztengeld längstens für die Dauer der ersten 13 Wochen nach dem sich aus Absatz 1 ergebenden Zeitpunkt ganz oder teilweise nicht gezahlt wird. ²Satz 1 gilt nicht für Versicherte, die bei einer Krankenkasse mit Anspruch auf Krankengeld versichert sind.

(3) ¹Das Verletztengeld endet
1. mit dem letzten Tag der Arbeitsunfähigkeit oder der Hinderung an einer ganztägigen Erwerbstätigkeit durch eine Heilbehandlungsmaßnahme,
2. mit dem Tag, der dem Tag vorausgeht, an dem ein Anspruch auf Übergangsgeld entsteht.

²Wenn mit dem Wiedereintritt der Arbeitsfähigkeit nicht zu rechnen ist und Leistungen zur Teilhabe am Arbeitsleben nicht zu erbringen sind, endet das Verletztengeld
1. mit dem Tag, an dem die Heilbehandlung so weit abgeschlossen ist, daß die Versicherten eine zumutbare, zur Verfügung stehende Berufs- oder Erwerbstätigkeit aufnehmen können,
2. mit Beginn der in § 50 Abs. 1 Satz 1 des Fünften Buches[1]) genannten Leistungen, es sei denn, daß diese Leistungen mit dem Versicherungsfall im Zusammenhang stehen,
3. im übrigen mit Ablauf der 78. Woche, gerechnet vom Tag des Beginns der Arbeitsunfähigkeit an, jedoch nicht vor dem Ende der stationären Behandlung.

§ 47 Höhe des Verletztengeldes. (1) ¹Versicherte, die Arbeitsentgelt oder Arbeitseinkommen erzielt haben, erhalten Verletztengeld entsprechend § 47 Abs. 1 und 2 des Fünften Buches[1]) mit der Maßgabe, daß
1. das Regelentgelt aus dem Gesamtbetrag des regelmäßigen Arbeitsentgelts und des Arbeitseinkommens zu berechnen und bis zu einem Betrag in Höhe des 360. Teils des Höchstjahresarbeitsverdienstes zu berücksichtigen ist,
2. das Verletztenentgelt 80 vom Hundert des Regelentgelts beträgt und das bei Anwendung des § 47 Abs. 1 und 2 des Fünften Buches[1]) berechnete Nettoarbeitsentgelt nicht übersteigt.

²Arbeitseinkommen ist bei der Ermittlung des Regelentgelts mit dem 360. Teil des im Kalenderjahr vor Beginn der Arbeitsunfähigkeit oder der Maßnahmen der Heilbehandlung erzielten Arbeitseinkommens zugrunde zu legen. ³§ 164 des Arbeitsförderungsgesetzes gilt entsprechend. ⁴Die Satzung kann bei nicht kontinuierlicher Arbeitsverrichtung und -vergütung abweichende Bestimmungen zur Zahlung und Berechnung des Verletztengeldes vorsehen, die sicherstellen, daß das Verletztengeld seine Entgeltersatzfunktion erfüllt.

(1a) ¹Für Ansprüche auf Verletztengeld, die vor dem 1. Januar 2001 entstanden sind, ist § 47 Abs. 1 und 2 des Fünften Buches in der vor dem 22. Juni 2000 geltenden Fassung für Zeiten nach dem 31. Dezember 1996 mit der Maßgabe entsprechend anzuwenden, dass sich das Regelentgelt um 10 vom Hundert, höchstens aber bis zu einem Betrag in Höhe des dreihundertsechzigsten Teils des Höchstjahresarbeitsverdienstes erhöht. ²Das regelmäßige Nettoarbeitsentgelt ist um denselben Vomhundertsatz zu erhöhen. ³Satz 1 und 2 gilt für Ansprüche, über die vor dem 22. Juni 2000 bereits unanfechtbar

---

[1]) Nr. 4.

entschieden war, nur für Zeiten vom 22. Juni 2000 an bis zum Ende der Leistungsdauer. ⁴Entscheidungen über die Ansprüche, die vor dem 22. Juni 2000 unanfechtbar geworden sind, sind nicht nach § 44 Abs. 1 des Zehnten Buches zurückzunehmen.

Fassung des Abs. 2 bis 31. 12. 2004:

(2) Versicherte, die Arbeitslosengeld, Arbeitslosenhilfe, Unterhaltsgeld, Kurzarbeitergeld oder Winterausfallgeld bezogen haben, erhalten Verletztengeld in Höhe des Krankengeldes nach § 47b des Fünften Buches[1].

Fassung des Abs. 2 ab 1. 1. 2005:

(2) Versicherte, die Arbeitslosengeld, nicht nur darlehensweise gewährtes Arbeitslosengeld II oder nicht nur Leistungen für Erstausstattungen für Bekleidung bei Schwangerschaft und Geburt nach dem Zweiten Buch, Unterhaltsgeld, Kurzarbeitergeld oder Winterausfallgeld bezogen haben, erhalten Verletztengeld in Höhe des Krankengeldes nach § 47b des Fünften Buches[1].

(3) Versicherte, die als Entwicklungshelfer Unterhaltsleistungen nach § 4 Abs. 1 Nr. 1 des Entwicklungshelfer-Gesetzes bezogen haben, erhalten Verletztengeld in Höhe dieses Betrages.

(4) Bei Versicherten, die unmittelbar vor dem Versicherungsfall Krankengeld, Verletztengeld, Versorgungskrankengeld oder Übergangsgeld bezogen haben, wird bei der Berechnung des Verletztengeldes von dem bisher zugrunde gelegten Regelentgelt ausgegangen.

(5) ¹Abweichend von Absatz 1 erhalten Versicherte, die den Versicherungsfall infolge einer Tätigkeit als Unternehmer, mitarbeitende Ehegatten oder Lebenspartner oder den Unternehmern nach § 6 Abs. 1 Nr. 2 Gleichgestellte erlitten haben, Verletztengeld je Kalendertag in Höhe des 450. Teils des Jahresarbeitsverdienstes. ²Ist das Verletztengeld für einen ganzen Kalendermonat zu zahlen, ist dieser mit 30 Tagen anzusetzen.

(6) Hat sich der Versicherungsfall während einer aufgrund eines Gesetzes angeordneten Freiheitsentziehung ereignet, gilt für die Berechnung des Verletztengeldes Absatz 1 entsprechend; nach der Entlassung erhalten die Versicherten Verletztengeld je Kalendertag in Höhe des 450. Teils des Jahresarbeitsverdienstes, wenn dies für die Versicherten günstiger ist.

(7) *(aufgehoben)*

(8) Die Regelung des § 90 Abs. 1 und 3 über die Neufestsetzung des Jahresarbeitsverdienstes nach voraussichtlicher Beendigung einer Schul- oder Berufsausbildung oder nach tariflichen Berufs- oder Altersstufen gilt für das Verletztengeld entsprechend.

§ 48 Verletztengeld bei Wiedererkrankung. Im Fall der Wiedererkrankung an den Folgen des Versicherungsfalls gelten die §§ 45 bis 47 mit der Maßgabe entsprechend, daß anstelle des Zeitpunkts der ersten Arbeitsunfähigkeit auf den der Wiedererkrankung abgestellt wird.

---

[1] Nr. 4.

7. Buch. Gesetzliche Unfallversicherung §§ 49–54 SGB VII 1

§ 49 Übergangsgeld. Übergangsgeld wird erbracht, wenn Versicherte infolge des Versicherungsfalls Leistungen zur Teilhabe am Arbeitsleben erhalten.

§ 50 Höhe und Berechnung des Übergangsgeldes. Höhe und Berechnung des Übergangsgeldes bestimmen sich nach den §§ 46 bis 51 des Neunten Buches[1], soweit dieses Buch nichts Abweichendes bestimmt; im Übrigen gelten die Vorschriften für das Verletztengeld entsprechend.

§ 51 *(aufgehoben)*

§ 52 Anrechnung von Einkommen auf Verletzten- und Übergangsgeld. Auf das Verletzten- und Übergangsgeld werden von dem gleichzeitig erzielten Einkommen angerechnet

1. Arbeitsentgelt oder Arbeitseinkommen, das bei Arbeitnehmern um die gesetzlichen Abzüge und bei sonstigen Versicherten um 20 vom Hundert vermindert ist; dies gilt nicht für einmalig gezahltes Arbeitsentgelt; Zuschüsse des Arbeitgebers zum Verletzten- oder Übergangsgeld gelten nicht als Arbeitsentgelt, soweit sie zusammen mit dem Verletzten- oder Übergangsgeld das Nettoarbeitsentgelt nicht übersteigen,
2. Mutterschaftsgeld, Versorgungskrankengeld, Unterhaltsgeld, Kurzarbeitergeld, Winterausfallgeld, Arbeitslosengeld, *Arbeitslosenhilfe* (ab **1. 1. 2005**: nicht nur darlehensweise gewährtes Arbeitslosengeld II); dies gilt auch, wenn Ansprüche auf Leistungen nach dem Dritten Buch wegen einer Sperrzeit ruhen oder das Arbeitslosengeld II nach § 31 des Zweiten Buches abgesenkt worden ist.

Siebter Unterabschnitt. Besondere Vorschriften für die Versicherten in der Seefahrt

§ 53 Vorrang der Krankenfürsorge der Reeder. (1) [1]Der Anspruch von Versicherten in der Seefahrt auf Leistungen nach diesem Abschnitt ruht, soweit und solange die Reeder ihre Verpflichtung zur Krankenfürsorge nach dem Seemannsgesetz erfüllen. [2]Kommen die Reeder der Verpflichtung nicht nach, kann der Unfallversicherungsträger von den Reedern die Erstattung in Höhe der von ihm erbrachten Leistungen verlangen.

(2) Endet die Verpflichtung der Reeder zur Krankenfürsorge, haben sie hinsichtlich der Folgen des Versicherungsfalls die Krankenfürsorge auf Kosten des Unfallversicherungsträgers fortzusetzen, soweit dieser sie dazu beauftragt

Achter Unterabschnitt. Besondere Vorschriften für die Versicherten der landwirtschaftlichen Berufsgenossenschaften

§ 54 Betriebs- und Haushaltshilfe. (1) [1]Betriebshilfe erhalten landwirtschaftliche Unternehmer mit einem Unternehmen im Sinne des § 1 Abs. 2 des Gesetzes über die Alterssicherung der Landwirte während einer stationären Behandlung, wenn ihnen wegen dieser Behandlung die Weiterführung des Unternehmens nicht möglich ist und in dem Unternehmen Arbeitnehmer

---

[1] Nr. 6.

und mitarbeitende Familienangehörige nicht ständig beschäftigt werden. ²Betriebshilfe wird für längstens drei Monate erbracht.

(2) ¹Haushaltshilfe erhalten landwirtschaftliche Unternehmer mit einem Unternehmen im Sinne des § 1 Abs. 2 des Gesetzes über die Alterssicherung der Landwirte, ihre im Unternehmen mitarbeitenden Ehegatten oder mitarbeitenden Lebenspartner während einer stationären Behandlung, wenn den Unternehmern, ihren Ehegatten oder Lebenspartnern wegen dieser Behandlung die Weiterführung des Haushalts nicht möglich und diese auf andere Weise nicht sicherzustellen ist. ²Absatz 1 Satz 2 gilt entsprechend.

(3) Die Satzung kann bestimmen,
1. daß die Betriebshilfe auch an den mitarbeitenden Ehegatten oder Lebenspartner eines landwirtschaftlichen Unternehmers erbracht wird,
2. unter welchen Voraussetzungen und für wie lange Betriebs- und Haushaltshilfe den landwirtschaftlichen Unternehmern und ihren Ehegatten oder Lebenspartnern auch während einer nicht stationären Heilbehandlung erbracht wird,
3. unter welchen Voraussetzungen Betriebs- und Haushaltshilfe auch an landwirtschaftliche Unternehmer, deren Unternehmen nicht die Voraussetzungen des § 1 Abs. 2 des Gesetzes über die Alterssicherung der Landwirte erfüllen, und an ihre Ehegatten oder Lebenspartner erbracht wird,
4. daß die Betriebs- und Haushaltshilfe auch erbracht wird, wenn in dem Unternehmen Arbeitnehmer oder mitarbeitende Familienangehörige ständig beschäftigt werden,
5. unter welchen Voraussetzungen die Betriebs- und Haushaltshilfe länger als drei Monate erbracht wird,
6. von welchem Tag der Heilbehandlung an die Betriebs- oder Haushaltshilfe erbracht wird.

(4) ¹Als Betriebs- oder Haushaltshilfe wird eine Ersatzkraft gestellt. ²Kann eine Ersatzkraft nicht gestellt werden oder besteht Grund, hiervon abzusehen, werden die Kosten für eine selbstbeschaffte betriebsfremde Ersatzkraft in angemessener Höhe erstattet. ³Die Satzung regelt das Nähere; sie hat dabei die Besonderheiten landwirtschaftlicher Betriebe und Haushalte zu berücksichtigen. ⁴Für Verwandte und Verschwägerte bis zum zweiten Grad werden Kosten nicht erstattet; die Berufsgenossenschaft kann jedoch die erforderlichen Fahrkosten und den Verdienstausfall erstatten, wenn die Erstattung in einem angemessenen Verhältnis zu den sonst für eine Ersatzkraft entstehenden Kosten steht.

(5) Die Absätze 1 bis 4 gelten für regelmäßig wie landwirtschaftliche Unternehmer selbständig Tätige, die kraft Gesetzes versichert sind, entsprechend.

§ 55 Verletztengeld. (1) Anstelle der Gestellung einer Ersatzkraft oder einer Kostenerstattung nach § 54 besteht Anspruch auf Verletztengeld, wenn
1. dies im Einzelfall unter Berücksichtigung der Besonderheiten landwirtschaftlicher Betriebe und Haushalte sachgerecht ist oder
2. das Unternehmen nicht die Voraussetzungen des § 1 Abs. 2 des Gesetzes über die Alterssicherung der Landwirte erfüllt.

(2) ¹Für die Höhe des Verletztengeldes gilt bei landwirtschaftlichen Unternehmern, ihren Ehegatten oder Lebenspartnern und den im Unternehmen mitarbeitenden Familienangehörigen, soweit diese nicht nach § 2 Abs. 1

7. Buch. Gesetzliche Unfallversicherung § 56 SGB VII 1

Nr. 1 versichert sind, § 13 Abs. 1 des Zweiten Gesetzes über die Krankenversicherung der Landwirte entsprechend. ²Die Satzung bestimmt, unter welchen Voraussetzungen die in Satz 1 genannten Personen auf Antrag mit einem zusätzlichen Verletztengeld versichert werden.

(3) Die Absätze 1 und 2 gelten für regelmäßig wie landwirtschaftliche Unternehmer selbständig Tätige, die kraft Gesetzes versichert sind, entsprechend.

(4) Abweichend von § 46 Abs. 3 Satz 2 Nr. 3 endet das Verletztengeld bei den in den Absätzen 2 und 3 genannten Personen vor Ablauf der 78. Woche mit dem Tage, an dem abzusehen ist, daß mit dem Wiedereintritt der Arbeitsfähigkeit nicht zu rechnen ist und Leistungen zur Teilhabe am Arbeitsleben nicht zu erbringen sind, jedoch nicht vor dem Ende der stationären Behandlung.

Zweiter Abschnitt. Renten, Beihilfen, Abfindungen

Erster Unterabschnitt. Renten an Versicherte

§ 56 Voraussetzungen und Höhe des Rentenanspruchs. (1) ¹Versicherte, deren Erwerbsfähigkeit infolge eines Versicherungsfalls über die 26. Woche nach dem Versicherungsfall hinaus um wenigstens 20 vom Hundert gemindert ist, haben Anspruch auf eine Rente. ²Ist die Erwerbsfähigkeit infolge mehrerer Versicherungsfälle gemindert und erreichen die Vomhundertsätze zusammen wenigstens die Zahl 20, besteht für jeden, auch für einen früheren Versicherungsfall, Anspruch auf Rente. ³Die Folgen eines Versicherungsfalls sind nur zu berücksichtigen, wenn sie die Erwerbsfähigkeit um wenigstens 10 vom Hundert mindern. ⁴Den Versicherungsfällen stehen gleich Unfälle oder Entschädigungsfälle nach den Beamtengesetzen, dem Bundesversorgungsgesetz, dem Soldatenversorgungsgesetz, dem Gesetz über den zivilen Ersatzdienst, dem Gesetz über die Abgeltung von Besatzungsschäden, dem Häftlingshilfegesetz und den entsprechenden Gesetzen, die Entschädigung für Unfälle oder Beschädigungen gewähren.

(2) ¹Die Minderung der Erwerbsfähigkeit richtet sich nach dem Umfang der sich aus der Beeinträchtigung des körperlichen und geistigen Leistungsvermögens ergebenden verminderten Arbeitsmöglichkeiten auf dem gesamten Gebiet des Erwerbslebens. ²Bei jugendlichen Versicherten wird die Minderung der Erwerbsfähigkeit nach den Auswirkungen bemessen, die sich bei Erwachsenen mit gleichem Gesundheitsschaden ergeben würden. ³Bei der Bemessung der Minderung der Erwerbsfähigkeit werden Nachteile berücksichtigt, die die Versicherten dadurch erleiden, daß sie bestimmte von ihnen erworbene besondere berufliche Kenntnisse und Erfahrungen infolge des Versicherungsfalls nicht mehr oder nur noch in vermindertem Umfang nutzen können, soweit solche Nachteile nicht durch sonstige Fähigkeiten, deren Nutzung ihnen zugemutet werden kann, ausgeglichen werden.

(3) ¹Bei Verlust der Erwerbsfähigkeit wird Vollrente geleistet; sie beträgt zwei Drittel des Jahresarbeitsverdienstes. ²Bei einer Minderung der Erwerbsfähigkeit wird Teilrente geleistet; sie wird in der Höhe des Vomhundertsatzes der Vollrente festgesetzt, der dem Grad der Minderung der Erwerbsfähigkeit entspricht.

§ 57 Erhöhung der Rente bei Schwerverletzten. Können Versicherte mit Anspruch auf eine Rente nach einer Minderung der Erwerbsfähigkeit von 50 vom Hundert oder mehr oder auf mehrere Renten, deren Vomhundertsätze zusammen wenigstens die Zahl 50 erreichen (Schwerverletzte), infolge des Versicherungsfalls einer Erwerbstätigkeit nicht mehr nachgehen und haben sie keinen Anspruch auf Rente aus der gesetzlichen Rentenversicherung, erhöht sich die Rente um 10 vom Hundert.

§ 58 Erhöhung der Rente bei Arbeitslosigkeit. [1]Solange Versicherte infolge des Versicherungsfalls ohne Anspruch auf Arbeitsentgelt oder Arbeitseinkommen sind und die Rente zusammen mit dem Arbeitslosengeld oder *der Arbeitslosenhilfe* (ab **1. 1. 2005**: dem Arbeitslosengeld II) nicht den sich aus § 46 Abs. 1 des Neunten Buches[1]) ergebenden Betrag des Übergangsgeldes erreicht, wird die Rente längstens für zwei Jahre nach ihrem Beginn um den Unterschiedsbetrag erhöht. [2]Der Unterschiedsbetrag wird bei *der Arbeitslosenhilfe* (ab **1. 1. 2005**: dem Arbeitslosengeld II) nicht als Einkommen berücksichtigt. [3]Satz 1 gilt nicht, solange Versicherte Anspruch auf weiteres Erwerbsersatzeinkommen (§ 18a Abs. 3 des Vierten Buches[2])) haben, das zusammen mit der Rente das Übergangsgeld erreicht. [4]Wird Arbeitslosengeld II nur darlehensweise gewährt oder erhält der Versicherte nur Leistungen nach § 23 Abs. 3 Satz 1 des Zweiten Buches, finden die Sätze 1 und 2 keine Anwendung.[3])

§ 59 Höchstbetrag bei mehreren Renten. (1) [1]Beziehen Versicherte mehrere Renten, so dürfen diese ohne die Erhöhung für Schwerverletzte zusammen zwei Drittel des höchsten der Jahresarbeitsverdienste nicht übersteigen, die diesen Renten zugrunde liegen. [2]Soweit die Renten den Höchstbetrag übersteigen, werden sie verhältnismäßig gekürzt.

(2) Haben Versicherte eine Rentenabfindung erhalten, wird bei der Feststellung des Höchstbetrages nach Absatz 1 die der Abfindung zugrunde gelegte Rente so berücksichtigt, wie sie ohne die Abfindung noch zu zahlen wäre.

§ 60 Minderung bei Heimpflege. Für die Dauer einer Heimpflege von mehr als einem Kalendermonat kann der Unfallversicherungsträger die Rente um höchstens die Hälfte mindern, soweit dies nach den persönlichen Bedürfnissen und Verhältnissen der Versicherten angemessen ist.

§ 61 Renten für Beamte und Berufssoldaten. (1) [1]Die Renten von Beamten, die nach § 82 Abs. 4 berechnet werden, werden nur insoweit gezahlt, als sie die Dienst- oder Versorgungsbezüge übersteigen; den Beamten verbleibt die Rente jedoch mindestens in Höhe des Betrages, der bei Vorliegen eines Dienstunfalls als Unfallausgleich zu gewähren wäre. [2]Endet das Dienstverhältnis wegen Dienstunfähigkeit infolge des Versicherungsfalls, wird Vollrente insoweit gezahlt, als sie zusammen mit den Versorgungsbezügen aus dem Dienstverhältnis die Versorgungsbezüge, auf die der Beamte bei Vorliegen eines Dienstunfalls Anspruch hätte, nicht übersteigt. [3]Die Höhe dieser Versor-

---

[1]) Nr. **6**.
[2]) Nr. **3**.
[3]) § 58 Satz 4 angef. **mWv 1. 1. 2005** durch G v. 24. 12. 2003 (BGBl. I S. 2954).

gungsbezüge stellt die Dienstbehörde fest. [4]Für die Hinterbliebenen gilt dies entsprechend.

(2) [1]Absatz 1 gilt für die Berufssoldaten entsprechend. [2]Anstelle des Unfallausgleichs wird der Ausgleich nach § 85 des Soldatenversorgungsgesetzes gezahlt.

§ 62 Rente als vorläufige Entschädigung. (1) [1]Während der ersten drei Jahre nach dem Versicherungsfall soll der Unfallversicherungsträger die Rente als vorläufige Entschädigung festsetzen, wenn der Umfang der Minderung der Erwerbsfähigkeit noch nicht abschließend festgestellt werden kann. [2]Innerhalb dieses Zeitraums kann der Vomhundertsatz der Minderung der Erwerbsfähigkeit jederzeit ohne Rücksicht auf die Dauer der Veränderung neu festgestellt werden.

(2) [1]Spätestens mit Ablauf von drei Jahren nach dem Versicherungsfall wird die vorläufige Entschädigung als Rente auf unbestimmte Zeit geleistet. [2]Bei der erstmaligen Feststellung der Rente nach der vorläufigen Entschädigung kann der Vomhundertsatz der Minderung der Erwerbsfähigkeit abweichend von der vorläufigen Entschädigung festgestellt werden, auch wenn sich die Verhältnisse nicht geändert haben.

Zweiter Unterabschnitt. Leistungen an Hinterbliebene

§ 63 Leistungen bei Tod. (1) [1]Hinterbliebene haben Anspruch auf
1. Sterbegeld,
2. Erstattung der Kosten der Überführung an den Ort der Bestattung,
3. Hinterbliebenenrenten,
4. Beihilfe.

[2]Der Anspruch auf Leistungen nach Satz 1 Nr. 1 bis 3 besteht nur, wenn der Tod infolge eines Versicherungsfalls eingetreten ist.

(2) [1]Dem Tod infolge eines Versicherungsfalls steht der Tod von Versicherten gleich, deren Erwerbsfähigkeit durch die Folgen einer Berufskrankheit nach den Nummern 4101 bis 4104 der Anlage 1 der Berufskrankheiten-Verordnung vom 20. Juni 1968 (BGBl. I S. 721) in der Fassung der Zweiten Verordnung zur Änderung der Berufskrankheiten-Verordnung vom 18. Dezember 1992 (BGBl. I S. 2343) um 50 vom Hundert oder mehr gemindert war. [2]Dies gilt nicht, wenn offenkundig ist, daß der Tod mit der Berufskrankheit nicht in ursächlichem Zusammenhang steht; eine Obduktion zum Zwecke einer solchen Feststellung darf nicht gefordert werden.

(3) Ist ein Versicherter getötet worden, so kann der Unfallversicherungsträger die Entnahme einer Blutprobe zur Feststellung von Tatsachen anordnen, die für die Entschädigungspflicht von Bedeutung sind.

(4) [1]Sind Versicherte im Zusammenhang mit der versicherten Tätigkeit verschollen, gelten sie als infolge eines Versicherungsfalls verstorben, wenn die Umstände ihren Tod wahrscheinlich machen und seit einem Jahr Nachrichten über ihr Leben nicht eingegangen sind. [2]Der Unfallversicherungsträger kann von den Hinterbliebenen die Versicherung an Eides Statt verlangen, daß ihnen weitere als die angezeigten Nachrichten über die Verschollenen nicht bekannt sind. [3]Der Unfallversicherungsträger ist berechtigt, für die Leistungen den nach den Umständen mutmaßlichen Todestag festzustellen. [4]Bei Ver-

sicherten in der Seeschiffahrt wird spätestens der dem Ablauf des Heuerverhältnisses folgende Tag als Todestag festgesetzt.

§ 64 Sterbegeld und Erstattung von Überführungskosten. (1) Witwen, Witwer, Kinder, Stiefkinder, Pflegekinder, Enkel, Geschwister, frühere Ehegatten und Verwandte der aufsteigenden Linie der Versicherten erhalten Sterbegeld in Höhe eines Siebtels der im Zeitpunkt des Todes geltenden Bezugsgröße.

(2) Kosten der Überführung an den Ort der Bestattung werden erstattet, wenn der Tod nicht am Ort der ständigen Familienwohnung der Versicherten eingetreten ist und die Versicherten sich dort aus Gründen aufgehalten haben, die im Zusammenhang mit der versicherten Tätigkeit oder mit den Folgen des Versicherungsfalls stehen.

(3) Das Sterbegeld und die Überführungskosten werden an denjenigen Berechtigten gezahlt, der die Bestattungs- und Überführungskosten trägt.

(4) Ist ein Anspruchsberechtigter nach Absatz 1 nicht vorhanden, werden die Bestattungskosten bis zur Höhe des Sterbegeldes nach Absatz 1 an denjenigen gezahlt, der diese Kosten trägt.

§ 65 Witwen- und Witwerrente. (1) ¹Witwen oder Witwer von Versicherten erhalten eine Witwen- oder Witwerrente, solange sie nicht wieder geheiratet haben. ²Der Anspruch auf eine Rente nach Absatz 2 Nr. 2 besteht längstens für 24 Kalendermonate nach Ablauf des Monats, in dem der Ehegatte verstorben ist.

(2) Die Rente beträgt

1. zwei Drittel des Jahresarbeitsverdienstes bis zum Ablauf des dritten Kalendermonats nach Ablauf des Monats, in dem der Ehegatte verstorben ist,
2. 30 vom Hundert des Jahresarbeitsverdienstes nach Ablauf des dritten Kalendermonats,
3. 40 vom Hundert des Jahresarbeitsverdienstes nach Ablauf des dritten Kalendermonats,

   a) solange Witwen oder Witwer ein waisenrentenberechtigtes Kind erziehen oder für ein Kind sorgen, das wegen körperlicher, geistiger oder seelischer Behinderung Anspruch auf Waisenrente hat oder nur deswegen nicht hat, weil das 27. Lebensjahr vollendet wurde,

   b) wenn Witwen oder Witwer das 45. Lebensjahr vollendet haben oder

   c) solange Witwen oder Witwer erwerbsgemindert, berufs- oder erwerbsunfähig im Sinne des Sechsten Buches sind; Entscheidungen des Trägers der Rentenversicherung über Erwerbsminderung, Berufs- oder Erwerbsunfähigkeit sind für den Unfallversicherungsträger bindend.

(3) ¹Einkommen (§§ 18a bis 18e des Vierten Buches[1]) von Witwen oder Witwern, das mit einer Witwenrente oder Witwerrente nach Absatz 2 Nr. 2 und 3 zusammentrifft, wird hierauf angerechnet. ²Anrechenbar ist das Einkommen, das monatlich das 26,4fache des aktuellen Rentenwerts der gesetzlichen Rentenversicherung übersteigt. ³Das nicht anrechenbare Einkommen erhöht sich um das 5,6fache des aktuellen Rentenwerts für jedes waisenren-

---

[1] Nr. 3.

7. Buch. Gesetzliche Unfallversicherung **§§ 66, 67 SGB VII 1**

tenberechtigtes Kind von Witwen oder Witwern. ⁴Von den danach verbleibenden anrechenbaren Einkommen werden 40 vom Hundert angerechnet.

(4) ¹Für die Einkommensanrechnung ist bei Anspruch auf mehrere Renten folgende Rangfolge maßgebend:
1. Waisenrente,
2. Witwenrente oder Witwerrente,
3. Witwenrente oder Witwerrente nach dem vorletzten Ehegatten.
²Das auf eine Rente anrechenbare Einkommen mindert sich um den Betrag, der bereits zu einer Einkommensanrechnung auf eine vorrangige Rente geführt hat.

(5) ¹Witwenrente oder Witwerrente wird auf Antrag auch an überlebende Ehegatten gezahlt, die wieder geheiratet haben, wenn die erneute Ehe aufgelöst oder für nichtig erklärt ist und sie im Zeitpunkt der Wiederheirat Anspruch auf eine solche Rente hatten. ²Auf eine solche Witwenrente oder Witwerrente nach dem vorletzten Ehegatten werden für denselben Zeitraum bestehende Ansprüche auf Witwenrente oder Witwerrente, auf Versorgung, auf Unterhalt oder auf sonstige Rente nach dem letzten Ehegatten angerechnet, es sei denn, daß die Ansprüche nicht zu verwirklichen sind; dabei werden die Vorschriften über die Einkommensanrechnung auf Renten wegen Todes nicht berücksichtigt.

(6) Witwen oder Witwer haben keinen Anspruch, wenn die Ehe erst nach dem Versicherungsfall geschlossen worden ist und der Tod innerhalb des ersten Jahres dieser Ehe eingetreten ist, es sei denn, daß nach den besonderen Umständen des Einzelfalls die Annahme nicht gerechtfertigt ist, daß es der alleinige oder überwiegende Zweck der Heirat war, einen Anspruch auf Hinterbliebenenversorgung zu begründen.

§ 66 Witwen- und Witwerrente an frühere Ehegatten; mehrere Berechtigte. (1) ¹Frühere Ehegatten von Versicherten, deren Ehe mit ihnen geschieden, für nichtig erklärt oder aufgehoben ist, erhalten auf Antrag eine Rente entsprechend § 65, wenn die Versicherten ihnen während des letzten Jahres vor ihrem Tod Unterhalt geleistet haben oder den früheren Ehegatten im letzten wirtschaftlichen Dauerzustand vor dem Tod der Versicherten ein Anspruch auf Unterhalt zustand; § 65 Abs. 2 Nr. 1 findet keine Anwendung. ²Beruhte der Unterhaltsanspruch auf §§ 1572, 1573, 1575 oder 1576 des Bürgerlichen Gesetzbuchs, wird die Rente gezahlt, solange der frühere Ehegatte ohne den Versicherungsfall unterhaltsberechtigt gewesen wäre.

(2) Sind mehrere Berechtigte nach Absatz 1 oder nach Absatz 1 und § 65 vorhanden, erhält jeder von ihnen den Teil der für ihn nach § 65 Abs. 2 zu berechnenden Rente, der im Verhältnis zu den anderen Berechtigten der Dauer seiner Ehe mit dem Verletzten entspricht; anschließend ist § 65 Abs. 3 entsprechend anzuwenden.

(3) Renten nach Absatz 1 und § 65 sind gemäß Absatz 2 zu mindern, wenn nach Feststellung der Rente einem weiteren früheren Ehegatten Rente zu zahlen ist.

§ 67 Voraussetzungen der Waisenrente. (1) Kinder von verstorbenen Versicherten erhalten eine
1. Halbwaisenrente, wenn sie noch einen Elternteil haben,
2. Vollwaisenrente, wenn sie keine Eltern mehr haben.

(2) Als Kinder werden auch berücksichtigt
1. Stiefkinder und Pflegekinder (§ 56 Abs. 2 Nr. 1 und 2 des Ersten Buches[1])), die in den Haushalt der Versicherten aufgenommen waren,
2. Enkel und Geschwister, die in den Haushalt der Versicherten aufgenommen waren oder von ihnen überwiegend unterhalten wurden.

(3) [1]Halb- oder Vollwaisenrente wird gezahlt
1. bis zur Vollendung des 18. Lebensjahres,
2. bis zur Vollendung des 27. Lebensjahres, wenn die Waise
 a) sich in Schulausbildung oder Berufsausbildung befindet oder
 b) sich in einer Übergangszeit von höchstens vier Kalendermonaten befindet, die zwischen zwei Ausbildungsabschnitten oder zwischen einem Ausbildungsabschnitt und der Ableistung des gesetzlichen Wehr- oder Zivildienstes oder der Ableistung eines freiwilligen Dienstes im Sinne des Buchstabens c liegt, oder
 c) ein freiwilliges soziales Jahr im Sinne des Gesetzes zur Förderung eines freiwilligen sozialen Jahres oder ein freiwilliges ökologisches Jahr im Sinne des Gesetzes zur Förderung eines freiwilligen ökologischen Jahres leistet oder
 d) wegen körperlicher, geistiger oder seelischer Behinderung außerstande ist, sich selbst zu unterhalten.

[2]Eine Schulausbildung oder Berufsausbildung im Sinne des Satzes 1 liegt nur vor, wenn die Ausbildung einen tatsächlichen zeitlichen Aufwand von wöchentlich mehr als 20 Stunden erfordert. [3]Der tatsächliche zeitliche Aufwand ist ohne Bedeutung für Zeiten, in denen das Ausbildungsverhältnis trotz einer Erkrankung fortbesteht und damit gerechnet werden kann, dass die Ausbildung fortgesetzt wird. [4]Das gilt auch für die Dauer der Schutzfristen nach dem Mutterschutzgesetz.

(4) [1]In den Fällen des Absatzes 3 Nr. 2 Buchstabe a erhöht sich die maßgebende Altersgrenze bei Unterbrechung oder Verzögerung der Schulausbildung oder Berufsausbildung durch den gesetzlichen Wehrdienst, Zivildienst oder einen gleichgestellten Dienst um die Zeit dieser Dienstleistung, höchstens um einen der Dauer des gesetzlichen Grundwehrdienstes oder Zivildienstes entsprechenden Zeitraum. [2]Die Ableistung eines freiwilligen sozialen oder ökologischen Jahres im Sinne von Absatz 3 Nr. 2 Buchstabe c ist kein gleichgestellter Dienst im Sinne von Satz 1.

(5) Der Anspruch auf Waisenrente endet nicht dadurch, daß die Waise als Kind angenommen wird.

§ 68 Höhe der Waisenrente. (1) Die Rente beträgt
1. 20 vom Hundert des Jahresarbeitsverdienstes für eine Halbwaise,
2. 30 vom Hundert des Jahresarbeitsverdienstes für eine Vollwaise.

(2) [1]Einkommen (§§ 18a bis 18e des Vierten Buches[2])) einer über 18 Jahre alten Waise, das mit der Waisenrente zusammentrifft, wird auf die Waisenrente angerechnet. [2]Anrechenbar ist das Einkommen, das das 17,6fache des aktuellen Rentenwerts in der gesetzlichen Rentenversicherung übersteigt. [3]Das nicht anrechenbare Einkommen erhöht sich um das 5,6fache des aktuellen

---
[1]) Nr. 2.
[2]) Nr. 3.

Rentenwerts für jedes waisenrentenberechtigte Kind der Berechtigten. ⁴Von dem danach verbleibenden anrechenbaren Einkommen werden 40 vom Hundert angerechnet.

(3) Liegen bei einem Kind die Voraussetzungen für mehrere Waisenrenten aus der Unfallversicherung vor, wird nur die höchste Rente gezahlt und bei Renten gleicher Höhe diejenige, die wegen des frühesten Versicherungsfalls zu zahlen ist.

§ 69 Rente an Verwandte der aufsteigenden Linie. (1) Verwandte der aufsteigenden Linie, Stief- oder Pflegeeltern der Verstorbenen, die von den Verstorbenen zur Zeit des Todes aus deren Arbeitsentgelt oder Arbeitseinkommen wesentlich unterhalten worden sind oder ohne den Versicherungsfall wesentlich unterhalten worden wären, erhalten eine Rente, solange sie ohne den Versicherungsfall gegen die Verstorbenen einen Anspruch auf Unterhalt wegen Unterhaltsbedürftigkeit hätten geltend machen können.

(2) ¹Sind aus der aufsteigenden Linie Verwandte verschiedenen Grades vorhanden, gehen die näheren den entfernteren vor. ²Den Eltern stehen Stief- oder Pflegeeltern gleich.

(3) Liegen bei einem Elternteil oder bei einem Elternpaar die Voraussetzungen für mehrere Elternrenten aus der Unfallversicherung vor, wird nur die höchste Rente gezahlt und bei Renten gleicher Höhe diejenige, die wegen des frühesten Versicherungsfalls zu zahlen ist.

(4) Die Rente beträgt
1. 20 vom Hundert des Jahresarbeitsverdienstes für einen Elternteil,
2. 30 vom Hundert des Jahresarbeitsverdienstes für ein Elternpaar.

(5) Stirbt bei Empfängern einer Rente für ein Elternpaar ein Ehegatte, wird dem überlebenden Ehegatten anstelle der Rente für einen Elternteil die für den Sterbemonat zustehende Elternrente für ein Elternpaar für die folgenden drei Kalendermonate weitergezahlt.

§ 70 Höchstbetrag der Hinterbliebenenrenten. (1) ¹Die Renten der Hinterbliebenen dürfen zusammen 80 vom Hundert des Jahresarbeitsverdienstes nicht übersteigen, sonst werden sie gekürzt, und zwar bei Witwen und Witwern, früheren Ehegatten und Waisen nach dem Verhältnis ihrer Höhe. ²Bei Anwendung von Satz 1 wird von der nach § 65 Abs. 2 Nr. 2 und 3 oder § 68 Abs. 1 berechneten Rente ausgegangen; anschließend wird § 65 Abs. 3 oder § 68 Abs. 2 angewendet. ³§ 65 Abs. 2 Nr. 1 bleibt unberührt. ⁴Verwandte der aufsteigenden Linie, Stief- oder Pflegeeltern sowie Pflegekinder haben nur Anspruch, soweit Witwen und Witwer, frühere Ehegatten oder Waisen den Höchstbetrag nicht ausschöpfen.

(2) Sind für die Hinterbliebenen 80 vom Hundert des Jahresarbeitsverdienstes festgestellt und tritt später ein neuer Berechtigter hinzu, werden die Hinterbliebenenrenten nach Absatz 1 neu berechnet.

(3) Beim Wegfall einer Hinterbliebenenrente erhöhen sich die Renten der übrigen bis zum zulässigen Höchstbetrag.

§ 71 Witwen-, Witwer- und Waisenbeihilfe. (1) ¹Witwen oder Witwer von Versicherten erhalten eine einmalige Beihilfe von 40 vom Hundert des Jahresarbeitsverdienstes, wenn

1. ein Anspruch auf Hinterbliebenenrente nicht besteht, weil der Tod der Versicherten nicht Folge eines Versicherungsfalls war, und
2. die Versicherten zur Zeit ihres Todes Anspruch auf eine Rente nach einer Minderung der Erwerbsfähigkeit von 50 vom Hundert oder mehr oder auf mehrere Renten hatten, deren Vomhundertsätze zusammen mindestens die Zahl 50 erreichen; soweit Renten abgefunden wurden, wird von dem Vomhundertsatz der abgefundenen Rente ausgegangen.
²§ 65 Abs. 6 gilt entsprechend.

(2) ¹Beim Zusammentreffen mehrerer Renten oder Abfindungen wird die Beihilfe nach dem höchsten Jahresarbeitsverdienst berechnet, der den Renten oder Abfindungen zugrunde lag. ²Die Beihilfe zahlt der Unfallversicherungsträger, der die danach berechnete Leistung erbracht hat, bei gleich hohen Jahresarbeitsverdiensten derjenige, der für den frühesten Versicherungsfall zuständig ist.

(3) ¹Für Vollwaisen, die bei Tod der Versicherten infolge eines Versicherungsfalls Anspruch auf Waisenrente hätten, gelten die Absätze 1 und 2 entsprechend, wenn sie zur Zeit des Todes der Versicherten mit ihnen in häuslicher Gemeinschaft gelebt haben und von ihnen überwiegend unterhalten worden sind. ²Sind mehrere Waisen vorhanden, wird die Waisenbeihilfe gleichmäßig verteilt.

(4) ¹Haben Versicherte länger als zehn Jahre eine Rente nach einer Minderung der Erwerbsfähigkeit von 80 vom Hundert oder mehr bezogen und sind sie nicht an den Folgen eines Versicherungsfalls gestorben, kann anstelle der Beihilfe nach Absatz 1 oder 3 den Berechtigten eine laufende Beihilfe bis zur Höhe einer Hinterbliebenenrente gezahlt werden, wenn die Versicherten infolge des Versicherungsfalls gehindert waren, eine entsprechende Erwerbstätigkeit auszuüben, und wenn dadurch die Versorgung der Hinterbliebenen um mindestens 10 vom Hundert gemindert ist. ²Auf die laufende Beihilfe finden im übrigen die Vorschriften für Hinterbliebenenrenten Anwendung.

Dritter Unterabschnitt. Beginn, Änderung und Ende von Renten

§ 72 Beginn von Renten. (1) Renten an Versicherte werden von dem Tag an gezahlt, der auf den Tag folgt, an dem
1. der Anspruch auf Verletztengeld endet,
2. der Versicherungsfall eingetreten ist, wenn kein Anspruch auf Verletztengeld entstanden ist.

(2) ¹Renten an Hinterbliebene werden vom Todestag an gezahlt. ²Hinterbliebenenrenten, die auf Antrag geleistet werden, werden vom Beginn des Monats an gezahlt, der der Antragstellung folgt.

(3) ¹Die Satzung kann bestimmen, daß für Unternehmer, ihre im Unternehmen mitarbeitenden Ehegatten oder mitarbeitenden Lebenspartner und für den Unternehmern im Versicherungsschutz Gleichgestellte Rente für die ersten 13 Wochen nach dem sich aus § 46 Abs. 1 ergebenden Zeitpunkt ganz oder teilweise nicht gezahlt wird. ²Die Rente beginnt spätestens am Tag nach Ablauf der 13. Woche, sofern Verletztengeld nicht zu zahlen ist.

§ 73 Änderungen und Ende von Renten. (1) Ändern sich aus tatsächlichen oder rechtlichen Gründen die Voraussetzungen für die Höhe einer

7. Buch. Gesetzliche Unfallversicherung §§ 74, 75 SGB VII

Rente nach ihrer Feststellung, wird die Rente in neuer Höhe nach Ablauf des Monats geleistet, in dem die Änderung wirksam geworden ist.

(2) ¹Fallen aus tatsächlichen oder rechtlichen Gründen die Anspruchsvoraussetzungen für eine Rente weg, wird die Rente bis zum Ende des Monats geleistet, in dem der Wegfall wirksam geworden ist. ²Satz 1 gilt entsprechend, wenn festgestellt wird, daß Versicherte, die als verschollen gelten, noch leben.

(3) Bei der Feststellung der Minderung der Erwerbsfähigkeit ist eine Änderung im Sinne des § 48 Abs. 1 des Zehnten Buches nur wesentlich, wenn sie mehr als 5 vom Hundert beträgt; bei Renten auf unbestimmte Zeit muß die Veränderung der Minderung der Erwerbsfähigkeit länger als drei Monate andauern.

(4) ¹Sind Renten befristet, enden sie mit Ablauf der Frist. ²Das schließt eine vorherige Änderung oder ein Ende der Rente aus anderen Gründen nicht aus. ³Renten dürfen nur auf das Ende eines Kalendermonats befristet werden.

(5) ¹Witwen- und Witwerrenten nach § 65 Abs. 2 Nr. 3 Buchstabe a wegen Kindererziehung werden auf das Ende des Kalendermonats befristet, in dem die Kindererziehung voraussichtlich endet. ²Waisenrenten werden auf das Ende des Kalendermonats befristet, in dem voraussichtlich der Anspruch auf die Waisenrente entfällt. ³Die Befristung kann wiederholt werden.

(6) Renten werden bis zum Ende des Kalendermonats geleistet, in dem die Berechtigten gestorben sind.

§ 74 Ausnahmeregelungen für die Änderung von Renten. (1) ¹Der Anspruch auf eine Rente, die auf unbestimmte Zeit geleistet wird, kann aufgrund einer Änderung der Minderung der Erwerbsfähigkeit zuungunsten der Versicherten nur in Abständen von mindestens einem Jahr geändert werden. ²Das Jahr beginnt mit dem Zeitpunkt, von dem an die vorläufige Entschädigung Rente auf unbestimmte Zeit geworden oder die letzte Rentenfeststellung bekanntgegeben worden ist.

(2) Renten dürfen nicht für die Zeit neu festgestellt werden, in der Verletztengeld zu zahlen ist oder ein Anspruch auf Verletztengeld wegen des Bezugs von Einkommen oder des Erhalts von Betriebs- und Haushaltshilfe oder wegen der Erfüllung der Voraussetzungen für den Erhalt von Betriebs- und Haushaltshilfe nicht besteht.

Vierter Unterabschnitt. Abfindung

§ 75 Abfindung mit einer Gesamtvergütung. ¹Ist nach allgemeinen Erfahrungen unter Berücksichtigung der besonderen Verhältnisse des Einzelfalles zu erwarten, daß nur eine Rente in Form der vorläufigen Entschädigung zu zahlen ist, kann der Unfallversicherungsträger die Versicherten nach Abschluß der Heilbehandlung mit einer Gesamtvergütung in Höhe des voraussichtlichen Rentenaufwandes abfinden. ²Nach Ablauf des Zeitraumes, für den die Gesamtvergütung bestimmt war, wird auf Antrag Rente als vorläufige Entschädigung oder Rente auf unbestimmte Zeit gezahlt, wenn die Voraussetzungen hierfür vorliegen.

§ 76 Abfindung bei Minderung der Erwerbsfähigkeit unter 40 vom Hundert. (1) ¹Versicherte, die Anspruch auf eine Rente wegen einer Minderung der Erwerbsfähigkeit von weniger als 40 vom Hundert haben, können auf ihren Antrag mit einem dem Kapitalwert der Rente entsprechenden Betrag abgefunden werden. ²Versicherte, die Anspruch auf mehrere Renten aus der Unfallversicherung haben, deren Vomhundertsätze zusammen die Zahl 40 nicht erreichen, können auf ihren Antrag mit einem Betrag abgefunden werden, der dem Kapitalwert einer oder mehrerer dieser Renten entspricht. ³Die Bundesregierung bestimmt durch Rechtsverordnung mit Zustimmung des Bundesrates die Berechnung des Kapitalwertes.

(2) Eine Abfindung darf nur bewilligt werden, wenn nicht zu erwarten ist, daß die Minderung der Erwerbsfähigkeit wesentlich sinkt.

(3) Tritt nach der Abfindung eine wesentliche Verschlimmerung der Folgen des Versicherungsfalls (§ 73 Abs. 3) ein, wird insoweit Rente gezahlt.

§ 77 Wiederaufleben der abgefundenen Rente. (1) Werden Versicherte nach einer Abfindung Schwerverletzte, lebt auf Antrag der Anspruch auf Rente in vollem Umfang wieder auf.

(2) ¹Die Abfindungssumme wird auf die Rente angerechnet, soweit sie die Summe der Rentenbeträge übersteigt, die den Versicherten während des Abfindungszeitraumes zugestanden hätten. ²Die Anrechnung hat so zu erfolgen, daß den Versicherten monatlich mindestens die halbe Rente verbleibt.

§ 78 Abfindung bei Minderung der Erwerbsfähigkeit ab 40 vom Hundert. (1) ¹Versicherte, die Anspruch auf eine Rente wegen einer Minderung der Erwerbsfähigkeit von 40 vom Hundert oder mehr haben, können auf ihren Antrag durch einen Geldbetrag abgefunden werden. ²Das gleiche gilt für Versicherte, die Anspruch auf mehrere Renten haben, deren Vomhundertsätze zusammen die Zahl 40 erreichen oder übersteigen.

(2) Eine Abfindung kann nur bewilligt werden, wenn
1. die Versicherten das 18. Lebensjahr vollendet haben und
2. nicht zu erwarten ist, daß innerhalb des Abfindungszeitraumes die Minderung der Erwerbsfähigkeit wesentlich sinkt.

§ 79 Umfang der Abfindung. ¹Eine Rente kann in den Fällen einer Abfindung bei einer Minderung der Erwerbsfähigkeit ab 40 vom Hundert bis zur Hälfte für einen Zeitraum von zehn Jahren abgefunden werden. ²Als Abfindungssumme wird das Neunfache des der Abfindung zugrundeliegenden Jahresbetrages der Rente gezahlt. ³Der Anspruch auf den Teil der Rente, an dessen Stelle die Abfindung tritt, erlischt mit Ablauf des Monats der Auszahlung für zehn Jahre.

§ 80 Abfindung bei Wiederheirat. (1) ¹Eine Witwenrente oder Witwerrente wird bei der ersten Wiederheirat der Berechtigten mit dem 24fachen Monatsbetrag abgefunden. ²In diesem Fall werden Witwenrenten und Witwerrenten an frühere Ehegatten, die auf demselben Versicherungsfall beruhen, erst nach Ablauf von 24 Monaten neu festgesetzt. ³Bei einer Rente nach § 65 Abs. 2 Nr. 2 vermindert sich das 24fache des abzufindenden Monatsbetrages um die Anzahl an Kalendermonaten, für die die Rente geleistet wurde. ⁴Entsprechend vermindert sich die Anzahl an Kalendermonaten nach Satz 2.

(2) ¹Monatsbetrag ist der Durchschnitt der für die letzten zwölf Kalendermonate geleisteten Witwenrente oder Witwerrente. ²Bei Wiederheirat vor Ablauf des 15. Kalendermonats nach dem Tode des Versicherten ist Monatsbetrag der Durchschnittsbetrag der Witwenrente oder Witwerrente, die nach Ablauf des dritten auf den Sterbemonat folgenden Kalendermonats zu leisten war. ³Bei Wiederheirat vor Ablauf dieses Kalendermonats ist Monatsbetrag der Betrag der Witwenrente oder Witwerrente, der für den vierten auf den Sterbemonat folgenden Kalendermonat zu leisten wäre.

(3) ¹Wurde bei der Wiederheirat eine Rentenabfindung gezahlt und besteht nach Auflösung oder Nichtigerklärung der erneuten Ehe Anspruch auf Witwenrente oder Witwerrente nach dem vorletzten Ehegatten, wird für jeden Kalendermonat, der auf die Zeit nach Auflösung oder Nichtigerklärung der erneuten Ehe bis zum Ablauf des 24. Kalendermonats nach Ablauf des Monats der Wiederheirat entfällt, von dieser Rente ein Vierundzwanzigstel der Rentenabfindung in angemessenen Teilbeträgen einbehalten. ²Bei verspäteter Antragstellung mindert sich die einzubehaltende Rentenabfindung um den Betrag, der den Berechtigten bei frühestmöglicher Antragstellung an Witwenrente oder Witwerrente nach dem vorletzten Ehegatten zugestanden hätte.

(4) Die Absätze 1 bis 3 gelten entsprechend für die Bezieher einer Witwen- und Witwerrente an frühere Ehegatten.

Dritter Abschnitt. Jahresarbeitsverdienst

Erster Unterabschnitt. Allgemeines

§ 81 Jahresarbeitsverdienst als Berechnungsgrundlage. Die Vorschriften dieses Abschnitts gelten für Leistungen in Geld, die nach dem Jahresarbeitsverdienst berechnet werden.

Zweiter Unterabschnitt. Erstmalige Festsetzung

§ 82 Regelberechnung. (1) ¹Der Jahresarbeitsverdienst ist der Gesamtbetrag der Arbeitsentgelte (§ 14 des Vierten Buches[1]) und Arbeitseinkommen (§ 15 des Vierten Buches[1]) des Versicherten in den zwölf Kalendermonaten vor dem Monat, in dem der Versicherungsfall eingetreten ist. ²Zum Arbeitsentgelt nach Satz 1 gehört auch das Arbeitsentgelt, auf das ein nach den zwölf Kalendermonaten abgeschlossener Tarifvertrag dem Versicherten rückwirkend einen Anspruch einräumt.

(2) ¹Für Zeiten, in denen der Versicherte in dem in Absatz 1 Satz 1 genannten Zeitraum kein Arbeitsentgelt oder Arbeitseinkommen bezogen hat, wird das Arbeitsentgelt oder Arbeitseinkommen zugrunde gelegt, das seinem durchschnittlichen Arbeitsentgelt oder Arbeitseinkommen in den mit Arbeitsentgelt oder Arbeitseinkommen belegten Zeiten dieses Zeitraums entspricht. ²Erleidet jemand, der als Soldat auf Zeit, als Wehr- oder Zivildienstleistender

---

[1]) Nr. 3.

1 SGB VII §§ 83–85 Sozialgesetzbuch

oder als Entwicklungshelfer, beim besonderen Einsatz des Zivilschutzes oder beim Ableisten eines freiwilligen sozialen oder ökologischen Jahres tätig wird, einen Versicherungsfall, wird als Jahresarbeitsverdienst das Arbeitsentgelt oder Arbeitseinkommen zugrunde gelegt, das er durch eine Tätigkeit erzielt hätte, die der letzten Tätigkeit vor den genannten Zeiten entspricht, wenn es für ihn günstiger ist. [3]Ereignet sich der Versicherungsfall innerhalb eines Jahres seit Beendigung einer Berufsausbildung, bleibt das während der Berufsausbildung erzielte Arbeitsentgelt außer Betracht, wenn es für den Versicherten günstiger ist.

(3) Arbeitsentgelt und Ausbildungsbeihilfe nach den §§ 43 und 44 des Strafvollzugsgesetzes gelten nicht als Arbeitsentgelt im Sinne der Absätze 1 und 2.

(4) [1]Erleidet jemand, dem sonst Unfallfürsorge nach beamtenrechtlichen Vorschriften oder Grundsätzen gewährleistet ist, einen Versicherungsfall, für den ihm Unfallfürsorge nicht zusteht, gilt als Jahresarbeitsverdienst der Jahresbetrag der ruhegehaltsfähigen Dienstbezüge, die der Berechnung eines Unfallruhegehalts zugrunde zu legen wären. [2]Für Berufssoldaten gilt dies entsprechend.

§ 83 Jahresarbeitsverdienst kraft Satzung. [1]Für kraft Gesetzes versicherte selbständig Tätige, für kraft Satzung versicherte Unternehmer und Ehegatten und für freiwillig Versicherte hat die Satzung des Unfallversicherungsträgers die Höhe des Jahresarbeitsverdienstes zu bestimmen. [2]Sie hat ferner zu bestimmen, daß und unter welchen Voraussetzungen die kraft Gesetzes versicherten selbständig Tätigen und die kraft Satzung versicherten Unternehmer und Ehegatten auf ihren Antrag mit einem höheren Jahresarbeitsverdienst versichert werden.

§ 84 Jahresarbeitsverdienst bei Berufskrankheiten. [1]Bei Berufskrankheiten gilt für die Berechnung des Jahresarbeitsverdienstes als Zeitpunkt des Versicherungsfalls der letzte Tag, an dem die Versicherten versicherte Tätigkeiten verrichtet haben, die ihrer Art nach geeignet waren, die Berufskrankheit zu verursachen, wenn diese Berechnung für die Versicherten günstiger ist als eine Berechnung auf der Grundlage des in § 9 Abs. 5 genannten Zeitpunktes. [2]Dies gilt ohne Rücksicht darauf, aus welchen Gründen die schädigende versicherte Tätigkeit aufgegeben worden ist.

§ 85 Mindest- und Höchstjahresarbeitsverdienst. (1) Der Jahresarbeitsverdienst beträgt mindestens

1. für Versicherte, die im Zeitpunkt des Versicherungsfalls das 15., aber noch nicht das 18. Lebensjahr vollendet haben, 40 vom Hundert,
2. für Versicherte, die im Zeitpunkt des Versicherungsfalls das 18. Lebensjahr vollendet haben, 60 vom Hundert

der im Zeitpunkt des Versicherungsfalls maßgebenden Bezugsgröße.

(2) [1]Der Jahresarbeitsverdienst beträgt höchstens das Zweifache der im Zeitpunkt des Versicherungsfalls maßgebenden Bezugsgröße. [2]Die Satzung kann eine höhere Obergrenze bestimmen.

7. Buch. Gesetzliche Unfallversicherung   §§ 86–90   SGB VII   1

§ 86 Jahresarbeitsverdienst für Kinder. Der Jahresarbeitsverdienst beträgt
1. für Versicherte, die im Zeitpunkt des Versicherungsfalls das sechste Lebensjahr nicht vollendet haben, 25 vom Hundert,
2. für Versicherte, die im Zeitpunkt des Versicherungsfalls das sechste, aber nicht das 15. Lebensjahr vollendet haben, 33⅓ vom Hundert
der im Zeitpunkt des Versicherungsfalls maßgebenden Bezugsgröße.

§ 87 Jahresarbeitsverdienst nach billigem Ermessen. ¹Ist ein nach der Regelberechnung, nach den Vorschriften bei Berufskrankheiten, den Vorschriften für Kinder oder nach der Regelung über den Mindestjahresarbeitsverdienst festgesetzter Jahresarbeitsverdienst in erheblichem Maße unbillig, wird er nach billigem Ermessen im Rahmen von Mindest- und Höchstjahresarbeitsverdienst festgesetzt. ²Hierbei werden insbesondere die Fähigkeiten, die Ausbildung, die Lebensstellung und die Tätigkeit der Versicherten im Zeitpunkt des Versicherungsfalls berücksichtigt.

§ 88 Erhöhung des Jahresarbeitsverdienstes für Hinterbliebene. Ist der für die Berechnung von Geldleistungen an Hinterbliebene maßgebende Jahresarbeitsverdienst eines durch einen Versicherungsfall Verstorbenen infolge eines früheren Versicherungsfalls geringer als der für den früheren Versicherungsfall festgesetzte Jahresarbeitsverdienst, wird für den neuen Versicherungsfall dem Arbeitsentgelt und Arbeitseinkommen die an den Versicherten im Zeitpunkt des Todes zu zahlende Rente hinzugerechnet; dabei darf der Betrag nicht überschritten werden, der der Rente infolge des früheren Versicherungsfalls als Jahresarbeitsverdienst zugrunde lag.

§ 89 Berücksichtigung von Anpassungen. Beginnt die vom Jahresarbeitsverdienst abhängige Geldleistung nach dem 30. Juni eines Jahres und ist der Versicherungsfall im vergangenen Kalenderjahr oder früher eingetreten, wird der Jahresarbeitsverdienst entsprechend den für diese Geldleistungen geltenden Regelungen angepaßt.

Dritter Unterabschnitt. Neufestsetzung

§ 90 Neufestsetzung nach voraussichtlicher Schul- oder Berufsausbildung oder Altersstufen. (1) ¹Tritt der Versicherungsfall vor Beginn der Schulausbildung oder während einer Schul- oder Berufsausbildung der Versicherten ein, wird, wenn es für die Versicherten günstiger ist, der Jahresarbeitsverdienst von dem Zeitpunkt an neu festgesetzt, in dem die Ausbildung ohne den Versicherungsfall voraussichtlich beendet worden wäre. ²Der Neufestsetzung wird das Arbeitsentgelt zugrunde gelegt, das in diesem Zeitpunkt für Personen gleicher Ausbildung und gleichen Alters durch Tarifvertrag vorgesehen ist; besteht keine tarifliche Regelung, ist das Arbeitsentgelt maßgebend, das für derartige Tätigkeiten am Beschäftigungsort der Versicherten gilt.

(2) ¹Haben die Versicherten zur Zeit des Versicherungsfalls das 30. Lebensjahr noch nicht vollendet, wird, wenn es für sie günstiger ist, der Jahresarbeitsverdienst jeweils nach dem Arbeitsentgelt neu festgesetzt, das zur Zeit des Versicherungsfalls für Personen mit gleichartiger Tätigkeit bei Erreichung eines bestimmten Berufsjahres oder bei Vollendung eines bestimmten Lebens-

jahres durch Tarifvertrag vorgesehen ist; besteht keine tarifliche Regelung, ist das Arbeitsentgelt maßgebend, das für derartige Tätigkeiten am Beschäftigungsort der Versicherten gilt. ²Es werden nur Erhöhungen berücksichtigt, die bis zur Vollendung des 30. Lebensjahres vorgesehen sind.

(3) Können die Versicherten in den Fällen des Absatzes 1 oder 2 infolge des Versicherungsfalls einer Erwerbstätigkeit nicht nachgehen, wird, wenn es für sie günstiger ist, der Jahresarbeitsverdienst nach den Erhöhungen des Arbeitsentgelts neu festgesetzt, die zur Zeit des Versicherungsfalls von der Vollendung eines bestimmten Lebensjahres, der Erreichung eines bestimmten Berufsjahres oder von dem Ablauf bestimmter Bewährungszeiten durch Tarif festgesetzt sind; besteht keine tarifliche Regelung, ist das Arbeitsentgelt maßgebend, das für derartige Tätigkeiten am Beschäftigungsort der Versicherten gilt.

(4) Ist der Versicherungsfall vor Beginn der Berufsausbildung eingetreten und läßt sich auch unter Berücksichtigung der weiteren Schul- oder Berufsausbildung nicht feststellen, welches Ausbildungsziel die Versicherten ohne den Versicherungsfall voraussichtlich erreicht hätten, wird der Jahresarbeitsverdienst mit Vollendung des 21. Lebensjahres auf 75 vom Hundert und mit Vollendung des 25. Lebensjahres auf 100 vom Hundert der zu diesen Zeitpunkten maßgebenden Bezugsgröße neu festgesetzt.

(5) Wurde der Jahresarbeitsverdienst nach den Vorschriften über den Mindestjahresarbeitsverdienst oder über den Jahresarbeitsverdienst für Kinder festgesetzt, wird er, vorbehaltlich der Regelungen in den Absätzen 1 bis 4, mit Vollendung der in diesen Vorschriften genannten weiteren Lebensjahre entsprechend dem Vornhundertsatz der zu diesen Zeitpunkten maßgebenden Bezugsgröße neu festgesetzt.

(6) In den Fällen des § 82 Abs. 2 Satz 2 sind die Absätze 1 bis 3 entsprechend anzuwenden.

§ 91 Mindest- und Höchstjahresarbeitsverdienst, Jahresarbeitsverdienst nach billigem Ermessen bei Neufestsetzung. Bei Neufestsetzungen des Jahresarbeitsverdienstes nach voraussichtlicher Schul- oder Berufsausbildung oder Altersstufen sind die Vorschriften über den Mindest- und Höchstjahresarbeitsverdienst und über den Jahresarbeitsverdienst nach billigem Ermessen entsprechend anzuwenden.

Vierter Unterabschnitt. Besondere Vorschriften für die Versicherten der See-Berufsgenossenschaft und ihre Hinterbliebenen

§ 92 Jahresarbeitsverdienst für Seeleute. (1) ¹Als Jahresarbeitsverdienst für Versicherte, die an Bord eines Seeschiffs beschäftigt sind, gilt das Zwölffache des nach Absatz 2 oder 4 festgesetzten monatlichen Durchschnitts des baren Entgelts einschließlich des Durchschnittssatzes des Werts der auf Seeschiffen gewährten Beköstigung oder Verpflegungsvergütung (Durchschnittsentgelt) zur Zeit des Versicherungsfalls. ²Für Versicherte, die als ausländische Seeleute ohne Wohnsitz oder ständigen Aufenthalt im Inland auf Schiffen beschäftigt werden, die nach § 12 des Flaggenrechtsgesetzes in der Fassung der Bekanntmachung vom 26. Oktober 1994 (BGBl. I S. 3140) in das Internationale Seeschiffahrtsregister eingetragen sind, und denen keine deutschen Tarifheuern gezahlt werden, gelten für die Berechnung des Jahresarbeitsverdienstes die allgemeinen Vorschriften über den Jahresarbeitsverdienst mit Ausnahme der Vorschrift über den Mindestjahresarbeitsverdienst.

(2) Die Satzung kann bestimmen, daß für Versicherte mit stark schwankendem Arbeitsentgelt besondere Durchschnittsentgelte entsprechend dem üblicherweise erzielten Jahresarbeitsentgelt festgesetzt werden.

(3) Als Jahresarbeitsverdienst für die kraft Gesetzes versicherten selbständig tätigen Küstenschiffer und Küstenfischer und ihre mitarbeitenden Ehegatten oder mitarbeitenden Lebenspartner gilt der nach Absatz 4 festgesetzte Durchschnitt des Jahreseinkommens; dabei wird das gesamte Jahreseinkommen berücksichtigt.

(4) Das monatliche Durchschnittsentgelt für die in Absatz 1 Satz 1 und Absatz 2 genannten Versicherten sowie der Durchschnitt des Jahreseinkommens für die in Absatz 3 genannten Versicherten werden von Ausschüssen festgesetzt, die die Vertreterversammlung bildet.

(5) [1]Die Festsetzung erfolgt im Bereich gleicher Tätigkeiten einheitlich für den Geltungsbereich dieses Gesetzes. [2]Bei der Festsetzung werden die zwischen Reedern und Vereinigungen seemännischer Arbeitnehmer abgeschlossenen Tarifverträge berücksichtigt; ausgenommen bleiben die Entgelte für Versicherte, für deren Jahresarbeitsverdienst Absatz 1 Satz 2 gilt. [3]Für die in Absatz 1 genannten Versicherten, die neben dem baren Entgelt, der Beköstigung oder Verpflegungsvergütung regelmäßige Nebeneinnahmen haben, wird auch deren durchschnittlicher Geldwert bei der Festsetzung des Durchschnitts eingerechnet.

(6) [1]Die Festsetzung bedarf der Genehmigung des Bundesversicherungsamts. [2]Das Bundesversicherungsamt kann für die Festsetzung eine Frist bestimmen; nach Ablauf der Frist kann es die Durchschnittssätze selbst festsetzen.

(7) [1]Die Festsetzung wird in jedem Jahr einmal nachgeprüft. [2]Das Bundesversicherungsamt kann auch in der Zwischenzeit Nachprüfungen anordnen.

(8) Die Satzung hat zu bestimmen, daß und unter welchen Voraussetzungen die in Absatz 3 genannten Versicherten auf ihren Antrag mit einem höheren Jahresarbeitsverdienst versichert werden.

Fünfter Unterabschnitt. Besondere Vorschriften für die Versicherten der landwirtschaftlichen Berufsgenossenschaften und ihre Hinterbliebenen

§ 93 Jahresarbeitsverdienst für landwirtschaftliche Unternehmer, ihre Ehegatten und Familienangehörigen. (1) [1]Der Jahresarbeitsverdienst der kraft Gesetzes versicherten

1. landwirtschaftlichen Unternehmer,
2. im Unternehmen mitarbeitenden Ehegatten und Lebenspartner der landwirtschaftlichen Unternehmer,
3. regelmäßig wie landwirtschaftliche Unternehmer selbständig Tätigen,

beträgt für Versicherungsfälle, die im Jahre 1996 oder früher eingetreten sind, 19 115 Deutsche Mark. [2]Für Versicherungsfälle, die im Jahre 1997 oder später eintreten, wird der in Satz 1 genannte Betrag, erstmalig zum 1. Juli 1997, entsprechend § 95 angepaßt; § 215 Abs. 5 findet keine Anwendung. [3]Die landwirtschaftlichen Berufsgenossenschaften unterrichten die landwirtschaftlichen Unternehmer über den jeweils geltenden Jahresarbeitsverdienst.

(2) ¹Solange die in Absatz 1 genannten Personen Anspruch auf eine Rente auf unbestimmte Zeit nach einer Minderung der Erwerbsfähigkeit von 50 vom Hundert oder mehr haben, erhöhen sich die in Absatz 1 genannten Beträge um

1. 25 vom Hundert bei einer Minderung der Erwerbsfähigkeit von weniger als 75 vom Hundert,
2. 50 vom Hundert bei einer Minderung der Erwerbsfähigkeit von 75 vom Hundert und mehr.

²Haben Versicherte Anspruch auf mehrere Renten auf unbestimmte Zeit, deren Vomhundertsätze zusammen wenigstens die Zahl 50 erreichen und für die ein Jahresarbeitsverdienst nach dieser Vorschrift festzusetzen ist, bestimmt sich der Jahresarbeitsverdienst nach dem Betrag, der sich aus Satz 1 für die Summe der Vomhundertsätze der Minderung der Erwerbsfähigkeit ergibt.

(3) ¹Für die im landwirtschaftlichen Unternehmen nicht nur vorübergehend mitarbeitenden Familienangehörigen im Sinne des § 2 Abs. 1 Nr. 5 Buchstabe b gilt der Mindestjahresarbeitsverdienst als Jahresarbeitsverdienst. ²Hatte der mitarbeitende Familienangehörige im Zeitpunkt des Versicherungsfalls das 15. Lebensjahr noch nicht vollendet, gilt die Vorschrift über den Jahresarbeitsverdienst für Kinder entsprechend. ³Der Jahresarbeitsverdienst wird mit Vollendung des 15. und 18. Lebensjahres entsprechend der Regelung über den Mindestjahresarbeitsverdienst neu festgesetzt.

(4) Ist ein vorübergehend unentgeltlich in einem landwirtschaftlichen Unternehmen Beschäftigter in seinem Hauptberuf auch in einem landwirtschaftlichen Unternehmen tätig, gilt als Jahresarbeitsverdienst für diese Beschäftigung der für den Hauptberuf maßgebende Jahresarbeitsverdienst.

(5) Die Satzung hat zu bestimmen, daß und unter welchen Voraussetzungen die in Absatz 1, 2 oder 3 genannten Versicherten auf ihren Antrag mit einem höheren Jahresarbeitsverdienst versichert werden.

(6) Die Satzung kann bestimmen, daß

1. die in den Absätzen 1 und 2 genannten Beträge um bis zur Hälfte erhöht werden,
2. für Versicherte im Sinne der Absätze 1 und 3 ein geringerer Jahresarbeitsverdienst als der sich aus Absatz 1, 2 oder 3 ergebende Betrag gilt, wenn sie im Zeitpunkt des Versicherungsfalls das 65. Lebensjahr vollendet oder Anspruch auf eine der folgenden Sozialleistungen haben:
   a) vorzeitige Altersrente oder Rente wegen Erwerbsminderung aus der Alterssicherung der Landwirte,
   b) Witwen- oder Witwerrente aus der Alterssicherung der Landwirte wegen Erwerbsminderung im Sinne der Vorschriften des Sechsten Buches,
   c) Überbrückungsgeld aus der Alterssicherung der Landwirte,
   d) Produktionsaufgaberente nach dem Gesetz zur Förderung der Einstellung der landwirtschaftlichen Erwerbstätigkeit.

(7) ¹Soweit Geldleistungen nach dem Jahresarbeitsverdienst im Sinne des Absatzes 1 berechnet werden, ist der nach Absatz 1 Satz 1 und 2 am 31. Dezember 2001 geltende, in Euro umzurechnende Jahresarbeitsverdienst auf zwei Dezimalstellen aufzurunden. ²Absatz 1 Satz 2 gilt entsprechend.

Vierter Abschnitt. Mehrleistungen

§ 94 Mehrleistungen. (1) ¹Die Satzung kann Mehrleistungen bestimmen für
1. Personen, die für ein in § 2 Abs. 1 Nr. 9 oder 12 genanntes Unternehmen unentgeltlich, insbesondere ehrenamtlich tätig sind,
2. Personen, die nach § 2 Abs. 1 Nr. 10, 11 oder 13 oder Abs. 3 Nr. 2 versichert sind. .

²Dabei können die Art der versicherten Tätigkeit, insbesondere ihre Gefährlichkeit, sowie Art und Schwere des Gesundheitsschadens berücksichtigt werden.

(2) Die Mehrleistungen zu Renten dürfen zusammen mit
1. Renten an Versicherte ohne die Zulage für Schwerverletzte 85 vom Hundert,
2. Renten an Hinterbliebene 80 vom Hundert

des Höchstjahresarbeitsverdienstes nicht überschreiten.

(3) Die Mehrleistungen werden auf Geldleistungen, deren Höhe vom Einkommen abhängt, nicht angerechnet.

Fünfter Abschnitt. Gemeinsame Vorschriften für Leistungen

§ 95 Anpassung von Geldleistungen. (1) ¹Jeweils zum gleichen Zeitpunkt, zu dem die Renten der gesetzlichen Rentenversicherung angepasst werden, werden die vom Jahresarbeitsverdienst abhängigen Geldleistungen, mit Ausnahme des Verletzten- und Übergangsgeldes, für Versicherungsfälle, die im vergangenen Kalenderjahr oder früher eingetreten sind, entsprechend dem Vomhundertsatz angepaßt, um den sich die Renten aus der gesetzlichen Rentenversicherung verändern. ²Die Bundesregierung hat mit Zustimmung des Bundesrates in der Rechtsverordnung über die Bestimmung des für die Rentenanpassung in der gesetzlichen Rentenversicherung maßgebenden aktuellen Rentenwerts den Anpassungsfaktor[1]) entsprechend dem Vornhundertsatz nach Satz 1 zu bestimmen.

(2) ¹Die Geldleistungen werden in der Weise angepaßt, daß sie nach einem mit dem Anpassungsfaktor vervielfältigten Jahresarbeitsverdienst berechnet werden. ²Die Vorschrift über den Höchstjahresarbeitsverdienst gilt mit der Maßgabe, daß an die Stelle des Zeitpunkts des Versicherungsfalls der Zeitpunkt der Anpassung tritt. ³Wird bei einer Neufestsetzung des Jahresarbeitsverdienstes nach voraussichtlicher Schul- oder Berufsausbildung oder nach bestimmten Altersstufen auf eine für diese Zeitpunkte maßgebende Berechnungsgrundlage abgestellt, gilt als Eintritt des Versicherungsfalls im Sinne des Absatzes 1 Satz 1 der Tag, an dem die Voraussetzungen für die Neufestsetzung eingetreten sind.

§ 96 Fälligkeit, Auszahlung und Berechnungsgrundsätze. (1) ¹Laufende Geldleistungen mit Ausnahme des Verletzten- und Übergangsgeldes wer-

---

[1]) Der Anpassungsfaktor für die zum 1. 7. 2003 anzupassenden Geldleistungen der gesetzlichen Unfallversicherung im Sinne des § 44 Abs. 4 und des § 95 beträgt 1,0104 gemäß § 2 Abs. 1 Rentenanpassungsverordnung 2003 - RAV 2003 v. 4. 6. 2003 (BGBl. I S. 784).

1 SGB VII § 96 Sozialgesetzbuch

den am Ende des Monats fällig, zu dessen Beginn die Anspruchsvoraussetzungen erfüllt sind; sie werden am letzten Bankarbeitstag dieses Monats ausgezahlt. ²Bei Zahlung auf ein Konto ist die Gutschrift der laufenden Geldleistung, auch wenn sie nachträglich erfolgt, so vorzunehmen, dass die Wertstellung des eingehenden Überweisungsbetrages auf dem Empfängerkonto unter dem Datum des Tages erfolgt, an dem der Betrag dem Geldinstitut zur Verfügung gestellt worden ist. ³Für die rechtzeitige Auszahlung im Sinne von Satz 1 genügt es, wenn nach dem gewöhnlichen Verlauf die Wertstellung des Betrages der laufenden Geldleistung unter dem Datum des letzten Bankarbeitstages erfolgen kann.

(2) Laufende Geldleistungen können mit Zustimmung der Berechtigten für einen angemessenen Zeitraum im voraus ausgezahlt werden.

(3) ¹Geldleistungen, die für die Zeit nach dem Tode der Berechtigten auf ein Konto bei einem Geldinstitut im Inland überwiesen wurden, gelten als unter Vorbehalt erbracht. ²Das Geldinstitut hat sie der überweisenden Stelle oder dem Unfallversicherungsträger zurückzuüberweisen, wenn diese sie als zu Unrecht erbracht zurückfordern. ³Eine Verpflichtung zur Rücküberweisung besteht nicht, soweit über den entsprechenden Betrag bei Eingang der Rückforderung bereits anderweitig verfügt wurde, es sei denn, daß die Rücküberweisung aus einem Guthaben erfolgen kann. ⁴Das Geldinstitut darf den überwiesenen Betrag nicht zur Befriedigung eigener Forderungen verwenden.

(4) ¹Soweit Geldleistungen für die Zeit nach dem Tod des Berechtigten zu Unrecht erbracht worden sind, sind sowohl die Personen, die die Geldleistungen unmittelbar in Empfang genommen haben oder an die der entsprechende Betrag durch Dauerauftrag, Lastschrifteinzug oder sonstiges bankübliches Zahlungsgeschäft auf ein Konto weitergeleitet wurde (Empfänger), als auch die Personen, die als Verfügungsberechtigte über den entsprechenden Betrag ein banküblisches Zahlungsgeschäft zu Lasten des Kontos vorgenommen oder zugelassen haben (Verfügende), dem Träger der Unfallversicherung zur Erstattung des entsprechenden Betrages verpflichtet. ²Der Träger der Unfallversicherung hat Erstattungsansprüche durch Verwaltungsakt geltend zu machen. ³Erstattungsansprüche verjähren in vier Jahren nach Ablauf des Kalenderjahres, in dem der erstattungsberechtigte Träger der Unfallversicherung Kenntnis von der Überzahlung und von dem Erstattungspflichtigen erlangt hat. ⁴Ein Geldinstitut, das eine Rücküberweisung mit dem Hinweis abgelehnt hat, dass über den entsprechenden Betrag bereits anderweitig verfügt wurde, hat der überweisenden Stelle oder dem Träger der Unfallversicherung auf Verlangen Name und Anschrift des Empfängers oder Verfügenden und etwaiger neuer Kontoinhaber zu benennen. ⁵Ein Anspruch gegen die Erben nach § 50 des Zehnten Buches[1]) bleibt unberührt.

(5) Die Berechnungsgrundsätze des § 187 gelten mit der Maßgabe, daß bei der anteiligen Ermittlung einer Monatsrente der Kalendermonat mit der Zahl seiner tatsächlichen Tage anzusetzen ist.

(6) Sind laufende Geldleistungen, die nach Absatz 1 auszuzahlen und in dem Monat fällig geworden sind, in dem der Berechtigte verstorben ist, auf das bisherige Empfängerkonto bei einem Geldinstitut überwiesen worden, ist der Anspruch der Erben gegenüber dem Träger der Unfallversicherung erfüllt.

---

[1]) Nr. 7.

7. Buch. Gesetzliche Unfallversicherung §§ 97−99 SGB VII 1

§ 97 Leistungen ins Ausland. Berechtigte, die ihren gewöhnlichen Aufenthalt im Ausland haben, erhalten nach diesem Buch
1. Geldleistungen,
2. für alle sonstigen zu erbringenden Leistungen eine angemessene Erstattung entstandener Kosten einschließlich der Kosten für eine Pflegekraft oder für Heimpflege.

§ 98 Geldleistungen aus dem Ausland. (1) Auf Geldleistungen nach diesem Buch werden Geldleistungen eines ausländischen Trägers der Sozialversicherung oder einer ausländischen staatlichen Stelle, die ihrer Art nach den Leistungen nach diesem Buch vergleichbar sind, angerechnet.

(2) Entsteht der Anspruch auf eine Geldleistung nach diesem Buch wegen eines Anspruchs auf eine Leistung nach den Vorschriften des Sechsten Buches ganz oder teilweise nicht, gilt dies auch hinsichtlich vergleichbarer Leistungen, die von einem ausländischen Träger gezahlt werden.

§ 99 Wahrnehmung von Aufgaben durch die Deutsche Post AG.
(1) [1]Die Unfallversicherungsträger zahlen die laufenden Geldleistungen mit Ausnahme des Verletzten- und Übergangsgeldes in der Regel durch die Deutsche Post AG aus. [2]Die Unfallversicherungsträger können die laufenden Geldleistungen auch an das vom Berechtigten angegebene Geldinstitut überweisen. [3]Im übrigen können die Unfallversicherungsträger Geldleistungen durch die Deutsche Post AG auszahlen lassen.

(2) [1]Soweit die Deutsche Post AG laufende Geldleistungen für die Unfallversicherungsträger auszahlt, führt sie auch Arbeiten zur Anpassung der Leistungen durch. [2]Die Anpassungsmitteilungen ergehen im Namen des Unfallversicherungsträgers.

(3) [1]Die Auszahlung und die Durchführung der Anpassung von Geldleistungen durch die Deutsche Post AG umfassen auch die Wahrnehmung der damit im Zusammenhang stehenden Aufgaben der Unfallversicherungsträger, insbesondere die Erstellung statistischen Materials und dessen Übermittlung an das Bundesministerium für Gesundheit und Soziale Sicherung und die Verbände der Unfallversicherungsträger. [2]Die Deutsche Post AG kann entsprechende Aufgaben auch zugunsten der Unfallversicherungsträger wahrnehmen, die die laufenden Geldleistungen nicht durch sie auszahlen.

(4) [1]Die Unfallversicherungsträger werden von ihrer Verantwortung gegenüber den Berechtigten nicht entbunden. [2]Die Berechtigten sollen Änderungen in den tatsächlichen oder rechtlichen Verhältnissen, die für die Auszahlung oder die Durchführung der Anpassung der von der Deutschen Post AG gezahlten Geldleistungen erheblich sind, unmittelbar der Deutschen Post AG mitteilen.

(5) Zur Auszahlung der Geldleistungen erhält die Deutsche Post AG von den Unfallversicherungsträgern monatlich rechtzeitig angemessene Vorschüsse.

(6) Die Deutsche Post AG erhält für ihre Tätigkeit von den Unfallversicherungsträgern eine angemessene Vergütung und auf die Vergütung monatlich rechtzeitig angemessene Vorschüsse.

§ 100 Verordnungsermächtigung. Das Bundesministerium für Gesundheit und Soziale Sicherung wird ermächtigt, im Einvernehmen mit dem Bundesministerium der Finanzen durch Rechtsverordnung mit Zustimmung des Bundesrates

1. den Inhalt der von der Deutschen Post AG wahrzunehmenden Aufgaben der Unfallversicherungsträger näher zu bestimmen und die Rechte und Pflichten der Beteiligten festzulegen, insbesondere die Überwachung der Zahlungsvoraussetzungen durch die Auswertung der Sterbefallmitteilungen der Meldebehörden nach § 101a des Zehnten Buches[1] und durch die Einholung von Lebensbescheinigungen im Rahmen des § 60 Abs. 1 und des § 65 Abs. 1 Nr. 3 des Ersten Buches[2],

2. die Höhe und Fälligkeit der Vorschüsse, die die Deutsche Post AG von den Unfallversicherungsträgern erhält, näher zu bestimmen,

3. die Höhe und Fälligkeit der Vergütung und der Vorschüsse, die die Deutsche Post AG von den Unfallversicherungsträgern erhält, näher zu bestimmen.

§ 101 Ausschluß oder Minderung von Leistungen. (1) Personen, die den Tod von Versicherten vorsätzlich herbeigeführt haben, haben keinen Anspruch auf Leistungen.

(2) ¹Leistungen können ganz oder teilweise versagt oder entzogen werden, wenn der Versicherungsfall bei einer von Versicherten begangenen Handlung eingetreten ist, die nach rechtskräftigem strafgerichtlichen Urteil ein Verbrechen oder vorsätzliches Vergehen ist. ²Zuwiderhandlungen gegen Bergverordnungen oder bergbehördliche Anordnungen gelten nicht als Vergehen im Sinne des Satzes 1. ³Soweit die Leistung versagt wird, kann sie an unterhaltsberechtigte Ehegatten und Kinder geleistet werden.

§ 102 Schriftform. In den Fällen des § 36a Abs. 1 Satz 1 Nr. 2 des Vierten Buches[3] wird die Entscheidung über einen Anspruch auf eine Leistung schriftlich erlassen.

§ 103 Zwischennachricht, Unfalluntersuchung. (1) Kann der Unfallversicherungsträger in den Fällen des § 36a Abs. 1 Satz 1 des Vierten Buches[3] innerhalb von sechs Monaten ein Verfahren nicht abschließen, hat er den Versicherten nach Ablauf dieser Zeit und danach in Abständen von sechs Monaten über den Stand des Verfahrens schriftlich zu unterrichten.

(2) Der Versicherte ist berechtigt, an der Untersuchung eines Versicherungsfalls, die am Arbeitsplatz oder am Unfallort durchgeführt wird, teilzunehmen. Hinterbliebene, die aufgrund des Versicherungsfalls Ansprüche haben können, können an der Untersuchung teilnehmen, wenn sie dies verlangen.

---

[1] Nr. 7.
[2] Nr. 2.
[3] Nr. 3.

7. Buch. Gesetzliche Unfallversicherung §§ 104–106 SGB VII 1

Viertes Kapitel. Haftung von Unternehmern, Unternehmensangehörigen und anderen Personen

Erster Abschnitt. Beschränkung der Haftung gegenüber Versicherten, ihren Angehörigen und Hinterbliebenen

§ 104 Beschränkung der Haftung der Unternehmer. (1) ¹Unternehmer sind den Versicherten, die für ihre Unternehmen tätig sind oder zu ihren Unternehmen in einer sonstigen die Versicherung begründenden Beziehung stehen, sowie deren Angehörigen und Hinterbliebenen nach anderen gesetzlichen Vorschriften zum Ersatz des Personenschadens, den ein Versicherungsfall verursacht hat, nur verpflichtet, wenn sie den Versicherungsfall vorsätzlich oder auf einem nach § 8 Abs. 2 Nr. 1 bis 4 versicherten Weg herbeigeführt haben. ²Ein Forderungsübergang nach § 116 des Zehnten Buches findet nicht statt.

(2) Absatz 1 gilt entsprechend für Personen, die als Leibesfrucht durch einen Versicherungsfall im Sinne des § 12 geschädigt worden sind.

(3) Die nach Absatz 1 oder 2 verbleibenden Ersatzansprüche vermindern sich um die Leistungen, die Berechtigte nach Gesetz oder Satzung infolge des Versicherungsfalls erhalten.

§ 105 Beschränkung der Haftung anderer im Betrieb tätiger Personen. (1) ¹Personen, die durch eine betriebliche Tätigkeit einen Versicherungsfall von Versicherten desselben Betriebs verursachen, sind diesen sowie deren Angehörigen und Hinterbliebenen nach anderen gesetzlichen Vorschriften zum Ersatz des Personenschadens nur verpflichtet, wenn sie den Versicherungsfall vorsätzlich oder auf einem nach § 8 Abs. 2 Nr. 1 bis 4 versicherten Weg herbeigeführt haben. ²Satz 1 gilt entsprechend bei der Schädigung von Personen, die für denselben Betrieb tätig und nach § 4 Abs. 1 Nr. 1 versicherungsfrei sind. § 104 Abs. 1 Satz 2, Abs. 2 und 3 gilt entsprechend.

(2) ¹Absatz 1 gilt entsprechend, wenn nicht versicherte Unternehmer geschädigt worden sind. ²Soweit nach Satz 1 eine Haftung ausgeschlossen ist, werden die Unternehmer wie Versicherte, die einen Versicherungsfall erlitten haben, behandelt, es sei denn, eine Ersatzpflicht des Schädigers gegenüber dem Unternehmer ist zivilrechtlich ausgeschlossen. ³Für die Berechnung von Geldleistungen gilt der Mindestjahresarbeitsverdienst als Jahresarbeitsverdienst. ⁴Geldleistungen werden jedoch nur bis zur Höhe eines zivilrechtlichen Schadenersatzanspruchs erbracht.

§ 106 Beschränkung der Haftung anderer Personen. (1) In den in § 2 Abs. 1 Nr. 2, 3 und 8 genannten Unternehmen gelten die §§ 104 und 105 entsprechend für die Ersatzpflicht
1. der in § 2 Abs. 1 Nr. 2, 3 und 8 genannten Versicherten untereinander,
2. der in § 2 Abs. 1 Nr. 2, 3 und 8 genannten Versicherten gegenüber den Betriebsangehörigen desselben Unternehmens,
3. der Betriebsangehörigen desselben Unternehmens gegenüber den in § 2 Abs. 1 Nr. 2, 3 und 8 genannten Versicherten.

(2) Im Fall des § 2 Abs. 1 Nr. 17 gelten die §§ 104 und 105 entsprechend für die Ersatzpflicht
1. der Pflegebedürftigen gegenüber den Pflegepersonen,
2. der Pflegepersonen gegenüber den Pflegebedürftigen,
3. der Pflegepersonen desselben Pflegebedürftigen untereinander.

(3) Wirken Unternehmen zur Hilfe bei Unglücksfällen oder Unternehmen des Zivilschutzes zusammen oder verrichten Versicherte mehrerer Unternehmen vorübergehend betriebliche Tätigkeiten auf einer gemeinsamen Betriebsstätte, gelten die §§ 104 und 105 für die Ersatzpflicht der für die beteiligten Unternehmen Tätigen untereinander.

(4) Die §§ 104 und 105 gelten ferner für die Ersatzpflicht von Betriebsangehörigen gegenüber den nach § 3 Abs. 1 Nr. 2 Versicherten.

§ 107 Besonderheiten in der Seefahrt. (1) Bei Unternehmen der Seefahrt gilt § 104 auch für die Ersatzpflicht anderer das Arbeitsentgelt schuldender Personen entsprechend. § 105 gilt für den Lotsen entsprechend.

(2) Beim Zusammenstoß mehrerer Seeschiffe von Unternehmen, für die die See-Berufsgenossenschaft zuständig ist, gelten die §§ 104 und 105 entsprechend für die Ersatzpflicht, auch untereinander, der Reeder der dabei beteiligten Fahrzeuge, sonstiger das Arbeitsentgelt schuldender Personen, der Lotsen und der auf den beteiligten Fahrzeugen tätigen Versicherten.

§ 108 Bindung der Gerichte. (1) Hat ein Gericht über Ersatzansprüche der in den §§ 104 bis 107 genannten Art zu entscheiden, ist es an eine unanfechtbare Entscheidung nach diesem Buch oder nach dem Sozialgerichtsgesetz in der jeweils geltenden Fassung gebunden, ob ein Versicherungsfall vorliegt, in welchem Umfang Leistungen zu erbringen sind und ob der Unfallversicherungsträger zuständig ist.

(2) Das Gericht hat sein Verfahren auszusetzen, bis eine Entscheidung nach Absatz 1 ergangen ist. Falls ein solches Verfahren noch nicht eingeleitet ist, bestimmt das Gericht dafür eine Frist, nach deren Ablauf die Aufnahme des ausgesetzten Verfahrens zulässig ist.

§ 109 Feststellungsberechtigung von in der Haftung beschränkten Personen. Personen, deren Haftung nach den §§ 104 bis 107 beschränkt ist und gegen die Versicherte, ihre Angehörigen und Hinterbliebene Schadensersatzforderungen erheben, können statt der Berechtigten die Feststellungen nach § 108 beantragen oder das entsprechende Verfahren nach dem Sozialgerichtsgesetz betreiben. Der Ablauf von Fristen, die ohne ihre Verschulden verstrichen sind, wirkt nicht gegen sie; dies gilt nicht, soweit diese Personen das Verfahren selbst betreiben.

Zweiter Abschnitt. Haftung gegenüber den Sozialversicherungsträgern

§ 110 Haftung gegenüber den Sozialversicherungsträgern. (1) Haben Personen, deren Haftung nach den §§ 104 bis 107 beschränkt ist, den Versicherungsfall vorsätzlich oder grob fahrlässig herbeigeführt, haften sie den Sozialversicherungsträgern für die infolge des Versicherungsfalls entstandenen

Aufwendungen, jedoch nur bis zur Höhe des zivilrechtlichen Schadenersatzanspruchs. Statt der Rente kann der Kapitalwert gefordert werden. Das Verschulden braucht sich nur auf das den Versicherungsfall verursachende Handeln oder Unterlassen zu beziehen.

(1a) [1]Unternehmer, die Schwarzarbeit nach § 1 des Schwarzarbeitsbekämpfungsgesetzes erbringen und dadurch bewirken, dass Beiträge nach dem Sechsten Kapitel nicht, nicht in der richtigen Höhe oder nicht rechtzeitig entrichtet werden, erstatten den Unfallversicherungsträgern die Aufwendungen, die diesen infolge von Versicherungsfällen bei Ausführung der Schwarzarbeit entstanden sind. [2]Eine nicht ordnungsgemäße Beitragsentrichtung wird vermutet, wenn die Unternehmer die Personen, bei denen die Versicherungsfälle eingetreten sind, nicht nach § 28a des Vierten Buches[1)] bei der Einzugsstelle angemeldet hatten.

(2) Die Sozialversicherungsträger können nach billigem Ermessen, insbesondere unter Berücksichtigung der wirtschaftlichen Verhältnisse des Schuldners, auf den Ersatzanspruch ganz oder teilweise verzichten.

§ 111 Haftung des Unternehmens. Haben ein Mitglied eines vertretungsberechtigten Organs, Abwickler oder Liquidatoren juristischer Personen, vertretungsberechtigte Gesellschafter oder Liquidatoren einer Personengesellschaft des Handelsrechts oder gesetzliche Vertreter der Unternehmer in Ausführung ihnen zustehender Verrichtungen den Versicherungsfall vorsätzlich oder grob fahrlässig verursacht, haften nach Maßgabe des § 110 auch die Vertretenen. Eine nach § 110 bestehende Haftung derjenigen, die den Versicherungsfall verursacht haben, bleibt unberührt. Das gleiche gilt für Mitglieder des Vorstandes eines nicht rechtsfähigen Vereins oder für vertretungsberechtigte Gesellschafter einer Personengesellschaft des bürgerlichen Rechts mit der Maßgabe, daß sich die Haftung auf das Vereins- oder das Gesellschaftsvermögen beschränkt.

§ 112 Bindung der Gerichte. § 108 über die Bindung der Gerichte gilt auch für die Ansprüche nach den §§ 110 und 111.

§ 113 Verjährung. [1]Für die Verjährung der Ansprüche nach den §§ 110 und 111 gelten die §§ 195, 199 Abs. 1 und 2 und § 203 des Bürgerlichen Gesetzbuchs entsprechend mit der Maßgabe, daß die Frist von dem Tag an gerechnet wird, an dem die Leistungspflicht für den Unfallversicherungsträger bindend festgestellt oder ein entsprechendes Urteil rechtskräftig geworden ist. [2]Artikel 229 § 6 Abs. 1 des Einführungsgesetzes zum Bürgerlichen Gesetzbuche gilt entsprechend.

Fünftes Kapitel. Organisation

Erster Abschnitt. Unfallversicherungsträger

§ 114 Unfallversicherungsträger. (1) Träger der gesetzlichen Unfallversicherung (Unfallversicherungsträger) sind

---

[1)] Nr. 3.

1 SGB VII § 115 Sozialgesetzbuch

1. die in der Anlage 1 aufgeführten gewerblichen Berufsgenossenschaften,
2. die in der Anlage 2 aufgeführten landwirtschaftlichen Berufsgenossenschaften,
3. die Unfallkasse des Bundes,
4. die Eisenbahn-Unfallkasse,
5. die Unfallkasse Post und Telekom,
6. die Unfallkassen der Länder,
7. die Gemeindeunfallversicherungsverbände und Unfallkassen der Gemeinden,
8. die Feuerwehr-Unfallkassen,
9. die gemeinsamen Unfallkassen für den Landes- und den kommunalen Bereich.

(2) [1] Soweit dieses Gesetz die Unfallversicherungsträger ermächtigt, Satzungen zu erlassen, bedürfen diese der Genehmigung der Aufsichtsbehörde. [2] Ergibt sich nachträglich, daß eine Satzung nicht hätte genehmigt werden dürfen, kann die Aufsichtsbehörde anordnen, daß der Unfallversicherungsträger innerhalb einer bestimmten Frist die erforderliche Änderung vornimmt. [3] Kommt der Unfallversicherungsträger der Anordnung nicht innerhalb dieser Frist nach, kann die Aufsichtsbehörde die erforderliche Änderung anstelle des Unfallversicherungsträgers selbst vornehmen.

(3) Für die Unfallkasse des Bundes gilt Absatz 2 mit der Maßgabe, dass bei der Genehmigung folgender Satzungen das Einvernehmen mit dem Bundesministerium für Gesundheit und Soziale Sicherung und dem Bundesministerium der Finanzen erforderlich ist:
1. Satzungen über den Versicherungsschutz für Personen, die sich auf der Unternehmensstätte aufhalten (§ 3 Abs. 1 Nr. 2),
2. Satzungen über die Obergrenze des Jahresarbeitsverdienstes (§ 85 Abs. 2),
3. Satzungen über Mehrleistungen (§ 94) und
4. Satzungen über die Aufwendungen der Unfallkasse (§ 186).

§ 115 Prävention bei der Unfallkasse des Bundes. (1) [1] § 15 Abs. 1 bis 4 über den Erlass von Unfallverhütungsvorschriften gilt nicht für die Unfallkasse des Bundes. [2] Das Bundesministerium des Innern erlässt für Unternehmen, für die die Unfallkasse des Bundes zuständig ist, mit Ausnahme der in Absatz 2 genannten Unternehmen, im Einvernehmen mit dem Bundesministerium für Wirtschaft und Arbeit nach Anhörung der Vertreterversammlung der Unfallkasse des Bundes durch allgemeine Verwaltungsvorschriften Regelungen über Maßnahmen im Sinne des § 15 Abs. 1; die Vertreterversammlung kann Vorschläge für diese Vorschriften machen. [3] Die Unfallverhütungsvorschriften der Unfallversicherungsträger sollen dabei berücksichtigt werden. [4] Betrifft eine allgemeine Verwaltungsvorschrift nach Satz 2 nur die Zuständigkeitsbereiche des Bundesministeriums der Verteidigung, des Bundesministeriums der Finanzen oder des Bundesministeriums für Verkehr, Bau- und Wohnungswesen, kann jedes dieser Ministerien für seinen Geschäftsbereich eine allgemeine Verwaltungsvorschrift erlassen; die Verwaltungsvorschrift bedarf in diesen Fällen des Einvernehmens mit den Bundesministerien des Innern sowie für Wirtschaft und Arbeit.

(2) [1] Das Bundesministerium des Innern wird ermächtigt, für die Unternehmen, für die die Unfallkasse des Bundes nach § 125 Abs. 1 Nr. 2 bis 7 und

§ 125 Abs. 3 zuständig ist, im Einvernehmen mit dem Bundesministerium für Wirtschaft und Arbeit nach Anhörung der Vertreterversammlung der Unfallkasse des Bundes Rechtsverordnungen ohne Zustimmung des Bundesrates über Maßnahmen im Sinne des § 15 Abs. 1 zu erlassen; die Vertreterversammlung kann Vorschläge für diese Vorschriften machen. ²Die Unfallverhütungsvorschriften der Unfallversicherungsträger sollen dabei berücksichtigt werden. ³Betrifft eine Rechtsverordnung nach Satz 1 nur die Zuständigkeitsbereiche des Bundesministeriums der Verteidigung, des Bundesministeriums der Finanzen oder des Bundesministeriums für Verkehr, Bau- und Wohnungswesen, ist jedes dieser Ministerien für seinen Geschäftsbereich zum Erlass einer Rechtsverordnung ermächtigt; die Rechtsverordnung bedarf in diesen Fällen des Einvernehmens mit den Bundesministerien des Innern sowie für Wirtschaft und Arbeit.

(3) ¹Die Aufgaben der Prävention mit Ausnahme des Erlasses von Unfallverhütungsvorschriften in den Unternehmen, für die die Unfallkasse des Bundes zuständig ist, nimmt die Zentralstelle für Arbeitsschutz beim Bundesministerium des Innern wahr. ²Im Auftrag der Zentralstelle handelt, soweit nichts anderes bestimmt ist, die Unfallkasse des Bundes, die insoweit der Aufsicht des Bundesministeriums des Innern unterliegt. ³Die Sorge für die Beachtung der Vorschriften nach den Absätzen 1 und 2 gehört auch zu den Aufgaben des Vorstands. ⁴Abweichend von den Sätzen 1 und 2 werden die Aufgaben in den Geschäftsbereichen des Bundesministeriums der Verteidigung und des Auswärtigen Amtes hinsichtlich seiner Auslandsvertretungen von dem jeweiligen Bundesministerium oder der von ihm bestimmten Stelle wahrgenommen. ⁵Die genannten Bundesministerien stellen sicher, dass die für die Überwachung und Beratung der Unternehmen eingesetzten Aufsichtspersonen eine für diese Tätigkeit ausreichende Befähigung besitzen.

§ 116 Unfallversicherungsträger im Landesbereich. (1) ¹Für die Unfallversicherung im Landesbereich errichten die Landesregierungen durch Rechtsverordnung eine oder mehrere Unfallkassen. ²Die Landesregierungen können auch gemeinsame Unfallkassen für die Unfallversicherung im Landesbereich und für die Unfallversicherung einer oder mehrerer Gemeinden von zusammen wenigstens 500 000 Einwohnern errichten.

(2) Die Landesregierungen von höchstens drei Ländern können durch gleichlautende Rechtsverordnungen auch eine gemeinsame Unfallkasse entsprechend Absatz 1 errichten, wenn das aufsichtführende Land durch die beteiligten Länder in diesen Rechtsverordnungen oder durch Staatsvertrag der Länder bestimmt ist.

(3) ¹Die Landesregierungen regeln in den Rechtsverordnungen auch das Nähere über die Eingliederung bestehender Unfallversicherungsträger in die gemeinsame Unfallkasse. ²§ 118 Abs. 1 Satz 5 und § 119 Abs. 4 Satz 1 bis 3 gelten entsprechend.

§ 117 Unfallversicherungsträger im kommunalen Bereich. (1) Soweit die Unfallversicherung im kommunalen Bereich nicht von einer gemeinsamen Unfallkasse für den Landes- und den kommunalen Bereich durchgeführt wird, errichten die Landesregierungen durch Rechtsverordnung für mehrere Gemeinden von zusammen wenigstens 500 000 Einwohnern einen Gemeindeunfallversicherungsverband.

(2) ¹Die Landesregierungen von höchstens drei Ländern können durch gleichlautende Rechtsverordnungen auch einen gemeinsamen Gemeindeunfallversicherungsverband entsprechend Absatz 1 errichten, wenn das aufsichtführende Land durch die beteiligten Länder in diesen Rechtsverordnungen oder durch Staatsvertrag der Länder bestimmt ist. ²§ 116 Abs. 3 gilt entsprechend.

(3) ¹Die Landesregierungen können durch Rechtsverordnung mehrere Feuerwehr-Unfallkassen oder die Feuerwehr-Unfallkassen mit den Unfallversicherungsträgern im kommunalen Bereich vereinigen. ²Für die Feuerwehr-Unfallkassen sind die für die Gemeindeunfallversicherungsverbände geltenden Vorschriften entsprechend anzuwenden. ³Die beteiligten Gemeinden und Gemeindeverbände gelten als Unternehmer. ⁴Die Landesregierungen von höchstens drei Ländern können durch gleichlautende Rechtsverordnungen mehrere Feuerwehr-Unfallkassen zu einer Feuerwehr-Unfallkasse vereinigen, wenn das aufsichtführende Land in diesen Rechtsverordnungen oder durch Staatsvertrag der Länder bestimmt ist. ⁵§ 118 Abs. 1 Satz 3, 5 bis 7 gilt entsprechend.

(4) Die Landesregierungen können durch Rechtsverordnung die Unfallkassen der Gemeinden mit den Unfallversicherungsträgern im kommunalen Bereich vereinigen.

§ 118 Vereinigung von Berufsgenossenschaften. (1) ¹Berufsgenossenschaften können sich auf Beschluß ihrer Vertreterversammlungen zu einer Berufsgenossenschaft vereinigen. ²Der Beschluß bedarf der Genehmigung der vor der Vereinigung zuständigen Aufsichtsbehörden. ³Die beteiligten Berufsgenossenschaften legen der nach der Vereinigung zuständigen Aufsichtsbehörde die Satzung, einen Vorschlag zur Berufung der Mitglieder der Organe und eine Vereinbarung über die Rechtsbeziehungen zu Dritten und eine Vereinbarung über die Gefahrtarif- und Beitragsgestaltung vor. ⁴Diese Vereinbarung kann für eine Übergangszeit von höchstens zwölf Jahren unterschiedliche Berechnungsgrundlagen für die Beiträge oder unterschiedliche Beiträge und getrennte Umlagen für die bisherigen Zuständigkeitsbereiche der vereinigten Berufsgenossenschaften vorsehen. ⁵Die beteiligten Berufsgenossenschaften können außerdem für eine Übergangszeit von bis zu zehn Jahren abweichend von § 36 Abs. 2 erster Halbsatz und Abs. 4 des Vierten Buches[1]) eine besondere Regelung über die weitere Tätigkeit der bisherigen Geschäftsführer und ihrer Stellvertreter als Geschäftsführer und Stellvertreter der neuen Berufsgenossenschaft sowie über die jeweilige Zuständigkeit vereinbaren; dabei kann die Zahl der stellvertretenden Geschäftsführer bis zu vier Personen betragen oder eine aus bis zu fünf Personen bestehende Geschäftsführung gebildet werden. ⁶Die Aufsichtsbehörde genehmigt die Satzung und die Vereinbarungen, beruft die Mitglieder der Organe und bestimmt den Zeitpunkt, an dem die Vereinigung wirksam wird. ⁷Mit diesem Zeitpunkt tritt die neue Berufsgenossenschaft in die Rechte und Pflichten der bisherigen Berufsgenossenschaften ein.

(2) Die Vereinigung nach Absatz 1 kann für abgrenzbare Unternehmensarten der aufzulösenden Berufsgenossenschaft mit mehreren Berufsgenossenschaften erfolgen.

---

[1]) Nr. 3.

7. Buch. Gesetzliche Unfallversicherung § 119 SGB VII 1

(3) ¹Die Einzelheiten hinsichtlich der Aufteilung des Vermögens und der Übernahme der Bediensteten werden durch die beteiligten Berufsgenossenschaften entsprechend der für das Kalenderjahr vor der Vereinigung auf die Unternehmensarten entfallenden Entschädigungslast in der Vereinbarung geregelt. ² § 119 Abs. 5 gilt entsprechend.

§ 119 Vereinigung landwirtschaftlicher Berufsgenossenschaften durch Verordnung. (1) ¹Die Landesregierungen derjenigen Länder, in deren Gebiet mehrere landesunmittelbare landwirtschaftliche Berufsgenossenschaften ihren Sitz haben, können durch Rechtsverordnung zwei oder mehrere landwirtschaftliche Berufsgenossenschaften zu einer landwirtschaftlichen Berufsgenossenschaft vereinigen. ²Das Nähere regelt die Landesregierung in der Rechtsverordnung nach Anhörung der beteiligten Berufsgenossenschaften.

(2) ¹Die Landesregierungen mehrerer Länder, in deren Gebiet mehrere landesunmittelbare landwirtschaftliche Berufsgenossenschaften ihren Sitz haben, können durch gleichlautende Rechtsverordnungen landwirtschaftliche Berufsgenossenschaften zu einer landwirtschaftlichen Berufsgenossenschaft vereinigen. ²Das Nähere regeln diese Länder in den Rechtsverordnungen nach Anhörung der beteiligten Berufsgenossenschaften. ³Satz 1 und 2 gilt entsprechend für die Vereinigung von bundes- und landesunmittelbaren landwirtschaftlichen Berufsgenossenschaften; an die Stelle der Landesregierung tritt für die bundesunmittelbaren Berufsgenossenschaften das Bundesministerium für Gesundheit und Soziale Sicherung.

(3) Die in Anlage I Kapitel VIII Sachgebiet I Abschnitt III Nr. 1 Buchstabe c Abs. 3 Satz 2 des Einigungsvertrages vom 31. August 1990 (BGBl. 1990 II S. 885, 1063) aufgeführte Maßgabe ist nicht mehr anzuwenden.

(4) ¹Bis zu den nächsten allgemeinen Wahlen in der Sozialversicherung richtet sich die Zahl der Mitglieder der Selbstverwaltungsorgane der auf Grund des Ersten Abschnitts des Fünften Kapitels dieses Gesetzes vereinigten oder neu gebildeten Berufsgenossenschaften nach der Summe der Zahl der Mitglieder, die in den Satzungen der aufgelösten Berufsgenossenschaften bestimmt worden ist; § 43 Abs. 1 Satz 2 des Vierten Buches[1]) ist nicht anzuwenden. ²Die Mitglieder der Selbstverwaltungsorgane der aufgelösten Berufsgenossenschaften und ihre Stellvertreter werden Mitglieder und Stellvertreter der Selbstverwaltungsorgane der aus ihnen gebildeten Berufsgenossenschaft. ³Beschlüsse in den Selbstverwaltungsorganen der neu gebildeten Berufsgenossenschaften werden mit der Mehrheit der nach der Größe der aufgelösten Berufsgenossenschaften gewichteten Stimmen getroffen; für die Gewichtung wird ein angemessener Maßstab in der Satzung bestimmt. ⁴Satz 3 gilt für Beschlüsse in den Selbstverwaltungsorganen der landwirtschaftlichen Alterskassen und der landwirtschaftlichen Krankenkassen entsprechend.

(5) ¹Die an einer Vereinigung auf Grund des Ersten Abschnitts des Fünften Kapitels dieses Gesetzes beteiligten Berufsgenossenschaften haben rechtzeitig vor dem Wirksamwerden der Vereinigung eine neue Dienstordnung zur Regelung der Rechtsverhältnisse der dienstordnungsmäßig Angestellten aufzustellen, die in Ergänzung der bestehenden Dienstordnungen einen sozialverträglichen Personalübergang gewährleistet; dabei sind die entsprechenden Regelungen für Tarifangestellte zu berücksichtigen. ²Im Falle der Vereinigung

---

[1]) Nr. 3.

nach § 118 ist die neue Dienstordnung zusammen mit den in § 118 Abs. 1 Satz 3 genannten Unterlagen der nach der Vereinigung zuständigen Aufsichtsbehörde vorzulegen.

(6) ¹Nach einer Vereinigung von landwirtschaftlichen Berufsgenossenschaften kann die Satzung für eine Übergangszeit von höchstens fünf Jahren unterschiedliche Berechnungsgrundlagen für die Beiträge oder unterschiedliche Beiträge und getrennte Umlagen für die bisherigen Zuständigkeitsbereiche der vereinigten Versicherungsträger vorsehen. ²Auf Antrag der Berufsgenossenschaft kann die nach der Vereinigung zuständige Aufsichtsbehörde eine um höchstens ein Jahr längere Übergangszeit genehmigen.

§ 120 Bundes- und Landesgarantie. Soweit durch Rechtsvorschriften des Bundes oder der Länder nicht etwas anderes bestimmt worden ist, gehen mit der Auflösung eines bundesunmittelbaren Unfallversicherungsträgers dessen Rechte und Pflichten auf den Bund und mit der Auflösung eines landesunmittelbaren Unfallversicherungsträgers dessen Rechte und Pflichten auf das aufsichtführende Land über.

Zweiter Abschnitt. Zuständigkeit

Erster Unterabschnitt. Zuständigkeit der gewerblichen Berufsgenossenschaften

§ 121 Zuständigkeit der gewerblichen Berufsgenossenschaften.
(1) Die gewerblichen Berufsgenossenschaften sind für alle Unternehmen (Betriebe, Verwaltungen, Einrichtungen, Tätigkeiten) zuständig, soweit sich nicht aus dem Zweiten und Dritten Unterabschnitt eine Zuständigkeit der landwirtschaftlichen Berufsgenossenschaften oder der Unfallversicherungsträger der öffentlichen Hand ergibt.

(2) Die See-Berufsgenossenschaft als gewerbliche Berufsgenossenschaft ist zuständig für Unternehmen der Seefahrt, soweit sich nicht aus dem Dritten Unterabschnitt eine Zuständigkeit der Unfallversicherungsträger der öffentlichen Hand ergibt.

(3) ¹Seefahrt im Sinne dieses Buches ist
1. die Fahrt außerhalb der
    a) Festland- und Inselküstenlinie bei mittlerem Hochwasser,
    b) seewärtigen Begrenzung der Binnenwasserstraßen,
    c) Verbindungslinie der Molenköpfe bei an der Küste gelegenen Häfen,
    d) Verbindungslinie der äußeren Uferausläufe bei Mündungen von Flüssen, die keine Binnenwasserstraßen sind,
2. die Fahrt auf Buchten, Haffen und Watten der See,
3. für die Fischerei auch die Fahrt auf anderen Gewässern, die mit der See verbunden sind, bis zu der durch die Seeschiffahrtstraßen-Ordnung in der Fassung der Bekanntmachung vom 15. April 1987 (BGBl. I S. 1266), zuletzt geändert durch Artikel 3 der Verordnung vom 7. Dezember 1994 (BGBl. I S. 3744), bestimmten inneren Grenze,
4. das Fischen ohne Fahrzeug auf den in den Nummern 1 bis 3 genannten Gewässern.

²Die Fahrt von Binnenschiffen mit einer technischen Zulassung für die Zone 1 oder 2 der Binnenschiffs-Untersuchungsordnung vom 17. März 1988 (BGBl. I S. 238), zuletzt geändert durch Artikel 10 Abs. 1 der Verordnung vom 19. Dezember 1994 (BGBl. II S. 3822), binnenwärts der Grenzen nach Anlage 8 zu § 1 Abs. 1 der Schiffssicherheitsverordnung in der Fassung der Bekanntmachung vom 21. Oktober 1994 (BGBl. I S. 3281) gilt nicht als Seefahrt im Sinne des Satzes 1. ³Bei Inkrafttreten dieses Gesetzes bestehende Zuständigkeiten für Unternehmen der gewerblichen Schiffahrt bleiben unberührt.

§ 122 Sachliche und örtliche Zuständigkeit. (1) ¹Das Bundesministerium für Gesundheit und Soziale Sicherung kann durch Rechtsverordnung mit Zustimmung des Bundesrates die sachliche Zuständigkeit der gewerblichen Berufsgenossenschaften nach Art und Gegenstand der Unternehmen unter Berücksichtigung der Prävention und der Leistungsfähigkeit der Berufsgenossenschaften und die örtliche Zuständigkeit bestimmen. ²Werden dabei bestehende Zuständigkeiten verändert, ist in der Rechtsverordnung zu regeln, inwieweit die bisher zuständige Berufsgenossenschaft Betriebsmittel und Mittel aus der Rücklage an die nunmehr zuständige Berufsgenossenschaft zu übertragen hat.

(2) Soweit nichts anderes bestimmt ist, bleibt jede Berufsgenossenschaft für die Unternehmensarten sachlich zuständig, für die sie bisher zuständig war, solange eine nach Absatz 1 erlassene Rechtsverordnung die Zuständigkeit nicht anders regelt.

Zweiter Unterabschnitt. Zuständigkeit der landwirtschaftlichen Berufsgenossenschaften

§ 123 Zuständigkeit der landwirtschaftlichen Berufsgenossenschaften. (1) Die landwirtschaftlichen Berufsgenossenschaften sind für folgende Unternehmen (landwirtschaftliche Unternehmen) zuständig, soweit sich nicht aus dem Dritten Unterabschnitt eine Zuständigkeit der Unfallversicherungsträger der öffentlichen Hand ergibt:
1. Unternehmen der Land- und Forstwirtschaft einschließlich des Garten- und Weinbaues, der Fischzucht, Teichwirtschaft, Seen-, Bach- und Flußfischerei (Binnenfischerei), der Imkerei sowie der den Zielen des Natur- und Umweltschutzes dienenden Landschaftspflege,
2. Unternehmen, in denen ohne Bodenbewirtschaftung Nutz- oder Zuchttiere zum Zwecke der Aufzucht, der Mast oder der Gewinnung tierischer Produkte gehalten werden,
3. land- und forstwirtschaftliche Lohnunternehmen,
4. Park- und Gartenpflege sowie Friedhöfe,
5. Jagden,
6. die Landwirtschaftskammern und die Berufsverbände der Landwirtschaft,
7. Unternehmen, die unmittelbar der Sicherung, Überwachung oder Förderung der Landwirtschaft überwiegend dienen,
8. die Träger der landwirtschaftlichen Sozialversicherung, deren Verbände und deren weitere Einrichtungen sowie die Zusatzversorgungskasse und das Zusatzversorgungswerk für Arbeitnehmer in der Land- und Forstwirtschaft.

(2) Landwirtschaftliche Unternehmen im Sinne des Absatzes 1 sind nicht
1. Haus- und Ziergärten,
2. andere Kleingärten im Sinne des Bundeskleingartengesetzes vom 28. Februar 1983 (BGBl. I S. 210), zuletzt geändert durch Artikel 5 des Gesetzes vom 21. September 1994 (BGBl. I S. 2538),

es sei denn, sie werden regelmäßig oder in erheblichem Umfang mit besonderen Arbeitskräften bewirtschaftet oder ihre Erzeugnisse dienen nicht hauptsächlich dem eigenen Haushalt.

(3) Das Bundesministerium für Gesundheit und Soziale Sicherung kann im Einvernehmen mit dem Bundesministerium für Verbraucherschutz, Ernährung und Landwirtschaft durch Rechtsverordnung mit Zustimmung des Bundesrates bestimmen, daß auch andere als die in Absatz 1 genannten Unternehmen als landwirtschaftliche Unternehmen gelten, wenn diese überwiegend der Land- und Forstwirtschaft dienen.

(4) ¹Das Bundesministerium für Gesundheit und Soziale Sicherung kann durch Rechtsverordnung mit Zustimmung des Bundesrates die örtliche Zuständigkeit der landwirtschaftlichen Berufsgenossenschaften bestimmen. ²Werden dabei bestehende Zuständigkeiten verändert, ist in der Rechtsverordnung zu regeln, in welchem Umfang die bisher zuständige Berufsgenossenschaft Betriebsmittel und Mittel aus der Rücklage an die nunmehr zuständige Berufsgenossenschaft zu übertragen hat.

(5) ¹Unternehmen, die aufgrund von Allgemeinen Entscheidungen des Reichsversicherungsamtes beim Inkrafttreten dieses Buches einer landwirtschaftlichen Berufsgenossenschaft angehören, gelten als landwirtschaftliche Unternehmen. ²Das Bundesministerium für Gesundheit und Soziale Sicherung kann im Einvernehmen mit dem Bundesministerium für Verbraucherschutz, Ernährung und Landwirtschaft diese Unternehmen in einer Rechtsverordnung mit Zustimmung des Bundesrates zusammenfassen. ³Dabei können die Zuständigkeiten auch abweichend von den Entscheidungen des Reichsversicherungsamtes bestimmt werden, soweit dies erforderlich ist, um zusammengehörige Unternehmensarten einheitlich den landwirtschaftlichen oder den gewerblichen Berufsgenossenschaften zuzuweisen.

§ 124 Bestandteile des landwirtschaftlichen Unternehmens. Zum landwirtschaftlichen Unternehmen gehören
1. die Haushalte der Unternehmer und der im Unternehmen Beschäftigten, wenn die Haushalte dem Unternehmen wesentlich dienen,
2. Bauarbeiten des Landwirts für den Wirtschaftsbetrieb,
3. Arbeiten, die Unternehmer aufgrund einer öffentlich-rechtlichen Verpflichtung als landwirtschaftliche Unternehmer zu leisten haben.

Dritter Unterabschnitt. Zuständigkeit der Unfallversicherungsträger der öffentlichen Hand

§ 125 Zuständigkeit der Unfallkasse des Bundes. (1) Die Unfallkasse des Bundes ist zuständig
1. für die Unternehmen des Bundes,

7. Buch. Gesetzliche Unfallversicherung **§ 126 SGB VII 1**

2. für die Bundesagentur für Arbeit und für Personen, die als Meldepflichtige nach dem *Dritten Buch oder dem Bundessozialhilfegesetz* (ab **1. 1. 2005**: Zweiten oder Dritten Buch) versichert sind,
3. für die Betriebskrankenkassen der Dienstbetriebe des Bundes,
4. für Personen, die im Zivilschutz tätig sind oder an Ausbildungsveranstaltungen im Zivilschutz teilnehmen, es sei denn, es ergibt sich eine Zuständigkeit nach den Vorschriften für die Unfallversicherungsträger im Landes- und im kommunalen Bereich,
5. für die in den Gemeinschaften des Deutschen Roten Kreuzes ehrenamtlich Tätigen sowie für sonstige beim Deutschen Roten Kreuz mit Ausnahme der Unternehmen des Gesundheitswesens und der Wohlfahrtspflege Tätige,
6. für Entwicklungshelfer im Sinne des Entwicklungshelfer-Gesetzes,
7. für Personen, die nach § 2 Abs. 3 Nr. 1 versichert sind, wenn es sich um eine Vertretung des Bundes handelt.

(2) ¹Der Bund kann für einzelne Unternehmen der sonst zuständigen Berufsgenossenschaft beitreten. ²Er kann zum Ende eines Kalenderjahres aus der Berufsgenossenschaft austreten. ³Über den Eintritt und den Austritt entscheidet das zuständige Bundesministerium im Einvernehmen mit dem Bundesministerium für Gesundheit und Soziale Sicherung und dem Bundesministerium der Finanzen.

(3) ¹Der Bund kann ein Unternehmen, das in selbständiger Rechtsform betrieben wird, aus der Zuständigkeit der Berufsgenossenschaft in die Zuständigkeit der Unfallkasse des Bundes übernehmen, wenn er an dem Unternehmen überwiegend beteiligt ist oder auf seine Organe einen ausschlaggebenden Einfluß hat. ²Unternehmen, die erwerbswirtschaftlich betrieben werden, sollen nicht übernommen werden. ³Die Übernahme kann widerrufen werden; die Übernahme ist zu widerrufen, wenn die Voraussetzungen des Satzes 1 nicht mehr vorliegen. ⁴Für die Übernahme und den Widerruf gilt Absatz 2 Satz 3 entsprechend. ⁵Die Übernahme wird mit Beginn des folgenden, der Widerruf zum Ende des laufenden Kalenderjahres wirksam.

§ 126 Zuständigkeit der Eisenbahn-Unfallkasse. Die Eisenbahn-Unfallkasse ist zuständig
1. für das Bundeseisenbahnvermögen,
2. für die Deutsche Bahn Aktiengesellschaft und für die aus der Gesellschaft gemäß § 2 Abs. 1 des Deutsche Bahn Gründungsgesetzes vom 27. Dezember 1993 (BGBl. I S. 2378, 2386) ausgegliederten Aktiengesellschaften,
3. für die Unternehmen,
    a) die gemäß § 3 Abs. 3 des Deutsche Bahn Gründungsgesetzes aus den Unternehmen im Sinne der Nummer 2 ausgegliedert worden sind,
    b) die von den in Nummer 2 genannten Unternehmen überwiegend beherrscht werden und
    c) die unmittelbar und überwiegend Eisenbahnverkehrsleistungen erbringen oder Eisenbahninfrastruktur betreiben oder diesen Zwecken wie Hilfsunternehmen dienen,
4. für die Bahnversicherungsträger und die in der Anlage zu § 15 Abs. 2 des Gesetzes zur Zusammenführung und Neugliederung der Bundeseisenbahnen vom 27. Dezember 1993 (BGBl. I S. 2378) aufgeführten betrieblichen Sozialeinrichtungen und der Selbsthilfeeinrichtungen mit Ausnahme der in

der Anlage unter B Nr. 6 genannten Einrichtungen sowie für die der Krankenversorgung der Bundesbahnbeamten dienenden Einrichtungen,
5. für Magnetschwebebahnunternehmen des öffentlichen Verkehrs.

§ 127 Zuständigkeit der Unfallkasse Post und Telekom. Die Unfallkasse Post und Telekom ist zuständig
1. für die Bundesanstalt für Post und Telekommunikation Deutsche Bundespost,
2. für die aus dem Sondervermögen der Deutschen Bundespost hervorgegangenen Aktiengesellschaften,
3. für die Unternehmen, die
   a) aus den Unternehmen im Sinne der Nummer 2 ausgegliedert worden sind und von diesen überwiegend beherrscht werden oder
   b) aus den Unternehmen im Sinne des Buchstabens a ausgegliedert worden sind und von diesen überwiegend beherrscht werden und unmittelbar und überwiegend Post-, Postbank- oder Telekommunikationsaufgaben erfüllen oder diesen Zwecken wie Hilfsunternehmen dienen,
4. für die betrieblichen Sozialeinrichtungen und in den durch Satzung anerkannten Selbsthilfeeinrichtungen der Bundesanstalt für Post und Telekommunikation Deutsche Bundespost,
5. für die Bundesdruckerei GmbH und für die aus ihr ausgegliederten Unternehmen, sofern diese von der Bundesdruckerei GmbH überwiegend beherrscht werden und ihren Zwecken als Neben- oder Hilfsunternehmen überwiegend dienen,
6. *(aufgehoben)*
7. für die Museumsstiftung Post und Telekommunikation,
8. die Bundespost-Betriebskrankenkasse nach § 7 des Postsozialversicherungsorganisationsgesetzes (DIE BKK POST).

§ 128 Zuständigkeit der Unfallversicherungsträger im Landesbereich. (1) Die Unfallversicherungsträger im Landesbereich sind zuständig
1. für die Unternehmen des Landes,
2. für Kinder in Tageseinrichtungen von Trägern der freien Jugendhilfe und in anderen privaten, als gemeinnützig im Sinne des Steuerrechts anerkannten Tageseinrichtungen,
3. für Schüler an privaten allgemeinbildenden und berufsbildenden Schulen,
4. für Studierende an privaten Hochschulen,
5. für Personen, die nach § 2 Abs. 1 Nr. 3 versichert sind, soweit die Maßnahme von einer Landesbehörde veranlaßt worden ist,
6. für Personen, die in Einrichtungen zur Hilfe bei Unglücksfällen tätig sind oder an Ausbildungsveranstaltungen dieser Einrichtungen teilnehmen,
7. für Personen, die nach § 2 Abs. 1 Nr. 13 Buchstabe a und c versichert sind,
8. für Personen, die nach § 2 Abs. 2 Satz 2 versichert sind,
9. für Personen, die wie Beschäftigte für nicht gewerbsmäßige Halter von Fahrzeugen oder Reittieren tätig werden,
10. für Personen, die nach § 2 Abs. 3 Nr. 1 versichert sind, wenn es sich um eine Vertretung eines Landes handelt.

(2) Die Landesregierungen können durch Rechtsverordnung die Zuständigkeit der Unfallversicherungsträger im kommunalen Bereich für die Versicherten nach Absatz 1 Nr. 6, 7 und 9 bestimmen.

(3) Das Land kann für ein einzelnes in Absatz 1 Nr. 1 genanntes Unternehmen der sonst zuständigen Berufsgenossenschaft beitreten oder zum Ende eines Kalenderjahres aus der Berufsgenossenschaft austreten.

(4) ¹Das Land kann ein Unternehmen, das in selbständiger Rechtsform betrieben wird, aus der Zuständigkeit der Berufsgenossenschaft in die Zuständigkeit eines Unfallversicherungsträgers im Landesbereich übernehmen, wenn das Land allein oder zusammen mit Gemeinden oder Gemeindeverbänden an dem Unternehmen überwiegend beteiligt ist oder auf seine Organe einen ausschlaggebenden Einfluß hat. ²Unternehmen, die erwerbswirtschaftlich betrieben werden, sollen nicht übernommen werden. ³Die Übernahme kann widerrufen werden; die Übernahme ist zu widerrufen, wenn die Voraussetzungen des Satzes 1 nicht mehr vorliegen. ⁴Über die Übernahme und den Widerruf entscheidet die nach Landesrecht zuständige Stelle. ⁵Die Übernahme wird mit Beginn des folgenden, der Widerruf zum Ende des laufenden Kalenderjahres wirksam.

(5) Übt ein Land die Gemeindeverwaltung aus, gilt die Vorschrift über die Zuständigkeit der Unfallversicherungsträger im kommunalen Bereich entsprechend.

§ 129 Zuständigkeit der Unfallversicherungsträger im kommunalen Bereich. (1) Die Unfallversicherungsträger im kommunalen Bereich sind zuständig

1. für die Unternehmen der Gemeinden und Gemeindeverbände,
2. für Haushalte,
3. für in Eigenarbeit nicht gewerbsmäßig ausgeführte Bauarbeiten (nicht gewerbsmäßige Bauarbeiten), wenn für die einzelne geplante Bauarbeit nicht mehr als die im Bauhauptgewerbe geltende tarifliche Wochenarbeitszeit tatsächlich verwendet wird; mehrere nicht gewerbsmäßige Bauarbeiten werden dabei zusammengerechnet, wenn sie einem einheitlichen Bauvorhaben zuzuordnen sind; Nummer 1 und die §§ 125, 128 und 131 bleiben unberührt,
4. für Personen, die nach § 2 Abs. 1 Nr. 3 versichert sind, soweit die Maßnahme von einer Gemeinde veranlaßt worden ist,
5. für Maßnahmen der Hilfe zur Arbeit, die von den Trägern der Sozialhilfe durchgeführt werden,
6. für Personen, die nach § 2 Abs. 1 Nr. 16 versichert sind,
7. für Pflegepersonen, die nach § 2 Abs. 1 Nr. 17 versichert sind.

(2) § 128 Abs. 3 gilt entsprechend.

(3) ¹Das Land kann ein Unternehmen, das in selbständiger Rechtsform betrieben wird, aus der Zuständigkeit der Berufsgenossenschaft in die Zuständigkeit eines Unfallversicherungsträgers im kommunalen Bereich übernehmen, wenn Gemeinden oder Gemeindeverbände allein oder zusammen mit dem Land an dem Unternehmen überwiegend beteiligt sind oder auf seine Organe einen ausschlaggebenden Einfluß haben. ²Unternehmen, die erwerbswirtschaftlich betrieben werden, sollen nicht übernommen werden. ³§ 128 Abs. 4 Satz 3 bis 5 gilt entsprechend.

(4) Absatz 1 Nr. 1 und Absatz 3 gelten nicht für
1. Verkehrsunternehmen einschließlich Hafen- und Umschlagbetriebe,
2. Elektrizitäts-, Gas- und Wasserwerke,
3. Unternehmen, die Seefahrt betreiben,
4. landwirtschaftliche Unternehmen der in § 123 Abs. 1 Nr. 1, 4 und 5 genannten Art.

Vierter Unterabschnitt. Gemeinsame Vorschriften über die Zuständigkeit

§ 130 Örtliche Zuständigkeit. (1) [1]Die örtliche Zuständigkeit des Unfallversicherungsträgers für ein Unternehmen richtet sich nach dem Sitz des Unternehmens. [2]Ist ein solcher nicht vorhanden, gilt als Sitz der Wohnsitz oder gewöhnliche Aufenthaltsort des Unternehmers. [3]Bei Arbeitsgemeinschaften gilt als Sitz des Unternehmens der Ort der Tätigkeit.

(2) [1]Hat ein Unternehmen keinen Sitz im Inland, hat der Unternehmer einen Bevollmächtigten mit Sitz im Inland, beim Betrieb eines Seeschiffs mit Sitz in einem inländischen Seehafen zu bestellen. [2]Dieser hat die Pflichten des Unternehmers. [3]Als Sitz des Unternehmens gilt der Ort der Betriebsstätte im Inland, in Ermangelung eines solchen der Wohnsitz oder gewöhnliche Aufenthalt des Bevollmächtigten. [4]Ist kein Bevollmächtigter bestellt, gilt als Sitz des Unternehmens Berlin.

(3) [1]Betreiben mehrere Personen ein Seeschiff, haben sie einen gemeinsamen Bevollmächtigten mit Sitz in einem inländischen Seehafen zu bestellen. [2]Dieser hat die Pflichten des Unternehmers.

(4) [1]Für Personen, die nach § 2 Abs. 1 Nr. 13 Buchstabe a und c versichert sind, richtet sich die örtliche Zuständigkeit nach dem Ort der versicherten Tätigkeit. [2]Wird diese im Ausland ausgeübt, richtet sich die örtliche Zuständigkeit nach dem letzten Wohnsitz oder gewöhnlichen Aufenthalt der Versicherten im Inland. [3]Ist ein solcher nicht vorhanden, gilt Berlin als Ort der versicherten Tätigkeit.

(5) [1]Erstreckt sich ein landwirtschaftliches Unternehmen im Sinne des § 123 Abs. 1 Nr. 1 auf die Bezirke mehrerer Gemeinden, hat es seinen Sitz dort, wo die gemeinsamen oder die seinen Hauptzwecken dienenden Wirtschaftsgebäude liegen, oder bei einem Unternehmen der Forstwirtschaft, wo der größte Teil der Forstgrundstücke liegt. [2]Forstwirtschaftliche Grundstücke verschiedener Unternehmer gelten als Einzelunternehmen, auch wenn sie derselben Betriebsleitung unterstehen.

§ 131 Zuständigkeit für Hilfs- und Nebenunternehmen. (1) Umfaßt ein Unternehmen verschiedenartige Bestandteile (Hauptunternehmen, Nebenunternehmen, Hilfsunternehmen), ist der Unfallversicherungsträger zuständig, dem das Hauptunternehmen angehört.

(2) [1]Das Hauptunternehmen bildet den Schwerpunkt des Unternehmens. [2]Hilfsunternehmen dienen überwiegend den Zwecken anderer Unternehmensbestandteile. [3]Nebenunternehmen verfolgen überwiegend eigene Zwecke.

(3) [1]Absatz 1 gilt nicht für

1. Neben- und Hilfsunternehmen, die Seefahrt betreiben, welche über den örtlichen Verkehr hinausreicht,
2. landwirtschaftliche Nebenunternehmen mit einer Größe von mehr als fünf Hektar, Friedhöfe sowie Nebenunternehmen des Wein-, Garten- und Tabakbaus und anderer Spezialkulturen in einer Größe von mehr als 0,25 Hektar.

[2]Die Unfallversicherungsträger können eine abweichende Vereinbarung für bestimmte Arten von Nebenunternehmen oder für bestimmte in ihnen beschäftigte Versichertengruppen treffen.

§ 132 Zuständigkeit für Unfallversicherungsträger. Die Unfallversicherungsträger sind für sich und ihre eigenen Unternehmen zuständig.

§ 133 Zuständigkeit für Versicherte. (1) Sofern in diesem Abschnitt keine abweichenden Regelungen getroffen sind, bestimmt sich die Zuständigkeit für Versicherte nach der Zuständigkeit für das Unternehmen, für das die Versicherten tätig sind oder zu dem sie in einer besonderen, die Versicherung begründenden Beziehung stehen.

(2) Werden Versicherte einem Unternehmen von einem anderen Unternehmen überlassen, bestimmt sich die Zuständigkeit für die Versicherten nach der Zuständigkeit für das überlassende Unternehmen, sofern dieses zur Zahlung des Arbeitsentgelts verpflichtet ist.

§ 134 Zuständigkeit bei Berufskrankheiten. [1]Wurde im Fall einer Berufskrankheit die gefährdende Tätigkeit für mehrere Unternehmen ausgeübt, für die verschiedene Unfallversicherungsträger zuständig sind, richtet sich die Zuständigkeit nach dem Unternehmen, in dem die gefährdende Tätigkeit zuletzt ausgeübt wurde; die Unfallversicherungsträger können Näheres, auch Abweichendes, durch Vereinbarung regeln. [2]Satz 1 gilt in den Fällen des § 3 der Berufskrankheiten-Verordnung entsprechend.

§ 135 Versicherung nach mehreren Vorschriften. (1) Die Versicherung nach § 2 Abs. 1 Nr. 1 geht einer Versicherung vor

1. nach § 2 Abs. 1 Nr. 2, wenn die Versicherten an der Aus- und Fortbildung auf Veranlassung des Unternehmers, bei dem sie beschäftigt sind, teilnehmen,
2. nach § 2 Abs. 1 Nr. 3, wenn die Maßnahmen auf Veranlassung des Unternehmers durchgeführt werden, bei dem die Versicherten beschäftigt sind,
3. nach § 2 Abs. 1 Nr. 8, es sei denn, es handelt sich um Schüler beim Besuch berufsbildender Schulen,
4. nach § 2 Abs. 1 Nr. 12, wenn die Versicherten an der Ausbildungsveranstaltung auf Veranlassung des Unternehmers, bei dem sie beschäftigt sind, teilnehmen,
5. nach § 2 Abs. 1 Nr. 13 Buchstabe a oder c, wenn die Hilfeleistung im Rahmen von Verpflichtungen aus dem Beschäftigungsverhältnis erfolgt,
6. nach § 2 Abs. 1 Nr. 17,
7. nach § 2 Abs. 2.

(2) Die Versicherung als selbständig Tätige nach § 2 Abs. 1 Nr. 5, 6, 7 und 9 geht der Versicherung nach § 2 Abs. 1 Nr. 13 Buchstabe a oder c vor, es sei denn, die Hilfeleistung geht über eine dem eigenen Unternehmen dienende Tätigkeit hinaus.

(3) Die Versicherung nach § 2 Abs. 1 Nr. 5, 9 und 10 geht der Versicherung nach § 2 Abs. 1 Nr. 17 vor.

(4) Die Versicherung des im landwirtschaftlichen Unternehmen mitarbeitenden Ehegatten oder Lebenspartners nach § 2 Abs. 1 Nr. 5 Buchstabe a geht der Versicherung nach § 2 Abs. 1 Nr. 1 vor.

(5) Die Versicherung nach § 2 Abs. 1 Nr. 16 geht der Versicherung nach § 2 Abs. 1 Nr. 1 vor.

(6) Kann über die Absätze 1 bis 5 hinaus eine Tätigkeit zugleich nach mehreren Vorschriften des § 2 versichert sein, geht die Versicherung vor, der die Tätigkeit vorrangig zuzurechnen ist.

(7) Absatz 6 gilt entsprechend bei versicherten Tätigkeiten nach § 2 und zugleich nach den §§ 3 und 6.

§ 136 Bescheid über die Zuständigkeit, Begriff des Unternehmers.
(1) ^{1}Der Unfallversicherungsträger stellt Beginn und Ende seiner Zuständigkeit für ein Unternehmen durch schriftlichen Bescheid gegenüber dem Unternehmer fest. ^{2}Ein Unternehmen beginnt bereits mit den vorbereitenden Arbeiten für das Unternehmen. ^{3}Bei in Eigenarbeit nicht gewerbsmäßig ausgeführten Bauarbeiten kann der Unfallversicherungsträger von der Feststellung seiner Zuständigkeit durch schriftlichen Bescheid absehen. ^{4}War die Feststellung der Zuständigkeit für ein Unternehmen von Anfang an unrichtig oder ändert sich die Zuständigkeit für ein Unternehmen, überweist der Unfallversicherungsträger dieses dem zuständigen Unfallversicherungsträger. ^{5}Die Überweisung erfolgt im Einvernehmen mit dem zuständigen Unfallversicherungsträger; sie ist dem Unternehmer von dem überweisenden Unfallversicherungsträger bekanntzugeben.

(2) ^{1}Die Feststellung der Zuständigkeit war von Anfang an unrichtig, wenn sie den Zuständigkeitsregelungen eindeutig widerspricht oder das Festhalten an dem Bescheid zu schwerwiegenden Unzuträglichkeiten führen würde. ^{2}Eine wesentliche Änderung der tatsächlichen Verhältnisse im Sinne des § 48 Abs. 1 des Zehnten Buches, die zu einer Änderung der Zuständigkeit führt, liegt vor, wenn das Unternehmen grundlegend und auf Dauer umgestaltet worden ist.

(3) Unternehmer ist
1. derjenige, dem das Ergebnis des Unternehmens unmittelbar zum Vor- oder Nachteil gereicht,
2. bei nach § 2 Abs. 1 Nr. 2 oder 15 versicherten Rehabilitanden der Rehabilitationsträger,
3. bei Versicherten nach § 2 Abs. 1 Nr. 2 und 8 der Sachkostenträger,
4. beim Betrieb eines Seeschiffs der Reeder.

(4) Absatz 1 Satz 1 gilt nicht für Unfallversicherungsträger der öffentlichen Hand.

7. Buch. Gesetzliche Unfallversicherung §§ 137–140 SGB VII 1

§ 137 Wirkung von Zuständigkeitsänderungen. (1) ¹Geht die Zuständigkeit für Unternehmen nach § 136 Abs. 1 Satz 4 von einem Unfallversicherungsträger auf einen anderen über, bleibt bis zum Ablauf des Kalenderjahres, in dem die Entscheidung über das Ende der Zuständigkeit des bisherigen Unfallversicherungsträgers gegenüber dem Unternehmen bindend wird, dieser Unfallversicherungsträger für das Unternehmen zuständig. ²Die Unfallversicherungsträger können Abweichendes vereinbaren.

(2) ¹Geht die Zuständigkeit für ein Unternehmen oder einen Unternehmensbestandteil von einem Unfallversicherungsträger auf einen anderen über, ist dieser auch hinsichtlich der Versicherungsfälle zuständig, die vor dem Zuständigkeitswechsel eingetreten sind; die Unfallversicherungsträger können Abweichendes vereinbaren. ²Satz 1 gilt nicht, wenn die Zuständigkeit für ein Unternehmen von der Unfallkasse des Bundes auf einen anderen Unfallversicherungsträger übergeht.

§ 138 Unterrichtung der Versicherten. Die Unternehmer haben die in ihren Unternehmen tätigen Versicherten darüber zu unterrichten, welcher Unfallversicherungsträger für das Unternehmen zuständig ist und an welchem Ort sich seine für Entschädigungen zuständige Geschäftsstelle befindet.

§ 139 Vorläufige Zuständigkeit. (1) Ist ein Unfallversicherungsträger der Ansicht, daß ein entschädigungspflichtiger Versicherungsfall vorliegt, für den ein anderer Unfallversicherungsträger zuständig ist, hat er vorläufige Leistungen nach § 43 des Ersten Buches[1] zu erbringen, wenn der andere Unfallversicherungsträger sich nicht für zuständig hält oder die Prüfung der Zuständigkeit nicht innerhalb von 21 Tagen abgeschlossen werden kann.

(2) ¹Wird einem Unfallversicherungsträger ein Versicherungsfall angezeigt, für den nach seiner Ansicht ein anderer Unfallversicherungsträger zuständig ist, hat er die Anzeige mit etwaigen weiteren Feststellungen an den anderen Unfallversicherungsträger unverzüglich abzugeben. ²Hält der andere Unfallversicherungsträger sich nicht für zuständig oder kann die Zuständigkeit nicht innerhalb von 21 Tagen abschließend geklärt werden, hat der erstangegangene Unfallversicherungsträger die weiteren Feststellungen zu treffen und erforderliche Leistungen nach § 43 des Ersten Buches[1] zu erbringen.

(3) Der von dem erstangegangenen Unfallversicherungsträger angegangene Unfallversicherungsträger hat diesem unverzüglich seine Entscheidung nach den Absätzen 1 und 2 mitzuteilen.

(4) Die Unfallversicherungsträger sind berechtigt, eine abweichende Vereinbarung über die Zuständigkeit zur Erbringung vorläufiger Leistungen nach Absatz 1 und zur Durchführung der weiteren Feststellungen nach Absatz 2 zu treffen.

Dritter Abschnitt. Weitere Versicherungseinrichtungen

§ 140 Haftpflicht- und Auslandsversicherung. (1) ¹Die Braunschweigische landwirtschaftliche Berufsgenossenschaft, die Land- und forstwirtschaftliche Berufsgenossenschaft Hessen und die Gartenbau Berufsgenossenschaft

---

[1] Nr. 2.

können eine Versicherung gegen Haftpflicht für die Unternehmer und die ihnen in der Haftpflicht Gleichstehenden betreiben. ²Vereinigen sich auf Grund des Ersten Abschnitts des Fünften Kapitels dieses Gesetzes die Braunschweigische landwirtschaftliche Berufsgenossenschaft und die Land- und forstwirtschaftliche Berufsgenossenschaft Hessen mit anderen Berufsgenossenschaften oder werden sie mit anderen Berufsgenossenschaften auf Grund dieses Gesetzes vereinigt, können eine Versicherung gegen Haftpflicht für die Unternehmer und die ihnen in der Haftpflicht Gleichstehenden betreiben

1. die unter Einbeziehung der Braunschweigischen landwirtschaftlichen Berufsgenossenschaft neu gebildete landwirtschaftliche Berufsgenossenschaft mit den bis zur Errichtung dieser Berufsgenossenschaft bestehenden Zuständigkeiten der Haftpflichtversicherungsanstalt der Braunschweigischen landwirtschaftlichen Berufsgenossenschaft,
2. die unter Einbeziehung der Land- und forstwirtschaftlichen Berufsgenossenschaft Hessen neu gebildete landwirtschaftliche Berufsgenossenschaft mit den bis zur Errichtung dieser Berufsgenossenschaft bestehenden Zuständigkeiten der Gemeinnützigen Haftpflichtversicherungsanstalt der Land- und forstwirtschaftlichen Berufsgenossenschaft Hessen.

(2) Die Unfallversicherungsträger können durch Beschluß der Vertreterversammlung eine Versicherung gegen Unfälle einrichten, die Personen im Zusammenhang mit einer Beschäftigung bei einem inländischen Unternehmen im Ausland erleiden, wenn diese Personen nicht bereits Versicherte im Sinne dieses Buches sind.

(3) ¹Die Teilnahme an der Versicherung erfolgt auf Antrag der Unternehmer. ²Die Mittel der Versicherung werden von den Unternehmern aufgebracht, die der Versicherung angeschlossen sind. ³Die Beschlüsse der Vertreterversammlung, die sich auf die Einrichtungen beziehen, bedürfen der Genehmigung der Aufsichtsbehörde.

§ 141 Träger der Versicherungseinrichtungen, Aufsicht. ¹Träger der Haftpflicht- und Auslandsversicherung ist der Unfallversicherungsträger. ²Die Aufsicht mit Ausnahme der Fachaufsicht führt die für den Unfallversicherungsträger zuständige Aufsichtsbehörde.

§ 142 Gemeinsame Einrichtungen. (1) Unfallversicherungsträger, die dieselbe Aufsichtsbehörde haben, können vereinbaren, gemeinsame Einrichtungen der Auslandsversicherung zu errichten.

(2) ¹Die Vereinbarung wird mit Beginn eines Kalenderjahres wirksam. ²Die Beschlüsse der Vertreterversammlungen über die Vereinbarung bedürfen der Genehmigung der Aufsichtsbehörde.

§ 143 Seemannskasse. (1) ¹Die See-Berufsgenossenschaft kann unter ihrer Haftung mit Genehmigung des Bundesministeriums für Gesundheit und Soziale Sicherung für die Gewährung eines Überbrückungsgeldes nach Vollendung des 55. Lebensjahres sowie eines Überbrückungsgeldes auf Zeit bei einem früheren Ausscheiden aus der Seefahrt an Seeleute sowie Küstenschiffer und Küstenfischer, die nach § 2 Abs. 1 Nr. 7 versichert sind, eine Seemannskasse mit eigenem Haushalt einrichten. ²Die Mittel für die Seemannskasse sind im Wege der Umlage durch die Unternehmer aufzubringen, die bei ihr versichert sind oder die bei ihr Versicherte beschäftigen. ³Das Nähere, insbesondere über die Voraussetzungen und den Umfang der Leistungen sowie die Festsetzung und die Zahlung der Beiträge, bestimmt die Satzung der Seemannskasse; die Satzung kann auch eine Beteiligung der Seeleute an der Aufbringung der Mittel vorsehen. [4]Die Satzung bedarf der Genehmigung des Bundesversicherungsamtes.

(2) [1]Die Organe und die Geschäftsführung der See-Berufsgenossenschaft vertreten und verwalten die Seemannskasse nach deren Satzung. [2]Die Aufsicht über die Seemannskasse führt das Bundesversicherungsamt.

(3) Soweit die Seemannskasse bei der Durchführung ihrer Aufgaben die Seekasse in Anspruch nimmt, hat sie die der Seekasse hierdurch entstehenden Verwaltungskosten in vollem Umfang zu erstatten.

Vierter Abschnitt. Dienstrecht

§ 144 Dienstordnung. [1]Die Vertreterversammlung des Unfallversicherungsträgers hat die Ein- und Anstellungsbedingungen und die Rechtsverhältnisse der Angestellten unter Berücksichtigung des Grundsatzes der funktionsgerechten Stellenbewertung durch eine Dienstordnung angemessen zu regeln, soweit nicht die Angestellten nach Tarifvertrag oder außertariflich angestellt werden. [2]Dies gilt nicht für Unfallversicherungsträger mit Dienstherrnfähigkeit im Sinne des § 121 des Beamtenrechtsrahmengesetzes.

§ 145 Regelungen in der Dienstordnung. [1]Die Dienstordnung hat die Folgen der Nichterfüllung von Pflichten und die Zuständigkeit für deren Festsetzung zu regeln. [2]Weitergehende Rechtsnachteile, als sie das Disziplinarrecht für Beamte zuläßt, dürfen nicht vorgesehen werden.

§ 146 Verletzung der Dienstordnung. (1) [1]Widerspricht ein Dienstvertrag der Dienstordnung, ist er insoweit nichtig. [2]Dies gilt nicht, wenn der Widerspruch zwischen Dienstvertrag und Dienstordnung auf einer nach Abschluß der Vertrages in Kraft getretenen Änderung der Dienstordnung zum Nachteil des Angestellten beruht.

§ 147 Aufstellung und Änderung der Dienstordnung. (1) Vor Aufstellung der Dienstordnung hat der Vorstand des Unfallversicherungsträgers die Personalvertretung zu hören.

(2) Die Dienstordnung bedarf der Genehmigung der Aufsichtsbehörde.

(3) Wird die Genehmigung versagt und wird in der festgesetzten Frist eine andere Dienstordnung nicht aufgestellt oder wird sie nicht genehmigt, erläßt die Aufsichtsbehörde die Dienstordnung.

(4) Die Absätze 1 bis 3 gelten für Änderungen der Dienstordnung entsprechend.

§ 148 Dienstrechtliche Vorschriften für die Eisenbahn-Unfallkasse.
(1) [1]Die Eisenbahn-Unfallkasse besitzt Dienstherrnfähigkeit im Sinne des § 121 des Beamtenrechtsrahmengesetzes. [2]Die Beamten sind mittelbare Bundesbeamte. [3]Bei der Unfallkasse können die nach § 26 Abs. 1 des Bundesbesoldungsgesetzes zulässigen Obergrenzen für Beförderungsämter überschritten werden, soweit dies wegen der mit den Funktionen verbundenen Anfor-

derungen erforderlich ist. ⁴Für die Angestellten und Arbeiter gelten die Bestimmungen für Arbeitnehmer des Bundes.

(2) ¹Das Bundesministerium für Verkehr, Bau- und Wohnungswesen ernennt und entläßt auf Vorschlag des Vorstandes der Unfallkasse die Beamten. ²Es kann seine Befugnis auf den Vorstand übertragen mit dem Recht, diese Befugnis ganz oder teilweise auf den Geschäftsführer weiter zu übertragen.

(3) Oberste Dienstbehörde ist für den Geschäftsführer und seinen Stellvertreter das Bundesministerium für Verkehr, Bau- und Wohnungswesen, für die übrigen Beamten der Vorstand der Unfallkasse, der seine Befugnisse ganz oder teilweise auf den Geschäftsführer übertragen kann.

(4) ¹Unbeschadet der Absätze 1 und 2 können das Bundeseisenbahnvermögen und die Unternehmen, für deren Versicherte die Eisenbahn-Unfallkasse Träger der Unfallversicherung ist, für die Verwaltung der Eisenbahn-Unfallkasse erforderliches Personal gegen Kostenerstattung zur Verfügung stellen. ²Das gibt insbesondere für Beamte und Arbeitnehmer, die bei Errichtung der Eisenbahn-Unfallkasse Aufgaben der Unfallverhütung beim Bundeseisenbahnvermögen oder der Unfallversicherung bei der Bundesbahn-Ausführungsbehörde für Unfallversicherung wahrgenommen haben. ³Das Arbeitnehmerüberlassungsgesetz findet keine Anwendung.

§ 149 Dienstrechtliche Vorschriften für die Unfallkasse Post und Telekom. (1) ¹Die Unfallkasse Post und Telekom besitzt Dienstherrnfähigkeit im Sinne des § 121 des Beamtenrechtsrahmengesetzes. ²Die Beamten sind mittelbare Bundesbeamte. ³Bei der Unfallkasse können die nach § 26 Abs. 1 des Bundesbesoldungsgesetzes zulässigen Obergrenzen für Beförderungsämter überschritten werden, soweit dies wegen der mit den Funktionen verbundenen Anforderungen erforderlich ist. ⁴Für die Angestellten und Arbeiter gelten die Bestimmungen für Arbeitnehmer des Bundes mit besonderen Ergänzungen, soweit dies wegen der mit den Funktionen verbundenen Anforderungen erforderlich ist.

(2) ¹Das Bundesministerium der Finanzen ernennt und entläßt auf Vorschlag des Vorstandes der Unfallkasse die Beamten. ²Es kann seine Befugnis auf den Vorstand übertragen mit dem Recht, diese Befugnis ganz oder teilweise auf den Geschäftsführer weiter zu übertragen.

(3) Oberste Dienstbehörde für den Geschäftsführer und seinen Stellvertreter ist das Bundesministerium der Finanzen, für die übrigen Beamten der Vorstand der Unfallkasse Post und Telekom, der seine Befugnisse ganz oder teilweise auf den Geschäftsführer übertragen kann.

(4) ¹Unbeschadet der Absätze 1 und 2 können das Bundesministerium der Finanzen und die Unternehmen, für deren Versicherte die Unfallkasse Post und Telekom Träger der Unfallversicherung ist, für die Aufgabenerfüllung der Unfallkasse Post und Telekom erforderliches Personal gegen Kostenerstattung zur Verfügung stellen. ²Dies gilt insbesondere für Beamte und Arbeitnehmer, die bei der Errichtung der Unfallkasse Post und Telekom Aufgaben der Unfallversicherung einschließlich Überwachung und Prävention bei der Bundespost-Ausführungsbehörde für Unfallversicherung oder der Zentralstelle Arbeitsschutz im Bundesamt für Post und Telekommunikation wahrgenommen haben. ³Das Arbeitnehmerüberlassungsgesetz findet keine Anwendung.

§ 149a Dienstrechtliche Vorschriften für die Unfallkasse des Bundes. (1) ¹Die Unfallkasse des Bundes besitzt Dienstherrnfähigkeit im Sinne des § 121 des Beamtenrechtsrahmengesetzes. ²Die Beamten sind mittelbare Bundesbeamte. ³Für die Angestellten und Arbeiter gelten die Bestimmungen für Arbeitnehmer des Bundes.

(2) ¹Das Bundesministerium für Gesundheit und Soziale Sicherung ernennt und entlässt auf Vorschlag des Vorstandes der Unfallkasse die Beamten. ²Es kann seine Befugnis auf den Vorstand übertragen mit dem Recht, diese Befugnis ganz oder teilweise auf den Geschäftsführer weiter zu übertragen.

(3) Oberste Dienstbehörde für den Geschäftsführer und seinen Stellvertreter ist das Bundesministerium für Gesundheit und Soziale Sicherung, für die übrigen Beamten der Vorstand der Unfallkasse, der seine Befugnisse ganz oder teilweise auf den Geschäftsführer übertragen kann.

Sechstes Kapitel. Aufbringung der Mittel

Erster Abschnitt. Allgemeine Vorschriften

Erster Unterabschnitt. Beitragspflicht

§ 150 Beitragspflichtige. (1) ¹Beitragspflichtig sind die Unternehmer, für deren Unternehmen Versicherte tätig sind oder zu denen Versicherte in einer besonderen, die Versicherung begründenden Beziehung stehen. ²Die nach § 2 versicherten Unternehmer sowie die nach § 3 Abs. 1 Nr. 1 und § 6 Abs. 1 Versicherten sind selbst beitragspflichtig.

(2) ¹Neben den Unternehmern sind beitragspflichtig
1. die Auftraggeber, soweit sie Zwischenmeistern und Hausgewerbetreibenden zur Zahlung von Entgelt verpflichtet sind,
2. die Reeder, soweit beim Betrieb von Seeschiffen andere Unternehmer sind oder auf Seeschiffen durch andere ein Unternehmen betrieben wird.

²Die in Satz 1 Nr. 1 und 2 Genannten sowie die in § 130 Abs. 2 Satz 1 und Abs. 3 genannten Bevollmächtigten haften mit den Unternehmern als Gesamtschuldner.

(3) Für die Beitragshaftung bei der Arbeitnehmerüberlassung gilt § 28e Abs. 2 und 4 des Vierten Buches¹⁾ und für die Beitragshaftung bei der Ausführung eines Dienst- oder Werkvertrages im Baugewerbe gilt § 28e Abs. 3a des Vierten Buches¹⁾ entsprechend.

(4) Bei einem Wechsel der Person des Unternehmers sind der bisherige Unternehmer und sein Nachfolger bis zum Ablauf des Kalenderjahres, in dem der Wechsel angezeigt wurde, zur Zahlung der Beiträge und damit zusammenhängender Leistungen als Gesamtschuldner verpflichtet.

§ 151 Beitragserhebung bei überbetrieblichen arbeitsmedizinischen und sicherheitstechnischen Diensten. ¹Die Mittel für die Einrichtungen nach § 24 werden von den Unternehmern aufgebracht, die diesen Einrichtun-

---

¹⁾ Nr. 3.

gen angeschlossen sind. ²Die Satzung bestimmt das Nähere über den Maßstab, nach dem die Mittel aufzubringen sind, und über die Fälligkeit.

Zweiter Unterabschnitt. Beitragshöhe

§ 152 Umlage. (1) ¹Die Beiträge werden nach Ablauf des Kalenderjahres, in dem die Beitragsansprüche dem Grunde nach entstanden sind, im Wege der Umlage festgesetzt. ²Die Umlage muß den Bedarf des abgelaufenen Kalenderjahres einschließlich der zur Ansammlung der Rücklage nötigen Beträge decken. ³Darüber hinaus dürfen Beiträge nur zur Zuführung zu den Betriebsmitteln erhoben werden.

(2) Abweichend von Absatz 1 werden die Beiträge für in Eigenarbeit nicht gewerbsmäßig ausgeführte Bauarbeiten (nicht gewerbsmäßige Bauarbeiten) außerhalb der Umlage erhoben.

§ 153 Berechnungsgrundlagen. (1) Berechnungsgrundlagen für die Beiträge sind, soweit sich aus den nachfolgenden Vorschriften nicht etwas anderes ergibt, der Finanzbedarf (Umlagesoll), die Arbeitsentgelte der Versicherten und die Gefahrklassen.

(2) Das Arbeitsentgelt der Versicherten wird bis zur Höhe des Höchstjahresarbeitsverdienstes zugrunde gelegt.

(3) ¹Die Satzung kann bestimmen, daß der Beitragsberechnung mindestens das Arbeitsentgelt in Höhe des Mindestjahresarbeitsverdienstes für Versicherte, die das 18. Lebensjahr vollendet haben, zugrunde gelegt wird. ²Waren die Versicherten nicht während des ganzen Kalenderjahres oder nicht ganztägig beschäftigt, wird ein entsprechender Teil dieses Betrages zugrunde gelegt.

§ 154 Berechnungsgrundlagen in besonderen Fällen. (1) ¹Berechnungsgrundlage für die Beiträge der kraft Gesetzes versicherten selbständig Tätigen, der kraft Satzung versicherten Unternehmer, Ehegatten und Lebenspartner und der freiwillig Versicherten ist anstelle der Arbeitsentgelte der kraft Satzung bestimmte Jahresarbeitsverdienst (Versicherungssumme). ²Beginnt oder endet die Versicherung im Laufe eines Kalenderjahres, wird der Beitragsberechnung nur ein entsprechender Teil des Jahresarbeitsverdienstes zugrunde gelegt. ³Die Beiträge werden für volle Monate erhoben.

(2) ¹Soweit bei der See-Berufsgenossenschaft für das Arbeitsentgelt oder das Arbeitseinkommen Durchschnittssätze gelten, sind diese maßgebend. ²Die Satzung der See-Berufsgenossenschaft kann bestimmen, daß der Beitragsberechnung der Jahresarbeitsverdienst von Versicherten, die nicht als Kapitän, Besatzungsmitglied oder sonst im Rahmen des Schiffsbetriebes tätig sind, nur zum Teil zugrunde gelegt wird.

§ 155 Beiträge nach der Zahl der Versicherten. ¹Die Satzung kann bestimmen, daß die Beiträge nicht nach Arbeitsentgelten, sondern nach der Zahl der Versicherten unter Berücksichtigung der Gefährdungsrisiken berechnet werden. ²Grundlage für die Ermittlung der Gefährdungsrisiken sind die Leistungsaufwendungen. ³§ 157 Abs. 5 und § 158 Abs. 2 gelten entsprechend.

§ 156 Beiträge nach einem auf Arbeitsstunden aufgeteilten Arbeitsentgelt. Die Satzung kann bestimmen, daß das für die Berechnung der Beiträge maßgebende Arbeitsentgelt nach der Zahl der geleisteten Arbeitsstunden oder den für die jeweiligen Arbeiten nach allgemeinen Erfahrungswerten durchschnittlich aufzuwendenden Arbeitsstunden berechnet wird; als Entgelt für die Arbeitsstunde kann höchstens der 2100. Teil der Bezugsgröße bestimmt werden.

§ 157 Gefahrtarif. (1) [1]Der Unfallversicherungsträger setzt als autonomes Recht einen Gefahrtarif fest. [2]In dem Gefahrtarif sind zur Abstufung der Beiträge Gefahrklassen festzustellen. [3]Die See-Berufsgenossenschaft kann Gefahrklassen feststellen.

(2) [1]Der Gefahrtarif wird nach Tarifstellen gegliedert, in denen Gefahrengemeinschaften nach Gefährdungsrisiken unter Berücksichtigung eines versicherungsmäßigen Risikoausgleichs gebildet werden. [2]Für nicht gewerbsmäßige Bauarbeiten kann eine Tarifstelle mit einer Gefahrklasse vorgesehen werden.

(3) Die Gefahrklassen werden aus dem Verhältnis der gezahlten Leistungen zu den Arbeitsentgelten berechnet.

(4) [1]Der Gefahrtarif hat eine Bestimmung über die Festsetzung der Gefahrklassen oder die Berechnung der Beiträge für fremdartige Nebenunternehmen vorzusehen. [2]Die Berechnungsgrundlagen des Unfallversicherungsträgers, dem die Nebenunternehmen als Hauptunternehmen angehören würden, sind dabei zu beachten.

(5) Der Gefahrtarif hat eine Geltungsdauer von höchstens sechs Kalenderjahren.

(6) Die Satzung der See-Berufsgenossenschaft kann vorsehen, daß für Fahrten mit besonders gefährlicher Ladung oder in besonders gefährlichen Gewässern oder Jahreszeiten höhere Beiträge zu zahlen sind, und das Nähere über die Anmeldung der Fahrten regeln.

§ 158 Genehmigung. (1) Der Gefahrtarif und jede Änderung bedürfen der Genehmigung der Aufsichtsbehörde.

(2) [1]Der Unfallversicherungsträger hat spätestens drei Monate vor Ablauf der Geltungsdauer des Gefahrtarifs der Aufsichtsbehörde beabsichtigte Änderungen mitzuteilen. [2]Wird der Gefahrtarif in einer von der Aufsichtsbehörde gesetzten Frist nicht aufgestellt oder wird er nicht genehmigt, stellt ihn die Aufsichtsbehörde auf. [3]§ 89 des Vierten Buches[1]) gilt.

§ 159 Veranlagung der Unternehmen zu den Gefahrklassen. (1) [1]Der Unfallversicherungsträger veranlagt die Unternehmen für die Tarifzeit nach dem Gefahrtarif zu den Gefahrklassen. [2]Satz 1 gilt nicht für nicht gewerbsmäßige Bauarbeiten.

(2) Soweit die Unternehmer ihrer Auskunftspflicht nach § 98 des Zehnten Buches[2]) nicht nachkommen, nimmt der Unfallversicherungsträger die Veranlagung nach eigener Einschätzung der betrieblichen Verhältnisse vor.

---
[1]) Nr. 3.
[2]) Nr. 7.

§ 160 Änderung der Veranlagung. (1) Treten in den Unternehmen Änderungen ein, hebt der Unfallversicherungsträger den Veranlagungsbescheid mit Beginn des Monats auf, der der Änderungsmitteilung durch die Unternehmer folgt.

(2) Ein Veranlagungsbescheid wird mit Wirkung für die Vergangenheit aufgehoben, soweit

1. die Veranlagung zu einer zu niedrigen Gefahrklasse geführt hat oder eine zu niedrige Gefahrklasse beibehalten worden ist, weil die Unternehmer ihren Mitteilungspflichten nicht oder nicht rechtzeitig nachgekommen sind oder ihre Angaben in wesentlicher Hinsicht unrichtig oder unvollständig waren,
2. die Veranlagung zu einer zu hohen Gefahrklasse von den Unternehmern nicht zu vertreten ist.

(3) In allen übrigen Fällen wird ein Veranlagungsbescheid mit Beginn des Monats, der der Bekanntgabe des Änderungsbescheides folgt, aufgehoben.

§ 161 Mindestbeitrag. Die Satzung kann bestimmen, daß ein einheitlicher Mindestbeitrag erhoben wird.

§ 162 Zuschläge, Nachlässe, Prämien. (1) [1] Die gewerblichen Berufsgenossenschaften haben unter Berücksichtigung der anzuzeigenden Versicherungsfälle Zuschläge aufzuerlegen oder Nachlässe zu bewilligen. [2] Versicherungsfälle nach § 8 Abs. 2 Nr. 1 bis 4 bleiben dabei außer Ansatz. [3] Das Nähere bestimmt die Satzung; dabei kann sie Versicherungsfälle, die durch höhere Gewalt oder durch alleiniges Verschulden nicht zum Unternehmen gehörender Personen eintreten, und Versicherungsfälle auf Betriebswegen sowie Berufskrankheiten ausnehmen. [4] Die Höhe der Zuschläge und Nachlässe richtet sich nach der Zahl, der Schwere oder den Aufwendungen für die Versicherungsfälle oder nach mehreren dieser Merkmale. [5] Die Satzung kann bestimmen, dass auch die nicht anzeigepflichtigen Versicherungsfälle für die Berechnung von Zuschlägen oder Nachlässen berücksichtigt werden. [6] Die Sätze 1 bis 5 gelten auch für die Eisenbahn-Unfallkasse und für die Unfallkasse Post und Telekom. [7] Die landwirtschaftlichen Berufsgenossenschaften können durch Satzung bestimmen, daß entsprechend den Sätzen 1 bis 5 Zuschläge auferlegt oder Nachlässe bewilligt werden.

(2) [1] Die Unfallversicherungsträger können unter Berücksichtigung der Wirksamkeit der von den Unternehmern getroffenen Maßnahmen zur Verhütung von Arbeitsunfällen und Berufskrankheiten und für die Verhütung von arbeitsbedingten Gesundheitsgefahren Prämien gewähren. [2] Dabei sollen sie auch die in Integrationsvereinbarungen (§ 83 des Neunten Buches[1])) getroffenen Maßnahmen der betrieblichen Prävention (§ 84 des Neunten Buches[1])) berücksichtigen.

(3) Die Absätze 1 und 2 gelten nicht für nicht gewerbsmäßige Bauarbeiten.

§ 163 Beitragszuschüsse für Küstenfischer. (1) [1] Für die Unternehmen der Küstenfischerei, deren Unternehmer nach § 2 Abs. 1 Nr. 7 versichert sind, haben die Länder mit Küstenbezirken im voraus bemessene Zuschüsse zu den Beiträgen zu leisten; die Höhe der Zuschüsse stellt das Bundesversicherungsamt im Benehmen mit den obersten Verwaltungsbehörden der Länder

---

[1]) Nr. 6.

7. Buch. Gesetzliche Unfallversicherung §§ 164, 165 SGB VII 1

mit Küstenbezirken jährlich fest. ²Die Zuschüsse sind für jedes Land entsprechend der Höhe des Jahresarbeitsverdienstes der in diesen Unternehmen tätigen Versicherten unter Heranziehung des Haushaltsvoranschlages der See-Berufsgenossenschaft festzustellen.

(2) Die Länder können die Beitragszuschüsse auf die Gemeinden oder Gemeindeverbände entsprechend der Höhe des Jahresarbeitsverdienstes der Versicherten in Unternehmen der Küstenfischerei, die in ihrem Bezirk tätig sind, verteilen.

(3) Küstenfischerei im Sinne des Absatzes 1 ist
1. der Betrieb mit Hochseekuttern bis zu 250 Kubikmetern Rauminhalt, Küstenkuttern, Fischerbooten und ähnlichen Fahrzeugen,
2. die Fischerei ohne Fahrzeug auf den in § 121 Abs. 3 Nr. 1 bis 3 genannten Gewässern.

Dritter Unterabschnitt. Vorschüsse und Sicherheitsleistungen

§ 164 Beitragsvorschüsse und Sicherheitsleistungen. (1) Zur Sicherung des Beitragsaufkommens können die Unfallversicherungsträger Vorschüsse bis zur Höhe des voraussichtlichen Jahresbedarfs erheben.

(2) ¹Die Unfallversicherungsträger können bei einem Wechsel der Person des Unternehmers oder bei Einstellung des Unternehmens eine Beitragsabfindung oder auf Antrag eine Sicherheitsleistung festsetzen. ²Das Nähere bestimmt die Satzung.

Vierter Unterabschnitt. Umlageverfahren

§ 165 Nachweise. (1) ¹Die Unternehmer haben zur Berechnung der Umlage innerhalb von sechs Wochen nach Ablauf eines Kalenderjahres die Arbeitsentgelte der Versicherten und die geleisteten Arbeitsstunden in der vom Unfallversicherungsträger geforderten Aufteilung zu melden (Lohnnachweis). ²Die Satzung kann die Frist nach Satz 1 verlängern. ³Sie kann auch bestimmen, daß die Unternehmer weitere zur Berechnung der Umlage notwendige Angaben zu machen haben.

(2) ¹Die Unternehmer nicht gewerbsmäßiger Bauarbeiten haben zur Berechnung der Beiträge einen Nachweis über die sich aus der Satzung ergebenden Berechnungsgrundlagen in der vom Unfallversicherungsträger geforderten Frist einzureichen. ²Der Unfallversicherungsträger kann für den Nachweis nach Satz 1 eine bestimmte Form vorschreiben. ³Absatz 1 Satz 3 gilt entsprechend.

(3) Soweit die Unternehmer die Angaben nicht, nicht rechtzeitig, falsch oder unvollständig machen, kann der Unfallversicherungsträger eine Schätzung vornehmen.

(4) ¹Die Unternehmer haben über die den Angaben nach den Absätzen 1 und 2 zugrunde liegenden Tatsachen Aufzeichnungen zu führen; bei der Ausführung eines Dienst- oder Werkvertrages im Baugewerbe hat der Unternehmer jeweils gesonderte Aufzeichnungen so zu führen, dass eine Zuordnung der Arbeitnehmer, der Arbeitsentgelte und der geleisteten Arbeitsstunden der Versicherten zu dem jeweiligen Dienst- oder Werkvertrag gewährleistet ist. ²Die Aufzeichnungen sind mindestens fünf Jahre lang aufzubewahren.

§ 166 Auskunftspflicht der Unternehmer und Beitragsüberwachung.
Für die Auskunftspflicht der Unternehmer und die Beitragsüberwachung gelten § 98 des Zehnten Buches[1], § 28p des Vierten Buches[2] und die Beitragsüberwachungsverordnung vom 22. Mai 1989 (BGBl. I S. 992), geändert durch Artikel 17 des Gesetzes vom 13. Juni 1994 (BGBl. I S. 1229), entsprechend mit der Maßgabe, daß sich die Auskunfts- und Vorlagepflicht der Unternehmer und die Prüfungs- und Überwachungsbefugnis der Unfallversicherungsträger auch auf Angaben und Unterlagen über die betrieblichen Verhältnisse erstreckt, die für die Veranlagung der Unternehmen und für die Zuordnung der Entgelte der Versicherten zu den Gefahrklassen erforderlich sind; die Prüfungsabstände bestimmt der Unfallversicherungsträger.

§ 167 Beitragsberechnung. (1) Der Beitrag ergibt sich aus den zu berücksichtigenden Arbeitsentgelten, den Gefahrklassen und dem Beitragsfuß.

(2) ¹Der Beitragsfuß wird durch Division des Umlagesolls durch die Beitragseinheiten (Arbeitsentgelte × Gefahrenklassen) berechnet. ²Beitragseinheiten der Unternehmen nicht gewerbsmäßiger Bauarbeiten werden nicht berücksichtigt; für diese Unternehmen wird der Beitrag nach dem Beitragsfuß des letzten Umlagejahres berechnet.

(3) Die Einzelheiten der Beitragsberechnung bestimmt die Satzung.

§ 168 Beitragsbescheid. (1) Der Unfallversicherungsträger teilt den Beitragspflichtigen den von ihnen zu zahlenden Beitrag schriftlich mit.

(2) Der Beitragsbescheid darf mit Wirkung für die Vergangenheit zuungunsten der Beitragspflichtigen nur dann aufgehoben werden, wenn
1. die Veranlagung des Unternehmens zu den Gefahrklassen nachträglich geändert wird,
2. der Lohnnachweis unrichtige Angaben enthält oder sich die Schätzung als unrichtig erweist,
3. die Anmeldung nach § 157 Abs. 6 unrichtige oder unvollständige Angaben enthält oder unterblieben ist.

(3) Die Satzung kann bestimmen, daß die Unternehmer ihren Beitrag selbst zu errechnen haben; sie regelt das Verfahren sowie die Fälligkeit des Beitrages.

(4) Für Unternehmen nicht gewerbsmäßiger Bauarbeiten wird der Beitrag festgestellt, sobald der Anspruch entstanden und der Höhe nach bekannt ist.

§ 169 Beitragseinzug bei der See-Berufsgenossenschaft. Die Satzung der See-Berufsgenossenschaft kann bestimmen, daß die Beiträge für die in § 176 Abs. 1 Nr. 1 bis 3 des Fünften Buches genannten Seeleute zusammen mit den Gesamtsozialversicherungsbeiträgen von der See-Krankenkasse eingezogen werden; die Satzung kann das Verfahren regeln.

§ 170 Beitragszahlung an einen anderen Unfallversicherungsträger.
¹Soweit das Arbeitsentgelt bereits in dem Lohnnachweis für einen anderen Unfallversicherungsträger enthalten ist und die Beiträge, die auf dieses Arbeitsentgelt entfallen, an diesen Unfallversicherungsträger gezahlt sind, besteht bis

---
[1] Nr. 7.
[2] Nr. 3.

7. Buch. Gesetzliche Unfallversicherung §§ 171–173 SGB VII 1

zur Höhe der gezahlten Beiträge ein Anspruch auf Zahlung von Beiträgen nicht. ²Die Unfallversicherungsträger stellen untereinander fest, wem der gezahlte Beitrag zusteht.

Fünfter Unterabschnitt. Betriebsmittel und Rücklage

§ 171 Betriebsmittel. Die Betriebsmittel dürfen den eineinhalbfachen Betrag der Aufwendungen des abgelaufenen Kalenderjahres nicht übersteigen; die Satzung kann diesen Betrag auf den zweifachen Betrag erhöhen.

§ 172 Rücklage. (1) ¹Die Rücklage wird bis zur Höhe des Zweifachen der im abgelaufenen Kalenderjahr gezahlten Renten gebildet. ²Bis sie diese Höhe erreicht, wird ihr jährlich ein Betrag in Höhe von 3 vom Hundert der gezahlten Renten zugeführt.

(2) Die Aufsichtsbehörde kann auf Antrag des Unfallversicherungsträgers genehmigen, daß die Rücklage bis zu einer geringeren Höhe angesammelt wird oder ihr höhere, geringere oder keine Beträge zugeführt werden.

(3) Die Zinsen aus der Rücklage fließen dieser zu, bis sie die sich aus Absatz 1 oder 2 ergebende Höhe erreicht hat.

(4) ¹Die Entnahme von Mitteln aus der Rücklage bedarf der Genehmigung der Aufsichtsbehörde. ²Dabei setzt sie die Höhe eines weiteren Betrages fest, der bei den folgenden Umlagen zusätzlich zu den Beträgen nach den Absätzen 1 bis 3 der Rücklage zugeführt wird.

**Sechster Unterabschnitt. Zusammenlegung und Teilung der Last,
Teilung der Entschädigungslast bei Berufskrankheiten,
Erstattungsansprüche der landwirtschaftlichen Berufsgenossenschaften**

§ 173 Zusammenlegung und Teilung der Last. (1) ¹Die gewerblichen und landwirtschaftlichen Berufsgenossenschaften können jeweils vereinbaren, ihre Entschädigungslast ganz oder zum Teil gemeinsam zu tragen. ²Dabei wird vereinbart, wie die gemeinsame Last auf die beteiligten Berufsgenossenschaften zu verteilen ist. ³Die Vereinbarung bedarf der Zustimmung der Vertreterversammlungen und der Genehmigung der Aufsichtsbehörden der beteiligten Berufsgenossenschaften. ⁴Sie darf nur mit dem Beginn eines Kalenderjahres wirksam werden.

(2) ¹Kommt eine Vereinbarung nach Absatz 1 nicht zustande und erscheint es zur Abwendung der Gefährdung der Leistungsfähigkeit einer Berufsgenossenschaft erforderlich, so kann das Bundesministerium für Gesundheit und Soziale Sicherung durch Rechtsverordnung mit Zustimmung des Bundesrates bestimmen, daß Berufsgenossenschaften ihre Entschädigungslast für ein Kalenderjahr ganz oder zum Teil gemeinsam tragen oder eine vorübergehend nicht leistungsfähige Berufsgenossenschaft unterstützen, und das Nähere über die Verteilung der Last und die Höhe der Unterstützung regeln. ²Sollen nur landesunmittelbare Berufsgenossenschaften beteiligt werden, gilt die Ermächtigung des Satzes 1 für die Landesregierungen der Länder, in denen die Berufsgenossenschaften ihren Sitz haben.

(3) Der Anteil der Berufsgenossenschaft an der gemeinsamen Last wird wie die Entschädigungsbeträge, die die Berufsgenossenschaft nach diesem Gesetz

zu leisten hat, auf die Unternehmer verteilt, sofern die Vertreterversammlung nicht etwas anderes beschließt.

(4) ¹Gilt nach § 130 Abs. 2 Satz 4 als Sitz des Unternehmens Berlin, kann der für die Entschädigung zuständige Unfallversicherungsträger von den anderen sachlich, aber nicht örtlich zuständigen Unfallversicherungsträgern einen Ausgleich verlangen. ²Die Unfallversicherungsträger regeln das Nähere durch Vereinbarung.

§ 174 Teilung der Entschädigungslast bei Berufskrankheiten. (1) In den Fällen des § 134 kann der für die Entschädigung zuständige Unfallversicherungsträger von den anderen einen Ausgleich verlangen.

(2) Die Höhe des Ausgleichs nach Absatz 1 richtet sich nach dem Verhältnis der Dauer der gefährdenden Tätigkeit in dem jeweiligen Unternehmen zur Dauer aller gefährdenden Tätigkeiten.

(3) Die Unfallversicherungsträger regeln das Nähere durch Vereinbarung; sie können dabei einen von Absatz 2 abweichenden Verteilungsmaßstab wählen, einen pauschalierten Ausgleich vorsehen oder von einem Ausgleich absehen.

§ 175 Erstattungsansprüche der landwirtschaftlichen Berufsgenossenschaften. Erleiden vorübergehend für ein landwirtschaftliches Unternehmen Tätige einen Versicherungsfall und ist für ihre hauptberufliche Tätigkeit ein anderer Unfallversicherungsträger als eine landwirtschaftliche Berufsgenossenschaft zuständig, erstattet dieser der landwirtschaftlichen Berufsgenossenschaft die Leistungen, die über das hinausgehen, was mit gleichen Arbeiten dauernd in der Landwirtschaft Beschäftigte zu beanspruchen haben.

Siebter Unterabschnitt. Ausgleich unter den gewerblichen Berufsgenossenschaften

§ 176 Ausgleichspflicht. (1) Soweit
1. der Rentenlastsatz einer gewerblichen Berufsgenossenschaft das 4,5fache des durchschnittlichen Rentenlastsatzes der Berufsgenossenschaften oder
2. der Entschädigungslastsatz einer dieser Berufsgenossenschaften das Fünffache des durchschnittlichen Entschädigungslastsatzes der Berufsgenossenschaften

übersteigt, gleichen die Berufsgenossenschaften den übersteigenden Lastenanteil untereinander aus.

(2) ¹Erhöht sich der Rentenlastsatz einer gewerblichen Berufsgenossenschaft innerhalb von fünf Jahren, beginnend mit dem vierten dem Umlagejahr vorausgegangenen Jahr, auf mehr als das 1,25fache des Rentenlastsatzes, den sie bei Zugrundelegung der Veränderung des durchschnittlichen Rentenlastsatzes der Berufsgenossenschaften erreicht hätte, gilt Absatz 1 entsprechend. ²Ein Ausgleich unterbleibt, solange der Rentenlastsatz oder der Entschädigungslastsatz einer Berufsgenossenschaft den jeweiligen durchschnittlichen Lastsatz aller Berufsgenossenschaften nicht übersteigt.

(3) Sind bei einer Berufsgenossenschaft zugleich mehrere Entlastungsvoraussetzungen gegeben, wird der Betrag ausgeglichen, der sie am meisten entlastet.

(4) Die Ausgleichsbeträge nach den Absätzen 1 bis 3 dürfen zusammen 9 vom Hundert des Gesamtbetrags der Entschädigungsleistungen aller gewerblichen Berufsgenossenschaften nicht übersteigen, sonst werden sie nach dem Verhältnis ihrer Höhe gekürzt.

§ 177 Rentenlastsatz, Entschädigungslastsatz, Altrentenquote.
(1) Rentenlastsatz ist das Verhältnis der Aufwendungen für Renten, Sterbegeld und Abfindungen zu den beitragspflichtigen Arbeitsentgelten und Versicherungssummen.

(2) Entschädigungslastsatz ist das Verhältnis der Aufwendungen für Heilbehandlung, Leistungen zur Teilhabe am Arbeitsleben und am Leben in der Gemeinschaft, Renten, Sterbegeld, Beihilfen und Abfindungen zu den beitragspflichtigen Arbeitsentgelten und Versicherungssummen.

(3) Altrentenquote ist das Verhältnis aller im Umlagejahr angefallenen Aufwendungen für Renten, Sterbegeld und Abfindungen zu dem Teil dieser Aufwendungen, der auf Versicherungsfällen beruht, für die im Umlagejahr oder in den vier vorausgegangenen Jahren erstmals Rente, Sterbegeld oder Abfindung festgestellt wurde.

§ 178 Höhe des Ausgleichsanteils. (1) Ausgleichspflichtig sind diejenigen nicht ausgleichsberechtigten Berufsgenossenschaften, deren Rentenlastsatz nicht das 2,5fache und deren Entschädigungslastsatz nicht das 3fache des jeweiligen Durchschnittslastsatzes überschreitet.

(2) Absatz 1 gilt nicht für Berufsgenossenschaften, deren Altrentenquote das 1,3fache der durchschnittlichen Altrentenquote der Berufsgenossenschaften und deren Rentenlastsatz und Entschädigungslastsatz den jeweiligen durchschnittlichen Lastsatz aller Berufsgenossenschaften übersteigt.

(3) Der Ausgleichsanteil jeder Berufsgenossenschaft entspricht dem Verhältnis ihrer Arbeitsentgeltsumme zu der Arbeitsentgeltsumme aller ausgleichspflichtigen Berufsgenossenschaften.

(4) [1]Die Summe von eigenen Renten- oder Entschädigungsleistungen jeder Berufsgenossenschaft und ihr Ausgleichsanteil darf die in Absatz 1 und 2 sowie in § 176 gesetzten Grenzen nicht überschreiten. [2]Ein überschreitender Betrag wird auf die übrigen ausgleichspflichtigen Berufsgenossenschaften nach dem Verhältnis ihrer Arbeitsentgeltsummen zu den Arbeitsentgeltsummen aller noch ausgleichspflichtigen Berufsgenossenschaften verteilt.

§ 179 Umlegung des Ausgleichsanteils. Die Beiträge der Unternehmen einer Berufsgenossenschaft für deren Ausgleichsanteil (§ 178 Abs. 3 und 4) werden ausschließlich nach dem Arbeitsentgelt der Versicherten in den Unternehmen umgelegt.

§ 180 Freibeträge. [1]Bei Anwendung der § 178 Abs. 3 und 4 und § 179 bleibt für jedes Unternehmen eine Jahresentgeltsumme außer Betracht, die dem Sechsfachen der Bezugsgröße des Kalenderjahres entspricht, für das der Ausgleich durchgeführt wird. [2]Der Freibetrag wird auf volle 500 Euro aufgerundet. [3]Außer Betracht bleiben Unternehmen nicht gewerbsmäßiger Bauarbeiten, gemeinnützige Unternehmen sowie bei der Berufsgenossenschaft für

Gesundheitsdienst und Wohlfahrtspflege die Einrichtungen der freien Wohlfahrtspflege.

§ 181 Durchführung des Ausgleichs. (1) ¹Der Hauptverband der gewerblichen Berufsgenossenschaften e.V. (Hauptverband) führt nach Ablauf eines Kalenderjahres den Ausgleich unter den gewerblichen Berufsgenossenschaften durch. ²Zu diesem Zweck ermittelt er die Ausgleichslast, berechnet den auf die einzelne Berufsgenossenschaft entfallenden Ausgleichsanteil und führt eine entsprechende Ausgleichsumlage durch.

(2) ¹Die gewerblichen Berufsgenossenschaften haben dem Hauptverband innerhalb von drei Monaten nach Ablauf des Kalenderjahres die Angaben zu machen, die für die Berechnung des Ausgleichs erforderlich sind. ²Die ausgleichspflichtigen Berufsgenossenschaften zahlen die ihren Anteilen entsprechenden Beträge bis zum 20. Juni eines jeden Jahres an den Hauptverband, der die eingegangenen Beträge bis zum 30. Juni desselben Jahres an die ausgleichsberechtigten Berufsgenossenschaften weiterleitet.

(3) Die Berufsgenossenschaften sind berechtigt, durch den Hauptverband die Unterlagen für das Ausgleichsverfahren prüfen zu lassen.

Zweiter Abschnitt. Besondere Vorschriften für die landwirtschaftlichen Berufsgenossenschaften

§ 182 Berechnungsgrundlagen. (1) Auf die landwirtschaftlichen Berufsgenossenschaften finden anstelle der Vorschriften über die Berechnungsgrundlagen aus dem Zweiten Unterabschnitt des Ersten Abschnitts die folgenden Absätze Anwendung.

(2) ¹Berechnungsgrundlagen für die landwirtschaftlichen Berufsgenossenschaften sind das Umlagesoll, die Fläche, der Wirtschaftswert, der Flächenwert, der Arbeitsbedarf, der Arbeitswert oder ein anderer vergleichbarer Maßstab. ²Die Satzung hat bei der Festlegung der Berechnungsgrundlagen die Unfallrisiken in den Unternehmen ausreichend zu berücksichtigen; sie kann hierzu einen Gefahrtarif aufstellen. ³Die Satzung kann zusätzlich zu den Berechnungsgrundlagen nach den Sätzen 1 und 2 einen Mindestbeitrag oder einen Grundbeitrag bestimmen.

(3) Für Unternehmen ohne Bodenbewirtschaftung und für Nebenunternehmen eines landwirtschaftlichen Unternehmens kann die Satzung angemessene Berechnungsgrundlagen bestimmen; Absatz 2 Satz 2 und 3 gilt entsprechend.

(4) Wirtschaftswert ist der Wirtschaftswert im Sinne des § 1 Abs. 6 des Gesetzes über die Alterssicherung der Landwirte.

(5) ¹Der Flächenwert der landwirtschaftlichen Nutzung wird durch Vervielfältigung des durchschnittlichen Hektarwertes dieser Nutzung in der Gemeinde oder in dem Gemeindeteil, in dem die Flächen gelegen sind oder der Betrieb seinen Sitz hat, mit der Größe der im Unternehmen genutzten Fläche (Eigentums- und Pachtflächen) gebildet, wobei die Satzung eine Höchstgrenze für den Hektarwert vorsehen kann. ²Die Satzung bestimmt das Nähere zum Verfahren; sie hat außerdem erforderliche Bestimmungen zu treffen über die Ermittlung des Flächenwertes für

1. die forstwirtschaftliche Nutzung,

2. das Geringstland,
3. die landwirtschaftlichen Nutzungsteile Hopfen und Spargel,
4. die weinbauliche und gärtnerische Nutzung,
5. die Teichwirtschaft und Fischzucht,
6. sonstige landwirtschaftliche Nutzung.

(6) [1]Der Arbeitsbedarf wird nach dem Durchschnittsmaß der für die Unternehmen erforderlichen menschlichen Arbeit unter Berücksichtigung der Kulturarten geschätzt und das einzelne Unternehmen hiernach veranlagt. [2]Das Nähere über die Abschätzung und die Veranlagung bestimmt die Satzung. [3]Der Abschätzungstarif hat eine Geltungsdauer von höchstens sechs Kalenderjahren; die §§ 158 und 159 gelten entsprechend.

(7) [1]Arbeitswert ist der Wert der Arbeit, die von den im Unternehmen tätigen Versicherten im Kalenderjahr geleistet wird. [2]Die Satzung bestimmt unter Berücksichtigung von Art und Umfang der Tätigkeit, für welche Versicherten sich der Arbeitswert nach dem Arbeitsentgelt, nach dem Jahresarbeitsverdienst, nach dem Mindestjahresarbeitsverdienst oder nach in der Satzung festgelegten Beträgen bemißt. [3]Soweit sich der Arbeitswert nach den in der Satzung festgelegten Beträgen bemißt, gelten § 157 Abs. 5 und die §§ 158 bis 160 entsprechend.

§ 183 Umlageverfahren. (1) Auf die landwirtschaftlichen Berufsgenossenschaften finden anstelle der Vorschriften über das Umlageverfahren aus dem Vierten Unterabschnitt des Ersten Abschnitts die folgenden Absätze Anwendung.

(2) Die Einzelheiten der Beitragsberechnung bestimmt die Satzung.

(3) [1]Landwirtschaftlichen Unternehmern, für die versicherungsfreie Personen oder Personen tätig sind, die infolge dieser Tätigkeit bei einem anderen Unfallversicherungsträger als einer landwirtschaftlichen Berufsgenossenschaft versichert sind, wird auf Antrag eine Beitragsermäßigung bewilligt. [2]Das Nähere bestimmt die Satzung.

(4) Die Satzung kann bestimmen, daß und unter welchen Voraussetzungen landwirtschaftliche Unternehmer kleiner Unternehmen mit geringer Unfallgefahr ganz oder teilweise von Beiträgen befreit werden.

(5) [1]Die landwirtschaftliche Berufsgenossenschaft teilt den Unternehmern den von ihnen zu zahlenden Beitrag schriftlich mit. [2]Der Beitragsbescheid darf mit Wirkung für die Vergangenheit zuungunsten der Unternehmer nur dann aufgehoben werden, wenn
1. die Veranlagung des Unternehmens nachträglich geändert wird,
2. eine im Laufe des Kalenderjahres eingetretene Änderung des Unternehmens nachträglich bekannt wird,
3. die Feststellung der Beiträge auf unrichtigen Angaben des Unternehmers oder wegen unterlassener Angaben des Unternehmers auf einer Schätzung beruht.

(6) [1]Die Unternehmer haben der landwirtschaftlichen Berufsgenossenschaft über die Unternehmens-, Arbeits- und Lohnverhältnisse Auskunft zu geben, soweit dies für die Beitragsberechnung von Bedeutung ist. [2]Die §§ 165 und 166 gelten entsprechend.

§ **184 Rücklage.** ¹Abweichend von § 172 wird die Rücklage bis zur Höhe der im abgelaufenen Kalenderjahr gezahlten Renten gebildet. ²Bis sie diese Höhe erreicht, wird ihr jährlich ein Betrag in Höhe von 1 vom Hundert der gezahlten Renten zugeführt.

Dritter Abschnitt. Besondere Vorschriften für die Unfallversicherungsträger der öffentlichen Hand

§ **185 Gemeindeunfallversicherungsverbände, Unfallkassen der Länder und Gemeinden, gemeinsame Unfallkassen, Feuerwehr-Unfallkassen.** (1) Von den Vorschriften des Ersten Abschnitts finden auf die Gemeindeunfallversicherungsverbände, die Unfallkassen der Länder und Gemeinden, die gemeinsamen Unfallkassen und die Feuerwehr-Unfallkassen die §§ 150, 151, 164 bis 166, 168 und 171 über die Beitragspflicht, die Vorschüsse und Sicherheitsleistungen, das Umlageverfahren sowie über Betriebsmittel nach Maßgabe der folgenden Absätze Anwendung.

(2) ¹Für Versicherte nach § 128 Abs. 1 Nr. 2 bis 9 und § 129 Abs. 1 Nr. 3 bis 7 werden Beiträge nicht erhoben. ²Die Aufwendungen für diese Versicherten werden entsprechend der in diesen Vorschriften festgelegten Zuständigkeiten auf das Land, die Gemeinden oder die Gemeindeverbände umgelegt; dabei bestimmen bei den nach § 116 Abs. 1 Satz 2 errichteten gemeinsamen Unfallkassen die Landesregierungen durch Rechtsverordnung, wer die Aufwendungen für Versicherte nach § 128 Abs. 1 Nr. 6, 7 und 9 trägt. ³Bei gemeinsamen Unfallkassen sind nach Maßgabe der in den §§ 128 und 129 festgelegten Zuständigkeiten getrennte Umlagegruppen für den Landesbereich und den kommunalen Bereich zu bilden.

(3) ¹Die Satzung kann bestimmen, daß Aufwendungen für bestimmte Arten von Unternehmen nur auf die beteiligten Unternehmer umgelegt werden. ²Für die Gemeinden als Unternehmer können auch nach der Einwohnerzahl gestaffelte Gruppen gebildet werden.

(4) ¹Die Höhe der Beiträge richtet sich nach der Einwohnerzahl, der Zahl der Versicherten oder den Arbeitsentgelten. ²Die Satzung bestimmt den Beitragsmaßstab und regelt das Nähere über seine Anwendung; sie kann einen einheitlichen Mindestbeitrag bestimmen.

(5) ¹Die Satzung kann bestimmen, daß die Beiträge nach dem Grad des Gefährdungsrisikos unter Berücksichtigung der Leistungsaufwendungen abgestuft werden; § 157 Abs. 5 und § 158 gelten entsprechend. ²Die Satzung kann ferner bestimmen, daß den Unternehmen unter Berücksichtigung der Versicherungsfälle, die die nach § 2 Abs. 1 Nr. 1 und 8 Versicherten erlitten haben, entsprechend den Grundsätzen des § 162 Zuschläge auferlegt, Nachlässe bewilligt oder Prämien gewährt werden.

§ **186 Aufwendungen der Unfallkasse des Bundes.** (1) ¹Von den Vorschriften des Ersten Abschnitts finden auf die Unfallkasse des Bundes die §§ 150, 152, 155, 164 bis 166, 168 und 171 Anwendung, soweit nicht in den folgenden Absätzen Abweichendes geregelt ist. ²Das Nähere bestimmt die Satzung.

7. Buch. Gesetzliche Unfallversicherung § 187 SGB VII 1

(2) ¹Die Aufwendungen für Unternehmen nach § 125 Abs. 1 Nr. 3 und Abs. 3 werden auf die beteiligten Unternehmer umgelegt. ²§ 185 Abs. 5 gilt entsprechend.

(3) ¹Die Aufwendungen der Unfallkasse des Bundes für die Versicherung nach § 125 Abs. 1 Nr. 1, 4, 6 und 7 werden auf die Dienststellen des Bundes umgelegt. ²Die Satzung bestimmt, in welchem Umfang diese Aufwendungen nach der Zahl der Versicherten oder den Arbeitsentgelten und in welchem Umfang nach dem Grad des Gefährdungsrisikos unter Berücksichtigung der Leistungsaufwendungen umgelegt werden. ³Die Aufwendungen für die Versicherung nach § 125 Abs. 1 Nr. 2 erstattet die Bundesagentur für Arbeit, die Aufwendungen für die Versicherung nach § 125 Abs. 1 Nr. 5 das Bundesministerium für Gesundheit und Soziale Sicherung. ⁴Die Aufwendungen für Versicherte der alliierten Streitkräfte erstatten diese nach dem NATO-Truppenstatut und den Zusatzabkommen jeweils für ihren Bereich. ⁵Im Übrigen werden die Aufwendungen der Unfallkasse des Bundes vom Bundesministerium für Gesundheit und Soziale Sicherung getragen.

(4) ¹Die Dienststellen des Bundes und die Bundesagentur für Arbeit entrichten vierteljährlich im Voraus die Abschläge auf die zu erwartenden Aufwendungen. ²Die Unfallkasse des Bundes hat der Bundesagentur für Arbeit und den Dienststellen des Bundes die für die Erstattung erforderlichen Angaben zu machen und auf Verlangen Auskunft zu erteilen. ³Das Nähere über die Durchführung der Erstattung regelt die Satzung; bei den Verwaltungskosten kann auch eine pauschalierte Erstattung vorgesehen werden.

Vierter Abschnitt. Gemeinsame Vorschriften

§ 187 Berechnungsgrundsätze. (1) ¹Berechnungen werden auf vier Dezimalstellen durchgeführt. ²Geldbeträge werden auf zwei Dezimalstellen berechnet. ³Dabei wird die letzte Dezimalstelle um 1 erhöht, wenn sich in der folgenden Dezimalstelle eine der Zahlen 5 bis 9 ergeben würde.

(2) Bei einer Berechnung, die auf volle Werte vorzunehmen ist, wird der Wert um 1 erhöht, wenn sich in den ersten vier Dezimalstellen eine der Zahlen 1 bis 9 ergeben würde.

(3) Bei einer Berechnung von Geldbeträgen, für die ausdrücklich ein Betrag in vollem Euro vorgegeben oder bestimmt ist, wird der Betrag nur dann um 1 erhöht, wenn sich in der ersten Dezimalstelle eine der Zahlen 5 bis 9 ergeben würde.

(4) ¹Der auf einen Teilzeitraum entfaltende Betrag ergibt sich, wenn der Gesamtbetrag mit dem Teilzeitraum vervielfältigt und durch den Gesamtzeitraum geteilt wird. ²Dabei werden das Kalenderjahr mit 360 Tagen, der Kalendermonat mit 30 Tagen und die Kalenderwoche mit sieben Tagen gerechnet.

(5) Vor einer Division werden zunächst die anderen Rechengänge durchgeführt.

(6) Die zum 1. Januar 2002 in Euro umzurechnenden Geldleistungen sind auf zwei Dezimalstellen aufzurunden.

Siebtes Kapitel. Zusammenarbeit der Unfallversicherungsträger mit anderen Leistungsträgern und ihre Beziehungen zu Dritten

Erster Abschnitt. Zusammenarbeit der Unfallversicherungsträger mit anderen Leistungsträgern

§ 188 Auskunftspflicht der Krankenkassen. [1]Die Unfallversicherungsträger können von den Krankenkassen Auskunft über die Behandlung, den Zustand sowie über Erkrankungen und frühere Erkrankungen des Versicherten verlangen, soweit dies für die Feststellung des Versicherungsfalls erforderlich ist. [2]Sie sollen dabei ihr Auskunftsverlangen auf solche Erkrankungen oder auf solche Bereiche von Erkrankungen beschränken, die mit dem Versicherungsfall in einem ursächlichen Zusammenhang stehen können. [3]Der Versicherte kann vom Unfallversicherungsträger verlangen, über die von den Krankenkassen übermittelten Daten unterrichtet zu werden; § 25 Abs. 2 des Zehnten Buches[1]) gilt entsprechend. [4]Der Unfallversicherungsträger hat den Versicherten auf das Recht, auf Verlangen über die von den Krankenkassen übermittelten Daten unterrichtet zu werden, hinzuweisen.

§ 189 Beauftragung einer Krankenkasse. Unfallversicherungsträger können Krankenkassen beauftragen, die ihnen obliegenden Geldleistungen zu erbringen; die Einzelheiten werden durch Vereinbarung geregelt.

§ 190 Pflicht der Unfallversicherungsträger zur Benachrichtigung der Rentenversicherungsträger beim Zusammentreffen von Renten. Erbringt ein Unfallversicherungsträger für einen Versicherten oder einen Hinterbliebenen, der eine Rente aus der gesetzlichen Rentenversicherung bezieht, Rente oder Heimpflege oder ergeben sich Änderungen bei diesen Leistungen, hat der Unfallversicherungsträger den Rentenversicherungsträger unverzüglich zu benachrichtigen; bei Zahlung einer Rente ist das Maß der Minderung der Erwerbsfähigkeit anzugeben.

Zweiter Abschnitt. Beziehungen der Unfallversicherungsträger zu Dritten

§ 191 Unterstützungspflicht der Unternehmer. Die Unternehmer haben die für ihre Unternehmen zuständigen Unfallversicherungsträger bei der Durchführung der Unfallversicherung zu unterstützen; das Nähere regelt die Satzung.

§ 192 Mitteilungs- und Auskunftspflichten von Unternehmern und Bauherren. (1) Die Unternehmer haben binnen einer Woche nach Beginn des Unternehmens dem zuständigen Unfallversicherungsträger
1. die Art und den Gegenstand des Unternehmens,
2. die Zahl der Versicherten,

---

[1]) Nr. 7.

7. Buch. Gesetzliche Unfallversicherung   § 193   SGB VII 1

3. den Eröffnungstag oder den Tag der Aufnahme der vorbereitenden Arbeiten für das Unternehmen und
4. in den Fällen des § 130 Abs. 2 und 3 den Namen und den Wohnsitz oder gewöhnlichen Aufenthalt des Bevollmächtigten

mitzuteilen.

(2) Die Unternehmer haben Änderungen von
1. Art und Gegenstand ihrer Unternehmen, die für die Prüfung der Zuständigkeit der Unfallversicherungsträger von Bedeutung sein können,
2. Voraussetzungen für die Zuordnung zu den Gefahrklassen,
3. sonstigen Grundlagen für die Berechnung der Beiträge

innerhalb von vier Wochen dem Unfallversicherungsträger mitzuteilen.

(3) [1]Die Unternehmer haben ferner auf Verlangen des zuständigen Unfallversicherungsträgers die Auskünfte zu geben und die Beweisurkunden vorzulegen, die zur Erfüllung der gesetzlichen Aufgaben des Unfallversicherungsträgers (§ 199) erforderlich sind. [2]Ist bei einer Schule der Schulhoheitsträger nicht Unternehmer, hat auch der Schulhoheitsträger die Verpflichtung zur Auskunft nach Satz 1.

(4) [1]Den Wechsel von Personen der Unternehmer haben die bisherigen Unternehmer und ihre Nachfolger innerhalb von vier Wochen nach dem Wechsel dem Unfallversicherungsträger mitzuteilen. [2]Den Wechsel von Personen der Bevollmächtigten haben die Unternehmer innerhalb von vier Wochen nach dem Wechsel mitzuteilen.

(5) [1]Bauherren sind verpflichtet, auf Verlangen des zuständigen Unfallversicherungsträgers die Auskünfte zu geben, die zur Erfüllung der gesetzlichen Aufgaben des Unfallversicherungsträgers (§ 199) erforderlich sind. [2]Dazu gehören
1. die Auskunft darüber, ob und welche nicht gewerbsmäßigen Bauarbeiten ausgeführt werden,
2. die Auskunft darüber, welche Unternehmer mit der Ausführung der gewerbsmäßigen Bauarbeiten beauftragt sind.

§ 193 Pflicht zur Anzeige eines Versicherungsfalls durch die Unternehmer. (1) [1]Die Unternehmer haben Unfälle von Versicherten in ihren Unternehmen dem Unfallversicherungsträger anzuzeigen, wenn Versicherte getötet oder so verletzt sind, daß sie mehr als drei Tage arbeitsunfähig werden. [2]Satz 1 gilt entsprechend für Unfälle von Versicherten, deren Versicherung weder eine Beschäftigung noch eine selbständige Tätigkeit voraussetzt.

(2) Haben Unternehmer im Einzelfall Anhaltspunkte, daß bei Versicherten ihrer Unternehmen eine Berufskrankheit vorliegen könnte, haben sie diese dem Unfallversicherungsträger anzuzeigen.

(3) [1]Bei Unfällen der nach § 2 Abs. 1 Nr. 8 Buchstabe b Versicherten hat der Schulhoheitsträger die Unfälle auch dann anzuzeigen, wenn er nicht Unternehmer ist. [2]Bei Unfällen der nach § 2 Abs. 1 Nr. 15 Buchstabe a Versicherten hat der Träger der Einrichtung, in der die stationäre oder teilstationäre Behandlung oder die stationären Leistungen zur medizinischen Rehabilitation erbracht werden, die Unfälle anzuzeigen.

(4) [1]Die Anzeige ist binnen drei Tagen zu erstatten, nachdem die Unternehmer von dem Unfall oder von den Anhaltspunkten für eine Berufskrank-

heit Kenntnis erlangt haben. ²Der Versicherte kann vom Unternehmer verlangen, daß ihm eine Kopie der Anzeige überlassen wird.

(5) ¹Die Anzeige ist vom Betriebs- oder Personalrat mit zu unterzeichnen. ²Der Unternehmer hat die Sicherheitsfachkraft und den Betriebsarzt über jede Unfall- oder Berufskrankheitenanzeige in Kenntnis zu setzen. ³Verlangt der Unfallversicherungsträger zur Feststellung, ob eine Berufskrankheit vorliegt, Auskünfte über gefährdende Tätigkeiten von Versicherten, haben die Unternehmer den Betriebs- oder Personalrat über dieses Auskunftsersuchen unverzüglich zu unterrichten.

(6) *(aufgehoben)*

(7) ¹Bei Unfällen in Unternehmen, die der allgemeinen Arbeitsschutzaufsicht unterstehen, hat der Unternehmer eine Durchschrift der Anzeige der für den Arbeitsschutz zuständigen Landesbehörde zu übersenden. ²Bei Unfällen in Unternehmen, die der bergbehördlichen Aufsicht unterstehen, ist die Durchschrift an die zuständige untere Bergbehörde zu übersenden. ³Wird eine Berufskrankheit angezeigt, übersendet der Unfallversicherungsträger eine Durchschrift der Anzeige unverzüglich der für den medizinischen Arbeitsschutz zuständigen Landesbehörde. ⁴Wird der für den medizinischen Arbeitsschutz zuständigen Landesbehörde eine Berufskrankheit angezeigt, übersendet sie dem Unfallversicherungsträger unverzüglich eine Durchschrift der Anzeige.

(8) Das Bundesministerium für Gesundheit und Soziale Sicherung bestimmt durch Rechtsverordnung im Einvernehmen mit dem Bundesministerium für Wirtschaft und Arbeit und mit Zustimmung des Bundesrates den für Aufgaben der Prävention und der Einleitung eines Feststellungsverfahrens erforderlichen Inhalt der Anzeige, ihre Form und die Art und Weise ihrer Übermittlung sowie die Empfänger, die Anzahl und den Inhalt der Durchschriften.

(9) ¹Unfälle nach Absatz 1, die während der Fahrt auf einem Seeschiff eingetreten sind, sind ferner in das Schiffstagebuch einzutragen und dort oder in einem Anhang kurz darzustellen. ²Ist ein Schiffstagebuch nicht zu führen, haben die Schiffsführer Unfälle nach Satz 1 in einer besonderen Niederschrift nachzuweisen.

§ 194 Meldepflicht der Eigentümer von Seeschiffen. Die Seeschiffe, die unter der Bundesflagge in Dienst gestellt werden sollen, haben die Eigentümer bereits nach ihrem Erwerb oder bei Beginn ihres Baus der See-Berufsgenossenschaft zu melden.

§ 195 Unterstützungs- und Mitteilungspflichten von Kammern und der für die Erteilung einer Gewerbe- oder Bauerlaubnis zuständigen Behörden. (1) Kammern und andere Zusammenschlüsse von Unternehmern, die als Körperschaften des öffentlichen Rechts errichtet sind, ferner Verbände und andere Zusammenschlüsse, denen Unternehmer kraft Gesetzes angehören oder anzugehören haben, haben die Unfallversicherungsträger bei der Ermittlung der ihnen zugehörenden Unternehmen zu unterstützen und ihnen hierzu Auskunft über Namen und Gegenstand dieser Unternehmen zu geben.

(2) ¹Behörden, denen die Erteilung einer gewerberechtlichen Erlaubnis oder eines gewerberechtlichen Berechtigungsscheins obliegt, haben den Berufsgenossenschaften über den Hauptverband nach Eingang einer Anzeige nach der Gewerbeordnung, soweit ihnen bekannt, Namen, Geburtsdatum

7. Buch. Gesetzliche Unfallversicherung §§ 196, 197 SGB VII 1

und Anschrift der Unternehmer, Namen, Gegenstand sowie Tag der Eröffnung und der Einstellung der Unternehmen mitzuteilen. ²Entsprechendes gilt bei Erteilung einer Reisegewerbekarte. ³Im übrigen gilt Absatz 1 entsprechend.

(3) ¹Die für die Erteilung von Bauerlaubnissen zuständigen Behörden haben dem zuständigen Unfallversicherungsträger nach Erteilung einer Bauerlaubnis den Namen und die Anschrift des Bauherrn, den Ort und die Art der Bauarbeiten, den Baubeginn sowie die Höhe der im baubehördlichen Verfahren angegebenen oder festgestellten Baukosten mitzuteilen. ²Bei nicht bauerlaubnispflichtigen Bauvorhaben trifft dieselbe Verpflichtung die für die Entgegennahme der Bauanzeige oder der Bauunterlagen zuständigen Behörden.

§ 196 Mitteilungspflichten der Schiffsvermessungs- und -registerbehörden. ¹Das Bundesamt für Seeschiffahrt und Hydrographie teilt jede Vermessung eines Seeschiffs, die für die Führung von Schiffsregistern und des Internationalen Seeschiffahrtsregisters zuständigen Gerichte und Behörden teilen den Eingang jedes Antrags auf Eintragung eines Seeschiffs sowie jede Eintragung eines Seeschiffs der See-Berufsgenossenschaft unverzüglich mit. ²Entsprechendes gilt für alle Veränderungen und Löschungen im Schiffsregister. ³Bei Fahrzeugen, die nicht in das Schiffsregister eingetragen werden, haben die Verwaltungsbehörden und die Fischereiämter, die den Seeschiffen Unterscheidungssignale erteilen, die gleichen Pflichten.

§ 197 Übermittlungspflicht weiterer Behörden an die Träger der landwirtschaftlichen Sozialversicherung. (1) Die Gemeinden übermitteln abweichend von § 30 der Abgabenordnung zum Zweck der Beitragserhebung auf Anforderung Daten über Eigentums- und Besitzverhältnisse an Flächen an die landwirtschaftlichen Berufsgenossenschaften, soweit die Ermittlungen von den landwirtschaftlichen Berufsgenossenschaften nur mit wesentlich größerem Aufwand vorgenommen werden können als von den Gemeinden.

(2) ¹Die Finanzbehörden übermitteln in einem automatisierten Verfahren jährlich dem Gesamtverband der landwirtschaftlichen Alterskassen (Kopfstelle) die maschinell vorhandenen Feststellungen zu

1. der nutzungsartbezogenen Vergleichszahl einschließlich Einzelflächen mit Flurstückkennzeichen,
2. den Vergleichswerten sonstiger Nutzung,
3. den Zu- und Abschlägen an den Vergleichswerten,
4. dem Bestand an Vieheinheiten,
5. den Einzelertragswerten für Nebenbetriebe,
6. dem Ersatzwirtschaftswert oder zu den bei dessen Ermittlung anfallenden Berechnungsgrundlagen sowie
7. den Ertragswerten für Abbauland und Geringstland

zur Weiterleitung an die zuständigen landwirtschaftlichen Berufsgenossenschaften, landwirtschaftlichen Krankenkassen und landwirtschaftlichen Alterskassen, soweit dies zur Feststellung der Versicherungspflicht und zum Zweck der Beitragserhebung erforderlich ist. ²Diese Stellen dürfen die ihnen übermittelten Daten nur zur Feststellung der Versicherungspflicht und der Beitragserhebung nutzen. ³Sind übermittelte Daten für die Überprüfung nach Satz 2 nicht mehr erforderlich, sind sie unverzüglich zu löschen.

(3) ¹Das Bundesministerium für Gesundheit und Soziale Sicherung wird ermächtigt, das Nähere über das Verfahren der automatisierten Datenübermittlung durch Rechtsverordnung im Einvernehmen mit dem Bundesministerium der Finanzen und dem Bundesministerium für Verbraucherschutz, Ernährung und Landwirtschaft und mit Zustimmung des Bundesrates zu regeln. ²Die Einrichtung eines automatisierten Abrufverfahrens ist ausgeschlossen.

(4) ¹Die Flurbereinigungsverwaltung und die Vermessungsämter übermitteln dem Gesamtverband der landwirtschaftlichen Alterskassen (Kopfstelle) durch ein automatisiertes Abrufverfahren die bei ihnen maschinell vorhandenen Feststellungen im Sinne von Absatz 2 zur Weiterleitung an die zuständigen landwirtschaftlichen Berufsgenossenschaften, landwirtschaftlichen Krankenkassen und landwirtschaftlichen Alterskassen, soweit dies zur Feststellung der Versicherungspflicht und zum Zweck der Beitragserhebung erforderlich ist. ²Diese Stellen dürfen die ihnen übermittelten Daten nur zur Feststellung der Versicherungspflicht und der Beitragserhebung nutzen. ³Sind übermittelte Daten für die Überprüfung nach Satz 2 nicht mehr erforderlich, sind sie unverzüglich zu löschen. ⁴Satz 1 bis 3 gelten auch für die Ämter für Landwirtschaft und Landesentwicklung sowie sonstige nach Landesrecht zuständige Stellen, soweit diese Aufgaben wahrnehmen, die denen der Ämter für Landwirtschaft und Landentwicklung entsprechen.

§ 198 Auskunftspflicht der Grundstückseigentümer. Eigentümer von Grundstücken, die von Unternehmern land- oder forstwirtschaftlich bewirtschaftet werden, haben der landwirtschaftlichen Berufsgenossenschaft auf Verlangen Auskunft über Größe und Lage der Grundstücke sowie Namen und Anschriften der Unternehmer zu erteilen, soweit dies für die Beitragserhebung erforderlich ist.

Achtes Kapitel. Datenschutz

Erster Abschnitt. Grundsätze

§ 199 Erhebung, Verarbeitung und Nutzung von Daten durch die Unfallversicherungsträger. (1) ¹Die Unfallversicherungsträger dürfen Sozialdaten nur erheben und speichern, soweit dies zur Erfüllung ihrer gesetzlich vorgeschriebenen oder zugelassenen Aufgaben erforderlich ist. ²Ihre Aufgaben sind

1. die Feststellung der Zuständigkeit und des Versicherungsstatus,
2. die Erbringung der Leistungen nach dem Dritten Kapitel,
3. die Berechnung, Festsetzung und Erhebung von Beitragsberechnungsgrundlagen und Beiträgen nach dem Sechsten Kapitel,
4. die Durchführung von Erstattungs- und Ersatzansprüchen,
5. die Verhütung von Versicherungsfällen, die Abwendung von arbeitsbedingten Gesundheitsgefahren sowie die Vorsorge für eine wirksame Erste Hilfe nach dem Zweiten Kapitel,
6. die Erforschung von Risiken und Gesundheitsgefahren für die Versicherten.

7. Buch. Gesetzliche Unfallversicherung §§ 200–202 SGB VII 1

(2) ¹Die Sozialdaten dürfen nur für Aufgaben nach Absatz 1 in dem jeweils erforderlichen Umfang verarbeitet oder genutzt werden. ²Eine Verwendung für andere Zwecke ist nur zulässig, soweit dies durch Rechtsvorschriften des Sozialgesetzbuches angeordnet oder erlaubt ist.

(3) Bei der Feststellung des Versicherungsfalls soll der Unfallversicherungsträger Auskünfte über Erkrankungen und frühere Erkrankungen des Betroffenen von anderen Stellen oder Personen erst einholen, wenn hinreichende Anhaltspunkte für den ursächlichen Zusammenhang zwischen der versicherten Tätigkeit und dem schädigenden Ereignis oder der schädigenden Einwirkung vorliegen.

§ 200 Einschränkung der Übermittlungsbefugnis. (1) § 76 Abs. 2 Nr. 1 des Zehnten Buches[1] gilt mit der Maßgabe, daß der Unfallversicherungsträger auch auf ein gegenüber einem anderen Sozialleistungsträger bestehendes Widerspruchsrecht hinzuweisen hat, wenn dieser nicht selbst zu einem Hinweis nach § 76 Abs. 2 Nr. 1 des Zehnten Buches[1] verpflichtet ist.

(2) Vor Erteilung eines Gutachtenauftrages soll der Unfallversicherungsträger dem Versicherten mehrere Gutachter zur Auswahl benennen; der Betroffene ist außerdem auf sein Widerspruchsrecht nach § 76 Abs. 2 des Zehnten Buches[1] hinzuweisen und über den Zweck des Gutachtens zu informieren.

Zweiter Abschnitt. Datenerhebung und -verarbeitung durch Ärzte

§ 201 Datenerhebung und Datenverarbeitung durch Ärzte. (1) ¹Ärzte und Zahnärzte, die an einer Heilbehandlung nach § 34 beteiligt sind, erheben, speichern und übermitteln an die Unfallversicherungsträger Daten über die Behandlung und den Zustand des Versicherten sowie andere personenbezogene Daten, soweit dies für Zwecke der Heilbehandlung und die Erbringung sonstiger Leistungen erforderlich ist. ²Ferner erheben, speichern und übermitteln sie die Daten, die für ihre Entscheidung, eine Heilbehandlung nach § 34 durchzuführen, maßgeblich waren. ³Der Versicherte kann vom Unfallversicherungsträger verlangen, über die von den Ärzten übermittelten Daten unterrichtet zu werden. ⁴§ 25 Abs. 2 des Zehnten Buches[1] gilt entsprechend. ⁵Der Versicherte ist von den Ärzten über den Erhebungszweck, ihre Auskunftspflicht nach den Sätzen 1 und 2 sowie über sein Recht nach Satz 3 zu unterrichten.

(2) Soweit die für den medizinischen Arbeitsschutz zuständigen Stellen und die Krankenkassen Daten nach Absatz 1 zur Erfüllung ihrer Aufgaben benötigen, dürfen die Daten auch an sie übermittelt werden.

§ 202 Anzeigepflicht von Ärzten bei Berufskrankheiten. ¹Haben Ärzte oder Zahnärzte den begründeten Verdacht, daß bei Versicherten eine Berufskrankheit besteht, haben sie dies dem Unfallversicherungsträger oder der für den medizinischen Arbeitsschutz zuständigen Stelle in der für die Anzeige von Berufskrankheiten vorgeschriebenen Form (§ 193 Abs. 8) unverzüglich anzuzeigen. ²Die Ärzte oder Zahnärzte haben die Versicherten über den Inhalt der Anzeige zu unterrichten und ihnen den Unfallversicherungsträger und

---

[1] Nr. 7.

die Stelle zu nennen, denen sie die Anzeige übersenden. ³§ 193 Abs. 7 Satz 3 und 4 gilt entsprechend.

§ 203 Auskunftspflicht von Ärzten. (1) Ärzte und Zahnärzte, die nicht an einer Heilbehandlung nach § 34 beteiligt sind, sind verpflichtet, dem Unfallversicherungsträger auf Verlangen Auskunft über die Behandlung, den Zustand sowie über Erkrankungen und frühere Erkrankungen des Versicherten zu erteilen, soweit dies für die Heilbehandlung und die Erbringung sonstiger Leistungen erforderlich ist. ²Der Unfallversicherungsträger soll Auskunftsverlangen zur Feststellung des Versicherungsfalls auf solche Erkrankungen oder auf solche Bereiche von Erkrankungen beschränken, die mit dem Versicherungsfall in einem ursächlichen Zusammenhang stehen können. ³§ 98 Abs. 2 Satz 2 des Zehnten Buches[1)] gilt entsprechend.

(2) ¹Die Unfallversicherungsträger haben den Versicherten auf ein Auskunftsverlangen nach Absatz 1 sowie auf das Recht, auf Verlangen über die von den Ärzten übermittelten Daten unterrichtet zu werden, rechtzeitig hinzuweisen. ²§ 25 Abs. 2 des Zehnten Buches[1)] gilt entsprechend.

Dritter Abschnitt. Dateien

§ 204 Errichtung einer Datei für mehrere Unfallversicherungsträger.
(1) ¹Die Errichtung einer Datei für mehrere Unfallversicherungsträger bei einem Unfallversicherungsträger oder bei einem Verband der Unfallversicherungsträger ist zulässig,
1. um Daten über Verwaltungsverfahren und Entscheidungen nach § 9 Abs. 2 zu verarbeiten, zu nutzen und dadurch eine einheitliche Beurteilung vergleichbarer Versicherungsfälle durch die Unfallversicherungsträger zu erreichen, gezielte Maßnahmen der Prävention zu ergreifen sowie neue medizinisch-wissenschaftliche Erkenntnisse zur Fortentwicklung des Berufskrankheitenrechts, insbesondere durch eigene Forschung oder durch Mitwirkung an fremden Forschungsvorhaben, zu gewinnen,
2. um Daten in Vorsorgedateien zu erheben, zu verarbeiten oder zu nutzen, damit Versicherten, die bestimmten arbeitsbedingten Gesundheitsgefahren ausgesetzt sind oder waren, Maßnahmen der Prävention oder zur Teilhabe angeboten sowie Erkenntnisse über arbeitsbedingte Gesundheitsgefahren und geeignete Maßnahmen der Prävention oder zur Teilhabe gewonnen werden können,
3. um Daten über Arbeits- und Wegeunfälle in einer Unfall-Dokumentation zu verarbeiten, zu nutzen und dadurch Größenordnungen, Schwerpunkte und Entwicklungen der Unfallbelastung in einzelnen Bereichen darzustellen, damit Erkenntnisse zur Verbesserung der Prävention und der Maßnahmen zur Teilhabe gewonnen werden können,
4. um Anzeigen, Daten über Verwaltungsverfahren und Entscheidungen über Berufskrankheiten in einer Berufskrankheiten-Dokumentation zu verarbeiten, zu nutzen und dadurch Häufigkeiten und Entwicklungen im Berufskrankheitengeschehen sowie wesentliche Einwirkungen und Erkrankungsfolgen darzustellen, damit Erkenntnisse zur Verbesserung der Prävention und der Maßnahmen zur Teilhabe gewonnen werden können,

---

[1)] Nr. 7.

5. um Daten über Entschädigungsfälle, in denen Leistungen zur Teilhabe erbracht werden, in einer Rehabilitations- und Teilhabe-Dokumentation zu verarbeiten, zu nutzen und dadurch Schwerpunkte der Maßnahmen zur Teilhabe darzustellen, damit Erkenntnisse zur Verbesserung der Prävention und der Maßnahmen zur Teilhabe gewonnen werden können,
6. um Daten über Entschädigungsfälle, in denen Rentenleistungen oder Leistungen bei Tod erbracht werden, in einer Renten-Dokumentation zu verarbeiten, zu nutzen und dadurch Erkenntnisse über den Rentenverlauf und zur Verbesserung der Prävention und der Maßnahmen zur Teilhabe zu gewinnen.

²In den Fällen des Satzes 1 Nr. 1 und 3 bis 6 findet § 76 des Zehnten Buches[1] keine Anwendung.

(2) ¹In den Dateien nach Absatz 1 dürfen nach Maßgabe der Sätze 2 und 3 nur folgende Daten von Versicherten erhoben, verarbeitet oder genutzt werden:

1. der zuständige Unfallversicherungsträger und die zuständige staatliche Arbeitsschutzbehörde,
2. das Aktenzeichen des Unfallversicherungsträgers,
3. Art und Hergang, Datum und Uhrzeit sowie Anzeige des Versicherungsfalls,
4. Staatsangehörigkeit und Angaben zur regionalen Zuordnung der Versicherten sowie Geburtsjahr und Geschlecht der Versicherten und der Hinterbliebenen,
5. Familienstand und Versichertenstatus der Versicherten,
6. Beruf der Versicherten, ihre Stellung im Erwerbsleben und die Art ihrer Tätigkeit,
7. Angaben zum Unternehmen einschließlich der Mitgliedsnummer,
8. die Arbeitsanamnese und die als Ursache für eine Schädigung vermuteten Einwirkungen am Arbeitsplatz,
9. die geäußerten Beschwerden und die Diagnose,
10. Entscheidungen über Anerkennung oder Ablehnung von Versicherungsfällen und Leistungen,
11. Kosten und Verlauf von Leistungen,
12. Art, Ort, Verlauf und Ergebnis von Vorsorgemaßnahmen oder Leistungen zur Teilhabe,
13. die Rentenversicherungsnummer, Vor- und Familienname, Geburtsname, Geburtsdatum, Sterbedatum und Wohnanschrift der Versicherten sowie wesentliche Untersuchungsbefunde und die Planung zukünftiger Vorsorgemaßnahmen,
14. Entscheidungen (Nummer 10) mit ihrer Begründung einschließlich im Verwaltungs- oder Sozialgerichtsverfahren erstatteter Gutachten mit Angabe der Gutachter.

²In Dateien nach Absatz 1 Satz 1 Nr. 1 dürfen nur Daten nach Satz 1 Nr. 1 bis 4, 6 bis 10 und 14 verarbeitet oder genutzt werden. ³In Dateien nach Absatz 1 Satz 1 Nr. 3 bis 6 dürfen nur Daten nach Satz 1 Nr. 1 bis 12 verarbeitet oder genutzt werden.

---

[1] Nr. 7.

(3) Die Errichtung einer Datei für mehrere Unfallversicherungsträger bei einem Unfallversicherungsträger oder bei einem Verband der Unfallversicherungsträger ist auch zulässig, um die von den Pflegekassen und den privaten Versicherungsunternehmen nach § 44 Abs. 2 des Elften Buches[1] zu übermittelnden Daten zu verarbeiten.

(4) ¹Die Errichtung einer Datei für mehrere Unfallversicherungsträger bei einem Unfallversicherungsträger oder bei einem Verband der Unfallversicherungsträger ist auch zulässig, soweit dies erforderlich ist, um neue Erkenntnisse zur Verhütung von Versicherungsfällen oder zur Abwendung von arbeitsbedingten Gesundheitsgefahren zu gewinnen, und dieser Zweck nur durch eine gemeinsame Datei für mehrere oder alle Unfallversicherungsträger erreicht werden kann. ²In der Datei nach Satz 1 dürfen personenbezogene Daten nur verarbeitet werden, soweit der Zweck der Datei ohne sie nicht erreicht werden kann. ³Das Bundesministerium für Gesundheit und Soziale Sicherung bestimmt im Einvernehmen mit dem Bundesministerium für Wirtschaft und Arbeit in einer Rechtsverordnung, die der Zustimmung des Bundesrates bedarf, die Art der zu verhütenden Versicherungsfälle und der abzuwendenden arbeitsbedingten Gesundheitsgefahren sowie die Art der Daten, die in der Datei nach Satz 1 verarbeitet oder genutzt werden dürfen. ⁴In der Datei nach Satz 1 dürfen Daten nach Absatz 2 Satz 1 Nr. 13 nicht gespeichert werden.

(5) ¹Die Unfallversicherungsträger dürfen Daten nach Absatz 2 an den Unfallversicherungsträger oder den Verband, der die Datei führt, übermitteln. ²Die in der Datei nach Absatz 1 Satz 1 Nr. 1 oder 2 gespeicherten Daten dürfen von der dateiführenden Stelle an andere Unfallversicherungsträger übermittelt werden, soweit es zur Erfüllung ihrer gesetzlichen Aufgaben erforderlich ist.

(6) Der Unfallversicherungsträger oder der Verband, der die Datei errichtet, hat dem Bundesbeauftragten für den Datenschutz oder der nach Landesrecht für die Kontrolle des Datenschutzes zuständigen Stelle rechtzeitig die Errichtung einer Datei nach Absatz 1 oder 4 vorher schriftlich anzuzeigen.

(7) ¹Der Versicherte ist vor der erstmaligen Speicherung seiner Sozialdaten in Dateien nach Absatz 1 Satz 1 Nr. 1 und 2 über die Art der gespeicherten Daten, die speichernde Stelle und den Zweck der Datei durch den Unfallversicherungsträger schriftlich zu unterrichten. ²Dabei ist er auf sein Auskunftsrecht nach § 83 des Zehnten Buches[2] hinzuweisen.

§ 205 Datenverarbeitung und -übermittlung bei den landwirtschaftlichen Berufsgenossenschaften. (1) ¹Die landwirtschaftliche Berufsgenossenschaft, die landwirtschaftliche Alterskasse, die landwirtschaftliche Krankenkasse und die landwirtschaftliche Pflegekasse desselben Bezirks dürfen personenbezogene Daten in gemeinsamen Dateien verarbeiten, soweit die Daten jeweils zu ihrer Aufgabenerfüllung erforderlich sind. ²Durch technische und organisatorische Maßnahmen ist sicherzustellen, daß die Daten der Versicherten den einzelnen Trägern nur so weit zugänglich gemacht werden, wie sie zur Erfüllung ihrer gesetzlichen Aufgaben (§ 199) erforderlich sind.

---

[1] Nr. 8.
[2] Nr. 7.

7. Buch. Gesetzliche Unfallversicherung § 206 SGB VII 1

(2) Die Einrichtung eines automatisierten Verfahrens, das die Übermittlung personenbezogener Daten aus Dateien der landwirtschaftlichen Berufsgenossenschaften durch Abruf ermöglicht, ist dort nur zwischen den landwirtschaftlichen Berufsgenossenschaften sowie mit den landwirtschaftlichen Alterskassen, den Trägern der gesetzlichen Rentenversicherung, den Krankenkassen, der Bundesagentur für Arbeit und der Deutschen Post AG, soweit sie mit der Berechnung oder Auszahlung von Sozialleistungen betraut ist, zulässig; dabei dürfen auch Vermittlungsstellen eingeschaltet werden.

Vierter Abschnitt. Sonstige Vorschriften

§ 206 Übermittlung von Daten für die Forschung zur Bekämpfung von Berufskrankheiten. (1) [1]Ein Arzt oder Angehöriger eines anderen Heilberufes ist befugt, für ein bestimmtes Forschungsvorhaben personenbezogene Daten den Unfallversicherungsträgern und deren Verbänden zu übermitteln, wenn die nachfolgenden Voraussetzungen erfüllt sind und die Genehmigung des Forschungsvorhabens öffentlich bekanntgegeben worden ist. [2]Die Unfallversicherungsträger oder die Verbände haben den Versicherten oder den früheren Versicherten schriftlich über die übermittelten Daten und über den Zweck der Übermittlung zu unterrichten.

(2) [1]Die Unfallversicherungsträger und ihre Verbände dürfen Sozialdaten von Versicherten und früheren Versicherten erheben, verarbeiten und nutzen, soweit dies
1. zur Durchführung eines bestimmten Forschungsvorhabens, das die Erkennung neuer Berufskrankheiten oder die Verbesserung der Prävention oder der Maßnahmen zur Teilhabe bei Berufskrankheiten zum Ziele hat, erforderlich ist und
2. der Zweck dieses Forschungsvorhabens nicht auf andere Weise, insbesondere nicht durch Erhebung, Verarbeitung und Nutzung anonymisierter Daten, erreicht werden kann.

[2]Voraussetzung ist, daß die zuständige oberste Bundes oder Landesbehörde die Erhebung, Verarbeitung und Nutzung der Daten für das Forschungsvorhaben genehmigt hat. [3]Erteilt die zuständige oberste Bundesbehörde die Genehmigung, sind die Bundesärztekammer und der Bundesbeauftragte für den Datenschutz anzuhören, in den übrigen Fällen der Landesbeauftragte für den Datenschutz und die Ärztekammer des Landes.

(3) Das Forschungsvorhaben darf nur durchgeführt werden, wenn sichergestellt ist, daß keinem Beschäftigten, der an Entscheidungen über Sozialleistungen oder deren Vorbereitung beteiligt ist, die Daten, die für das Forschungsvorhaben erhoben, verarbeitet oder genutzt werden, zugänglich sind oder von Zugriffsberechtigten weitergegeben werden.

(4) [1]Die Durchführung der Forschung ist organisatorisch und räumlich von anderen Aufgaben zu trennen. [2]Die übermittelten Einzelangaben dürfen nicht mit anderen personenbezogenen Daten zusammengeführt werden. [3]§ 67c Abs. 5 Satz 2 und 3 des Zehnten Buches[1]) bleibt unberührt.

(5) [1]Führen die Unfallversicherungsträger oder ihre Verbände das Forschungsvorhaben nicht selbst durch, dürfen die Daten nur anonymisiert an

---
[1]) Nr. 7.

1 SGB VII §§ 207–209 Sozialgesetzbuch

den für das Forschungsvorhaben Verantwortlichen übermittelt werden. ²Ist nach dem Zweck des Forschungsvorhabens zu erwarten, daß Rückfragen für einen Teil der Betroffenen erforderlich werden, sind sie an die Person zu richten, welche die Daten gemäß Absatz 1 übermittelt hat. ³Absatz 2 gilt für den für das Forschungsvorhaben Verantwortlichen entsprechend. ⁴Die Absätze 3 und 4 gelten entsprechend.

§ 207 Erhebung, Verarbeitung und Nutzung von Daten zur Verhütung von Versicherungsfällen und arbeitsbedingten Gesundheitsgefahren. (1) Die Unfallversicherungsträger und ihre Verbände dürfen
1. Daten zu Stoffen, Zubereitungen und Erzeugnissen,
2. Betriebs- und Expositionsdaten zur Gefährdungsanalyse

erheben, speichern, verändern, löschen, nutzen und untereinander übermitteln, soweit dies zur Verhütung von Versicherungsfällen und arbeitsbedingten Gesundheitsgefahren erforderlich ist.

(2) Daten nach Absatz 1 dürfen an die für den Arbeitsschutz zuständigen Landesbehörden und an die für den Vollzug des Chemikaliengesetzes sowie des Rechts der Bio- und Gentechnologie zuständigen Behörden übermittelt werden.

(3) Daten nach Absatz 1 dürfen nicht an Stellen oder Personen außerhalb der Unfallversicherungsträger und ihrer Verbände sowie der zuständigen Landesbehörden übermittelt werden, wenn der Unternehmer begründet nachweist, daß ihre Verbreitung ihm betrieblich oder geschäftlich schaden könnte, und die Daten auf Antrag des Unternehmers als vertraulich gekennzeichnet sind.

§ 208 Auskünfte der Deutschen Post AG. Soweit die Deutsche Post AG Aufgaben der Unfallversicherung wahrnimmt, gilt § 151 des Sechsten Buches entsprechend.

Neuntes Kapitel. Bußgeldvorschriften

§ 209 Bußgeldvorschriften. (1) ¹Ordnungswidrig handelt, wer vorsätzlich oder fahrlässig
1. einer Unfallverhütungsvorschrift nach § 15 Abs. 1 oder 2 zuwiderhandelt, soweit sie für einen bestimmten Tatbestand auf diese Bußgeldvorschrift verweist,
2. einer vollziehbaren Anordnung nach § 17 Abs. 1 Satz 2 auch in Verbindung mit Abs. 3, oder § 19 Abs. 2 zuwiderhandelt,
3. entgegen § 19 Abs. 1 Satz 2 eine Maßnahme nicht duldet,
4. entgegen § 138 die Versicherten nicht unterrichtet,
5. entgegen § 165 Abs. 1 Satz 1, in Verbindung mit einer Satzung nach Satz 2 oder 3 oder entgegen § 194 eine Meldung nicht, nicht richtig, nicht vollständig, nicht in der vorgeschriebenen Weise oder nicht rechtzeitig macht,
6. entgegen § 165 Abs. 2 Satz 1 einen Nachweis über die sich aus der Satzung ergebenden Berechnungsgrundlagen nicht, nicht vollständig oder nicht rechtzeitig einreicht,

7. Buch. Gesetzliche Unfallversicherung §§ 210, 211 SGB VII 1

7. entgegen § 165 Abs. 4 eine Aufzeichnung nicht führt oder nicht oder nicht mindestens fünf Jahre aufbewahrt,
8. entgegen § 192 Abs. 1 Nr. 1 bis 3 oder Abs. 4 Satz 1 eine Mitteilung nicht, nicht richtig, nicht vollständig oder nicht rechtzeitig macht,
9. entgegen § 193 Abs. 1 Satz 1, auch in Verbindung mit Satz 2, Abs. 2, 3 Satz 2, Abs. 4 oder 6 eine Anzeige nicht, nicht richtig oder nicht rechtzeitig erstattet,
10. entgegen § 193 Abs. 9 einen Unfall nicht in das Schiffstagebuch einträgt, nicht darstellt oder nicht in einer besonderen Niederschrift nachweist oder
11. entgegen § 198 oder 203 Abs. 1 Satz 1 eine Auskunft nicht, nicht richtig, nicht vollständig oder nicht rechtzeitig erteilt.

[2] In den Fällen der Nummer 5, die sich auf geringfügige Beschäftigungen in Privathaushalten im Sinne von § 8a des Vierten Buches[1]) beziehen, findet § 266a Abs. 2 des Strafgesetzbuches keine Anwendung.

(2) Ordnungswidrig handelt, wer als Unternehmer Versicherten Beiträge ganz oder zum Teil auf das Arbeitsentgelt anrechnet.

(3) Die Ordnungswidrigkeit kann in den Fällen des Absatzes 1 Nr. 1 bis 3 mit einer Geldbuße bis zu zehntausend Euro, in den Fällen des Absatzes 2 mit einer Geldbuße bis zu fünftausend Euro, in den übrigen Fällen mit einer Geldbuße bis zu zweitausendfünfhundert Euro geahndet werden.

§ 210 Zuständige Verwaltungsbehörde. (1) Verwaltungsbehörde im Sinne des § 36 Abs. 1 Nr. 1 des Gesetzes über Ordnungswidrigkeiten ist der Unfallversicherungsträger.

(2) Solange die See-Berufsgenossenschaft mit der Verfolgung einer Ordnungswidrigkeit nach § 209 Abs. 1 Nr. 1 noch nicht befaßt ist, ist auch das Seemannsamt für die Verfolgung und Ahndung zuständig.

(3) [1] In den Fällen des Absatzes 2 ist örtlich zuständig das Seemannsamt des Heimathafens im Geltungsbereich des Grundgesetzes. [2] Hat das Schiff keinen Heimathafen im Geltungsbereich des Grundgesetzes, ist das Seemannsamt des Registerhafens örtlich zuständig. [3] örtlich zuständig ist auch das Seemannsamt, in dessen Bereich der Hafen liegt, den das Schiff nach der Tat zuerst erreicht.

§ 211 Zusammenarbeit bei der Verfolgung und Ahndung von Ordnungswidrigkeiten. [1] Zur Verfolgung und Ahndung von Ordnungswidrigkeiten arbeiten die Unfallversicherungsträger insbesondere mit *den Behörden der Zollverwaltung,*[2]) der *Bundesanstalt* (ab **1. 1. 2005**: Bundesagentur) für Arbeit, den nach § 6 Abs. 1 Satz 1 Nr. 2 des Zweiten Buches zuständigen Trägern oder den nach § 6a des Zweiten Buches zugelassenen kommunalen Trägern, den Krankenkassen als Einzugsstellen für die Sozialversicherungsbeiträge, den in *§ 63 des Ausländergesetzes* (ab **1. 1. 2005**: § 71 des Aufenthaltsgesetzes) genannten Behörden, den Finanzbehörden, den nach Landesrecht für die Verfolgung und Ahndung von Ordnungswidrigkeiten nach dem Gesetz zur Bekämpfung der Schwarzarbeit zuständigen Behörden, den Trägern der Sozialhilfe und den für den Arbeitsschutz zuständigen Landesbehörden zusammen, wenn sich im Einzelfall konkrete Anhaltspunkte für

---
[1]) Nr. **3**.
[2]) § 211 Satz 1 kursiv gedruckter Wortlaut eingef. **mWv 1. 1. 2005** durch G v. 24. 12. 2003 (BGBl. I S. 2954).

1 SGB VII §§ 212, 213

1. Verstöße gegen das Gesetz zur Bekämpfung der Schwarzarbeit, *Fassung der Nr. 2 bis 31. 12. 2004:*
2. eine Beschäftigung oder Tätigkeit von Ausländern ohne erforderliche Genehmigung nach § 284 Abs. 1 Satz 1 des Dritten Buches;
Fassung der Nr. 2 ab 1. 1. 2005:
2. eine Beschäftigung oder Tätigkeit von Ausländern ohne erforderlichen Aufenthaltstitel nach § 4 Abs. 3 des Aufenthaltsgesetzes, eine Aufenthaltsgestattung oder eine Duldung, die zur Ausübung der Beschäftigung berechtigen, oder eine Genehmigung nach § 284 Abs. 1 des Dritten Buches Sozialgesetzbuch;
3. Verstöße gegen die Mitwirkungspflicht nach § 60 Abs. 1 Satz 1 Nr. 2 des Ersten Buches[1)] gegenüber einer Dienststelle der Bundesagentur für Arbeit, einem Träger der gesetzlichen Kranken-, Pflege- oder Rentenversicherung, einem nach § 6 Abs. 1 Satz 1 Nr. 2 des Zweiten Buches zuständigen Träger oder einem nach § 6a des Zweiten Buches zugelassenen kommunalen Träger oder einem Träger der Sozialhilfe oder gegen die Meldepflicht nach § 8a des Asylbewerberleistungsgesetzes,
4. Verstöße gegen das Arbeitnehmerüberlassungsgesetz,
5. Verstöße gegen die Bestimmungen des Vierten[2)] und Fünften Buches sowie dieses Buches über die Verpflichtung zur Zahlung von Sozialversicherungsbeiträgen, soweit sie im Zusammenhang mit den in den Nummern 1 bis 4 genannten Verstößen stehen,
6. Verstöße gegen die Steuergesetze,
7. Verstöße gegen das *Ausländergesetz* (ab *1. 1. 2005*: Aufenthaltsgesetz) ergeben. ²Sie unterrichten die für die Verfolgung und Ahndung zuständigen Behörden, die Träger der Sozialhilfe sowie die Behörden nach *§ 63 des Ausländergesetzes* (ab *1. 1. 2005*: § 71 des Aufenthaltsgesetzes). ³Die Unterrichtung kann auch Angaben über die Tatsachen, die für die Einziehung der Beiträge zur Unfallversicherung erforderlich sind, enthalten. ⁴Medizinische und psychologische Daten, die über einen Versicherten erhoben worden sind, dürfen die Unfallversicherungsträger nicht übermitteln.

Zehntes Kapitel. Übergangsrecht

§ 212 Grundsatz. Die Vorschriften des Ersten bis Neunten Kapitels gelten für Versicherungsfälle, die nach dem Inkrafttreten dieses Gesetzes eintreten, soweit in den folgenden Vorschriften nicht etwas anderes bestimmt ist.

§ 213 Versicherungsschutz. (1) ¹Unternehmer und ihre Ehegatten, die am Tag vor dem Inkrafttreten dieses Gesetzes nach § 539 Abs. 1 Nr. 3 oder 7 der Reichsversicherungsordnung in der zu diesem Zeitpunkt geltenden Fassung pflichtversichert waren oder die nach § 2 nicht pflichtversichert sind, bleiben versichert, ohne daß es eines Antrags auf freiwillige Versicherung bedarf. ²Die Versicherung wird als freiwillige Versicherung weitergeführt. ³Sie erlischt mit Ablauf des Monats, in dem ein schriftlicher Antrag auf Beendi-

---
[1)] Nr. 2.
[2)] Nr. 3.

gung dieser Versicherung beim Unfallversicherungsträger eingegangen ist; § 6 Abs. 2 Satz 2 bleibt unberührt.

(2) Die §§ 555a und 636 Abs. 3 der Reichsversicherungsordnung in der Fassung des Artikels II § 4 Nr. 12 und 15 des Gesetzes vom 18. August 1980 (BGBl. I S. 1469, 2218) gelten auch für Versicherungsfälle, die in der Zeit vom 24. Mai 1949 bis zum 31. Oktober 1977 eingetreten sind.

§ 214 Geltung auch für frühere Versicherungsfälle. (1) ¹Die Vorschriften des Ersten und Fünften Abschnitts des Dritten Kapitels gelten auch für Versicherungsfälle, die vor dem Tag des Inkrafttretens dieses Gesetzes eingetreten sind; dies gilt nicht für die Vorschrift über Leistungen an Berechtigte im Ausland. ²Für Leistungen der Heilbehandlung und zur Teilhabe am Arbeitsleben, die vor dem Tag des Inkrafttretens dieses Gesetzes bereits in Anspruch genommen worden sind, sind bis zum Ende dieser Leistungen die Vorschriften weiter anzuwenden, die im Zeitpunkt der Inanspruchnahme galten.

(2) ¹Die Vorschriften über den Jahresarbeitsverdienst gelten auch für Versicherungsfälle, die vor dem Tag des Inkrafttretens dieses Gesetzes eingetreten sind, wenn der Jahresarbeitsverdienst nach dem Inkrafttreten dieses Gesetzes erstmals oder aufgrund des § 90 neu festgesetzt wird. ²Die Vorschrift des § 93 über den Jahresarbeitsverdienst für die Versicherten der landwirtschaftlichen Berufsgenossenschaften und ihre Hinterbliebenen gilt auch für Versicherungsfälle, die vor dem Inkrafttreten dieses Gesetzes eingetreten sind; die Geldleistungen sind von dem auf das Inkrafttreten dieses Gesetzes folgenden 1. Juli an neu festzustellen; die generelle Bestandsschutzregelung bleibt unberührt.

(3) ¹Die Vorschriften über Renten, Beihilfen, Abfindungen und Mehrleistungen gelten auch für Versicherungsfälle, die vor dem Tag des Inkrafttretens dieses Gesetzes eingetreten sind, wenn diese Leistungen nach dem Inkrafttreten dieses Gesetzes erstmals festzusetzen sind. ² § 73 gilt auch für Versicherungsfälle, die vor dem Tag des Inkrafttretens dieses Gesetzes eingetreten sind.

(4) Soweit sich die Vorschriften über das Verfahren, den Datenschutz sowie die Beziehungen der Versicherungsträger zueinander und zu Dritten auf bestimmte Versicherungsfälle beziehen, gelten sie auch hinsichtlich der Versicherungsfälle, die vor dem Tag des Inkrafttretens dieses Gesetzes eingetreten sind.

§ 215 Sondervorschriften für Versicherungsfälle in dem in Artikel 3 des Einigungsvertrages genannten Gebiet. (1) Für die Übernahme der vor dem 1. Januar 1992 eingetretenen Unfälle und Krankheiten als Arbeitsunfälle und Berufskrankheiten nach dem Recht der gesetzlichen Unfallversicherung ist § 1150 Abs. 2 und 3 der Reichsversicherungsordnung in der am Tag vor Inkrafttreten dieses Gesetzes geltenden Fassung weiter anzuwenden.

(2) Die Vorschriften über den Jahresarbeitsverdienst gelten nicht für Versicherungsfälle in dem in Artikel 3 des Einigungsvertrags genannten Gebiet, die vor dem 1. Januar 1992 eingetreten sind; für diese Versicherungsfälle ist § 1152 Abs. 2 der Reichsversicherungsordnung in der am Tag vor Inkrafttreten dieses Gesetzes geltenden Fassung weiter anzuwenden mit der Maßgabe, dass der zuletzt am 1. Juli 2001 angepasste Betrag aus § 1152 Abs. 2 der Reichsversicherungsordnung ab 1. Januar 2002 in Euro umgerechnet und auf volle Euro-Beträge aufgerundet wird.

1 SGB VII § 215

(3) Für Versicherungsfälle im Zuständigkeitsbereich der Unfallkasse des Bundes, die nach dem 31. Dezember 1991 eingetreten sind, gilt § 85 Abs. 2 Satz 1 mit der Maßgabe, daß der Jahresarbeitsverdienst höchstens das Zweifache der im Zeitpunkt des Versicherungsfalls geltenden Bezugsgröße (West) beträgt.

(4) Für Versicherte an Bord von Seeschiffen und für nach § 2 Abs. 1 Nr. 7 versicherte Küstenschiffer und Küstenfischer ist § 1152 Abs. 6 der Reichsversicherungsordnung in der am Tag vor Inkrafttreten dieses Gesetzes geltenden Fassung weiter anzuwenden mit der Maßgabe, daß an die Stelle der dort genannten Vorschriften der Reichsversicherungsordnung § 92 dieses Buches tritt.

(5) [1]Die Vorschriften über die Anpassung der vom Jahresarbeitsverdienst abhängigen Geldleistungen und über die Höhe und die Anpassung des Pflegegeldes gelten nicht für Versicherungsfälle in dem in Artikel 3 des Einigungsvertrags genannten Gebiet; für diese Versicherungsfälle sind § 1151 Abs. 1 und § 1153 der Reichsversicherungsordnung in der am Tag vor Inkrafttreten dieses Gesetzes geltenden Fassung weiter anzuwenden mit der Maßgabe, daß an die Stelle der dort genannten Vorschriften der Reichsversicherungsordnung § 44 Abs. 2 und 4 sowie § 95 dieses Buches treten. [2]Abweichend von Satz 1 ist bei den Anpassungen ab dem 1. Juli 2001 der Vomhundertsatz maßgebend, um den sich die Renten aus der gesetzlichen Rentenversicherung in dem in Artikel 3 des Einigungsvertrages genannten Gebiet verändern.[1]) [3]§ 1151 Abs. 1 der Reichsversicherungsordnung gilt mit der Maßgabe, dass ab 1. Januar 2002 an die Stelle des Pflegegeldrahmens in Deutscher Mark der Pflegegeldrahmen in Euro tritt, indem die zuletzt am 1. Juli 2001 angepassten Beträge in Euro umgerechnet und auf volle Euro-Beträge aufgerundet werden.

(6) Für die Feststellung und Zahlung von Renten bei Versicherungsfällen, die vor dem 1. Januar 1992 eingetreten sind, ist § 1154 der Reichsversicherungsordnung in der am Tag vor Inkrafttreten dieses Gesetzes geltenden Fassung weiter anzuwenden mit der Maßgabe, daß an die Stelle der dort genannten Vorschriften der Reichsversicherungsordnung die §§ 56 und 81 bis 91 dieses Buches treten.

(7) [1]Für die Feststellung und Zahlung von Leistungen im Todesfall ist § 1155 Abs. 1 Satz 2 und 3 sowie Abs. 2 und 3 der Reichsversicherungsordnung in der am Tag vor Inkrafttreten dieses Gesetzes geltenden Fassung weiter anzuwenden mit der Maßgabe, daß an die Stelle der dort genannten Vorschriften der Reichsversicherungsordnung § 65 Abs. 3 und § 66 dieses Buches treten. [2]Bestand am 31. Dezember 1991 nach dem in dem in Artikel 3 des Einigungsvertrags genannten Gebiet geltenden Recht ein Anspruch auf Witwenrente, Witwerrente oder Waisenrente, wird der Zahlbetrag dieser Rente so lange unverändert weitergezahlt, wie er den Zahlbetrag der Rente, die sich aus den §§ 63 bis 71 und aus Satz 1 ergeben würde, übersteigt.

---

[1]) Die vom Jahresarbeitsverdienst abhängigen Geldleistungen und das Pflegegeld der gesetzlichen Unfallversicherung im Sinne des § 215 Abs. 5 für Versicherungsfälle, die vor dem 1. 7. 2003 eingetreten sind, werden zum 1. 7. 2003 angepasst; der Anpassungsfaktor beträgt 1,0119 gemäß § 2 Abs. 2 Rentenanpassungsverordnung 2003 - RAV 2003 v. 4. 6. 2003 (BGBl. I S. 784); für Versicherungsfälle, für die § 215 Abs. 5 anzuwenden ist, beträgt das Pflegegeld vom 1. 7. 2003 an zwischen 256 Euro und 1 023 Euro monatlich gemäß § 3 RAV.

(8) Die Vorschrift des § 1156 der Reichsversicherungsordnung in der am Tag vor Inkrafttreten dieses Gesetzes geltenden Fassung ist weiter anzuwenden.

(9) Zur Finanzierung der Rentenaltlasten aus dem Beitrittsgebiet, die sich aus der Verteilung nach Anlage 1 Kapitel VIII Sachgebiet I Abschnitt III Nr. 1 Buchstabe c, Abs. 8 Nr. 2 des Einigungsvertrages vom 31. August 1990 in Verbindung mit Artikel 1 des Gesetzes vom 23. September 1990 (BGBl. 1990 II S. 885, 1064) ergeben, kann bei der Beitragsberechnung von der Berücksichtigung des Grades der Unfallgefahr in den Unternehmen gemäß § 153 Abs. 1 abgesehen werden; die Vertreterversammlung bestimmt das Nähere mit Genehmigung der Aufsichtsbehörde.

§ 216 Bezugsgröße (Ost) und aktueller Rentenwert (Ost). (1) Soweit Vorschriften dieses Buches beim Jahresarbeitsverdienst oder beim Sterbegeld an die Bezugsgröße anknüpfen, ist die Bezugsgröße für das in Artikel 3 des Einigungsvertrags genannte Gebiet (Bezugsgröße (Ost)) maßgebend, wenn es sich um einen Versicherungsfall in diesem Gebiet handelt.

(2) Soweit Vorschriften dieses Buches bei Einkommensanrechnungen auf Leistungen an Hinterbliebene an den aktuellen Rentenwert anknüpfen, ist der aktuelle Rentenwert (Ost) maßgebend, wenn der Berechtigte seinen gewöhnlichen Aufenthalt in dem in Artikel 3 des Einigungsvertrags genannten Gebiet hat.

§ 217 Bestandsschutz. (1) [1]Ist eine Geldleistung, die aufgrund des bis zum Inkrafttreten dieses Gesetzes geltenden Rechts festgestellt worden ist oder hätte festgestellt werden müssen, höher, als sie nach diesem Buch sein würde, wird dem Berechtigten die höhere Leistung gezahlt. [2]Satz 1 gilt entsprechend für die Dauer einer Geldleistung. [3]Bei den nach § 2 Abs. 1 Nr. 5 Buchstabe b versicherten mitarbeitenden Familienangehörigen sind dabei auch die bisher gezahlten Zulagen an Schwerverletzte zu berücksichtigen.

(2) [1]Die §§ 590 bis 593, 598 und 600 Abs. 3 in Verbindung mit den §§ 602 und 614 der Reichsversicherungsordnung in der am 31. Dezember 1985 geltenden Fassung sind weiter anzuwenden, wenn der Tod des Versicherten vor dem 1. Januar 1986 eingetreten ist. [2]§ 80 Abs. 1 ist auch anzuwenden, wenn der Tod des Versicherten vor dem 1. Januar 1986 eingetreten ist und die neue Ehe nach dem Inkrafttreten dieses Gesetzes geschlossen wird. [3]Bei der Anwendung des § 65 Abs. 3 und des § 80 Abs. 3 gilt § 617 Abs. 2 und 6 der Reichsversicherungsordnung in der am Tag vor dem Inkrafttreten dieses Gesetzes geltenden Fassung. [4]Bestand am 31. Dezember 1991 Anspruch auf Waisenrente für Waisen, die das 18. Lebensjahr bereits vollendet haben, ist § 314 Abs. 5 des Sechsten Buches weiter entsprechend anzuwenden.

(3) [1]Berechtigten, die vor dem Inkrafttreten dieses Gesetzes für ein Kind Anspruch auf eine Kinderzulage hatten, wird die Kinderzulage nach Maßgabe des § 583 unter Berücksichtigung des § 584 Abs. 1 Satz 2, des § 585, des § 579 Abs. 1 Satz 2 und des § 609 Abs. 3 der Reichsversicherungsordnung in der am Tag vor dem Inkrafttreten dieses Gesetzes geltenden Fassung weiter geleistet. [2]Die Kinderzulagen-Erstattungsverordnung vom 3. Juni 1977 (BGBl. I S. 807) geändert durch Artikel 19 Nr. 23 Buchstabe a des Gesetzes vom 20. Dezember 1982 (BGBl. I S. 1857), ist insoweit weiter anzuwenden.

(4) Artikel 1 § 9 Abs. 3 und § 10 Abs. 1 Satz 2 des Einundzwanzigsten Rentenanpassungsgesetzes vom 25. Juli 1978 (BGBl. I S. 1089) sind für die Anpassung der dort genannten Geldleistungen nach § 95 weiter anzuwenden.

§ 218 Länder und Gemeinden als Unfallversicherungsträger.
(1) [1] Sind nach dem am Tag vor dem Inkrafttreten dieses Gesetzes geltenden Recht die Länder oder Gemeinden Unfallversicherungsträger, sind ihre Ausführungsbehörden für Unfallversicherung bis zum 31. Dezember 1997 in rechtlich selbständige Unfallversicherungsträger zu überführen. [2] Bis zur Überführung sind die für die Ausführungsbehörden geltenden Vorschriften der Reichsversicherungsordnung und des Vierten Buches[1)] in der am Tag vor dem Inkrafttreten dieses Gesetzes geltenden Fassung weiter anzuwenden; die §§ 128 und 129 gelten ab Inkrafttreten dieses Gesetzes. [3] Insoweit gelten die Länder und Gemeinden weiter als Unfallversicherungsträger.

(2) [1] Bei der Überführung einer Ausführungsbehörde eines Landes oder einer Gemeinde in eine Unfallkasse nehmen die Vertreterversammlung, der Vorstand und der Geschäftsführer der Ausführungsbehörden die Aufgaben der Vertreterversammlung, des Vorstandes und des Geschäftsführers der Unfallkasse bis zum Ablauf der laufenden Wahlperiode wahr. [2] Bei der Überführung von Ausführungsbehörden eines Landes oder einer Gemeinde in gemeinsame Unfallkassen nach § 116 Abs. 1 Satz 2 oder in Gemeindeunfallversicherungsverbände können die Landesregierungen durch Rechtsverordnung bestimmen, daß die Aufsichtsbehörde die Mitglieder der Vertreterversammlung der Unfallkasse oder des Gemeindeunfallversicherungsverbandes unbeschadet der Regelung des § 44 Abs. 2a Satz 2 Nr. 3 des Vierten Buches[1)] beruft. [3] Satz 2 gilt entsprechend, wenn gleichzeitig mit der Überführung eine gemeinsame Unfallkasse oder ein gemeinsamer Gemeindeunfallversicherungsverband mehrerer Länder nach § 116 Abs. 2 oder § 117 Abs. 2 gebildet wird.

(3) [1] Die Rechte und Pflichten der Länder oder Gemeinden, die bisher nach § 766 der Reichsversicherungsordnung von den Ausführungsbehörden für Unfallversicherung wahrgenommen worden sind, gehen auf die Unfallversicherungsträger im Sinne von Absatz 1 Satz 1 über. [2] Die Landesregierungen regeln das Nähere durch Rechtsverordnungen.

§ 218a Leistungen an Hinterbliebene. Ist der Ehegatte vor dem 1. Januar 2002 verstorben oder wurde die Ehe vor diesem Tag geschlossen und ist mindestens ein Ehegatte vor dem 2. Januar 1962 geboren, gelten die Vorschriften über Renten an Witwen oder Witwer und Abfindungen mit der Maßgabe, dass
1. der Anspruch auf eine Rente nach § 65 Abs. 2 Nr. 2 ohne Beschränkung auf 24 Kalendermonate besteht,
2. auf eine Witwenrente oder eine Witwerrente das Einkommen anrechenbar ist, das monatlich das 26,4fache des aktuellen Rentenwerts übersteigt,
3. auf eine Abfindung nach § 80 Abs. 1 eine Rente nach § 65 Abs. 2 Nr. 2 nicht angerechnet wird.

§ 218b Errichtung einer Unfallkasse des Bundes. (1) [1] Als Unfallversicherungsträger für die in § 125 genannten Unternehmen und Versicherten

---

[1)] Nr. 3.

7. Buch. Gesetzliche Unfallversicherung § 218b SGB VII 1

wird mit Wirkung vom 1. Januar 2003 die Unfallkasse des Bundes errichtet. ²Sie hat ihren Sitz in Wilhelmshaven und eine Verwaltungsstelle in Münster. ³Die Bundesausführungsbehörde für Unfallversicherung und die Ausführungsbehörde für Unfallversicherung des Bundesministeriums für Verkehr, Bau- und Wohnungswesen werden in die Unfallkasse des Bundes überführt.

(2) ¹Die Rechte und Pflichten des Bundes als Unfallversicherungsträger gehen, soweit nichts Abweichendes bestimmt ist, auf die Unfallkasse des Bundes über. ²Bis zu den nächsten allgemeinen Wahlen in der Sozialversicherung richtet sich die Zahl der Mitglieder der Selbstverwaltungsorgane der Unfallkasse des Bundes nach der Summe der Zahl der Mitglieder, die für die beiden Ausführungsbehörden bestimmt worden ist. ³Die Mitglieder der Selbstverwaltungsorgane der Ausführungsbehörden und ihre Stellvertreter werden Mitglieder und Stellvertreter der Selbstverwaltungsorgane der Unfallkasse des Bundes. ⁴Der Geschäftsführer und der stellvertretende Geschäftsführer der Bundesausführungsbehörde für Unfallversicherung werden Geschäftsführer und stellvertretender Geschäftsführer der Unfallkasse des Bundes.

(3) Abweichend von § 70 Abs. 1 des Vierten Buches[1] wird der Haushaltsplan für das Haushaltsjahr 2003 vom Direktor der Bundesausführungsbehörde für Unfallversicherung nach Anhörung der Vertreterversammlungen der Bundesausführungsbehörde für Unfallversicherung und der Ausführungsbehörde für Unfallversicherung des Bundesministeriums für Verkehr, Bau- und Wohnungswesen auf- und festgestellt.

(4) Die Beamten der Bundesausführungsbehörde für Unfallversicherung und der Ausführungsbehörde für Unfallversicherung des Bundesministeriums für Verkehr, Bau- und Wohnungswesen treten mit Ablauf des 31. Dezember 2002 nach den §§ 128 bis 131 und 133 des Beamtenrechtsrahmengesetzes in den Dienst der Unfallkasse des Bundes über.

(5) Die Unfallkasse des Bundes tritt mit Ablauf des 31. Dezember 2002 als Arbeitgeber in die Arbeitsverhältnisse ein, die zu dem genannten Zeitpunkt zwischen der Bundesrepublik Deutschland und den bei der Bundesausführungsbehörde für Unfallversicherung und der Ausführungsbehörde für Unfallversicherung des Bundesministeriums für Verkehr, Bau- und Wohnungswesen beschäftigten Arbeitnehmern bestehen.

(6) ¹Die Ansprüche der im Zeitpunkt der Umbildung vorhandenen Versorgungsempfänger der Bundesausführungsbehörde für Unfallversicherung und der Ausführungsbehörde für Unfallversicherung des Bundesministeriums für Verkehr, Bau- und Wohnungswesen werden nach § 132 Abs. 2 des Beamtenrechtsrahmengesetzes durch die Errichtung der Unfallkasse nicht berührt. ²Oberste Dienstbehörde für diese Versorgungsempfänger bleibt die bisherige oberste Dienstbehörde.

(7) ¹Bei der Unfallkasse des Bundes wird nach den Bestimmungen des Bundespersonalvertretungsgesetzes eine Personalvertretung gebildet. ²Bis zu diesem Zeitpunkt, längstens bis zum Ablauf von zwölf Monaten nach Errichtung der Unfallkasse des Bundes, nimmt der bisherige Personalrat der Bundesausführungsbehörde für Unfallversicherung, erweitert um ein Mitglied der bisherigen Personalvertretung der Ausführungsbehörde für Unfallversicherung des Bundesministeriums für Verkehr, Bau- und Wohnungswesen, die Rechte

---

[1] Nr. 3.

und Pflichten nach den Bestimmungen des Bundespersonalvertretungsgesetzes wahr.

§ 218c Auszahlung laufender Geldleistungen bei Beginn vor dem 1. April 2004. (1) [1]Bei Beginn laufender Geldleistungen mit Ausnahme des Verletzten- und Übergangsgeldes vor dem 1. April 2004 werden diese zu Beginn des Monats fällig, zu dessen Beginn die Anspruchsvoraussetzungen erfüllt sind; sie werden am letzten Bankarbeitstag des Monats ausgezahlt, der dem Monat der Fälligkeit vorausgeht. [2]§ 96 Abs. 1 Satz 2 und 3 gilt entsprechend.

(2) Absatz 1 gilt auch für Renten an Hinterbliebene, die im Anschluss an eine Rente für Versicherte zu zahlen sind, wenn der erstmalige Rentenbeginn dieser Rente vor dem 1. April 2004 liegt.

§ 219 Aufbringung der Mittel. (1) [1]Die Vorschriften über die Aufbringung der Mittel sind erstmals für das Haushaltsjahr 1997 anzuwenden. [2]Für das Haushaltsjahr 1996 und frühere Haushaltsjahre sind die Vorschriften der Reichsversicherungsordnung über die Aufbringung und die Verwendung der Mittel sowie Artikel 3 des Unfallversicherungs-Neuregelungsgesetzes in der am Tag vor dem Inkrafttreten dieses Gesetzes geltenden Fassung weiter anzuwenden.

(2) Abweichend von § 172 Abs. 1 Satz 2 werden bis zur Erhebung der Umlage für das Umlagejahr 2000 keine Mittel zur Auffüllung der Rücklage erhoben; § 172 Abs. 2 bleibt unberührt.

§ 220 Ausgleich unter den gewerblichen Berufsgenossenschaften.
(1) § 176 Abs. 2 Satz 1 gilt mit der Maßgabe, dass anstelle des Wertes 1,25 für die Umlagejahre 2003 und 2004 der Wert 1,45, für die Umlagejahre 2005 und 2006 der Wert 1,4, für die Umlagejahre 2007 und 2008 der Wert 1,35, für die Umlagejahre 2009 und 2010 der Wert 1,3 und für das Umlagejahr 2011 der Wert 1,275 anzuwenden ist.

(2) § 178 Abs. 1 gilt mit folgenden Maßgaben:
1. Für die Berechnung des Rentenlastsatzes ist anstelle des Wertes 2,5 für die Umlagejahre 2003 und 2004 der Wert 4,1, für die Umlagejahre 2005 und 2006 der Wert 3,7, für die Umlagejahre 2007 und 2008 der Wert 3,3, für die Umlagejahre 2009 und 2010 der Wert 2,9 und für das Umlagejahr 2011 der Wert 2,7 anzuwenden.
2. Für die Berechnung des Entschädigungslastsatzes ist anstelle des Wertes 3 für die Umlagejahre 2003 und 2004 der Wert 4,6, für die Umlagejahre 2005 und 2006 der Wert 4,2, für die Umlagejahre 2007 und 2008 der Wert 3,8, für die Umlagejahre 2009 und 2010 der Wert 3,4 und für das Umlagejahr 2011 der Wert 3,2 anzuwenden.

(3) § 178 Abs. 2 Satz 1 gilt mit der Maßgabe, dass anstelle des Wertes 1,3 für das Umlagejahr 2003 der Wert 1,7, für das Umlagejahr 2004 der Wert 1,6, für das Umlagejahr 2005 der Wert 1,5 und für das Umlagejahr 2006 der Wert 1,4 anzuwenden ist.

(4) [1]Absatz 1 bis 3 gilt nicht für die Lastenausgleichspflicht und -berechtigung von gewerblichen Berufsgenossenschaften vom Beginn des Umlagejahres ab, in dem sie sich mit einer oder mehreren anderen Berufsgenossenschaften nach § 118 vereinigt haben. [2]Der Vereinigung steht es gleich, wenn Berufs-

7. Buch. Gesetzliche Unfallversicherung **Anl. 1 SGB VII 1**

genossenschaften die nach § 118 Abs. 1 erforderlichen Beschlüsse über ihre Vereinigung mit Wirkung spätestens zum 31. Dezember 2005 gefasst haben und diese Beschlüsse von den zuständigen Aufsichtsbehörden genehmigt worden sind. ³Bis zu dem Ende des Jahres, in dessen Verlauf eine Vereinigung wirksam wird, werden die sich vereinigenden Berufsgenossenschaften bezüglich der Rechte und Pflichten im Lastenausgleich als selbständige Körperschaften behandelt. ⁴Satz 1 bis 3 gilt nicht für Berufsgenossenschaften, soweit sie sich vor dem 1. Juli 2002 vereinigt haben oder Beschlüsse über ihre Vereinigung vor diesem Tag gefasst haben.

Anlage 1
(zu § 114)

Gewerbliche Berufsgenossenschaften

1. Bergbau-Berufsgenossenschaft
2. Steinbruchs-Berufsgenossenschaft
3. Berufsgenossenschaft der keramischen und Glas-Industrie
4. Berufsgenossenschaft der Gas-, Fernwärme- und Wasserwirtschaft
5. Hütten- und Walzwerk-Berufsgenossenschaft
6. Maschinenbau- und Metall-Berufsgenossenschaft
7. Norddeutsche Metall-Berufsgenossenschaft
8. Süddeutsche Metall-Berufsgenossenschaft
9. Edel- und Unedelmetall-Berufsgenossenschaft
10. Berufsgenossenschaft der Feinmechanik und Elektrotechnik
11. Berufsgenossenschaft der chemischen Industrie
12. Holz-Berufsgenossenschaft
13. Binnenschiffahrts-Berufsgenossenschaft
14. Papiermacher-Berufsgenossenschaft
15. Berufsgenossenschaft Druck und Papierverarbeitung
16. Lederindustrie-Berufsgenossenschaft
17. Textil- und Bekleidungs-Berufsgenossenschaft
18. Berufsgenossenschaft Nahrungsmittel und Gaststätten
19. Fleischerei-Berufsgenossenschaft
20. Zucker-Berufsgenossenschaft
21. Bau-Berufsgenossenschaft Hamburg
22. Bau-Berufsgenossenschaft Hannover
23. Bau-Berufsgenossenschaft Rheinland und Westfalen
24. Bau-Berufsgenossenschaft Frankfurt am Main
25. Südwestliche Bau-Berufsgenossenschaft
26. Württembergische Bau-Berufsgenossenschaft
27. Bau-Berufsgenossenschaft Bayern und Sachsen
28. Tiefbau-Berufsgenossenschaft
29. Großhandels- und Lagerei-Berufsgenossenschaft
30. Berufsgenossenschaft für den Einzelhandel
31. Berufsgenossenschaft der Banken, Versicherungen, Verwaltungen, freien Berufe und besonderer Unternehmen - Verwaltungs-Berufsgenossenschaft

32. Berufsgenossenschaft der Straßen-, U-Bahnen und Eisenbahnen
33. Berufsgenossenschaft für Fahrzeughaltungen
34. Berufsgenossenschaft für Gesundheitsdienst und Wohlfahrtspflege
35. See-Berufsgenossenschaft

Anlage 2
(zu § 114)

Landwirtschaftliche Berufsgenossenschaften

1. Landwirtschaftliche Berufsgenossenschaft Schleswig-Holstein und Hamburg
2. Landwirtschaftliche Berufsgenossenschaft Niedersachsen-Bremen
3. Landwirtschaftliche Berufsgenossenschaft Nordrhein-Westfalen
4. Land- und forstwirtschaftliche Berufsgenossenschaft Hessen, Rheinland-Pfalz und Saarland
5. Land- und forstwirtschaftliche Berufsgenossenschaft Franken und Oberbayern
6. Land- und forstwirtschaftliche Berufsgenossenschaft Niederbayern/Oberpfalz und Schwaben
7. Landwirtschaftliche Berufsgenossenschaft Baden-Württemberg
8. Landwirtschaftliche Berufsgenossenschaft Berlin
9. Sächsische landwirtschaftliche Berufsgenossenschaft
10. Gartenbau-Berufsgenossenschaft

2. Sozialgesetzbuch (SGB) Erstes Buch (I)
– Allgemeiner Teil –[1)]

Vom 11. Dezember 1975
(BGBl. I S. 3015)

FNA 860-1

zuletzt geänd. durch Art. 2 Kommunales OptionsG v. 30. 7. 2004 (BGBl. I S. 2014)

Erstes Buch (I) Allgemeiner Teil

Inhaltsübersicht

	§§
Erster Abschnitt. Aufgaben des Sozialgesetzbuches und soziale Rechte	
Aufgaben des Sozialgesetzbuches	1
Soziale Rechte	2
Bildungs- und Arbeitsförderung	3
Sozialversicherung	4
Soziale Entschädigung bei Gesundheitsschäden	5
Minderung des Familienaufwands	6
Zuschuss für eine angemessene Wohnung	7
Kinder- und Jugendhilfe	8
Sozialhilfe	9
Teilhabe behinderter Menschen	10
Zweiter Abschnitt. Einweisungsvorschriften	
Erster Titel. Allgemeines über Sozialleistungen und Leistungsträger	
Leistungsarten	11
Leistungsträger	12
Aufklärung	13
Beratung	14
Auskunft	15
Antragstellung	16
Ausführung der Sozialleistungen	17
Zweiter Titel. Einzelne Sozialleistungen und zuständige Leistungsträger	
Leistungen der Ausbildungsförderung	18
Leistungen der Arbeitsförderung	19
bis 31. 12. 2004: (aufgehoben)	19a
ab 1. 1. 2005: Leistungen der Grundsicherung für Arbeitsuchende	19a
Leistungen bei gleitendem Übergang älterer Arbeitnehmer in den Ruhestand	19b
(aufgehoben)	20
Leistungen der gesetzlichen Krankenversicherung	21
Leistungen der sozialen Pflegeversicherung	21a
Leistungen bei Schwangerschaftsabbrüchen	21b
Leistungen der gesetzlichen Unfallversicherung	22
Leistungen der gesetzlichen Rentenversicherung einschließlich der Alterssicherung der Landwirte	23

[1)] Verkündet als Art. I Sozialgesetzbuch (SGB) – Allgemeiner Teil – v. 11. 12. 1975 (BGBl. I S. 3015); Inkrafttreten gem. Art. II § 23 Abs. 1 Satz 1 dieses G am 1. 1. 1976 mit Ausnahme des § 44, der gem. Art. II § 23 Abs. 2 Satz 1 am 1. 1. 1978 in Kraft getreten ist.

2 SGB I   Sozialgesetzbuch

Versorgungsleistungen bei Gesundheitsschäden	24
Kindergeld und Erziehungsgeld	25
Wohngeld	26
Leistungen der Kinder- und Jugendhilfe	27
Leistungen der Sozialhilfe	28
bis 31. 12. 2004: Leistungen der Grundsicherung	28a
ab 1. 1. 2005: *(aufgehoben)*	28a
Leistungen zur Rehabilitation und Teilhabe behinderter Menschen	29

Dritter Abschnitt. Gemeinsame Vorschriften für alle Sozialleistungsbereiche dieses Gesetzbuches

Erster Titel. Allgemeine Grundsätze

Geltungsbereich	30
Vorbehalt des Gesetzes	31
Verbot nachteiliger Vereinbarungen	32
Ausgestaltung von Rechten und Pflichten	33
Altersabhängige Rechte und Pflichten	33a
Lebenspartnerschaften	33b
Begrenzung von Rechten und Pflichten	34
Sozialgeheimnis	35
Handlungsfähigkeit	36
Elektronische Kommunikation	36a
Vorbehalt abweichender Regelungen	37

Zweiter Titel. Grundsätze des Leistungsrechts

Rechtsanspruch	38
Ermessensleistungen	39
Entstehen der Ansprüche	40
Fälligkeit	41
Vorschüsse	42
Vorläufige Leistungen	43
Verzinsung	44
Verjährung	45
Verzicht	46
Auszahlung von Geldleistungen	47
Auszahlung bei Verletzung der Unterhaltspflicht	48
Auszahlung bei Unterbringung	49
Überleitung bei Unterbringung	50
Aufrechnung	51
Verrechnung	52
Übertragung und Verpfändung	53
Pfändung	54
Kontenpfändung und Pfändung von Bargeld	55
Sonderrechtsnachfolge	56
Verzicht und Haftung des Sonderrechtsnachfolgers	57
Vererbung	58
Ausschluss der Rechtsnachfolge	59

Dritter Titel. Mitwirkung des Leistungsberechtigten

Angabe von Tatsachen	60
Persönliches Erscheinen	61
Untersuchungen	62
Heilbehandlung	63
Leistungen zur Teilhabe am Arbeitsleben	64
Grenzen der Mitwirkung	65
Aufwendungsersatz	65a
Folgen fehlender Mitwirkung	66
Nachholung der Mitwirkung	67

Vierter Abschnitt. Übergangs- und Schlussvorschriften

Besondere Teile dieses Gesetzbuches	68

1. Buch. Allgemeiner Teil   §§ 1–4   SGB I 2

Stadtstaaten-Klausel 69
Überleitungsvorschrift zum Verjährungsrecht 70

Erster Abschnitt. Aufgaben des Sozialgesetzbuchs und soziale Rechte

§ 1 Aufgaben des Sozialgesetzbuchs. (1) [1]Das Recht des Sozialgesetzbuchs soll zur Verwirklichung sozialer Gerechtigkeit und sozialer Sicherheit Sozialleistungen einschließlich sozialer und erzieherischer Hilfen gestalten. [2]Es soll dazu beitragen,

ein menschenwürdiges Dasein zu sichern,
gleiche Voraussetzungen für die freie Entfaltung der Persönlichkeit, insbesondere auch für junge Menschen zu schaffen,
die Familie zu schützen und zu fördern,
den Erwerb des Lebensunterhalts durch eine frei gewählte Tätigkeit zu ermöglichen und
besondere Belastungen des Lebens, auch durch Hilfe zur Selbsthilfe, abzuwenden oder auszugleichen.

(2) Das Recht des Sozialgesetzbuchs soll auch dazu beitragen, daß die zur Erfüllung der in Absatz 1 genannten Aufgaben erforderlichen sozialen Dienste und Einrichtungen rechtzeitig und ausreichend zur Verfügung stehen.

§ 2 Soziale Rechte. (1) [1]Der Erfüllung der in § 1 genannten Aufgaben dienen die nachfolgenden sozialen Rechte. [2]Aus ihnen können Ansprüche nur insoweit geltend gemacht oder hergeleitet werden, als deren Voraussetzungen und Inhalt durch die Vorschriften der besonderen Teile dieses Gesetzbuchs im einzelnen bestimmt sind.

(2) Die nachfolgenden sozialen Rechte sind bei der Auslegung der Vorschriften dieses Gesetzbuchs und bei der Ausübung von Ermessen zu beachten; dabei ist sicherzustellen, daß die sozialen Rechte möglichst weitgehend verwirklicht werden.

§ 3 Bildungs- und Arbeitsförderung. (1) Wer an einer Ausbildung teilnimmt, die seiner Neigung, Eignung und Leistung entspricht, hat ein Recht auf individuelle Förderung seiner Ausbildung, wenn ihm die hierfür erforderlichen Mittel nicht anderweitig zur Verfügung stehen.

(2) Wer am Arbeitsleben teilnimmt oder teilnehmen will, hat ein Recht auf
1. Beratung bei der Wahl des Bildungswegs und des Berufs,
2. individuelle Förderung seiner beruflichen Weiterbildung,
3. Hilfe zur Erlangung und Erhaltung eines angemessenen Arbeitsplatzes und
4. wirtschaftliche Sicherung bei Arbeitslosigkeit und bei Zahlungsunfähigkeit des Arbeitgebers.

§ 4 Sozialversicherung. (1) Jeder hat im Rahmen dieses Gesetzbuchs ein Recht auf Zugang zur Sozialversicherung.

(2) [1]Wer in der Sozialversicherung versichert ist, hat im Rahmen der gesetzlichen Kranken-, Pflege-, Unfall- und Rentenversicherung einschließlich der Alterssicherung der Landwirte ein Recht auf

1. die notwendigen Maßnahmen zum Schutz, zur Erhaltung, zur Besserung und zur Wiederherstellung der Gesundheit und der Leistungsfähigkeit und
2. wirtschaftliche Sicherung bei Krankheit, Mutterschaft, Minderung der Erwerbsfähigkeit und Alter.
²Ein Recht auf wirtschaftliche Sicherung haben auch die Hinterbliebenen eines Versicherten.

§ 5 Soziale Entschädigung bei Gesundheitsschäden. ¹Wer einen Gesundheitsschaden erleidet, für dessen Folgen die staatliche Gemeinschaft in Abgeltung eines besonderen Opfers oder aus anderen Gründen nach versorgungsrechtlichen Grundsätzen einsteht, hat ein Recht auf
1. die notwendigen Maßnahmen zur Erhaltung, zur Besserung und zur Wiederherstellung der Gesundheit und der Leistungsfähigkeit und
2. angemessene wirtschaftliche Versorgung.
²Ein Recht auf angemessene wirtschaftliche Versorgung haben auch die Hinterbliebenen eines Beschädigten.

§ 6 Minderung des Familienaufwands. Wer Kindern Unterhalt zu leisten hat oder leistet, hat ein Recht auf Minderung der dadurch entstehenden wirtschaftlichen Belastungen.

§ 7 Zuschuß für eine angemessene Wohnung. Wer für eine angemessene Wohnung Aufwendungen erbringen muß, die ihm nicht zugemutet werden können, hat ein Recht auf Zuschuß zur Miete oder zu vergleichbaren Aufwendungen.

§ 8 Kinder- und Jugendhilfe. ¹Junge Menschen und Personensorgeberechtigte haben im Rahmen dieses Gesetzbuchs ein Recht, Leistungen der öffentlichen Jugendhilfe in Anspruch zu nehmen. ²Sie sollen die Entwicklung junger Menschen fördern und die Erziehung in der Familie unterstützen und ergänzen.

§ 9 Sozialhilfe. ¹Wer nicht in der Lage ist, aus eigenen Kräften seinen Lebensunterhalt zu bestreiten oder in besonderen Lebenslagen sich selbst zu helfen, und auch von anderer Seite keine ausreichende Hilfe erhält, hat ein Recht auf persönliche und wirtschaftliche Hilfe, die seinem besonderen Bedarf entspricht, ihn zur Selbsthilfe befähigt, die Teilnahme am Leben in der Gemeinschaft ermöglicht und die Führung eines menschenwürdigen Lebens sichert. ²Hierbei müssen Leistungsberechtigte nach ihren Kräften mitwirken.[1]

§ 10 Teilhabe behinderter Menschen. Menschen, die körperlich, geistig oder seelisch behindert sind oder denen eine solche Behinderung droht, haben unabhängig von der Ursache der Behinderung zur Förderung ihrer Selbstbestimmung und gleichberechtigten Teilhabe ein Recht auf Hilfe, die notwendig ist, um
1. die Behinderung abzuwenden, zu beseitigen, zu mindern, ihre Verschlimmerung zu verhüten oder ihre Folgen zu mildern,

---
[1] § 9 Satz 2 angef. **mWv 1. 1. 2005** durch G v. 27. 12. 2003 (BGBl. I S. 3022).

2. Einschränkungen der Erwerbsfähigkeit oder Pflegebedürftigkeit zu vermeiden, zu überwinden, zu mindern oder eine Verschlimmerung zu verhüten sowie den vorzeitigen Bezug von Sozialleistungen zu vermeiden oder laufende Sozialleistungen zu mindern,
3. ihnen einen ihren Neigungen und Fähigkeiten entsprechenden Platz im Arbeitsleben zu sichern,
4. ihre Entwicklung zu fördern und ihre Teilhabe am Leben in der Gesellschaft und eine möglichst selbständige und selbstbestimmte Lebensführung zu ermöglichen oder zu erleichtern sowie
5. Benachteiligungen auf Grund der Behinderung entgegenzuwirken.

Zweiter Abschnitt. Einweisungsvorschriften

Erster Titel. Allgemeines über Sozialleistungen und Leistungsträger

§ 11 Leistungsarten. [1]Gegenstand der sozialen Rechte sind die in diesem Gesetzbuch vorgesehenen Dienst-, Sach- und Geldleistungen (Sozialleistungen). [2]Die persönliche und erzieherische Hilfe gehört zu den Dienstleistungen.

§ 12 Leistungsträger. [1]Zuständig für Sozialleistungen sind die in den §§ 18 bis 29 genannten Körperschaften, Anstalten und Behörden (Leistungsträger). [2]Die Abgrenzung ihrer Zuständigkeit ergibt sich aus den besonderen Teilen dieses Gesetzbuchs.

§ 13 Aufklärung. Die Leistungsträger, ihre Verbände und die sonstigen in diesem Gesetzbuch genannten öffentlich-rechtlichen Vereinigungen sind verpflichtet, im Rahmen ihrer Zuständigkeit die Bevölkerung über die Rechte und Pflichten nach diesem Gesetzbuch aufzuklären.

§ 14 Beratung. [1]Jeder hat Anspruch auf Beratung über seine Rechte und Pflichten nach diesem Gesetzbuch. [2]Zuständig für die Beratung sind die Leistungsträger, denen gegenüber die Rechte geltend zu machen oder die Pflichten zu erfüllen sind.

§ 15 Auskunft. (1) Die nach Landesrecht zuständigen Stellen, die Träger der gesetzlichen Krankenversicherung und der sozialen Pflegeversicherung sind verpflichtet, über alle sozialen Angelegenheiten nach diesem Gesetzbuch Auskünfte zu erteilen.

(2) Die Auskunftspflicht erstreckt sich auf die Benennung der für die Sozialleistungen zuständigen Leistungsträger sowie auf alle Sach- und Rechtsfragen, die für die Auskunftsuchenden von Bedeutung sein können und zu deren Beantwortung die Auskunftsstelle imstande ist.

(3) Die Auskunftsstellen sind verpflichtet, untereinander und mit den anderen Leistungsträgern mit dem Ziel zusammenzuarbeiten, eine möglichst umfassende Auskunftserteilung durch eine Stelle sicherzustellen.

(4) Die Träger der gesetzlichen Rentenversicherung können über Möglichkeiten zum Aufbau einer nach § 10a oder Abschnitt XI des Einkommensteu-

ergesetzes geförderten zusätzlichen Altersvorsorge Auskünfte erteilen, soweit sie dazu im Stande sind.

§ 16 Antragstellung. (1) [1]Anträge auf Sozialleistungen sind beim zuständigen Leistungsträger zu stellen. [2]Sie werden auch von allen anderen Leistungsträgern, von allen Gemeinden und bei Personen, die sich im Ausland aufhalten, auch von den amtlichen Vertretungen der Bundesrepublik Deutschland im Ausland entgegengenommen.

(2) [1]Anträge, die bei einem unzuständigen Leistungsträger, bei einer für die Sozialleistung nicht zuständigen Gemeinde oder bei einer amtlichen Vertretung der Bundesrepublik Deutschland im Ausland gestellt werden, sind unverzüglich an den zuständigen Leistungsträger weiterzuleiten. [2]Ist die Sozialleistung von einem Antrag abhängig, gilt der Antrag als zu dem Zeitpunkt gestellt, in dem er bei einer der in Satz 1 genannten Stellen eingegangen ist.

(3) Die Leistungsträger sind verpflichtet, darauf hinzuwirken, daß unverzüglich klare und sachdienliche Anträge gestellt und unvollständige Angaben ergänzt werden.

§ 17 Ausführung der Sozialleistungen. (1) Die Leistungsträger sind verpflichtet, darauf hinzuwirken, daß

1. jeder Berechtigte die ihm zustehenden Sozialleistungen in zeitgemäßer Weise, umfassend und zügig erhält,

2. die zur Ausführung von Sozialleistungen erforderlichen sozialen Dienste und Einrichtungen rechtzeitig und ausreichend zur Verfügung stehen,

3. der Zugang zu den Sozialleistungen möglichst einfach gestaltet wird, insbesondere durch Verwendung allgemein verständlicher Antragsvordrucke und

4. ihre Verwaltungs- und Dienstgebäude frei von Zugangs- und Kommunikationsbarrieren sind und Sozialleistungen in barrierefreien Räumen und Anlagen ausgeführt werden.

(2) [1]Hörbehinderte Menschen haben das Recht, bei der Ausführung von Sozialleistungen, insbesondere auch bei ärztlichen Untersuchungen und Behandlungen, Gebärdensprache zu verwenden. [2]Die für die Sozialleistung zuständigen Leistungsträger sind verpflichtet, die durch die Verwendung der Gebärdensprache und anderer Kommunikationshilfen entstehenden Kosten zu tragen.

(3) [1]In der Zusammenarbeit mit gemeinnützigen und freien Einrichtungen und Organisationen wirken die Leistungsträger darauf hin, daß sich ihre Tätigkeit und die der genannten Einrichtungen und Organisationen zum Wohl der Leistungsempfänger wirksam ergänzen. [2]Sie haben dabei deren Selbständigkeit in Zielsetzung und Durchführung ihrer Aufgaben zu achten. [3]Die Nachprüfung zweckentsprechender Verwendung bei der Inanspruchnahme öffentlicher Mittel bleibt unberührt. [4]Im übrigen ergibt sich ihr Verhältnis zueinander aus den besonderen Teilen dieses Gesetzbuchs; § 97 Abs. 2 des Zehnten Buches findet keine Anwendung.

Zweiter Titel. Einzelne Sozialleistungen und zuständige Leistungsträger

§ 18 Leistungen der Ausbildungsförderung. (1) Nach dem Recht der Ausbildungsförderung können Zuschüsse und Darlehen für den Lebensunterhalt und die Ausbildung in Anspruch genommen werden.

(2) Zuständig sind die Ämter und die Landesämter für Ausbildungsförderung nach Maßgabe der §§ 39, 40, 40a und 45 des Bundesausbildungsförderungsgesetzes.

§ 19 Leistungen der Arbeitsförderung. (1) Nach dem Recht der Arbeitsförderung können in Anspruch genommen werden:
1. Berufsberatung und Arbeitsmarktberatung,
2. Ausbildungsvermittlung und Arbeitsvermittlung,
3. Leistungen zur
   a) Unterstützung der Beratung und Vermittlung,
   b) Verbesserung der Eingliederungsaussichten,
   c) Förderung der Aufnahme einer Beschäftigung und einer selbständigen Tätigkeit,
   d) Förderung der Berufsausbildung und der beruflichen Weiterbildung,
   e) Förderung der Teilhabe behinderter Menschen am Arbeitsleben,
   f) Eingliederung von Arbeitnehmern,
   g) Förderung der Teilnahme an Transfermaßnahmen und Arbeitsbeschaffungsmaßnahmen,
4. weitere Leistungen der freien Förderung,
5. Wintergeld und Winterausfallgeld in der Bauwirtschaft,

Fassung der Nr. 6 bis 31. 12. 2004:
6. als Entgeltersatzleistungen Arbeitslosengeld, Teilarbeitslosengeld, Unterhaltsgeld, Übergangsgeld, Kurzarbeitergeld, Insolvenzausfallgeld und Arbeitslosenhilfe.

Fassung der Nr. 6 ab 1. 1. 2005:
6. als Entgeltersatzleistungen Arbeitslosengeld, Teilarbeitslosengeld, Übergangsgeld, Kurzarbeitergeld und Insolvenzgeld.

(2) Zuständig sind die Agenturen für Arbeit und die sonstigen Dienststellen der Bundesagentur für Arbeit.

Fassung des § 19a bis 31. 12. 2004:

§ 19a *(aufgehoben)*

Fassung des § 19a ab 1. 1. 2005:

§ 19a Leistungen der Grundsicherung für Arbeitsuchende. (1) Nach dem Recht der Grundsicherung für Arbeitsuchende können in Anspruch genommen werden
1. Leistungen zur Eingliederung in Arbeit,
2. Leistungen zur Sicherung des Lebensunterhalts.

(2) Zuständig sind die Agenturen für Arbeit und die sonstigen Dienststellen der Bundesagentur für Arbeit, sowie die kreisfreien Städte und Kreise, soweit durch Landesrecht nicht andere Träger bestimmt sind.

§ 19b Leistungen bei gleitendem Übergang älterer Arbeitnehmer in den Ruhestand. (1) Nach dem Recht der Förderung eines gleitenden Übergangs älterer Arbeitnehmer in den Ruhestand können in Anspruch genommen werden:
1. Erstattung der Beiträge zur Höherversicherung in der gesetzlichen Rentenversicherung und der nicht auf das Arbeitsentgelt entfallenden Beiträge zur gesetzlichen Rentenversicherung für ältere Arbeitnehmer, die ihre Arbeitszeit verkürzt haben.
2. Erstattung der Aufstockungsbeträge zum Arbeitsentgelt für die Altersteilzeitarbeit.

(2) Zuständig sind die Agenturen für Arbeit und die sonstigen Dienststellen der Bundesagentur für Arbeit.

§ 20 *(aufgehoben)*

§ 21 Leistungen der gesetzlichen Krankenversicherung. (1) Nach dem Recht der gesetzlichen Krankenversicherung können in Anspruch genommen werden:
1. Leistungen zur Förderung der Gesundheit, zur Verhütung und zur Früherkennung von Krankheiten,
2. bei Krankheit Krankenbehandlung, insbesondere
    a) ärztliche und zahnärztliche Behandlung,
    b) Versorgung mit Arznei-, Verband-, Heil- und Hilfsmitteln,
    c) häusliche Krankenpflege und Haushaltshilfe,
    d) Krankenhausbehandlung,
    e) medizinische und ergänzende Leistungen zur Rehabilitation,
    f) Betriebshilfe für Landwirte,
    g) Krankengeld,
3. bei Schwangerschaft und Mutterschaft ärztliche Betreuung, Hebammenhilfe, stationäre Entbindung, häusliche Pflege, Haushaltshilfe, Betriebshilfe für Landwirte, Mutterschaftsgeld,
4. Hilfe zur Familienplanung und Leistungen bei durch Krankheit erforderlicher Sterilisation und bei nicht rechtswidrigem Schwangerschaftsabbruch.

(2) Zuständig sind die Orts-, Betriebs- und Innungskrankenkassen, die See-Krankenkasse, die landwirtschaftlichen Krankenkassen, die Bundesknappschaft und die Ersatzkassen.

§ 21a Leistungen der sozialen Pflegeversicherung. (1) Nach dem Recht der sozialen Pflegeversicherung können in Anspruch genommen werden:
1. Leistungen bei häuslicher Pflege:
    a) Pflegesachleistung,
    b) Pflegegeld für selbst beschaffte Pflegehilfen,

c) häusliche Pflege bei Verhinderung der Pflegeperson,
d) Pflegehilfsmittel und technische Hilfen,
2. teilstationäre Pflege und Kurzzeitpflege,
3. Leistungen für Pflegepersonen, insbesondere
   a) soziale Sicherung und
   b) Pflegekurse,
4. vollstationäre Pflege.

(2) Zuständig sind die bei den Krankenkassen errichteten Pflegekassen.

§ 21b Leistungen bei Schwangerschaftsabbrüchen. (1) Nach dem Gesetz zur Hilfe für Frauen bei Schwangerschaftsabbrüchen in besonderen Fällen können bei einem nicht rechtwidrigen oder unter den Voraussetzungen des § 218a Abs. 1 des Strafgesetzbuches vorgenommenen Abbruch einer Schwangerschaft Leistungen in Anspruch genommen werden.

(2) Zuständig sind die Orts-, Betriebs- und Innungskrankenkassen, die See-Krankenkasse, die landwirtschaftliche Krankenkasse, die Bundesknappschaft und die Ersatzkassen.

§ 22 Leistungen der gesetzlichen Unfallversicherung. (1) Nach dem Recht der gesetzlichen Unfallversicherung können in Anspruch genommen werden:
1. Maßnahmen zur Verhütung von Arbeitsunfällen, Berufskrankheiten und arbeitsbedingten Gesundheitsgefahren und zur Ersten Hilfe sowie Maßnahmen zur Früherkennung von Berufskrankheiten und arbeitsbedingten Gesundheitsgefahren,
2. Heilbehandlung, Leistungen zur Teilhabe am Arbeitsleben und andere Leistungen zur Erhaltung, Besserung und Wiederherstellung der Erwerbsfähigkeit sowie zur Erleichterung der Verletzungsfolgen einschließlich wirtschaftlicher Hilfen,
3. Renten wegen Minderung der Erwerbsfähigkeit,
4. Renten an Hinterbliebene, Sterbegeld und Beihilfen,
5. Rentenabfindungen,
6. Haushaltshilfe,
7. Betriebshilfe für Landwirte.

(2) Zuständig sind die gewerblichen und die landwirtschaftlichen Berufsgenossenschaften, die Gemeindeunfallversicherungsverbände, die Feuerwehr-Unfallkassen, die Eisenbahn-Unfallkasse, die Unfallkasse Post und Telekom, die Unfallkassen der Länder und Gemeinden, die gemeinsamen Unfallkassen für den Landes- und kommunalen Bereich und die Unfallkasse des Bundes.

§ 23 Leistungen der gesetzlichen Rentenversicherung einschließlich der Alterssicherung der Landwirte. (1) Nach dem Recht der gesetzlichen Rentenversicherung einschließlich der Alterssicherung der Landwirte können in Anspruch genommen werden:
1. in der gesetzlichen Rentenversicherung:
   a) Heilbehandlung, Leistungen zur Teilhabe am Arbeitsleben und andere Leistungen zur Erhaltung, Besserung und Wiederherstellung der Erwerbsfähigkeit einschließlich wirtschaftlicher Hilfen,

b) Renten wegen Alters, Renten wegen verminderter Erwerbsfähigkeit und Knappschaftsausgleichsleistung,
c) Renten wegen Todes,
d) Witwen- und Witwerrentenabfindungen sowie Beitragserstattungen,
e) Zuschüsse zu den Aufwendungen für die Krankenversicherung,
f) Leistungen für Kindererziehung,

2. in der Alterssicherung für Landwirte:
a) Heilbehandlung und andere Leistungen zur Erhaltung, Besserung und Wiederherstellung der Erwerbsfähigkeit einschließlich Betriebs- oder Haushaltshilfe,
b) Renten wegen Erwerbsminderung und Alters,
c) Renten wegen Todes,
d) Beitragszuschüsse,
e) Betriebs- und Haushaltshilfe oder sonstige Leistungen zur Aufrechterhaltung des Unternehmens der Landwirtschaft.

(2) Zuständig sind
1. in der Rentenversicherung der Arbeiter die Landesversicherungsanstalten, die Seekasse und die Bahnversicherungsanstalt,
2. in der Rentenversicherung der Angestellten die Bundesversicherungsanstalt für Angestellte,
3. in der knappschaftlichen Rentenversicherung die Bundesknappschaft,
4. in der Alterssicherung der Landwirte die landwirtschaftlichen Alterskassen.

§ 24 Versorgungsleistungen bei Gesundheitsschäden. (1) Nach dem Recht der sozialen Entschädigung bei Gesundheitsschäden können in Anspruch genommen werden:
1. Heil- und Krankenbehandlung sowie andere Leistungen zur Erhaltung, Besserung und Wiederherstellung der Leistungsfähigkeit einschließlich wirtschaftlicher Hilfen,
2. besondere Hilfen im Einzelfall einschließlich Leistungen zur Teilhabe am Arbeitsleben,
3. Renten wegen Minderung der Erwerbsfähigkeit,
4. Renten an Hinterbliebene, Bestattungsgeld und Sterbegeld,
5. Kapitalabfindung, insbesondere zur Wohnraumbeschaffung.

(2) ¹Zuständig sind die Versorgungsämter, die Landesversorgungsämter und die orthopädischen Versorgungsstellen, für die besonderen Hilfen im Einzelfall die Kreise und kreisfreien Städte sowie die Hauptfürsorgestellen. ²Bei der Durchführung der Heil- und Krankenbehandlung wirken die Träger der gesetzlichen Krankenversicherung mit.

§ 25 Kindergeld und Erziehungsgeld. (1) Nach dem Bundeskindergeldgesetz kann nur dann Kindergeld in Anspruch genommen werden, wenn nicht der Familienleistungsausgleich nach § 31 des Einkommensteuergesetzes zur Anwendung kommt.

(2) Nach dem Recht des Erziehungsgeldes kann grundsätzlich für jedes Kind Erziehungsgeld in Anspruch genommen werden.

1. Buch. Allgemeiner Teil §§ 26–28 SGB I 2

(3) Für die Ausführung des Absatzes 1 sind die Familienkassen und für die Ausführung des Absatzes 2 die nach § 10 des Bundeserziehungsgeldgesetzes bestimmten Stellen zuständig.

§ 26 Wohngeld. (1) Nach dem Wohngeldrecht kann als Zuschuß zur Miete oder als Zuschuß zu den Aufwendungen für den eigengenutzten Wohnraum Wohngeld in Anspruch genommen werden.

(2) Zuständig sind die durch Landesrecht bestimmten Behörden.

§ 27 Leistungen der Kinder- und Jugendhilfe. (1) Nach dem Recht der Kinder- und Jugendhilfe können in Anspruch genommen werden:
1. Angebote der Jugendarbeit, der Jugendsozialarbeit und des erzieherischen Jugendschutzes,
2. Angebote zur Förderung der Erziehung in der Familie,
3. Angebote zur Förderung von Kindern in Tageseinrichtungen und in Tagespflege,
4. Hilfe zur Erziehung, Eingliederungshilfe für seelisch behinderte Kinder und Jugendliche sowie Hilfe für junge Volljährige.

(2) Zuständig sind die Kreise und die kreisfreien Städte, nach Maßgabe des Landesrechts auch kreisangehörige Gemeinden; sie arbeiten mit der freien Jugendhilfe zusammen.

§ 28 Leistungen der Sozialhilfe.
Fassung des Abs. 1 bis 31. 12. 2004:
(1) Nach dem Recht der Sozialhilfe können in Anspruch genommen werden:
1. Hilfe zum Lebensunterhalt,
2. Hilfe in besonderen Lebenslagen; sie umfaßt
   a) Hilfe zum Aufbau oder zur Sicherung der Lebensgrundlage,
   b) vorbeugende Gesundheitshilfe, Krankenhilfe, Hilfe bei nicht rechtswidriger Sterilisation, Hilfe zur Familienplanung und Hilfe für werdende Mütter und Wöchnerinnen,
   c) Eingliederungshilfe für behinderte Menschen, insbesondere auch Teilhabe am Leben in der Gemeinschaft,
   d) *(aufgehoben)*
   e) Blindenhilfe, Hilfe zur Pflege und Hilfe zur Weiterführung des Haushalts,
   f) Hilfe zur Überwindung besonderer sozialer Schwierigkeiten,
   g) Altenhilfe,
   h) Hilfe in anderen besonderen Lebenslagen,
3. Beratung behinderter Menschen oder ihrer Personensorgeberechtigten,
4. Hilfe bei der Beschaffung und Erhaltung einer Wohnung.

Fassung des Abs. 1 ab 1. 1. 2005:
(1) Nach dem Recht der Sozialhilfe können in Anspruch genommen werden:
1. Hilfe zum Lebensunterhalt,
1a. Grundsicherung im Alter und bei Erwerbsminderung,

2. Hilfen zur Gesundheit,
3. Eingliederungshilfe für behinderte Menschen,
4. Hilfe zur Pflege,
5. Hilfe zur Überwindung besonderer sozialer Schwierigkeiten,
6. Hilfe in anderen Lebenslagen sowie die jeweils gebotene Beratung und Unterstützung.

(2) Zuständig sind die Kreise und kreisfreien Städte, die überörtlichen Träger der Sozialhilfe und für besondere Aufgaben die Gesundheitsämter; sie arbeiten mit den Trägern der freien Wohlfahrtspflege zusammen.

Fassung des § 28a bis 31. 12. 2004:

§ 28a Leistungen der Grundsicherung. (1) Nach dem Recht der bedarfsorientierten Grundsicherung können Leistungen zur Sicherung des Lebensunterhalts im Alter und bei dauerhaft voller Erwerbsminderung in Anspruch genommen werden.

(2) Zuständig sind die Kreise und kreisfreien Städte.

Fassung des § 28a ab 1. 1. 2005:

§ 28a *(aufgehoben)*

§ 29 Leistungen zur Rehabilitation und Teilhabe behinderter Menschen. (1) Nach dem Recht der Rehabilitation und Teilhabe behinderter Menschen können in Anspruch genommen werden
1. Leistungen zur medizinischen Rehabilitation, insbesondere
   a) Frühförderung behinderter und von Behinderung bedrohter Kinder,
   b) ärztliche und zahnärztliche Behandlung,
   c) Arznei- und Verbandmittel sowie Heilmittel einschließlich physikalischer, Sprach- und Beschäftigungstherapie,
   d) Körperersatzstücke, orthopädische und andere Hilfsmittel,
   e) Belastungserprobung und Arbeitstherapie,
2. Leistungen zur Teilhabe am Arbeitsleben, insbesondere
   a) Hilfen zum Erhalten oder Erlangen eines Arbeitsplatzes,
   b) Berufsvorbereitung, berufliche Anpassung, Ausbildung und Weiterbildung,
   c) sonstige Hilfen zur Förderung der Teilhabe am Arbeitsleben,
3. Leistungen zur Teilhabe am Leben in der Gemeinschaft, insbesondere Hilfen
   a) zur Entwicklung der geistigen und körperlichen Fähigkeiten vor Beginn der Schulpflicht,
   b) zur angemessenen Schulbildung,
   c) zur heilpädagogischen Förderung,
   d) zum Erwerb praktischer Kenntnisse und Fähigkeiten,
   e) zur Ausübung einer angemessenen Tätigkeit, soweit Leistungen zur Teilhabe am Arbeitsleben nicht möglich sind,
   f) zur Förderung der Verständigung mit der Umwelt,
   g) zur Freizeitgestaltung und sonstigen Teilhabe am gesellschaftlichen Leben,

4. unterhaltssichernde und andere ergänzende Leistungen, insbesondere
   a) Krankengeld, Versorgungskrankengeld, Verletztengeld, Übergangsgeld, Ausbildungsgeld oder Unterhaltsbeihilfe,
   b) Beiträge zur gesetzlichen Kranken-, Unfall-, Renten- und Pflegeversicherung sowie zur Bundesagentur für Arbeit,
   c) Reisekosten,
   d) Haushalts- oder Betriebshilfe und Kinderbetreuungskosten,
   e) Rehabilitationssport und Funktionstraining,
5. besondere Leistungen und sonstige Hilfen zur Teilhabe schwerbehinderter Menschen am Leben in der Gesellschaft, insbesondere am Arbeitsleben.

(2) Zuständig sind die in den §§ 19 bis 24, 27 und 28 genannten Leistungsträger und die Integrationsämter.

Dritter Abschnitt. Gemeinsame Vorschriften für alle Sozialleistungsbereiche dieses Gesetzbuchs

Erster Titel. Allgemeine Grundsätze

§ 30 Geltungsbereich. (1) Die Vorschriften dieses Gesetzbuchs gelten für alle Personen, die ihren Wohnsitz oder gewöhnlichen Aufenthalt in seinem Geltungsbereich haben.

(2) Regelungen des über- und zwischenstaatlichen Rechts bleiben unberührt.

(3) ¹Einen Wohnsitz hat jemand dort, wo er eine Wohnung unter Umständen innehat, die darauf schließen lassen, daß er die Wohnung beibehalten und benutzen wird. ²Den gewöhnlichen Aufenthalt hat jemand dort, wo er sich unter Umständen aufhält, die erkennen lassen, daß er an diesem Ort oder in diesem Gebiet nicht nur vorübergehend verweilt.

§ 31 Vorbehalt des Gesetzes. Rechte und Pflichten in den Sozialleistungsbereichen dieses Gesetzbuchs dürfen nur begründet, festgestellt, geändert oder aufgehoben werden, soweit ein Gesetz es vorschreibt oder zuläßt.

§ 32 Verbot nachteiliger Vereinbarungen. Privatrechtliche Vereinbarungen, die zum Nachteil des Sozialleistungsberechtigten von Vorschriften dieses Gesetzbuchs abweichen, sind nichtig.

§ 33 Ausgestaltung von Rechten und Pflichten. ¹Ist der Inhalt von Rechten oder Pflichten nach Art oder Umfang nicht im einzelnen bestimmt, sind bei ihrer Ausgestaltung die persönlichen Verhältnisse des Berechtigten oder Verpflichteten, sein Bedarf und seine Leistungsfähigkeit sowie die örtlichen Verhältnisse zu berücksichtigen, soweit Rechtsvorschriften nicht entgegenstehen. ²Dabei soll den Wünschen des Berechtigten oder Verpflichteten entsprochen werden, soweit sie angemessen sind.

§ 33a Altersabhängige Rechte und Pflichten. (1) Sind Rechte oder Pflichten davon abhängig, daß eine bestimmte Altersgrenze erreicht oder nicht überschritten ist, ist das Geburtsdatum maßgebend, das sich aus der ersten Angabe des Berechtigten oder Verpflichteten oder seiner Angehörigen gegenüber einem Sozialleistungsträger oder, soweit es sich um eine Angabe im Rahmen des Dritten oder Sechsten Abschnitts des Vierten Buches[1] handelt, gegenüber dem Arbeitgeber ergibt.

(2) Von einem nach Absatz 1 maßgebenden Geburtsdatum darf nur abgewichen werden, wenn der zuständige Leistungsträger feststellt, daß
1. ein Schreibfehler vorliegt, oder
2. sich aus einer Urkunde, deren Original vor dem Zeitpunkt der Angabe nach Absatz 1 ausgestellt worden ist, ein anderes Geburtsdatum ergibt.

(3) Die Absätze 1 und 2 gelten für Geburtsdaten, die Bestandteil der Versicherungsnummer oder eines anderen in den Sozialleistungsbereichen dieses Gesetzbuchs verwendeten Kennzeichens sind, entsprechend.

§ 33b Lebenspartnerschaften. Lebenspartnerschaften im Sinne dieses Gesetzbuches sind Lebenspartnerschaften nach dem Lebenspartnerschaftsgesetz.

§ 34 Begrenzung von Rechten und Pflichten. (1) Soweit Rechte und Pflichten nach diesem Gesetzbuch ein familienrechtliches Rechtsverhältnis voraussetzen, reicht ein Rechtsverhältnis, das gemäß Internationalem Privatrecht dem Recht eines anderen Staates unterliegt und nach diesem Recht besteht, nur aus, wenn es dem Rechtsverhältnis im Geltungsbereich dieses Gesetzbuchs entspricht.

(2) Ansprüche mehrerer Ehegatten auf Witwenrente oder Witwerrente werden anteilig und endgültig aufgeteilt.

§ 35 Sozialgeheimnis. (1) [1]Jeder hat Anspruch darauf, daß die ihn betreffenden Sozialdaten (§ 67 Abs. 1 Zehntes Buch) von den Leistungsträgern nicht unbefugt erhoben, verarbeitet oder genutzt werden (Sozialgeheimnis). [2]Die Wahrung des Sozialgeheimnisses umfaßt die Verpflichtung, auch innerhalb des Leistungsträgers sicherzustellen, daß die Sozialdaten nur Befugten zugänglich sind oder nur an diese weitergegeben werden. [3]Sozialdaten der Beschäftigten und ihrer Angehörigen dürfen Personen, die Personalentscheidungen treffen oder daran mitwirken können, weder zugänglich sein noch von Zugriffsberechtigten weitergegeben werden. [4]Der Anspruch richtet sich auch gegen die Verbände der Leistungsträger, die Arbeitsgemeinschaften der Leistungsträger und ihrer Verbände, die in diesem Gesetzbuch genannten öffentlich-rechtlichen Vereinigungen, gemeinsame Servicestellen, Integrationsfachdienste, die Künstlersozialkasse, die Deutsche Post AG, soweit sie mit der Berechnung oder Auszahlung von Sozialleistungen betraut ist, die Behörden der Zollverwaltung, soweit sie Aufgaben nach § 2 des Schwarzarbeitsbekämpfungsgesetzes, nach § 107 Abs. 1 des Vierten Buches[1] und § 66 des Zehnten Buches durchführen, die Versicherungsämter und Gemeindebehörden sowie die anerkannten Adoptionsvermittlungsstellen (§ 2 Abs. 2 des Adoptionsvermittlungsgesetzes), soweit sie Aufgaben nach diesem Gesetzbuch wahrnehmen, das Bundesamt für Güterverkehr, soweit es Aufgaben nach § 107 Abs. 1 Satz 2 des Vierten Buches[1] durchführt, und die Stellen, die Aufgaben nach § 67c Abs. 3 des Zehnten Buches[2] wahrnehmen. [5]Die Beschäftigten haben

---
[1] Nr. 3.
[2] Nr. 7.

auch nach Beendigung ihrer Tätigkeit bei den genannten Stellen das Sozialgeheimnis zu wahren.

(2) Eine Erhebung, Verarbeitung und Nutzung von Sozialdaten ist nur unter den Voraussetzungen des Zweiten Kapitels des Zehnten Buches zulässig.

(3) Soweit eine Übermittlung nicht zulässig ist, besteht keine Auskunftspflicht, keine Zeugnispflicht und keine Pflicht zur Vorlegung oder Auslieferung von Schriftstücken, nicht automatisierten Dateien und automatisiert erhobenen, verarbeiteten oder genutzten Sozialdaten.

(4) Betriebs- und Geschäftsgeheimnisse stehen Sozialdaten gleich.

(5) [1] Sozialdaten Verstorbener dürfen nach Maßgabe des Zweiten Kapitels des Zehnten Buches verarbeitet oder genutzt werden. [2] Sie dürfen außerdem verarbeitet oder genutzt werden, wenn schutzwürdige Interessen des Verstorbenen oder seiner Angehörigen dadurch nicht beeinträchtigt werden können.

§ 36 Handlungsfähigkeit.

(1) [1] Wer das fünfzehnte Lebensjahr vollendet hat, kann Anträge auf Sozialleistungen stellen und verfolgen sowie Sozialleistungen entgegennehmen. [2] Der Leistungsträger soll den gesetzlichen Vertreter über die Antragstellung und die erbrachten Sozialleistungen unterrichten.

(2) [1] Die Handlungsfähigkeit nach Absatz 1 Satz 1 kann vom gesetzlichen Vertreter durch schriftliche Erklärung gegenüber dem Leistungsträger eingeschränkt werden. [2] Die Rücknahme von Anträgen, der Verzicht auf Sozialleistungen und die Entgegennahme von Darlehen bedürfen der Zustimmung des gesetzlichen Vertreters.

§ 36a Elektronische Kommunikation.

(1) Die Übermittlung elektronischer Dokumente ist zulässig, soweit der Empfänger hierfür einen Zugang eröffnet.

(2) [1] Eine durch Rechtsvorschrift angeordnete Schriftform kann, soweit nicht durch Rechtsvorschrift etwas anderes bestimmt ist, durch die elektronische Form ersetzt werden. [2] In diesem Fall ist das elektronische Dokument mit einer qualifizierten elektronischen Signatur nach dem Signaturgesetz zu versehen. [3] Die Signierung mit einem Pseudonym, das die Identifizierung der Person des Signaturschlüsselinhabers nicht ermöglicht, ist nicht zulässig.

(3) [1] Ist ein der Behörde übermitteltes elektronisches Dokument für sie zur Bearbeitung nicht geeignet, teilt sie dies dem Absender unter Angabe der für sie geltenden technischen Rahmenbedingungen unverzüglich mit. [2] Macht ein Empfänger geltend, er könne das von der Behörde übermittelte elektronische Dokument nicht bearbeiten, übermittelt sie es ihm erneut in einem geeigneten elektronischen Format oder als Schriftstück.

(4) [1] Die Träger der Sozialversicherung einschließlich der Bundesagentur für Arbeit, ihre Verbände und Arbeitsgemeinschaften verwenden unter Beachtung der Grundsätze der Wirtschaftlichkeit und Sparsamkeit im jeweiligen Sozialleistungsbereich Zertifizierungsdienste nach dem Signaturgesetz, die eine gemeinsame und bundeseinheitliche Kommunikation und Übermittlung der Daten und die Überprüfbarkeit der qualifizierten elektronischen Signatur auf Dauer sicherstellen. [2] Diese Träger sollen über ihren jeweiligen Bereich hinaus Zertifizierungsdienste im Sinne des Satzes 1 verwenden. [3] Die Sätze 1 und 2 gelten entsprechend für die Leistungserbringer nach dem Fünften und dem Elften Buch und die von ihnen gebildeten Organisationen.

§ 37 Vorbehalt abweichender Regelungen. ¹Das Erste und Zehnte Buch gelten für alle Sozialleistungsbereiche dieses Gesetzbuchs, soweit sich aus den übrigen Büchern nichts Abweichendes ergibt; § 68 bleibt unberührt. ²Der Vorbehalt gilt nicht für die §§ 1 bis 17 und 31 bis 36. ³Das Zweite Kapitel des Zehnten Buches geht dessen Erstem Kapitel vor, soweit sich die Ermittlung des Sachverhaltes auf Sozialdaten erstreckt.

Zweiter Titel. Grundsätze des Leistungsrechts

§ 38 Rechtsanspruch. Auf Sozialleistungen besteht ein Anspruch, soweit nicht nach den besonderen Teilen dieses Gesetzbuchs die Leistungsträger ermächtigt sind, bei der Entscheidung über die Leistung nach ihrem Ermessen zu handeln.

§ 39 Ermessensleistungen. (1) ¹Sind die Leistungsträger ermächtigt, bei der Entscheidung über Sozialleistungen nach ihrem Ermessen zu handeln, haben sie ihr Ermessen entsprechend dem Zweck der Ermächtigung auszuüben und die gesetzlichen Grenzen des Ermessens einzuhalten. ²Auf pflichtgemäße Ausübung des Ermessens besteht ein Anspruch.

(2) Für Ermessensleistungen gelten die Vorschriften über Sozialleistungen, auf die ein Anspruch besteht, entsprechend, soweit sich aus den Vorschriften dieses Gesetzbuchs nichts Abweichendes ergibt.

§ 40 Entstehen der Ansprüche. (1) Ansprüche auf Sozialleistungen entstehen, sobald ihre im Gesetz oder auf Grund eines Gesetzes bestimmten Voraussetzungen vorliegen.

(2) Bei Ermessensleistungen ist der Zeitpunkt maßgebend, in dem die Entscheidung über die Leistung bekanntgegeben wird, es sei denn, daß in der Entscheidung ein anderer Zeitpunkt bestimmt ist.

§ 41 Fälligkeit. Soweit die besonderen Teile dieses Gesetzbuchs keine Regelung enthalten, werden Ansprüche auf Sozialleistungen mit ihrem Entstehen fällig.

§ 42 Vorschüsse. (1) ¹Besteht ein Anspruch auf Geldleistungen dem Grunde nach und ist zur Feststellung seiner Höhe voraussichtlich längere Zeit erforderlich, kann der zuständige Leistungsträger Vorschüsse zahlen, deren Höhe er nach pflichtgemäßem Ermessen bestimmt. ²Er hat Vorschüsse nach Satz 1 zu zahlen, wenn der Berechtigte es beantragt; die Vorschußzahlung beginnt spätestens nach Ablauf eines Kalendermonats nach Eingang des Antrags.

(2) ¹Die Vorschüsse sind auf die zustehende Leistung anzurechnen. ²Soweit sie diese übersteigen, sind sie vom Empfänger zu erstatten. ³§ 50 Abs. 4 des Zehnten Buches[1]) gilt entsprechend.

(3) Für die Stundung, Niederschlagung und den Erlaß des Erstattungsanspruchs gilt § 76 Abs. 2 des Vierten Buches[2]) entsprechend.

---

[1]) Nr. 7.
[2]) Nr. 3.

1. Buch. Allgemeiner Teil §§ 43–48 SGB I 2

§ 43 Vorläufige Leistungen. (1) ¹Besteht ein Anspruch auf Sozialleistungen und ist zwischen mehreren Leistungsträgern streitig, wer zur Leistung verpflichtet ist, kann der unter ihnen zuerst angegangene Leistungsträger vorläufig Leistungen erbringen, deren Umfang er nach pflichtgemäßem Ermessen bestimmt. ²Er hat Leistungen nach Satz 1 zu erbringen, wenn der Berechtigte es beantragt; die vorläufigen Leistungen beginnen spätestens nach Ablauf eines Kalendermonats nach Eingang des Antrags.

(2) ¹Für die Leistungen nach Absatz 1 gilt § 42 Abs. 2 und 3 entsprechend. ²Ein Erstattungsanspruch gegen den Empfänger steht nur dem zur Leistung verpflichteten Leistungsträger zu.

§ 44 Verzinsung. (1) Ansprüche auf Geldleistungen sind nach Ablauf eines Kalendermonats nach dem Eintritt ihrer Fälligkeit bis zum Ablauf des Kalendermonats vor der Zahlung mit vier vom Hundert zu verzinsen.

(2) Die Verzinsung beginnt frühestens nach Ablauf von sechs Kalendermonaten nach Eingang des vollständigen Leistungsantrags beim zuständigen Leistungsträger, beim Fehlen eines Antrags nach Ablauf eines Kalendermonats nach der Bekanntgabe der Entscheidung über die Leistung.

(3) ¹Verzinst werden volle Euro-Beträge. ²Dabei ist der Kalendermonat mit dreißig Tagen zugrunde zu legen.

§ 45 Verjährung. (1) Ansprüche auf Sozialleistungen verjähren in vier Jahren nach Ablauf des Kalenderjahrs, in dem sie entstanden sind.

(2) Für die Hemmung, die Ablaufhemmung, den Neubeginn und die Wirkung der Verjährung gelten die Vorschriften des Bürgerlichen Gesetzbuchs sinngemäß.

(3) ¹Die Verjährung wird auch durch schriftlichen Antrag auf die Sozialleistung oder durch Erhebung eines Widerspruchs gehemmt. ²Die Hemmung endet sechs Monate nach Bekanntgabe der Entscheidung über den Antrag oder den Widerspruch.

§ 46 Verzicht. (1) Auf Ansprüche auf Sozialleistungen kann durch schriftliche Erklärung gegenüber dem Leistungsträger verzichtet werden; der Verzicht kann jederzeit mit Wirkung für die Zukunft widerrufen werden.

(2) Der Verzicht ist unwirksam, soweit durch ihn andere Personen oder Leistungsträger belastet oder Rechtsvorschriften umgangen werden.

§ 47 Auszahlung von Geldleistungen. Soweit die besonderen Teile dieses Gesetzbuchs keine Regelung enthalten, sollen Geldleistungen kostenfrei auf ein Konto des Empfängers bei einem Geldinstitut überwiesen oder, wenn der Empfänger es verlangt, kostenfrei an seinen Wohnsitz übermittelt werden.

§ 48 Auszahlung bei Verletzung der Unterhaltspflicht. (1) ¹Laufende Geldleistungen, die der Sicherung des Lebensunterhalts zu dienen bestimmt sind, können in angemessener Höhe an den Ehegatten oder die Kinder des Leistungsberechtigten ausgezahlt werden, wenn er ihnen gegenüber seiner gesetzlichen Unterhaltspflicht nicht nachkommt. ²Kindergeld, Kinderzuschläge und vergleichbare Rentenbestandteile (Geldleistungen für Kinder) können an Kinder, die bei der Festsetzung der Geldleistungen berücksichtigt werden, bis zur Höhe des Betrages, der sich bei entsprechender Anwendung des § 54 Abs. 5 Satz 2 ergibt, ausgezahlt werden. ³Für das Kindergeld gilt dies auch dann, wenn der Kindergeldberechtigte mangels Leistungsfähigkeit nicht unterhaltspflichtig ist oder nur Unterhalt in Höhe eines Betrages zu leisten braucht, der geringer ist als das für die Auszahlung in Betracht kommende Kindergeld. ⁴Die Auszahlung kann auch an die Person oder Stelle erfolgen, die dem Ehegatten oder den Kindern Unterhalt gewährt.

(2) Absatz 1 Satz 1, 2 und 4 gilt entsprechend, wenn unter Berücksichtigung von Kindern, denen gegenüber der Leistungsberechtigte nicht kraft Gesetzes unterhaltspflichtig ist, Geldleistungen erbracht werden und der Leistungsberechtigte diese Kinder nicht unterhält.

§ 49 Auszahlung bei Unterbringung. (1) Ist ein Leistungsberechtigter auf Grund richterlicher Anordnung länger als einen Kalendermonat in einer Anstalt oder Einrichtung untergebracht, sind laufende Geldleistungen, die der Sicherung des Lebensunterhalts zu dienen bestimmt sind, an die Unterhaltsberechtigten auszuzahlen, soweit der Leistungsberechtigte kraft Gesetzes unterhaltspflichtig ist und er oder die Unterhaltsberechtigten es beantragen.

(2) Absatz 1 gilt entsprechend, wenn für Kinder, denen gegenüber der Leistungsberechtigte nicht kraft Gesetzes unterhaltspflichtig ist, Geldleistungen erbracht werden.

(3) § 48 Abs. 1 Satz 4 bleibt unberührt.

§ 50 Überleitung bei Unterbringung. (1) Ist der Leistungsberechtigte untergebracht (§ 49 Abs. 1), kann die Stelle, der die Kosten der Unterbringung zur Last fallen, seine Ansprüche auf laufende Geldleistungen, die der Sicherung des Lebensunterhalts zu dienen bestimmt sind, durch schriftliche Anzeige an den zuständigen Leistungsträger auf sich überleiten.

(2) Die Anzeige bewirkt den Anspruchsübergang nur insoweit, als die Leistung nicht an Unterhaltsberechtigte oder die in § 49 Abs. 2 genannten Kinder zu zahlen ist, der Leistungsberechtigte die Kosten der Unterbringung zu erstatten hat und die Leistung auf den für die Erstattung maßgebenden Zeitraum entfällt.

(3) Die Absätze 1 und 2 gelten entsprechend, wenn für ein Kind (§ 56 Abs. 1 Satz 1 Nr. 2, Abs. 2), das untergebracht ist (§ 49 Abs. 1), ein Anspruch auf eine laufende Geldleistung besteht.

§ 51 Aufrechnung. (1) Gegen Ansprüche auf Geldleistungen kann der zuständige Leistungsträger mit Ansprüchen gegen den Berechtigten aufrechnen, soweit die Ansprüche auf Geldleistungen nach § 54 Abs. 2 und 4 pfändbar sind.

Fassung des Abs. 2 bis 31. 12. 2004:

(2) Mit Ansprüchen auf Erstattung zu Unrecht erbrachter Sozialleistungen und mit Beitragsansprüchen nach diesem Gesetzbuch kann der zuständige Leistungsträger gegen Ansprüche auf laufende Geldleistungen bis zu deren Hälfte aufrechnen, soweit der Leistungsberechtigte dadurch nicht hilfebedürftig im Sinne der Vorschriften des Bundessozialhilfegesetzes über die Hilfe zum Lebensunterhalt wird.

Fassung des Abs. 2 ab 1. 1. 2005:

(2) Mit Ansprüchen auf Erstattung zu Unrecht erbrachter Sozialleistungen und mit Beitragsansprüchen nach diesem Gesetzbuch kann der zuständige Leistungsträger gegen Ansprüche auf laufende Geldleistungen bis zu deren Hälfte aufrechnen, wenn der Leistungsberechtigte nicht nachweist, dass er dadurch hilfebedürftig im Sinne der Vorschriften des Zwölften Buches über die Hilfe zum Lebensunterhalt wird.

§ 52 Verrechnung. Der für eine Geldleistung zuständige Leistungsträger kann mit Ermächtigung eines anderen Leistungsträgers dessen Ansprüche gegen den Berechtigten mit der ihm obliegenden Geldleistung verrechnen, soweit nach § 51 die Aufrechnung zulässig ist.

§ 53 Übertragung und Verpfändung. (1) Ansprüche auf Dienst- und Sachleistungen können weder übertragen noch verpfändet werden.

(2) Ansprüche auf Geldleistungen können übertragen und verpfändet werden

1. zur Erfüllung oder zur Sicherung von Ansprüchen auf Rückzahlung von Darlehen und auf Erstattung von Aufwendungen, die im Vorgriff auf fällig gewordene Sozialleistungen zu einer angemessenen Lebensführung gegeben oder gemacht worden sind oder,
2. wenn der zuständige Leistungsträger feststellt, daß die Übertragung oder Verpfändung im wohlverstandenen Interesse des Berechtigten liegt.

(3) Ansprüche auf laufende Geldleistungen, die der Sicherung des Lebensunterhalts zu dienen bestimmt sind, können in anderen Fällen übertragen und verpfändet werden, soweit sie den für Arbeitseinkommen geltenden unpfändbaren Betrag übersteigen.

(4) Der Leistungsträger ist zur Auszahlung an den neuen Gläubiger nicht vor Ablauf des Monats verpflichtet, der dem Monat folgt, in dem er von der Übertragung oder Verpfändung Kenntnis erlangt hat.

(5) Eine Übertragung oder Verpfändung von Ansprüchen auf Geldleistungen steht einer Aufrechnung oder Verrechnung auch dann nicht entgegen, wenn der Leistungsträger beim Erwerb des Anspruchs von der Übertragung oder Verpfändung Kenntnis hatte.

§ 54 Pfändung. (1) Ansprüche auf Dienst- und Sachleistungen können nicht gepfändet werden.

(2) Ansprüche auf einmalige Geldleistungen können nur gepfändet werden, soweit nach den Umständen des Falles, insbesondere nach den Einkommens- und Vermögensverhältnissen des Leistungsberechtigten, der Art des beizutreibenden Anspruchs sowie der Höhe und der Zweckbestimmung der Geldleistung, die Pfändung der Billigkeit entspricht.

(3) Unpfändbar sind Ansprüche auf
1. Erziehungsgeld und vergleichbare Leistungen der Länder,
Fassung der Nr. 2 bis 31. 12. 2004:
2. Mutterschaftsgeld nach § 13 Abs. 1 des Mutterschutzgesetzes, soweit das Mutterschaftsgeld nicht aus einer Teilzeitbeschäftigung während der Elternzeit herrührt oder anstelle von Arbeitslosenhilfe gewährt wird, bis zur

Höhe des Erziehungsgeldes nach § 5 Abs. 1 des Bundeserziehungsgeldgesetzes,
Fassung der Nr. 2 ab 1. 1. 2005:
2. Mutterschaftsgeld nach § 13 Abs. 1 des Mutterschutzgesetzes, soweit das Mutterschaftsgeld nicht aus einer Teilzeitbeschäftigung während der Elternzeit herrührt, bis zur Höhe des Erziehungsgeldes nach § 5 Abs. 1 des Bundeserziehungsgeldgesetzes,
2a. Wohngeld, soweit nicht die Pfändung wegen Ansprüchen erfolgt, die Gegenstand der §§ 5 und 6 des Wohngeldgesetzes sind,[1)]
3. Geldleistungen, die dafür bestimmt sind, den durch einen Körper- oder Gesundheitsschaden bedingten Mehraufwand auszugleichen.

(4) Im übrigen können Ansprüche auf laufende Geldleistungen wie Arbeitseinkommen gepfändet werden.

(5) [1]Ein Anspruch des Leistungsberechtigten auf Geldleistungen für Kinder (§ 48 Abs. 1 Satz 2) kann nur wegen gesetzlicher Unterhaltsansprüche eines Kindes, das bei der Festsetzung der Geldleistungen berücksichtigt wird, gepfändet werden. [2]Für die Höhe des pfändbaren Betrages bei Kindergeld gilt:
1. Gehört das unterhaltsberechtigte Kind zum Kreis der Kinder, für die dem Leistungsberechtigten Kindergeld gezahlt wird, so ist eine Pfändung bis zu dem Betrag möglich, der bei gleichmäßiger Verteilung des Kindergeldes auf jedes dieser Kinder entfällt. Ist das Kindergeld durch die Berücksichtigung eines weiteren Kindes erhöht, für das einer dritten Person Kindergeld oder dieser oder dem Leistungsberechtigten eine andere Geldleistung für Kinder zusteht, so bleibt der Erhöhungsbetrag bei der Bestimmung des pfändbaren Betrages des Kindergeldes nach Satz 1 außer Betracht.
2. Der Erhöhungsbetrag (Nummer 1 Satz 2) ist zugunsten jedes bei der Festsetzung des Kindergeldes berücksichtigten unterhaltsberechtigten Kindes zu dem Anteil pfändbar, der sich bei gleichmäßiger Verteilung auf alle Kinder, die bei der Festsetzung des Kindergeldes zugunsten des Leistungsberechtigten berücksichtigt werden, ergibt.

§ 55 Kontenpfändung und Pfändung von Bargeld. (1) [1]Wird eine Geldleistung auf das Konto des Berechtigten bei einem Geldinstitut überwiesen, ist die Forderung, die durch die Gutschrift entsteht, für die Dauer von sieben Tagen seit der Gutschrift der Überweisung unpfändbar. [2]Eine Pfändung des Guthabens gilt als mit der Maßgabe ausgesprochen, daß sie das Guthaben in Höhe der in Satz 1 bezeichneten Forderung während der sieben Tage nicht erfaßt.

(2) [1]Das Geldinstitut ist dem Schuldner innerhalb der sieben Tage zur Leistung aus dem nach Absatz 1 Satz 2 von der Pfändung nicht erfaßten Guthaben nur soweit verpflichtet, als der Schuldner nachweist oder als dem Geldinstitut sonst bekannt ist, daß das Guthaben von der Pfändung nicht erfaßt ist. [2]Soweit das Geldinstitut hiernach geleistet hat, gilt Absatz 1 Satz 2 nicht.

(3) [1]Eine Leistung, die das Geldinstitut innerhalb der sieben Tage aus dem nach Absatz 1 Satz 2 von der Pfändung nicht erfaßten Guthaben an den Gläubiger bewirkt, ist dem Schuldner gegenüber unwirksam. [2]Das gilt auch für eine Hinterlegung.

[1)] § 54 Abs. 3 Nr. 2a eingef. **mWv 1. 1. 2005** durch G v. 24. 12. 2003 (BGBl. I S. 2954).

(4) Bei Empfängern laufender Geldleistungen sind die in Absatz 1 genannten Forderungen nach Ablauf von sieben Tagen seit der Gutschrift sowie Bargeld insoweit nicht der Pfändung unterworfen, als ihr Betrag dem unpfändbaren Teil der Leistungen für die Zeit von der Pfändung bis zum nächsten Zahlungstermin entspricht.

§ 56 Sonderrechtsnachfolge. (1) ¹Fällige Ansprüche auf laufende Geldleistungen stehen beim Tode des Berechtigten nacheinander
1. dem Ehegatten,
1a. dem Lebenspartner,
2. den Kindern,
3. den Eltern,
4. dem Haushaltsführer

zu, wenn diese mit dem Berechtigten zur Zeit seines Todes in einem gemeinsamen Haushalt gelebt haben oder von ihm wesentlich unterhalten worden sind. ²Mehreren Personen einer Gruppe stehen die Ansprüche zu gleichen Teilen zu.

(2) Als Kinder im Sinne des Absatzes 1 Satz 1 Nr. 2 gelten auch
1. Stiefkinder und Enkel, die in den Haushalt des Berechtigten aufgenommen sind,
2. Pflegekinder (Personen, die mit dem Berechtigten durch ein auf längere Dauer angelegtes Pflegeverhältnis mit häuslicher Gemeinschaft wie Kinder mit Eltern verbunden sind),
3. Geschwister des Berechtigten, die in seinen Haushalt aufgenommen worden sind.

(3) Als Eltern im Sinne des Absatzes 1 Satz 1 Nr. 3 gelten auch
1. sonstige Verwandte der geraden aufsteigenden Linie,
2. Stiefeltern,
3. Pflegeeltern (Personen, die den Berechtigten als Pflegekind aufgenommen haben).

(4) Haushaltsführer im Sinne des Absatzes 1 Satz 1 Nr. 4 ist derjenige Verwandte oder Verschwägerte, der an Stelle des verstorbenen oder geschiedenen oder an der Führung des Haushalts aus gesundheitlichen Gründen dauernd gehinderten Ehegatten oder Lebenspartners den Haushalt des Berechtigten mindestens ein Jahr lang vor dessen Tod geführt hat und von diesem überwiegend unterhalten worden ist.

§ 57 Verzicht und Haftung des Sonderrechtsnachfolgers. (1) ¹Der nach § 56 Berechtigte kann auf die Sonderrechtsnachfolge innerhalb von sechs Wochen nach ihrer Kenntnis durch schriftliche Erklärung gegenüber dem Leistungsträger verzichten. ²Verzichtet er innerhalb dieser Frist, gelten die Ansprüche als auf ihn nicht übergegangen. ³Sie stehen den Personen zu, die ohne den Verzichtenden nach § 56 berechtigt wären.

(2) ¹Soweit Ansprüche auf den Sonderrechtsnachfolger übergegangen sind, haftet er für die nach diesem Gesetzbuch bestehenden Verbindlichkeiten des Verstorbenen gegenüber dem für die Ansprüche zuständigen Leistungsträger. ²Insoweit entfällt eine Haftung des Erben. ³Eine Aufrechnung und Verrech-

nung nach den §§ 51 und 52 ist ohne die dort genannten Beschränkungen der Höhe zulässig.

§ 58 Vererbung. ¹Soweit fällige Ansprüche auf Geldleistungen nicht nach den §§ 56 und 57 einem Sonderrechtsnachfolger zustehen, werden sie nach den Vorschriften des Bürgerlichen Gesetzbuchs vererbt. ²Der Fiskus als gesetzlicher Erbe kann die Ansprüche nicht geltend machen.

§ 59 Ausschluß der Rechtsnachfolge. ¹Ansprüche auf Dienst- und Sachleistungen erlöschen mit dem Tode des Berechtigten. ²Ansprüche auf Geldleistungen erlöschen nur, wenn sie im Zeitpunkt des Todes des Berechtigten weder festgestellt sind noch ein Verwaltungsverfahren über sie anhängig ist.

Dritter Titel. Mitwirkung des Leistungsberechtigten

§ 60 Angabe von Tatsachen. (1) ¹Wer Sozialleistungen beantragt oder erhält, hat
1. alle Tatsachen anzugeben, die für die Leistung erheblich sind, und auf Verlangen des zuständigen Leistungsträgers der Erteilung der erforderlichen Auskünfte durch Dritte zuzustimmen,
2. Änderungen in den Verhältnissen, die für die Leistung erheblich sind oder über die im Zusammenhang mit der Leistung Erklärungen abgegeben worden sind, unverzüglich mitzuteilen,
3. Beweismittel zu bezeichnen und auf Verlangen des zuständigen Leistungsträgers Beweisurkunden vorzulegen oder ihrer Vorlage zuzustimmen.

²Satz 1 gilt entsprechend für denjenigen, der Leistungen zu erstatten hat.

(2) Soweit für die in Absatz 1 Satz 1 Nr. 1 und 2 genannten Angaben Vordrucke vorgesehen sind, sollen diese benutzt werden.

§ 61 Persönliches Erscheinen. Wer Sozialleistungen beantragt oder erhält, soll auf Verlangen des zuständigen Leistungsträgers zur mündlichen Erörterung des Antrags oder zur Vornahme anderer für die Entscheidung über die Leistung notwendiger Maßnahmen persönlich erscheinen.

§ 62 Untersuchungen. Wer Sozialleistungen beantragt oder erhält, soll sich auf Verlangen des zuständigen Leistungsträgers ärztlichen und psychologischen Untersuchungsmaßnahmen unterziehen, soweit diese für die Entscheidung über die Leistung erforderlich sind.

§ 63 Heilbehandlung. Wer wegen Krankheit oder Behinderung Sozialleistungen beantragt oder erhält, soll sich auf Verlangen des zuständigen Leistungsträgers einer Heilbehandlung unterziehen, wenn zu erwarten ist, daß sie eine Besserung seines Gesundheitszustands herbeiführen oder eine Verschlechterung verhindern wird.

§ 64 Leistungen zur Teilhabe am Arbeitsleben. Wer wegen Minderung der Erwerbsfähigkeit oder wegen Arbeitslosigkeit Sozialleistungen beantragt oder erhält, soll auf Verlangen des zuständigen Leistungsträgers an Leistungen zur Teilhabe am Arbeitsleben teilnehmen, wenn bei angemessener Berücksichtigung seiner beruflichen Neigung und seiner Leistungsfähigkeit zu erwarten ist, daß sie seine Erwerbs- oder Vermittlungsfähigkeit auf Dauer fördern oder erhalten werden.

§ 65 Grenzen der Mitwirkung. (1) Die Mitwirkungspflichten nach den §§ 60 bis 64 bestehen nicht, soweit

1. ihre Erfüllung nicht in einem angemessenen Verhältnis zu der in Anspruch genommenen Sozialleistung oder ihrer Erstattung steht oder
2. ihre Erfüllung dem Betroffenen aus einem wichtigen Grund nicht zugemutet werden kann oder
3. der Leistungsträger sich durch einen geringeren Aufwand als der Antragsteller oder Leistungsberechtigte die erforderlichen Kenntnisse selbst beschaffen kann.

(2) Behandlungen und Untersuchungen,

1. bei denen im Einzelfall ein Schaden für Leben oder Gesundheit nicht mit hoher Wahrscheinlichkeit ausgeschlossen werden kann,
2. die mit erheblichen Schmerzen verbunden sind oder
3. die einen erheblichen Eingriff in die körperliche Unversehrtheit bedeuten, können abgelehnt werden.

(3) Angaben, die dem Antragsteller, dem Leistungsberechtigten oder ihnen nahestehende Personen (§ 383 Abs. 1 Nr. 1 bis 3 der Zivilprozeßordnung) die Gefahr zuziehen würde, wegen einer Straftat oder einer Ordnungswidrigkeit verfolgt zu werden, können verweigert werden.

§ 65a Aufwendungsersatz. (1) [1]Wer einem Verlangen des zuständigen Leistungsträgers nach den §§ 61 oder 62 nachkommt, kann auf Antrag Ersatz seiner notwendigen Auslagen und seines Verdienstausfalles in angemessenem Umfang erhalten. [2]Bei einem Verlangen des zuständigen Leistungsträgers nach § 61 sollen Aufwendungen nur in Härtefällen ersetzt werden.

(2) Absatz 1 gilt auch, wenn der zuständige Leistungsträger ein persönliches Erscheinen oder eine Untersuchung nachträglich als notwendig anerkennt.

§ 66 Folgen fehlender Mitwirkung. (1) [1]Kommt derjenige, der eine Sozialleistung beantragt oder erhält, seinen Mitwirkungspflichten nach den §§ 60 bis 62, 65 nicht nach und wird hierdurch die Aufklärung des Sachverhalts erheblich erschwert, kann der Leistungsträger ohne weitere Ermittlungen die Leistung bis zur Nachholung der Mitwirkung ganz oder teilweise versagen oder entziehen, soweit die Voraussetzungen der Leistung nicht nachgewiesen sind. [2]Dies gilt entsprechend, wenn der Antragsteller oder Leistungsberechtigte in anderer Weise absichtlich die Aufklärung des Sachverhalts erheblich erschwert.

(2) Kommt derjenige, der eine Sozialleistung wegen Pflegebedürftigkeit, wegen Arbeitsunfähigkeit, wegen Gefährdung oder Minderung der Erwerbsfähigkeit oder wegen Arbeitslosigkeit beantragt oder erhält, seinen Mitwirkungspflichten nach den §§ 62 bis 65 nicht nach und ist unter Würdigung aller Umstände mit Wahrscheinlichkeit anzunehmen, daß deshalb die Fähigkeit zur selbständigen Lebensführung, die Arbeits-, Erwerbs- oder Vermittlungsfähigkeit beeinträchtigt oder nicht verbessert wird, kann der Leistungsträger die Leistung bis zur Nachholung der Mitwirkung ganz oder teilweise versagen oder entziehen.

(3) Sozialleistungen dürfen wegen fehlender Mitwirkung nur versagt oder entzogen werden, nachdem der Leistungsberechtigte auf diese Folge schriftlich hingewiesen worden ist und seiner Mitwirkungspflicht nicht innerhalb einer ihm gesetzten angemessenen Frist nachgekommen ist.

§ 67 Nachholung der Mitwirkung. Wird die Mitwirkung nachgeholt und liegen die Leistungsvoraussetzungen vor, kann der Leistungsträger Sozialleistungen, die er nach § 66 versagt oder entzogen hat, nachträglich ganz oder teilweise erbringen.

Vierter Abschnitt. Übergangs- und Schlussvorschriften

§ 68 Besondere Teile dieses Gesetzbuches. Bis zu ihrer Einordnung in dieses Gesetzbuch gelten die nachfolgenden Gesetze mit den zu ihrer Ergänzung und Änderung erlassenen Gesetzen als dessen besondere Teile:
1. das Bundesausbildungsförderungsgesetz,
2. *(aufgehoben)*
3. die Reichsversicherungsordnung,
4. das Gesetz über die Alterssicherung der Landwirte,
5. das Gesetz über die Krankenversicherung der Landwirte,
6. das Zweite Gesetz über die Krankenversicherung der Landwirte,
7. das Bundesversorgungsgesetz, auch soweit andere Gesetze, insbesondere
   a) § 80 des Soldatenversorgungsgesetzes
   b) § 59 Abs. 1 des Bundesgrenzschutzgesetzes,
   c) § 47 des Zivildienstgesetzes,
   d) § 60 des Infektionsschutzgesetzes,
   e) §§ 4 und 5 des Häftlingshilfegesetzes,
   f) § 1 des Opferentschädigungsgesetzes
   g) §§ 21 und 22 des Strafrechtlichen Rehabilitierungsgesetzes,
   h) §§ 3 und 4 des Verwaltungsrechtlichen Rehabilitierungsgesetzes,
   die entsprechende Anwendung der Leistungsvorschriften des Bundesversorgungsgesetzes vorsehen,
8. das Gesetz über das Verwaltungsverfahren der Kriegsopferversorgung,
9. das Bundeskindergeldgesetz,
10. das Wohngeldgesetz und das Wohngeldsondergesetz,

Fassung der Nr. 11 bis 31. 12. 2004:
11. das Bundessozialhilfegesetz, auch soweit § 9 Abs. 4 des Asylbewerberleistungsgesetzes die entsprechende Anwendung des Bundessozialhilfegesetzes vorsieht,

Fassung der Nr. 11 ab 1. 1. 2005:
11. *(aufgehoben)*
12. das Adoptionsvermittlungsgesetz,
13. *(aufgehoben)*
14. das Unterhaltsvorschussgesetz,
15. der Erste Abschnitt des Bundeserziehungsgeldgesetzes,
16. das Altersteilzeitgesetz,

17. das Gesetz zur Hilfe für Frauen bei Schwangerschaftsabbrüchen in besonderen Fällen,
18. das Gesetz über eine bedarfsorientierte Grundsicherung im Alter und bei Erwerbsminderung.

§ 69 Stadtstaaten-Klausel. Die Senate der Länder Berlin, Bremen und Hamburg werden ermächtigt, die Vorschriften dieses Buches über die Zuständigkeit von Behörden dem besonderen Verwaltungsaufbau ihrer Länder anzupassen.

§ 70 Überleitungsvorschrift zum Verjährungsrecht. Artikel 229 § 6 Abs. 1 und 2 des Einführungsgesetzes zum Bürgerlichen Gesetzbuche gilt entsprechend bei der Anwendung des § 45 Abs. 2 und 3 in der seit dem 1. Januar 2002 geltenden Fassung.

3. Sozialgesetzbuch (SGB) Viertes Buch (IV) – Gemeinsame Vorschriften für die Sozialversicherung –[1) 2) 3)]

Vom 23. Dezember 1976
(BGBl. I S. 3845)

FNA 860-4-1

zuletzt geänd. durch Art. 5 G zur Intensivierung der Bekämpfung der Schwarzarbeit und damit zusammenhängender Steuerhinterziehung v. 23. 7. 2004 (BGBl. I S. 1842)

Inhaltsübersicht

	§§
Erster Abschnitt. Grundsätze und Begriffsbestimmungen	
Erster Titel. Geltungsbereich und Umfang der Versicherung	
Sachlicher Geltungsbereich	1
Versicherter Personenkreis	2
Persönlicher und räumlicher Geltungsbereich	3
Ausstrahlung	4
Einstrahlung	5
Vorbehalt abweichender Regelungen	6
Zweiter Titel. Beschäftigung und selbständige Tätigkeit	
Beschäftigung	7
Anfrageverfahren	7a
Beitragsrückstände	7b
Übergangsregelung für Beitragsrückstände	7c
Insolvenzschutz	7d
Geringfügige Beschäftigung und geringfügige selbständige Tätigkeit	8
Geringfügige Beschäftigung in Privathaushalten	8a
Beschäftigungsort	9
Beschäftigungsort für besondere Personengruppen	10
Tätigkeitsort	11
Hausgewerbetreibende, Heimarbeiter und Zwischenmeister	12
Reeder, Seeleute und Deutsche Seeschiffe	13
Dritter Titel. Arbeitsentgelt und sonstiges Einkommen	
Arbeitsentgelt	14
Arbeitseinkommen	15
Gesamteinkommen	16
Verordnungsermächtigung	17
Umrechnung von ausländischem Einkommen	17a
Bezugsgröße	18

[1)] Verkündet als Art. 1 Sozialgesetzbuch (SGB) Viertes Buch IV - Gemeinsame Vorschriften für die Sozialversicherung - v. 23. 12. 1976 (BGBl. I S. 3845); Inkrafttreten gem. Art. 2 § 21 dieses G am 1. 7. 1977.

[2)] Soweit bei den einzelnen Paragraphen nichts anderes bestimmt ist, tritt dieses Gesetz für das Gebiet der ehem. DDR aufgrund des EVertr. v. 31. 8. 1990 (BGBl. II S. 889, 1046) mit Maßgaben in Kraft.

[3)] Die Änderungen durch das Zweite Dienstleistungs-ModernisierungsG v. 23. 12. 2002 (BGBl. I S. 4621) treten teilweise erst am 1. 1. 2006 in Kraft und sind insoweit im Text noch nicht berücksichtigt.

Vierter Titel. Einkommen beim Zusammentreffen mit Renten wegen Todes

Art des zu berücksichtigenden Einkommens	18a
Höhe des zu berücksichtigenden Einkommens	18b
Erstmalige Ermittlung des Einkommens	18c
Einkommensänderungen	18d
Ermittlung von Einkommensänderungen	18e

Fünfter Titel. Erhebung, Verarbeitung und Nutzung der Versicherungsnummer

Zulässigkeit der Erhebung, Verarbeitung und Nutzung	18f
Angabe der Versicherungsnummer	18g

Sechster Titel. *(aufgehoben)*

(aufgehoben)	18h

Zweiter Abschnitt. Leistungen und Beiträge

Erster Titel. Leistungen

Leistungen auf Antrag oder von Amts wegen	19

Zweiter Titel. Beiträge

Aufbringung der Mittel, Gleitzone	20
Bemessung der Beiträge	21
Entstehen der Beitragsansprüche, Zusammentreffen mehrerer Versicherungsverhältnisse	22
Fälligkeit	23
Einmalig gezahltes Arbeitsentgelt als beitragspflichtige Einnahmen	23a
Beitragspflichtige Einnahmen bei flexiblen Arbeitszeitregelungen	23b
Säumniszuschlag	24
Verjährung	25
Beanstandung und Erstattung zu Unrecht entrichteter Beiträge	26
Verzinsung und Verjährung des Erstattungsanspruchs	27
Verrechnung und Aufrechnung des Erstattungsanspruchs	28

Dritter Abschnitt. Meldepflichten des Arbeitgebers, Gesamtsozialversicherungsbeitrag

Erster Titel. Meldungen des Arbeitgebers und ihre Weiterleitung

Meldepflicht	28a
Aufgaben der Einzugsstelle bei Meldungen, gemeinsame Grundsätze	28b
Verordnungsermächtigung	28c

Zweiter Titel. Verfahren und Haftung bei der Beitragszahlung

Gesamtsozialversicherungsbeitrag	28d
Zahlungspflicht, Vorschuss	28e
Aufzeichnungspflicht, Nachweise der Beitragsabrechnung und der Beitragszahlung	28f
Beitragsabzug	28g
Einzugsstellen	28h
Zuständige Einzugsstelle	28i
Weiterleitung von Beiträgen	28k
Vergütung	28l
Sonderregelungen für bestimmte Personengruppen	28m
Verordnungsermächtigung	28n

Dritter Titel. Auskunfts- und Vorlagepflicht, Prüfung, Schadensersatzpflicht und Verzinsung

Auskunfts- und Vorlagepflicht des Beschäftigten	28o
Prüfung bei den Arbeitgebern	28p
Prüfung bei den Einzugsstellen und den Trägern der Rentenversicherung	28q
Schadensersatzpflicht, Verzinsung	28r

Vierter Abschnitt. Träger der Sozialversicherung

Erster Titel. Verfassung

Rechtsstellung	29
Eigene und übertragene Aufgaben	30
Organe	31

4. Buch. Gem. Vorschriften Sozialversicherung — SGB IV 3

Gemeinsame Organe	32
Vertreterversammlung, Verwaltungsrat	33
Satzung	34
Vorstand	35
Vorstand bei Orts-, Betriebs- und Innungskrankenkassen sowie Ersatzkassen	35a
Geschäftsführer	36
Besondere Ausschüsse	36a
Verhinderung von Organen	37
Beanstandung von Rechtsverstößen	38
Versichertenälteste und Vertrauenspersonen	39
Ehrenämter	40
Entschädigung der ehrenamtlich Tätigen	41
Haftung	42

Zweiter Titel. Zusammensetzung, Wahl und Verfahren der Selbstverwaltungsorgane, Versichertenältesten und Vertrauenspersonen

Mitglieder der Selbstverwaltungsorgane	43
Zusammensetzung der Selbstverwaltungsorgane	44
Sozialversicherungswahlen	45
Wahl der Vertreterversammlung	46
Gruppenzugehörigkeit	47
Vorschlagslisten	48
Vorschlagsrecht der Arbeitnehmervereinigungen	48a
Feststellungsverfahren	48b
Feststellung der allgemeinen Vorschlagsberechtigung	48c
(aufgehoben)	48d
Stimmenzahl	49
Wahlrecht	50
Wählbarkeit	51
Wahl des Vorstandes	52
Wahlorgane	53
Durchführung der Wahl	54
(aufgehoben)	54a
Wahlunterlagen und Mitwirkung der Arbeitgeber	55
Wahlordnung	56
Rechtsbehelfe im Wahlverfahren	57
Amtsdauer	58
Verlust der Mitgliedschaft	59
Ergänzung der Selbstverwaltungsorgane	60
Wahl der Versichertenältesten und der Vertrauenspersonen	61
Vorsitzende der Selbstverwaltungsorgane	62
Beratung	63
Beschlussfassung	64
Getrennte Abstimmung	65
Erledigungsausschüsse	66

Dritter Titel. Haushalts- und Rechnungswesen

Aufstellung des Haushaltsplans	67
Bedeutung und Wirkung des Haushaltsplans	68
Ausgleich, Wirtschaftlichkeit und Sparsamkeit, Kosten- und Leistungsrechnung	69
Haushaltsplan	70
Haushaltsplan der Bundesknappschaft	71
Haushaltsplan der Bundesagentur für Arbeit	71a
Veranschlagung der Arbeitsmarktmittel der Bundesagentur für Arbeit	71b
Eingliederungsrücklage der Bundesagentur für Arbeit	71c
Haushaltspläne der Träger der landwirtschaftlichen Sozialversicherung	71d
Vorläufige Haushaltsführung	72
Überplanmäßige und außerplanmäßige Ausgaben	73
Nachtragshaushalt	74
Verpflichtungsermächtigungen	75
Erhebung der Einnahmen	76
Rechnungsabschluss, Jahresrechnung und Entlastung	77

3 SGB IV Sozialgesetzbuch

Geltung von Haushaltsvorschriften des Bundes für die Bundesanstalt[1]) für Arbeit	77a
(aufgehoben)	77b
Verordnungsermächtigung	78
Geschäftsübersichten und Statistiken der Sozialversicherung	79

Vierter Titel. Vermögen

Verwaltung der Mittel	80
Betriebsmittel	81
Rücklage	82
Anlegung der Rücklage	83
Beleihung von Grundstücken	84
Genehmigungsbedürftige Vermögensanlagen	85
Ausnahmegenehmigung	86

Fünfter Titel. Aufsicht

Umfang der Aufsicht	87
Prüfung und Unterrichtung	88
Aufsichtsmittel	89
Aufsichtsbehörden	90
Zuständigkeitsbereich	90a

Fünfter Abschnitt. Versicherungsbehörden

Arten	91
Versicherungsämter	92
Aufgaben der Versicherungsämter	93
Bundesversicherungsamt	94

Sechster Abschnitt. Sozialversicherungsausweis

Grundsatz	95
Ausstellung des Sozialversicherungsausweises	96
Inhalt	97
Pflichten des Arbeitgebers	98
Pflichten des Beschäftigten	99
(weggefallen)	100
Verordnungsermächtigung	101
(aufgehoben)	102–106
Prüfungen	107
(weggefallen)	108
Ausnahmen	109
(weggefallen)	110

Siebter Abschnitt. Aufbewahrung von Unterlagen

Aufbewahrungspflicht	110a
Rückgabe, Vernichtung und Archivierung von Unterlagen	110b
Verwaltungsvereinbarungen, Verordnungsermächtigung	110c
Beweiswirkung	110d

Achter Abschnitt. Bußgeldvorschriften

Bußgeldvorschriften	111
Allgemeines über Bußgeldvorschriften	112
Zusammenarbeit mit anderen Behörden	113

Neunter Abschnitt. Übergangsvorschriften

Einkommen beim Zusammentreffen mit Renten wegen Todes	114
Entgeltumwandlung	115
Überleitungsvorschrift zum Verjährungsrecht	115a
Löschung der besonderen Datei der Datenstelle der Rentenversicherung	116
Verwaltungsausgaben der Bundesknappschaft	117

---

[1]) Richtig wohl: „Bundesagentur".

Erster Abschnitt. Grundsätze und Begriffsbestimmungen

Erster Titel. Geltungsbereich und Umfang der Versicherung

§ 1 Sachlicher Geltungsbereich. (1) ¹Die Vorschriften dieses Buches gelten für die gesetzliche Kranken-, Unfall- und Rentenversicherung einschließlich der Alterssicherung der Landwirte sowie die soziale Pflegeversicherung (Versicherungszweige). ²Die Vorschriften dieses Buches gelten mit Ausnahme des Ersten und Zweiten Titels des Vierten Abschnitts und des Fünften Abschnitts auch für die Arbeitsförderung. ³Die Bundesagentur für Arbeit gilt im Sinne dieses Buches als Versicherungsträger.

Fassung des Abs. 2 bis 31. 12. 2004:

(2) Die Vorschriften des Sechsten Abschnitts gelten auch für die Sozialhilfe.

Fassung des Abs. 2 ab 1. 1. 2005:

(2) Die Vorschriften des Sechsten Abschnitts gelten auch für die Sozialhilfe und die Grundsicherung für Arbeitsuchende; außerdem gelten die §§ 18f und 18g für die Grundsicherung für Arbeitsuchende.

(3) Regelungen in den Sozialleistungsbereichen dieses Gesetzbuches, die in den Absätzen 1 und 2 genannt sind, bleiben unberührt, soweit sie von den Vorschriften dieses Buches abweichen.

§ 2 Versicherter Personenkreis. (1) Die Sozialversicherung umfaßt Personen, die kraft Gesetzes oder Satzung (Versicherungspflicht) oder auf Grund freiwilligen Beitritts oder freiwilliger Fortsetzung der Versicherung (Versicherungsberechtigung) versichert sind.

(1a) Deutsche im Sinne der Vorschriften über die Sozialversicherung und die Arbeitsförderung sind Deutsche im Sinne des Artikels 116 des Grundgesetzes.

(2) In allen Zweigen der Sozialversicherung sind nach Maßgabe der besonderen Vorschriften für die einzelnen Versicherungszweige versichert
1. Personen, die gegen Arbeitsentgelt oder zu ihrer Berufsausbildung beschäftigt sind,
2. behinderte Menschen, die in geschützten Einrichtungen beschäftigt werden,
3. Landwirte.

(3) ¹Deutsche Seeleute, die auf einem Seeschiff beschäftigt sind, das nicht berechtigt ist, die Bundesflagge zu führen, werden auf Antrag des Reeders
1. in der gesetzlichen Kranken-, Renten- und Pflegeversicherung versichert und in die Versicherungspflicht nach dem Dritten Buch einbezogen,
2. in der gesetzlichen Unfallversicherung versichert, wenn der Reeder das Seeschiff der Unfallverhütung und Schiffssicherheitsüberwachung durch die See-Berufsgenossenschaft unterstellt hat und der Staat, dessen Flagge das Seeschiff führt, dem nicht widerspricht.

²Für deutsche Seeleute, die ihren Wohnsitz oder gewöhnlichen Aufenthalt im Inland haben, und auf einem Seeschiff beschäftigt sind, das im überwiegenden wirtschaftlichen Eigentum eines deutschen Reeders mit Sitz im Inland steht, ist der Reeder verpflichtet, einen Antrag nach Satz 1 Nr. 1 und unter den

Voraussetzungen des Satzes 1 Nr. 2 einen Antrag nach Satz 1 Nr. 2 zu stellen. ³Der Reeder hat aufgrund der Antragstellung gegenüber den Versicherungsträgern die Pflichten eines Arbeitgebers. ⁴Ein Reeder mit Sitz im Ausland hat für die Erfüllung seiner Verbindlichkeiten gegenüber den Versicherungsträgern einen Bevollmächtigten im Inland zu bestellen. ⁵Der Reeder und der Bevollmächtigte haften gegenüber den Versicherungsträgern als Gesamtschuldner; sie haben auf Verlangen entsprechende Sicherheit zu leisten.

(4) Die Versicherung weiterer Personengruppen in einzelnen Versicherungszweigen ergibt sich aus den für sie geltenden besonderen Vorschriften.

§ 3 Persönlicher und räumlicher Geltungsbereich. Die Vorschriften über die Versicherungspflicht und die Versicherungsberechtigung gelten,

1. soweit sie eine Beschäftigung oder eine selbständige Tätigkeit voraussetzen, für alle Personen, die im Geltungsbereich dieses Gesetzbuchs beschäftigt oder selbständig tätig sind,
2. soweit sie eine Beschäftigung oder eine selbständige Tätigkeit nicht voraussetzen, für alle Personen, die ihren Wohnsitz oder gewöhnlichen Aufenthalt im Geltungsbereich dieses Gesetzbuchs haben.

§ 4[1] Ausstrahlung. (1) Soweit die Vorschriften über die Versicherungspflicht und die Versicherungsberechtigung eine Beschäftigung voraussetzen, gelten sie auch für Personen, die im Rahmen eines im Geltungsbereich dieses Gesetzbuchs bestehenden Beschäftigungsverhältnisses in ein Gebiet außerhalb dieses Geltungsbereichs entsandt werden, wenn die Entsendung infolge der Eigenart der Beschäftigung oder vertraglich im voraus zeitlich begrenzt ist.

(2) Für Personen, die eine selbständige Tätigkeit ausüben, gilt Absatz 1 entsprechend.

§ 5[1] Einstrahlung. (1) Soweit die Vorschriften über die Versicherungspflicht und die Versicherungsberechtigung eine Beschäftigung voraussetzen, gelten sie nicht für Personen, die im Rahmen eines außerhalb des Geltungsbereichs dieses Gesetzbuchs bestehenden Beschäftigungsverhältnisses in diesen Geltungsbereich entsandt werden, wenn die Entsendung infolge der Eigenart der Beschäftigung oder vertraglich im voraus zeitlich begrenzt ist.

(2) Für Personen, die eine selbständige Tätigkeit ausüben, gilt Absatz 1 entsprechend.

§ 6 Vorbehalt abweichender Regelungen. Regelungen des über- und zwischenstaatlichen Rechts bleiben unberührt.

---

[1] Für das Gebiet der ehem. DDR gilt zu den §§ 4 und 5 aufgrund des EVertr. v. 31. 8. 1990 (BGBl. II S. 889, 1046) folgende Maßgabe:
„Artikel I §§ 4 und 5 gilt auch entsprechend im Verhältnis der in Artikel 1 Abs. 1 des Vertrages genannten Länder (Brandenburg, Mecklenburg-Vorpommern, Sachsen, Sachsen-Anhalt, Thüringen) sowie des Teils des Landes Berlin, in dem das Grundgesetz bisher nicht galt, zu den übrigen Ländern, solange unterschiedliche Bezugsgrößen in der Sozialversicherung bestehen."

Zweiter Titel. Beschäftigung und selbständige Tätigkeit[1)]

§ 7 Beschäftigung. (1) [1]Beschäftigung ist die nichtselbständige Arbeit, insbesondere in einem Arbeitsverhältnis. [2]Anhaltspunkte für eine Beschäftigung sind eine Tätigkeit nach Weisungen und eine Eingliederung in die Arbeitsorganisation des Weisungsgebers.

(1a)[2)] [1]Ist für Zeiten einer Freistellung von der Arbeitsleistung Arbeitsentgelt fällig, das mit einer vor oder nach diesen Zeiten erbrachten Arbeitsleistung erzielt wird (Wertguthaben), besteht während der Freistellung eine Beschäftigung gegen Arbeitsentgelt, wenn

1. die Freistellung auf Grund einer schriftlichen Vereinbarung erfolgt und
2. die Höhe des für die Zeit der Freistellung und des für die vorausgegangenen zwölf Kalendermonate monatlich fälligen Arbeitsentgelts nicht unangemessen voneinander abweichen und diese Arbeitsentgelte 400 Euro übersteigen.

[2]Beginnt ein Beschäftigungsverhältnis mit einer Zeit der Freistellung, gilt Satz 1 Nr. 2 mit der Maßgabe, daß die Höhe des für die Zeit der Freistellung und des für die Zeit der Arbeitsleistung, mit der das Arbeitsentgelt später erzielt werden soll, monatlich fälligen Arbeitsentgelts nicht unangemessen voneinander abweichen darf und diese Arbeitsentgelte 400 Euro übersteigen müssen. [3]Eine Beschäftigung gegen Arbeitsentgelt besteht während der Zeit der Freistellung auch, wenn die Arbeitsleistung, mit der das Arbeitsentgelt später erzielt werden soll, wegen einer im Zeitpunkt der Vereinbarung nicht vorhersehbaren vorzeitigen Beendigung des Beschäftigungsverhältnisses nicht mehr erbracht werden kann. [4]Die Vertragsparteien können beim Abschluss der Vereinbarung nur für den Fall, dass Wertguthaben wegen der Beendigung der Beschäftigung auf Grund verminderter Erwerbsfähigkeit, des Erreichens einer Altersgrenze, zu der eine Rente wegen Alters beansprucht werden kann, oder des Todes des Beschäftigten nicht mehr für Zeiten einer Freistellung von der Arbeitsleistung verwendet werden können, einen anderen Verwendungszweck vereinbaren. [5]Die Sätze 1 bis 4 gelten nicht für Beschäftigte, auf die Wertguthaben übertragen werden. [6]Bis zur Herstellung einheitlicher Einkommensverhältnisse im Inland werden Wertguthaben, die durch Arbeitsleistung im Beitrittsgebiet erzielt werden, getrennt erfasst; sind für die Beitrags- oder Leistungsberechnung im Beitrittsgebiet und im übrigen Bundesgebiet unterschiedliche Werte vorgeschrieben, sind die Werte maßgebend, die für den Teil des Inlandes gelten, in dem das Wertguthaben erzielt worden ist.

(1b) Die Möglichkeit eines Arbeitnehmers zur Vereinbarung flexibler Arbeitszeiten gilt nicht als eine die Kündigung des Arbeitsverhältnisses durch den Arbeitgeber begründende Tatsache im Sinne des § 1 Abs. 2 Satz 1 des Kündigungsschutzgesetzes.

[1)] Siehe auch Art. 3 Gesetz zur Förderung der Selbständigkeit v. 20. 12. 1999 (BGBl. 2000 I S. 2), wonach ein Bescheid nur mit Wirkung vom 1. Januar 2000 an aufgehoben werden kann, wenn Zweifel bestanden, ob eine Beschäftigung oder eine selbständige Tätigkeit vorlag, und in einem Bescheid, der im Jahre 1999 unanfechtbar geworden ist, eine versicherungspflichtige Beschäftigung festgestellt worden ist.
[2)] **Amtl. Anm.: Übergangsregelung.** Beiträge, die auf Grund einer Vereinbarung nach § 7 Abs. 1a für Zeiten einer Freistellung von der Arbeitsleistung vor dem Zeitpunkt des Inkrafttretens dieses Gesetzes gezahlt worden sind, gelten als zu Recht entrichtete Beiträge.

(2) Als Beschäftigung gilt auch der Erwerb beruflicher Kenntnisse, Fertigkeiten oder Erfahrungen im Rahmen betrieblicher Berufsbildung.

(3) ¹Eine Beschäftigung gegen Arbeitsentgelt gilt als fortbestehend, solange das Beschäftigungsverhältnis ohne Anspruch auf Arbeitsentgelt fortdauert, jedoch nicht länger als einen Monat. ²Satz 1 gilt nicht, wenn Krankengeld, Verletztengeld, Versorgungskrankengeld, Übergangsgeld oder Mutterschaftsgeld oder nach gesetzlichen Vorschriften Erziehungsgeld bezogen oder Elternzeit in Anspruch genommen oder Wehrdienst oder Zivildienst geleistet wird.

(4) *Fassung des Satzes 1 bis 31. 12. 2004:*
¹Für Personen, die für eine selbständige Tätigkeit einen Zuschuss nach § 421l des Dritten Buches beantragen, wird widerlegbar vermutet, dass sie in dieser Tätigkeit als Selbständige tätig sind.
Fassung des Satzes 1 ab 1. 1. 2005:
¹Für Personen, die für eine selbständige Tätigkeit einen Zuschuss nach § 421l des Dritten Buches oder eine entsprechende Leistung nach § 16 des Zweiten Buches beantragen, wird widerlegbar vermutet, dass sie in dieser Tätigkeit als Selbständige tätig sind. ²Für die Dauer des Bezugs dieses Zuschusses gelten diese Personen als selbständig Tätige.

§ 7a Anfrageverfahren. (1) ¹Die Beteiligten können schriftlich eine Entscheidung beantragen, ob eine Beschäftigung vorliegt, es sei denn, die Einzugsstelle oder ein anderer Versicherungsträger hatte im Zeitpunkt der Antragstellung bereits ein Verfahren zur Feststellung einer Beschäftigung eingeleitet. ²Die Einzugsstelle hat einen Antrag nach Satz 1 zu stellen, wenn sich aus der Meldung des Arbeitgebers (§ 28a) ergibt, dass der Beschäftigte Angehöriger des Arbeitgebers oder geschäftsführender Gesellschafter einer Gesellschaft mit beschränkter Haftung ist.[1] ³Über den Antrag entscheidet abweichend von § 28h Abs. 2 die Bundesversicherungsanstalt für Angestellte.

(2) Die Bundesversicherungsanstalt für Angestellte entscheidet aufgrund einer Gesamtwürdigung aller Umstände des Einzelfalles, ob eine Beschäftigung vorliegt.

(3) ¹Die Bundesversicherungsanstalt für Angestellte teilt den Beteiligten schriftlich mit, welche Angaben und Unterlagen sie für ihre Entscheidung benötigt. ²Sie setzt den Beteiligten eine angemessene Frist, innerhalb der diese die Angaben zu machen und die Unterlagen vorzulegen haben.

(4) Die Bundesversicherungsanstalt für Angestellte teilt den Beteiligten mit, welche Entscheidung sie zu treffen beabsichtigt, bezeichnet die Tatsachen, auf die sie ihre Entscheidung stützen will, und gibt den Beteiligten Gelegenheit, sich zu der beabsichtigten Entscheidung zu äußern.

(5) Die Bundesversicherungsanstalt für Angestellte fordert die Beteiligten auf, innerhalb einer angemessenen Frist die Tatsachen anzugeben, die eine Widerlegung begründen, wenn diese die Vermutung widerlegen wollen.

(6) ¹Wird der Antrag nach Absatz 1 innerhalb eines Monats nach Aufnahme der Tätigkeit gestellt und stellt die Bundesversicherungsanstalt für Angestellte ein versicherungspflichtiges Beschäftigungsverhältnis fest, tritt die Ver-

---

[1] § 7a Abs. 1 Satz 2 eingef., bish. Satz 2 wird Satz 3 **mWv 1. 1. 2005** durch G v. 24. 12. 2003 (BGBl. I S. 2954).

sicherungspflicht mit der Bekanntgabe der Entscheidung ein, wenn der Beschäftigte
1. zustimmt und
2. er für den Zeitraum zwischen Aufnahme der Beschäftigung und der Entscheidung eine Absicherung gegen das finanzielle Risiko von Krankheit und zur Altersvorsorge vorgenommen hat, die der Art nach den Leistungen der gesetzlichen Krankenversicherung und der gesetzlichen Rentenversicherung entspricht.

[2]Der Gesamtsozialversicherungsbeitrag wird erst zu dem Zeitpunkt fällig, zu dem die Entscheidung, dass eine Beschäftigung vorliegt, unanfechtbar geworden ist.

(7) [1]Widerspruch und Klage gegen Entscheidungen, dass eine Beschäftigung vorliegt, haben aufschiebende Wirkung. [2]Eine Klage auf Erlass der Entscheidung ist abweichend von § 88 Abs. 1 des Sozialgerichtsgesetzes nach Ablauf von drei Monaten zulässig.

§ 7b Beitragsrückstände. Stellt ein Versicherungsträger außerhalb des Verfahrens nach § 7a fest, dass eine versicherungspflichtige Beschäftigung vorliegt, tritt die Versicherungspflicht erst mit dem Tag der Bekanntgabe dieser Entscheidung ein, wenn der Beschäftigte
1. zustimmt,
2. für den Zeitraum zwischen Aufnahme der Beschäftigung und der Entscheidung eine Absicherung gegen das finanzielle Risiko von Krankheit und zur Altersvorsorge vorgenommen hat, die der Art nach den Leistungen der gesetzlichen Krankenversicherung und der gesetzlichen Rentenversicherung entspricht, und
3. er oder sein Arbeitgeber weder vorsätzlich noch grob fahrlässig von einer selbständigen Tätigkeit ausgegangen ist.

§ 7c Übergangsregelung für Beitragsrückstände. [1]Bestehen Zweifel, ob eine Beschäftigung oder eine selbständige Tätigkeit vorliegt, und ist ein Antrag auf Entscheidung, ob eine Beschäftigung vorliegt, bis zum 30. Juni 2000 gestellt worden, tritt die Versicherungspflicht mit der Bekanntgabe der Entscheidung der Bundesversicherungsanstalt für Angestellte ein, dass ein versicherungspflichtiges Beschäftigungsverhältnis vorliegt; § 7a Abs. 6 Satz 2 gilt entsprechend. [2]Satz 1 findet keine Anwendung, wenn
1. im Zeitpunkt der Antragstellung die Einzugsstelle oder ein anderer Versicherungsträger bereits eine Entscheidung, dass eine versicherungspflichtige Beschäftigung vorliegt, getroffen oder ein entsprechendes Verfahren eingeleitet hatte, oder
2. der Arbeitgeber seine Pflichten nach dem Dritten Abschnitt bis zu der Entscheidung vorsätzlich oder grob fahrlässig nicht erfüllt hat.

§ 7d Insolvenzschutz. (1) Die Vertragsparteien treffen im Rahmen ihrer Vereinbarungen nach § 7 Abs. 1a Vorkehrungen, die der Erfüllung der Wertguthaben einschließlich des auf sie entfallenden Arbeitgeberanteils am Gesamtsozialversicherungsbeitrag bei Zahlungsunfähigkeit des Arbeitgebers dienen, soweit
1. ein Anspruch auf Insolvenzgeld nicht besteht und

2. das Wertguthaben des Beschäftigten einschließlich des darauf entfallenden Arbeitgeberanteils am Gesamtsozialversicherungsbeitrag einen Betrag in Höhe des Dreifachen der monatlichen Bezugsgröße und der vereinbarte Zeitraum, in dem das Wertguthaben auszugleichen ist, 27 Kalendermonate nach der ersten Gutschrift übersteigt; in einem Tarifvertrag oder auf Grund eines Tarifvertrages in einer Betriebsvereinbarung kann ein von dem Dreifachen der monatlichen Bezugsgröße abweichender Betrag des Wertguthabens und ein von 27 Kalendermonaten abweichender Zeitraum vereinbart werden.

(2) Absatz 1 findet keine Anwendung gegenüber dem Bund, einem Land oder einer juristischen Person des öffentlichen Rechts, bei der das Insolvenzverfahren nicht zulässig ist.

(3) Der Arbeitgeber hat die Beschäftigten alsbald über die Vorkehrungen zum Insolvenzschutz in geeigneter Weise schriftlich zu unterrichten, wenn Wertguthaben die in Absatz 1 Nr. 2 genannten Voraussetzungen erfüllen.

§ 8[1] **Geringfügige Beschäftigung und geringfügige selbständige Tätigkeit.** (1) Eine geringfügige Beschäftigung liegt vor, wenn

1. das Arbeitsentgelt aus dieser Beschäftigung regelmäßig im Monat 400 Euro nicht übersteigt,
2. die Beschäftigung innerhalb eines Kalenderjahres auf längstens zwei Monate oder fünfzig Arbeitstage nach ihrer Eigenart begrenzt zu sein pflegt oder im voraus vertraglich begrenzt ist, es sei denn, daß die Beschäftigung berufsmäßig ausgeübt wird und ihr Entgelt 400 Euro im Monat übersteigt.

(2) [1]Bei der Anwendung des Absatzes 1 sind mehrere geringfügige Beschäftigungen nach Nummer 1 oder Nummer 2 sowie geringfügige Beschäftigungen nach Nummer 1 mit Ausnahme einer geringfügigen Beschäftigung nach Nummer 1 und nicht geringfügige Beschäftigungen zusammenzurechnen. [2]Eine geringfügige Beschäftigung liegt nicht mehr vor, sobald die Voraussetzungen des Absatzes 1 entfallen. [3]Wird bei der Zusammenrechnung nach Satz 1 festgestellt, dass die Voraussetzungen einer geringfügigen Beschäftigung nicht mehr vorliegen, tritt die Versicherungspflicht erst mit dem Tage der Bekanntgabe der Feststellung durch die Einzugsstelle oder einen Träger der Rentenversicherung ein.

(3) [1]Die Absätze 1 und 2 gelten entsprechend, soweit anstelle einer Beschäftigung eine selbständige Tätigkeit ausgeübt wird. [2]Dies gilt nicht für das Recht der Arbeitsförderung.

§ 8a Geringfügige Beschäftigung in Privathaushalten. [1]Werden geringfügige Beschäftigungen ausschließlich in Privathaushalten ausgeübt, gilt § 8. [2]Eine geringfügige Beschäftigung im Privathaushalt liegt vor, wenn diese durch einen privaten Haushalt begründet ist und die Tätigkeit sonst gewöhnlich durch Mitglieder des privaten Haushalts erledigt wird.

§ 9 Beschäftigungsort. (1) Beschäftigungsort ist der Ort, an dem die Beschäftigung tatsächlich ausgeübt wird.

---

[1] Beachte hierzu die Richtlinien für die versicherungsrechtliche Beurteilung von geringfügigen Beschäftigungen und geringfügigen selbständigen Tätigkeiten (Geringfügigkeits-Richtlinien) in der jeweils aktuellen Fassung.

(2) Als Beschäftigungsort gilt der Ort, an dem eine feste Arbeitsstätte errichtet ist, wenn Personen
1. von ihr aus mit einzelnen Arbeiten außerhalb der festen Arbeitsstätte beschäftigt werden oder
2. außerhalb der festen Arbeitsstätte beschäftigt werden und diese Arbeitsstätte sowie der Ort, an dem die Beschäftigung tatsächlich ausgeübt wird, im Bezirk desselben Versicherungsamts liegen.

(3) Sind Personen bei einem Arbeitgeber an mehreren festen Arbeitsstätten beschäftigt, gilt als Beschäftigungsort die Arbeitsstätte, in der sie überwiegend beschäftigt sind.

(4) Erstreckt sich eine feste Arbeitsstätte über den Bezirk mehrerer Gemeinden, gilt als Beschäftigungsort der Ort, an dem die Arbeitsstätte ihren wirtschaftlichen Schwerpunkt hat.

(5) ¹Ist eine feste Arbeitsstätte nicht vorhanden und wird die Beschäftigung an verschiedenen Orten ausgeübt, gilt als Beschäftigungsort der Ort, an dem der Betrieb seinen Sitz hat. ²Leitet eine Außenstelle des Betriebs die Arbeiten unmittelbar, ist der Sitz der Außenstelle maßgebend. ³Ist nach den Sätzen 1 und 2 ein Beschäftigungsort im Geltungsbereich dieses Gesetzbuchs nicht vorhanden, gilt als Beschäftigungsort der Ort, an dem die Beschäftigung erstmals im Geltungsbereich dieses Gesetzbuchs ausgeübt wird.

(6) ¹In den Fällen der Ausstrahlung gilt der bisherige Beschäftigungsort als fortbestehend. ²Ist ein solcher nicht vorhanden, gilt als Beschäftigungsort der Ort, an dem der Betrieb, von dem der Beschäftigte entsandt wird, seinen Sitz hat.

§ 10 Beschäftigungsort für besondere Personengruppen. (1) Für Personen, die ein freiwilliges soziales Jahr im Sinne des Gesetzes zur Förderung eines freiwilligen sozialen Jahres oder ein freiwilliges ökologisches Jahr im Sinne des Gesetzes zur Förderung eines freiwilligen ökologischen Jahres leisten, gilt als Beschäftigungsort der Ort, an dem der Träger des freiwilligen sozialen Jahres oder des freiwilligen ökologischen Jahres seinen Sitz hat.

(2) ¹Für Entwicklungshelfer[1]) gilt als Beschäftigungsort der Sitz des Trägers des Entwicklungsdienstes. ²Für auf Antrag im Ausland versicherte Deutsche gilt als Beschäftigungsort der Sitz der antragstellenden Stelle.

(3) ¹Für Seeleute gilt als Beschäftigungsort der Heimathafen des Seeschiffes. ²Ist ein Heimathafen im Geltungsbereich dieses Gesetzbuchs nicht vorhanden, gilt als Beschäftigungsort Hamburg.

§ 11 Tätigkeitsort. (1) Die Vorschriften über den Beschäftigungsort gelten für selbständige Tätigkeiten entsprechend, soweit sich nicht aus Absatz 2 Abweichendes ergibt.

(2) Ist eine feste Arbeitsstätte nicht vorhanden und wird die selbständige Tätigkeit an verschiedenen Orten ausgeübt, gilt als Tätigkeitsort der Ort des Wohnsitzes oder des gewöhnlichen Aufenthalts.

---

[1]) Beachte hierzu Entwicklungshelfer-Gesetz (EhfG) v. 18. 6. 1969 (BGBl. I S. 549, ber. 1976 S. 1871), zuletzt geänd. durch G v. 24. 12. 2003 (BGBl. I S. 2954).

§ 12 Hausgewerbetreibende, Heimarbeiter und Zwischenmeister.
(1) Hausgewerbetreibende sind selbständig Tätige, die in eigener Arbeitsstätte im Auftrag und für Rechnung von Gewerbetreibenden, gemeinnützigen Unternehmen oder öffentlich-rechtlichen Körperschaften gewerblich arbeiten, auch wenn sie Roh- oder Hilfsstoffe selbst beschaffen oder vorübergehend für eigene Rechnung tätig sind.

(2) Heimarbeiter sind sonstige Personen, die in eigener Arbeitsstätte im Auftrag und für Rechnung von Gewerbetreibenden, gemeinnützigen Unternehmen oder öffentlich-rechtlichen Körperschaften erwerbsmäßig arbeiten, auch wenn sie Roh- oder Hilfsstoffe selbst beschaffen; sie gelten als Beschäftigte.

(3) Als Arbeitgeber der Hausgewerbetreibenden oder Heimarbeiter gilt, wer die Arbeit unmittelbar an sie vergibt, als Auftraggeber der, in dessen Auftrag und für dessen Rechnung sie arbeiten.

(4) Zwischenmeister ist, wer, ohne Arbeitnehmer zu sein, die ihm übertragene Arbeit an Hausgewerbetreibende oder Heimarbeiter weitergibt.

(5) [1]Als Hausgewerbetreibende, Heimarbeiter oder Zwischenmeister gelten auch die nach § 1 Abs. 2 Buchstaben a, c und d des Heimarbeitsgesetzes gleichgestellten Personen. [2]Dies gilt nicht für das Recht der Arbeitsförderung.

§ 13 Reeder, Seeleute und Deutsche Seeschiffe. (1) [1]Reeder sind die Eigentümer von Seeschiffen. [2]Seeleute sind Kapitäne und Besatzungsmitglieder von Seeschiffen sowie sonstige Arbeitnehmer, die an Bord von Seeschiffen während der Reise im Rahmen des Schiffsbetriebs beschäftigt sind, mit Ausnahme der Lotsen.

(2) Als deutsche Seeschiffe gelten alle zur Seefahrt bestimmten Schiffe, die berechtigt sind, die Bundesflagge zu führen.

Dritter Titel. Arbeitsentgelt und sonstiges Einkommen[1)]

§ 14 Arbeitsentgelt. (1) [1]Arbeitsentgelt sind alle laufenden oder einmaligen Einnahmen aus einer Beschäftigung, gleichgültig, ob ein Rechtsanspruch auf die Einnahmen besteht, unter welcher Bezeichnung oder in welcher Form sie geleistet werden und ob sie unmittelbar aus der Beschäftigung oder im Zusammenhang mit ihr erzielt werden. [2]Arbeitsentgelt sind auch Entgeltteile, die durch Entgeltumwandlung nach § 1 Abs. 2 des Gesetzes zur Verbesserung der betrieblichen Altersversorgung für betriebliche Altersversorgung in den Durchführungswegen Direktzusage oder Unterstützungskasse verwendet werden. [3]Steuerfreie Aufwandsentschädigungen und die in § 3 Nr. 26 des Einkommensteuergesetzes genannten steuerfreien Einnahmen gelten nicht als Arbeitsentgelt.

(2) [1]Ist ein Nettoarbeitsentgelt vereinbart, gelten als Arbeitsentgelt die Einnahmen des Beschäftigten einschließlich der darauf entfallenden Steuern und

---

[1)] Der Ertragsanteil der Renten als sonstige Einkünfte ergibt sich aus § 2 iVm § 22 Nr. 1 Satz 3 Buchst. a Einkommensteuergesetz 2002 (EStG 2002) idF der Bek. v. 19. 10. 2002 (BGBl. I S. 4210, ber. S. 179), zuletzt geänd. durch G v. 30. 7. 2004 (BGBl. I S. 2013).

4. Buch. Gem. Vorschriften Sozialversicherung §§ 15–17 SGB IV 3

der seinem gesetzlichen Anteil entsprechenden Beiträge zur Sozialversicherung und zur Arbeitsförderung. ²Sind bei illegalen Beschäftigungsverhältnissen Steuern und Beiträge zur Sozialversicherung und zur Arbeitsförderung nicht gezahlt worden, gilt ein Nettoarbeitsentgelt als vereinbart.

(3) Bei Verwendung eines Haushaltsschecks (§ 28a Abs. 7) gilt der ausgezahlte Betrag zuzüglich der durch Abzug vom Arbeitslohn einbehaltenen Steuern als Arbeitsentgelt.

§ 15 Arbeitseinkommen. (1) ¹Arbeitseinkommen ist der nach den allgemeinen Gewinnermittlungsvorschriften des Einkommensteuerrechts ermittelte Gewinn aus einer selbständigen Tätigkeit. ²Einkommen ist als Arbeitseinkommen zu werten, wenn es als solches nach dem Einkommensteuerrecht zu bewerten ist.

(2) Bei Landwirten, deren Gewinn aus Land- und Forstwirtschaft nach § 13a des Einkommensteuergesetzes ermittelt wird, ist als Arbeitseinkommen der sich aus § 32 Abs. 6 des Gesetzes über die Alterssicherung der Landwirte ergebende Wert anzusetzen.

§ 16 Gesamteinkommen. Gesamteinkommen ist die Summe der Einkünfte im Sinne des Einkommensteuerrechts; es umfaßt insbesondere das Arbeitsentgelt und das Arbeitseinkommen.

§ 17 Verordnungsermächtigung. (1) ¹Die Bundesregierung wird ermächtigt, durch Rechtsverordnung mit Zustimmung des Bundesrates zur Wahrung der Belange der Sozialversicherung und der Arbeitsförderung, zur Förderung der betrieblichen Altersversorgung oder zur Vereinfachung des Beitragseinzugs zu bestimmen,

1. dass einmalige Einnahmen oder laufende Zulagen, Zuschläge, Zuschüsse oder ähnliche Einnahmen, die zusätzlich zu Löhnen oder Gehältern gewährt werden, und steuerfreie Einnahmen ganz oder teilweise nicht als Arbeitsentgelt gelten[1]),
2. dass Beiträge an Direktversicherungen und Zuwendungen an Pensionskassen oder Pensionsfonds ganz oder teilweise nicht als Arbeitsentgelt gelten,
3. wie das Arbeitsentgelt, das Arbeitseinkommen und das Gesamteinkommen zu ermitteln und zeitlich zuzurechnen sind,
4. den Wert der Sachbezüge nach dem tatsächlichen Verkehrswert im Voraus für jedes Kalenderjahr.

²Dabei ist eine möglichst weitgehende Übereinstimmung mit den Regelungen des Steuerrechts sicherzustellen.

(2) ¹Das Bundesministerium für Gesundheit und Soziale Sicherung bestimmt im voraus für jedes Kalenderjahr durch Rechtsverordnung mit Zustimmung des Bundesrates die Bezugsgröße (§ 18). ²Das Bundesministerium

---

[1]) Siehe VO über die Bestimmung des Arbeitsentgelts in der Sozialversicherung (Arbeitsentgeltverordnung - ArEV) idF der Bek. v. 18. 12. 1984 (BGBl. I S. 1642), zuletzt geänd. durch G v. 5. 7. 2004 (BGBl. I S. 1427).

für Gesundheit und Soziale Sicherung wird ermächtigt, durch Rechtsverordnung mit Zustimmung des Bundesrates auch sonstige aus der Bezugsgröße abzuleitende Beträge zu bestimmen.

§ 17a Umrechnung von ausländischem Einkommen. (1) [1]Ist Einkommen zu berücksichtigen, das in fremder Währung erzielt wird, wird es in Euro nach dem Referenzkurs umgerechnet, den die Europäische Zentralbank öffentlich bekanntgibt. [2]Wird für die fremde Währung von der Europäischen Zentralbank ein Referenzkurs nicht veröffentlicht, wird das Einkommen nach dem von der Deutschen Bundesbank ermittelten Mittelkurs für die Währung des betreffenden Landes umgerechnet; für Länder mit differenziertem Kurssystem ist der Kurs für den nichtkommerziellen Bereich zugrunde zu legen. [3]Ist in der Übergangszeit im Sinne der Verordnung (EG) Nr. 974/98 des Rates vom 3. Mai 1998 über die Einführung des Euro Einkommen in Deutsche Mark umzurechnen, wird der nach den Sätzen 1 und 2 in Euro ermittelte Betrag nach den Artikeln 4 und 5 der Verordnung (EG) Nr. 1103/97 des Rates vom 17. Juni 1997 über bestimmte Vorschriften im Zusammenhang mit der Einführung des Euro umgerechnet.

(2) [1]Bei Berücksichtigung von Einkommen ist in den Fällen, in denen der Beginn der Leistung oder der neu berechneten Leistung in der Vergangenheit liegt, der Umrechnungskurs für den Kalendermonat maßgebend, in dem die Anrechnung des Einkommens beginnt. [2]Bei Berücksichtigung von Einkommen ist in den Fällen, in denen der Beginn der Leistung oder der neu berechneten Leistung nicht in der Vergangenheit liegt, der Umrechnungskurs für den ersten Monat des Kalendervierteljahres maßgebend, das dem Beginn der Berücksichtigung von Einkommen vorausgeht. [3]Überstaatliches Recht bleibt unberührt.

(3) [1]Der angewandte Umrechnungskurs bleibt solange maßgebend, bis

1. die Sozialleistung zu ändern ist,

2. sich das zu berücksichtigende Einkommen ändert oder

3. eine Kursveränderung von mehr als 10 vom Hundert gegenüber der letzten Umrechnung eintritt, jedoch nicht vor Ablauf von drei Kalendermonaten.

[2]Die Kursveränderung nach Nummer 3 sowie der neue Umrechnungskurs werden in entsprechender Anwendung von Absatz 2 ermittelt.

(4) [1]Die Absätze 1 bis 3 finden entsprechende Anwendung auf

1. Unterhaltsleistungen,

2. Prämien für eine Krankenversicherung.

[2]Sie finden keine Anwendung bei der Ermittlung von Bemessungsgrundlagen von Sozialleistungen.

(5) Die Absätze 1 bis 4 sind auch anzuwenden, wenn der Versicherungsfall vor dem 1. Juli 1985 eingetreten ist.

§ 18 Bezugsgröße. (1) Bezugsgröße im Sinne der Vorschriften für die Sozialversicherung ist, soweit in den besonderen Vorschriften für die einzelnen Versicherungszweige nichts Abweichendes bestimmt ist, das Durchschnittsentgelt der gesetzlichen Rentenversicherung im vorvergangenen Kalenderjahr, aufgerundet auf den nächsthöheren, durch 420 teilbaren Betrag.[1]

(2) Die Bezugsgröße für das Beitrittsgebiet (Bezugsgröße [Ost]) verändert sich zum 1. Januar eines jeden Kalenderjahres auf den Wert, der sich ergibt, wenn der für das vorvergangene Kalenderjahr geltende Wert der Anlage 1 zum Sechsten Buch Sozialgesetzbuch durch den für das Kalenderjahr der Veränderung bestimmten vorläufigen Wert der Anlage 10 zum Sechsten Buch Sozialgesetzbuch geteilt wird, aufgerundet auf den nächsthöheren, durch 420 teilbaren Betrag.[2]

(3) Beitrittsgebiet ist das in Artikel 3 des Einigungsvertrages genannte Gebiet.

Vierter Titel. Einkommen beim Zusammentreffen mit Renten wegen Todes

§ 18a Art des zu berücksichtigenden Einkommens. (1) ¹Bei Renten wegen Todes sind als Einkommen zu berücksichtigen

1. Erwerbseinkommen,

2. Leistungen, die erbracht werden, um Erwerbseinkommen zu ersetzen (Erwerbsersatzeinkommen) und

3. Vermögenseinkommen.

²Nicht zu berücksichtigen sind

1. steuerfreie Einnahmen nach § 3 des Einkommensteuergesetzes mit Ausnahme der Aufstockungsbeträge und Zuschläge nach dessen Nummer 28 und

---

[1] Bezugsgröße für die Sozialversicherung
- für 1991: 40 320 DM jährlich oder 3 360 DM monatlich,
- für 1992: 42 000 DM jährlich oder 3 500 DM monatlich,
- für 1993: 44 520 DM jährlich oder 3 710 DM monatlich,
- für 1994: 47 040 DM jährlich oder 3 920 DM monatlich,
- für 1995: 48 720 DM jährlich oder 4 060 DM monatlich,
- für 1996: 49 560 DM jährlich oder 4 130 DM monatlich,
- für 1997: 51 240 DM jährlich oder 4 270 DM monatlich,
- für 1998: 52 080 DM jährlich oder 4 340 DM monatlich,
- für 1999: 52 920 DM jährlich oder 4 410 DM monatlich,
- für 2000: 53 760 DM jährlich oder 4 480 DM monatlich,
- für 2001: 53 760 DM jährlich oder 4 480 DM monatlich,
- für 2002: 28 140 Euro jährlich oder 2 345 Euro monatlich,
- für 2003: 28 560 Euro jährlich oder 2 380 Euro monatlich,
- für 2004: 28 980 Euro jährlich oder 2 415 Euro monatlich.

[2] Bezugsgröße (Ost) für die Sozialversicherung
- für 1993: 32 760 DM jährlich oder 2 730 DM monatlich,
- für 1994: 36 960 DM jährlich oder 3 080 DM monatlich,
- für 1995: 39 480 DM jährlich oder 3 290 DM monatlich,
- für 1996: 42 000 DM jährlich oder 3 500 DM monatlich,
- für 1997: 43 680 DM jährlich oder 3 640 DM monatlich,
- für 1998: 43 680 DM jährlich oder 3 640 DM monatlich,
- für 1999: 44 520 DM jährlich oder 3 710 DM monatlich,
- für 2000: 43 680 DM jährlich oder 3 640 DM monatlich,
- für 2001: 45 360 DM jährlich oder 3 780 DM monatlich,
- für 2002: 23 520 Euro jährlich oder 1 960 Euro monatlich,
- für 2003: 23 940 Euro jährlich oder 1 995 Euro monatlich,
- für 2004: 24 360 Euro jährlich oder 2 030 Euro monatlich.

§ 18a

der Einnahmen nach dessen Nummer 40 sowie Erwerbsersatzeinkommen nach Absatz 3 Satz 1 Nr. 1 und 8 und

2. Einnahmen aus Altersvorsorgeverträgen, soweit sie nach § 10a des Einkommensteuergesetzes gefördert worden sind.

³Die Sätze 1 und 2 gelten auch für vergleichbare ausländische Einkommen.

(2) ¹Erwerbseinkommen im Sinne des Absatzes 1 Nr. 1 sind Arbeitsentgelt, Arbeitseinkommen und vergleichbares Einkommen. ²Nicht als Erwerbseinkommen im Sinne des Absatzes 1 Nr. 1 gelten Arbeitsentgeltteile, die durch Entgeltumwandlung bis zu 4 vom Hundert der Beitragsbemessungsgrenze in der Rentenversicherung der Arbeiter und Angestellten für betriebliche Altersversorgung verwendet werden, sowie das Arbeitsentgelt, das eine Pflegeperson von dem Pflegebedürftigen erhält, wenn das Entgelt das dem Umfang der Pflegetätigkeit entsprechende Pflegegeld im Sinne des § 37 des Elften Buches nicht übersteigt.

(2a) Arbeitseinkommen im Sinne des Absatzes 2 Satz 1 ist die positive Summe der Gewinne oder Verluste aus folgenden Arbeitseinkommensarten:

1. Gewinne aus Land- und Forstwirtschaft im Sinne der §§ 13, 13a und 14 des Einkommensteuergesetzes in Verbindung mit § 15 Abs. 2,
2. Gewinne aus Gewerbebetrieb im Sinne der §§ 15, 16 und 17 des Einkommensteuergesetzes und
3. Gewinne aus selbständiger Arbeit im Sinne des § 18 des Einkommensteuergesetzes.

(3) ¹Erwerbsersatzeinkommen im Sinne des Absatzes 1 Nr. 2 sind

1. das Krankengeld, das Verletztengeld, das Versorgungskrankengeld, das Mutterschaftsgeld, das Übergangsgeld, *das Unterhaltsgeld,*[1] das Kurzarbeitergeld, das Winterausfallgeld, das Arbeitslosengeld, das Insolvenzausfallgeld und vergleichbare Leistungen,
2. Renten der Rentenversicherung wegen Alters oder verminderter Erwerbsfähigkeit, die Erziehungsrente, die Knappschaftsausgleichsleistung, das Anpassungsgeld für entlassene Arbeitnehmer des Bergbaus und Leistungen nach den §§ 27 und 28 des Sozialversicherungs-Angleichungsgesetzes Saar,
3. Altersrenten und Renten wegen Erwerbsminderung der Alterssicherung der Landwirte, die an ehemalige Landwirte oder mitarbeitende Familienangehörige gezahlt werden,
4. die Verletztenrente der Unfallversicherung, soweit sie den Betrag übersteigt, der bei gleichem Grad der Minderung der Erwerbsfähigkeit als Grundrente nach § 31 in Verbindung mit § 84a Satz 1 und 2 des Bundesversorgungsgesetzes gezahlt würde; eine Kürzung oder ein Wegfall der Verletztenrente wegen Anstaltspflege oder Aufnahme in ein Alters- oder Pflegeheim bleibt unberücksichtigt; bei einer Minderung der Erwerbsfähigkeit um 20 vom Hundert ist ein Betrag in Höhe von zwei Dritteln, bei einer Minderung der Erwerbsfähigkeit um 10 vom Hundert ist ein Betrag in Höhe von einem Drittel der Mindestgrundrente anzusetzen,
5. das Ruhegehalt und vergleichbare Bezüge aus einem öffentlich-rechtlichen Dienst- oder Amtsverhältnis oder aus einem versicherungsfreien

---

[1] § 18a Abs. 3 Nr. 1 kursiv gedruckte Worte aufgeh. **mWv 1. 1. 2005** durch G v. 23. 12. 2003 (BGBl. I S. 2848).

4. Buch. Gem. Vorschriften Sozialversicherung § 18a SGB IV 3

Arbeitsverhältnis mit Anspruch auf Versorgung nach beamtenrechtlichen Vorschriften oder Grundsätzen sowie vergleichbare Bezüge aus der Versorgung der Abgeordneten,
6. das Unfallruhegehalt und vergleichbare Bezüge aus einem öffentlich-rechtlichen Dienst- oder Amtsverhältnis oder aus einem versicherungsfreien Arbeitsverhältnis mit Anspruch auf Versorgung nach beamtenrechtlichen Vorschriften oder Grundsätzen sowie vergleichbare Bezüge aus der Versorgung der Abgeordneten; wird daneben kein Unfallausgleich gezahlt, gilt Nummer 4 letzter Teilsatz entsprechend,
7. Renten der öffentlich-rechtlichen Versicherungs- oder Versorgungseinrichtungen bestimmter Berufsgruppen wegen Minderung der Erwerbsfähigkeit oder Alters,
8. der Berufsschadensausgleich nach § 30 Abs. 3 bis 11 des Bundesversorgungsgesetzes und anderen Gesetzen, die die entsprechende Anwendung der Leistungsvorschriften des Bundesversorgungsgesetzes vorsehen,
9. Renten wegen Alters oder verminderter Erwerbsfähigkeit, die aus Anlass eines Arbeitsverhältnisses zugesagt worden sind,
10. Renten wegen Alters oder verminderter Erwerbsfähigkeit aus privaten Lebens- und Rentenversicherungen, allgemeinen Unfallversicherungen sowie sonstige private Versorgungsrenten.

²Kinderzuschuß, Kinderzulage und vergleichbare kindbezogene Leistungen bleiben außer Betracht. ³Wird eine Kapitalleistung oder anstelle einer wiederkehrenden Leistung eine Abfindung gezahlt, ist der Betrag als Einkommen zu berücksichtigen, der bei einer Verrentung der Kapitalleistung oder als Rente ohne die Abfindung zu zahlen wäre.

(4) Vermögenseinkommen im Sinne des Absatzes 1 Satz 1 Nr. 3 ist die positive Summe der positiven oder negativen Überschüsse, Gewinne oder Verluste aus folgenden Vermögenseinkommensarten:

Fassung der Nr. 1 bis 31. 12. 2004:
1. Einnahmen aus Kapitalvermögen im Sinne des § 20 des Einkommensteuergesetzes sowie Einnahmen aus Versicherungen auf den Erlebens- oder Todesfall im Sinne von § 10 Abs. 1 Nr. 2 Buchstabe b Doppelbuchstabe cc und dd des Einkommensteuergesetzes, es sei denn, sie werden wegen Todes geleistet, nach Abzug der Werbungskosten und des Sparer-Freibetrages,

Fassung der Nr. 1 ab 1. 1. 2005:
1. a) Einnahmen aus Kapitalvermögen im Sinne des § 20 des Einkommensteuergesetzes;
b) Einnahmen aus Versicherungen auf den Erlebens- oder Todesfall im Sinne von § 10 Abs. 1 Nr. 2 Buchstabe b Doppelbuchstabe cc und dd in der für das Kalenderjahr 2004 geltenden Fassung des Einkommensteuergesetzes, wenn die Laufzeit dieser Versicherungen vor dem 1. Januar 2005 begonnen hat und ein Versicherungsbeitrag bis zum 31. Dezember 2004 entrichtet wurde, es sei denn, sie werden wegen Todes geleistet. Zu den Einnahmen gehören außerrechnungsmäßige und rechnungsmäßige Zinsen aus den Sparanteilen, die in den Beiträgen zu diesen Versicherungen enthalten sind, im Sinne des § 20 Abs. 1 Nr. 6 in der für das Kalenderjahr 2004 geltenden Fassung des Einkommensteuergesetzes. Bei der Ermittlung der Einnahmen sind die Werbungskosten sowie der Sparerfreibetrag abzuziehen,

2. Einnahmen aus Vermietung und Verpachtung im Sinne des § 21 des Einkommensteuergesetzes nach Abzug der Werbungskosten und
3. Gewinne aus privaten Veräußerungsgeschäften im Sinne des § 23 des Einkommensteuergesetzes, soweit sie mindestens 512 Euro im Kalenderjahr betragen.

§ 18b Höhe des zu berücksichtigenden Einkommens. (1) [1]Maßgebend ist das für denselben Zeitraum erzielte monatliche Einkommen. [2]Mehrere zu berücksichtigende Einkommen sind zusammenzurechnen. [3]Wird die Rente nur für einen Teil des Monats gezahlt, ist das entsprechend gekürzte monatliche Einkommen maßgebend. [4]Einmalig gezahltes Vermögenseinkommen gilt als für die dem Monat der Zahlung folgenden zwölf Kalendermonate als erzielt. [5]Einmalig gezahltes Vermögenseinkommen ist Einkommen, das einem bestimmten Zeitraum nicht zugeordnet werden kann oder in einem Betrag für mehr als zwölf Monate gezahlt wird.

(2) [1]Bei Erwerbseinkommen und Erwerbsersatzeinkommen nach § 18a Abs. 3 Satz 1 Nr. 1 gilt als monatliches Einkommen im Sinne von Absatz 1 Satz 1 das im letzten Kalenderjahr aus diesen Einkommensarten erzielte Einkommen, geteilt durch die Zahl der Kalendermonate, in denen es erzielt wurde. [2]Wurde Erwerbseinkommen neben Erwerbsersatzeinkommen nach § 18a Abs. 3 Satz 1 Nr. 1 erzielt, sind diese Einkommen zusammenzurechnen; wurden diese Einkommen zeitlich aufeinander folgend erzielt, ist das Erwerbseinkommen maßgebend. [3]Die für einmalig gezahltes Arbeitsentgelt in § 23a getroffene zeitliche Zuordnung gilt entsprechend. [4]Für die Zeiten des Bezugs von Kurzarbeitergeld und Winterausfallgeld ist das dem Versicherungsträger gemeldete Arbeitsentgelt maßgebend. [5]Bei Vermögenseinkommen gilt als monatliches Einkommen im Sinne von Absatz 1 Satz 1 ein Zwölftel dieses im letzten Kalenderjahr erzielten Einkommens; bei einmalig gezahltem Vermögenseinkommen gilt ein Zwölftel des gezahlten Betrages als monatliches Einkommen nach Absatz 1 Satz 1.

(3) [1]Ist im letzten Kalenderjahr Einkommen nach Absatz 2 nicht oder nur Erwerbsersatzeinkommen nach § 18a Abs. 3 Satz 1 Nr. 1 erzielt worden, gilt als monatliches Einkommen im Sinne von Absatz 1 Satz 1 das laufende Einkommen. [2]Satz 1 gilt auch bei der erstmaligen Feststellung der Rente, wenn das laufende Einkommen im Durchschnitt voraussichtlich um wenigstens zehn vom Hundert geringer ist als das nach Absatz 2 maßgebende Einkommen; jährliche Sonderzuwendungen sind beim laufenden Einkommen mit einem Zwölftel zu berücksichtigen. [3]Umfasst das laufende Einkommen Erwerbsersatzeinkommen im Sinne von § 18a Abs. 3 Satz 1 Nr. 1, ist dieses nur zu berücksichtigen, solange diese Leistung gezahlt wird.

(4) Bei Erwerbsersatzeinkommen nach § 18a Abs. 3 Satz 1 Nr. 2 bis 10 gilt als monatliches Einkommen im Sinne von Absatz 1 Satz 1 das laufende Einkommen; jährliche Sonderzuwendungen sind beim laufenden Einkommen mit einem Zwölftel zu berücksichtigen.

(5) [1]Das monatliche Einkommen ist zu kürzen
1. bei Arbeitsentgelt um 40 vom Hundert, jedoch bei
    a) Bezügen aus einem öffentlich-rechtlichen Dienst- oder Amtsverhältnis oder aus einem versicherungsfreien Arbeitsverhältnis mit Anwartschaft auf Versorgung nach beamtenrechtlichen Vorschriften oder Grundsätzen und

bei Einkommen, das solchen Bezügen vergleichbar ist, um 27,5 vom Hundert,
b) Beschäftigten, die die Voraussetzungen des § 172 Abs. 1 des Sechsten Buches erfüllen, um 30,5 vom Hundert,
c) Beschäftigten, die die Voraussetzungen des § 172 Abs. 3 des Sechsten Buches erfüllen, um 20 vom Hundert;
Aufstockungsbeträge nach § 3 Abs. 1 Nr. 1 Buchstabe a des Altersteilzeitgesetzes werden nicht gekürzt, Zuschläge nach § 6 Abs. 2 des Bundesbesoldungsgesetzes werden um 7,65 vom Hundert gekürzt,
2. bei Arbeitseinkommen um 39,8 vom Hundert, bei steuerfreien Einnahmen im Rahmen des Halbeinkünfteverfahrens um 24,8 vom Hundert,
3. bei Leistungen nach § 18a Abs. 3 Satz 1 Nr. 7 um 23,8 vom Hundert,
4. bei Leistungen nach § 18a Abs. 3 Satz 1 Nr. 5 und 6 um 23,7 vom Hundert,

Fassung der Nr. 5 bis 31. 12. 2004:
5. bei Leistungen nach § 18a Abs. 3 Satz 1 Nr. 9 um 12,7 vom Hundert; sofern es sich dabei um Leistungen aus Direktzusagen oder Unterstützungskassen handelt, ist das monatliche Einkommen um 23,7 vom Hundert zu kürzen,

Fassung der Nr. 5 ab 1. 1. 2005:
5. bei Leistungen nach § 18a Abs. 3 Satz 1 Nr. 9 um 20 v.H.; sofern es sich dabei um Leistungen handelt, die der nachgelagerten Besteuerung unterliegen, ist das monatliche Einkommen um 31 v.H. zu kürzen,
6. bei Leistungen nach § 18a Abs. 3 Satz 1 Nr. 10 um 12,7 vom Hundert,
7. bei Vermögenseinkommen um 25 vom Hundert; bei steuerfreien Einnahmen im Rahmen des Halbeinkünfteverfahrens um 5 vom Hundert; Einnahmen aus Versicherungen nach § 18a Abs. 3a Nr. 1 werden nur gekürzt, soweit es sich um steuerpflichtige Kapitalerträge handelt.
²Die Leistungen nach § 18a Abs. 3 Satz 1 Nr. 1 bis 4 sind um den Anteil der vom Berechtigten zu tragenden Beiträge zur Sozialversicherung und zur Bundesagentur für Arbeit zu kürzen. ³Satz 2 gilt entsprechend für Berechtigte, die freiwillig in der gesetzlichen Krankenversicherung oder bei einem Krankenversicherungsunternehmen versichert sind. ⁴Für Renten aus der Rentenversicherung gilt § 106 Abs. 2 bis 4 des Sechsten Buches und für Renten aus der Alterssicherung der Landwirte gilt § 35a Abs. 2 des Gesetzes über die Alterssicherung der Landwirte entsprechend.

(6) Soweit ein Versicherungsträger über die Höhe des zu berücksichtigenden Einkommens entschieden hat, ist diese Entscheidung auch für einen anderen Versicherungsträger bindend.

§ 18c Erstmalige Ermittlung des Einkommens. (1) Der Berechtigte hat das zu berücksichtigende Einkommen nachzuweisen.

(2) ¹Bezieher von Arbeitsentgelt und diesem vergleichbaren Einkommen können verlangen, daß ihnen der Arbeitgeber eine Bescheinigung über das von ihnen für das letzte Kalenderjahr erzielte Arbeitsentgelt oder vergleichbare Einkommen und den Zeitraum, für den es gezahlt wurde, ausstellt. ²Der Arbeitgeber ist zur Ausstellung der Bescheinigung nicht verpflichtet, wenn er der Sozialversicherung das Arbeitsentgelt gemäß den Vorschriften über die Erfassung von Daten und Datenübermittlung bereits gemeldet hat. ³Satz 2 gilt

nicht, wenn das tatsächliche Entgelt die Beitragsbemessungsgrenze übersteigt oder die abgegebene Meldung nicht für die Rentenversicherung bestimmt war.

(3) Bezieher von Erwerbsersatzeinkommen können verlangen, dass ihnen die Zahlstelle eine Bescheinigung über das von ihr im maßgebenden Zeitraum gezahlte Erwerbsersatzeinkommen und den Zeitraum, für den es gezahlt wurde, ausstellt.

§ 18d Einkommensänderungen. (1) [1]Einkommensänderungen sind erst vom Zeitpunkt der nächsten Rentenanpassung an zu berücksichtigen; einmalig gezahltes Vermögenseinkommen ist vom Beginn des Kalendermonats an zu berücksichtigen, für den es als erzielt gilt. [2]Finden mehrere Rentenanpassungen in einem Jahr statt, sind Änderungen des Erwerbseinkommens sowie des Erwerbsersatzeinkommens im Sinne von § 18a Abs. 3 Satz 1 Nr. 1 nur vom Zeitpunkt der Rentenanpassung zum 1. Juli an zu berücksichtigen.

(2) [1]Minderungen des berücksichtigten Einkommens können vom Zeitpunkt ihres Eintritts an berücksichtigt werden, wenn das laufende Einkommen im Durchschnitt voraussichtlich um wenigstens zehn vom Hundert geringer ist als das berücksichtigte Einkommen; Erwerbsersatzeinkommen im Sinne von § 18a Abs. 3 Satz 1 Nr. 1 ist zu berücksichtigen, solange diese Leistung gezahlt wird. [2]Jährliche Sonderzuwendungen sind mit einem Zwölftel zu berücksichtigen.

§ 18e Ermittlung von Einkommensänderungen. (1) [1]Für Bezieher von Arbeitsentgelt und diesem vergleichbaren Einkommen ist der Arbeitgeber auf Verlangen des Versicherungsträgers das von ihnen für das letzte Kalenderjahr erzielte Arbeitsentgelt und vergleichbare Einkommen und den Zeitraum, für den es gezahlt wurde, mitzuteilen. [2]Der Arbeitgeber ist zur Mitteilung nicht verpflichtet, wenn er der Sozialversicherung das Arbeitsentgelt gemäß den Vorschriften über die Erfassung von Daten und Datenübermittlung bereits gemeldet hat. [3]Satz 2 gilt nicht, wenn das tatsächliche Entgelt die Beitragsbemessungsgrenze übersteigt.

(2) Bezieher von Arbeitseinkommen haben auf Verlangen des Versicherungsträgers ihr im letzten Kalenderjahr erzieltes Arbeitseinkommen und den Zeitraum, in dem es erzielt wurde, bis zum 31. März des Folgejahres mitzuteilen.

(3) Für Bezieher von Erwerbsersatzeinkommen haben die Zahlstellen auf Verlangen des Versicherungsträgers das von ihnen im maßgebenden Zeitraum gezahlte Erwerbsersatzeinkommen und den Zeitraum, für den es gezahlt wurde, mitzuteilen.

(4) [1]Soweit dem Versicherungsträger das nach den Absätzen 2 und 3 mitzuteilende Einkommen nicht bekannt ist, ist das bisher berücksichtigte Einkommen vom Zeitpunkt der nächsten Rentenanpassung an vorläufig um den Vomhundertsatz anzupassen, um den sich die Renten in der Rentenversicherung verändern, wenn nicht Grund zur Annahme besteht, daß die Verhältnisse beim Berechtigten sich in anderer Weise verändern oder unverändert bleiben. [2]Die §§ 66 und 67 des Ersten Buches[1]) bleiben unberührt. [3]Wird dem Versicherungsträger das Arbeitsentgelt vom Arbeitgeber nicht rechtzeitig ge-

---

[1]) Nr. 2.

mäß den Vorschriften über die Erfassung von Daten und Datenübermittlung gemeldet oder übersteigt das tatsächliche Entgelt die Beitragsbemessungsgrenze, ist der Verwaltungsakt mit Wirkung vom Zeitpunkt der Rentenanpassung an aufzuheben, sobald dem Versicherungsträger das Arbeitsentgelt mitgeteilt wird; spätestens dann ist dem Berechtigten die Anpassung der Rente mitzuteilen. ⁴Ist das nach Satz 1 berücksichtigte Einkommen unrichtig, ist der Verwaltungsakt mit Wirkung vom Zeitpunkt der Rentenanpassung an aufzuheben.

(5) Im Fall des § 18d Abs. 2 findet § 18c für den erforderlichen Nachweis der Einkommensminderung entsprechende Anwendung.

(6) Bei der Berücksichtigung von Einkommensänderungen bedarf es nicht der vorherigen Anhörung des Berechtigten.

(7) Wird eine Rente wegen Todes wegen der Höhe des zu berücksichtigenden Einkommens nach einer Rentenanpassung weiterhin in vollem Umfang nicht gezahlt, ist der Erlaß eines erneuten Verwaltungsaktes nicht erforderlich.

Fünfter Titel. Erhebung, Verarbeitung und Nutzung der Versicherungsnummer

§ 18f Zulässigkeit der Erhebung, Verarbeitung und Nutzung.
(1) ¹Die Sozialversicherungsträger, ihre Verbände, ihre Arbeitsgemeinschaften, die Bundesagentur für Arbeit, die Deutsche Post AG, soweit sie mit der Berechnung oder Auszahlung von Sozialleistungen betraut ist, die Versorgungsträger nach § 8 Abs. 4 des Gesetzes zur Überführung der Ansprüche und Anwartschaften aus Zusatz- und Sonderversorgungssystemen des Beitrittsgebiets und die Künstlersozialkasse dürfen die Versicherungsnummer nur erheben, verarbeiten oder nutzen, soweit dies zur personenbezogenen Zuordnung der Daten für die Erfüllung einer gesetzlichen Aufgabe nach diesem Gesetzbuch erforderlich ist; die Bundesversicherungsanstalt für Angestellte darf die Versicherungsnummer auch zur Erfüllung ihrer Aufgaben im Rahmen der Förderung der zusätzlichen kapitalgedeckten Altersvorsorge nach § 91 des Einkommensteuergesetzes erheben, verarbeiten und nutzen. ²Aufgaben nach diesem Gesetzbuch sind auch diejenigen aufgrund von über- und zwischenstaatlichem Recht im Bereich der sozialen Sicherheit. ³Bei Untersuchungen für Zwecke der Prävention, der Rehabilitation und der Forschung, die dem Ziel dienen, gesundheitlichen Schäden bei Versicherten vorzubeugen oder diese zu beheben, und für entsprechende Dateien darf die Versicherungsnummer nur erhoben, verarbeitet oder genutzt werden, soweit ein einheitliches Ordnungsmerkmal zur personenbezogenen Zuordnung der Daten bei langfristigen Beobachtungen erforderlich ist und der Aufbau eines besonderen Ordnungsmerkmals mit erheblichem organisatorischem Aufwand verbunden wäre oder mehrere der in Satz 1 genannten Stellen beteiligt sind, die nicht über ein einheitliches Ordnungsmerkmal verfügen. ⁴Die Versicherungsnummer darf nach Maßgabe von Satz 3 von überbetrieblichen arbeitsmedizinischen Diensten nach § 24 des Siebten Buches[1], auch soweit sie das Arbeitssicherheitsgesetz anwenden, erhoben, verarbeitet oder genutzt werden.

---

[1] Nr. 1.

(2) ¹Die anderen in § 35 des Ersten Buches[1] genannten Stellen dürfen die Versicherungsnummer nur erheben, verarbeiten oder nutzen, soweit im Einzelfall oder in festgelegten Verfahren eine Übermittlung von Daten gegenüber den in Absatz 1 genannten Stellen oder ihren Aufsichtsbehörden, auch unter Einschaltung von Vermittlungsstellen, für die Erfüllung einer gesetzlichen Aufgabe nach diesem Gesetzbuch erforderlich ist. ²Satz 1 gilt für die in § 69 Abs. 2 des Zehnten Buches genannten Stellen für die Erfüllung ihrer dort genannten Aufgaben entsprechend.

(3) ¹Andere Behörden, Gerichte, Arbeitgeber oder Dritte dürfen die Versicherungsnummer nur erheben, verarbeiten oder nutzen, soweit dies für die Erfüllung einer gesetzlichen Aufgabe der in Absatz 1 genannten Stellen erforderlich ist
1. bei Mitteilungen, für die die Verarbeitung oder Nutzung von Versicherungsnummern in Rechtsvorschriften vorgeschrieben ist,
2. im Rahmen der Beitragszahlung oder
3. bei der Leistungserbringung einschließlich Abrechnung und Erstattung.
²Ist anderen Behörden, Gerichten, Arbeitgebern oder Dritten die Versicherungsnummer vom Versicherten oder seinen Hinterbliebenen oder nach dem Zweiten Kapitel des Zehnten Buches befugt übermittelt worden, darf die Versicherungsnummer, soweit die Übermittlung von Daten gegenüber den in Absatz 1 und den in § 69 Abs. 2 des Zehnten Buches genannten Stellen erforderlich ist, verarbeitet oder genutzt werden.

(4) Die Versicherungsnummer darf auch bei der Verarbeitung von Sozialdaten im Auftrag gemäß § 80 des Zehnten Buches verarbeitet oder genutzt werden.

(5) Die in Absatz 2 oder 3 genannten Stellen dürfen die Versicherungsnummer nicht verarbeiten oder nutzen, um ihre Dateien danach zu ordnen oder für den Zugriff zu erschließen.

§ 18g **Angabe der Versicherungsnummer.** ¹Vertragsbestimmungen, durch die der einzelne zur Angabe der Versicherungsnummer für eine nicht nach § 18f zugelassene Erhebung, Verarbeitung oder Nutzung verpflichtet werden soll, sind unwirksam. ²Eine befugte Übermittlung der Versicherungsnummer begründet kein Recht, die Versicherungsnummer in anderen als den in § 18f genannten Fällen zu speichern.

Sechster Titel.[2] *(aufgehoben)*

§ 18h[3] *(aufgehoben)*

---

[1] Nr. 2.
[2] 6. Titel (§ 18h) aufgeh. mWv 1. 1. 2003 durch G v. 21. 12. 2000 (BGBl. I S. 1983).
[3] § 18h aufgeh. mWv 1. 1. 2003 durch G v. 21. 12. 2000 (BGBl. I S. 1983).

Zweiter Abschnitt. Leistungen und Beiträge

Erster Titel. Leistungen

§ 19 Leistungen auf Antrag oder von Amts wegen. ¹Leistungen in der gesetzlichen Kranken- und Rentenversicherung, nach dem Recht der Arbeitsförderung sowie der sozialen Pflegeversicherung werden auf Antrag erbracht, soweit sich aus den Vorschriften für die einzelnen Versicherungszweige nichts Abweichendes ergibt. ²Leistungen in der gesetzlichen Unfallversicherung werden von Amts wegen erbracht, soweit sich aus den Vorschriften für die gesetzliche Unfallversicherung nichts Abweichendes ergibt.

Zweiter Titel. Beiträge

§ 20 Aufbringung der Mittel, Gleitzone. (1) Die Mittel der Sozialversicherung einschließlich der Arbeitsförderung werden nach Maßgabe der besonderen Vorschriften für die einzelnen Versicherungszweige durch Beiträge der Versicherten, der Arbeitgeber und Dritter, durch staatliche Zuschüsse und durch sonstige Einnahmen aufgebracht.

(2) Eine Gleitzone im Sinne dieses Gesetzbuches liegt bei einem Beschäftigungsverhältnis vor, wenn das daraus erzielte Arbeitsentgelt zwischen 400,01 Euro und 800,00 Euro im Monat liegt und die Grenze von 800,00 Euro im Monat regelmäßig nicht überschreitet; bei mehreren Beschäftigungsverhältnissen ist das insgesamt erzielte Arbeitsentgelt maßgebend.

(3) ¹Der Arbeitgeber trägt abweichend von den besonderen Vorschriften für Beschäftigte für die einzelnen Versicherungszweige den Gesamtsozialversicherungsbeitrag allein, wenn

1. Versicherte, die zu ihrer Berufsausbildung beschäftigt sind, ein Arbeitsentgelt erzielen, das auf den Monat bezogen 325 Euro nicht übersteigt, oder
2. Versicherte ein freiwilliges soziales Jahr im Sinne des Gesetzes zur Förderung eines freiwilligen sozialen Jahres oder ein freiwilliges ökologisches Jahr im Sinne des Gesetzes zur Förderung eines freiwilligen ökologischen Jahres leisten.

²Wird infolge einmalig gezahlten Arbeitsentgelts die in Satz 1 genannte Grenze überschritten, tragen die Versicherten und die Arbeitgeber den Gesamtsozialversicherungsbeitrag von dem diese Grenze übersteigenden Teil des Arbeitsentgelts jeweils zur Hälfte.

§ 21 Bemessung der Beiträge. Die Versicherungsträger haben die Beiträge, soweit diese von ihnen festzusetzen sind, so zu bemessen, daß die Beiträge zusammen mit den anderen Einnahmen

1. die gesetzlich vorgeschriebenen und zugelassenen Ausgaben des Versicherungsträgers decken und
2. sicherstellen, daß die gesetzlich vorgeschriebenen oder zugelassenen Betriebsmittel und Rücklagen bereitgehalten werden können.

§ 22 Entstehen der Beitragsansprüche, Zusammentreffen mehrerer Versicherungsverhältnisse. (1) Die Beitragsansprüche der Versicherungsträger entstehen, sobald ihre im Gesetz oder auf Grund eines Gesetzes bestimmten Voraussetzungen vorliegen, bei einmalig gezahltem Arbeitsentgelt, sobald dieses ausgezahlt worden ist.

(2) [1] Treffen beitragspflichtige Einnahmen aus mehreren Versicherungsverhältnissen zusammen und übersteigen sie die für das jeweilige Versicherungsverhältnis maßgebliche Beitragsbemessungsgrenze, so vermindern sie sich zum Zwecke der Beitragsberechnung nach dem Verhältnis ihrer Höhe so zueinander, daß sie zusammen höchstens die Beitragsbemessungsgrenze erreichen. [2] Für die knappschaftliche Rentenversicherung und die Rentenversicherung der Arbeiter und der Angestellten sind die Berechnungen nach Satz 1 getrennt durchzuführen.

§ 23 Fälligkeit. (1) [1] Laufende Beiträge, die geschuldet werden, werden entsprechend den Regelungen der Satzung der Kranken- und Pflegekasse fällig. [2] Beiträge, die nach dem Arbeitsentgelt oder dem Arbeitseinkommen zu bemessen sind, werden spätestens am Fünfzehnten des Monats fällig, der dem Monat folgt, in dem die Beschäftigung oder Tätigkeit, mit der das Arbeitsentgelt oder Arbeitseinkommen erzielt wird, ausgeübt worden ist oder als ausgeübt gilt. [3] Beiträge sind abweichend von Satz 2 spätestens am Fünfundzwanzigsten des Monats fällig, in dem die Beschäftigung, mit der das Arbeitsentgelt erzielt wird, ausgeübt worden ist oder als ausgeübt gilt, wenn das Arbeitsentgelt bis zum Fünfzehnten dieses Monats fällig ist; fällt der Fünfundzwanzigste eines Monats nicht auf einen Arbeitstag, werden die Beiträge am letzten banküblichen Arbeitstag davor fällig; dies gilt nicht bei Verwendung eines Haushaltsschecks. [4] Wird das Arbeitsentgelt betriebsüblich erst nach dem Zehnten des Monats abgerechnet, der dem Monat folgt, in dem die Beschäftigung ausgeübt worden ist oder als ausgeübt gilt, sind Beiträge in voraussichtlicher Höhe der Beitragsschuld spätestens zu dem in Satz 2 genannten Zeitpunkt zu entrichten; ein verbleibender Restbetrag wird eine Woche nach dem betriebsüblichen Abrechnungstermin fällig. [5] Sonstige Beiträge werden spätestens am Fünfzehnten des Monats fällig, der auf den Monat folgt, für den sie zu entrichten sind. [6] Die erstmalige Fälligkeit der Beiträge für die nach § 3 Satz 1 Nr. 1a des Sechsten Buches versicherten Pflegepersonen ist abhängig von dem Zeitpunkt, zu dem die Pflegekasse, das private Versicherungsunternehmen, die Festsetzungsstelle für die Beihilfe oder der Dienstherr bei Heilfürsorgeberechtigten die Versicherungspflicht der Pflegeperson festgestellt hat oder ohne Verschulden hätte feststellen können. [7] Wird die Feststellung in der Zeit vom Ersten bis zum Fünfzehnten eines Monats getroffen, werden die Beiträge erstmals spätestens am Fünfzehnten des folgenden Monats fällig; wird die Feststellung in der Zeit vom Sechzehnten bis zum Ende eines Monats getroffen, werden die Beiträge erstmals am Fünfzehnten des zweiten darauf folgenden Monats fällig; das Nähere vereinbaren die Spitzenverbände der beteiligten Träger der Sozialversicherung, der Verband der privaten Krankenversicherung e. V. und die Festsetzungsstellen für die Beihilfe.

(2) [1] Die Beiträge für eine Sozialleistung im Sinne des § 3 Satz 1 Nr. 3 des Sechsten Buches einschließlich Sozialleistungen, auf die die Vorschriften des Fünften und des Sechsten Buches über die Kranken- und Rentenversicherung der Bezieher von Arbeitslosengeld oder *Arbeitslosenhilfe* (ab *1. 1. 2005*: Ar-

4. Buch. Gem. Vorschriften Sozialversicherung § 23a SGB IV 3

beitslosengeld II) entsprechend anzuwenden sind, werden am Achten des auf die Zahlung der Sozialleistung folgenden Monats fällig. ²Die Träger der Rentenversicherung und die Bundesagentur für Arbeit können unbeschadet des Satzes 1 vereinbaren, daß die Beiträge zur Rentenversicherung aus Sozialleistungen der Bundesagentur für Arbeit zu den vom Bundesversicherungsamt festgelegten Fälligkeitsterminen für die Rentenzahlungen im Inland gezahlt werden. ³Die Träger der Rentenversicherung mit Ausnahme der Bundesknappschaft, die Bundesagentur für Arbeit und die Behörden des sozialen Entschädigungsrechts können unbeschadet des Satzes 1 vereinbaren, dass die Beiträge zur Rentenversicherung und nach dem Recht der Arbeitsförderung aus Sozialleistungen nach dem sozialen Entschädigungsrecht in voraussichtlicher Höhe der Beitragsschuld spätestens zum 30. Juni des laufenden Jahres und ein verbleibender Restbetrag zum nächsten Fälligkeitstermin gezahlt werden.

(2a) Bei Verwendung eines Haushaltsschecks (§ 28a Abs. 7) sind die Beiträge für das in den Monaten Januar bis Juni erzielte Arbeitsentgelt am 15. Juli des laufenden Jahres und für das in den Monaten Juli bis Dezember erzielte Arbeitsentgelt am 15. Januar des folgenden Jahres fällig.

(3) ¹Geschuldete Beiträge der Unfallversicherung werden am Fünfzehnten des Monats fällig, der dem Monat folgt, in dem der Beitragsbescheid dem Zahlungspflichtigen bekanntgegeben worden ist; entsprechendes gilt für Beitragsvorschüsse, wenn der Bescheid hierüber keinen anderen Fälligkeitstermin bestimmt. ²Die landwirtschaftlichen Berufsgenossenschaften können in ihren Satzungen von Satz 1 abweichende Fälligkeitstermine bestimmen. ³Für den Tag der Zahlung und die zulässigen Zahlungsmittel gelten die für den Gesamtsozialversicherungsbeitrag geltenden Bestimmungen entsprechend.

(4) Besondere Vorschriften für einzelne Versicherungszweige, die von den Absätzen 1 bis 3 abweichen oder abweichende Bestimmungen zulassen, bleiben unberührt.

§ 23a Einmalig gezahltes Arbeitsentgelt als beitragspflichtige Einnahmen. (1) ¹Einmalig gezahltes Arbeitsentgelt sind Zuwendungen, die dem Arbeitsentgelt zuzurechnen sind und nicht für die Arbeit in einem einzelnen Entgeltabrechnungszeitraum gezahlt werden. ²Als einmalig gezahltes Arbeitsentgelt gelten nicht Zuwendungen nach Satz 1, wenn sie
1. üblicherweise zur Abgeltung bestimmter Aufwendungen des Beschäftigten, die auch im Zusammenhang mit der Beschäftigung stehen,
2. als Waren oder Dienstleistungen, die vom Arbeitgeber nicht überwiegend für den Bedarf seiner Beschäftigten hergestellt, vertrieben oder erbracht werden und monatlich in Anspruch genommen werden können,
3. als sonstige Sachbezüge oder
4. als vermögenswirksame Leistungen

vom Arbeitgeber erbracht werden. ³Einmalig gezahltes Arbeitsentgelt versicherungspflichtig Beschäftigter ist dem Entgeltabrechnungszeitraum zuzuordnen, in dem es gezahlt wird, soweit die Absätze 2 und 4 nichts Abweichendes bestimmen.

(2) Einmalig gezahltes Arbeitsentgelt, das nach Beendigung oder bei Ruhen des Beschäftigungsverhältnisses gezahlt wird, ist dem letzten Entgeltabrechnungszeitraum des laufenden Kalenderjahres zuzuordnen, auch wenn dieser nicht mit Arbeitsentgelt belegt ist.

(3) ¹Das einmalig gezahlte Arbeitsentgelt ist bei der Feststellung des beitragspflichtigen Arbeitsentgelts für versicherungspflichtig Beschäftigte zu berücksichtigen, soweit das bisher gezahlte beitragspflichtige Arbeitsentgelt die anteilige Beitragsbemessungsgrenze nicht erreicht. ²Die anteilige Beitragsbemessungsgrenze ist der Teil der Beitragsbemessungsgrenze, der der Dauer aller Beschäftigungsverhältnisse bei demselben Arbeitgeber im laufenden Kalenderjahr bis zum Ablauf des Entgeltabrechnungszeitraumes entspricht, dem einmalig gezahltes Arbeitsentgelt zuzuordnen ist; auszunehmen sind Zeiten, die nicht mit Beiträgen aus laufendem (nicht einmalig gezahltem) Arbeitsentgelt belegt sind.

(4) ¹In der Zeit vom 1. Januar bis zum 31. März einmalig gezahltes Arbeitsentgelt ist dem letzten Endgeltabrechnungszeitraum des vergangenen Kalenderjahres zuzuordnen, wenn es vom Arbeitgeber dieses Entgeltabrechnungszeitraumes gezahlt wird und zusammen mit dem sonstigen für das laufende Kalenderjahr festgestellten beitragspflichtigen Arbeitsentgelt die anteilige Beitragsbemessungsgrenze nach Absatz 3 Satz 2 übersteigt. ²Satz 1 gilt nicht für nach dem 31. März einmalig gezahltes Arbeitsentgelt, das nach Absatz 2 einem in der Zeit vom 1. Januar bis zum 31. März liegenden Entgeltabrechnungszeitraum zuzuordnen ist.

(5) Ist der Beschäftigte in der gesetzlichen Krankenversicherung pflichtversichert, ist für die Zuordnung des einmalig gezahlten Arbeitsentgelts nach Absatz 4 Satz 1 allein die Beitragsbemessungsgrenze der gesetzlichen Krankenversicherung maßgebend.

§ 23b **Beitragspflichtige Einnahmen bei flexiblen Arbeitszeitregelungen.** (1) ¹Bei Vereinbarungen nach § 7 Abs. 1a ist für Zeiten der tatsächlichen Arbeitsleistung und der Freistellung das in dem jeweiligen Zeitraum fällige Arbeitsentgelt als Arbeitsentgelt im Sinne des § 23 Abs. 1 maßgebend. ²Im Falle des § 23a Abs. 3 und 4 gilt das in dem jeweils maßgebenden Zeitraum erzielte Arbeitsentgelt bis zu einem Betrag in Höhe der Beitragsbemessungsgrenze als bisher gezahltes beitragspflichtiges Arbeitsentgelt; in Zeiten einer Freistellung von der Arbeitsleistung tritt an die Stelle des erzielten Arbeitsentgelts das fällige Arbeitsentgelt.

(2) ¹Soweit das Wertguthaben nicht gemäß einer Vereinbarung nach § 7 Abs. 1a verwendet wird, insbesondere nicht laufend für eine Zeit der Freistellung gezahlt wird oder wegen vorzeitiger Beendigung des Beschäftigungsverhältnisses in einer Zeit der Freistellung von der Arbeitsleistung nicht mehr gezahlt werden kann, ist ohne Berücksichtigung einer Beitragsbemessungsgrenze als Arbeitsentgelt im Sinne des § 23 Abs. 1 die Summe der Arbeitsentgelte maßgebend, die ohne Berücksichtigung der Vereinbarung nach § 7 Abs. 1a im Zeitpunkt der tatsächlichen Arbeitsleistung beitragspflichtig gewesen wäre, höchstens der Betrag des Wertguthabens aus diesen Arbeitsentgelten im Zeitpunkt der nicht zweckentsprechenden Verwendung des Arbeitsentgelts; maßgebend ist der Zeitraum ab dem Abrechnungsmonat der ersten Gutschrift auf einem Wertguthaben bis zum Zeitpunkt der nicht zweckentsprechenden Verwendung des Arbeitsentgelts. ²Wird das Wertguthaben vereinbarungsgemäß an einen bestimmten Wertmaßstab gebunden, ist der im Zeitpunkt der nicht zweckentsprechenden Verwendung des Arbeitsentgelts maßgebende angepasste Betrag als Höchstbetrag der Berechnung zu Grunde zu legen. ³Im Falle der Zahlungsunfähigkeit des Arbeitgebers gilt auch als beitragspflichtiges Arbeits-

entgelt höchstens der Betrag, der als Arbeitsentgelt den gezahlten Beiträgen zu Grunde liegt. ⁴Für die Berechnung der Beiträge sind der für den Entgeltabrechnungszeitraum nach den Sätzen 5 und 6 für den einzelnen Versicherungszweig geltende Beitragssatz und die für diesen Zeitraum für den Einzug des Gesamtsozialversicherungsbeitrags zuständige Einzugsstelle maßgebend; für Beschäftigte, die bei keiner Krankenkasse versichert sind, gilt § 28i Satz 2 entsprechend. ⁵Die Beiträge sind mit den Beiträgen der Entgeltabrechnung für den Kalendermonat fällig, der dem Kalendermonat folgt, in dem

1. im Falle der Zahlungsunfähigkeit die Mittel für die Beitragszahlung verfügbar sind,
2. das Arbeitsentgelt nicht zweckentsprechend verwendet wird.

⁶Wird durch einen Bescheid eines Trägers der Rentenversicherung der Eintritt von verminderter Erwerbsfähigkeit festgestellt, gilt der Zeitpunkt des Eintritts der verminderten Erwerbsfähigkeit als Zeitpunkt der nicht zweckentsprechenden Verwendung des bis dahin erzielten Wertguthabens; in diesem Fall sind die Beiträge mit den Beiträgen der auf das Ende des Beschäftigungsverhältnisses folgenden Entgeltabrechnung fällig. ⁷Ist für den Fall der Zahlungsunfähigkeit des Arbeitgebers ein Dritter Schuldner des Arbeitsentgelts, erfüllt dieser insoweit die Pflichten des Arbeitgebers. ⁸Für Wertguthaben gilt § 23a, soweit 250 Stunden Freistellung von der Arbeitsleistung nicht überschritten sind und besondere Aufzeichnungen nicht geführt werden.

(2a) ¹Als Arbeitsentgelt im Sinne des § 23 Abs. 1 gilt im Falle des Absatzes 2 auch der positive Betrag, der sich ergibt, wenn die Summe der ab dem Abrechnungsmonat der ersten Gutschrift auf einem Wertguthaben für die Zeit der Arbeitsleistung maßgebenden Beträge der jeweiligen Beitragsbemessungsgrenze um die Summe der in dieser Zeit der Arbeitsleistung abgerechneten beitragspflichtigen Arbeitsentgelte gemindert wird, höchstens der Betrag des Wertguthabens im Zeitpunkt der nicht zweckentsprechenden Verwendung des Arbeitsentgelts. ²Absatz 2 Satz 2 bis 8 findet Anwendung, Absatz 1 Satz 2 findet keine Anwendung.

(3) Kann das Wertguthaben wegen Beendigung des Beschäftigungsverhältnisses nicht mehr gemäß einer Vereinbarung nach § 7 Abs. 1a verwendet werden und ist der Versicherte unmittelbar anschließend wegen Arbeitslosigkeit bei einer deutschen Agentur für Arbeit als Arbeitsuchender gemeldet und bezieht eine öffentlich-rechtliche Leistung oder nur wegen des zu berücksichtigenden Einkommens oder Vermögens nicht, sind die Beiträge spätestens sieben Kalendermonate nach dem Kalendermonat, in dem das Arbeitsentgelt nicht zweckentsprechend verwendet worden ist, oder bei Aufnahme einer Beschäftigung in diesem Zeitraum zum Zeitpunkt des Beschäftigungsbeginns fällig, es sei denn, eine zweckentsprechende Verwendung wird vereinbart; beginnt in diesem Zeitraum eine Rente wegen Alters oder Todes oder tritt verminderte Erwerbsfähigkeit ein, gelten diese Zeitpunkte als Zeitpunkt der nicht zweckentsprechenden Verwendung.

(3a) Sieht die Vereinbarung nach § 7 Abs. 1a bereits bei ihrem Abschluss für den Fall, dass Wertguthaben wegen der Beendigung der Beschäftigung auf Grund verminderter Erwerbsfähigkeit, des Erreichens einer Altersgrenze, zu der eine Rente wegen Alters beansprucht werden kann, oder des Todes des Beschäftigten nicht mehr für Zeiten einer Freistellung von der Arbeitsleistung verwendet werden können, deren Verwendung für Zwecke der betrieblichen Altersversorgung vor, gilt das bei Eintritt dieser Fälle für Zwecke der betriebli-

chen Altersversorgung verwendete Wertguthaben nicht als beitragspflichtiges Arbeitsentgelt; dies gilt nicht,
1. wenn die Vereinbarung über die betriebliche Altersversorgung eine Abfindung vorsieht oder zulässt oder Leistungen im Falle des Todes, der Invalidität und des Erreichens einer Altersgrenze, zu der eine Rente wegen Alters beansprucht werden kann, nicht gewährleistet sind oder
2. soweit bereits im Zeitpunkt der Ansammlung des Wertguthabens vorhersehbar ist, dass es nicht für Zwecke der Freistellung von der Arbeitsleistung verwendet werden kann.

(4) Werden Wertguthaben auf Dritte übertragen, gelten die Absätze 2 bis 3a nur für den Übertragenden, der die Arbeitsleistung tatsächlich erbringt.

§ 24 Säumniszuschlag. (1) [1]Für Beiträge und Beitragsvorschüsse, die der Zahlungspflichtige nicht bis zum Ablauf des Fälligkeitstages gezahlt hat, ist für jeden angefangenen Monat der Säumnis ein Säumniszuschlag von eins vom Hundert des rückständigen, auf 50 Euro nach unten abgerundeten Betrages zu zahlen. [2]Bei einem rückständigen Betrag unter 100 Euro ist der Säumniszuschlag nicht zu erheben, wenn dieser gesondert schriftlich anzufordern wäre.

(2) Wird eine Beitragsforderung durch Bescheid mit Wirkung für die Vergangenheit festgestellt, ist ein darauf entfallender Säumniszuschlag nicht zu erheben, soweit der Beitragsschuldner glaubhaft macht, daß er unverschuldet keine Kenntnis von der Zahlungspflicht hatte.

§ 25 Verjährung. (1) [1]Ansprüche auf Beiträge verjähren in vier Jahren nach Ablauf des Kalenderjahrs, in dem sie fällig geworden sind. [2]Ansprüche auf vorsätzlich vorenthaltene Beiträge verjähren in dreißig Jahren nach Ablauf des Kalenderjahrs, in dem sie fällig geworden sind.

(2) [1]Für die Hemmung, die Ablaufhemmung, den Neubeginn und die Wirkung der Verjährung gelten die Vorschriften des Bürgerlichen Gesetzbuchs sinngemäß. [2]Die Verjährung ist für die Dauer einer Prüfung beim Arbeitgeber gehemmt; diese Hemmung der Verjährung bei einer Prüfung gilt auch gegenüber den auf Grund eines Werkvertrages für den Arbeitgeber tätigen Nachunternehmern und deren weiteren Nachunternehmern. [3]Satz 2 gilt nicht, wenn die Prüfung unmittelbar nach ihrem Beginn für die Dauer von mehr als sechs Monaten aus Gründen unterbrochen wird, die die prüfende Stelle zu vertreten hat. [4]Die Hemmung beginnt mit dem Tag des Beginns der Prüfung beim Arbeitgeber oder bei der vom Arbeitgeber mit der Lohn- und Gehaltsabrechnung beauftragten Stelle und endet mit der Bekanntgabe des Beitragsbescheides, spätestens nach Ablauf von sechs Kalendermonaten nach Abschluss der Prüfung. [5]Kommt es aus Gründen, die die prüfende Stelle nicht zu vertreten hat, zu einem späteren Beginn der Prüfung, beginnt die Hemmung mit dem von dem Versicherungsträger in seiner Prüfungsankündigung ursprünglich bestimmten Tag. [6]Die Sätze 2 bis 5 gelten auch für am 1. Januar 2001 noch nicht abgeschlossene Prüfungen.

§ 26 Beanstandung und Erstattung zu Unrecht entrichteter Beiträge.
(1) [1]Sind Pflichtbeiträge in der Rentenversicherung für Zeiten nach dem 31. Dezember 1972 trotz Fehlens der Versicherungspflicht nicht spätestens bei der nächsten Prüfung beim Arbeitgeber beanstandet worden, gilt § 45 Abs. 2

des Zehnten Buches entsprechend. ²Beiträge, die nicht mehr beanstandet werden dürfen, gelten als zu Recht entrichtete Pflichtbeiträge.

(2) Zu Unrecht entrichtete Beiträge sind zu erstatten, es sei denn, daß der Versicherungsträger bis zur Geltendmachung des Erstattungsanspruchs auf Grund dieser Beiträge oder für den Zeitraum, für den die Beiträge zu Unrecht entrichtet worden sind, Leistungen erbracht oder zu erbringen hat; Beiträge, die für Zeiten entrichtet worden sind, die während des Bezugs von Leistungen beitragsfrei sind, sind jedoch zu erstatten.

(3) ¹Der Erstattungsanspruch steht dem zu, der die Beiträge getragen hat. ²Soweit dem Arbeitgeber Beiträge, die er getragen hat, von einem Dritten ersetzt worden sind, entfällt sein Erstattungsanspruch.

§ 27 Verzinsung und Verjährung des Erstattungsanspruchs. (1) ¹Der Erstattungsanspruch ist nach Ablauf eines Kalendermonats nach Eingang des vollständigen Erstattungsantrags, beim Fehlen eines Antrags nach der Bekanntgabe der Entscheidung über die Erstattung bis zum Ablauf des Kalendermonats vor der Zahlung mit vier vom Hundert zu verzinsen. ²Verzinst werden volle Euro-Beträge. ³Dabei ist der Kalendermonat mit dreißig Tagen zugrunde zu legen.

(2) ¹Der Erstattungsanspruch verjährt in vier Jahren nach Ablauf des Kalenderjahrs, in dem die Beiträge entrichtet worden sind. ²Beanstandet der Versicherungsträger die Rechtswirksamkeit von Beiträgen, beginnt die Verjährung mit dem Ablauf des Kalenderjahrs der Beanstandung.

(3) ¹Für die Hemmung, die Ablaufhemmung, den Neubeginn und die Wirkung der Verjährung gelten die Vorschriften des Bürgerlichen Gesetzbuchs sinngemäß. ²Die Verjährung wird auch durch schriftlichen Antrag auf die Erstattung oder durch Erhebung eines Widerspruchs gehemmt. ³Die Hemmung endet sechs Monate nach der Bekanntgabe der Entscheidung über den Antrag oder den Widerspruch.

§ 28 Verrechnung und Aufrechnung des Erstattungsanspruchs. Der für die Erstattung zuständige Leistungträger kann
1. mit Ermächtigung eines anderen Leistungsträgers dessen Ansprüche gegen den Berechtigten mit dem ihm obliegenden Erstattungsbetrag verrechnen,
2. mit Zustimmung des Berechtigten die zu Unrecht entrichteten Beiträge mit künftigen Beitragsansprüchen aufrechnen.

Dritter Abschnitt.[1] **Meldepflichten des Arbeitgebers, Gesamtsozialversicherungsbeitrag**

Erster Titel. Meldungen des Arbeitgebers und ihre Weiterleitung

§ 28a Meldepflicht. (1) Der Arbeitgeber hat der Einzugsstelle für jeden in der Kranken-, Pflege-, Rentenversicherung oder nach dem Recht der Arbeitsförderung kraft Gesetzes versicherten Beschäftigten
1. bei Beginn der versicherungspflichtigen Beschäftigung,
2. bei Ende der versicherungspflichtigen Beschäftigung,
3. *(aufgehoben)*
4. *(aufgehoben)*
5. bei Änderungen in der Beitragspflicht,
6. bei Wechsel der Einzugsstelle,
7. *(aufgehoben)*
8. bei Unterbrechung der Entgeltzahlung,
9. bei Auflösung des Arbeitsverhältnisses,
10. bei Änderung des Familiennamens oder des Vornamens,
11. bei Änderung der Staatsangehörigkeit,
12. bei einmalig gezahltem Arbeitsentgelt, soweit es nicht in einer Meldung aus anderem Anlaß erfaßt werden kann,
13. bei Beginn der Berufsausbildung,
14. bei Ende der Berufsausbildung,
15. bei Wechsel von einer Betriebsstätte im Beitrittsgebiet zu einer Betriebsstätte im übrigen Bundesgebiet oder umgekehrt,
16. bei Beginn der Altersteilzeitarbeit,
17. bei Ende der Altersteilzeitarbeit,
18. bei Änderung des Arbeitsentgelts, wenn die in § 8 Abs. 1 Nr. 1 genannte Grenze über- oder unterschritten wird,
19. bei nach § 23b Abs. 2 und 3 gezahltem Arbeitsentgelt oder
20. bei Wechsel von einem Wertguthaben, das im Beitrittsgebiet und einem Wertguthaben, das im übrigen Bundesgebiet erzielt wurde,

eine Meldung zu erstatten.

(2) Der Arbeitgeber hat jeden am 31. Dezember des Vorjahres Beschäftigten nach Absatz 1 zu melden (Jahresmeldung).

(3) ¹Die Meldungen enthalten für jeden Beschäftigten insbesondere
1. seine Versicherungsnummer, soweit bekannt,

---

[1] Für das Gebiet der ehem. DDR gilt zu den §§ 28a bis 28r aufgrund des EVertr. v. 31. 8. 1990 (BGBl. II S. 889, 1046) folgende Maßgabe:
„Artikel I §§ 28a bis 28r gilt ab der Übernahme des Beitragseinzugs durch die Krankenkassen. Bis zur Übernahme des Beitragseinzugs durch die Krankenkassen bleiben die Finanzämter weiterhin für den Beitragseinzug und die Weiterleitung zuständig. Sie haben die Rechte und Pflichten der Einzugsstellen. Der Einzug umfaßt den Gesamtsozialversicherungsbeitrag zuzüglich des Beitrags zur Unfallversicherung. Die Krankenkassen haben auch die Beiträge zur Unfallversicherung, einschließlich der Beiträge der Selbständigen, monatlich bis zum Einzug des Beitrags durch die Unfallversicherungsträger einzuziehen und an die Überleitungsanstalt weiterzuleiten."

2. seinen Familien- und Vornamen,
3. sein Geburtsdatum,
4. seine Staatsangehörigkeit,
5. Angaben über seine Tätigkeit nach dem Schlüsselverzeichnis der Bundesagentur für Arbeit,
6. die Betriebsnummer seines Beschäftigungsbetriebes,
7. die Beitragsgruppen,
8. die zuständige Einzugsstelle und
9. den Arbeitgeber,
10. die Angabe, ob er zum Arbeitgeber in einer Beziehung als Ehegatte, Lebenspartner, Verwandter oder Verschwägerter in gerader Linie bis zum zweiten Grad steht und[1]
11. die Angabe, ob er als geschäftsführender Gesellschafter einer Gesellschaft mit beschränkter Haftung tätig ist.[1]

²Zusätzlich sind anzugeben
1. bei der Anmeldung
    a) die Anschrift,
    b) der Beginn der Beschäftigung,
    c) sonstige für die Vergabe der Versicherungsnummer erforderliche Angaben,
2. bei der Abmeldung und bei der Jahresmeldung
    a) eine Anschriftenänderung, wenn die neue Anschrift noch nicht gemeldet worden ist,
    b) das in der Rentenversicherung oder nach dem Recht der Arbeitsförderung beitragspflichtige Arbeitsentgelt in Euro,
    c) der Zeitraum, in dem das angegebene Arbeitsentgelt erzielt wurde,
    d) Wertguthaben, die auf die Zeit nach Eintritt der Erwerbsminderung entfallen,
3. bei der Meldung der Namensänderung eine Anschriftenänderung, wenn die neue Anschrift noch nicht gemeldet worden ist,
4. bei der Meldung nach Absatz 1 Nr. 19
    a) das Arbeitsentgelt in Euro, für das Beiträge gezahlt worden sind,
    b) im Falle des § 23b Abs. 2 der Kalendermonat und das Jahr der nicht zweckentsprechenden Verwendung des Arbeitsentgelts, im Falle der Zahlungsunfähigkeit des Arbeitgebers jedoch der Kalendermonat und das Jahr der Beitragszahlung.

(3a) *(aufgehoben)*

(4) *(aufgehoben)*

(5) Der Arbeitgeber hat dem Beschäftigten den Inhalt der Meldung schriftlich mitzuteilen.

(6) Soweit der Arbeitgeber eines Hausgewerbetreibenden Arbeitgeberpflichten erfüllt, gilt der Hausgewerbetreibende als Beschäftigter.

(7) ¹Der Arbeitgeber erstattet der Einzugsstelle für einen im privaten Haushalt Beschäftigten anstelle der Meldung nach Absatz 1 unverzüglich eine ver-

---

[1] § 28a Abs. 3 Satz 1 Nrn. 10 und 11 angef. **mWv 1. 1. 2005** durch G v. 24. 12. 2003 (BGBl. I S. 2954).

einfachte Meldung (Haushaltsscheck) mit den Angaben nach Absatz 8 Satz 1, wenn das Arbeitsentgelt (§ 14 Abs. 3) aus dieser Beschäftigung regelmäßig 400 Euro im Monat nicht übersteigt. ²Der Arbeitgeber erteilt der Einzugsstelle eine Ermächtigung zum Einzug des Gesamtsozialversicherungsbeitrags. ³Der Haushaltsscheck ist vom Arbeitgeber und vom Beschäftigten zu unterschreiben. ⁴Die Absätze 2, 3 und 5 gelten nicht.

(8) ¹Der Haushaltsscheck enthält
1. den Familiennamen, Vornamen, die Anschrift und die Betriebsnummer des Arbeitgebers,
2. den Familiennamen, Vornamen, die Anschrift und die Versicherungsnummer des Beschäftigten; kann die Versicherungsnummer nicht angegeben werden, ist das Geburtsdatum des Beschäftigten einzutragen,
3. die Angabe, ob der Beschäftigte im Zeitraum der Beschäftigung bei mehreren Arbeitgebern beschäftigt ist, und
4. a) bei einer Meldung bei jeder Lohn- oder Gehaltszahlung den Zeitraum der Beschäftigung, das Arbeitsentgelt (§ 14 Abs. 3) für diesen Zeitraum sowie am Ende der Beschäftigung den Zeitpunkt der Beendigung,
b) bei einer Meldung zu Beginn der Beschäftigung deren Beginn und das monatliche Arbeitsentgelt (§ 14 Abs. 3),
c) bei einer Meldung wegen Änderung des Arbeitsentgelts (§ 14 Abs. 3) den neuen Betrag und den Zeitpunkt der Änderung,
d) bei einer Meldung am Ende der Beschäftigung den Zeitpunkt der Beendigung,
e) bei Erklärung des Verzichts auf Versicherungsfreiheit nach § 5 Abs. 2 Satz 2 des Sechsten Buches den Zeitpunkt des Verzichts.

²Bei sich anschließenden Meldungen kann von der Angabe der Anschrift des Arbeitgebers und des Beschäftigten abgesehen werden.

(9) Die Absätze 1 bis 8 gelten entsprechend für versicherungsfrei geringfügig Beschäftigte mit der Maßgabe, daß für geringfügig Beschäftigte nach § 8 Abs. 1 Nr. 2 eine Jahresmeldung nicht zu erstatten ist.

§ 28b Aufgaben der Einzugsstelle bei Meldungen, gemeinsame Grundsätze. (1) Die Einzugsstelle hat dafür zu sorgen, daß die Meldungen rechtzeitig erstattet werden, die erforderlichen Angaben vollständig und richtig enthalten sind und die Meldungen rechtzeitig weitergeleitet werden.

(2) ¹Die Spitzenverbände der Krankenkassen, der Verband Deutscher Rentenversicherungsträger, die Bundesversicherungsanstalt für Angestellte und die Bundesagentur für Arbeit bestimmen in gemeinsamen Grundsätzen bundeseinheitlich
1. die Vordrucke für die Meldungen nach den §§ 28a, 102 und 103 sowie die Gestaltung des Beitragsnachweises,
2. die Schlüsselzahlen für die Personen- und Beitragsgruppen,
3. die Schlüsselzahlen für die Abgabegründe der Meldungen und
4. bei Übermittlung der Meldungen auf maschinell verwertbaren Datenträgern oder durch Datenübertragung den Aufbau der Datenträger sowie der einzelnen Datensätze.

²Die gemeinsamen Grundsätze bedürfen der Genehmigung des Bundesministeriums für Gesundheit und Soziale Sicherung, das vorher die Arbeitgeberver-

4. Buch. Gem. Vorschriften Sozialversicherung §§ 28c, 28d SGB IV

bände anzuhören hat, die für die Vertretung von Arbeitgeberinteressen wesentliche Bedeutung haben. ³Die Vordrucke für die Meldungen nach § 28a Abs. 1 bis 3, auch in Verbindung mit Absatz 9, werden von der Datenstelle der Rentenversicherungsträger zur Verfügung gestellt. ⁴Die Vordrucke für den Beitragsnachweis werden von den Krankenkassen zur Verfügung gestellt.

(2a) Abweichend von Absatz 2 Satz 3 können die Träger der Rentenversicherung im Jahr 1998 von der Ausstellung von Heften mit Versicherungsnachweisen absehen; wird ein Versicherungsnachweisheft nicht mehr ausgestellt, sind die Meldungen auf von der Datenstelle der Rentenversicherungsträger zur Verfügung gestellten Vordrucken zu erstatten.

(3) Die Bundesknappschaft und die See-Krankenkasse können für ihren Bereich von den Bestimmungen nach Absatz 2 Nr. 1 und 4 abweichen.

(4) Die Spitzenverbände der Krankenkassen, der Verband Deutscher Rentenversicherungsträger, die Bundesversicherungsanstalt für Angestellte und die Bundesagentur für Arbeit bestimmen bundeseinheitlich die Gestaltung des Haushaltsschecks (§ 28a Abs. 7) und der der Einzugsstelle in diesem Verfahren zu erteilenden Einzugsermächtigung.

§ 28c Verordnungsermächtigung. Das Bundesministerium für Gesundheit und Soziale Sicherung wird ermächtigt, durch Rechtsverordnung mit Zustimmung des Bundesrates das Nähere über das Meldeverfahren zu bestimmen, insbesondere
1. die Frist der Meldungen,
2. *(aufgehoben)*
3. welche zusätzlichen, für die Verarbeitung der Meldungen oder die Durchführung der Versicherung erforderlichen Angaben zu machen sind,
4. das Verfahren über die Prüfung, Sicherung und Weiterleitung der Daten,
5. unter welchen Voraussetzungen Meldungen auf maschinell verwertbaren Datenträgern oder durch Datenübertragung erstattet werden,
6. in welchen Fällen auf einzelne Meldungen oder Angaben verzichtet wird,
7. in welcher Form und Frist der Arbeitgeber die Beschäftigten über die Meldungen zu unterrichten hat,
8. unter welchen Voraussetzungen und an welche Stelle Arbeitgeber, Rechenzentren oder vergleichbare Einrichtungen, die Meldungen auf maschinell verwertbaren Datenträgern oder durch Datenübertragung erstatten, diese Meldungen abweichend von § 28a zu erstatten haben.

Zweiter Titel. Verfahren und Haftung bei der Beitragszahlung

§ 28d Gesamtsozialversicherungsbeitrag. ¹Die Beiträge in der Kranken- oder Rentenversicherung für einen kraft Gesetzes versicherten Beschäftigten oder Hausgewerbetreibenden sowie der Beitrag aus Arbeitsentgelt aus einer versicherungspflichtigen Beschäftigung nach dem Recht der Arbeitsförderung werden als Gesamtsozialversicherungsbeitrag gezahlt.
Fassung des Satzes 2 bis 31. 12. 2004:
²Satz 1 gilt auch für den Beitrag zur Pflegeversicherung und für einen in der Krankenversicherung kraft Gesetzes versicherten Beschäftigten.

Fassung des Satzes 2 ab 1. 1. 2005:
²Satz 1 gilt auch für den Beitrag
1. für Zahnersatz der gesetzlichen Krankenversicherung und
2. zur Pflegeversicherung

für einen in der Krankenversicherung kraft Gesetzes versicherten Beschäftigten. ³Die nicht nach dem Arbeitsentgelt zu bemessenden Beiträge in der landwirtschaftlichen Krankenversicherung für einen kraft Gesetzes versicherten Beschäftigten gelten zusammen mit den Beiträgen zur Rentenversicherung und Arbeitsförderung im Sinne des Satzes 1 ebenfalls als Gesamtsozialversicherungsbeitrag.

§ 28e Zahlungspflicht, Vorschuß. (1) ¹Den Gesamtsozialversicherungsbeitrag hat der Arbeitgeber zu zahlen. ²Ist ein Träger der Kranken- oder Rentenversicherung oder die Bundesagentur für Arbeit der Arbeitgeber, gilt der jeweils für diesen Leistungsträger oder, wenn eine Krankenkasse der Arbeitgeber ist, auch der für die Pflegekasse bestimmte Anteil am Gesamtsozialversicherungsbeitrag als gezahlt; dies gilt für die Beiträge zur Rentenversicherung auch im Verhältnis der Träger der Rentenversicherung untereinander.

(2) ¹Für die Erfüllung der Zahlungspflicht des Arbeitgebers haftet bei einem wirksamen Vertrag der Entleiher wie ein selbstschuldnerischer Bürge, soweit ihm Arbeitnehmer gegen Vergütung zur Arbeitsleistung überlassen worden sind. ²Er kann die Zahlung verweigern, solange die Einzugsstelle den Arbeitgeber nicht gemahnt hat und die Mahnfrist nicht abgelaufen ist. ³Zahlt der Verleiher das vereinbarte Arbeitsentgelt oder Teile des Arbeitsentgelts an den Leiharbeitnehmer, obwohl der Vertrag nach § 9 Nr. 1 des Arbeitnehmerüberlassungsgesetzes unwirksam ist, so hat er auch den hierauf entfallenden Gesamtsozialversicherungsbeitrag an die Einzugsstelle zu zahlen. ⁴Hinsichtlich der Zahlungspflicht nach Satz 3 gilt der Verleiher neben dem Entleiher als Arbeitgeber; beide haften insoweit als Gesamtschuldner.

(3) Für die Erfüllung der Zahlungspflicht des Arbeitgebers von in § 176 Nr. 1 bis 3 des Fünften Buches genannten Personen haften Arbeitgeber und Reeder als Gesamtschuldner.

(3a) ¹Ein Unternehmer des Baugewerbes, der einen anderen Unternehmer mit der Erbringung von Bauleistungen im Sinne des § 211 Abs. 1 des Dritten Buches beauftragt, haftet für die Erfüllung der Zahlungspflicht dieses Unternehmers oder eines von diesem Unternehmer beauftragten Verleihers wie ein selbstschuldnerischer Bürge. ²Satz 1 gilt entsprechend für die vom Nachunternehmer gegenüber ausländischen Sozialversicherungsträgern abzuführenden Beiträge. ³Absatz 2 Satz 2 gilt entsprechend.

(3b) Die Haftung nach Absatz 3a entfällt, wenn der Unternehmer nachweist, dass er ohne eigenes Verschulden davon ausgehen konnte, dass der Nachunternehmer oder ein von ihm beauftragter Verleiher seine Zahlungspflicht erfüllt.

(3c) ¹Ein Unternehmer, der Bauleistungen im Auftrag eines anderen Unternehmers erbringt, ist verpflichtet, auf Verlangen der Einzugsstelle Firma und Anschrift dieses Unternehmers mitzuteilen. ²Kann der Auskunftsanspruch nach Satz 1 nicht durchgesetzt werden, hat ein Unternehmer, der einen Gesamtauftrag für die Erbringung von Bauleistungen für ein Bauwerk erhält, der

Einzugsstelle auf Verlangen Firma und Anschrift aller Unternehmer, die von ihm mit der Erbringung von Bauleistungen beauftragt wurden, zu benennen.

(3d) ¹Absatz 3a gilt ab einem geschätzten Gesamtwert aller für ein Bauwerk in Auftrag gegebenen Bauleistungen von 500 000 Euro. ²Für die Schätzung gilt § 3 der Vergabeverordnung vom 9. Januar 2001 (BGBl. I S. 110), die zuletzt durch Artikel 3 Abs. 1 des Gesetzes vom 16. Mai 2001 (BGBl. I S. 876) geändert worden ist.

(3e) ¹Die Haftung des Unternehmers nach Absatz 3a erstreckt sich in Abweichung von der dort getroffenen Regelung auf das von dem Nachunternehmer beauftragte nächste Unternehmen, wenn die Beauftragung des unmittelbaren Nachunternehmers bei verständiger Würdigung der Gesamtumstände als ein Rechtsgeschäft anzusehen ist, dessen Ziel vor allem die Auflösung der Haftung nach Absatz 3a ist. ²Maßgeblich für die Würdigung ist die Verkehrsanschauung im Baubereich. ³Ein Rechtsgeschäft im Sinne dieser Vorschrift, das als Umgehungstatbestand anzusehen ist, ist in der Regel anzunehmen,
a) wenn der unmittelbare Nachunternehmer weder selbst eigene Bauleistungen noch planerische oder kaufmännische Leistungen erbringt oder
b) wenn der unmittelbare Nachunternehmer weder technisches noch planerisches oder kaufmännisches Fachpersonal in nennenswertem Umfang beschäftigt oder
c) wenn der unmittelbare Nachunternehmer in einem gesellschaftsrechtlichen Abhängigkeitsverhältnis zum Hauptunternehmer steht.
⁴Besonderer Prüfung bedürfen die Umstände des Einzelfalles vor allem in den Fällen, in denen der unmittelbare Nachunternehmer seinen handelsrechtlichen Sitz außerhalb des Europäischen Wirtschaftsraums hat.

(3f) Die Bundesregierung berichtet den gesetzgebenden Körperschaften des Bundes erstmals im Jahre 2004, nachfolgend alle vier Jahre über die Erfahrungen mit den Regelungen nach den Absätzen 3a bis 3e.

(4) Die Haftung umfaßt die Beiträge und Säumniszuschläge, die infolge der Pflichtverletzung zu zahlen sind, sowie die Zinsen für gestundete Beiträge (Beitragsansprüche).

(5) Die Satzung der Einzugsstelle kann bestimmen, unter welchen Voraussetzungen vom Arbeitgeber Vorschüsse auf den Gesamtsozialversicherungsbeitrag verlangt werden können.

§ 28f Aufzeichnungspflicht, Nachweise der Beitragsabrechnung und der Beitragszahlung. (1) ¹Der Arbeitgeber hat für jeden Beschäftigten, getrennt nach Kalenderjahren, Lohnunterlagen im Geltungsbereich dieses Gesetzes in deutscher Sprache zu führen und bis zum Ablauf des auf die letzte Prüfung (§ 28p) folgenden Kalenderjahres geordnet aufzubewahren. ²Satz 1 gilt nicht hinsichtlich der Beschäftigten in privaten Haushalten. ³Die landwirtschaftlichen Krankenkassen können wegen der mitarbeitenden Familienangehörigen Ausnahmen zulassen. ⁴Für die Aufbewahrung der Beitragsabrechnungen und der Beitragsnachweise gilt Satz 1.

(1a) Bei der Ausführung eines Dienst- oder Werkvertrages im Baugewerbe hat der Unternehmer die Lohnunterlagen und die Beitragsabrechnung so zu gestalten, dass eine Zuordnung der Arbeitnehmer, des Arbeitsentgelts und des darauf entfallenden Gesamtsozialversicherungsbeitrags zu dem jeweiligen Dienst- oder Werkvertrag möglich ist.

3 SGB IV § 28f   Sozialgesetzbuch

(2) ¹Hat ein Arbeitgeber die Aufzeichnungspflicht nicht ordnungsgemäß erfüllt und können dadurch die Versicherungs- oder Beitragspflicht oder die Beitragshöhe nicht festgestellt werden, kann der prüfende Träger der Rentenversicherung den Beitrag in der Kranken-, Pflege- und Rentenversicherung und zur Arbeitsförderung von der Summe der vom Arbeitgeber gezahlten Arbeitsentgelte geltend machen. ²Satz 1 gilt nicht, soweit ohne unverhältnismäßig großen Verwaltungsaufwand festgestellt werden kann, daß Beiträge nicht zu zahlen waren oder Arbeitsentgelt einem bestimmten Beschäftigten zugeordnet werden kann. ³Soweit der prüfende Träger der Rentenversicherung die Höhe der Arbeitsentgelte nicht oder nicht ohne unverhältnismäßig großen Verwaltungsaufwand ermitteln kann, hat er diese zu schätzen. ⁴Dabei ist für das monatliche Arbeitsentgelt eines Beschäftigten das am Beschäftigungsort ortsübliche Arbeitsentgelt mitzuberücksichtigen. ⁵Der prüfende Träger der Rentenversicherung hat einen aufgrund der Sätze 1, 3 und 4 ergangenen Bescheid insoweit zu widerrufen, als nachträglich Versicherungs- oder Beitragspflicht oder Versicherungsfreiheit festgestellt und die Höhe des Arbeitsentgelts nachgewiesen werden. ⁶Die von dem Arbeitgeber aufgrund dieses Bescheides geleisteten Zahlungen sind insoweit mit der Beitragsforderung zu verrechnen.

(3) ¹Der Arbeitgeber hat der Einzugsstelle einen Beitragsnachweis rechtzeitig einzureichen; dies gilt nicht hinsichtlich der Beschäftigten in privaten Haushalten bei Verwendung von Haushaltsschecks. ²Der Beitragsnachweis kann durch Fernkopie oder Datenübertragung eingereicht werden. ³Die Datenübertragung ist nur zulässig, wenn über deren Einzelheiten Einvernehmen zwischen dem Absender und dem Empfänger der Daten hergestellt worden ist. ⁴Reicht der Arbeitgeber den Beitragsnachweis nicht rechtzeitig ein, so kann die Einzugsstelle das für die Beitragsberechnung maßgebende Arbeitsentgelt schätzen, bis der Nachweis ordnungsgemäß eingereicht wird. ⁵Der Beitragsnachweis gilt für die Vollstreckung als Leistungsbescheid der Einzugsstelle. ⁶Im Beitragsnachweis ist auch die Steuernummer des Arbeitgebers anzugeben, wenn der Beitragsnachweis die Pauschsteuer für geringfügig Beschäftigte enthält.

(4) ¹Arbeitgeber, die den Gesamtsozialversicherungsbeitrag an mehrere Orts- oder Innungskrankenkassen zu zahlen haben, können bei
1. dem jeweils zuständigen Bundesverband oder
2. einer Orts- oder Innungskrankenkasse

(beauftragte Stelle) für die jeweilige Kassenart beantragen, dass der beauftragten Stelle der jeweilige Beitragsnachweis eingereicht wird. ²Dies gilt auch für Arbeitgeber, die den Gesamtsozialversicherungsbeitrag an mehrere Betriebskrankenkassen oder landwirtschaftliche Krankenkassen zu zahlen haben, gegenüber dem jeweiligen Bundesverband. ³Gibt die beauftragte Stelle dem Antrag statt, hat sie die zuständigen Einzugsstellen zu unterrichten. ⁴Im Falle des Satzes 1 erhält die beauftragte Stelle auch den Gesamtsozialversicherungsbeitrag, den sie an die folgenden Stellen arbeitstäglich durch Überweisung unmittelbar weiterzuleiten hat:

1. die Beiträge zur Kranken- und Pflegeversicherung an die zuständigen Einzugsstellen,
2. die Beiträge zur Rentenversicherung der Angestellten an die Bundesversicherungsanstalt fürAngestellte,

3. die Beiträge zur Rentenversicherung der Arbeiter an die Landesversicherungsanstalt, in deren Bereich die beauftragte Stelle ihren Sitz hat, sowie
4. die Beiträge zur Arbeitsförderung an die Bundesagentur für Arbeit.
[5]Die beauftragte Stelle hat die für die zuständigen Einzugsstellen bestimmten Beitragsnachweise an diese weiterzuleiten. [6]Die Einzugsstellen haben die an die beauftragte Stelle gezahlten Beiträge zur Rentenversicherung in die Abstimmung nach § 28k Abs. 2 einzubeziehen. [7]Die Träger der Pflegeversicherung, der Rentenversicherung und die Bundesagentur für Arbeit können den Beitragsnachweis sowie den Eingang, die Verwaltung und die Weiterleitung ihrer Beiträge bei der beauftragten Stelle prüfen. [8]§ 28q Abs. 2 und 3 sowie § 28r Abs. 1 und 2 gelten entsprechend.

(5) [1]Abweichend von Absatz 1 Satz 1 sind die am 31. Dezember 1991 im Beitrittsgebiet vorhandenen Lohnunterlagen mindestens bis zum 31. Dezember 2006 vom Arbeitgeber aufzubewahren. [2]Die Pflicht zur Aufbewahrung erlischt, wenn der Arbeitgeber die Lohnunterlagen dem Betroffenen aushändigt oder die für die Rentenversicherung erforderlichen Daten bescheinigt, frühestens jedoch mit Ablauf des auf die letzte Prüfung der Träger der Rentenversicherung bei dem Arbeitgeber folgenden Kalenderjahres.

§ 28g Beitragsabzug. [1]Der Arbeitgeber hat gegen den Beschäftigten einen Anspruch auf den vom Beschäftigten zu tragenden Teil des Gesamtsozialversicherungsbeitrags. [2]Dieser Anspruch kann nur durch Abzug vom Arbeitsentgelt geltend gemacht werden. [3]Ein unterbliebener Abzug darf nur bei den drei nächsten Lohn- oder Gehaltszahlungen nachgeholt werden, danach nur dann, wenn der Abzug ohne Verschulden des Arbeitgebers unterblieben ist. [4]Die Sätze 2 und 3 gelten nicht, wenn der Beschäftigte seinen Pflichten nach § 28o Abs. 1 vorsätzlich oder grob fahrlässig nicht nachkommt.

§ 28h Einzugsstellen. (1) [1]Der Gesamtsozialversicherungsbeitrag ist an die Krankenkassen (Einzugsstellen) zu zahlen. [2]Die Einzugsstelle überwacht die Einreichung des Beitragsnachweises und die Zahlung des Gesamtsozialversicherungsbeitrags. [3]Beitragsansprüche, die nicht rechtzeitig erfüllt worden sind, hat die Einzugsstelle geltend zu machen.

(2) [1]Die Einzugsstelle entscheidet über die Versicherungspflicht und Beitragshöhe in der Kranken-, Pflege- und Rentenversicherung sowie nach dem Recht der Arbeitsförderung und prüft die Einhaltung der Arbeitsentgeltgrenzen bei geringfügiger Beschäftigung nach den §§ 8 und 8a; sie erläßt auch den Widerspruchsbescheid. [2]Soweit die Einzugsstelle die Höhe des Arbeitsentgelts nicht oder nicht ohne unverhältnismäßig großen Verwaltungsaufwand ermitteln kann, hat sie dieses zu schätzen. [3]Dabei ist für das monatliche Arbeitsentgelt des Beschäftigten das am Beschäftigungsort ortsübliche Arbeitsentgelt mit zu berücksichtigen.

(3) [1]Bei Verwendung eines Haushaltsschecks vergibt die Einzugsstelle im Auftrag der Bundesagentur für Arbeit die Betriebsnummer des Arbeitgebers, berechnet den Gesamtsozialversicherungsbeitrag und die Umlagen nach dem Lohnfortzahlungsgesetz und zieht diese vom Arbeitgeber im Wege des Lastschriftverfahrens ein. [2]Die Einzugsstelle meldet bei Beginn und Ende der Beschäftigung und zum Jahresende der Datenstelle der Rentenversicherungsträger die für die Rentenversicherung und die Bundesagentur für Arbeit erfor-

derlichen Daten eines jeden Beschäftigten. ³Die Einzugsstelle teilt dem Beschäftigten den Inhalt der abgegebenen Meldung schriftlich mit.

(4) Bei Verwendung eines Haushaltsschecks bescheinigt die Einzugsstelle dem Arbeitgeber zum Jahresende
1. den Zeitraum, für den Beiträge zur Rentenversicherung gezahlt wurden, und
2. die Höhe des Arbeitsentgelts (§ 14 Abs. 3), des von ihm getragenen Gesamtsozialversicherungsbeitrags und der Umlagen.

§ 28i Zuständige Einzugsstelle. ¹Zuständige Einzugsstelle für den Gesamtsozialversicherungsbeitrag ist die Krankenkasse, von der die Krankenversicherung durchgeführt wird. ²Für Beschäftigte, die bei keiner Krankenkasse versichert sind, werden Beiträge zur Rentenversicherung und zur Arbeitsförderung an die Einzugsstelle gezahlt, die der Arbeitgeber in entsprechender Anwendung des § 175 Abs. 3 Satz 2 des Fünften Buches gewählt hat. ³Zuständige Einzugsstelle ist in den Fällen des § 28f Abs. 2 die nach § 175 Abs. 3 Satz 3 des Fünften Buches bestimmte Krankenkasse. ⁴Zuständige Einzugsstelle ist in den Fällen des § 2 Abs. 3 die See-Krankenkasse. ⁵Bei geringfügigen Beschäftigungen ist zuständige Einzugsstelle die Bundesknappschaft als Träger der Rentenversicherung.

§ 28k Weiterleitung von Beiträgen. ¹Die Einzugsstelle leitet dem zuständigen Träger der Pflegeversicherung, der Rentenversicherung und der Bundesagentur für Arbeit die für diese gezahlten Beiträge einschließlich Zinsen auf Beiträge und Säumniszuschläge arbeitstäglich weiter; ist der zuständige Träger der Rentenversicherung eine Landesversicherungsanstalt, sind die Beiträge an die Landesversicherungsanstalt weiterzuleiten, in deren Bereich die Einzugsstelle ihren Sitz hat. ²Die Träger der Rentenversicherung der Arbeiter und die Einzugsstellen können vereinbaren, daß abweichend von Satz 1 die Beiträge an den Träger der Rentenversicherung der Arbeiter weiterzuleiten sind, in dessen Bezirk sich die Arbeitsstätte befindet. ³Die nach § 28f Abs. 2 und bei Verwendung von Haushaltsschecks gezahlten Beiträge in der Rentenversicherung sind an die Landesversicherungsanstalt weiterzuleiten, in deren Bezirk die Einzugsstelle ihren Sitz hat. ⁴Bei geringfügigen Beschäftigungen werden die Beiträge zur Krankenversicherung zugunsten des Risikostrukturausgleichs an die Bundesversicherungsanstalt für Angestellte, bei Versicherten in der landwirtschaftlichen Krankenversicherung an den Bundesverband der landwirtschaftlichen Krankenkassen weitergeleitet. ⁵Das Nähere zur Bestimmung des Anteils des Bundesverbandes der landwirtschaftlichen Krankenkassen, insbesondere über eine pauschale Berechnung und Aufteilung, vereinbaren die Spitzenverbände der beteiligten Träger der Sozialversicherung.

§ 28l Vergütung. (1) Die Einzugsstellen, die Träger der Rentenversicherung und die Bundesagentur für Arbeit erhalten für
1. die Geltendmachung der Beitragsansprüche,
2. den Einzug, die Verwaltung, die Weiterleitung, die Abrechnung und die Abstimmung der Beiträge,
3. die Prüfung bei den Arbeitgebern,
4. die Durchführung der Meldeverfahren,
5. die Ausstellung der Sozialversicherungsausweise und

6. die Durchführung des Haushaltsscheckverfahrens, soweit es über die Verfahren nach den Nummern 1 bis 5 hinausgeht und Aufgaben der Sozialversicherung betrifft,

eine Vergütung, mit der alle dadurch entstehenden Kosten abgegolten werden.

(2) Soweit die Einzugsstellen oder die beauftragten Stellen (§ 28f Abs. 4) bei der Verwaltung von Fremdbeiträgen Gewinne erzielen, wird deren Aufteilung durch Vereinbarungen zwischen den Krankenkassen oder ihren Verbänden und den Trägern der Rentenversicherung oder dem Verband Deutscher Rentenversicherungsträger sowie der Bundesagentur für Arbeit geregelt.

(3) Absatz 1 gilt für die Künstlersozialkasse entsprechend.

§ 28m Sonderregelungen für bestimmte Personengruppen.

(1)[1] Der Beschäftigte hat den Gesamtsozialversicherungsbeitrag zu zahlen, wenn sein Arbeitgeber ein ausländischer Staat, eine über- oder zwischenstaatliche Organisation oder eine Person ist, die nicht der inländischen Gerichtsbarkeit untersteht und die Zahlungspflicht nach § 28e Abs. 1 Satz 1 nicht erfüllt.

(2) ¹Heimarbeiter und Hausgewerbetreibende können, falls der Arbeitgeber seiner Verpflichtung nach § 28e bis zum Fälligkeitstage nicht nachkommt, den Gesamtsozialversicherungsbeitrag selbst zahlen. ²Soweit sie den Gesamtsozialversicherungsbeitrag selbst zahlen, entfallen die Pflichten des Arbeitgebers; § 28f Abs. 1 bleibt unberührt.

(3) Zahlt der Beschäftigte oder der Hausgewerbetreibende den Gesamtsozialversicherungsbeitrag, hat er auch die Meldungen nach § 28a abzugeben; bei den Meldungen hat die Einzugsstelle mitzuwirken.

(4) Der Beschäftigte oder der Hausgewerbetreibende, der den Gesamtsozialversicherungsbeitrag gezahlt hat, hat gegen den Arbeitgeber einen Anspruch auf den vom Arbeitgeber zu tragenden Teil des Gesamtsozialversicherungsbeitrags.

§ 28n Verordnungsermächtigung.

Das Bundesministerium für Gesundheit und Soziale Sicherung wird ermächtigt, durch Rechtsverordnung mit Zustimmung des Bundesrates zu bestimmen,

1. die Berechnung des Gesamtsozialversicherungsbeitrags und der Beitragsbemessungsgrenzen für kürzere Zeiträume als ein Kalenderjahr,

---

[1] Beachte hierzu **Übergangsvorschrift** in Art. 17 G v. 20. 12. 1988 (BGBl. I S. 2330):
„§ 28m Abs. 1 findet für die Beiträge in der Rentenversicherung bei Personen keine Anwendung, die vor der Verkündung dieses Gesetzes mit einem öffentlichen oder privaten Versicherungsunternehmen für sich und ihre Hinterbliebenen einen Versicherungsvertrag für den Fall des Todes und des Erlebens des 65. oder eines niedrigeren Lebensjahres abgeschlossen haben. Die Befreiung von der Zahlungspflicht gilt nur für die Dauer der Beschäftigung bei einem Arbeitgeber, der ein ausländischer Staat, eine über- oder zwischenstaatliche Organisation oder eine Person ist, die nicht der inländischen Gerichtsbarkeit untersteht. Personen im Sinne des Satzes 1, die bis zur Verkündung dieses Gesetzes anstelle des in Satz 2 genannten Arbeitgebers Beiträge zur Rentenversicherung gezahlt haben, können auch weiterhin Beiträge zur Rentenversicherung zahlen, solange die Befreiung nach den Sätzen 1 und 2 gilt."

2. zu welchem Zeitpunkt die Beiträge als eingezahlt gelten, in welcher Reihenfolge eine Schuld getilgt wird und welche Zahlungsmittel verwendet werden dürfen,[1)]
3. Näheres über die Weiterleitung und Abrechnung der Beiträge einschließlich Zinsen auf Beiträge und der Säumniszuschläge durch die Einzugsstellen an die Träger der Pflegeversicherung, der Rentenversicherung und die Bundesagentur für Arbeit, insbesondere über Zahlungsweise und das Verfahren nach § 28f Abs. 4, wobei von der arbeitstäglichen Weiterleitung bei Beträgen unter 2 500 Euro abgesehen werden kann,[1)]
4. *(aufgehoben)*
5. die Höhe der Vergütung nach § 28l Abs. 1 und 3, wobei eine pauschale Abgeltung vorgesehen werden kann,
6. *(aufgehoben)*
7. Näheres über die Führung von Lohnunterlagen und zur Beitragsabrechnung sowie zur Verwendung des Beitragsnachweises.[2)]

Dritter Titel. Auskunfts- und Vorlagepflicht, Prüfung, Schadensersatzpflicht und Verzinsung

§ 28o Auskunfts- und Vorlagepflicht des Beschäftigten. (1) Der Beschäftigte hat dem Arbeitgeber die zur Durchführung des Meldeverfahrens und der Beitragszahlung erforderlichen Angaben zu machen und, soweit erforderlich, Unterlagen vorzulegen.

(2) [1]Der Beschäftigte hat auf Verlangen den zuständigen Versicherungsträgern unverzüglich Auskunft über die Art und Dauer seiner Beschäftigungen, die hierbei erzielten Arbeitsentgelte, seine Arbeitgeber und die für die Erhebung von Beiträgen notwendigen Tatsachen zu erteilen und alle für die Prüfung der Meldungen und der Beitragszahlung erforderlichen Unterlagen vorzulegen. [2]Satz 1 gilt für den Hausgewerbetreibenden, soweit er den Gesamtsozialversicherungsbeitrag zahlt, entsprechend.

§ 28p Prüfung bei den Arbeitgebern. (1) [1]Die Träger der Rentenversicherung prüfen bei den Arbeitgebern, ob diese ihre Meldepflichten und ihre sonstigen Pflichten nach diesem Gesetzbuch, die im Zusammenhang mit dem Gesamtsozialversicherungsbeitrag stehen, ordnungsgemäß erfüllen; sie prüfen insbesondere die Richtigkeit der Beitragszahlungen und der Meldungen (§ 28a) mindestens alle vier Jahre. [2]Die Prüfung soll in kürzeren Zeitabständen erfolgen, wenn der Arbeitgeber dies verlangt. [3]Die Einzugstelle unterrichtet den für den Arbeitgeber zuständigen Träger der Rentenversicherung, wenn sie eine alsbaldige Prüfung bei dem Arbeitgeber für erforderlich hält. [4]Die Prüfung umfaßt auch die Lohnunterlagen der Beschäftigten, für die Beiträge nicht gezahlt wurden. [5]Die Träger der Rentenversicherung erlassen im Rahmen der Prüfung Verwaltungsakte zur Versicherungspflicht und Beitragshöhe

---

[1)] Siehe VO über die Zahlung, Weiterleitung, Abrechnung und Abstimmung des Gesamtsozialversicherungsbeitrags (Beitragszahlungsverordnung) idF der Bek. v. 28. 7. 1997 (BGBl. I S. 1927), zuletzt geänd. durch G v. 23. 12. 2003 (BGBl. I S. 2848).
[2)] Siehe VO über die Durchführung der Beitragsüberwachung und die Auskunfts- und Vorlagepflichten (Beitragsüberwachungsverordnung) idF der Bek. v. 28. 7. 1997 (BGBl. I S. 1930), zuletzt geänd. durch G v. 23. 7. 2004 (BGBl. I S. 1842).

4. Buch. Gem. Vorschriften Sozialversicherung § 28p SGB IV 3

in der Kranken-, Pflege- und Rentenversicherung sowie nach dem Recht der Arbeitsförderung einschließlich der Widerspruchsbescheide gegenüber den Arbeitgebern; insoweit gelten § 28h Abs. 2 sowie § 93 in Verbindung mit § 89 Abs. 5 des Zehnten Buches nicht. [6]Die landwirtschaftlichen Krankenkassen nehmen abweichend von Satz 1 die Prüfung für die bei ihnen versicherten mitarbeitenden Familienangehörigen vor.

(2) [1]Im Bereich der Landesversicherungsanstalten richtet sich die örtliche Zuständigkeit nach dem Sitz der Lohn- und Gehaltsabrechnungsstelle des Arbeitgebers. [2]Die Träger der Rentenversicherung stimmen sich darüber ab, welche Arbeitgeber sie prüfen; ein Arbeitgeber ist jeweils nur von einem Träger der Rentenversicherung zu prüfen.

(3) Die Träger der Rentenversicherung unterrichten die Einzugsstellen über Sachverhalte, soweit sie die Zahlungspflicht oder die Meldepflicht des Arbeitgebers betreffen.

(4) *(aufgehoben)*

(5) [1]Die Arbeitgeber sind verpflichtet, angemessene Prüfhilfen zu leisten. [2]Abrechnungsverfahren, die mit Hilfe automatischer Einrichtungen durchgeführt werden, sind in die Prüfung einzubeziehen.

(6) [1]Zu prüfen sind auch steuerberatende Stellen, Rechenzentren und vergleichbare Einrichtungen, die im Auftrag des Arbeitgebers oder einer von ihm beauftragten Person Löhne und Gehälter abrechnen oder Meldungen erstatten. [2]Die örtliche Zuständigkeit richtet sich im Bereich der Landesversicherungsanstalten nach dem Sitz dieser Stellen. [3]Absatz 5 gilt entsprechend.

(7) [1]Die Träger der Rentenversicherung haben eine Übersicht über die Ergebnisse ihrer Prüfungen zu führen und bis zum 31. März eines jeden Jahres für das abgelaufene Kalenderjahr den Aufsichtsbehörden vorzulegen. [2]Das Nähere über Inhalt und Form der Übersicht bestimmen einvernehmlich die Aufsichtsbehörden der Träger der Rentenversicherung mit Wirkung für diese; die bisherige Übersicht gilt bis zur erstmaligen einvernehmlichen Bestimmung weiter.

(8) [1]Die Bundesversicherungsanstalt für Angestellte führt eine Datei, in der der Name, die Anschrift, die Betriebsnummer und weitere Identifikationsmerkmale eines jeden Arbeitgebers sowie die für die Planung der Prüfungen bei den Arbeitgebern und die für die Übersichten nach Absatz 7 erforderlichen Daten gespeichert sind; die Bundesversicherungsanstalt für Angestellte darf die in dieser Datei gespeicherten Daten nur für die Prüfung bei den Arbeitgebern verarbeiten und nutzen. [2]Die Datenstelle der Rentenversicherungsträger führt für die Prüfung bei den Arbeitgebern eine Datei, in der neben der Betriebsnummer eines jeden Arbeitgebers nur die Versicherungsnummern der bei ihm Beschäftigten einschließlich des Beginns und des Endes von deren Beschäftigung sowie eine Kennzeichnung des Vorliegens einer geringfügigen Beschäftigung gespeichert sind. [3]Sie darf die Daten der bei ihr geführten Datei der geringfügig Beschäftigten und der Stammsatzdatei (§ 150 des Sechsten Buches) für die Prüfung bei den Arbeitgebern verarbeiten und nutzen. [4]Sie ist verpflichtet, auf Anforderung des prüfenden Trägers der Rentenversicherung
1. die in den Dateien nach den Sätzen 1 und 2 gespeicherten Daten,
2. die in den Versicherungskonten der Träger der Rentenversicherung gespeicherten, auf den Prüfungszeitraum entfallenden Daten der bei dem zu prüfenden Arbeitgeber Beschäftigten sowie

3. die bei den für den Arbeitgeber zuständigen Einzugsstellen gespeicherten Daten aus den Beitragsnachweisen (§ 28f Abs. 3) für die Zeit nach dem Zeitpunkt, bis zu dem der Arbeitgeber zuletzt geprüft wurde, sofern die Abstimmungen nach § 28k Abs. 2 nicht durchgeführt wurden oder unzulässige Abweichungen ergeben haben, und das Ergebnis der Abstimmungen zu erheben, zu verarbeiten und zu nutzen, soweit dies für die Prüfung, ob die Arbeitgeber ihre Meldepflichten und ihre sonstigen Pflichten nach diesem Gesetzbuch, die im Zusammenhang mit dem Gesamtsozialversicherungsbeitrag stehen, ordnungsgemäß erfüllen, erforderlich ist. ⁵Die dem prüfenden Träger der Rentenversicherung übermittelten Daten sind unverzüglich nach Abschluß der Prüfung bei der Datenstelle und beim prüfenden Träger der Rentenversicherung zu löschen. ⁶Die Träger der Rentenversicherung, die Einzugsstellen und die Bundesagentur für Arbeit sind verpflichtet, der Bundesversicherungsanstalt für Angestellte und der Datenstelle die für die Prüfung bei den Arbeitgebern erforderlichen Daten zu übermitteln. ⁷Sind für die Prüfung bei den Arbeitgebern Daten zu übermitteln, so dürfen sie auch durch Abruf im automatisierten Verfahren übermittelt werden, ohne daß es einer Genehmigung nach § 79 Abs. 1 des Zehnten Buches bedarf.

(9) Das Bundesministerium für Gesundheit und Soziale Sicherung bestimmt durch Rechtsverordnung[1]) mit Zustimmung des Bundesrates das Nähere über

1. den Umfang der Pflichten des Arbeitgebers und der in Absatz 6 genannten Stellen bei Abrechnungsverfahren, die mit Hilfe automatischer Einrichtungen durchgeführt werden,
2. die Durchführung der Prüfung sowie die Behebung von Mängeln, die bei der Prüfung festgestellt worden sind und
3. den Inhalt der Datei nach Absatz 8 Satz 1 hinsichtlich der für die Planung der Prüfungen bei Arbeitgebern und der für die Prüfung bei Einzugsstellen erforderlichen Daten, über den Aufbau und die Aktualisierung dieser Datei sowie über den Umfang der Daten aus der Datei nach Absatz 8 Satz 1, die von den Einzugsstellen und der Bundesagentur für Arbeit nach § 28q Abs. 5 abgerufen werden können.

(10) Arbeitgeber werden wegen der Beschäftigten in privaten Haushalten nicht geprüft.

(11) ¹Sind beim Übergang der Prüfung der Arbeitgeber von Krankenkassen auf die Träger der Rentenversicherung Angestellte übernommen worden, die am 1. Januar 1995 ganz oder überwiegend mit der Prüfung der Arbeitgeber beschäftigt waren, sind die bis zum Zeitpunkt der Übernahme gültigen Tarifverträge oder sonstigen kollektiven Vereinbarungen für die übernommenen Arbeitnehmer bis zum Inkrafttreten neuer Tarifverträge oder sonstiger kollektiver Vereinbarungen maßgebend. ²Soweit es sich bei einem gemäß Satz 1 übernommenen Beschäftigten um einen Dienstordnungs-Angestellten handelt, tragen der aufnehmende Träger der Rentenversicherung und die abgebende Krankenkasse bei Eintritt des Versorgungsfalles die Versorgungsbezüge anteilig, sofern der Angestellte im Zeitpunkt der Übernahme das 45. Lebensjahr bereits vollendet hatte. ³§ 107b Abs. 2 bis 5 des Beamtenversorgungsgesetzes gilt sinngemäß.

---

[1]) Siehe VO über die Durchführung der Beitragsüberwachung und die Auskunfts- und Vorlagepflichten (Beitragsüberwachungsverordnung) idF der Bek. v. 28. 7. 1997 (BGBl. I S. 1930), zuletzt geänd. durch G v. 23. 7. 2004 (BGBl. I S. 1842).

§ 28q Prüfung bei den Einzugsstellen und den Trägern der Rentenversicherung. (1) ¹Die Träger der Rentenversicherung und die Bundesagentur für Arbeit prüfen bei den Einzugsstellen die Durchführung der Aufgaben, für die die Einzugsstellen eine Vergütung nach § 28l Abs. 1 erhalten, mindestens alle vier Jahre. ²Satz 1 gilt auch im Verhältnis der Bundesversicherungsanstalt für Angestellte zur Künstlersozialkasse. ³Die Bundesversicherungsanstalt für Angestellte speichert in der in § 28p Abs. 8 Satz 1 genannten Datei Daten aus dem Bescheid des Trägers der Rentenversicherung nach § 28p Abs. 1 Satz 5, soweit dies für die Prüfung bei den Einzugsstellen nach Satz 1 erforderlich ist. ⁴Sie darf diese Daten nur für die Prüfung bei den Einzugsstellen verarbeiten und nutzen.

(2) Die Einzugsstellen haben die für die Prüfung erforderlichen Unterlagen bis zur nächsten Einzugsstellenprüfung aufzubewahren und bei der Prüfung bereitzuhalten.

(3) ¹Die Einzugsstellen sind verpflichtet, bei der Darlegung der Kassen- und Rechnungsführung aufklärend mitzuwirken und bei Verfahren, die mit Hilfe automatischer Einrichtungen durchgeführt werden, angemessene Prüfhilfen zu leisten. ²Die Spitzenverbände der Krankenkassen, der Verband Deutscher Rentenversicherungsträger, die Bundesversicherungsanstalt für Angestellte und die Bundesagentur für Arbeit treffen entsprechende Vereinbarungen. ³Die Bundesknappschaft, die See-Krankenkasse und die landwirtschaftlichen Krankenkassen können dabei ausgenommen werden.

(4) ¹Die Prüfung erstreckt sich auf alle Stellen, die Aufgaben der in Absatz 1 genannten Art für die Einzugsstelle wahrnehmen. ²Die Absätze 2 und 3 gelten insoweit für diese Stellen entsprechend.

(5) ¹Die Einzugsstellen und die Bundesagentur für Arbeit prüfen gemeinsam bei den Trägern der Rentenversicherung deren Aufgaben nach § 28p mindestens alle vier Jahre. ²Die Prüfung kann durch Abruf der Arbeitgeberdateien (§ 28p Abs. 8) im automatisierten Verfahren durchgeführt werden. ³Bei geringfügigen Beschäftigungen gelten die Sätze 1 und 2 nicht für die Bundesknappschaft als Einzugsstelle.

§ 28r Schadensersatzpflicht, Verzinsung. (1) ¹Verletzt ein Organ oder ein Bediensteter der Einzugsstelle schuldhaft eine diesem nach diesem Abschnitt auferlegte Pflicht, haftet die Einzugsstelle dem Träger der Pflegeversicherung, der Rentenversicherung und der Bundesagentur für Arbeit für einen diesen zugefügten Schaden. ²Die Schadensersatzpflicht wegen entgangener Zinsen beschränkt sich auf den sich aus Absatz 2 ergebenden Umfang.

(2) Werden Beiträge, Zinsen auf Beiträge oder Säumniszuschläge schuldhaft nicht rechtzeitig weitergeleitet, hat die Einzugsstelle Zinsen in Höhe von zwei vom Hundert über dem jeweiligen Basiszinssatz nach § 247 des Bürgerlichen Gesetzbuchs zu zahlen.

(3) ¹Verletzt ein Organ oder ein Bediensteter des Trägers der Rentenversicherung schuldhaft eine diesem nach § 28p auferlegte Pflicht, haftet der Träger der Rentenversicherung der Krankenkasse, der Pflegekasse und der Bundesagentur für Arbeit für einen diesen zugefügten Schaden. ²Für entgangene Beiträge sind Zinsen in Höhe von zwei vom Hundert über dem jeweiligen Basiszinssatz nach § 247 des Bürgerlichen Gesetzbuchs zu zahlen.

Vierter Abschnitt.[1] Träger der Sozialversicherung

Erster Titel. Verfassung

§ 29 Rechtsstellung. (1) Die Träger der Sozialversicherung (Versicherungsträger) sind rechtsfähige Körperschaften des öffentlichen Rechts mit Selbstverwaltung.

(2) Die Selbstverwaltung wird, soweit § 44 nichts Abweichendes bestimmt, durch die Versicherten und die Arbeitgeber ausgeübt.

(3) Die Versicherungsträger erfüllen im Rahmen des Gesetzes und des sonstigen für sie maßgebenden Rechts ihre Aufgaben in eigener Verantwortung.

§ 30 Eigene und übertragene Aufgaben. (1) Die Versicherungsträger dürfen nur Geschäfte zur Erfüllung ihrer gesetzlich vorgeschriebenen oder zugelassenen Aufgaben führen und ihre Mittel nur für diese Aufgaben sowie die Verwaltungskosten verwenden.

(2) [1]Den Versicherungsträgern dürfen Aufgaben anderer Versicherungsträger und Träger öffentlicher Verwaltung nur auf Grund eines Gesetzes übertragen werden; dadurch entstehende Kosten sind ihnen zu erstatten. [2]Verwaltungsvereinbarungen der Versicherungsträger zur Durchführung ihrer Aufgaben bleiben unberührt.

§ 31 Organe. (1) [1]Bei jedem Versicherungsträger werden als Selbstverwaltungsorgane eine Vertreterversammlung und ein Vorstand gebildet. [2]Jeder Versicherungsträger hat einen Geschäftsführer, der dem Vorstand mit beratender Stimme angehört.

(2) Die Vertreterversammlung, der Vorstand und der Geschäftsführer nehmen im Rahmen ihrer Zuständigkeit die Aufgaben des Versicherungsträgers wahr.

(3) [1]Die vertretungsberechtigten Organe des Versicherungsträgers haben die Eigenschaft einer Behörde. [2]Sie führen das Dienstsiegel des Versicherungsträgers.

(3a) [1]Bei den in § 35a Abs. 1 genannten Krankenkassen wird abweichend von Absatz 1 ein Verwaltungsrat als Selbstverwaltungsorgan sowie ein hauptamtlicher Vorstand gebildet. [2]§ 31 Abs. 1 Satz 2 gilt für diese Krankenkassen nicht.

(4) [1]Die Sektionen, die Bezirksverwaltungen und die Landesgeschäftsstellen der Versicherungsträger können Selbstverwaltungsorgane bilden. [2]Die Satzung grenzt die Aufgaben und die Befugnisse dieser Organe gegenüber den Aufgaben und Befugnissen der Organe der Hauptverwaltung ab.

§ 32 Gemeinsame Organe. (1) Organe der landwirtschaftlichen Krankenkassen und der landwirtschaftlichen Alterskassen sind die Organe der landwirtschaftlichen Berufsgenossenschaften, bei denen sie errichtet sind.

---

[1] Nach dem Einigungsvertrag vom 31. 8. 1990 (BGBl. II S. 889, 1042) gilt für das Gebiet der ehem. DDR zur Abwicklung der Träger der Sozialversicherung eine Sonderregelung.

(2) Die Satzungen der See-Berufsgenossenschaft und der Seekasse können vorsehen, daß für beide Versicherungsträger ein gemeinsamer Geschäftsführer und Stellvertreter gewählt wird, und das Nähere hierzu bestimmen.

§ 33 Vertreterversammlung, Verwaltungsrat.

(1) Die Vertreterversammlung beschließt die Satzung und sonstiges autonomes Recht des Versicherungsträgers sowie in den übrigen durch Gesetz oder sonstiges für den Versicherungsträger maßgebendes Recht vorgesehenen Fällen.

(2) [1]Die Vertreterversammlung vertritt den Versicherungsträger gegenüber dem Vorstand und dessen Mitgliedern. [2]Sie kann in der Satzung oder im Einzelfall bestimmen, daß das Vertretungsrecht gemeinsam durch die Vorsitzenden der Vertreterversammlung ausgeübt wird.

(3) [1]Die Absätze 1 und 2 gelten entsprechend für den Verwaltungsrat nach § 31 Abs. 3a. [2]Soweit das Sozialgesetzbuch Bestimmungen über die Vertreterversammlung oder deren Vorsitzenden trifft, gelten diese für den Verwaltungsrat oder dessen Vorsitzenden. [3]Dem Verwaltungsrat oder dessen Vorsitzenden obliegen auch die Aufgaben des Vorstandes oder dessen Vorsitzenden nach § 37 Abs. 2, § 38 und nach dem Zweiten Titel.

§ 34 Satzung.

(1) [1]Jeder Versicherungsträger gibt sich eine Satzung. [2]Sie bedarf der Genehmigung der nach den besonderen Vorschriften für die einzelnen Versicherungszweige zuständigen Behörde.

(2) [1]Die Satzung und sonstiges autonomes Recht sind öffentlich bekanntzumachen. [2]Sie treten, wenn kein anderer Zeitpunkt bestimmt ist, am Tage nach ihrer Bekanntmachung in Kraft. [3]Die Art der Bekanntmachung wird durch die Satzung geregelt.

§ 35 Vorstand.

(1) [1]Der Vorstand verwaltet den Versicherungsträger und vertritt ihn gerichtlich und außergerichtlich, soweit Gesetz oder sonstiges für den Versicherungsträger maßgebendes Recht nichts Abweichendes bestimmen. [2]In der Satzung oder im Einzelfall durch den Vorstand kann bestimmt werden, daß auch einzelne Mitglieder des Vorstandes den Versicherungsträger vertreten können.

(2) Der Vorstand erläßt Richtlinien für die Führung der Verwaltungsgeschäfte, soweit diese dem Geschäftsführer obliegen.

§ 35a Vorstand bei Orts-, Betriebs- und Innungskrankenkassen sowie Ersatzkassen.

(1) [1]Bei den Orts-, Betriebs- und Innungskrankenkassen sowie den Ersatzkassen verwaltet der Vorstand die Krankenkasse und vertritt die Krankenkasse gerichtlich und außergerichtlich, soweit Gesetz und sonstiges für die Krankenkasse maßgebendes Recht nichts Abweichendes bestimmen. [2]In der Satzung oder im Einzelfall durch den Vorstand kann bestimmt werden, daß auch einzelne Mitglieder des Vorstandes die Krankenkasse vertreten können. [3]Innerhalb der vom Vorstand erlassenen Richtlinien verwaltet jedes Mitglied des Vorstands seinen Geschäftsbereich eigenverantwortlich. [4]Bei Meinungsverschiedenheiten entscheidet der Vorstand; bei Stimmengleichheit entscheidet der Vorsitzende.

(2) ¹Der Vorstand hat dem Verwaltungsrat zu berichten über
1. die Umsetzung von Entscheidungen von grundsätzlicher Bedeutung,
2. die finanzielle Situation und die voraussichtliche Entwicklung.
²Außerdem ist dem Vorsitzenden des Verwaltungsrates aus sonstigen wichtigen Anlässen zu berichten.

(3) ¹Die Mitglieder des Vorstandes üben ihre Tätigkeit hauptamtlich aus. ²Die Amtszeit beträgt sechs Jahre; die Wiederwahl ist möglich.

(4) ¹Der Vorstand besteht bei Krankenkassen mit bis zu 500 000 Mitgliedern aus höchstens zwei Personen, bei mehr als 500 000 Mitgliedern aus höchstens drei Personen. ²Die Mitglieder des Vorstandes vertreten sich gegenseitig. ³§ 37 Abs. 2 gilt entsprechend. ⁴Besteht der Vorstand nur aus einer Person, hat der Verwaltungsrat einen leitenden Beschäftigten der Krankenkasse mit dessen Stellvertretung zu beauftragen.

(5) ¹Der Vorstand sowie aus seiner Mitte der Vorstandsvorsitzende und dessen Stellvertreter werden von dem Verwaltungsrat gewählt. ²Bei Betriebskrankenkassen bleibt § 147 Abs. 2 des Fünften Buches unberührt; bestellt der Arbeitgeber auf seine Kosten die für die Führung der Geschäfte erforderlichen Personen, so bedarf die Bestellung der Mitglieder des Vorstandes der Zustimmung der Mehrheit der Versichertenvertreter im Verwaltungsrat. ³Stimmt der Verwaltungsrat nicht zu und bestellt der Arbeitgeber keine anderen Mitglieder des Vorstandes, die die Zustimmung finden, werden die Aufgaben der Vorstandsmitglieder auf Kosten der Betriebskrankenkasse durch die Aufsichtsbehörde oder durch Beauftragte der Aufsichtsbehörde einstweilen wahrgenommen.

(6) ¹Der Verwaltungsrat hat bei seiner Wahl darauf zu achten, daß die Mitglieder des Vorstands die erforderliche fachliche Eignung zur Führung der Verwaltungsgeschäfte besitzen auf Grund einer Fort- oder Weiterbildung im Krankenkassendienst oder einer Fachhochschul- oder Hochschulausbildung sowie in beiden Fällen zusätzlich auf Grund mehrjähriger Berufserfahrung in herausgehobenen Führungsfunktionen. ²Die Höhe der jährlichen Vergütungen der einzelnen Vorstandsmitglieder einschließlich Nebenleistungen sowie die wesentlichen Versorgungsregelungen sind in einer Übersicht jährlich zum 1. März, erstmalig zum 1. März 2004 im Bundesanzeiger und gleichzeitig, begrenzt auf die jeweilige Krankenkasse und ihre Verbände, in der Mitgliederzeitschrift der betreffenden Krankenkasse zu veröffentlichen. ³Die Art und die Höhe finanzieller Zuwendungen, die den Vorstandsmitgliedern in Zusammenhang mit ihrer Vorstandtätigkeit von Dritten gewährt werden, sind dem Vorsitzenden und dem stellvertretenden Vorsitzenden des Verwaltungsrates mitzuteilen.

(7) ¹Für eine Amtsenthebung und eine Amtsentbindung eines Mitglieds des Vorstands durch den Verwaltungsrat gilt § 59 Abs. 2 und 3 entsprechend. ²Gründe für eine Amtsenthebung oder eine Amtsentbindung sind auch Unfähigkeit zur ordnungsgemäßen Geschäftsführung oder Vertrauensentzug durch den Verwaltungsrat, es sei denn, daß das Vertrauen aus offenbar unsachlichen Gründen entzogen worden ist.

§ 36 Geschäftsführer. (1) Der Geschäftsführer führt hauptamtlich die laufenden Verwaltungsgeschäfte, soweit Gesetz oder sonstiges für den Versicherungsträger maßgebendes Recht nichts Abweichendes bestimmen, und vertritt den Versicherungsträger insoweit gerichtlich und außergerichtlich.

(2) Der Geschäftsführer und sein Stellvertreter werden auf Vorschlag des Vorstandes von der Vertreterversammlung gewählt; § 59 Abs. 2 bis 4 gilt entsprechend.

(2a) [1] Der Geschäftsführer und sein Stellvertreter werden bei der Unfallkasse Post und Telekom vom Bundesministerium der Finanzen bestellt; ihre Bestellung bedarf der Zustimmung der Mehrheit der Versichertenvertreter im Vorstand und in der Vertreterversammlung. [2] Der Geschäftsführer und sein Stellvertreter werden bei der Unfallkasse des Bundes vom Bundesministerium für Gesundheit und Soziale Sicherung bestellt; die Bestellung bedarf der Zustimmung des Vorstandes. [3] Vor der Bestellung des Geschäftsführers der Unfallkasse des Bundes ist der Beirat bei der Künstlersozialkasse zu hören.

(3) [1] Bei den Feuerwehr-Unfallkassen bestimmt die zuständige oberste Verwaltungsbehörde das Nähere über die Führung der Geschäfte. [2] Die Bestellung des Geschäftsführers bedarf der Zustimmung des Vorstandes.

(4) [1] Bei Versicherungsträgern mit mehr als eineinhalb Millionen Versicherten kann die Satzung bestimmen, daß die Vertreterversammlung auf Vorschlag des Vorstandes eine aus drei Personen bestehende Geschäftsführung und aus deren Mitte einen Vorsitzenden wählt. [2] Das gleiche gilt bei Versicherungsträgern, die für mehrere Versicherungszweige zuständig sind. [3] Die Vorschriften über den Geschäftsführer gelten für die Geschäftsführung entsprechend. [4] Die Mitglieder der Geschäftsführung vertreten sich gegenseitig. [5] Die Satzung kann bestimmen, daß auch einzelne Mitglieder der Geschäftsführung den Versicherungsträger vertreten können.

(5) [1] Für den Geschäftsführer, seinen Stellvertreter und die Mitglieder der Geschäftsführung gelten die dienstrechtlichen Vorschriften der Sozialversicherungsgesetze und die hiernach anzuwendenden anderen dienstrechtlichen Vorschriften. [2] Die in ihnen vorgeschriebenen Voraussetzungen dienstrechtlicher Art müssen bei der Wahl erfüllt sein.

(6) [1] Soweit nach den für eine dienstordnungsmäßige Anstellung geltenden Vorschriften nur die Anstellung von Personen zulässig ist, die einen bestimmten Ausbildungsgang oder eine Probezeit zurückgelegt oder bestimmte Prüfungen abgelegt haben, gilt das nicht für Bewerber für das Amt eines Geschäftsführers oder eines Mitglieds der Geschäftsführung, die die erforderliche Befähigung durch Lebens- und Berufserfahrung erworben haben. [2] Die Feststellung, ob ein Bewerber die erforderliche Befähigung durch Lebens- und Berufserfahrung erworben hat, trifft die für die Sozialversicherung zuständige oberste Verwaltungsbehörde. [3] Sie hat innerhalb von vier Monaten nach Vorlage der erforderlichen Unterlagen über die Befähigung des Bewerbers zu entscheiden. [4] Die Sätze 2 und 3 gelten auch, wenn eine Dienstordnung die Anstellung eines Bewerbers für das Amt eines Stellvertreters des Geschäftsführers zuläßt, der die Befähigung hierfür durch Lebens- und Berufserfahrung erworben hat.

§ 36a Besondere Ausschüsse. (1) [1] Durch Satzung können

1. der Erlaß von Widerspruchsbescheiden und

2. in der Unfallversicherung ferner

a) die erstmalige Entscheidung über Renten, Entscheidungen über Rentenerhöhungen, Rentenherabsetzungen und Rentenentziehungen wegen Änderung der gesundheitlichen Verhältnisse,

b) Entscheidungen über Abfindungen mit Gesamtvergütungen, Renten als vorläufige Entschädigungen, laufende Beihilfen und Leistungen bei Pflegebedürftigkeit

besonderen Ausschüssen übertragen werden. ²§ 35 Abs. 2 gilt entsprechend.

(2) ¹Die Satzung regelt das Nähere, insbesondere die Zusammensetzung der besonderen Ausschüsse und die Bestellung ihrer Mitglieder. ²Zu Mitgliedern der besonderen Ausschüsse können nur Personen bestellt werden, die die Voraussetzungen der Wählbarkeit als Organmitglied erfüllen und, wenn die Satzung deren Mitwirkung vorsieht, Bedienstete des Versicherungsträgers.

(3) Die §§ 40 bis 42 sowie § 63 Abs. 3a und 4 gelten für die ehrenamtlichen Mitglieder der besonderen Ausschüsse entsprechend.

§ 37 Verhinderung von Organen. (1) ¹Solange und soweit die Wahl zu Selbstverwaltungsorganen nicht zustande kommt oder Selbstverwaltungsorgane sich weigern, ihre Geschäfte zu führen, werden sie auf Kosten des Versicherungsträgers durch die Aufsichtsbehörde selbst oder durch Beauftragte geführt. ²Die Verpflichtung der Aufsichtsbehörde, die Mitglieder der Selbstverwaltungsorgane zu berufen, wenn eine Wahl nicht zustande kommt, bleibt unberührt.

(2) ¹Sind der Geschäftsführer und sein Stellvertreter oder ein Mitglied der Geschäftsführung für längere Zeit an der Ausübung ihres Amtes verhindert oder ist ihr Amt längere Zeit unbesetzt, kann der Vorstand einen leitenden Beschäftigten des Versicherungsträgers mit der vorübergehenden Wahrnehmung dieses Amtes beauftragen; bei einer Geschäftsführung erstreckt sich die Wahrnehmung des Amtes nicht auf den Vorsitz. ²Die Beauftragung ist der Aufsichtsbehörde unverzüglich anzuzeigen.

§ 38 Beanstandung von Rechtsverstößen. (1) ¹Verstößt der Beschluß eines Selbstverwaltungsorgans gegen Gesetz oder sonstiges für den Versicherungsträger maßgebendes Recht, hat der Vorsitzende des Vorstandes den Beschluß schriftlich und mit Begründung zu beanstanden und dabei eine angemessene Frist zur erneuten Beschlußfassung zu setzen. ²Die Beanstandung hat aufschiebende Wirkung.

(2) ¹Verbleibt das Selbstverwaltungsorgan bei seinem Beschluß, hat der Vorsitzende des Vorstandes die Aufsichtsbehörde zu unterrichten. ²Die aufschiebende Wirkung bleibt bis zu einer Entscheidung der Aufsichtsbehörde, längstens bis zum Ablauf von zwei Monaten nach ihrer Unterrichtung, bestehen.

§ 39 Versichertenälteste und Vertrauenspersonen. (1) ¹Bei den Trägern der Rentenversicherung der Arbeiter und der Angestellten wählt die Vertreterversammlung Versichertenälteste. ²Bei der Bundesknappschaft wählen die Versicherten Versichertenälteste.

(2) Die Satzung kann bestimmen, daß
1. bei den Trägern der Rentenversicherung der Arbeiter und der Angestellten die Wahl von Versichertenältesten unterbleibt,
2. auch bei anderen Versicherungsträgern die Vertreterversammlung Versichertenälteste wählt,
3. die Vertreterversammlung Vertrauenspersonen der Arbeitgeber und bei den Trägern der landwirtschaftlichen Unfallversicherung, mit Ausnahme der Gartenbau-Berufsgenossenschaft, Vertrauenspersonen der Selbständigen ohne fremde Arbeitskräfte wählt.

(3) [1]Die Versichertenältesten haben insbesondere die Aufgabe, eine ortsnahe Verbindung des Versicherungsträgers mit den Versicherten und den Leistungsberechtigten herzustellen und diese zu beraten und zu betreuen. [2]Die Satzung bestimmt das Nähere.

§ 40 Ehrenämter. (1) [1]Die Mitglieder der Selbstverwaltungsorgane sowie die Versichertenältesten und die Vertrauenspersonen üben ihre Tätigkeit ehrenamtlich aus. [2]Stellvertreter haben für die Zeit, in der sie die Mitglieder vertreten oder andere ihnen übertragene Aufgaben wahrnehmen, die Rechte und Pflichten eines Mitglieds. [3]Satz 2 gilt für Stellvertreter von Versichertenältesten und Vertrauenspersonen entsprechend.

(2) Niemand darf in der Übernahme oder Ausübung eines Ehrenamtes behindert oder wegen der Übernahme oder Ausübung eines solchen Amtes benachteiligt werden.

§ 41 Entschädigung der ehrenamtlich Tätigen. (1) [1]Der Versicherungsträger erstattet den Mitgliedern der Selbstverwaltungsorgane sowie den Versichertenältesten und den Vertrauenspersonen ihre baren Auslagen; er kann hierfür feste Sätze vorsehen. [2]Die Auslagen des Vorsitzenden und der stellvertretenden Vorsitzenden eines Selbstverwaltungsorgans für ihre Tätigkeit außerhalb der Sitzung können mit einem Pauschbetrag abgegolten werden.

(2) [1]Der Versicherungsträger ersetzt den Mitgliedern der Selbstverwaltungsorgane sowie den Versichertenältesten und den Vertrauenspersonen den tatsächlich entgangenen regelmäßigen Bruttoverdienst und erstattet ihnen die den Arbeitnehmeranteil übersteigenden Beiträge, die sie als ehrenamtlich tätige Arbeitnehmer nach der Vorschrift des Sechsten Buches über die Beitragstragung selbst zu tragen haben. [2]Die Entschädigung beträgt für jede Stunde der versäumten regelmäßigen Arbeitszeit höchstens ein Fünfundsiebzigstel der monatlichen Bezugsgröße (§ 18). [3]Wird durch schriftliche Erklärung des Berechtigten glaubhaft gemacht, daß ein Verdienstausfall entstanden ist, läßt sich dessen Höhe jedoch nicht nachweisen, ist für jede Stunde der versäumten regelmäßigen Arbeitszeit ein Drittel des in Satz 2 genannten Höchstbetrages zu ersetzen. [4]Der Verdienstausfall wird je Kalendertag für höchstens zehn Stunden geleistet; die letzte angefangene Stunde ist voll zu rechnen.

(3) [1]Den Mitgliedern der Selbstverwaltungsorgane kann für jeden Kalendertag einer Sitzung ein Pauschbetrag für Zeitaufwand geleistet werden; die Höhe des Pauschbetrages soll unter Beachtung des § 40 Abs. 1 Satz 1 in einem angemessenen Verhältnis zu dem regelmäßig außerhalb der Arbeitszeit erforderlichen Zeitaufwand, insbesondere für die Vorbereitung der Sitzungen, stehen. [2]Ein Pauschbetrag für Zeitaufwand kann für die Tätigkeit außerhalb

von Sitzungen den Vorsitzenden und den stellvertretenden Vorsitzenden der Selbstverwaltungsorgane sowie den Versichertenältesten und den Vertrauenspersonen, bei außergewöhnlicher Inanspruchnahme auch anderen Mitgliedern der Selbstverwaltungsorgane geleistet werden.

(4) ¹Die Vertreterversammlung beschließt auf Vorschlag des Vorstandes die festen Sätze und die Pauschbeträge nach den Absätzen 1 und 3. ²Bei den in § 35a Abs. 1 genannten Krankenkassen entfällt der Vorschlag des Vorstandes. ³Die Beschlüsse bedürfen der Genehmigung der Aufsichtsbehörde.

§ 42 Haftung. (1) Die Haftung der Mitglieder der Selbstverwaltungsorgane richtet sich bei Verletzung einer ihnen einem Dritten gegenüber obliegenden Amtspflicht nach § 839 des Bürgerlichen Gesetzbuchs und Artikel 34 des Grundgesetzes.

(2) Die Mitglieder der Selbstverwaltungsorgane haften für den Schaden, der dem Versicherungsträger aus einer vorsätzlichen oder grob fahrlässigen Verletzung der ihnen obliegenden Pflichten entsteht.

(3) Auf Ersatz des Schadens aus einer Pflichtverletzung kann der Versicherungsträger nicht im voraus, auf einen entstandenen Schadensersatzanspruch nur mit Genehmigung der Aufsichtsbehörde verzichten.

(4) Für Versichertenälteste und Vertrauenspersonen gelten die Absätze 1 bis 3 entsprechend.

Zweiter Titel.[1)] Zusammensetzung, Wahl und Verfahren der Selbstverwaltungsorgane, Versichertenältesten und Vertrauenspersonen

§ 43 Mitglieder der Selbstverwaltungsorgane. (1) ¹Die Zahl der Mitglieder der Selbstverwaltungsorgane wird durch die Satzung entsprechend der Größe des Versicherungsträgers bestimmt und kann nur für die folgende Wahlperiode geändert werden. ²Die Vertreterversammlung hat höchstens sechzig Mitglieder; der Verwaltungsrat der in § 35a Abs. 1 genannten Krankenkassen hat höchstens dreißig Mitglieder.

[1)] Für das Gebiet der ehem. DDR gelten zum Zweiten Titel aufgrund des EVertr. v. 31. 8. 1990 (BGBl. II S. 889, 1046) folgende Maßgaben: „Bei neu errichteten Versicherungsträgern wird die Wahl zur Vertreterversammlung für die laufende Amtsperiode ohne Wahlhandlung durchgeführt. Werden aus einer Gruppe mehrere gültige Vorschlagslisten eingereicht und in ihnen insgesamt mehr Bewerber benannt, als Mitglieder zu wählen sind, beruft die Aufsichtsbehörde die Mitglieder der Vertreterversammlung nach Anhörung der Listenvertreter. Die Aufsichtsbehörde hat die Sitze anteilmäßig, jedoch unter billiger Berücksichtigung der Minderheiten zu verteilen. Artikel I §§ 48a bis 48c findet keine Anwendung. Bei Versicherungsträgern, deren Zuständigkeit auf das in Artikel 3 des Vertrages genannte Gebiet erstreckt wird, werden die Selbstverwaltungsorgane für die laufende Amtsperiode durch die Hinzuwahl weiterer Organmitglieder entsprechend der Zunahme der Zahl der zur Gruppe der Versicherten gehörenden Personen, jedoch höchstens um die Anzahl der bereits vorhandenen Organmitglieder, ergänzt; Artikel I § 43 Abs. 1 findet keine Anwendung. Die Aufsichtsbehörde bestimmt die Anzahl der weiteren Organmitglieder nach Anhörung des Versicherungsträgers. Für die Wahl der weiteren Mitglieder der Vertreterversammlung gelten § 128 der Wahlordnung für die Sozialversicherung und Buchstabe g) entsprechend. Die weiteren Mitglieder des Vorstandes werden nach Ergänzung der Vertreterversammlung von den hinzugewählten Mitgliedern der Vertreterversammlung gewählt. Das Ergänzungsverfahren für die Vertreterversammlung ist bis zum 31. März 1991 abzuschließen."

(2) ¹Ein Mitglied, das verhindert ist, wird durch einen Stellvertreter vertreten. ²Stellvertreter sind die als solche in der Vorschlagsliste benannten und verfügbaren Personen in der Reihenfolge ihrer Aufstellung bis zu einer Zahl, die die der Mitglieder um vier übersteigt; Mitglieder, die eine persönliche Stellvertretung nach Satz 3 haben, bleiben hierbei unberücksichtigt. ³Anstelle einer Stellvertretung nach Satz 2 können für einzelne oder alle Mitglieder des Vorstandes sowie für einzelne oder alle Mitglieder des Verwaltungsrates der in § 35a Abs. 1 genannten Krankenkassen in der Vorschlagsliste ein erster und ein zweiter persönlicher Stellvertreter benannt werden.

(3) ¹Mitglieder der Vertreterversammlung und ihre Stellvertreter können nicht gleichzeitig bei demselben Versicherungsträger Mitglieder des Vorstandes oder deren Stellvertreter sein. ²Eine Mitgliedschaft in den Selbstverwaltungsorganen mehrerer Krankenkassen ist ausgeschlossen.

§ 44 Zusammensetzung der Selbstverwaltungsorgane. (1) Die Selbstverwaltungsorgane setzen sich zusammen

1. je zur Hälfte aus Vertretern der Versicherten und der Arbeitgeber, soweit in den Nummern 2 bis 4 nichts Abweichendes bestimmt ist,

2. bei den Trägern der landwirtschaftlichen Unfallversicherung, mit Ausnahme der Gartenbau-Berufsgenossenschaft, je zu einem Drittel aus Vertretern der versicherten Arbeitnehmer (Versicherten), der Selbständigen ohne fremde Arbeitskräfte und der Arbeitgeber,

3. bei der Bundesknappschaft zu zwei Dritteln aus Vertretern der Versicherten und zu einem Drittel aus Vertretern der Arbeitgeber,

4. bei den Ersatzkassen aus Vertretern der Versicherten.

(2) ¹Bei der Bahn-Versicherungsanstalt sowie bei Betriebskrankenkassen, die für einen Betrieb oder mehrere Betriebe desselben Arbeitgebers bestehen, gehören den Selbstverwaltungsorganen außer den Vertretern der Versicherten der Arbeitgeber oder sein Vertreter an. ²Er hat die dieselbe Zahl der Stimmen wie die Vertreter der Versicherten; bei einer Abstimmung kann er jedoch nicht mehr Stimmen abgeben, als den anwesenden Versichertenvertretern zustehen. ³Bei Betriebskrankenkassen, die für Betriebe mehrerer Arbeitgeber bestehen, gehören dem Verwaltungsrat jeder Arbeitgeber oder sein Vertreter an, sofern die Satzung nichts anderes bestimmt. ⁴Die Zahl der dem Verwaltungsrat angehörenden Arbeitgeber oder ihrer Vertreter darf die Zahl der Versichertenvertreter nicht übersteigen; Satz 2 gilt entsprechend. ⁵Die Satzung legt das Verfahren zur Bestimmung der Arbeitgebervertreter des Verwaltungsrates sowie die Verteilung der Stimmen und die Stellvertretung fest. ⁶Die Sätze 1 bis 5 gelten für Betriebskrankenkassen, deren Satzung eine Regelung nach § 173 Abs. 2 Satz 1 Nr. 4 des Fünften Buches enthält, nur bis zum Ablauf der am 1. Januar 2004 laufenden Wahlperiode.

(2a) ¹Bei der Eisenbahn-Unfallkasse, der Unfallkasse Post und Telekom, den Unfallkassen der Länder und Gemeinden und den gemeinsamen Unfallkassen für den Landes- und kommunalen Bereich gehören den Selbstverwaltungsorganen außer den Vertretern der Versicherten eine gleiche Anzahl von Arbeitgebervertretern oder ein Arbeitgebervertreter an. ²Bei der Unfallkasse des Bundes gehören den Selbstverwaltungsorganen Arbeitgebervertreter mit der gleichen Stimmenzahl wie die Vertreter der Versicherten an. ³Die Arbeitgebervertreter werden bestimmt

1. bei den Unfallkassen der Länder von der nach Landesrecht zuständigen Stelle,
2. bei den Unfallkassen der Gemeinden von der nach der Ortssatzung zuständigen Stelle,
3. bei den gemeinsamen Unfallkassen für den Landes- und kommunalen Bereich
   a) für den Landesbereich von der nach Landesrecht zuständigen Stelle,
   b) für den kommunalen Bereich, wenn in den Unfallkassen nur eine Gemeinde einbezogen ist, von der nach der Ortssatzung zuständigen Stelle,
4. bei der Eisenbahn-Unfallkasse vom Bundesministerium für Verkehr, Bau- und Wohnungswesen,
5. bei der Unfallkasse Post und Telekom vom Bundesministerium der Finanzen,
6. bei der Unfallkasse des Bundes vom Bundesministerium für Gesundheit und Soziale Sicherung auf Vorschlag des Bundesministeriums des Innern, des Bundesministeriums der Finanzen, des Bundesministeriums der Verteidigung, des Bundesministeriums für Verkehr, Bau- und Wohnungswesen, des Bundesministeriums für Gesundheit und Soziale Sicherung und der Bundesagentur für Arbeit.

[4]Gehört dem Selbstverwaltungsorgan nur ein Arbeitgebervertreter an, hat er die gleiche Zahl der Stimmen wie die Vertreter der Versicherten; bei einer Abstimmung kann er jedoch nicht mehr Stimmen abgeben, als den anwesenden Vertretern der Versicherten zustehen. [5]Das Verhältnis der Zahl der Stimmen der Vertreter aus dem Landesbereich zu der Zahl der Stimmen der Vertreter aus dem kommunalen Bereich bei den Unfallkassen im Sinne der Nummer 3 entspricht dem Verhältnis der auf diese beiden Bereiche entfallenden nach § 2 Abs. 1 Nr. 1, 2 und 8 des Siebten Buches[1]) versicherten Personen im vorletzten Kalenderjahr vor der Wahl; das Nähere bestimmt die Satzung.

(3) [1]In den Selbstverwaltungsorganen der landwirtschaftlichen Berufsgenossenschaften wirken in Angelegenheiten der Krankenversicherung der Landwirte und der Alterssicherung der Landwirte die Vertreter der Selbständigen, die in der betreffenden Versicherung nicht versichert sind und die nicht zu den in § 51 Abs. 4 genannten Beauftragten gehören, sowie die Vertreter der Arbeitnehmer nicht mit. [2]An die Stelle der nicht mitwirkenden Vertreter der Selbständigen treten die Stellvertreter, die in der betreffenden Versicherung versichert sind; sind solche Stellvertreter nicht in genügender Zahl vorhanden, ist die Liste der Stellvertreter nach § 60 zu ergänzen.

(4) [1]Die Zusammensetzung des Verwaltungsrates bei den Krankenkassen nach § 35a kann von dem jeweiligen Spitzenverband innerhalb seiner Kassenart in seiner Satzung mit einer Mehrheit von mehr als drei Vierteln der stimmberechtigten Mitglieder von der folgenden Amtsperiode an abweichend von den Absätzen 1 und 2 geregelt werden. [2]Der Verwaltungsrat muß mindestens zur Hälfte aus Vertretern der Versicherten bestehen.

§ 45 Sozialversicherungswahlen. (1) [1]Die Wahlen sind entweder allgemeine Wahlen oder Wahlen in besonderen Fällen. [2]Allgemeine Wahlen sind die im gesamten Wahlgebiet regelmäßig und einheitlich stattfindenden

---

[1]) Nr. 1.

4. Buch. Gem. Vorschriften Sozialversicherung   §§ 46, 47   SGB IV 3

Wahlen. ³Wahlen in besonderen Fällen sind Wahlen zu den Organen neuerrichteter Versicherungsträger und Wahlen, die erforderlich werden, weil eine Wahl für ungültig erklärt worden ist (Wiederholungswahlen).

(2) ¹Die Wahlen sind frei und geheim; es gelten die Grundsätze der Verhältniswahl. ²Das Wahlergebnis wird nach dem Höchstzahlverfahren d'Hondt ermittelt. ³Dabei werden nur die Vorschlagslisten berücksichtigt, die mindestens fünf vom Hundert der abgegebenen gültigen Stimmen erhalten haben.

§ 46 Wahl der Vertreterversammlung.

(1) Die Versicherten und die Arbeitgeber wählen die Vertreter ihrer Gruppen in die Vertreterversammlung getrennt auf Grund von Vorschlagslisten; das gleiche gilt in der landwirtschaftlichen Unfallversicherung, mit Ausnahme der Gartenbau-Berufsgenossenschaft, für die Selbständigen ohne fremde Arbeitskräfte.

(2) ¹Bei der Bundesknappschaft wählen die Versichertenältesten die Vertreter der Versicherten in die Vertreterversammlung. ²In der Vertreterversammlung der Bundesknappschaft müssen mindestens zwei Drittel der Vertreter der Versicherten Versichertenälteste sein.

(3) Wird aus einer Gruppe nur eine Vorschlagsliste zugelassen oder werden auf mehreren Vorschlagslisten insgesamt nicht mehr Bewerber benannt, als Mitglieder zu wählen sind, gelten die Vorgeschlagenen als gewählt.

(4) ¹Ist eine Wahl zur Vertreterversammlung nicht zustande gekommen oder ist nicht die vorgeschriebene Zahl von Mitgliedern gewählt oder kein Stellvertreter benannt worden, zeigt der Vorstand dies der Aufsichtsbehörde unverzüglich an. ²Diese beruft die Mitglieder und die Stellvertreter aus der Zahl der Wählbaren. ³Bei neuerrichteten Versicherungsträgern trifft die Anzeigepflicht den Wahlausschuß.

§ 47 Gruppenzugehörigkeit.

(1) Zur Gruppe der Versicherten gehören
1. bei den Krankenkassen deren Mitglieder sowie die Mitglieder der jeweils zugehörigen Pflegekasse;
2. bei den Trägern der Unfallversicherung die versicherten Personen, die regelmäßig mindestens zwanzig Stunden im Monat eine die Versicherung begründende Tätigkeit ausüben, und die Rentenbezieher, die der Gruppe der Versicherten unmittelbar vor dem Ausscheiden aus der versicherten Tätigkeit angehört haben;
3. bei den Trägern der Rentenversicherung diejenigen versicherten Personen, die eine Versicherungsnummer erhalten oder beantragt haben, und die Rentenbezieher.

(2) Zur Gruppe der Arbeitgeber gehören
1. die Personen, die regelmäßig mindestens einen beim Versicherungsträger versicherungspflichtigen Arbeitnehmer beschäftigen; dies gilt nicht für Personen, die bei demselben Versicherungsträger zur Gruppe der Versicherten gehören und nur einen Arbeitnehmer im Haushalt beschäftigen;
2. bei den Trägern der Unfallversicherung auch die versicherten Selbständigen und ihre versicherten Ehegatten, soweit Absatz 3 nichts Abweichendes bestimmt, und die Rentenbezieher, die der Gruppe der Arbeitgeber unmittelbar vor dem Ausscheiden aus der versicherten Tätigkeit angehört haben;
3. bei den Feuerwehr-Unfallkassen auch die Gemeinden und die Gemeindeverbände.

(3) Zur Gruppe der Selbständigen ohne fremde Arbeitskräfte gehören bei den Trägern der landwirtschaftlichen Unfallversicherung, mit Ausnahme der Gartenbau-Berufsgenossenschaft,
1. die versicherten Selbständigen ohne fremde Arbeitskräfte und ihre versicherten Ehegatten; dies gilt nicht für Personen, die in den letzten zwölf Monaten sechsundzwanzig Wochen als Arbeitnehmer in der Land- oder Forstwirtschaft unfallversichert waren;
2. die Rentenbezieher, die der Gruppe der Selbständigen ohne fremde Arbeitskräfte unmittelbar vor dem Ausscheiden aus der versicherten Tätigkeit angehört haben.

(4) Wer gleichzeitig die Voraussetzungen der Zugehörigkeit zu den Gruppen der Versicherten und der Arbeitgeber oder der Selbständigen ohne fremde Arbeitskräfte desselben Versicherungsträgers erfüllt, gilt nur als zur Gruppe der Arbeitgeber oder der Gruppe der Selbständigen ohne fremde Arbeitskräfte gehörig.

(5) Rentenbezieher im Sinne der Vorschriften über die Selbstverwaltung ist, wer eine Rente aus eigener Versicherung von dem jeweiligen Versicherungsträger bezieht.

§ 48 Vorschlagslisten. (1) ¹Das Recht, Vorschlagslisten einzureichen, haben
1. Gewerkschaften sowie andere selbständige Arbeitnehmervereinigungen mit sozial- oder berufspolitischer Zwecksetzung (sonstige Arbeitnehmervereinigungen) sowie deren Verbände,
2. Vereinigungen von Arbeitgebern sowie deren Verbände,
3. für die Gruppe der Selbständigen ohne fremde Arbeitskräfte berufsständische Vereinigungen der Landwirtschaft sowie deren Verbände und für die Gruppe der Versicherten bei den Feuerwehr-Unfallkassen Landesfeuerwehrverbände,
4. Versicherte, Selbständige ohne fremde Arbeitskräfte und Arbeitgeber (freie Listen).
²Verbände der vorschlagsberechtigten Organisationen haben nur dann das Recht, Vorschlagslisten einzureichen, wenn alle oder mindestens drei ihrer vorschlagsberechtigten Mitgliedsorganisationen darauf verzichten, eine Vorschlagsliste einzureichen.

(2) ¹Vorschlagslisten der Versicherten und der Selbständigen ohne fremde Arbeitskräfte müssen bei einem Versicherungsträger mit

bis zu		150 Versicherten von	5 Personen,
151	bis	1 000 Versicherten von	10 Personen,
1 001	bis	5 000 Versicherten von	15 Personen,
5 001	bis	10 000 Versicherten von	20 Personen,
10 001	bis	50 000 Versicherten von	30 Personen,
50 001	bis	100 000 Versicherten von	100 Personen,
100 001	bis	500 000 Versicherten von	250 Personen,
500 001	bis	1 000 000 Versicherten von	500 Personen,
1 000 001	bis	3 000 000 Versicherten von	1 000 Personen,
mehr als		3 000 000 Versicherten von	2 000 Personen

4. Buch. Gem. Vorschriften Sozialversicherung § **48a** SGB IV 3

unterzeichnet sein. ²Für die in Satz 1 genannte Anzahl von Versicherten ist der 31. Dezember des zweiten Kalenderjahres vor dem Kalenderjahr der Wahlausschreibung maßgebend.

(3) ¹Berechtigt zur Unterzeichnung einer Vorschlagsliste nach Absatz 2 sind Personen, die am Tage der Wahlausschreibung die Voraussetzungen des Wahlrechts nach § 50 oder der Wählbarkeit nach § 51 Abs. 1 Satz 2 erfüllen. ²Von der Gesamtzahl der Unterzeichner dürfen höchstens fünfundzwanzig vom Hundert dem Personenkreis angehören, der nach § 51 Abs. 6 Nr. 5 und 6 nicht wählbar ist.

(4) ¹Die Absätze 2 und 3 gelten für Vorschlagslisten der in Absatz 1 Satz 1 Nr. 1 genannten Arbeitnehmervereinigungen sowie deren Verbände entsprechend. ²Das gilt nicht, wenn diese

1. seit der vorangegangenen Wahl mit mindestens einem Vertreter ununterbrochen in der Vertreterversammlung vertreten sind oder
2. bei der vorangegangenen Wahl einer Gemeinschaftsliste angehörten und mindestens ein Vertreter dieser Gemeinschaftsliste seitdem ununterbrochen der Vertreterversammlung angehört oder
3. bei der vorangegangenen Wahl eine Vorschlagsliste eingereicht oder einer Gemeinschaftsliste angehört hatten und nur deshalb nicht mit mindestens einem Vertreter ununterbrochen der Vertreterversammlung angehören, weil der oder die Vertreter nach einer Vereinigung nicht als Mitglied berufen worden waren.

³Schließen sich zwei oder mehrere Arbeitnehmervereinigungen zu einer neuen Arbeitnehmervereinigung zusammen, gelten die Absätze 2 und 3 nicht, wenn seit der letzten Wahl auch nur eine der bisherigen Arbeitnehmervereinigungen ununterbrochen in der Vertreterversammlung vertreten war.

(5) ¹Für Vorschlagslisten der Arbeitgeber gelten die Absätze 2 und 3, für Vorschlagslisten von Arbeitgebervereinigungen sowie deren Verbände Absatz 4 entsprechend. ²Die Unterzeichner einer Vorschlagsliste müssen zusammen über die den Mindestzahlen entsprechende Stimmenzahl (§ 49 Abs. 2) verfügen.

(6) ¹Die Vorschlagslisten dürfen als Mitglieder der Selbstverwaltungsorgane und deren Stellvertreter von jeweils drei Personen nur einen Beauftragten (§ 51 Abs. 4 Satz 1) enthalten. ²Die Reihenfolge der Stellvertreter ist so festzulegen, daß erst jeder dritte Stellvertreter zu den Beauftragten gehört.

(7) ¹Eine Zusammenlegung mehrerer Vorschlagslisten zu einer Vorschlagsliste und eine Verbindung mehrerer Vorschlagslisten sind zulässig. ²Verbundene Listen gelten bei der Ermittlung des Wahlergebnisses im Verhältnis zu den übrigen Listen als eine Liste.

§ 48a[1]) Vorschlagsrecht der Arbeitnehmervereinigungen.

(1) ¹Arbeitnehmervereinigungen haben nur dann das Recht, Vorschlagslisten einzureichen, wenn sie die arbeitsrechtlichen Voraussetzungen für die Gewerkschaftseigenschaft erfüllen oder wenn sie nach dem Gesamtbild der tatsächlichen

---

[1]) Für das Gebiet der ehem. DDR gilt zu § 48a Abs. 4 Satz 1 aufgrund des EVertr v. 31. 8. 1990 (BGBl. II S. 889, 1047) folgende Maßgabe: „Bei den achten allgemeinen Sozialversicherungswahlen brauchen die Voraussetzungen des Artikels I § 48a Abs. 4 Satz 1 bei Arbeitnehmervereinigungen in dem in Artikel 3 des Vertrages genannten Gebiet erst am 31. Juli 1991 vorzuliegen; in Artikel I § 48b Abs. 1 tritt in diesen Fällen anstelle des 28. Februar der 31. August."

3 SGB IV § 48b Sozialgesetzbuch

Verhältnisse, insbesondere nach Umfang und Festigkeit ihrer Organisation, der Zahl ihrer beitragszahlenden Mitglieder, ihrer Tätigkeit und ihrem Hervortreten in der Öffentlichkeit eine ausreichende Gewähr für die Ernsthaftigkeit und Dauerhaftigkeit ihrer sozial- oder berufspolitischen Zwecksetzung und die Unterstützung der auf ihren Vorschlag hin gewählten Organmitglieder und Versichertenältesten bieten. ²Die sozial- oder berufspolitische Tätigkeit darf sich nicht nur auf die Einreichung von Vorschlagslisten zu den Sozialversicherungswahlen beschränken, sondern muß auch als eigenständige Aufgabe der Arbeitnehmervereinigung die Verwirklichung sozialer oder beruflicher Ziele für die versicherten Arbeitnehmer oder einzelne Gruppen der versicherten Arbeitnehmer umfassen.

(2) ¹Der Name und die Kurzbezeichnung einer Arbeitnehmervereinigung dürfen nicht geeignet sein, einen Irrtum über Art, Umfang und Zwecksetzung der Vereinigung herbeizuführen. ²In der Arbeitnehmervereinigung dürfen nur Arbeitnehmer und, wenn im Namen der Arbeitnehmervereinigung eine bestimmte Personengruppe genannt ist, nur dieser Personengruppe angehörende Arbeitnehmer maßgebenden Einfluß haben.

(3) Eine Arbeitnehmervereinigung, der zu mehr als fünfundzwanzig vom Hundert Bedienstete des Versicherungsträgers angehören, in deren Vorstand Bedienstete einen Stimmanteil von mehr als fünfundzwanzig vom Hundert haben oder in der ihnen auf andere Weise ein nicht unerheblicher Einfluß eingeräumt ist, ist nicht vorschlagsberechtigt.

(4) ¹Die Arbeitnehmervereinigung muß von Beginn des Kalenderjahres vor dem Kalenderjahr der Wahlausschreibung an ständig eine Anzahl beitragszahlender Mitglieder haben, die mindestens der Hälfte der nach § 48 Abs. 2 geforderten Unterschriftenzahl entspricht. ²Das tatsächliche Beitragsaufkommen muß die Arbeitnehmervereinigung in die Lage versetzen, ihre Vereinstätigkeit nachhaltig auszuüben und den Vereinszweck zu verfolgen.

(5) Die Satzung der Arbeitnehmervereinigung muß Bestimmungen enthalten über
1. Name, Sitz und Zweck der Vereinigung,
2. Eintritt und Austritt der Mitglieder,
3. Rechte und Pflichten der Mitglieder,
4. Zusammensetzung und Befugnisse des Vorstandes und der übrigen Organe,
5. Voraussetzung, Form und Frist der Einberufung der Mitgliederversammlung, Tätigkeitsbericht und Rechnungslegung durch den Vorstand sowie Zustandekommen und Beurkundung der Beschlüsse.

§ 48b Feststellungsverfahren. (1) ¹Ob eine Vereinigung als Arbeitnehmervereinigung vorschlagsberechtigt ist, wird bei Vereinigungen, bei denen nicht eine ununterbrochene Vertretung nach § 48 Abs. 4 vorliegt, vorab festgestellt. ²Der Antrag auf Feststellung ist bis zum 28. Februar des dem Wahljahr vorhergehenden Jahres beim Wahlausschuß des Versicherungsträgers einzureichen.

(2) ¹Der Wahlausschuß kann dem Antragsteller eine Frist zur Ergänzung seines Antrags mit ausschließender Wirkung setzen. ²Die Entscheidung soll innerhalb von drei Monaten nach Ablauf der Antragsfrist getroffen werden.

(3) ¹Gegen die Entscheidung des Wahlausschusses können der Antragsteller und die nach § 57 Abs. 2 anfechtungsberechtigten Personen und Vereinigun-

gen innerhalb von zwei Wochen Beschwerde einlegen. ²Für das Beschwerdeverfahren gilt Absatz 2 entsprechend.

§ 48c Feststellung der allgemeinen Vorschlagsberechtigung. (1) ¹Arbeitnehmervereinigungen, die bei allen Versicherungsträgern die Voraussetzungen der Vorschlagsberechtigung erfüllen und glaubhaft machen, daß sie bei mindestens fünf Versicherungsträgern Vorschlagslisten einreichen werden, können die Feststellung ihrer allgemeinen Vorschlagsberechtigung beim Bundeswahlbeauftragten beantragen. ²Die Feststellung der allgemeinen Vorschlagsberechtigung hat die Wirkung einer Feststellung nach § 48b Abs. 1 Satz 1.

(2) ¹Der Antrag auf Feststellung ist bis zum 2. Januar des dem Wahljahr vorhergehenden Jahres zu stellen. ²Der Bundeswahlbeauftragte darf die allgemeine Vorschlagsberechtigung nur feststellen, wenn dies ohne zeitaufwendige Ermittlungen möglich ist. ³Die Entscheidung ist spätestens bis zum 31. Januar zu treffen und dem Antragsteller unverzüglich bekanntzugeben. ⁴Der Bundeswahlbeauftragte hat die Namen der Arbeitnehmervereinigungen, deren allgemeine Vorschlagsberechtigung festgestellt wurde, nach Ablauf der Entscheidungsfrist im Bundesanzeiger zu veröffentlichen.

(3) ¹Gegen die Feststellung der allgemeinen Vorschlagsberechtigung können die nach § 57 Abs. 2 anfechtungsberechtigten Personen und Vereinigungen spätestens zwei Wochen nach ihrer Bekanntmachung im Bundesanzeiger Beschwerde einlegen. ²Für das Beschwerdeverfahren gilt § 48b Abs. 2 entsprechend. ³Wird die Entscheidung des Bundeswahlbeauftragten im Beschwerdeverfahren aufgehoben, gilt § 48b mit der Maßgabe, daß der Antrag auf Feststellung innerhalb eines Monats nach Bekanntgabe der Beschwerdeentscheidung zu stellen ist. ⁴Die Ablehnung der Feststellung der allgemeinen Vorschlagsberechtigung ist unanfechtbar.

§ 48d *(aufgehoben)*

§ 49 Stimmenzahl. (1) Jeder Versicherte hat eine Stimme.

(2) ¹Das Stimmrecht eines Wahlberechtigten, der zur Gruppe der Arbeitgeber gehört, bemißt sich nach der Zahl der am Stichtag für das Wahlrecht (§ 50 Abs. 1) bei ihm beschäftigten, beim Versicherungsträger versicherungspflichtigen und wahlberechtigten Personen. ²Er hat bei

0 bis	20 Versicherten	eine Stimme,
21 bis	50 Versicherten	zwei Stimmen,
51 bis	100 Versicherten	drei Stimmen und

je weiteren 1 bis 100 Versicherten eine weitere Stimme bis zur Höchstzahl von zwanzig Stimmen. ³Für das Stimmrecht des Arbeitgebers bei einer Landesversicherungsanstalt ist unerheblich, bei welcher Landesversicherungsanstalt die Versicherten wahlberechtigt sind.

(3) ¹Bei den Gemeindeunfallversicherungsverbänden, den gemeinsamen Unfallkassen und den Feuerwehr-Unfallkassen haben Gemeinden eine Stimme je angefangene 1 000 Einwohner, Landkreise eine Stimme je angefangene 10 000 Einwohner, Bezirksverbände und Landschaftsverbände eine Stimme je angefangene 100 000 Einwohner. ²Hierbei ist die letzte vor dem Stichtag für

das Wahlrecht (§ 50 Abs. 1) von der für die Statistik zuständigen Landesbehörde veröffentlichte und fortgeschriebene Einwohnerzahl zugrunde zu legen.

(4) Die Satzung kann für Abstufung und Höchstzahl der Stimmen von den Absätzen 2 und 3 Abweichendes bestimmen.

§ 50 Wahlrecht. (1) [1]Wahlberechtigt ist, wer an dem in der Wahlausschreibung bestimmten Tag (Stichtag für das Wahlrecht)
1. bei dem Versicherungsträger zu einer der Gruppen gehört, aus deren Vertretern sich die Selbstverwaltungsorgane des Versicherungsträgers zusammensetzen,
2. das sechzehnte Lebensjahr vollendet hat,
3. eine Wohnung in einem Staat, in dem die Verordnung (EWG) Nr. 1408/71 anzuwenden ist, innehat oder sich gewöhnlich dort aufhält oder regelmäßig dort beschäftigt oder tätig ist.

[2]Wahlberechtigte, die ihren Wohnsitz oder gewöhnlichen Aufenthalt außerhalb des Geltungsbereichs dieses Gesetzbuchs haben, können in der Renten- und Unfallversicherung an der Wahl nur teilnehmen, wenn sie in der Zeit zwischen dem 107. und dem 37. Tag vor dem Wahltag bei dem Versicherungsträger einen Antrag auf Teilnahme an der Wahl stellen. [3]In der Rentenversicherung ist ein Versicherter bei dem Träger wahlberechtigt, der sein Versicherungskonto führt, ein Rentenbezieher bei dem Träger, der die Rente leistet.

(2) Wahlberechtigt ist nicht, wer aus den in § 13 des Bundeswahlgesetzes genannten Gründen vom Wahlrecht ausgeschlossen ist.

(3) Die Satzung kann bestimmen, daß nicht wahlberechtigt ist, wer am Stichtag für das Wahlrecht fällige Beiträge nicht bezahlt hat.

(4) Anstelle eines nach den Absätzen 1 und 2 nicht wahlberechtigten Arbeitgebers kann sein gesetzlicher Vertreter oder, wenn ein solcher nicht vorhanden ist, ein Geschäftsführer oder bevollmächtigter Betriebsleiter das Wahlrecht ausüben; die Absätze 1 und 2 gelten entsprechend.

§ 51 Wählbarkeit. (1) [1]Wählbar ist, wer am Tag der Wahlausschreibung (Stichtag für die Wählbarkeit)
1. bei dem Versicherungsträger zu einer der Gruppen gehört, aus deren Vertretern sich die Selbstverwaltungsorgane des Versicherungsträgers zusammensetzen,
2. das Alter erreicht hat, mit dem nach § 2 des Bürgerlichen Gesetzbuchs die Volljährigkeit eintritt,
3. das Wahlrecht zum Deutschen Bundestag besitzt oder im Gebiet der Bundesrepublik Deutschland seit mindestens sechs Jahren eine Wohnung innehat, sich sonst gewöhnlich aufhält oder regelmäßig beschäftigt oder tätig ist,
4. eine Wohnung in dem Bezirk des Versicherungsträgers oder in einem nicht weiter als einhundert Kilometer von dessen Grenze entfernten Ort im Geltungsbereich dieses Gesetzbuchs innehat oder sich gewöhnlich dort aufhält oder in dem Bezirk des Versicherungsträgers regelmäßig beschäftigt oder tätig ist.

[2]In der Rentenversicherung gilt § 50 Abs. 1 Satz 2 entsprechend; wer bei einer hiernach zuständigen Landesversicherungsanstalt nach Satz 1 Nr. 4 nicht

wählbar ist, ist wählbar bei der Landesversicherungsanstalt, in deren Zuständigkeitsbereich er seine Wohnung oder seinen gewöhnlichen Aufenthalt hat.
³Satz 1 Nr. 2 und 4 gilt auch in den Fällen der Absätze 2 bis 5, Satz 1 Nr. 3 auch in den Fällen der Absätze 2, 4 und 5.

(2) Wählbar als Vertreter der Arbeitgeber ist auch ein gesetzlicher Vertreter, Geschäftsführer oder bevollmächtigter Betriebsleiter eines Arbeitgebers.

(3) Wählbar als Versichertenältester ist, wer versichert oder Rentenbezieher ist und seine Wohnung oder seinen gewöhnlichen Aufenthalt in dem Versichertenältestenbezirk hat.

(4) ¹Wählbar sind auch andere Personen, wenn sie als Vertreter der Versicherten von den Gewerkschaften oder den sonstigen Arbeitnehmervereinigungen oder deren Verbänden, als Vertreter der Arbeitgeber von den Vereinigungen von Arbeitgebern oder deren Verbänden, als Vertreter der Selbständigen ohne fremde Arbeitskräfte von den berufsständischen Vereinigungen der Landwirtschaft oder deren Verbänden vorgeschlagen werden (Beauftragte). ²Von der Gesamtzahl der Mitglieder einer Gruppe in einem Selbstverwaltungsorgan darf nicht mehr als ein Drittel zu den Beauftragten gehören; jedem Selbstverwaltungsorgan kann jedoch ein Beauftragter je Gruppe angehören. ³Eine Abweichung von Satz 2, die sich infolge der Vertretung eines Organmitglieds ergibt, ist zulässig.

(5) Bei der See-Berufsgenossenschaft und der Seekasse sind als Vertreter der Versicherten auch Personen wählbar, die mindestens fünf Jahre lang als Seeleute bei der See-Berufsgenossenschaft oder der Seekasse versichert waren, noch in näherer Beziehung zur Seefahrt stehen und nicht Unternehmer sind.

(5a) Wer nach dem Stichtag für die Wählbarkeit seine Gruppenzugehörigkeit wegen Arbeitslosigkeit verliert, verliert nicht deshalb seine Wählbarkeit bis zum Ende der Amtsperiode.

(6) Wählbar ist nicht, wer
1. aus den in § 13 des Bundeswahlgesetzes genannten Gründen vom Wahlrecht ausgeschlossen ist,
2. auf Grund Richterspruchs nicht die Fähigkeit besitzt, öffentliche Ämter zu bekleiden und Recht aus öffentlichen Wahlen zu erlangen,
3. in Vermögensverfall geraten ist,
4. seit den letzten Wahlen wegen grober Verletzung seiner Pflichten nach § 59 Abs. 3 seines Amtes enthoben worden ist,
5. a) als Beamter, Angestellter oder Arbeiter bei dem Versicherungsträger,
 b) als leitender Beamter oder Angestellter bei einer Behörde, die Aufsichtsrechte gegenüber dem Versicherungsträger hat, oder
 c) als anderer Beamter oder Angestellter bei einer solchen Behörde im Fachgebiet Sozialversicherung
beschäftigt ist,
6. a) regelmäßig für den Versicherungsträger oder im Rahmen eines mit ihm abgeschlossenen Vertrages freiberuflich oder
 b) in Geschäftsstellen der Bundesknappschaft in knappschaftlich versicherten Betrieben
tätig ist.

(7) Die Satzung kann bestimmen, daß nicht wählbar ist, wer am Tage der Wahlausschreibung fällige Beiträge nicht bezahlt hat.

(8) Als Versichertenältester ist nicht wählbar, wer zur geschäftsmäßigen Besorgung fremder Rechtsangelegenheiten zugelassen ist.

§ 52 Wahl des Vorstandes. (1) Die Vertreter der Versicherten und der Arbeitgeber in der Vertreterversammlung wählen auf Grund von Vorschlagslisten getrennt die Vertreter ihrer Gruppe in den Vorstand; das gleiche gilt in der landwirtschaftlichen Unfallversicherung, mit Ausnahme der Gartenbau-Berufsgenossenschaft, für die Selbständigen ohne fremde Arbeitskräfte.

(2) Die Vorschlagslisten müssen von zwei Mitgliedern der Gruppe der Vertreterversammlung, für die sie gelten sollen, unterzeichnet sein.

(3) § 45 Abs. 2, § 46 Abs. 2, 3 und 4 Satz 1 und 2, § 48 Abs. 7 und § 51 gelten entsprechend.

§ 53 Wahlorgane. (1) [1]Zur Durchführung der Wahlen werden als Wahlorgane Wahlbeauftragte, Wahlausschüsse und Wahlleitungen bestellt. [2]Die Mitglieder der Wahlorgane und die Personen, die bei der Ermittlung des Wahlergebnisses zugezogen werden (Wahlhelfer), üben ihre Tätigkeit ehrenamtlich aus.

(2) [1]Der Bundeswahlbeauftragte und sein Stellvertreter werden vom Bundesministerium für Gesundheit und Soziale Sicherung, die Landeswahlbeauftragten und ihre Stellvertreter von den für die Sozialversicherung zuständigen obersten Verwaltungsbehörden der Länder bestellt. [2]Dem Bundeswahlbeauftragten obliegen die allgemeinen Aufgaben und die Durchführung der Wahlen zu den Selbstverwaltungsorganen der bundesunmittelbaren Versicherungsträger, den Landeswahlbeauftragten die Durchführung der Wahlen zu den Selbstverwaltungsorganen der landesunmittelbaren Versicherungsträger.

(3) Der Bundeswahlbeauftragte kann für einzelne Zweige der Versicherung Richtlinien erlassen, um sicherzustellen, daß die Wahlen einheitlich durchgeführt werden.

(4) Die Wahlbeauftragten und ihre Stellvertreter sind berechtigt, sich an Ort und Stelle davon zu überzeugen, daß die Wahlräume den Vorschriften der Wahlordnung entsprechend eingerichtet sind und daß bei der Wahlhandlung und bei der Ermittlung des Wahlergebnisses den Vorschriften dieses Gesetzes und der Wahlordnung entsprechend verfahren wird.

§ 54 Durchführung der Wahl. (1) [1]Die Wahlberechtigten wählen durch briefliche Stimmabgabe. [2]Die Bundesknappschaft kann für die Wahl der Versichertenältesten Wahlräume einrichten.

(2) [1]Soweit Wahlunterlagen nicht übersandt, sondern ausgehändigt werden, hat der Arbeitgeber oder der sonst für die Aushändigung der Wahlunterlagen Zuständige Vorkehrungen zu treffen, daß die Wahlberechtigten ihre Stimmzettel unbeobachtet kennzeichnen und in den Umschlägen verschließen können. [2]Sind mehr als 300 Wahlunterlagen an einem Ort auszuhändigen, sollen hierfür besondere Räume eingerichtet werden, in denen auch die Abgabe der Wahlbriefe zu ermöglichen ist. [3]Der Arbeitgeber oder der sonst für die Ausgabe der Wahlunterlagen Zuständige hat dafür Sorge zu tragen, daß in den Räumen zur Stimmabgabe und im Bereich der nach Satz 1 zur Wahrung des Wahlgeheimnisses vorzusehenden Einrichtungen jede Beeinflussung der Wahlberechtigten durch Wort, Ton, Schrift oder Bild unterbleibt.

(3) Der Tag, bis zu dem die Wahlbriefe bei den Versicherungsträgern eingegangen sein müssen (Wahltag), ist vom Bundeswahlbeauftragten für alle Versicherungsträger einheitlich zu bestimmen, soweit nicht Abweichungen geboten sind.

(4) Wahlbriefe können von den Absendern bei der Deutschen Post AG unentgeltlich eingeliefert werden, wenn sie sich in amtlichen Wahlbriefumschlägen befinden.

§ 54a *(aufgehoben)*

§ 55 Wahlunterlagen und Mitwirkung der Arbeitgeber.
(1) Die Wahlberechtigten wählen mit den ihnen ausgehändigten Wahlunterlagen.

(2) Verpflichtet, Wahlunterlagen auszustellen und sie den Wahlberechtigten auszuhändigen, sind
- die Versicherungsträger,
- die Arbeitgeber im Einvernehmen mit dem Betriebsrat,
- die Gemeindeverwaltungen,
- die Dienststellen des Bundes und der Länder sowie
- die Bundesagentur für Arbeit.

(3) Ist in der Verordnung nach § 56 vorgesehen, daß anstelle der Arbeitgeber die Unfallversicherungsträger die Wahlausweise ausstellen, haben die Arbeitgeber den Unfallversicherungsträgern die hierfür notwendigen Angaben zu machen.

§ 56[1] Wahlordnung.
[1]Das Bundesministerium für Gesundheit und Soziale Sicherung erläßt durch Rechtsverordnung mit Zustimmung des Bundesrates die zur Durchführung der Wahlen erforderliche Wahlordnung. [2]Es trifft darin insbesondere Vorschriften über
1. die Bestellung der Wahlbeauftragten, die Bildung der Wahlausschüsse und der Wahlleitungen sowie über die Befugnisse, die Beschlußfähigkeit und das Verfahren der Wahlorgane,
2. die Entschädigung der Wahlbeauftragten, der Mitglieder der Wahlausschüsse, der Mitglieder der Wahlleitungen und der Wahlhelfer,
3. die Vorbereitung der Wahlen einschließlich der Unterrichtung, der Wahlberechtigten über den Zweck und den Ablauf des Wahlverfahrens sowie über die zur Wahl zugelassenen Vorschlagslisten,
4. den Zeitpunkt für die Wahlen,
5. die Feststellung der Vorschlagsberechtigung, die Angaben und Unterlagen, die zur Feststellung der Vorschlagsberechtigung zu machen oder vorzulegen sind, die Einreichung, den Inhalt und die Form der Vorschlagslisten sowie der dazugehörigen Unterlagen, über ihre Prüfung, die Beseitigung von Mängeln sowie über ihre Zulassung und Bekanntgabe und über Rechtsbehelfe gegen die Entscheidungen der Wahlorgane,
6. die Listenzusammenlegung, die Listenverbindung und die Zurücknahme von Vorschlagslisten,
7. die Wahlbezirke sowie die Wahlräume und ihre Einrichtung,

---
[1] Für das Gebiet der ehem. DDR trat § 56 aufgrund des EVertr. v. 31. 8. 1990 (BGBl. II S. 889, 1047) am 3. 10. 1990 in Kraft.

8. die Ausstellung und Aushändigung von Wahlunterlagen,
9. die Form und den Inhalt der Wahlunterlagen,
10. die Stimmabgabe,
11. die Briefwahl,
12. die Ermittlung und Feststellung der Wahlergebnisse und ihre Bekanntgabe sowie die Benachrichtigung der Gewählten,
13. die Wahlen in besonderen Fällen,
14. die Kosten der Wahlen und einen Kostenausgleich.

§ 57 Rechtsbehelfe im Wahlverfahren. (1) Gegen Entscheidungen und Maßnahmen, die sich unmittelbar auf das Wahlverfahren beziehen, sind nur die in dieser Vorschrift, in § 48b Abs. 3, § 48c Abs. 3 Satz 1 und in der Wahlordnung vorgesehenen Rechtsbehelfe zulässig.

(2) Die in § 48 Abs. 1 genannten Personen und Vereinigungen, der Bundeswahlbeauftragte und der zuständige Landeswahlbeauftragte können die Wahl durch Klage gegen den Versicherungsträger anfechten.

(3) ¹Die Klage kann erhoben werden, sobald öffentlich bekanntgemacht ist, daß eine Wahlhandlung unterbleibt, oder sobald ein Wahlergebnis öffentlich bekantgemacht worden ist. ²Die Klage ist spätestens einen Monat nach dem Tage der öffentlichen Bekanntmachung des endgültigen Wahlergebnisses bei dem für den Sitz des Versicherungsträgers zuständigen Sozialgericht zu erheben. ³Ein Vorverfahren findet nicht statt.

(4) Die Klage ist unzulässig, soweit von dem Recht, gegen eine Entscheidung des Wahlausschusses den hierfür vorgesehenen Rechtsbehelf einzulegen, kein Gebrauch gemacht worden ist.

(5) Während des Wahlverfahrens kann das Gericht auf Antrag eine einstweilige Anordnung treffen, wenn ein Wahlverstoß vorliegt, der dazu führen würde, daß im Wahlanfechtungsverfahren die Wahl für ungültig erklärt wird.

(6) Hat das Gericht eine Entscheidung nach § 131 Abs. 4 des Sozialgerichtsgesetzes getroffen, kann es auf Antrag eine einstweilige Anordnung hinsichtlich der personellen Besetzung der Selbstverwaltungsorgane erlassen.

(7) Beschlüsse, die ein Selbstverwaltungsorgan bis zu dem Zeitpunkt einer Entscheidung nach § 131 Abs. 4 des Sozialgerichtsgesetzes getroffen hat, bleiben wirksam.

§ 58 Amtsdauer. (1) ¹Die gewählten Bewerber werden Mitglieder des Selbstverwaltungsorgans an dem Tage, an dem die erste Sitzung des Organs stattfindet. ²Die neugewählte Vertreterversammlung tritt spätestens fünf Monate nach dem Wahltag zusammen.

(2) ¹Die Amtsdauer der Mitglieder der Selbstverwaltungsorgane beträgt sechs Jahre; sie endet jedoch unabhängig vom Zeitpunkt der Wahl mit dem Zusammentritt der in den nächsten allgemeinen Wahlen neugewählten Selbstverwaltungsorgane. ²Wiederwahl ist zulässig.

§ 59 Verlust der Mitgliedschaft. (1) Die Mitgliedschaft in einem Selbstverwaltungsorgan endet vorzeitig
1. durch Tod,

4. Buch. Gem. Vorschriften Sozialversicherung § 60 SGB IV 3

2. durch Erwerb der Mitgliedschaft für ein anderes Selbstverwaltungsorgan, wenn die gleichzeitige Zugehörigkeit zu beiden Selbstverwaltungsorganen ausgeschlossen ist,
3. mit Eintritt der Unanfechtbarkeit eines Beschlusses nach Absatz 2 oder 3.

(2) [1]Der Vorstand hat ein Mitglied eines Selbstverwaltungsorgans durch Beschluß von seinem Amt zu entbinden, wenn ein wichtiger Grund vorliegt oder wenn die Voraussetzungen der Wählbarkeit nicht vorgelegen haben oder nachträglich weggefallen sind. [2]Jedes Mitglied hat dem Vorsitzenden des Vorstands unverzüglich Veränderungen anzuzeigen, die seine Wählbarkeit berühren.

(3) [1]Verstößt ein Mitglied eines Selbstverwaltungsorgans in grober Weise gegen seine Amtspflichten, hat der Vorstand das Mitglied durch Beschluß seines Amtes zu entheben. [2]Der Vorstand kann die sofortige Vollziehung des Beschlusses anordnen; die Anordnung hat die Wirkung, daß das Mitglied sein Amt nicht ausüben kann.

(4) [1]Betrifft ein Beschluß nach Absatz 2 oder 3 ein Mitglied der Vertreterversammlung, bedarf er der Zustimmung des Vorsitzenden der Vertreterversammlung. [2]Stimmt der Vorsitzende nicht zu oder betrifft der Beschluß ihn selbst, entscheidet die Vertreterversammlung.

(5) Für stellvertretende Mitglieder der Selbstverwaltungsorgane gelten die Absätze 1 bis 4 entsprechend.

(6) Endet die Mitgliedschaft in einem Selbstverwaltungsorgan, tritt bis zur Ergänzung des Organs an die Stelle des ausgeschiedenen Mitgliedes ein Stellvertreter.

§ 60 Ergänzung der Selbstverwaltungsorgane. (1) [1]Scheiden Mitglieder oder stellvertretende Mitglieder eines Selbstverwaltungsorgans vorzeitig aus, fordert der Vorsitzende des Vorstandes die Stelle, die die Vorschlagsliste der Ausgeschiedenen eingereicht hat (Listenträger), unverzüglich auf, innerhalb zweier Monate Nachfolger vorzuschlagen. [2]Sind in einer Liste Stellvertreter in ausreichender Zahl vorhanden und hält der Listenträger weitere Stellvertreter nicht für erforderlich, kann der Vorstand zulassen, daß von einer Ergänzung abgesehen wird, wenn die in § 48 Abs. 6 Satz 2 vorgeschriebene Reihenfolge gewahrt ist.

(2) Liegen bei einem als Nachfolger Vorgeschlagenen die Voraussetzungen der Wählbarkeit nicht vor, fordert der Vorsitzende des Vorstandes den Listenträger auf, innerhalb eines Monats einen anderen Nachfolger vorzuschlagen.

(3) [1]Erfüllt ein fristgerecht als Nachfolger für die Vertreterversammlung Vorgeschlagener die Voraussetzungen der Wählbarkeit, stellt der Vorstand nach Anhörung des Vorsitzenden der Vertreterversammlung durch Beschluß fest, daß der Vorgeschlagene als gewählt gilt, und benachrichtigt hiervon das neue Mitglied, den Vorsitzenden der Vertreterversammlung, den Listenträger, die Aufsichtsbehörde und den Wahlbeauftragten. [2]Wird dem Vorstand innerhalb der Frist nach den Absätzen 1 und 2 kein Nachfolger vorgeschlagen, der die Voraussetzungen der Wählbarkeit erfüllt, beruft die Aufsichtsbehörde den Nachfolger aus der Zahl der Wählbaren.

(4) [1]Erfüllt ein fristgerecht als Nachfolger für den Vorstand Vorgeschlagener die Voraussetzungen der Wählbarkeit, teilt der Vorsitzende des Vorstandes dies nach Anhörung des Vorsitzenden der Vertreterversammlung allen Mit-

gliedern der Gruppe in der Vertreterversammlung mit, die den Ausgeschiedenen gewählt hat, und weist darauf hin, daß der Vorgeschlagene als gewählt gilt, wenn innerhalb eines Monats kein anderer Vorschlag beim Vorstand eingeht. ²Nach Ablauf eines Monats gilt Absatz 3 Satz 1 entsprechend. ³Wird dem Vorstand innerhalb der Frist nach den Absätzen 1 und 2 kein Nachfolger vorgeschlagen, der die Voraussetzungen der Wählbarkeit erfüllt, oder wird ihm innerhalb der in Satz 1 genannten Frist noch ein anderer Vorschlag eingereicht, sind sämtliche Mitglieder in der betreffenden Gruppe des Vorstandes und ihre Stellvertreter nach § 52 neu zu wählen.

(5) ¹§ 46 Abs. 4 Satz 1 und 2 sowie die § 51 und 57 gelten entsprechend. ²An die Stelle des Zeitpunktes der Wahlausschreibung in § 51 Abs. 1 tritt der Zeitpunkt der Aufforderung nach Absatz 1 Satz 1.

§ 61 Wahl der Versichertenältesten und der Vertrauenspersonen.

(1) Für die Wahl der Versichertenältesten bei der Bundesknappschaft gelten die §§ 45 bis 51, 55 bis 60 und 62 Abs. 4 entsprechend.

(2) ¹Für die Wahl der Versichertenältesten bei den anderen Versicherungsträgern und der Vertrauenspersonen gelten die §§ 52, 56 bis 60 und 62 Abs. 4 entsprechend, soweit die Satzung nichts Abweichendes bestimmt. ²Den Vorschlagslisten sind Vorschläge der Organisationen und Wählergruppen zugrunde zu legen, die zur Einreichung von Vorschlagslisten für die Wahl der Mitglieder der Vertreterversammlung berechtigt sind.

(3) ¹Die Stellvertretung der Versichertenältesten und der Vertrauenspersonen wird durch die Satzung geregelt. ²Die Satzung kann die Nachfolge vorzeitig ausscheidender Versichertenältesten und Vertrauenspersonen abweichend von § 60 regeln.

§ 62 Vorsitzende der Selbstverwaltungsorgane.

(1) ¹Die Selbstverwaltungsorgane wählen aus ihrer Mitte einen Vorsitzenden und einen stellvertretenden Vorsitzenden, in der landwirtschaftlichen Unfallversicherung, mit Ausnahme der Gartenbau-Berufsgenossenschaft, und in der Knappschaftsversicherung einen ersten und einen zweiten stellvertretenden Vorsitzenden. ²Der Vorsitzende und die stellvertretenden Vorsitzenden müssen, mit Ausnahme bei den Ersatzkassen, verschiedenen Gruppen angehören. ³In der Knappschaftsversicherung müssen der Vorsitzende und der erste stellvertretende Vorsitzende verschiedenen Gruppen angehören.

(2) ¹Erhält in zwei Wahlgängen kein Mitglied die Mehrheit der satzungsmäßigen Mitgliederzahl, ist gewählt, wer im dritten Wahlgang die meisten Stimmen auf sich vereinigt. ²Bei gleicher Stimmenzahl gelten die Mitglieder, die diese Stimmenzahl erreichen, mit der Maßgabe als gewählt, daß sie den Vorsitz unter gegenseitiger Stellvertretung abwechselnd je für ein Jahr zu führen haben. ³Gilt hiernach mehr als die vorgeschriebene Zahl von Personen als gewählt, entscheidet das Los; das gleiche gilt für die Reihenfolge.

(3) ¹Die Satzung kann bestimmen, daß die Vertreter der einzelnen Gruppen abwechselnd mindestens für ein Jahr den Vorsitz führen. ²Bei den Trägern der landwirtschaftlichen Unfallversicherung, mit Ausnahme der Gartenbau-Berufsgenossenschaft, haben die Vertreter der einzelnen Gruppen während ihrer Amtsdauer abwechselnd je für mindestens ein Jahr den Vorsitz zu führen; Entsprechendes gilt für die Stellvertretung. ³Die Vertreter von zwei

Gruppen können vereinbaren, daß für die Dauer der auf ihre Vertreter entfallenden Vorsitzendentätigkeit einer der Vertreter den Vorsitz führt. [4]Die Satzung bestimmt das Nähere.

(4) Zu Vorsitzenden oder zu stellvertretenden Vorsitzenden gewählte Mitglieder der Selbstverwaltungsorgane erwerben ihr Amt mit der Erklärung, daß sie die Wahl annehmen.

(5) [1]Schließen Tatsachen das Vertrauen der Mitglieder eines Selbstverwaltungsorgans zu der Amtsführung eines Vorsitzenden oder stellvertretenden Vorsitzenden aus, kann ihn das Organ mit einer Mehrheit von zwei Dritteln seiner satzungsmäßigen Mitgliederzahl abberufen. [2]Beim Ausscheiden eines Vorsitzenden oder stellvertretenden Vorsitzenden auf eigenen Wunsch endet die Amtsdauer mit der Neuwahl.

(6) [1]Für einen nach Absatz 5 ausscheidenden Vorsitzenden oder stellvertretenden Vorsitzenden wird ein Nachfolger gewählt. [2]Für einen nach § 59 ausscheidenden Vorsitzenden oder stellvertretenden Vorsitzenden wird ein Nachfolger nach Ergänzung des Selbstverwaltungsorgans gewählt.

§ 63 Beratung. (1) Jedes Selbstverwaltungsorgan gibt sich eine Geschäftsordnung.

(2) [1]Die Selbstverwaltungsorgane werden von ihren Vorsitzenden nach Bedarf einberufen. [2]Sie müssen einberufen werden, wenn ein Drittel der Mitglieder es verlangt.

(3) [1]Die Sitzungen des Vorstandes sind nicht öffentlich. [2]Die Sitzungen der Vertreterversammlung sind öffentlich, soweit sie sich nicht mit personellen Angelegenheiten des Versicherungsträgers, Grundstücksgeschäften oder geheimhaltungsbedürftigen Tatsachen (§ 35 des Ersten Buches[1])) befassen. [3]Für weitere Beratungspunkte kann in nicht-öffentlicher Sitzung die Öffentlichkeit ausgeschlossen werden; der Beschluß ist in öffentlicher Sitzung bekanntzugeben.

(3a) [1]Ein Mitglied eines Selbstverwaltungsorgans darf bei der Beratung und Abstimmung nicht anwesend sein, wenn hierbei personenbezogene Daten eines Arbeitnehmers offengelegt werden, der ihm im Rahmen eines Dienst- oder Arbeitsverhältnisses untergeordnet ist, oder wenn das Mitglied des Selbstverwaltungsorgans Angehöriger der Personalverwaltung des Betriebes ist, dem der Arbeitnehmer angehört. [2]Diesen Personen darf insbesondere auch bei der Vorbereitung einer Beratung keine Kenntnis von solchen Daten gegeben werden. [3]Personenbezogene Daten im Sinne der Sätze 1 und 2 sind

1. die in § 76 Abs. 1 des Zehnten Buches[2]) bezeichneten Daten und
2. andere Daten, soweit Grund zur Annahme besteht, daß durch die Kenntnisnahme der genannten Personen schutzwürdige Belange des Arbeitnehmers beeinträchtigt werden.

(4) [1]Ein Mitglied eines Selbstverwaltungsorgans darf bei der Beratung und Abstimmung nicht anwesend sein, wenn ein Beschluß ihm selbst, einer ihm nahestehenden Person (§ 383 Abs. 1 Nr. 1 bis 3 der Zivilprozeßordnung) oder einer von ihm vertretenen Person einen unmittelbaren Vorteil oder Nachteil bringen kann. [2]Satz 1 gilt nicht, wenn das Mitglied nur als Angehö-

---
[1]) Nr. 2.
[2]) Nr. 7.

riger einer Personengruppe beteiligt ist, deren gemeinsame Interessen durch die Angelegenheit berührt werden.

(5) Der Vorstand kann zu Tagesordnungspunkten, bei denen wesentliche Fragen der Gesundheit berührt werden, einen auf den jeweiligen Gebieten der Sozialmedizin und der Sozialversicherung fachlich einschlägig erfahrenen Arzt mit beratender Stimme hinzuziehen.

§ 64 Beschlußfassung. (1) ¹Soweit Gesetz oder sonstiges für den Versicherungsträger maßgebendes Recht nichts Abweichendes bestimmt, sind die Selbstverwaltungsorgane beschlußfähig, wenn sämtliche Mitglieder ordnungsgemäß geladen sind und die Mehrheit der Mitglieder anwesend und stimmberechtigt ist. ²Ist ein Selbstverwaltungsorgan nicht beschlußfähig, kann der Vorsitzende anordnen, daß in der nächsten Sitzung über den Gegenstand der Abstimmung auch dann beschlossen werden kann, wenn die in Satz 1 bestimmte Mehrheit nicht vorliegt; hierauf ist in der Ladung zur nächsten Sitzung hinzuweisen.

(2) ¹Die Beschlüsse werden, soweit Gesetz oder sonstiges Recht nichts Abweichendes bestimmt, mit der Mehrheit der abgegebenen Stimmen gefaßt. ²Bei Stimmengleichheit wird die Abstimmung nach erneuter Beratung wiederholt; bei erneuter Stimmengleichheit gilt der Antrag als abgelehnt.

(3) ¹Der Vorstand kann in eiligen Fällen ohne Sitzung schriftlich abstimmen. ²Die Vertreterversammlung kann schriftlich abstimmen, soweit die Satzung es zuläßt. ³Wenn ein Fünftel der Mitglieder des Selbstverwaltungsorgans der schriftlichen Abstimmung widerspricht, ist über die Angelegenheit in der nächsten Sitzung zu beraten und abzustimmen.

§ 65 Getrennte Abstimmung. (1) In den Selbstverwaltungsorganen der Träger der landwirtschaftlichen Unfallversicherung, mit Ausnahme der Gartenbau-Berufsgenossenschaft, ist zur Beschlußfassung eine Mehrheit in den Gruppen der Versicherten, der Selbständigen ohne fremde Arbeitskräfte und der Arbeitgeber erforderlich für

1. die Wahl des Geschäftsführers und seines Stellvertreters,
2. die Anstellung, die Beförderung, die Kündigung und die Entlassung der der Dienstordnung unterstehenden Angestellten in einer besoldungsrechtlichen Stellung, die einem Amt der Besoldungsgruppe A 12 der Bundesbesoldungsordnung oder einer höheren Besoldungsgruppe vergleichbar ist,
3. die Einstellung, die Höhergruppierung und die Kündigung von Angestellten, deren Tätigkeit den Tätigkeitsmerkmalen der Vergütungsgruppe III oder einer höheren Vergütungsgruppe des Bundes-Angestelltentarifvertrags entspricht,
4. den Beschluß über den Haushalt,
5. die personelle Besetzung von Ausschüssen,
6. den Beschluß über die Unfallverhütungsvorschriften.

(2) In den Selbstverwaltungsorganen der Bundesknappschaft ist zur Beschlußfassung eine Mehrheit in den Gruppen der Versicherten und der Arbeitgeber außer in den in Absatz 1 Nr. 1 und 5 genannten Fällen erforderlich für

1. die Einstellung von Bewerbern für die Laufbahn des höheren Dienstes sowie die Anstellung, die Beförderung und die Entlassung,

2. die Einstellung, Höhergruppierung und Entlassung von Angestellten, mit Ausnahme der Assistenzärzte, in Vergütungsgruppen, deren Tätigkeit nach den Tätigkeitsmerkmalen mindestens den Tätigkeiten im Eingangsamt der Laufbahn des höheren Dienstes vergleichbar ist,
3. die Festsetzung von Beiträgen zur Krankenversicherung über elf vom Hundert des Grundlohns.

(3) Über einen abgelehnten Antrag ist auf Verlangen der Antragsteller innerhalb von drei Wochen nochmals abzustimmen.

§ 66 Erledigungsausschüsse. (1) [1]Die Selbstverwaltungsorgane können die Erledigung einzelner Aufgaben, mit Ausnahme der Rechtsetzung, Ausschüssen übertragen. [2]Zu Mitgliedern können bis zur Hälfte der Mitglieder einer jeden Gruppe auch Stellvertreter von Mitgliedern des Organs bestellt werden. [3]Die Organe können die Stellvertretung für die Ausschußmitglieder abweichend von § 43 Abs. 2 regeln.

(2) Für die Beratung und Abstimmung gelten die §§ 63 und 64 entsprechend.

Dritter Titel. Haushalts- und Rechnungswesen

§ 67 Aufstellung des Haushaltsplans. (1) Die Versicherungsträger stellen für jedes Kalenderjahr (Haushaltsjahr) einen Haushaltsplan auf, der alle im Haushaltsjahr voraussichtlich zu leistenden Ausgaben und voraussichtlich benötigten Verpflichtungsermächtigungen sowie alle im Haushaltsjahr zu erwartenden Einnahmen enthält.

(2) Im Haushaltsplan sind die Stellen für die Beamten und die dienstordnungsmäßig Angestellten der Versicherungsträger nach Besoldungsgruppen auszubringen; für die übrigen Beschäftigten der Versicherungsträger sind die Haushaltsansätze nach Vergütungs- und Lohngruppen zu erläutern.

§ 68 Bedeutung und Wirkung des Haushaltsplans. (1) [1]Der Haushaltsplan dient der Feststellung der Mittel, die zur Erfüllung der Aufgaben des Versicherungsträgers im Haushaltsjahr voraussichtlich erforderlich sind. [2]Er ist die Grundlage für die Haushalts- und Wirtschaftsführung und stellt sicher, daß insbesondere die gesetzlich vorgeschriebenen Ausgaben rechtzeitig geleistet werden können.

(2) Durch den Haushaltsplan werden Ansprüche oder Verbindlichkeiten weder begründet noch aufgehoben.

§ 69 Ausgleich, Wirtschaftlichkeit und Sparsamkeit, Kosten- und Leistungsrechnung. (1) Der Haushalt ist in Einnahme und Ausgabe auszugleichen.

(2) Bei der Aufstellung und Ausführung des Haushaltsplans hat der Versicherungsträger sicherzustellen, dass er die ihm obliegenden Aufgaben unter Berücksichtigung der Grundsätze der Wirtschaftlichkeit und Sparsamkeit erfüllen kann.

(3) Für alle finanzwirksamen Maßnahmen sind angemessene Wirtschaftlichkeitsuntersuchungen durchzuführen.

(4) In geeigneten Bereichen ist eine Kosten- und Leistungsrechnung einzuführen.

§ 70 Haushaltsplan. (1) [1]Der Haushaltsplan wird vom Vorstand aufgestellt. [2]Die Vertreterversammlung stellt ihn fest.

(2) Der Haushaltsplan der Träger der Unfallversicherung ist vor Beginn des Kalenderjahres, für das er gelten soll, der Aufsichtsbehörde vorzulegen, wenn diese es verlangt.

(2a) [1]Der Haushaltsplan der Eisenbahn-Unfallkasse bedarf der Genehmigung des Bundesministeriums für Verkehr, Bau- und Wohnungswesen, der Haushaltsplan der Unfallkasse Post und Telekom der Genehmigung des Bundesministeriums der Finanzen; der Haushaltsplan soll so rechtzeitig festgestellt werden, dass er spätestens am 1. Dezember vor Beginn des Kalenderjahres, für das er gelten soll, der genehmigenden Stelle vorgelegt werden kann. [2]Der Haushaltsplan der Unfallkasse des Bundes bedarf der Genehmigung des Bundesversicherungsamtes im Einvernehmen mit dem Bundesministerium für Gesundheit und Soziale Sicherung und dem Bundesministerium der Finanzen; der Haushaltsplan soll so rechtzeitig festgestellt werden, dass er spätestens am 1. September vor Beginn des Kalenderjahres, für das er gelten soll, der genehmigenden Stelle vorgelegt werden kann. [3]Die genehmigende Stelle kann die Genehmigung auch für einzelne Ansätze versagen, wenn der Haushaltsplan gegen Gesetz oder sonstiges für den Versicherungsträger maßgebendes Recht verstößt oder die Leistungsfähigkeit des Versicherungsträgers zur Erfüllung seiner Verpflichtungen gefährdet oder wenn die Bewertungs- oder Bewirtschaftungsmaßstäbe des Bundes nicht beachtet sind.

(3) [1]Die Träger der Rentenversicherung der Arbeiter haben den vom Vorstand aufgestellten Haushaltsplan spätestens am 1. Oktober vor Beginn des Kalenderjahres, für das er gelten soll, der Aufsichtsbehörde von Amts wegen vorzulegen. [2]Die Aufsichtsbehörde kann den Haushaltsplan oder einzelne Ansätze innerhalb von sechs Wochen nach Vorlage beanstanden, soweit gegen Gesetz oder sonstiges für den Versicherungsträger maßgebendes Recht verstoßen oder die Leistungsfähigkeit des Versicherungsträgers zur Erfüllung seiner Verpflichtungen gefährdet wird. [3]Die Aufsichtsbehörde kann ebenfalls beanstanden, wenn bei landesunmittelbaren Versicherungsträgern die Bewertungs- oder Bewirtschaftungsmaßstäbe des Aufsicht führenden Landes und bei bundesunmittelbaren Versicherungsträgern die Bewertungs- und Bewirtschaftungsmaßstäbe des Bundes nicht beachtet sind; die Besonderheiten der Versicherungsträger sind hierbei zu berücksichtigen. [4]Berücksichtigt die Vertreterversammlung bei der Feststellung des Haushaltsplans die Beanstandung nicht, kann die Aufsichtsbehörde insoweit den Feststellungsbeschluß aufheben und den Haushaltsplan selbst feststellen.

(4) Für die Bundesversicherungsanstalt für Angestellte gilt Absatz 3 mit der Maßgabe, daß

1. anstelle der Aufsichtsbehörde die Bundesregierung zuständig ist;
2. der Haushaltsplan spätestens am 1. September vorzulegen ist und innerhalb von zwei Monaten beanstandet werden kann.

(5) [1]Die Träger der Krankenversicherung und die Träger der Pflegeversicherung haben den vom Vorstand aufgestellten Haushaltsplan spätestens am 1. November vor Beginn des Kalenderjahres, für das er gelten soll, der Auf-

sichtsbehörde vorzulegen, wenn diese es verlangt. ²Die Aufsichtsbehörde kann den Haushaltsplan oder einzelne Ansätze innerhalb von einem Monat nach Vorlage beanstanden, soweit gegen Gesetz oder sonstiges für den Träger maßgebendes Recht verstoßen wird, insbesondere soweit dadurch die wirtschaftliche Leistungsfähigkeit des Versicherungsträgers zur Erfüllung seiner Verpflichtungen gefährdet wird.

§ 71 Haushaltsplan der Bundesknappschaft. (1) ¹Der Haushaltsplan der Bundesknappschaft ist getrennt nach knappschaftlicher Krankenversicherung, knappschaftlicher Rentenversicherung und knappschaftlicher Pflegeversicherung aufzustellen. ²Hierbei gelten Verwaltungsausgaben der knappschaftlichen Krankenversicherung als Verwaltungsausgaben der knappschaftlichen Rentenversicherung.

(2) Die knappschaftliche Krankenversicherung hat der knappschaftlichen Rentenversicherung die Verwaltungsausgaben ihrer Eigeneinrichtungen sowie die nach einem von der Aufsichtsbehörde zu genehmigenden Schlüssel auf sie entfallenden Verwaltungsausgaben zu erstatten.

(3) ¹Der Haushaltsplan bedarf der Genehmigung durch die Bundesregierung. ²Er soll so rechtzeitig festgestellt werden, daß er bis zum 15. Oktober vor Beginn des Kalenderjahres, für das er gelten soll, der Bundesregierung vorgelegt werden kann. ³Diese kann die Genehmigung auch für einzelne Ansätze versagen, wenn der Haushaltsplan gegen Gesetz oder sonstiges für den Versicherungsträger maßgebendes Recht verstößt oder die Leistungsfähigkeit der Bundesknappschaft zur Erfüllung ihrer Verpflichtungen gefährdet oder wenn bei Ansätzen für die knappschaftliche Rentenversicherung die Bewertungs- oder Bewirtschaftungsmaßstäbe des Bundes nicht beachtet sind.

§ 71a Haushaltsplan der Bundesagentur für Arbeit. (1) ¹Der Haushaltsplan der Bundesagentur für Arbeit wird vom Vorstand aufgestellt. ²Der Verwaltungsrat stellt den Haushaltsplan fest.

(2) Der Haushaltsplan bedarf der Genehmigung durch die Bundesregierung.

(3) Die Genehmigung kann auch für einzelne Ansätze versagt oder unter Bedingungen und mit Auflagen erteilt werden, wenn der Haushaltsplan gegen Gesetz oder sonstiges für die Bundesagentur maßgebendes Recht verstößt oder die Bewertungs- und Bewirtschaftungsmaßstäbe des Bundes oder die Grundsätze der Sozial-, Wirtschafts- und Finanzpolitik der Bundesregierung nicht berücksichtigt werden.

(4) ¹Enthält die Genehmigung Bedingungen oder Auflagen, stellt der Verwaltungsrat erneut den Haushaltsplan fest. ²Werden Bedingungen oder Auflagen nicht berücksichtigt, hat der Verwaltungsrat der Bundesregierung einen geänderten Haushaltsplan zur Genehmigung vorzulegen; einen nur mit einem Bundeszuschuß ausgeglichenen Haushaltsplan kann das Bundesministerium für Wirtschaft und Arbeit in der durch die Bundesregierung genehmigten Fassung selbst feststellen.

§ 71b Veranschlagung der Arbeitsmarktmittel der Bundesagentur für Arbeit. (1) Die für Ermessensleistungen der aktiven Arbeitsförderung veranschlagten Mittel mit Ausnahme der Mittel für

1. die allgemeinen Leistungen zur Teilhabe am Arbeitsleben nach § 98 Abs. 1 Nr. 1 des Dritten Buches,
2. Leistungen nach den §§ 219 und 235a des Dritten Buches und
3. Leistungen der Trägerförderung nach § 248 des Dritten Buches

sind im Haushalt der Bundesagentur für Arbeit in einen Eingliederungstitel einzustellen.

(2) ¹Die in dem Eingliederungstitel veranschlagten Mittel sind den Agenturen für Arbeit zur Bewirtschaftung zuzuweisen, soweit nicht andere Dienststellen die Aufgaben wahrnehmen. ²Bei der Zuweisung der Mittel sind insbesondere die regionale Entwicklung der Beschäftigung, die Nachfrage nach Arbeitskräften, Art und Umfang der Arbeitslosigkeit sowie die jeweilige Ausgabenentwicklung im abgelaufenen Haushaltsjahr zu berücksichtigen. ³Agenturen für Arbeit, die im Vergleich zu anderen Agenturen für Arbeit schneller und wirtschaftlicher Arbeitslose eingliedern, sind bei der Mittelzuweisung nicht ungünstiger zu stellen.

(3) ¹Die Agenturen für Arbeit stellen für jede Art dieser Ermessensleistungen der Arbeitsförderung Mittel unter Berücksichtigung der Besonderheiten der Lage und Entwicklung des regionalen Arbeitsmarktes bereit. ²Dabei ist sicherzustellen, daß die Ausgaben für die freie Förderung zehn Prozent der den Agenturen für Arbeit aus dem Eingliederungstitel zugewiesenen Mitteln nicht überschreiten.

(4) Die zugewiesenen Mittel sind so zu bewirtschaften, daß eine Bewilligung und Erbringung der einzelnen Leistungen im gesamten Haushaltsjahr gewährleistet ist.

(5) ¹Die Ausgabemittel des Eingliederungstitels sind nur in das nächste Haushaltsjahr übertragbar. ²Die jeweiligen nicht verausgabten Mittel der Agenturen für Arbeit werden diesen im nächsten Haushaltsjahr zusätzlich zu den auf sie entfallenden Mitteln zugewiesen. ³Verpflichtungsermächtigungen für folgende Jahre sind im gleichen Verhältnis anzuheben.

§ 71c Eingliederungsrücklage der Bundesagentur für Arbeit. ¹Die bis zum Ende des Haushaltsjahres nicht verausgabten Mittel des Eingliederungstitels der Bundesagentur für Arbeit werden einer Eingliederungsrücklage zugeführt. ²Soweit ein Bundeszuschuß gemäß § 365 des Dritten Buches geleistet wird, erfolgt eine Zuführung zur Eingliederungsrücklage nicht. ³Die Eingliederungsrücklage ist bis zum Schluß des nächsten Haushaltsjahres aufzulösen und dient zur Deckung der nach § 71b Abs. 5 gebildeten Ausgabereste.

§ 71d Haushaltspläne der Träger der landwirtschaftlichen Sozialversicherung. ¹Die Haushaltspläne der landwirtschaftlichen Alterskassen, der landwirtschaftlichen Krankenkassen und der landwirtschaftlichen Berufsgenossenschaften bedürfen der Genehmigung durch die Aufsichtsbehörde. ²Die Genehmigung wird im Benehmen mit dem Bundesministerium für Verbraucherschutz, Ernährung und Landwirtschaft erteilt. ³Der Haushaltsplan soll so rechtzeitig vom Vorstand aufgestellt werden, dass er bis zum 15. Oktober vor Beginn des Kalenderjahres, für das er gelten soll, der Aufsichtsbehörde vorgelegt werden kann. ⁴Diese kann die Genehmigung auch für einzelne Ansätze versagen, soweit gegen Gesetz oder sonstiges für den Versicherungsträger maßgebendes Recht verstoßen oder die Leistungsfähigkeit des Versicherungsträgers zur Erfüllung seiner Verpflichtungen gefährdet wird oder soweit bei landesunmittelbaren Versicherungsträgern die Bewertungs- oder Bewirtschaftungsmaßstäbe des aufsichtsführenden Landes und bei bundesunmittelbaren Versicherungsträgern die Bewertungs- oder Bewirtschaftungsmaßstäbe des Bundes nicht beachtet sind; die Besonderheiten der Versicherungsträger sind hierbei zu berücksichtigen. [5]Das Benehmen nach Satz 2 gilt als hergestellt, wenn das Bundesministerium innerhalb von einem Monat nach Zugang des Haushaltsplans keine Bedenken erhebt.

§ 72 Vorläufige Haushaltsführung.
(1) Soweit der Haushaltsplan zu Beginn des Haushaltsjahres noch nicht in Kraft getreten ist, ist der Vorstand ermächtigt zuzulassen, daß der Versicherungsträger die Ausgaben leistet, die unvermeidbar sind,

1. um seine rechtlich begründeten Verpflichtungen und Aufgaben zu erfüllen,
2. um Bauten und Beschaffungen fortzusetzen, sofern durch den Haushalt eines Vorjahres bereits Beträge bewilligt worden sind.

(2) [1]Der Vorstand hat seinen Beschluß unverzüglich der Aufsichtsbehörde anzuzeigen; der Beschluß des Vorstandes der Bundesversicherungsanstalt für Angestellte ist dem Bundesministerium für Gesundheit und Soziale Sicherung anzuzeigen. [2]Bei der Bundesknappschaft bedarf der Beschluss der Genehmigung des Bundesministeriums für Gesundheit und Soziale Sicherung, bei der Bundesagentur für Arbeit des Bundesministeriums für Wirtschaft und Arbeit; die Genehmigung erfolgt jeweils im Einvernehmen mit dem Bundesministerium der Finanzen.

§ 73 Überplanmäßige und außerplanmäßige Ausgaben.
(1) [1]Überplanmäßige und außerplanmäßige Ausgaben sowie Maßnahmen, durch die Verpflichtungen entstehen können, für die Ausgaben im Haushaltsplan nicht veranschlagt sind, bedürfen der Einwilligung des Vorstands, bei der Bundesagentur für Arbeit des Verwaltungsrats. [2]Sie darf nur erteilt werden, wenn

1. ein unvorhergesehenes und unabweisbares Bedürfnis vorliegt und
2. durch sie der Haushaltsplan nicht in wesentlichen Punkten verändert wird oder es sich um außerplanmäßige Ausgaben handelt, die nicht von erheblicher finanzieller Bedeutung sind.

(2) [1]Die Einwilligung ist unverzüglich der Aufsichtsbehörde, die Einwilligung des Vorstandes der Bundesversicherungsanstalt für Angestellte dem Bundesministerium für Gesundheit und Soziale Sicherung anzuzeigen, das das Bundesministerium der Finanzen unterrichtet. [2]Bei der Bundesknappschaft ist die Genehmigung des Bundesministeriums für Gesundheit und Soziale Sicherung, bei der Bundesagentur für Arbeit die Genehmigung des Bundesministeriums für Wirtschaft und Arbeit erforderlich, die jeweils im Einvernehmen mit dem Bundesministerium der Finanzen erfolgt. [3]Bei der Eisenbahn-Unfallkasse ist die Genehmigung des Bundesministeriums für Verkehr, Bau- und Wohnungswesen, bei der Unfallkasse Post und Telekom die Genehmigung des Bundesministeriums der Finanzen erforderlich. [4]Bei der Unfallkasse des Bundes ist die Genehmigung des Bundesversicherungsamtes erforderlich, die im Einvernehmen mit dem Bundesministerium für Gesundheit und Soziale Sicherung und dem Bundesministerium der Finanzen erfolgt. [5]Bei den landwirtschaftlichen Alterskassen, den landwirtschaftlichen Krankenkassen und den landwirtschaftlichen Berufsgenossenschaften ist die Genehmigung der Auf-

sichtsbehörde erforderlich, es sei denn, die Ausgabe überschreitet bis zum 31. Dezember 2001 nicht den Betrag von 100 000 Deutsche Mark und ab 1. Januar 2002 den Betrag von 50 000 Euro.

(3) Kann die Einwilligung des Vorstands, bei der Bundesagentur für Arbeit des Verwaltungsrats, oder die Genehmigung des Bundesministeriums für Gesundheit und Soziale Sicherung, bei der Bundesagentur für Arbeit des Bundesministeriums für Wirtschaft und Arbeit, ausnahmsweise und im Einzelfall nicht vor der Leistung von Ausgaben eingeholt werden, weil diese unaufschiebbar sind, sind sie unverzüglich nachzuholen.

§ 74 Nachtragshaushalt. [1]Willigt der Vorstand, bei der Bundesagentur für Arbeit der Verwaltungsrat, in überplanmäßige oder außerplanmäßige Ausgaben nach § 73 Abs. 1 nicht ein, ist für Nachträge ein Nachtragshaushaltsplan festzustellen. [2]Auf ihn finden die Vorschriften für den Haushaltsplan und die vorläufige Haushaltsführung entsprechende Anwendung.

§ 75 Verpflichtungsermächtigungen. (1) [1]Maßnahmen, die den Versicherungsträger zur Leistung von Ausgaben in künftigen Haushaltsjahren verpflichten können (Verpflichtungsermächtigungen), sind nur zulässig, wenn der Haushaltsplan dazu ermächtigt. [2]Ausnahmen bedürfen der Einwilligung des Vorstands. [3]§ 73 Abs. 1 Satz 2 Nr. 1 sowie Abs. 2 und 3 gelten entsprechend.

(2) [1]Verpflichtungen für laufende Geschäfte dürfen eingegangen werden, ohne daß die Voraussetzungen des Absatzes 1 vorliegen. [2]Einer Verpflichtungsermächtigung bedarf es auch dann nicht, wenn zu Lasten übertragbarer Ausgaben Verpflichtungen eingegangen werden, die im folgenden Haushaltsjahr zu Ausgaben führen.

§ 76 Erhebung der Einnahmen. (1) Einnahmen sind rechtzeitig und vollständig zu erheben.

(2) Der Versicherungsträger darf Ansprüche nur

1. stunden, wenn die sofortige Einziehung mit erheblichen Härten für die Anspruchsgegner verbunden wäre und der Anspruch durch die Stundung nicht gefährdet wird. Die Stundung soll gegen angemessene Verzinsung und in der Regel nur gegen Sicherheitsleistung gewährt werden;
2. niederschlagen, wenn feststeht, daß die Einziehung keinen Erfolg haben wird, oder wenn die Kosten der Einziehung außer Verhältnis zur Höhe des Anspruchs stehen;
3. erlassen, wenn deren Einziehung nach Lage des einzelnen Falles unbillig wäre; unter den gleichen Voraussetzungen können bereits entrichtete Beiträge erstattet oder angerechnet werden.

(3) [1]Für Ansprüche auf den Gesamtsozialversicherungsbeitrag trifft die Entscheidung nach Absatz 2 die zuständige Einzugsstelle. [2]Hat die Einzugsstelle einem Schuldner für länger als zwei Monate Beitragsansprüche gestundet, deren Höhe die Bezugsgröße übersteigt, ist sie verpflichtet, bei der nächsten Monatsabrechnung die zuständigen Träger der Rentenversicherung und die Bundesagentur für Arbeit über die Höhe der auf sie entfallenden Beitragsansprüche und über den Zeitraum, für den die Beitragsansprüche gestundet sind, zu unterrichten. [3]Die Einzugsstelle darf

1. eine weitere Stundung der Beitragsansprüche sowie

2. die Niederschlagung von Beitragsansprüchen, deren Höhe insgesamt die Bezugsgröße übersteigt, und

3. den Erlaß von Beitragsansprüchen, deren Höhe insgesamt den Betrag von einem Sechstel der Bezugsgröße übersteigt,

nur im Einvernehmen mit den beteiligten Trägern der Rentenversicherung und der Bundesagentur für Arbeit vornehmen.

(4) ¹Die Einzugsstelle kann einen Vergleich über rückständige Beitragsansprüche schließen, wenn dies für die Einzugsstelle, die beteiligten Träger der Rentenversicherung und die Bundesagentur für Arbeit wirtschaftlich und zweckmäßig ist. ²Die Einzugsstelle darf den Vergleich über rückständige Beitragsansprüche, deren Höhe die Bezugsgröße insgesamt übersteigt, nur im Einvernehmen mit den beteiligten Trägern der Rentenversicherung und der Bundesagentur für Arbeit schließen. ³Der Träger der Unfallversicherung kann einen Vergleich über rückständige Beitragsansprüche schließen, wenn dies wirtschaftlich und zweckmäßig ist. ⁴Für die Träger der Rentenversicherung gilt Satz 3, soweit es sich nicht um Ansprüche aus dem Gesamtsozialversicherungsbeitrag handelt.

(5) Die Bundesagentur für Arbeit kann einen Vergleich abschließen, wenn dies wirtschaftlich und zweckmäßig ist.

§ 77 Rechnungsabschluß, Jahresrechnung und Entlastung. (1) ¹Die Versicherungsträger schließen für jedes Kalenderjahr zur Rechnungslegung die Rechnungsbücher ab und stellen auf der Grundlage der Rechnungslegung eine Jahresrechnung auf. ²Über die Entlastung des Vorstands und des Geschäftsführers wegen der Jahresrechnung beschließt die Vertreterversammlung. ³Über die Entlastung des Vorstands der Bundesagentur für Arbeit beschließt der Verwaltungsrat.

(2) Bei der Bundesknappschaft sind die Buchführung, die Rechnungslegung und die Rechnungsprüfung für die knappschaftliche Krankenversicherung, knappschaftliche Pflegeversicherung und die knappschaftliche Rentenversicherung getrennt durchzuführen.

§ 77a Geltung von Haushaltsvorschriften des Bundes für die Bundesagentur für Arbeit. ¹Für die Aufstellung und Ausführung des Haushaltsplans sowie für die sonstige Haushaltswirtschaft der Bundesagentur für Arbeit gelten die Vorschriften der Bundeshaushaltsordnung sinngemäß. ²Die allgemeinen Grundsätze der Haushaltswirtschaft des Bundes sind zu beachten. ³Abweichungen von Satz 1 können nach § 1 Abs. 3 des Dritten Buches vereinbart werden.

§ 77b *(aufgehoben)*

§ 78 Verordnungsermächtigung. ¹Die Bundesregierung wird ermächtigt, durch Rechtsverordnung mit Zustimmung des Bundesrates für die Sozialversicherungsträger mit Ausnahme der Bundesagentur für Arbeit Grundsätze über die Aufstellung des Haushaltsplans, seine Ausführung, die Rechnungsprüfung und die Entlastung sowie die Zahlung, die Buchführung und die Rechnungslegung zu regeln. ²Die Regelung ist nach den Grundsätzen des für den Bund und die Länder geltenden Haushaltsrechts vorzunehmen; sie hat die Besonderheiten der Sozialversicherung und der einzelnen Versicherungszweige zu berücksichtigen.

§ 79 Geschäftsübersichten und Statistiken der Sozialversicherung.
(1) [1]Die Versicherungsträger haben Übersichten über ihre Geschäfts- und Rechnungsergebnisse sowie sonstiges statistisches Material aus ihrem Geschäftsbereich zu erstellen und dem Bundesministerium für Gesundheit und Soziale Sicherung, landesunmittelbare Versicherungsträger auch den für die Sozialversicherung zuständigen obersten Verwaltungsbehörden der Länder oder den von diesen bestimmten Stellen vorzulegen. [2]Die Unterlagen für das Bundesministerium für Gesundheit und Soziale Sicherung sind dem im jeweiligen Versicherungszweig im gesamten Geltungsbereich dieses Gesetzbuchs zuständigen Verband zuzuleiten, von diesem maschinell verwertbar aufzubereiten und an das Bundesministerium für Arbeit und Sozialordnung weiterzuleiten. [3]Der Verband hat die aufbereiteten Unterlagen der landesunmittelbaren Versicherungsträger den für die Sozialversicherung zuständigen obersten Verwaltungsbehörden der Länder oder den von diesen bestimmten Stellen auf Verlangen zuzuleiten; dies gilt entsprechend für Unterlagen der bundesunmittelbaren Versicherungsträger, die Versicherte oder Mitglieder in dem betreffenden Land haben. [4]Soweit ein Versicherungsträger einem Verband nicht angehört, kann er die Unterlagen dem Bundesministerium für Gesundheit und Soziale Sicherung unmittelbar oder über einen in seinem Versicherungszweig zuständigen Verband vorlegen; bei unmittelbarer Vorlage werden die Unterlagen nach Satz 3 vom Bundesministerium für Arbeit und Sozialordnung zugeleitet. [5]Das Bundesministerium für Gesundheit und Soziale Sicherung kann zulassen, daß ihm abweichend von Satz 2 die Unterlagen der Träger der Rentenversicherung der Angestellten und der knappschaftlichen Rentenversicherung unmittelbar vorgelegt werden.

(2) [1]Das Nähere zu Absatz 1, insbesondere zu Inhalt, Art und Form der Unterlagen, wird durch allgemeine Verwaltungsvorschriften[1]) bestimmt, die das Bundesministerium für Gesundheit und Soziale Sicherung mit Zustimmung des Bundesrates erläßt. [2]Der Zustimmung des Bundesrates bedarf es nicht, soweit sich die allgemeinen Verwaltungsvorschriften nur an bundesunmittelbare Versicherungsträger richten.

(3) Das Bundesministerium für Gesundheit und Soziale Sicherung erstellt alljährlich eine Übersicht über die gesamten Geschäfts- und Rechnungsergebnisse des abgeschlossenen Geschäftsjahres.

(3a) Soweit Bedarf für besondere Nachweise im Bereich der landwirtschaftlichen Krankenversicherung besteht, sind die Absätze 1 bis 3 mit den Maßgaben anzuwenden, dass an die Stelle des Bundesministeriums für Gesundheit und Soziale Sicherung das Bundesministerium für Verbraucherschutz, Ernährung und Landwirtschaft tritt und beim Erlass der allgemeinen Verwaltungsvorschriften nach Absatz 2 auch das Einvernehmen mit dem Bundesministerium für Gesundheit und Soziale Sicherung herzustellen ist.

(4) Diese Vorschrift findet auf die Bundesagentur für Arbeit keine Anwendung.

---

[1]) Allgemeine Verwaltungsvorschrift über die Statistik in der Rentenversicherung (RSVwV) vom 30. 1. 1992 (BAnz. Nr. 24 S. 690); Allgemeine Verwaltungsvorschrift über die Statistik in der gesetzlichen Krankenversicherung (KSVwV) vom 4. 1. 1984 (BAnz. Nr. 7).

Vierter Titel. Vermögen

§ 80 Verwaltung der Mittel. (1) Die Mittel des Versicherungsträgers sind so anzulegen und zu verwalten, daß ein Verlust ausgeschlossen erscheint, ein angemessener Ertrag erzielt wird und eine ausreichende Liquidität gewährleistet ist.

(2) Die Mittel der Versicherungsträger sind getrennt von den Mitteln Dritter zu verwalten.

§ 81 Betriebsmittel. Die Versicherungsträger haben nach Maßgabe der besonderen Vorschriften für die einzelnen Versicherungszweige kurzfristig verfügbare Mittel zur Bestreitung ihrer laufenden Ausgaben sowie zum Ausgleich von Einnahme- und Ausgabeschwankungen (Betriebsmittel) bereitzuhalten.

§ 82 Rücklage. Die Versicherungsträger haben nach Maßgabe der besonderen Vorschriften für die einzelnen Versicherungszweige zur Sicherstellung ihrer Leistungsfähigkeit, insbesondere für den Fall, daß Einnahme- und Ausgabeschwankungen durch Einsatz der Betriebsmittel nicht mehr ausgeglichen werden können, eine Rücklage bereitzuhalten.

§ 83 Anlegung der Rücklage. (1) Die Rücklage kann, soweit in den besonderen Vorschriften für die einzelnen Versicherungszweige nichts Abweichendes bestimmt ist und die Anlage den dort geregelten Liquiditätserfordernissen entspricht, nur angelegt werden in

1. Schuldverschreibungen von Ausstellern mit Sitz in einem Mitgliedstaat der Europäischen Gemeinschaften, wenn die Schuldverschreibungen an einer Börse in der Europäischen Gemeinschaft zum amtlichen Handel zugelassen sind oder in einen anderen organisierten Markt in einem Mitgliedstaat der Europäischen Gemeinschaften einbezogen sind, der anerkannt und für das Publikum offen ist und dessen Funktionsweise ordnungsgemäß ist. Wertpapiere gemäß Satz 1, deren Zulassung in den amtlichen Handel an einer Börse in der Europäischen Gemeinschaft oder deren Einbeziehung in einen organisierten Markt in einem Mitgliedstaat der Europäischen Gemeinschaften nach den Ausgabebedingungen zu beantragen ist, dürfen ebenfalls erworben werden, sofern die Zulassung oder Einbeziehung innerhalb eines Jahres nach ihrer Ausgabe erfolgt,
2. Schuldverschreibungen und sonstige Gläubigerrechte verbriefende Wertpapiere von Ausstellern mit Sitz in einem Mitgliedstaat der Europäischen Gemeinschaften, wenn für die Einlösung der Forderung eine öffentlich-rechtliche Gewährleistung besteht oder eine Sicherungseinrichtung der Kreditwirtschaft für die Einlösung der Forderung eintritt oder kraft Gesetzes eine besondere Deckungsmasse besteht,
3. Schuldbuchforderungen gegen öffentlich-rechtliche Stellen aus dem Gebiet der Europäischen Gemeinschaften,
4. Forderungen aus Darlehen und Einlagen gegen
   a) öffentlich-rechtliche Gebiets- oder Personenkörperschaften oder Sondervermögen aus dem Gebiet der Europäischen Gemeinschaften,
   b) Personen und Gesellschaften des privaten Rechts aus dem Gebiet der Europäischen Gemeinschaften, wenn für die Forderungen eine öffentlich-rechtliche Einrichtung die Gewährleistung für Rückzahlung und Verzin-

sung übernimmt oder wenn bei Kreditinstituten eine Sicherungseinrichtung der Kreditwirtschaft in die Gewährleistung eintritt,
5. Anteilen an Sondervermögen nach dem Gesetz über Kapitalanlagegesellschaften, wenn sichergestellt ist, dass für das Sondervermögen nur Vermögensgegenstände gemäß den Nummern 1 bis 4 und 8 dieser Vorschrift erworben werden dürfen,
6. Forderungen, für die eine sichere Hypothek, Grund- oder Rentenschuld an einem Grundstück, Wohnungseigentum oder Erbbaurecht im Bereich der Europäischen Gemeinschaften besteht,
7. Beteiligungen an gemeinnützigen Einrichtungen, soweit die Zweckbestimmung der Mittelhingabe vorwiegend den Aufgaben des Versicherungsträgers dient sowie Darlehen für gemeinnützige Zwecke,
8. Grundstücken und grundstücksgleichen Rechten im Gebiet der Europäischen Gemeinschaften.

(2) ^{1}Die Anlegung der Rücklage soll grundsätzlich in der im Inland geltenden Währung erfolgen. ^{2}Der Erwerb von auf die Währung eines anderen Mitgliedsstaates der Europäischen Gemeinschaft lautenden Forderungen ist nur in Verbindung mit einem Kurssicherungsgeschäft zulässig.

(3) Anlagen für soziale Zwecke sollen mit Vorrang berücksichtigt werden.

(4) Den Staaten der Europäischen Gemeinschaften in den Absätzen 1 und 2 stehen die Staaten des Abkommens über den Europäischen Wirtschaftsraum und die Schweiz gleich.

§ 84 Beleihung von Grundstücken. Eine Hypothek, Grundschuld oder Rentenschuld ist als sicher anzusehen, wenn die Beleihung die ersten zwei Drittel des Wertes des Grundstücks, Wohnungseigentums oder Erbbaurechts nicht übersteigt.

§ 85 Genehmigungsbedürftige Vermögensanlagen. (1) ^{1}Die Beteiligung an gemeinnützigen Einrichtungen, die Darlehen für gemeinnützige Zwecke, der Erwerb und das Leasen von Grundstücken und grundstücksgleichen Rechten sowie die Errichtung, die Erweiterung und der Umbau von Gebäuden bedürfen der Genehmigung der Aufsichtsbehörde. ^{2}Die Absicht, Datenverarbeitungsanlagen und -systeme anzukaufen, zu leasen oder anzumieten oder sich an solchen zu beteiligen, ist der Aufsichtsbehörde vor Abschluß verbindlicher Vereinbarungen anzuzeigen. ^{3}Solange das Systemkonzept nicht grundlegend verändert wird, ist eine Anzeige nach Satz 2 nicht erforderlich. ^{4}Die Sätze 2 und 3 gelten für die Beschaffung von Programmen entsprechend. ^{5}Jede Anzeige hat so umfassend und rechtzeitig zu erfolgen, daß der Aufsichtsbehörde vor Vertragsabschluß ausreichend Zeit zur Prüfung und Beratung des Versicherungsträgers bleibt. ^{6}Die Aufsichtsbehörde kann auf eine Anzeige verzichten.

(2) ^{1}Der Erwerb und das Leasen von Grundstücken und grundstücksgleichen Rechten sowie die Errichtung, die Erweiterung und der Umbau von Gebäuden bedürfen keiner Genehmigung, wenn die veranschlagten Kosten für ein Vorhaben 0,3 vom Hundert des zuletzt festgestellten Haushaltsvolumens des Versicherungsträgers, mindestens jedoch 22 800 Euro (Stand Haushaltsjahr 2000) und höchstens 342 000 Euro (Stand Haushaltsjahr 2000), nicht

übersteigen. ²Bei dem Leasen von Grundstücken ist von dem fiktiven Kaufpreis auszugehen.

(3) Der Mindest- und Höchstbetrag nach Absatz 2 verändert sich in demselben Verhältnis wie der Baukostenindex,[1)] den das Bundesministerium für Gesundheit und Soziale Sicherung alljährlich bekanntgibt.

(4) Diese Vorschrift findet auf die Bundesagentur für Arbeit keine Anwendung.

§ 86 Ausnahmegenehmigung. Die Versicherungsträger können in Einzelfällen mit Genehmigung der Aufsichtsbehörde ihre Rücklage abweichend von § 83 anlegen, wenn sie nicht oder noch nicht nach dieser Vorschrift angelegt werden kann oder wenn wichtige Gründe eine im Interesse des Versicherungsträgers liegende andere Anlegung rechtfertigen.

Fünfter Titel.[2)] Aufsicht

§ 87 Umfang der Aufsicht. (1) ¹Die Versicherungsträger unterliegen staatlicher Aufsicht. ²Sie erstreckt sich auf die Beachtung von Gesetz und sonstigem Recht, das für die Versicherungsträger maßgebend ist.

(2) Auf den Gebieten der Prävention in der gesetzlichen Unfallversicherung erstreckt sich die Aufsicht auch auf den Umfang und die Zweckmäßigkeit der Maßnahmen.

§ 88 Prüfung und Unterrichtung. (1) Die Aufsichtsbehörde kann die Geschäfts- und Rechnungsführung des Versicherungsträgers prüfen.

(2) Die Versicherungsträger haben der Aufsichtsbehörde oder ihren Beauftragten auf Verlangen alle Unterlagen vorzulegen und alle Auskünfte zu ertei-

---

[1)] Beachte hierzu den ab 1. 1. 2005 verbindlichen Baukostenindex (Bek. v. 2. 3. 2004, BAnz. Nr. 51):

Baukostenindex [1) 2)]
(2000 = 100)

1958 D... 16,1	1959 D... 17,0	1960 D... 18,2	1961 D... 19,5	1962 D... 21,2
1963 D... 22,3	1964 D... 23,3	1965 D... 24,4	1966 D... 25,1	1967 D... 24,6
1968 D... 25,6	1969 D... 27,1	1970 D... 31,6	1971 D... 34,8	1972 D... 37,2
1973 D... 30,0	1974 D... 42,8	1975 D... 43,9	1976 D... 45,1	1977 D... 47,5
1978 D... 50,5	1979 D... 54,9	1980 D... 60,8	1981 D... 64,3	1982 D... 66,2
1983 D... 67,6	1984 D... 69,3	1985 D... 69,6	1886 D... 70,5	1987 D... 71,8
1988 D... 73,4	1989 D... 76,0	1990 D... 81,0	1991 D... 86,6	1992 D... 92,2
1993 D... 96,7	1994 D... 99,0	1995 D... 101,3	1996 D... 101,1	1997 D... 100,4
1998 D... 100,0	1999 D... 99,7	2000 D... 100,0	2001 D... 99,9	2002 D... 99,9
2003 D... 99,9				

¹ Preisindex für Wohngebäude (reine Baukosten)
² einschließlich Umsatzsteuer

[2)] Für das Gebiet der ehem. DDR traten die §§ 87 bis 90 aufgrund des EVertr. v. 31. 8. 1990 (BGBl. II S. 889, 1047) am 3. 10. 1990 in Kraft.

len, die zur Ausübung des Aufsichtsrechts auf Grund pflichtgemäßer Prüfung der Aufsichtsbehörde gefordert werden.

(3) [1] § 274 Abs. 1 Satz 1, 4 und 5 des Fünften Buches Sozialgesetzbuch gilt entsprechend für die Prüfung der Geschäfts-, Rechnungs- und Betriebsführung der landwirtschaftlichen Alterskassen und der landwirtschaftlichen Berufsgenossenschaften sowie ihrer Verbände. [2] Für diese Prüfung gilt § 274 Abs. 2 Satz 1 und 2 des Fünften Buches Sozialgesetzbuch über die Kostentragung mit der Maßgabe, dass das Nähere über die Erstattung, einschließlich des Verteilungsmaßstabes und der zu zahlenden Vorschüsse für die Prüfung der bundesunmittelbaren landwirtschaftlichen Sozialversicherungsträger und der Verbände vom Bundesversicherungsamt und für die Prüfung der landesunmittelbaren landwirtschaftlichen Sozialversicherungsträger, von den für die Sozialversicherung zuständigen obersten Verwaltungsbehörden der Länder geregelt wird.

§ 89 Aufsichtsmittel. (1) [1] Wird durch das Handeln oder Unterlassen eines Versicherungsträgers das Recht verletzt, soll die Aufsichtsbehörde zunächst beratend darauf hinwirken, daß der Versicherungsträger die Rechtsverletzung behebt. [2] Kommt der Versicherungsträger dem innerhalb angemessener Frist nicht nach, kann die Aufsichtsbehörde den Versicherungsträger verpflichten, die Rechtsverletzung zu beheben. [3] Die Verpflichtung kann mit den Mitteln des Verwaltungsvollstreckungsrechts durchgesetzt werden, wenn ihre sofortige Vollziehung angeordnet worden oder sie unanfechtbar geworden ist.

(2) Absatz 1 gilt für die Aufsicht nach § 87 Abs. 2 entsprechend.

(3) [1] Die Aufsichtsbehörde kann verlangen, daß die Selbstverwaltungsorgane zu Sitzungen einberufen werden. [2] Wird ihrem Verlangen nicht entsprochen, kann sie die Sitzungen selbst anberaumen und die Verhandlungen leiten.

§ 90 Aufsichtsbehörden. (1) [1] Die Aufsicht über die Versicherungsträger, deren Zuständigkeitsbereich sich über das Gebiet eines Landes hinaus erstreckt (bundesunmittelbare Versicherungsträger), führt das Bundesversicherungsamt, auf den Gebieten der Prävention in der gesetzlichen Unfallversicherung das Bundesministerium für Wirtschaft und Arbeit. [2] Die Aufsicht über die Unfallkasse Post und Telekom und dem Gebiet Prävention in der gesetzlichen Unfallversicherung führt das Bundesministerium der Finanzen.

(2) Die Aufsicht über die Versicherungsträger, deren Zuständigkeitsbereich sich nicht über das Gebiet eines Landes hinaus erstreckt (landesunmittelbare Versicherungsträger), führen die für die Sozialversicherung zuständigen obersten Verwaltungsbehörden der Länder oder die von den Landesregierungen durch Rechtsverordnung bestimmten Behörden; die Landesregierungen können die Ermächtigung auf die obersten Landesbehörden weiter übertragen.

(3) Abweichend von Absatz 1 führen die Verwaltungsbehörden nach Absatz 2 die Aufsicht über Versicherungsträger, deren Zuständigkeitsbereich sich über das Gebiet eines Landes, aber nicht über mehr als drei Länder hinaus erstreckt und für die das aufsichtsführende Land durch die beteiligten Länder bestimmt ist.

(4) [1] Die Aufsichtsbehörden treffen sich regelmäßig zu einem Erfahrungsaustausch. [2] Soweit dieser Erfahrungsaustausch Angelegenheiten der Träger der landwirtschaftlichen Sozialversicherung betrifft, nehmen auch das Bundes-

4. Buch. Gem. Vorschriften Sozialversicherung §§ 90a–93 SGB IV 3

ministerium für Gesundheit und Soziale Sicherung und das Bundesministerium für Verbraucherschutz, Ernährung und Landwirtschaft teil.

§ 90a Zuständigkeitsbereich. (1) Der Zuständigkeitsbereich im Sinne des § 90 wird bestimmt:
1. bei Ortskrankenkassen durch die Region, für die sie bestehen (§ 143 des Fünften Buches),
2. bei Betriebskrankenkassen durch die Betriebe, für die sie ihrer Satzung nach zuständig sind; unselbständige Betriebsteile mit weniger als zehn Mitgliedern in einem Land bleiben unberücksichtigt,
3. bei Innungskrankenkassen durch die Bezirke der Handwerksinnungen, für die sie ihrer Satzung nach bestehen,
4. bei Ersatzkassen durch die in der Satzung festgelegten Bezirke.

(2) Enthält die Satzung einer Betriebs- oder Innungskrankenkasse eine Regelung nach § 173 Abs. 2 Satz 1 Nr. 4 des Fünften Buches in der ab 1. Januar 1996 geltenden Fassung, wird der Zuständigkeitsbereich bestimmt durch die Region (§ 173 Abs. 2 Satz 2 des Fünften Buches), für die sie ihrer Satzung nach zuständig ist.

Fünfter Abschnitt. Versicherungsbehörden

§ 91 Arten. (1) [1]Versicherungsbehörden sind die Versicherungsämter und das Bundesversicherungsamt. [2]Durch Landesrecht können weitere Versicherungsbehörden errichtet werden.

(2) Die Landesregierungen können einzelne Aufgaben, die dieses Gesetzbuch den obersten Landesbehörden zuweist, auf Versicherungsbehörden und andere Behörden ihres Landes durch Rechtsverordnung übertragen; die Landesregierungen können diese Ermächtigung auf die obersten Landesbehörden weiter übertragen.

§ 92 Versicherungsämter. [1]Versicherungsamt ist die untere Verwaltungsbehörde. [2]Die Landesregierungen werden ermächtigt, durch Rechtsverordnung zu bestimmen, welche Behörde zuständige Behörde im Sinne von Satz 1 ist. [3]Sie können diese Ermächtigung auf die obersten Verwaltungsbehörden der Länder übertragen. [4]Die Landesregierungen oder die von ihnen bestimmten Stellen können durch Rechtsverordnung bestimmen, daß ein gemeinsames Versicherungsamt für die Bezirke mehrerer unterer Verwaltungsbehörden bei einer dieser Behörden errichtet wird. [5]Durch Vereinbarung der beteiligten Landesregierungen oder der von ihnen bestimmten Stellen kann ein gemeinsames Versicherungsamt bei einer unteren Verwaltungsbehörde auch für Gebietsteile mehrerer Länder errichtet werden.

§ 93 Aufgaben der Versicherungsämter. (1) [1]Die Versicherungsämter haben in allen Angelegenheiten der Sozialversicherung Auskunft zu erteilen und die sonstigen ihnen durch Gesetz oder sonstiges Recht übertragenen Aufgaben wahrzunehmen. [2]Die Landesregierungen können einzelne Aufgaben der Versicherungsämter den Gemeindebehörden durch Rechtsverordnung übertragen; die Landesregierungen können diese Ermächtigung auf die obersten Landesbehörden weiter übertragen.

(2) ¹Die Versicherungsämter haben Anträge auf Leistungen aus der Sozialversicherung entgegenzunehmen. ²Auf Verlangen des Versicherungsträgers haben sie den Sachverhalt aufzuklären, Beweismittel beizufügen, sich, soweit erforderlich, zu den entscheidungserheblichen Tatsachen zu äußern und Unterlagen unverzüglich an den Versicherungsträger weiterzuleiten.

(3) ¹Zuständig ist das Versicherungsamt, in dessen Bezirk der Leistungsberechtigte zur Zeit des Antrags seinen Wohnsitz oder gewöhnlichen Aufenthalt oder seinen Beschäftigungsort oder Tätigkeitsort hat. ²Ist ein solcher Ort im Geltungsbereich dieses Gesetzbuchs nicht vorhanden, richtet sich die Zuständigkeit nach dem Ort, in dem zuletzt die Voraussetzungen des Satzes 1 erfüllt waren.

§ 94[1]) **Bundesversicherungsamt.** (1) ¹Das Bundesversicherungsamt ist eine selbständige Bundesoberbehörde. ²Es hat seinen Sitz in Bonn.

(2) ¹Das Bundesversicherungsamt hat die ihm durch Gesetz oder sonstiges Recht übertragenen Aufgaben wahrzunehmen. ²Es untersteht dem Bundesministerium für Gesundheit und Soziale Sicherung. ³Es ist, soweit es die Aufsicht nach diesem Gesetzbuch ausübt, nur an allgemeine Weisungen des zuständigen Bundesministeriums gebunden.

Sechster Abschnitt. Sozialversicherungsausweis

§ 95 Grundsatz. (1) ¹Jeder Beschäftigte erhält einen Sozialversicherungsausweis. ²Der Sozialversicherungsausweis ist nach Maßgabe der nachfolgenden Vorschriften bei Ausübung der Beschäftigung mitzuführen sowie beim Arbeitgeber und bei Kontrollen zur Aufdeckung von illegalen Beschäftigungsverhältnissen vorzulegen.

(2) Der Sozialversicherungsausweis darf nur für die in Absatz 1 genannten Zwecke und zur Erhebung der Versicherungsnummer verwendet werden.

(3) ¹Der Sozialversicherungsausweis darf nicht zum automatischen Abruf personenbezogener Daten verwendet werden. ²Abweichend von Satz 1 dürfen die Bundesanstalt[2]) für Arbeit, die Behörden der Zollverwaltung, die Einzugsstellen und die Träger der Rentenversicherung den Sozialversicherungsausweis zum automatischen Abruf von Daten über die Meldungen zur Sozialversicherung (§ 28a) sowie von Daten über Leistungsbezug bei der Bundesanstalt[2]) für Arbeit und über erteilte Arbeitserlaubnisse und -berechtigungen verwenden, soweit dies zur Aufdeckung von illegalen Beschäftigungsverhältnissen und von Leistungsmißbrauch erforderlich ist. ³Aufzeichnungen über personenbezogene Daten, die nach Satz 2 abgerufen worden sind, sind unverzüglich zu vernichten, soweit sich keine Anhaltspunkte für illegale Beschäftigung oder Leistungsmißbrauch ergeben haben.

§ 96 Ausstellung des Sozialversicherungsausweises. (1) ¹Der zuständige Rentenversicherungsträger stellt den Sozialversicherungsausweis bei Vergabe einer Versicherungsnummer aus. ²Geringfügig Beschäftigte erhalten in ent-

---
[1]) Für das Gebiet der ehem. DDR trat § 94 aufgrund des EVertr. v. 31. 8. 1990 (BGBl. II S. 889, 1047) am 3. 10. 1990 in Kraft.
[2]) Richtig wohl: „Bundesagentur".

sprechender Anwendung des Rentenversicherungsrechts eine Versicherungsnummer. ³Die erstmalige Ausstellung eines Sozialversicherungsausweises erfolgt auch auf eigenen Antrag.

(2) ¹Ist der Sozialversicherungsausweis zerstört, abhanden gekommen oder unbrauchbar geworden, wird auf Antrag ein neuer Sozialversicherungsausweis ausgestellt. ²Eine Neuausstellung ist von Amts wegen vorzunehmen, wenn sich die Versicherungsnummer, der Familienname oder der Vorname geändert haben. ³Unbrauchbare und weitere Sozialversicherungsausweise sind zurückzugeben. ⁴Jeder Beschäftigte darf nur einen, auf seinen Namen ausgestellten Sozialversicherungsausweis besitzen.

(3) ¹Der Antrag auf Ausstellung des Sozialversicherungsausweises ist bei der in § 28i bestimmten Einzugsstelle zu stellen. ²§ 36 des Ersten Buches[1]) gilt entsprechend. ³Der Beschäftigte ist verpflichtet, der Einzugsstelle den Verlust des Sozialversicherungsausweises oder sein Wiederauffinden unverzüglich anzuzeigen.

§ 97 Inhalt. (1) Der Sozialversicherungsausweis[2]) enthält für jeden Beschäftigten ausschließlich folgende Angaben:
1. seine Versicherungsnummer,
2. seinen Familiennamen, gegebenenfalls seinen Geburtsnamen und
3. seinen Vornamen.

(2) Der Sozialversicherungsausweis wird nach Maßgabe der Rechtsverordnung nach § 101 Abs. 1 mit einem Lichtbild ausgestattet, wenn der Beschäftigte nach § 99 Abs. 2 zur Mitführung des Sozialversicherungsausweises verpflichtet ist.

(3) Der Sozialversicherungsausweis enthält darüber hinaus die in der Rechtsverordnung nach § 101 Abs. 1 bestimmten Angaben, die sich nicht auf den Beschäftigten beziehen.

§ 98 Pflichten des Arbeitgebers. (1) Der Arbeitgeber hat sich bei Beginn der Beschäftigung den Sozialversicherungsausweis des Beschäftigten vorlegen zu lassen.

(2) Der Arbeitgeber hat den Beschäftigten, für den eine Mitführungspflicht nach § 99 Abs. 2 oder Abs. 3 Satz 1 besteht, hierüber zu belehren.

§ 99 Pflichten des Beschäftigten. (1) ¹Der Beschäftigte hat seinen Sozialversicherungsausweis bei Beginn der Beschäftigung dem Arbeitgeber vorzulegen. ²Kann der Beschäftigte seinen Sozialversicherungsausweis nicht vorlegen, hat er dies unverzüglich nachzuholen.

(2) ¹Der Beschäftigte hat seinen Sozialversicherungsausweis bei Ausübung einer Beschäftigung im Baugewerbe, im Gaststätten- und Beherbergungsgewerbe, im Personen- und Güterbeförderungsgewerbe, im Schaustellergewerbe, bei Unternehmen der Forstwirtschaft und im Gebäudereinigungs-

---

[1]) Nr. 2.
[2]) Siehe hierzu VO zur Bestimmung des Musters und des Inhalts des Sozialversicherungsausweises, seiner Ausstattung mit einem Lichtbild und der Form der Eintragungen (Sozialversicherungsausweis-Verordnung) v. 25. 7. 1990 (BGBl. I S. 1706), zuletzt geänd. durch VO v. 25. 11. 2003 (BGBl. I S. 2304).

gewerbe mitzuführen und auf Verlangen den in § 2 des Schwarzarbeitsbekämpfungsgesetzes genannten Behörden vorzulegen. ²Satz 1 gilt auch
1. für Beschäftigte von Unternehmen, die sich am Auf- und Abbau von Messen und Ausstellungen beteiligen,
2. für nicht im Güterbeförderungsgewerbe mit Ausnahme des Werkverkehrs im Sinne des Güterkraftverkehrsgesetzes beschäftigte Personen, die an der Beförderung von Gütern mit Kraftfahrzeugen einschließlich des Be- und Entladens von Gütern beteiligt sind, es sei denn, die Personen werden auf Grundstücken im Besitz ihres Arbeitgebers tätig,
3. für Beschäftigte in Wirtschaftsbereichen oder einzelnen Wirtschaftszweigen, die das Bundesministerium für Wirtschaft und Arbeit durch Rechtsverordnung nach § 101 Abs. 2 Nr. 1 bestimmt.
³Betreiben Unternehmen neben den in Satz 1 genannten Gewerbebereichen weitere Gewerbebereiche, beschränkt sich die Mitführungspflicht auf die Beschäftigten, die in den in Satz 1 genannten Bereichen tätig sind, wenn diese Bereiche von den übrigen Bereichen räumlich erkennbar abgegrenzt sind.

§ 100 *(aufgehoben)*

§ 101 Verordnungsermächtigung. Das Bundesministerium für Gesundheit und Soziale Sicherung wird ermächtigt, durch Rechtsverordnung mit Zustimmung des Bundesrates zu bestimmen:
1. das Muster des Sozialversicherungsausweises und die Form der Eintragungen,
2. das Nähere über die Ausstattung des Sozialversicherungsausweises mit einem Lichtbild,
3. das Nähere über den Inhalt des Sozialversicherungsausweises, soweit er nicht Angaben über den Beschäftigten betrifft.

(2) Das Bundesministerium für Wirtschaft und Arbeit wird ermächtigt, durch Rechtsverordnung mit Zustimmung des Bundesrates
1. die Wirtschaftsbereiche oder einzelnen Wirtschaftszweige zu bestimmen, in denen neben den in § 99 Abs. 2 ausdrücklich genannten Wirtschaftsbereichen der Sozialversicherungsausweis mitzuführen ist, soweit wegen Verstößen, die nach Ausmaß und Schwere mit denen vergleichbar sind, die in den in § 99 Abs. 2 ausdrücklich genannten Wirtschaftsbereichen anzutreffen sind, zusätzliche Kontrollmöglichkeiten erforderlich werden und
2. den Wegfall der Mitführungspflicht in den in § 99 Abs. 2 ausdrücklich genannten Wirtschaftsbereichen oder einzelnen Zweigen dieser Wirtschaftsbereiche zu bestimmen, wenn zusätzliche Kontrollmöglichkeiten nicht mehr erforderlich sind, weil die dafür maßgebenden Voraussetzungen nicht mehr vorliegen.

§§ 102–106 *(aufgehoben)*

§ 107 Prüfungen. ¹Die Behörden, die Aufgaben nach § 2 des Schwarzarbeitsbekämpfungsgesetzes zu erfüllen haben, prüfen die Erfüllung der Pflichten nach den § 99. ²Soweit die Polizeivollzugsbehörden der Länder die Behörden nach Satz 1 auf Ersuchen im Einzelfall unterstützen, sind sie zu Prüfungen nach § 99 Abs. 2 befugt. ³Das Bundesamt für Güterverkehr prüft die

4. Buch. Gem. Vorschriften Sozialversicherung §§ 108–110a SGB IV 3

Erfüllung der Mitwirkungspflicht nach § 99 Abs. 2. ⁴Die Behörden, die Polizeivollzugsbehörden der Länder, Arbeitgeber und Dritte haben dabei die Rechte und Pflichten nach den §§ 3 bis 6 des Schwarzarbeitsbekämpfungsgesetzes.

§ 108 *(aufgehoben)*

§ 109 Ausnahmen. (1) *(aufgehoben)*
(2) ¹Ein Beschäftigter, der im Rahmen eines außerhalb des Geltungsbereiches dieses Buches bestehenden Beschäftigungsverhältnisses in den Geltungsbereich dieses Buches entsandt worden ist, ist verpflichtet, sich anstelle eines Sozialversicherungsausweises einen Ersatzausweis bei einer Krankenkasse nach § 4 Abs. 2 des Fünften Buches, die für diesen Zweck gewählt werden kann, ausstellen zu lassen. ²Die Ausstellung des Ersatzausweises erfolgt, wenn die Zulässigkeit der Aufnahme der Beschäftigung im Geltungsbereich dieses Gesetzes nachgewiesen wird; die Erteilung des Ersatzausweises wird auf dem Nachweisdokument vermerkt. ³Der Ersatzausweis enthält den Familien- und Vornamen, das Geburtsdatum, den Arbeitgeber, die voraussichtliche Dauer der Entsendung und die ausstellende Krankenkasse. ⁴Der Ersatzausweis wird für die Dauer der Entsendung ausgestellt; er ist nach Beendigung der Beschäftigung der ausstellenden Krankenkasse zurückzugeben. ⁵§ 96 Abs. 2 und 3 Satz 3, § 99 Abs. 2 gelten entsprechend. ⁶Bis zur Ausstellung des Ersatzausweises kann die Vorlagepflicht auch durch die Vorlage der Bescheinigung über die anzuwendenden Rechtsvorschriften für ihre Arbeit oder des Arbeitserlaubnis erfüllt werden. ⁷§ 111 gilt. ⁸Die Regelungen dieses Abschnitts gelten nicht für entsandte Werkvertragsarbeitnehmer, die auf der Grundlage einer zwischenstaatlichen Vereinbarung über die Beschäftigung von Arbeitnehmern auf der Grundlage von Werkverträgen tätig werden sowie für entsandte Beschäftigte, die keiner Genehmigung zur Ausübung einer Beschäftigung bedürfen, mit Ausnahme von Beschäftigten, die firmeneigene Messestände aufbauen, abbauen und betreuen oder die im Zusammenhang mit Montage- und Instandhaltungsarbeiten sowie Reparaturen an gelieferten Anlagen und Maschinen beschäftigt werden. ⁹Entsandte Werkvertragsarbeitnehmer nach Satz 8 haben bei Ausübung der Beschäftigung die Arbeitserlaubnis mitzuführen und auf Verlangen den in § 107 genannten Behörden vorzulegen. ¹⁰§ 107 gilt entsprechend.

§ 110 *(aufgehoben)*

Siebter Abschnitt. Aufbewahrung von Unterlagen

§ 110a Aufbewahrungspflicht. (1) Die Behörde bewahrt Unterlagen, die für ihre öffentlich-rechtliche Verwaltungstätigkeit, insbesondere für die Durchführung eines Verwaltungsverfahrens oder für die Feststellung einer Leistung, erforderlich sind, nach den Grundsätzen ordnungsmäßiger Aufbewahrung auf.
(2) ¹Die Behörde kann an Stelle der schriftlichen Unterlagen diese als Wiedergabe auf einem Bildträger oder auf anderen dauerhaften Datenträgern aufbewahren, soweit dies unter Beachtung der Grundsätze der Wirtschaftlichkeit

und Sparsamkeit den Grundsätzen ordnungsmäßiger Aufbewahrung entspricht. ²Nach den Grundsätzen ordnungsmäßiger Aufbewahrung von auf Datenträgern aufbewahrten Unterlagen ist insbesondere sicherzustellen, dass
1. die Wiedergabe auf einem Bildträger oder die Daten auf einem anderen dauerhaften Datenträger
   a) mit der diesen zugrunde gelegten schriftlichen Unterlage bildlich und inhaltlich vollständig übereinstimmen, wenn sie lesbar gemacht werden, und über diese Übereinstimmung ein Nachweis geführt wird,
   b) während der Dauer der Aufbewahrungsfrist jederzeit verfügbar sind und unverzüglich bildlich und inhaltlich unverändert lesbar gemacht werden können,
2. die Ausdrucke oder sonstigen Reproduktionen mit der schriftlichen Unterlage bildlich und inhaltlich übereinstimmen und
3. als Unterlage für die Herstellung der Wiedergabe nur dann der Abdruck einer Unterlage verwendet werden darf, wenn die dem Abdruck zugrunde liegende Unterlage bei der Behörde nicht mehr vorhanden ist.

³Die Sätze 1 und 2 gelten auch für die Aufbewahrung von Unterlagen, die nur mit Hilfe einer Datenverarbeitungsanlage erstellt worden sind, mit der Maßgabe, dass eine bildliche Übereinstimmung der Wiedergabe auf dem dauerhaften Datenträger mit der erstmals erstellten Unterlage nicht sichergestellt sein muss.

(3) ¹Können aufzubewahrende Unterlagen nur in der Form einer Wiedergabe auf einem Bildträger oder als Daten auf anderen dauerhaften Datenträgern vorgelegt werden, ist, soweit die Akteneinsicht zu gestatten ist, bei der Behörde auf ihre Kosten diejenigen Hilfsmittel zur Verfügung zu stellen, die erforderlich sind, die Unterlagen lesbar zu machen. ²Soweit erforderlich, ist die Behörde verpflichtet, die Unterlagen ganz oder teilweise auszudrucken oder ohne Hilfsmittel lesbare Reproduktionen beizubringen; die Behörde kann Ersatz ihrer Aufwendungen in angemessenem Umfang verlangen.

(4) Absatz 2 gilt nicht für Unterlagen, die als Wiedergabe auf einem Bildträger aufbewahrt werden, wenn diese Wiedergabe vor dem 1. Februar 2003 durchgeführt wird.

§ 110b Rückgabe, Vernichtung und Archivierung von Unterlagen.
(1) ¹Unterlagen, die für eine öffentlich-rechtliche Verwaltungstätigkeit einer Behörde nicht mehr erforderlich sind, können nach den Absätzen 2 und 3 zurückgegeben oder vernichtet werden. ²Die Anbietungs- und Übergabepflichten nach den Vorschriften des Bundesarchivgesetzes und der entsprechenden gesetzlichen Vorschriften der Länder bleiben unberührt. ³Satz 1 gilt insbesondere für
1. Unterlagen, deren Aufbewahrungsfristen abgelaufen sind,
2. Unterlagen, die nach Maßgabe des § 110a Abs. 2 als Wiedergabe auf einem maschinell verwertbaren dauerhaften Datenträger aufbewahrt werden und
3. der Behörde vom Betroffenen oder von Dritten zur Verfügung gestellte Unterlagen.

(2) Unterlagen, die einem Träger der gesetzlichen Rentenversicherung von Versicherten, Antragstellern oder von anderen Stellen zur Verfügung gestellt worden sind, sind diesen zurückzugeben, soweit sie nicht als Ablichtung oder Abschrift dem Träger auf Anforderung von den genannten Stellen zur Ver-

fügung gestellt worden sind; werden die Unterlagen anderen Stellen zur Verfügung gestellt, sind sie von diesen Stellen auf Anforderung zurückzugeben.

(3) Die übrigen Unterlagen im Sinne von Absatz 1 werden vernichtet, soweit kein Grund zu der Annahme besteht, dass durch die Vernichtung schutzwürdige Interessen des Betroffenen beeinträchtigt werden.

§ 110c Verwaltungsvereinbarungen, Verordnungsermächtigung.

(1) ¹Die Spitzenverbände der Träger der Sozialversicherung und die Bundesagentur für Arbeit vereinbaren gemeinsam unter besonderer Berücksichtigung der schutzwürdigen Interessen der Betroffenen und der Voraussetzungen des Signaturgesetzes das Nähere zu den Grundsätzen ordnungsmäßiger Aufbewahrung im Sinne des § 110a, den Voraussetzungen der Rückgabe und Vernichtung von Unterlagen sowie die Aufbewahrungsfristen für Unterlagen. ²Die Vereinbarung kann auf bestimmte Sozialleistungsbereiche beschränkt werden; sie ist von den beteiligten Spitzenverbänden abzuschließen. ³Die Vereinbarungen bedürfen der Genehmigung der beteiligten Bundesministerien.

(2) Soweit Vereinbarungen nicht getroffen sind, wird die Bundesregierung ermächtigt, durch Rechtsverordnung mit Zustimmung des Bundesrates unter besonderer Berücksichtigung der schutzwürdigen Interessen der Betroffenen
1. das Nähere zu bestimmen über
  a) die Grundsätze ordnungsmäßiger Aufbewahrung im Sinne des § 110a,
  b) die Rückgabe und Vernichtung von Unterlagen,
2. für bestimmte Unterlagen allgemeine Aufbewahrungsfristen festzulegen.

§ 110d Beweiswirkung. Ist eine Unterlage nach § 110a Abs. 2 auf anderen dauerhaften maschinell verwertbaren Datenträgern als Bildträgern aufbewahrt und
1. die Wiedergabe mit einer qualifizierten elektronischen Signatur nach dem Signaturgesetz dessen versehen, der die Wiedergabe auf dem dauerhaften Datenträger hergestellt hat, oder
2. bei urschriftlicher Aufzeichnung des Textes nur in gespeicherter Form diese mit einer qualifizierten elektronischen Signatur nach dem Signaturgesetz dessen versehen ist, der den Text elektronisch signiert hat,

und ist die qualifizierte elektronische Signatur dauerhaft überprüfbar, können der öffentlich-rechtlichen Verwaltungstätigkeit die Daten auf diesem dauerhaften Datenträger zugrunde gelegt werden, soweit nach den Umständen des Einzelfalles kein Anlass ist, ihre sachliche Richtigkeit zu beanstanden.

Achter Abschnitt. Bußgeldvorschriften

§ 111 Bußgeldvorschriften. (1) ¹Ordnungswidrig handelt, wer vorsätzlich oder leichtfertig
1. entgegen § 18f Abs. 1 bis 3 Satz 1 oder Abs. 5 die Versicherungsnummer erhebt, verarbeitet oder nutzt,
2. entgegen § 28a Abs. 1 bis 3 oder 9, jeweils in Verbindung mit einer Rechtsverordnung nach § 28c Nr. 1, eine Meldung nicht, nicht richtig, nicht vollständig oder nicht rechtzeitig erstattet,

2a. entgegen § 28a Abs. 7 Satz 1 oder 2 eine Meldung nicht, nicht richtig, nicht vollständig oder nicht rechtzeitig erstattet,
2b. entgegen § 28e Abs. 3c eine Auskunft nicht, nicht richtig oder nicht vollständig erteilt,
3. entgegen § 28f Abs. 1 Satz 1 Lohnunterlagen nicht führt oder nicht aufbewahrt,
3a. entgegen § 28f Abs. 1a eine Lohnunterlage oder eine Beitragsabrechnung nicht oder nicht richtig gestaltet,
3b. entgegen § 28f Abs. 5 Satz 1 eine Lohnunterlage nicht oder nicht für die vorgeschriebene Dauer aufbewahrt,
4. entgegen § 28o Abs. 2,
   a) eine Auskunft nicht, nicht richtig, nicht vollständig oder nicht rechtzeitig erteilt oder
   b) die erforderlichen Unterlagen nicht, nicht vollständig oder nicht rechtzeitig vorlegt,
5. entgegen § 95 Abs. 3 den Sozialversicherungsausweis zum automatischen Abruf personenbezogener Daten verwendet,
5a. entgegen § 96 Abs. 2 Satz 3, auch in Verbindung mit § 109 Abs. 2 Satz 5 einen Sozialversicherungsausweis oder Ersatzausweis nicht zurückgibt,
5b. entgegen § 96 Abs. 2 Satz 4, auch in Verbindung mit § 109 Abs. 2 Satz 5, mehr als einen Sozialversicherungsausweis oder Ersatzausweis besitzt,
5c. entgegen § 96 Abs. 3 Satz 3, auch in Verbindung mit § 109 Abs. 2 Satz 5, den Verlust eines Sozialversicherungsausweises oder Ersatzausweises oder sein Wiederauffinden nicht oder nicht rechtzeitig anzeigt,
6. entgegen § 99 Abs. 2, auch in Verbindung mit § 109 Abs. 2 Satz 5 den Sozialversicherungsausweis, den Ersatzausweis oder ein anderes Personaldokument nicht vorlegt, es sei denn, daß er seine Personalien auf andere Weise nachweist,
6a. entgegen § 109 Abs. 2 Satz 9 die Arbeitserlaubnis nicht vorlegt,
7. entgegen § 107 Satz 4 in Verbindung mit § 5 Abs. 1 Satz 1 oder 2 des Schwarzarbeitsbekämpfungsgesetzes eine Prüfung oder das Betreten eines Grundstücks oder eines Geschäftsraums nicht duldet oder bei einer Prüfung nicht mitwirkt oder
8. einer Rechtsverordnung nach § 28c Nr. 3 bis 5, 7 oder 8, § 28n Satz 1 Nr. 7 oder § 28p Abs. 9 oder einer vollziehbaren Anordnung auf Grund einer solchen Rechtsverordnung zuwiderhandelt, soweit die Rechtsverordnung für einen bestimmten Tatbestand auf diese Bußgeldvorschrift verweist.

²In den Fällen der Nummer 2a findet § 266a Abs. 2 des Strafgesetzbuches keine Anwendung.

(2) Ordnungswidrig handelt, wer als Arbeitgeber einem Beschäftigten oder Hausgewerbetreibenden einen höheren Betrag von dessen Arbeitsentgelt abzieht, als den Teil, den der Beschäftigte oder Hausgewerbetreibende vom Gesamtsozialversicherungsbeitrag zu tragen hat.

(3) Ordnungswidrig handelt, wer entgegen § 40 Abs. 2 einen anderen in der Übernahme oder Ausübung eines Ehrenamtes in der Sozialversicherung behindert oder wegen der Übernahme oder Ausübung benachteiligt.

(3a) Ordnungswidrig handelt, wer
1. entgegen § 55 Abs. 2 in Verbindung mit einer Rechtsverordnung nach § 56 als Arbeitgeber eine Wahlunterlage nicht, nicht richtig, nicht vollständig oder nicht rechtzeitig ausstellt oder
2. entgegen § 55 Abs. 3 in Verbindung mit einer Rechtsverordnung nach § 56 eine Angabe nicht, nicht richtig, nicht vollständig oder nicht rechtzeitig macht.

(4) Die Ordnungswidrigkeit kann in den Fällen des Absatzes 1 Nr. 2b und Nr. 3 mit einer Geldbuße von bis zu fünfzigtausend Euro, in den Fällen des Absatzes 1 Nr. 5a bis 6a mit einer Geldbuße bis zu tausend Euro, in den Fällen des Absatzes 1 Nr. 2 und 7 mit einer Geldbuße bis zu fünfundzwanzigtausend Euro, in den übrigen Fällen mit einer Geldbuße bis zu fünftausend Euro geahndet werden.

§ 112 Allgemeines über Bußgeldvorschriften. (1) Verwaltungsbehörde im Sinne des § 36 Abs. 1 Nr. 1 des Gesetzes über Ordnungswidrigkeiten ist
1. der Versicherungsträger, soweit das Gesetz nichts anderes bestimmt,
2. die nach Landesrecht zuständige Stelle bei Ordnungswidrigkeiten nach § 111 Abs. 1 Nr. 1 und 5; mangels einer Regelung im Landesrecht bestimmt die Landesregierung die zuständige Stelle,
3. die Hauptstelle der Bundesanstalt[1] für Arbeit, die Landesarbeitsämter und die Arbeitsämter[2] jeweils für ihren Geschäftsbereich sowie die Hauptzollämter bei Ordnungswidrigkeiten nach § 111 Abs. 1 Nr. 6, 6a und 7,
4. die Einzugsstelle bei Ordnungswidrigkeiten nach § 111 Abs. 1 Nr. 2, 2a, 4, 5a bis 5c, 8 und Abs. 2,
4a. der Träger der Rentenversicherung bei Ordnungswidrigkeiten nach § 111 Abs. 1 Nr. 3 bis 3b sowie bei Ordnungswidrigkeiten nach § 111 Abs. 1 Nr. 2, 4, 5a bis 5c, 8 und Abs. 2, wenn die Prüfung nach § 28p vom Träger der Rentenversicherung durchgeführt wird,
4b. die landwirtschaftliche Krankenkasse bei Ordnungswidrigkeiten nach § 111 Abs. 1 Nr. 3 bis 3b im Falle der Prüfung von mitarbeitenden Familienangehörigen nach § 28p Abs. 1 Satz 6,
5. die Aufsichtsbehörde des Versicherungsträgers bei Ordnungswidrigkeiten nach § 111 Abs. 3.

(2) Wird in den Fällen des Absatzes 1 Nr. 1 und 4 gegen den Bußgeldbescheid ein zulässiger Einspruch eingelegt, nimmt die von der Vertreterversammlung bestimmte Stelle die weiteren Aufgaben der Verwaltungsbehörde (§ 69 Abs. 2, 3 und 4 Satz 3 zweiter Halbsatz des Gesetzes über Ordnungswidrigkeiten) wahr.

(3) ¹Die Geldbußen fließen in den Fällen des Absatzes 1 Nr. 1, 3 und 4 in die Kasse der Verwaltungsbehörde, die den Bußgeldbescheid erlassen hat; § 66 des Zehnten Buches gilt entsprechend. ²Diese Kasse trägt abweichend von § 105 Abs. 2 des Gesetzes über Ordnungswidrigkeiten die notwendigen Auslagen; sie ist auch ersatzpflichtig im Sinne des § 110 Abs. 4 des Gesetzes über Ordnungswidrigkeiten.

---

[1] Richtig wohl: „Bundesagentur".
[2] Richtig wohl: „Agenturen für Arbeit".

§ 113 Zusammenarbeit mit anderen Behörden. ¹Zur Verfolgung und Ahndung der Ordnungswidrigkeiten nach § 111 arbeiten die Bundesanstalt[1] für Arbeit, die Behörden der Zollverwaltung, die Einzugsstellen und die Träger der Rentenversicherung zusammen, wenn sich im Einzelfall konkrete Anhaltspunkte für Verstöße gegen die Vorschriften des Sechsten Abschnitts ergeben. ²Sie unterrichten sich gegenseitig über die für die Verfolgung und Ahndung der Ordnungswidrigkeiten notwendigen Tatsachen. ³Ergeben sich Anhaltspunkte für Verstöße gegen die Mitwirkungspflicht nach § 60 Abs. 1 Satz 1 Nr. 2 des Ersten Buches[2] gegenüber einem Träger der Sozialhilfe oder die Meldepflicht nach § 8a des Asylbewerberleistungsgesetzes, unterrichten sie die Träger der Sozialhilfe oder die für die Durchführung des Asylbewerberleistungsgesetzes zuständigen Behörden.

Neunter Abschnitt. Übergangsvorschriften

§ 114 Einkommen beim Zusammentreffen mit Renten wegen Todes. (1) Wenn der versicherte Ehegatte vor dem 1. Januar 2002 verstorben ist oder die Ehe vor diesem Tag geschlossen wurde und mindestens ein Ehegatte vor dem 2. Januar 1962 geboren ist, sind bei Renten wegen Todes als Einkommen zu berücksichtigen:

1. Erwerbseinkommen,

2. Leistungen, die aufgrund oder in entsprechender Anwendung öffentlich-rechtlicher Vorschriften erbracht werden, um Erwerbseinkommen zu ersetzen (Erwerbsersatzeinkommen), mit Ausnahme von Zusatzleistungen.

(2) Absatz 1 gilt auch für Erziehungsrenten, wenn der geschiedene Ehegatte vor dem 1. Januar 2002 verstorben ist oder die geschiedene Ehe vor diesem Tag geschlossen wurde und mindestens einer der geschiedenen Ehegatten vor dem 2. Januar 1962 geboren ist sowie für Waisenrenten an vor dem 1. Januar 2002 geborene Waisen.

(3) ¹Erwerbsersatzeinkommen im Sinne des Absatzes 1 Nr. 2 sind Leistungen nach § 18a Abs. 3 Satz 1 Nr. 1 bis 8. ²Als Zusatzleistungen im Sinne des Absatzes 1 Nr. 2 gelten Leistungen der öffentlich-rechtlichen Zusatzversorgungen sowie bei Leistungen nach § 18a Abs. 3 Satz 1 Nr. 2 der Teil, der auf einer Höherversicherung beruht.

(4) ¹Wenn der versicherte Ehegatte vor dem 1. Januar 2002 verstorben ist oder die Ehe vor diesem Tag geschlossen wurde und mindestens ein Ehegatte vor dem 2. Januar 1962 geboren ist, ist das monatliche Einkommen ab dem 1. Juli 2002 zu kürzen

1. bei Leistungen nach § 18a Abs. 3 Satz 1 Nr. 2, die nach den besonderen Vorschriften für die knappschaftliche Rentenversicherung berechnet sind, um 25 vom Hundert,

2. bei Leistungen nach § 18a Abs. 3 Satz 1 Nr. 5 und 6 um 42,7 vom Hundert und

---

[1] Richtig wohl: „Bundesagentur".
[2] Nr. 2.

3. bei Leistungen nach § 18a Abs. 3 Satz 1 Nr. 7 um 25,3 vom Hundert.
²Dies gilt auch für Erziehungsrenten, wenn der geschiedene Ehegatte vor dem 1. Januar 2002 verstorben ist oder die geschiedene Ehe vor diesem Tag geschlossen wurde und mindestens einer der geschiedenen Ehegatten vor dem 2. Januar 1962 geboren ist sowie für Waisenrenten an vor dem 1. Januar 2002 geborene Waisen.

(5) Bestand am 31. Dezember 2001 Anspruch auf eine Rente wegen Todes, ist das monatliche Einkommen bis zum 30. Juni 2002 zu kürzen

1. bei Arbeitsentgelt um 35 vom Hundert, bei Arbeitseinkommen um 30 vom Hundert, bei Bezügen aus einem öffentlich-rechtlichen Dienst- oder Amtsverhältnis oder aus einem versicherungsfreien Arbeitsverhältnis mit Anwartschaften auf Versorgung nach beamtenrechtlichen Vorschriften oder Grundsätzen und bei Einkommen, das solchen Bezügen vergleichbar ist, jedoch nur um 27,5 vom Hundert,
2. bei Leistungen nach § 18a Abs. 3 Satz 1 Nr. 2, die nach den besonderen Vorschriften für die knappschaftliche Rentenversicherung berechnet sind, um 25 vom Hundert und bei Leistungen nach § 18a Abs. 3 Satz 1 Nr. 7 um 27,5 vom Hundert,
3. bei Leistungen nach § 18a Abs. 3 Satz 1 Nr. 5 und 6 um 37,5 vom Hundert.

§ 115 Entgeltumwandlung. Die für eine Entgeltumwandlung verwendeten Entgeltbestandteile gelten nicht als Arbeitsentgelt im Sinne des § 14 Abs. 1 Satz 2, soweit der Anspruch auf die Entgeltbestandteile bis zum 31. Dezember 2008 entsteht und soweit die Entgeltbestandteile 4 vom Hundert der jährlichen Beitragsbemessungsgrenze der Rentenversicherung der Arbeiter und Angestellten nicht übersteigen.

§ 115a Überleitungsvorschrift zum Verjährungsrecht. Artikel 229 § 6 Abs. 1 und 2 des Einführungsgesetzes zum Bürgerlichen Gesetzbuche gilt entsprechend bei der Anwendung des § 25 Abs. 2 Satz 1 und des § 27 Abs. 3 in der seit dem 1. Januar 2002 geltenden Fassung.

§ 116 Löschung der besonderen Datei der Datenstelle der Rentenversicherung. Die Datenstelle der Rentenversicherungsträger löscht am 2. Januar 2004 die in der besonderen Datei gespeicherten Meldungen nach § 104 in der am 31. März 1999 geltenden Fassung.

§ 117 Verwaltungsausgaben der Bundesknappschaft. (1) ¹§ 71 Abs. 2 gilt mit der Maßgabe, dass der knappschaftlichen Rentenversicherung die Verwaltungsausgaben der knappschaftlichen Krankenversicherung der Rentner im Jahr 2004 zu 10 Prozent erstattet werden. ²In den darauf folgenden Jahren steigt der Prozentsatz nach Satz 1 um jährlich jeweils 10 Prozentpunkte.

(2) Soweit die Ausgaben der knappschaftlichen Krankenversicherung der Rentner für Versorgungsleistungen der Knappschaftsärzte und Knappschaftszahnärzte die entsprechenden Einnahmen übersteigen, sind sie abweichend von Absatz 1 und § 71 Abs. 2 der knappschaftlichen Rentenversicherung nicht zu erstatten.

4. Sozialgesetzbuch (SGB) Fünftes Buch (V) – Gesetzliche Krankenversicherung –[1) 2) 3)]

Vom 20. Dezember 1988
(BGBl. I S. 2477)

FNA 860-5

zuletzt geänd. durch Art. 4 Kommunales OptionsG v. 30. 7. 2004 (BGBl. I S. 2014)

(Auszug)

Drittes Kapitel. Leistungen der Krankenversicherung

Erster Abschnitt. Übersicht über die Leistungen

§ 11 Leistungsarten. (1) Versicherte haben nach den folgenden Vorschriften Anspruch auf Leistungen

1. *(aufgehoben)*
2. zur Verhütung von Krankheiten und von deren Verschlimmerung sowie zur Empfängnisverhütung, bei Sterilisation und bei Schwangerschaftsabbruch (§§ 20 bis 24b),
3. zur Früherkennung von Krankheiten (§§ 25 und 26),
4. zur Behandlung einer Krankheit (§§ 27 bis 52),
5. des Persönlichen Budgets nach § 17 Abs. 2 bis 4 des Neunten Buches.

(2) ¹Versicherte haben auch Anspruch auf Leistungen zur medizinischen Rehabilitation sowie auf unterhaltssichernde und andere ergänzende Leistungen, die notwendig sind, um eine Behinderung oder Pflegebedürftigkeit abzuwenden, zu beseitigen, zu mindern, auszugleichen, ihre Verschlimmerung zu verhüten oder ihre Folgen zu mildern. ²Leistungen der aktivierenden Pflege nach Eintritt von Pflegebedürftigkeit werden von den Pflegekassen erbracht. ³Die Leistungen nach Satz 1 werden unter Beachtung des Neunten Buches erbracht, soweit in diesem Buch nichts anderes bestimmt ist.

(3) Bei stationärer Behandlung umfassen die Leistungen auch die aus medizinischen Gründen notwendige Mitaufnahme einer Begleitperson des Versicherten.

(4) Auf Leistungen besteht kein Anspruch, wenn sie als Folge eines Arbeitsunfalls oder einer Berufskrankheit im Sinne der gesetzlichen Unfallversicherung zu erbringen sind.

[1)] Verkündet als Art. 1 Gesetz zur Strukturreform im Gesundheitswesen (Gesundheits-Reformgesetz - GRG) v. 20. 12. 1988 (BGBl. I S. 2477). Art. 2 bis 79 GRG.
[2)] Für das Gebiet der ehem. DDR beachte die Überleitungsregelungen der §§ 308 bis 314.
[3)] Die Änderungen durch G v. 22. 12. 1999 (BGBl. I S. 2626) treten teilweise erst am 1. 1. 2006 in Kraft und sind insoweit im Text noch nicht berücksichtigt.

Zweiter Abschnitt. Gemeinsame Vorschriften

§§ 12–19 *(vom Abdruck wurde abgesehen)*

Dritter Abschnitt. Leistungen zur Verhütung von Krankheiten

§ 20 Prävention und Selbsthilfe. (1) [1]Die Krankenkasse soll in der Satzung Leistungen zur primären Prävention vorsehen, die die in den Sätzen 2 und 3 genannten Anforderungen erfüllen. [2]Leistungen zur Primärprävention sollen den allgemeinen Gesundheitszustand verbessern und insbesondere einen Beitrag zur Verminderung sozial bedingter Ungleichheit von Gesundheitschancen erbringen. [3]Die Spitzenverbände der Krankenkassen beschließen gemeinsam und einheitlich unter Einbeziehung unabhängigen Sachverstandes prioritäre Handlungsfelder und Kriterien für Leistungen nach Satz 1, insbesondere hinsichtlich Bedarf, Zielgruppen, Zugangswegen, Inhalten und Methodik.

(2) [1]Die Krankenkassen können den Arbeitsschutz ergänzende Maßnahmen der betrieblichen Gesundheitsförderung durchführen; Absatz 1 Satz 3 gilt entsprechend. [2]Die Krankenkassen arbeiten bei der Verhütung arbeitsbedingter Gesundheitsgefahren mit den Trägern der gesetzlichen Unfallversicherung zusammen und unterrichten diese über die Erkenntnisse, die sie über Zusammenhänge zwischen Erkrankungen und Arbeitsbedingungen gewonnen haben. [3]Ist anzunehmen, dass bei einem Versicherten eine berufsbedingte gesundheitliche Gefährdung oder eine Berufskrankheit vorliegt, hat die Krankenkasse dies unverzüglich den für den Arbeitsschutz zuständigen Stellen und dem Unfallversicherungsträger mitzuteilen.

(3) Die Ausgaben der Krankenkasse für die Wahrnehmung ihrer Aufgaben nach den Absätzen 1 und 2 sollen insgesamt im Jahr 2000 für jeden ihrer Versicherten einen Betrag von 2,56 Euro umfassen; sie sind in den Folgejahren entsprechend der prozentualen Veränderung der monatlichen Bezugsgröße nach § 18 Abs. 1 des Vierten Buches[1)] anzupassen.

(4) [1]Die Krankenkasse soll Selbsthilfegruppen, -organisationen und -kontaktstellen fördern, die sich die Prävention oder die Rehabilitation von Versicherten bei einer der im Verzeichnis nach Satz 2 aufgeführten Krankheiten zum Ziel gesetzt haben. [2]Die Spitzenverbände der Krankenkassen beschließen gemeinsam und einheitlich ein Verzeichnis der Krankheitsbilder, bei deren Prävention oder Rehabilitation eine Förderung zulässig ist; sie haben die Kassenärztliche Bundesvereinigung und Vertreter der für die Wahrnehmung der Interessen der Selbsthilfe maßgeblichen Spitzenorganisationen zu beteiligen. [3]Die Spitzenverbände der Krankenkassen beschließen gemeinsam und einheitlich Grundsätze zu den Inhalten der Förderung der Selbsthilfe; eine über die Projektförderung hinausgehende Förderung der gesundheitsbezogenen Arbeit von Selbsthilfegruppen, -organisationen und -kontaktstellen durch Zuschüsse ist möglich. [4]Die in Satz 2 genannten Vertreter der Selbsthilfe sind zu beteiligen. [5]Die Ausgaben der Krankenkasse für die Wahrnehmung ihrer Aufgaben nach Satz 1 sollen insgesamt im Jahr 2000 für jeden ihrer Versicherten einen Betrag von 0,51 Euro umfassen; sie sind in den Folgejahren entsprechend der

---

[1)] Nr. 3.

5. Buch. Gesetzliche Krankenversicherung §§ 21–35 SGB V 4

prozentualen Veränderung der monatlichen Bezugsgröße nach § 18 Abs. 1 des Vierten Buches[1)] anzupassen.

§§ 21–24b *(vom Abdruck wurde abgesehen)*

Vierter Abschnitt. Leistungen zur Früherkennung von Krankheiten

§§ 25, 26 *(vom Abdruck wurde abgesehen)*

Fünfter Abschnitt. Leistungen bei Krankheit

Erster Titel. Krankenbehandlung

§§ 27–34a *(vom Abdruck wurde abgesehen)*

§ 35 Festbeträge für Arznei- und Verbandmittel. (1) [1]Der Gemeinsame Bundesausschuss bestimmt in den Richtlinien nach § 92 Abs. 1 Satz 2 Nr. 6, für welche Gruppen von Arzneimitteln Festbeträge festgesetzt werden können. [2]In den Gruppen sollen Arzneimittel mit
1. denselben Wirkstoffen,
2. pharmakologisch-therapeutisch vergleichbaren Wirkstoffen, insbesondere mit chemisch verwandten Stoffen,
3. therapeutisch vergleichbarer Wirkung, insbesondere Arzneimittelkombinationen,

zusammengefaßt werden; unterschiedliche Bioverfügbarkeiten wirkstoffgleicher Arzneimittel sind zu berücksichtigen, sofern sie für die Therapie bedeutsam sind. [3]Die nach Satz 2 Nr. 2 und 3 gebildeten Gruppen müssen gewährleisten, daß Therapiemöglichkeiten nicht eingeschränkt werden und medizinisch notwendige Verordnungsalternativen zur Verfügung stehen; ausgenommen von diesen Gruppen sind Arzneimittel mit patentgeschützten Wirkstoffen, deren Wirkungsweise neuartig ist und die eine therapeutische Verbesserung, auch wegen geringerer Nebenwirkungen, bedeuten. [4]Als neuartig gilt ein Wirkstoff, solange derjenige Wirkstoff, der als erster dieser Gruppe in Verkehr gebracht worden ist, unter Patentschutz steht. [5]Der Gemeinsame Bundesausschuss der Ärzte und Krankenkassen ermittelt auch die nach Absatz 3 notwendigen rechnerischen mittleren Tages- oder Einzeldosen oder anderen geeigneten Vergleichsgrößen.

(1a) [1]Für Arzneimittel mit patentgeschützten Wirkstoffen kann abweichend von Absatz 1 Satz 4 eine Gruppe nach Absatz 1 Satz 2 Nr. 2 mit mindestens drei Arzneimitteln gebildet und ein Festbetrag festgesetzt werden, sofern die Gruppenbildung nur für Arzneimittel erfolgt, die jeweils unter Patentschutz stehen. [2]Ausgenommen von der Gruppenbildung nach Satz 1 sind Arzneimittel mit patentgeschützten Wirkstoffen, die eine therapeutische Verbesserung, auch wegen geringerer Nebenwirkungen, bedeuten.

(2) [1]Sachverständigen der medizinischen und pharmazeutischen Wissenschaft und Praxis sowie der Arzneimittelhersteller und der Berufsvertretungen

---

[1)] Nr. 3.

der Apotheker ist vor der Entscheidung des Gemeinsamen Bundesausschusses Gelegenheit zur Stellungnahme zu geben; bei der Beurteilung von Arzneimitteln der besonderen Therapierichtungen sind auch Stellungnahmen von Sachverständigen dieser Therapierichtungen einzuholen. ²Die Stellungnahmen sind in die Entscheidung einzubeziehen.

(3) ¹Die Spitzenverbände der Krankenkassen setzen gemeinsam und einheitlich den jeweiligen Festbetrag auf der Grundlage von rechnerischen mittleren Tages- oder Einzeldosen oder anderen geeigneten Vergleichsgrößen fest. ²Die Spitzenverbände der Krankenkassen gemeinsam können einheitliche Festbeträge für Verbandmittel festsetzen. ³Für die Stellungnahmen der Sachverständigen gilt Absatz 2 entsprechend.

(4) *(aufgehoben)*

(5) ¹Die Festbeträge sind so festzusetzen, daß sie im allgemeinen eine ausreichende, zweckmäßige und wirtschaftliche sowie in der Qualität gesicherte Versorgung gewährleisten. ²Sie haben Wirtschaftlichkeitsreserven auszuschöpfen, sollen einen wirksamen Preiswettbewerb auslösen und haben sich deshalb an möglichst preisgünstigen Versorgungsmöglichkeiten auszurichten; soweit wie möglich ist eine für die Therapie hinreichende Arzneimittelauswahl sicherzustellen. ³Die Festbeträge sind mindestens einmal im Jahr zu überprüfen; sie sind in geeigneten Zeitabständen an eine veränderte Marktlage anzupassen. ⁴Der Festbetrag für die Arzneimittel in einer Festbetragsgruppe nach Absatz 1 Satz 2 Nr. 1 soll den höchsten Abgabepreis des unteren Drittels des Intervalls zwischen dem niedrigsten Preis und dem höchsten Preis einer Standardpackung nicht übersteigen. ⁵Bei der Berechnung nach Satz 4 sind hochpreisige Packungen mit einem Anteil von weniger als 1 vom Hundert an den verordneten Packungen in der Festbetragsgruppe nicht zu berücksichtigen. ⁶Für die Zahl der Verordnungen sind die zum Zeitpunkt des Berechnungsstichtages zuletzt verfügbaren Jahresdaten des Arzneimittelindexes der gesetzlichen Krankenversicherung zu Grunde zu legen.

(6) Für das Verfahren zur Festsetzung der Festbeträge gilt § 213 Abs. 2 und 3.

(7) ¹Die Festbeträge sind im Bundesanzeiger bekanntzumachen. ²Klagen gegen die Festsetzung der Festbeträge haben keine aufschiebende Wirkung. ³Ein Vorverfahren findet nicht statt. ⁴Eine gesonderte Klage gegen die Gruppeneinteilung nach Absatz 1 Satz 1 bis 3, gegen die rechnerischen mittleren Tages- oder Einzeldosen oder anderen geeigneten Vergleichsgrößen nach Absatz 1 Satz 4 oder gegen sonstige Bestandteile der Festsetzung der Festbeträge ist unzulässig.

(8) ¹Bis zum 31. Dezember 2003 finden die Absätze 1 bis 7 mit Ausnahme der Verweisung in § 36 Abs. 3 und zur Vorbereitung der Festsetzung von Festbeträgen, die ab dem 1. Januar 2004 gelten sollen, keine Anwendung. ²Die nach Absatz 7 und § 35a Abs. 5 bekannt gemachten Festbeträge für verschreibungspflichtige Arzneimittel sind entsprechend den geänderten Handelszuschlägen der Arzneimittelpreisverordnung, zuletzt geändert durch Artikel 24 des Gesetzes vom 14. November 2003 (BGBl. I S. 2190), umzurechnen; die umgerechneten Festbeträge finden ab dem 1. Januar 2004 Anwendung. ³Für die Umrechnung sind keine Stellungnahmen von Sachverständigen einzuholen. ⁴Die Spitzenverbände der Krankenkassen machen die Umrechnung der Festbeträge bis zum 1. Dezember 2003 bekannt; § 35a Abs. 5 Satz 1 gilt ent-

sprechend. ⁵Die umgerechneten Festbeträge nach Satz 2 sowie die auf Grund der §§ 35 und 35a bekannt gemachten Festbeträge für nicht verschreibungspflichtige Arzneimittel in der zuletzt gültigen Fassung bleiben so lange gültig, bis sie neu bestimmt, angepasst oder aufgehoben werden.

§ 35a Rechtsverordnung zu Festbeträgen für Arzneimittel. (1) ¹Abweichend von § 35 wird das Bundesministerium für Gesundheit und Soziale Sicherung bis zum 31. Dezember 2003 ermächtigt, im Einvernehmen mit dem Bundesministerium für Wirtschaft und Arbeit durch Rechtsverordnung ohne Zustimmung des Bundesrates
1. einmalig die Festbeträge für Arzneimittel anzupassen,
2. im Ausnahmefall bei sachlich gebotenem Änderungsbedarf, insbesondere bei neuem wissenschaftlichem Erkenntnisstand oder infolge gerichtlicher Entscheidungen, Gruppen von Arzneimitteln neu zu bestimmen und für diese Festbeträge festzusetzen.

²Der Gemeinsame Bundesausschuss übermittelt dem Bundesministerium für Gesundheit und Soziale Sicherung auf dessen Verlangen Stellungnahmen zu Fragen der Gruppenbildung nach Satz 1 Nr. 2.

(2) ¹Die Festbeträge sind so anzupassen und festzusetzen, dass sie im Allgemeinen eine ausreichende, zweckmäßige und wirtschaftliche sowie in der Qualität gesicherte Versorgung gewährleisten. ²Sie haben Wirtschaftlichkeitsreserven auszuschöpfen, sollen einen wirksamen Preiswettbewerb auslösen und haben sich deshalb an möglichst preisgünstigen Versorgungsmöglichkeiten auszurichten. ³Dabei müssen mindestens ein Drittel aller Verordnungen und mindestens ein Viertel aller Packungen einer Gruppe zum Festbetrag verfügbar sein; zugleich darf die Summe der jeweiligen Vomhundertsätze der Verordnungen und Packungen, die nicht zum Festbetrag erhältlich sind, den Wert von 100 nicht überschreiten. ⁴Bei der Anpassung nach Absatz 1 Satz 1 Nr. 1 dürfen die Festbeträge höchstens um 27,5 vom Hundert abgesenkt werden. ⁵Berechnungsstichtag für die Anpassung der Festbeträge nach Absatz 1 Satz 1 Nr. 1 ist der 1. Juli 2000. ⁶Es sind die Verordnungsdaten des Arzneimittelindex der gesetzlichen Krankenversicherung des Jahres 1999 zugrunde zu legen; sie sind im Rahmen der Anhörung zu der Rechtsverordnung zur Verfügung zu stellen.

(3) ¹Sofern Gruppen nach Absatz 1 Satz 1 Nr. 2 gebildet werden, sollen Arzneimittel mit
1. denselben Wirkstoffen,
2. pharmakologisch-therapeutisch vergleichbaren Wirkstoffen, insbesondere mit chemisch verwandten Stoffen,
3. therapeutisch vergleichbarer Wirkung, insbesondere Arzneimittelkombinationen,

zusammengefasst werden; unterschiedliche Bioverfügbarkeiten wirkstoffgleicher Arzneimittel sind zu berücksichtigen, sofern sie für die Therapie bedeutsam sind. ²Dabei sind auch die notwendigen rechnerischen mittleren Tages- oder Einzeldosen oder andere geeignete Vergleichsgrößen festzulegen. ³Die nach Satz 1 Nr. 2 und 3 gebildeten Gruppen müssen gewährleisten, dass die Therapiemöglichkeiten nicht eingeschränkt werden und medizinisch notwendige Verordnungsalternativen zur Verfügung stehen. ⁴Für Arzneimittel mit patentgeschützten Wirkstoffen, die nach dem 31. Dezember 1995 zugelassen worden sind, werden Festbeträge der Gruppen nach Satz 1 Nr. 2 und 3 nicht gebildet. ⁵Ausgenommen von der Gruppenbildung nach Satz 1 Nr. 2 und 3 sind ferner Arzneimittel mit patentgeschützten Wirkstoffen, deren Wirkungsweise neuartig ist und die eine therapeutische Verbesserung, auch wegen geringerer Nebenwirkungen, bedeuten. ⁶Als neuartig gilt ein Wirkstoff, solange derjenige Wirkstoff, der als erster dieser Wirkstoffklasse in Verkehr gebracht worden ist, unter Patentschutz steht.

(4) Die Spitzenverbände der Krankenkassen, der Gemeinsame Bundesausschuss, die pharmazeutischen Unternehmer und die für die Wahrnehmung der wirtschaftlichen Interessen gebildete maßgebliche Spitzenorganisation der Apotheker sind verpflichtet, dem Bundesministerium für Gesundheit und Soziale Sicherung die zur Wahrnehmung seiner Aufgaben nach Absatz 1 Satz 1 erforderlichen Informationen zu übermitteln und auf Verlangen notwendige Auskünfte zu erteilen.

(5) ¹Die Spitzenverbände der Krankenkassen erstellen und veröffentlichen Übersichten über sämtliche Festbeträge und die betroffenen Arzneimittel und übermitteln diese im Wege der Datenübertragung dem Deutschen Institut für medizinische Dokumentation und Information zur abruffähigen Veröffentlichung im Internet. ²Die Übersichten sind vierteljährlich zu aktualisieren.

(6) Die bisher festgesetzten Festbeträge und gebildeten Gruppen gelten bis zu ihrer Änderung durch Rechtsverordnung nach Absatz 1 Satz 1 fort.

(7) ¹Über die Gültigkeit einer Verordnung nach Absatz 1 Satz 1 entscheidet auf Antrag das Landessozialgericht Berlin. ²Den Antrag kann jede natürliche oder juristische Person, die geltend macht, durch die Rechtsvorschrift oder deren Anwendung in ihren Rechten verletzt zu sein oder in absehbarer Zeit verletzt zu werden, innerhalb von zwei Jahren nach Bekanntmachung der Rechtsvorschrift stellen. ³Er ist gegen die Bundesrepublik Deutschland, vertreten durch das Bundesministerium für Gesundheit und Soziale Sicherung, zu richten. ⁴Das Gericht entscheidet durch Urteil. ⁵Kommt das Gericht zu der Überzeugung, dass die Rechtsvorschrift ganz oder teilweise ungültig ist, so erklärt es sie in entsprechendem Umfang für nichtig; in diesem Fall ist die Entscheidung allgemein verbindlich und die Entscheidungsformel vom Antragsgegner ebenso zu veröffentlichen, wie die Rechtsvorschrift bekannt gemacht wurde. ⁶Das Gericht kann auf Antrag eine einstweilige Anordnung erlassen, wenn dies zur Abwehr schwerer Nachteile oder aus anderen wichtigen Gründen dringend geboten ist. ⁷Die Klage hat keine aufschiebende Wirkung. ⁸§ 160 des Sozialgerichtsgesetzes findet Anwendung.

(8) Die durch Rechtsverordnung bestimmten Gruppen und angepassten oder festgesetzten Festbeträge werden gegenstandslos, wenn nach dem 31. Dezember 2003 eine Neubestimmung, Anpassung oder Festsetzung von Gruppen oder Festbeträgen nach dem dann geltenden Verfahren erfolgt.

§ 35b **Bewertung des Nutzens von Arzneimitteln.** (1) ¹Das Institut für Qualität und Wirtschaftlichkeit im Gesundheitswesen bewertet bei Beauftragung nach § 139b Abs. 1 und 2 den Nutzen von Arzneimitteln. ²Nutzenbewertungen nach Satz 1 können für jedes erstmals verordnungsfähige Arzneimittel mit patentgeschützten Wirkstoffen sowie für andere Arzneimittel, die von Bedeutung sind, erstellt werden. ³Das Institut bestimmt einheitliche Methoden für die Erarbeitung der Bewertungen und veröffentlicht diese abruffähig im Internet.

(2) ¹Die Nutzenbewertungen nach Absatz 1 werden dem Gemeinsamen Bundesausschuss als Empfehlung zur Beschlussfassung nach § 92 Abs. 1 Satz 2 Nr. 6 zugeleitet. ²Sie sind in geeigneten Abständen zu überprüfen und erforderlichenfalls anzupassen. ³Bei Vorliegen neuer wissenschaftlicher Erkenntnisse ist die Nutzenbewertung auf Antrag der Hersteller zu überprüfen.

(3) ¹Für die Abgabe von Bewertungen zum Stand der wissenschaftlichen Erkenntnis über die Anwendung von zugelassenen Arzneimitteln für Indikationen und Indikationsbereiche, für die sie nach dem Arzneimittelgesetz nicht zugelassen sind, beruft das Bundesministerium für Gesundheit und Soziale Sicherung Expertengruppen beim Bundesinstitut für Arzneimittel und Medizinprodukte. ²Absatz 2 Satz 1 gilt entsprechend. ³Eine entsprechende Bewertung soll nur mit Zustimmung des pharmazeutischen Unternehmens erstellt werden.

(4) Gesonderte Klagen gegen Bewertungen nach den Absätzen 1 und 3 sind unzulässig.

§ 36 Festbeträge für Hilfsmittel. (1) ¹Die Spitzenverbände der Krankenkassen bestimmen gemeinsam und einheitlich Hilfsmittel, für die Festbeträge festgesetzt werden. ²Dabei sollen in ihrer Funktion gleichartige und gleichwertige Mittel in Gruppen zusammengefaßt werden. ³Den Verbänden der betroffenen Leistungserbringer ist innerhalb einer angemessenen Frist vor der Entscheidung Gelegenheit zur Stellungnahme zu geben; die Stellungnahmen sind in die Entscheidung einzubeziehen.

(2) ¹Die Spitzenverbände der Krankenkassen setzen gemeinsam und einheitlich erstmalig bis zum 31. Dezember 2004 für die nach Absatz 1 bestimmten Hilfsmittel einheitliche Festbeträge fest. ²Bis dahin gelten die Festbeträge, die bisher von den Landesverbänden der Krankenkassen und den Verbänden der Ersatzkassen für den Bereich eines Landes festgesetzt worden sind, als Festbeträge im Sinne des § 33 Abs. 2 Satz 1. ³Absatz 1 Satz 3 gilt entsprechend.

(3) § 35 Abs. 5 und 7 gilt entsprechend.

(4) Für das Verfahren nach Absatz 1 und 2 gilt § 213 Abs. 2 entsprechend.

§§ 37–43b *(vom Abdruck wurde abgesehen)*

Zweiter Titel. Krankengeld

§§ 44–46 *(vom Abdruck wurde abgesehen)*

§ 47 Höhe und Berechnung des Krankengeldes. (1) ¹Das Krankengeld beträgt 70 vom Hundert des erzielten regelmäßigen Arbeitsentgelts und Arbeitseinkommens, soweit es der Beitragsberechnung unterliegt (Regelentgelt). ²Das aus dem Arbeitsentgelt berechnete Krankengeld darf 90 vom Hundert des bei entsprechender Anwendung des Absatzes 2 berechneten Nettoarbeitsentgelts nicht übersteigen. ³Für die Berechnung des Nettoarbeitsentgelts nach Satz 2 ist der sich aus dem kalendertäglichen Hinzurechnungsbetrag nach Absatz 2 Satz 6 ergebende Anteil am Nettoarbeitsentgelt mit dem Vomhundertsatz anzusetzen, der sich aus dem Verhältnis des kalendertäglichen Regelentgeltbetrages nach Absatz 2 Satz 1 bis 5 zu dem sich aus diesem Regelentgeltbetrag ergebenden Nettoarbeitsentgelt ergibt. [4]Das nach Satz 1 bis 3 berechnete kalendertägliche Krankengeld darf das sich aus dem Arbeitsentgelt nach Absatz 2 Satz 1 bis 5 ergebende kalendertägliche Nettoarbeitsentgelt nicht übersteigen. [5]Das Regelentgelt wird nach den Absätzen 2, 4 und 6 berechnet. [6]Das Krankengeld wird für Kalendertage gezahlt. [7]Ist es für einen ganzen Kalendermonat zu zahlen, ist dieser mit dreißig Tagen anzusetzen. [8]Bei der Berechnung des Regelentgelts nach Satz 1 und des Nettoarbeitsentgelts nach den Sätzen 2 und 4 sind die für die jeweilige Beitragsbemessung und Beitragstragung geltenden Besonderheiten der Gleitzone nach § 20 Abs. 2 des Vierten Buches[1]) nicht zu berücksichtigen.

(2) [1]Für die Berechnung des Regelentgelts ist das von dem Versicherten im letzten vor Beginn der Arbeitsunfähigkeit abgerechneten Entgeltabrechnungszeitraum, mindestens das während der letzten abgerechneten vier Wochen (Bemessungszeitraum) erzielte und um einmalig gezahltes Arbeitsentgelt verminderte Arbeitsentgelt durch die Zahl der Stunden zu teilen, für die es gezahlt wurde.[2]) [2]Das Ergebnis ist mit der Zahl der sich aus dem Inhalt des Arbeitsverhältnisses ergebenden regelmäßigen wöchentlichen Arbeitsstunden zu vervielfachen und durch sieben zu teilen. [3]Ist das Arbeitsentgelt nach Monaten bemessen oder ist eine Berechnung des Regelentgelts nach den Sätzen 1 und 2 nicht möglich, gilt der dreißigste Teil des im letzten vor Beginn der Arbeitsunfähigkeit abgerechneten Kalendermonat erzielten und um einmalig gezahltes Arbeitsentgelt verminderten Arbeitsentgelts als Regelentgelt. [4]Wenn mit einer Arbeitsleistung Arbeitsentgelt erzielt wird, das für Zeiten einer Freistellung vor oder nach dieser Arbeitsleistung fällig wird (Wertguthaben nach § 7 Abs. 1a des Vierten Buches[1])), ist für die Berechnung des Regelentgelts das im Bemessungszeitraum der Beitragsberechnung zugrundeliegende und um einmalig gezahltes Arbeitsentgelt verminderte Arbeitsentgelt maßgebend; Wertguthaben, die nicht gemäß einer Vereinbarung über flexible Arbeitszeitregelungen verwendet werden (§ 23b Abs. 2 des Vierten Buches[1])), bleiben außer Betracht. [5]Bei der Anwendung des Satzes 1 gilt als regelmäßige wöchentliche Arbeitszeit die Arbeitszeit, die dem gezahlten Arbeitsentgelt entspricht. [6]Für die Berechnung des Regelentgelts ist der dreihundertsechzigste Teil des einmalig gezahlten Arbeitsentgelts, das in den letzten zwölf Kalendermonaten vor Beginn der Arbeitsunfähigkeit nach § 23a des Vierten Buches[1]) der Beitragsberechnung zugrunde gelegen hat, dem nach Satz 1 bis 5 berechneten Arbeitsentgelt hinzuzurechnen.

(3) Die Satzung kann bei nicht kontinuierlicher Arbeitsverrichtung und -vergütung abweichende Bestimmungen zur Zahlung und Berechnung des Krankengeldes vorsehen, die sicherstellen, daß das Krankengeld seine Entgeltersatzfunktion erfüllt.

(4) [1]Für Seeleute gelten als Regelentgelt die beitragspflichtigen Einnahmen nach § 233 Abs. 1. [2]Für Versicherte, die nicht Arbeitnehmer sind, gilt als Regelentgelt der kalendertägliche Betrag, der zuletzt vor Beginn der Arbeitsunfä-

---

[1]) Nr. 3.
[2]) Die Regelungen des § 47 Abs. 2 Satz 1 sind gemäß BVerfGE v. 24. 5. 2000 - 1 BvL 1/98, 1 BvL 4/98, 1 BvL 15/99 (BGBl 2000 I S. 1082) - mit Art. 3 Abs. 1 des Grundgesetzes unvereinbar, soweit danach einmalig gezahltes Arbeitsentgelt zu Sozialversicherungsbeiträgen herangezogen wird, ohne dass es bei der Berechnung sämtlicher beitragsfinanzierter Lohnersatzleistungen berücksichtigt wird.

higkeit für die Beitragsbemessung maßgebend war. ³Für nach dem Künstlersozialversicherungsgesetz Versicherte ist das Regelentgelt aus dem Arbeitseinkommen zu berechnen, das der Beitragsbemessung für die letzten zwölf Kalendermonate vor Beginn der Arbeitsunfähigkeit zugrunde gelegen hat; dabei ist für den Kalendertag der dreihundertsechzigste Teil dieses Betrages anzusetzen. ⁴Die Zahl dreihundertsechzig ist um die Zahl der Kalendertage zu vermindern, in denen eine Versicherungspflicht nach dem Künstlersozialversicherungsgesetz nicht bestand oder für die nach § 234 Abs. 1 Satz 3 Arbeitseinkommen nicht zugrunde zu legen ist. ⁵Die Beträge nach § 226 Abs. 1 Satz 1 Nr. 2 und 3 bleiben außer Betracht.

(5) *(aufgehoben)*

(6) Das Regelentgelt wird bis zur Höhe des Betrages der kalendertäglichen Beitragsbemessungsgrenze berücksichtigt.

§ 47a Krankengeldübergangsregelung. (1) Für Ansprüche auf Krankengeld, die vor dem 22. Juni 2000 entstanden sind und über die am 21. Juni 2000 noch nicht unanfechtbar entschieden war, ist § 47 in der ab dem 22. Juni 2000 geltenden Fassung für Zeiten nach dem 31. Dezember 1996 entsprechend anzuwenden.

(2) ¹Für Ansprüche, über die vor dem 22. Juni 2000 bereits unanfechtbar entschieden wurde, erfolgt die Erhöhung nach Absatz 1 nur für Zeiten vom 22. Juni 2000 an bis zum Ende der Leistungsdauer. ²Entscheidungen über Ansprüche auf Krankengeld, die vor dem 22. Juni 2000 unanfechtbar geworden sind, sind nach § 44 Abs. 1 des Zehnten Buches zurückzunehmen.

(3) ¹Abweichend von § 266 Abs. 2 Satz 3 werden die Ausgaben der Krankenkassen nach Absatz 1 und Absatz 2 Satz 1 für die Zeit bis zum 31. Dezember 2000 bei der Ermittlung der standardisierten Leistungsausgaben nicht berücksichtigt. ²Der Beitragsbedarf nach § 266 Abs. 2 Satz 2 ist um die Ausgaben nach Satz 1 zu erhöhen.

§ 47b Höhe und Berechnung des Krankengeldes bei Beziehern von Arbeitslosengeld, *Arbeitslosenhilfe* **(ab** *1. 1. 2005***: Arbeitslosengeld II), Unterhaltsgeld, Kurzarbeitergeld oder Winterausfallgeld.**
(1) *Fassung des Satzes 1 bis 31. 12. 2004:*
¹Das Krankengeld für Versicherte nach § 5 Abs. 1 Nr. 2 wird in Höhe des Betrages des Arbeitslosengeldes, der Arbeitslosenhilfe oder des Unterhaltsgeldes gewährt, den der Versicherte zuletzt bezogen hat.
Fassung des Satzes 1 ab 1. 1. 2005:
¹Das Krankengeld für Versicherte nach § 5 Abs. 1 Nr. 2 wird in Höhe des Betrages des Arbeitslosengeldes oder des Unterhaltsgeldes gewährt, den der Versicherte zuletzt bezogen hat; Versicherte nach § 5 Abs. 1 Nr. 2a erhalten Krankengeld in Höhe des Betrages des Arbeitslosengeldes II. ²Das Krankengeld wird von ersten Tage der Arbeitsunfähigkeit an gewährt.

(2) ¹Ändern sich während des Bezuges von Krankengeld die für den Anspruch auf Arbeitslosengeld, *Arbeitslosenhilfe* (ab *1. 1. 2005*: Arbeitslosengeld II) oder Unterhaltsgeld maßgeblichen Verhältnisse des Versicherten, so ist auf Antrag des Versicherten als Krankengeld derjenige Betrag zu gewähren, den der Versicherte als Arbeitslosengeld, *Arbeitslosenhilfe* (ab *1. 1. 2005*: Arbeitslosengeld II) oder Unterhaltsgeld erhalten würde, wenn er nicht erkrankt

wäre. ²Änderungen, die zu einer Erhöhung des Krankengeldes um weniger als zehn vom Hundert führen würden, werden nicht berücksichtigt.

(3) Für Versicherte, die während des Bezuges von Kurzarbeiter- oder Winterausfallgeld arbeitsunfähig erkranken, wird das Krankengeld nach dem regelmäßigen Arbeitsentgelt, das zuletzt vor Eintritt des Arbeitsausfalls erzielt wurde (Regelentgelt), berechnet.

(4) ¹Für Versicherte, die arbeitsunfähig erkranken, bevor in ihrem Betrieb die Voraussetzungen für den Bezug von Kurzarbeiter- oder Winterausfallgeld nach dem Dritten Buch erfüllt sind, wird, solange Anspruch auf Fortzahlung des Arbeitsentgelts im Krankheitsfalle besteht, neben dem Arbeitsentgelt als Krankengeld der Betrag des Kurzarbeiter- oder Winterausfallgeldes gewährt, den der Versicherte erhielte, wenn er nicht arbeitsunfähig wäre. ²Der Arbeitgeber hat das Krankengeld kostenlos zu errechnen und auszuzahlen. ³Der Arbeitnehmer hat die erforderlichen Angaben zu machen.

(5) Bei der Ermittlung der Bemessungsgrundlage für die Leistungen der gesetzlichen Krankenversicherung ist von dem Arbeitsentgelt auszugehen, das bei der Bemessung der Beiträge zur gesetzlichen Krankenversicherung zugrunde gelegt wurde.

(6) ¹In den Fällen des § 232a Abs. 3 wird das Krankengeld abweichend von Absatz 3 nach dem Arbeitsentgelt unter Hinzurechnung des Winterausfallgeldes berechnet. ²Die Absätze 4 und 5 gelten entsprechend.

§§ 48, 49 *(vom Abdruck wurde abgesehen)*

§ 50 Ausschluß und Kürzung des Krankengeldes. (1) ¹Für Versicherte, die

1. Rente wegen voller Erwerbsminderung, Erwerbsunfähigkeit oder Vollrente wegen Alters aus der gesetzlichen Rentenversicherung,
2. Ruhegehalt, das nach beamtenrechtlichen Vorschriften oder Grundsätzen gezahlt wird,
3. Vorruhestandsgeld nach § 5 Abs. 3,
4. Leistungen, die ihrer Art nach den in den Nummern 1 und 2 genannten Leistungen vergleichbar sind, wenn sie von einem Träger der gesetzlichen Rentenversicherung oder einer staatlichen Stelle im Ausland gezahlt werden,
5. die ihrer Art nach den in den Nummern 1 und 2 genannten Leistungen vergleichbar sind, wenn sie nach den ausschließlich für das in Artikel 3 des Einigungsvertrages genannte Gebiet geltenden Bestimmungen gezahlt werden,

beziehen, endet ein Anspruch auf Krankengeld vom Beginn dieser Leistungen an; nach Beginn dieser Leistungen entsteht ein neuer Krankengeldanspruch nicht. ²Ist über den Beginn der in Satz 1 genannten Leistungen hinaus Krankengeld gezahlt worden und übersteigt dieses den Betrag der Leistungen, kann die Krankenkasse den überschießenden Betrag vom Versicherten nicht zurückfordern. ³In den Fällen der Nummer 4 gilt das überzahlte Krankengeld bis zur Höhe der dort genannten Leistungen als Vorschuß des Trägers oder der Stelle; es ist zurückzuzahlen. ⁴Wird eine der in Satz 1 genannten Leistungen nicht mehr gezahlt, entsteht ein Anspruch auf Krankengeld, wenn das

5. Buch. Gesetzliche Krankenversicherung §§ 51, 89 SGB V 4

Mitglied bei Eintritt einer erneuten Arbeitsunfähigkeit mit Anspruch auf Krankengeld versichert ist.

(2) Das Krankengeld wird um den Zahlbetrag
1. der Altersrente, der Rente wegen Erwerbsminderung oder der Landabgaberente aus der Alterssicherung der Landwirte,
2. der Rente wegen teilweiser Erwerbsminderung, Berufsunfähigkeit oder der Teilrente wegen Alters aus der gesetzlichen Rentenversicherung,
3. der Knappschaftsausgleichsleistung oder der Rente für Bergleute oder
4. einer vergleichbaren Leistung, die von einem Träger oder einer staatlichen Stelle im Ausland gezahlt wird,
5. von Leistungen, die ihrer Art nach den in den Nummern 1 bis 3 genannten Leistungen vergleichbar sind, wenn sie nach den ausschließlich für das in dem in Artikel 3 des Einigungsvertrages genannten Gebiets geltenden Bestimmungen gezahlt werden,

gekürzt, wenn die Leistung von einem Zeitpunkt nach dem Beginn der Arbeitsunfähigkeit oder der stationären Behandlung an zuerkannt wird.

§ 51 *(vom Abdruck wurde abgesehen)*

Viertes Kapitel. Beziehungen der Krankenkassen zu den Leistungserbringern

Zweiter Abschnitt. Beziehungen zu Ärzten, Zahnärzten und Psychotherapeuten

Fünfter Titel. Schiedswesen

§ 89[1]) **Schiedsamt.** (1) ¹Kommt ein Vertrag über die vertragsärztliche Versorgung ganz oder teilweise nicht zustande, setzt das Schiedsamt mit der Mehrheit seiner Mitglieder innerhalb von drei Monaten den Vertragsinhalt fest. ²Kündigt eine Vertragspartei einen Vertrag, hat sie die Kündigung dem zuständigen Schiedsamt schriftlich mitzuteilen. ³Kommt bis zum Ablauf eines Vertrages ein neuer Vertrag nicht zustande, setzt das Schiedsamt mit der Mehrheit seiner Mitglieder innerhalb von drei Monaten dessen Inhalt fest. ⁴In diesem Fall gelten die Bestimmungen des bisherigen Vertrages bis zur Entscheidung des Schiedsamts vorläufig weiter. ⁵Kommt ein Vertrag bis zum Ablauf von drei Monaten durch Schiedsspruch nicht zu Stande und setzt das Schiedsamt auch innerhalb einer von der zuständigen Aufsichtsbehörde bestimmten Frist den Vertragsinhalt nicht fest, setzt die für das Schiedsamt zuständige Aufsichtsbehörde den Vertragsinhalt fest. ⁶Die Klage gegen die Festsetzung des Schiedsamts hat keine aufschiebende Wirkung.

(1a) ¹Kommt ein gesetzlich vorgeschriebener Vertrag über die vertragsärztliche Versorgung ganz oder teilweise nicht zustande und stellt keine der Vertragsparteien bei dem Schiedsamt den Antrag, eine Einigung herbeizuführen, können die zuständigen Aufsichtsbehörden nach Ablauf einer von ihnen gesetzten angemessenen Frist das Schiedsamt mit Wirkung für die Vertragsparteien anrufen. ²Das Schiedsamt setzt mit der Mehrheit seiner Mitglieder in-

---

[1]) Beachte Art. 12, 15 und 17 GKV-Solidaritätsstärkungsgesetz v. 19. 12. 1998 (BGBl. I S. 3853), zuletzt geänd. durch VO v. 18. 10. 2001 (BGBl. I S. 2721).

nerhalb von drei Monaten den Vertragsinhalt fest. ³Absatz 1 Satz 5 gilt entsprechend. ⁴Die Klage gegen die Festsetzung des Schiedsamts hat keine aufschiebende Wirkung.

(2) ¹Die Kassenärztlichen Vereinigungen, die Landesverbände der Krankenkassen sowie die Verbände der Ersatzkassen bilden je ein gemeinsames Schiedsamt für die vertragsärztliche und die vertragszahnärztliche Versorgung (Landesschiedsamt). ²Das Schiedsamt besteht aus Vertretern der Ärzte und der Krankenkassen in gleicher Zahl sowie einem unparteiischen Vorsitzenden und zwei weiteren unparteiischen Mitgliedern. ³Bei der Entscheidung über einen Vertrag, der nicht alle Kassenarten betrifft, wirken nur Vertreter der betroffenen Kassenarten im Schiedsamt mit. ⁴Die in Satz 1 genannten Verbände der Krankenkassen können von Satz 3 abweichende Regelungen vereinbaren.

(3) ¹Über den Vorsitzenden und die zwei weiteren unparteiischen Mitglieder sowie deren Stellvertreter sollen sich die Kassenärztlichen Vereinigungen, die Landesverbände der Krankenkassen und die Verbände der Ersatzkassen einigen. ²§ 213 Abs. 2 gilt für die Landesverbände der Krankenkassen und die Verbände der Ersatzkassen entsprechend. ³Die Amtsdauer beträgt vier Jahre. ⁴Soweit eine Einigung nicht zustande kommt, stellen die Beteiligten eine gemeinsame Liste auf, die mindestens die Namen für zwei Vorsitzende und je zwei weitere unparteiische Mitglieder sowie deren Stellvertreter enthalten muß. ⁵Kommt es nicht zu einer Einigung über den Vorsitzenden, die unparteiischen Mitglieder oder die Stellvertreter aus der gemeinsam erstellten Liste, entscheidet das Los, wer das Amt des Vorsitzenden, der weiteren unparteiischen Mitglieder und der Stellvertreter auszuüben hat. ⁶Die Amtsdauer beträgt in diesem Fall ein Jahr. ⁷Die Mitglieder des Schiedsamts führen ihr Amt als Ehrenamt. ⁸Sie sind an Weisungen nicht gebunden.

(4) ¹Die Kassenärztlichen Bundesvereinigungen, die Bundesverbände der Krankenkassen, die Bundesknappschaft und die Verbände der Ersatzkassen bilden je ein gemeinsames Schiedsamt für die vertragsärztliche und die vertragszahnärztliche Versorgung. ²Absatz 2 Satz 2 bis 4 und Absatz 3 gelten entsprechend.

(5) ¹Die Aufsicht über die Schiedsämter nach Absatz 2 führen die für die Sozialversicherung zuständigen obersten Verwaltungsbehörden der Länder oder die von den Landesregierungen durch Rechtsverordnung bestimmten Behörden; die Landesregierungen können diese Ermächtigung auf die obersten Landesbehörden weiterübertragen. ²Die Aufsicht über die Schiedsämter nach Absatz 4 führt das Bundesministerium für Gesundheit und Soziale Sicherung. ³Die Aufsicht erstreckt sich auf die Beachtung von Gesetz und sonstigem Recht. ⁴Die Entscheidungen der Schiedsämter über die Vergütung der Leistungen nach § 57 Abs. 1 und 2, § 83 und § 85 sind den zuständigen Aufsichtsbehörden vorzulegen. ⁵Die Aufsichtsbehörden können die Entscheidungen bei einem Rechtsverstoß innerhalb von zwei Monaten nach Vorlage beanstanden. ⁶Für Klagen der Vertragspartner gegen die Beanstandung gelten die Vorschriften über die Anfechtungsklage entsprechend.

(6) Das Bundesministerium für Gesundheit und Soziale Sicherung bestimmt durch Rechtsverordnung¹⁾ mit Zustimmung des Bundesrates das Nähere über

---

¹⁾ VO über die Schiedsämter für die kassenärztliche (kassenzahnärztliche) Versorgung (Schiedsamtsverordnung) v. 28. 5. 1957 (BGBl. I S. 570), zuletzt geänd. durch G v. 5. 5. 2004 (BGBl. I S. 718).

die Zahl, die Bestellung, die Amtsdauer, die Amtsführung, die Erstattung der baren Auslagen und die Entschädigung für Zeitaufwand der Mitglieder der Schiedsämter, die Geschäftsführung, das Verfahren, die Erhebung und die Höhe der Gebühren sowie über die Verteilung der Kosten.

(7) [1]Der Verband Deutscher Zahntechniker-Innungen und die Spitzenverbände der Krankenkassen bilden ein Bundesschiedsamt. [2]Das Schiedsamt besteht aus sieben vom Bundesinnungsverband der Zahntechniker sowie je einem von den Bundesverbänden der Krankenkassen und der Bundesknappschaft sowie zwei von den Verbänden der Ersatzkassen bestellten Vertretern, einem unparteiischen Vorsitzenden und zwei weiteren unparteiischen Mitgliedern. [3]Im übrigen gelten die Absätze 1, 1a, 3 und 5 Satz 2 und 3 sowie die auf Grund des Absatzes 6 erlassene Schiedsamtsverordnung entsprechend.

(8) [1]Die Innungsverbände der Zahntechniker, die Landesverbände der Krankenkassen und die Verbände der Ersatzkassen bilden ein Landesschiedsamt. [2]Das Schiedsamt besteht aus sieben von den Innungsverbänden der Zahntechniker sowie je einem von den Landesverbänden der Krankenkassen sowie zwei von den Verbänden der Ersatzkassen bestellten Vertretern, einem unparteiischen Vorsitzenden und zwei weiteren unparteiischen Mitgliedern. [3]Im übrigen gelten die Absätze 1, 1a und 3 sowie Absatz 5 entsprechend.

Dritter Abschnitt. Beziehungen zu Krankenhäusern und anderen Einrichtungen

§ 107 Krankenhäuser, Vorsorge- oder Rehabilitationseinrichtungen.

(1) Krankenhäuser im Sinne dieses Gesetzbuchs sind Einrichtungen, die
1. der Krankenhausbehandlung oder Geburtshilfe dienen,
2. fachlich-medizinisch unter ständiger ärztlicher Leitung stehen, über ausreichende, ihrem Versorgungsauftrag entsprechende diagnostische und therapeutische Möglichkeiten verfügen und nach wissenschaftlich anerkannten Methoden arbeiten,
3. mit Hilfe von jederzeit verfügbarem ärztlichem, Pflege-, Funktions- und medizinisch-technischem Personal darauf eingerichtet sind, vorwiegend durch ärztliche und pflegerische Hilfeleistung Krankheiten der Patienten zu erkennen, zu heilen, ihre Verschlimmerung zu verhüten, Krankheitsbeschwerden zu lindern oder Geburtshilfe zu leisten,

und in denen

4. die Patienten untergebracht und verpflegt werden können,

(2) Vorsorge- oder Rehabilitationseinrichtungen im Sinne dieses Gesetzbuchs sind Einrichtungen, die
1. der stationären Behandlung der Patienten dienen, um
   a) eine Schwächung der Gesundheit, die in absehbarer Zeit voraussichtlich zu einer Krankheit führen würde, zu beseitigen oder einer Gefährdung der gesundheitlichen Entwicklung eines Kindes entgegenzuwirken (Vorsorge) oder
   b) eine Krankheit zu heilen, ihre Verschlimmerung zu verhüten oder Krankheitsbeschwerden zu lindern oder im Anschluß an Krankenhausbehandlung den dabei erzielten Behandlungserfolg zu sichern oder zu festigen, auch mit dem Ziel, eine drohende Behinderung oder Pflegebedürf-

tigkeit abzuwenden, zu beseitigen, zu mindern, auszugleichen, ihre Verschlimmerung zu verhüten oder ihre Folgen zu mildern (Rehabilitation), wobei Leistungen der aktivierenden Pflege nicht von den Krankenkassen übernommen werden dürfen,

2. fachlich-medizinisch unter ständiger ärztlicher Verantwortung und unter Mitwirkung von besonders geschultem Personal darauf eingerichtet sind, den Gesundheitszustand der Patienten nach einem ärztlichen Behandlungsplan vorwiegend durch Anwendung von Heilmitteln einschließlich Krankengymnastik, Bewegungstherapie, Sprachtherapie oder Arbeits- und Beschäftigungstherapie, ferner durch andere geeignete Hilfen, auch durch geistige und seelische Einwirkungen, zu verbessern und den Patienten bei der Entwicklung eigener Abwehr- und Heilungskräfte zu helfen,

und in denen

3. die Patienten untergebracht und verpflegt werden können.

§§ 108–114 *(vom Abdruck wurde abgesehen)*

Siebter Abschnitt. Beziehungen zu Apotheken und pharmazeutischen Unternehmern

§ 129 *(vom Abdruck wurde abgesehen)*

§ 129a Krankenhausapotheken. ¹Die Krankenkassen oder ihre Verbände vereinbaren mit dem Träger des zugelassenen Krankenhauses das Nähere über die Abgabe verordneter Arzneimittel durch die Krankenhausapotheke an Versicherte, insbesondere die Höhe des für den Versicherten maßgeblichen Abgabepreises. ²Die nach § 300 Abs. 3 getroffenen Regelungen sind Teil der Vereinbarungen nach Satz 1. ³Eine Krankenhausapotheke darf verordnete Arzneimittel zu Lasten von Krankenkassen nur abgeben, wenn für sie eine Vereinbarung nach Satz 1 besteht.

§ 130 Rabatt. (1) Die Krankenkassen erhalten von den Apotheken für verschreibungspflichtige Fertigarzneimittel einen Abschlag von 2 Euro je Arzneimittel, für sonstige Arzneimittel einen Abschlag in Höhe von 5 vom Hundert auf den für den Versicherten maßgeblichen Arzneimittelabgabepreis.

(1a) ¹Der Abschlag nach Absatz 1 Satz 1 erster Halbsatz ist erstmalig mit Wirkung für das Kalenderjahr 2005 von den Vertragspartnern in der Vereinbarung nach § 129 Abs. 2 so anzupassen, dass die Summe der Vergütungen der Apotheken für die Abgabe verschreibungspflichtiger Arzneimittel leistungsgerecht ist unter Berücksichtigung von Art und Umfang der Leistungen und der Kosten der Apotheken bei wirtschaftlicher Betriebsführung. ²In der Vereinbarung für das Jahr 2005 nach Satz 1 sind Vergütungen der Apotheken, die sich aus einer Abweichung der Zahl der abgegebenen Packungen verschreibungspflichtiger Arzneimittel im Jahr 2004 gegenüber dem Jahr 2002 ergeben, auszugleichen.

(2) ¹Ist für das Arzneimittel ein Festbetrag nach § 35 oder § 35a festgesetzt, bemißt sich der Abschlag nach dem Festbetrag. ²Liegt der maßgebliche Arzneimittelabgabepreis nach Absatz 1 unter dem Festbetrag, bemißt sich der Abschlag nach dem niedrigeren Abgabepreis.

(3) ¹Die Gewährung des Abschlags setzt voraus, daß die Rechnung des Apothekers innerhalb von zehn Tagen nach Eingang bei der Krankenkasse beglichen wird. ²Das Nähere regelt der Rahmenvertrag nach § 129.

§ 130a Rabatte der pharmazeutischen Unternehmen. (1) ¹Die Krankenkassen erhalten von Apotheken für ab dem 1. Januar 2003 zu ihren Lasten abgegebene Arzneimittel einen Abschlag in Höhe von 6 vom Hundert des Herstellerabgabepreises. ²Pharmazeutische Unternehmen sind verpflichtet, den Apotheken den Abschlag zu erstatten. ³Soweit pharmazeutische Großhändler nach Absatz 5 bestimmt sind, sind pharmazeutische Unternehmen verpflichtet, den Abschlag den pharmazeutischen Großhändlern zu erstatten. ⁴Der Abschlag ist den Apotheken und pharmazeutischen Großhändlern innerhalb von zehn Tagen nach Geltendmachung des Anspruches zu erstatten.

(1a) Im Jahr 2004 beträgt abweichend von Absatz 1 Satz 1 der Abschlag für verschreibungspflichtige Arzneimittel 16 vom Hundert.

(2) ¹Ab dem 1. Januar 2003 bis zum 31. Dezember 2004 erhöht sich der Abschlag um den Betrag einer Erhöhung des Herstellerabgabepreises gegenüber dem Preisstand vom 1. Oktober 2002. ²Für Arzneimittel, die nach dem 1. Oktober 2002 erstmals in den Markt eingeführt werden, gilt Satz 1 mit der Maßgabe, dass der Preisstand der Markteinführung Anwendung findet.

(3) Die Absätze 1, 1a und 2 gelten nicht für Arzneimittel, für die ein Festbetrag auf Grund des § 35 oder des § 35a festgesetzt ist.

(4) Das Bundesministerium für Gesundheit und Soziale Sicherung hat nach einer Überprüfung der Erforderlichkeit der Abschläge nach den Absätzen 1 und 2 nach Maßgabe des Artikels 4 der Richtlinie 89/105/EWG des Rates vom 21. Dezember 1988 betreffend die Transparenz von Maßnahmen zur Regelung der Preisfestsetzung bei Arzneimitteln für den menschlichen Gebrauch und ihre Einbeziehung in die staatlichen Krankenversicherungssysteme die Abschläge durch Rechtsverordnung mit Zustimmung des Bundesrates aufzuheben oder zu verringern, wenn und soweit diese nach der gesamtwirtschaftlichen Lage, einschließlich ihrer Auswirkung auf die gesetzliche Krankenversicherung, nicht mehr gerechtfertigt sind.

(5) ¹Die Apotheke kann mit pharmazeutischen Großhändlern vereinbaren, den Abschlag mit pharmazeutischen Unternehmen abzurechnen. ²Bis zum 31. Dezember 2003 kann die Apotheke von demjenigen pharmazeutischen Großhändler, mit dem sie im ersten Halbjahr 2002 den größten Umsatz abgerechnet hat, verlangen, die Abrechnung mit pharmazeutischen Unternehmen nach Absatz 1 Satz 3 durchzuführen. ³Pharmazeutische Großhändler können zu diesem Zweck mit Apotheken Arbeitsgemeinschaften bilden. ⁴Einer Vereinbarung nach Satz 1 bedarf es nicht, soweit die pharmazeutischen Großhändler die von ihnen abgegebenen Arzneimittel mit einem maschinenlesbaren bundeseinheitlichen Kennzeichen für den abgebenden pharmazeutischen Großhändler versehen und die Apotheken dieses Kennzeichen bei der Abrechnung von Arzneimitteln nach § 300 erfassen. ⁵Die für die Wahrnehmung der wirtschaftlichen Interessen gebildeten maßgeblichen Spitzenorganisationen der Apotheker und der pharmazeutischen Großhändler regeln in einem gemeinsamen Rahmenvertrag das Nähere.

(6) ¹Zum Nachweis des Abschlags übermitteln die Apotheken die Arzneimittelkennzeichen über die abgegebenen Arzneimittel sowie deren Abgabeda-

tum auf der Grundlage der den Krankenkassen nach § 300 Abs. 1 übermittelten Angaben maschinenlesbar an die pharmazeutischen Unternehmen oder, bei einer Vereinbarung nach Absatz 5, an die pharmazeutischen Großhändler. ²Im Falle einer Regelung nach Absatz 5 Satz 4 ist zusätzlich das Kennzeichen für den pharmazeutischen Großhändler zu übermitteln. ³Die pharmazeutischen Unternehmen sind verpflichtet, die erforderlichen Angaben zur Bestimmung des Abschlags an die für die Wahrnehmung der wirtschaftlichen Interessen maßgeblichen Organisationen der Apotheker sowie die Spitzenverbände der Krankenkassen zur Erfüllung ihrer gesetzlichen Aufgaben auf maschinell lesbaren Datenträgern zu übermitteln. ⁴Die für die Wahrnehmung der wirtschaftlichen Interessen gebildeten maßgeblichen Spitzenorganisationen der Apotheker, der pharmazeutischen Großhändler und der pharmazeutischen Unternehmen können in einem gemeinsamen Rahmenvertrag das Nähere regeln.

(7) ¹Die Apotheke kann den Abschlag nach Ablauf der Frist nach Absatz 1 Satz 4 gegenüber pharmazeutischen Großhändlern verrechnen. ²Pharmazeutische Großhändler können den nach Satz 1 verrechneten Abschlag, auch in pauschalierter Form, gegenüber den pharmazeutischen Unternehmen verrechnen.

(8) ¹Die Krankenkassen oder ihre Verbände können mit pharmazeutischen Unternehmen zusätzlich zu den Abschlägen nach den Absätzen 1 und 2 Rabatte für die zu ihren Lasten abgegebenen Arzneimittel vereinbaren. ²Dabei kann auch ein jährliches Umsatzvolumen sowie eine Abstaffelung von Mehrerlösen gegenüber dem vereinbarten Umsatzvolumen vereinbart werden. ³Rabatte nach Satz 1 sind von den pharmazeutischen Unternehmen an die Krankenkassen zu vergüten. ⁴Eine Vereinbarung nach Satz 1 berührt Abschläge nach den Absätzen 1 und 2 nicht.

(9) Bei Streitigkeiten in Angelegenheiten dieser Vorschrift ist der Rechtsweg vor den Gerichten der Sozialgerichtsbarkeit gegeben.

§ 131 *(vom Abdruck wurde abgesehen)*

5. Sozialgesetzbuch (SGB) Sechstes Buch (VI)
– Gesetzliche Rentenversicherung –

In der Fassung der Bekanntmachung vom 19. Februar 2002[1]
(BGBl. I S. 754, ber. S. 1404, 3384)

FNA 860-6

zuletzt geänd. durch Art. 5 Kommunales OptionsG v. 30. 7. 2004 (BGBl. I S. 2014)

(Auszug)

Zweites Kapitel. Leistungen

Zweiter Abschnitt. Renten

Vierter Unterabschnitt. Zusammentreffen von Renten und Einkommen

§§ 89–92 *(vom Abdruck wurde abgesehen)*

§ 93 Rente und Leistungen aus der Unfallversicherung. (1) Besteht für denselben Zeitraum Anspruch

1. auf eine Rente aus eigener Versicherung und auf eine Verletztenrente aus der Unfallversicherung oder
2. auf eine Hinterbliebenenrente und eine entsprechende Hinterbliebenenrente aus der Unfallversicherung,

wird die Rente insoweit nicht geleistet, als die Summe der zusammentreffenden Rentenbeträge vor Einkommensanrechnung den jeweiligen Grenzbetrag übersteigt.

(2) Bei der Ermittlung der Summe der zusammentreffenden Rentenbeträge bleiben unberücksichtigt

1. bei dem Monatsteilbetrag der Rente, der auf persönlichen Entgeltpunkten der knappschaftlichen Rentenversicherung beruht,
   a) der auf den Leistungszuschlag für ständige Arbeiten unter Tage entfallende Anteil und
   b) 15 vom Hundert des verbleibenden Anteils,
2. bei der Verletztenrente aus der Unfallversicherung
   a) der Betrag, der bei gleichem Grad der Minderung der Erwerbsfähigkeit als Grundrente nach § 31 in Verbindung mit § 84a Satz 1 und 2 des Bundesversorgungsgesetzes geleistet würde, bei einer Minderung der Erwerbsfähigkeit um 20 vom Hundert zwei Drittel der Mindestgrundrente,

---

[1] Neubekanntmachung des SGB VI vom 18. 12. 1989 (BGBl. I S. 2261, ber. 1990 I S. 1337) in der ab 1. 1. 2002 geltenden Fassung.

bei einer Minderung der Erwerbsfähigkeit um 10 vom Hundert ein Drittel der Mindestgrundrente, und

b) je 16,67 vom Hundert des aktuellen Rentenwerts für jeden Prozentpunkt der Minderung der Erwerbsfähigkeit, wenn diese mindestens 60 vom Hundert beträgt und die Rente aufgrund einer entschädigungspflichtigen Berufskrankheit nach den Nummern 4101, 4102 oder 4111 der Anlage zur Berufskrankheiten-Verordnung vom 31. Oktober 1997 geleistet wird.

(3) [1]Der Grenzbetrag beträgt 70 vom Hundert eines Zwölftels des Jahresarbeitsverdienstes, der der Berechnung der Rente aus der Unfallversicherung zugrunde liegt, vervielfältigt mit dem jeweiligen Rentenartfaktor für persönliche Entgeltpunkte der Rentenversicherung der Arbeiter und der Angestellten; bei einer Rente für Bergleute beträgt der Faktor 0,4. [2]Mindestgrenzbetrag ist der Monatsbetrag der Rente ohne die Beträge nach Absatz 2 Nr. 1.

(4) [1]Die Absätze 1 bis 3 werden auch angewendet,

1. soweit an die Stelle der Rente aus der Unfallversicherung eine Abfindung getreten ist,

2. soweit die Rente aus der Unfallversicherung für die Dauer einer Heimpflege gekürzt worden ist,

3. wenn nach § 10 Abs. 1 des Entwicklungshelfer-Gesetzes eine Leistung erbracht wird, die einer Rente aus der Unfallversicherung vergleichbar ist,

4. wenn von einem Träger mit Sitz im Ausland eine Rente wegen eines Arbeitsunfalls oder einer Berufskrankheit geleistet wird, die einer Rente aus der Unfallversicherung nach diesem Gesetzbuch vergleichbar ist.

[2]Die Abfindung tritt für den Zeitraum, für den sie bestimmt ist, an die Stelle der Rente. [3]Im Fall des Satzes 1 Nr. 4 wird als Jahresarbeitsverdienst der 18fache Monatsbetrag der Rente wegen Arbeitsunfalls oder Berufskrankheit zugrunde gelegt. [4]Wird die Rente für eine Minderung der Erwerbsfähigkeit von weniger als 100 vom Hundert geleistet, ist von dem Rentenbetrag auszugehen, der sich für eine Minderung der Erwerbsfähigkeit von 100 vom Hundert ergeben würde.

(5) [1]Die Absätze 1 bis 4 werden nicht angewendet, wenn die Rente aus der Unfallversicherung

1. für einen Versicherungsfall geleistet wird, der sich nach Rentenbeginn oder nach Eintritt der für die Rente maßgebenden Minderung der Erwerbsfähigkeit ereignet hat, oder

2. ausschließlich nach dem Arbeitseinkommen des Unternehmers oder seines Ehegatten oder Lebenspartners oder nach einem festen Betrag, der für den Unternehmer oder seinen Ehegatten oder Lebenspartner bestimmt ist, berechnet wird.

[2]Als Zeitpunkt des Versicherungsfalls gilt bei Berufskrankheiten der letzte Tag, an dem der Versicherte versicherte Tätigkeiten verrichtet hat, die ihrer Art nach geeignet waren, die Berufskrankheit zu verursachen. [3]Satz 1 Nr. 1 gilt nicht für Hinterbliebenenrenten.

§§ 94–96a *(vom Abdruck wurde abgesehen)*

§ 97 Einkommensanrechnung auf Renten wegen Todes. (1) ¹Einkommen (§§ 18a bis 18e Viertes Buch¹⁾) von Berechtigten, das mit einer
1. Witwenrente oder Witwerrente,
2. Erziehungsrente oder
3. Waisenrente an ein über 18 Jahre altes Kind

zusammentrifft, wird hierauf angerechnet. ²Dies gilt nicht bei Witwenrenten oder Witwerrenten, solange deren Rentenartfaktor mindestens 1,0 beträgt.

(2) ¹Anrechenbar ist das Einkommen, das monatlich
1. bei Witwenrenten, Witwerrenten oder Erziehungsrenten das 26,4fache des aktuellen Rentenwerts,
2. bei Waisenrenten das 17,6fache des aktuellen Rentenwerts

übersteigt. ²Das nicht anrechenbare Einkommen erhöht sich um das 5,6fache des aktuellen Rentenwerts für jedes Kind des Berechtigten, das Anspruch auf Waisenrente hat oder nur deshalb nicht hat, weil es nicht ein Kind des Verstorbenen ist. ³Von dem danach verbleibenden anrechenbaren Einkommen werden 40 vom Hundert angerechnet. ⁴Führt das Einkommen auch zur Kürzung oder zum Wegfall einer vergleichbaren Rente in einem Staat, in dem die Verordnung (EWG) Nr. 1408/71 Anwendung findet, ist der anrechenbare Betrag mit dem Teil zu berücksichtigen, der dem Verhältnis entspricht, in dem die Entgeltpunkte für Zeiten im Inland zu den Entgeltpunkten für alle im Geltungsbereich dieser Verordnung zurückgelegten Zeiten stehen; dieses Verhältnis bestimmt sich nach der in Artikel 46 Abs. 2 Buchstabe b dieser Verordnung vorgesehenen Berechnung.

(3) ¹Für die Einkommensanrechnung ist bei Anspruch auf mehrere Renten folgende Rangfolge maßgebend:
1. Waisenrente,
2. Witwenrente oder Witwerrente,
3. Witwenrente oder Witwerrente nach dem vorletzten Ehegatten.

²Die Einkommensanrechnung auf eine Hinterbliebenenrente aus der Unfallversicherung hat Vorrang vor der Einkommensanrechnung auf eine entsprechende Rente wegen Todes. ³Das auf eine Hinterbliebenenrente anzurechnende Einkommen mindert sich um den Betrag, der bereits zu einer Einkommensanrechnung auf eine vorrangige Hinterbliebenenrente geführt hat.

(4) Trifft eine Erziehungsrente mit einer Hinterbliebenenrente zusammen, ist der Einkommensanrechnung auf die Hinterbliebenenrente das Einkommen zugrunde zu legen, das sich nach Durchführung der Einkommensanrechnung auf die Erziehungsrente ergibt.

§ 98 Reihenfolge bei der Anwendung von Berechnungsvorschriften.
¹Für die Berechnung einer Rente, deren Leistung sich aufgrund eines Versorgungsausgleichs, eines Rentensplittings unter Ehegatten, eines Aufenthalts von Berechtigten im Ausland oder aufgrund eines Zusammentreffens mit Renten oder mit sonstigem Einkommen erhöht, mindert oder entfällt, sind, soweit nichts anderes bestimmt ist, die entsprechenden Vorschriften in folgender Reihenfolge anzuwenden:
1. Versorgungsausgleich und Rentensplitting unter Ehegatten,
2. Leistungen an Berechtigte im Ausland,

---

¹⁾ Nr. 3.

3. Aufteilung von Witwenrenten oder Witwerrenten auf mehrere Berechtigte,
4. Waisenrente und andere Leistungen an Waisen,
5. Rente und Leistungen aus der Unfallversicherung,
6. Witwenrente und Witwerrente nach dem vorletzten Ehegatten und Ansprüche infolge Auflösung der letzten Ehe,
7. Renten aus eigener Versicherung und sonstiges Einkommen,
7a. Renten wegen verminderter Erwerbsfähigkeit und Hinzuverdienst,
8. Einkommensanrechnung auf Renten wegen Todes,
9. mehrere Rentenansprüche.

²Einkommen, das bei der Berechnung einer Rente aufgrund einer Regelung über das Zusammentreffen von Renten und Einkommen bereits berücksichtigt wurde, wird bei der Berechnung dieser Rente aufgrund einer weiteren solchen Regelung nicht nochmals berücksichtigt.

6. Sozialgesetzbuch (SGB) Neuntes Buch (IX) – Rehabilitation und Teilhabe behinderter Menschen –[1)]

Vom 19. Juni 2001
(BGBl. I S. 1046)

FNA 860-9

zuletzt geänd. durch Art. 1 Schwerbehinderten-AusbildungsförderungsG v. 23. 4. 2004 (BGBl. I S. 606)

(Auszug)

Teil 1. Regelungen für behinderte und von Behinderung bedrohte Menschen

Kapitel 2. Ausführung von Leistungen zur Teilhabe

§ 17 Ausführung von Leistungen, Persönliches Budget. (1) [1]Der zuständige Rehabilitationsträger kann Leistungen zur Teilhabe
1. allein oder gemeinsam mit anderen Leistungsträgern,
2. durch andere Leistungsträger oder
3. unter Inanspruchnahme von geeigneten, insbesondere auch freien und gemeinnützigen oder privaten Rehabilitationsdiensten und -einrichtungen (§ 19)

ausführen. [2]Er bleibt für die Ausführung der Leistungen verantwortlich. [3]Satz 1 gilt insbesondere dann, wenn der Rehabilitationsträger die Leistung dadurch wirksamer oder wirtschaftlicher erbringen kann.

(2) [1]Auf Antrag können Leistungen zur Teilhabe auch durch ein monatliches Persönliches Budget ausgeführt werden, um den Leistungsberechtigten in eigener Verantwortung ein möglichst selbstbestimmtes Leben zu ermöglichen. [2]Bei der Ausführung des Persönlichen Budgets sind nach Maßgabe des individuell festgestellten Bedarfs die Rehabilitationsträger, die Pflegekassen und die Integrationsämter beteiligt. [3]Das Persönliche Budget wird von den beteiligten Leistungsträgern trägerübergreifend als Komplexleistung erbracht. [4]Budgetfähige Leistungen sind Leistungen, die sich auf alltägliche, regelmäßig wiederkehrende und regiefähige Bedarfe beziehen und als Geldleistungen oder durch Gutscheine erbracht werden können. [5]Eine Pauschalierung weiterer Leistungen bleibt unberührt. [6]An die Entscheidung ist der Antragsteller für die Dauer von sechs Monaten gebunden.

(3) [1]Persönliche Budgets werden in der Regel als Geldleistung ausgeführt. [2]In begründeten Fällen sind Gutscheine auszugeben. [3]Persönliche Budgets werden im Verfahren nach § 10 so bemessen, dass der individuell festgestellte

---

[1)] Verkündet als Art. 1 G v. 19. 1. 2001 (BGBl. I S. 1046); Inkrafttreten gem. Art. 68 Abs. 1 dieses G am 1. 7. 2001, mit Ausnahme von § 56, der gem. Abs. 2 bereits am 1. 7. 2000 und § 50 Abs. 3 und § 144 Abs. 2, die gem. Abs. 4 bereits am 23. 6. 2001 in Kraft getreten sind.

Bedarf gedeckt wird und die erforderliche Beratung und Unterstützung erfolgen kann. ⁴Dabei soll die Höhe des Persönlichen Budgets die Kosten aller bisher individuell festgestellten, ohne das Persönliche Budget zu erbringenden Leistungen nicht überschreiten.

(4) Enthält das Persönliche Budget Leistungen mehrerer Leistungsträger, erlässt der nach § 14 erstangegangene und beteiligte Leistungsträger im Auftrag und im Namen der anderen beteiligten Leistungsträger den Verwaltungsakt und führt das weitere Verfahren durch.

(5) § 17 Abs. 3 in der am 30. Juni 2004 geltenden Fassung findet auf Modellvorhaben zur Erprobung der Einführung Persönlicher Budgets weiter Anwendung, die vor Inkrafttreten dieses Gesetzes begonnen haben.

(6) ¹In der Zeit vom 1. Juli 2004 bis zum 31. Dezember 2007 werden Persönliche Budgets erprobt. ²Dabei sollen insbesondere modellhaft Verfahren zur Bemessung von budgetfähigen Leistungen in Geld und die Weiterentwicklung von Versorgungsstrukturen unter wissenschaftlicher Begleitung und Auswertung erprobt werden.

§ 18 Leistungsort. ¹Sachleistungen können auch im Ausland erbracht werden, wenn sie dort bei zumindest gleicher Qualität und Wirksamkeit wirtschaftlicher ausgeführt werden können. ²Leistungen zur Teilhabe am Arbeitsleben können im grenznahen Ausland auch ausgeführt werden, wenn sie für die Aufnahme oder Ausübung einer Beschäftigung oder selbständigen Tätigkeit erforderlich sind.

§ 19 Rehabilitationsdienste und -einrichtungen. (1) ¹Die Rehabilitationsträger wirken gemeinsam unter Beteiligung der Bundesregierung und der Landesregierungen darauf hin, dass die fachlich und regional erforderlichen Rehabilitationsdienste und -einrichtungen in ausreichender Zahl und Qualität zur Verfügung stehen. ²Dabei achten sie darauf, dass für eine ausreichende Zahl solcher Rehabilitationsdienste und -einrichtungen Zugangs- und Kommunikationsbarrieren nicht bestehen. ³Die Verbände behinderter Menschen einschließlich der Verbände der Freien Wohlfahrtspflege, der Selbsthilfegruppen und der Interessenvertretungen behinderter Frauen sowie die für die Wahrnehmung der Interessen der ambulanten und stationären Rehabilitationseinrichtungen auf Bundesebene maßgeblichen Spitzenverbände werden beteiligt.

(2) Soweit die Ziele nach Prüfung des Einzelfalls mit vergleichbarer Wirksamkeit erreichbar sind, werden Leistungen unter Berücksichtigung der persönlichen Umstände in ambulanter, teilstationärer oder betrieblicher Form und gegebenenfalls unter Einbeziehung familienentlastender und -unterstützender Dienste erbracht.

(3) Bei Leistungen an behinderte oder von einer Behinderung bedrohte Kinder wird eine gemeinsame Betreuung behinderter und nichtbehinderter Kinder angestrebt.

(4) ¹Nehmen Rehabilitationsträger zur Ausführung von Leistungen besondere Dienste (Rehabilitationsdienste) oder Einrichtungen (Rehabilitationseinrichtungen) in Anspruch, erfolgt die Auswahl danach, welcher Dienst oder welche Einrichtung die Leistung in der am besten geeigneten Form ausführt; dabei werden Dienste und Einrichtungen freier oder gemeinnütziger Träger

entsprechend ihrer Bedeutung für die Rehabilitation und Teilhabe behinderter Menschen berücksichtigt und die Vielfalt der Träger von Rehabilitationsdiensten oder -einrichtungen gewahrt sowie deren Selbständigkeit, Selbstverständnis und Unabhängigkeit beachtet. [2]§ 35 Abs. 1 Satz 2 Nr. 4 ist anzuwenden.

(5) Rehabilitationsträger können nach den für sie geltenden Rechtsvorschriften Rehabilitationsdienste oder -einrichtungen fördern, wenn dies zweckmäßig ist und die Arbeit dieser Dienste oder Einrichtungen in anderer Weise nicht sichergestellt werden kann.

(6) Rehabilitationsdienste und -einrichtungen mit gleicher Aufgabenstellung sollen Arbeitsgemeinschaften bilden.

§ 20 Qualitätssicherung. (1) [1]Die Rehabilitationsträger nach § 6 Abs. 1 Nr. 1 bis 5 vereinbaren gemeinsame Empfehlungen zur Sicherung und Weiterentwicklung der Qualität der Leistungen, insbesondere zur barrierefreien Leistungserbringung, sowie für die Durchführung vergleichender Qualitätsanalysen als Grundlage für ein effektives Qualitätsmanagement der Leistungserbringer. [2]§ 13 Abs. 4 ist entsprechend anzuwenden. [3]Die Rehabilitationsträger nach § 6 Abs. 1 Nr. 6 und 7 können den Empfehlungen beitreten.

(2) Die Erbringer von Leistungen stellen ein Qualitätsmanagement sicher, das durch zielgerichtete und systematische Verfahren und Maßnahmen die Qualität der Versorgung gewährleistet und kontinuierlich verbessert.

(3) [1]Die Bundesarbeitsgemeinschaft für Rehabilitation bereitet die Empfehlungen nach Absatz 1 vor. [2]Sie beteiligt die Verbände behinderter Menschen einschließlich der Verbände der Freien Wohlfahrtspflege, der Selbsthilfegruppen und der Interessenvertretungen behinderter Frauen sowie die nach § 19 Abs. 6 gebildeten Arbeitsgemeinschaften und die für die Wahrnehmung der Interessen der ambulanten und stationären Rehabilitationseinrichtungen auf Bundesebene maßgeblichen Spitzenverbände. [3]Deren Anliegen wird bei der Ausgestaltung der Empfehlungen nach Möglichkeit Rechnung getragen.

(4) § 13 Abs. 3 ist entsprechend anzuwenden für Vereinbarungen auf Grund gesetzlicher Vorschriften für die Rehabilitationsträger.

§ 21 Verträge mit Leistungserbringern. (1) Die Verträge über die Ausführung von Leistungen durch Rehabilitationsdienste und -einrichtungen, die nicht in der Trägerschaft eines Rehabilitationsträgers stehen, enthalten insbesondere Regelungen über

1. Qualitätsanforderungen an die Ausführung der Leistungen, das beteiligte Personal und die begleitenden Fachdienste,
2. Übernahme von Grundsätzen der Rehabilitationsträger zur Vereinbarung von Vergütungen,
3. Rechte und Pflichten der Teilnehmer, soweit sich diese nicht bereits aus dem Rechtsverhältnis ergeben, das zwischen ihnen und dem Rehabilitationsträger besteht,
4. angemessene Mitwirkungsmöglichkeiten der Teilnehmer an der Ausführung der Leistungen,
5. Geheimhaltung personenbezogener Daten sowie
6. die Beschäftigung eines angemessenen Anteils behinderter, insbesondere schwerbehinderter Frauen.

(2) ¹Die Rehabilitationsträger wirken darauf hin, dass die Verträge nach einheitlichen Grundsätzen abgeschlossen werden; sie können über den Inhalt der Verträge gemeinsame Empfehlungen nach § 13 sowie Rahmenverträge mit den Arbeitsgemeinschaften der Rehabilitationsdienste und -einrichtungen vereinbaren. ²Der Bundesbeauftragte für den Datenschutz wird beteiligt.

(3) Verträge mit fachlich nicht geeigneten Diensten oder Einrichtungen werden gekündigt.

(4) Absatz 1 Nr. 1 und 3 bis 6 wird für eigene Einrichtungen der Rehabilitationsträger entsprechend angewendet.

§ 21a Verordnungsermächtigung. Das Bundesministerium für Gesundheit und Soziale Sicherung wird ermächtigt, durch Rechtsverordnung mit Zustimmung des Bundesrates Näheres zum Inhalt und Ausführung des Persönlichen Budgets, zum Verfahren sowie zur Zuständigkeit bei Beteiligung mehrerer Leistungsträger zu regeln.

Kapitel 3. Gemeinsame Servicestellen

§§ 22–25 *(vom Abdruck wurde abgesehen)*

Kapitel 4. Leistungen zur medizinischen Rehabilitation

§ 26 Leistungen zur medizinischen Rehabilitation. (1) Zur medizinischen Rehabilitation behinderter und von Behinderung bedrohter Menschen werden die erforderlichen Leistungen erbracht, um
1. Behinderungen einschließlich chronischer Krankheiten abzuwenden, zu beseitigen, zu mindern, auszugleichen, eine Verschlimmerung zu verhüten oder
2. Einschränkungen der Erwerbsfähigkeit und Pflegebedürftigkeit zu vermeiden, zu überwinden, zu mindern, eine Verschlimmerung zu verhüten sowie den vorzeitigen Bezug von laufenden Sozialleistungen zu vermeiden oder laufende Sozialleistungen zu mindern.

(2) Leistungen zur medizinischen Rehabilitation umfassen insbesondere
1. Behandlung durch Ärzte, Zahnärzte und Angehörige anderer Heilberufe, soweit deren Leistungen unter ärztlicher Aufsicht oder auf ärztliche Anordnung ausgeführt werden, einschließlich der Anleitung, eigene Heilungskräfte zu entwickeln,
2. Früherkennung und Frühförderung behinderter und von Behinderung bedrohter Kinder,
3. Arznei- und Verbandmittel,
4. Heilmittel einschließlich physikalischer, Sprach- und Beschäftigungstherapie,
5. Psychotherapie als ärztliche und psychotherapeutische Behandlung,
6. Hilfsmittel,
7. Belastungserprobung und Arbeitstherapie.

(3) Bestandteil der Leistungen nach Absatz 1 sind auch medizinische, psychologische und pädagogische Hilfen, soweit diese Leistungen im Einzelfall erforderlich sind, um die in Absatz 1 genannten Ziele zu erreichen oder zu si-

chern und Krankheitsfolgen zu vermeiden, zu überwinden, zu mindern oder ihre Verschlimmerung zu verhüten, insbesondere
1. Hilfen zur Unterstützung bei der Krankheits- und Behinderungsverarbeitung,
2. Aktivierung von Selbsthilfepotentialen,
3. mit Zustimmung der Leistungsberechtigten Information und Beratung von Partnern und Angehörigen sowie von Vorgesetzten und Kollegen,
4. Vermittlung von Kontakten zu örtlichen Selbsthilfe- und Beratungsmöglichkeiten,
5. Hilfen zur seelischen Stabilisierung und zur Förderung der sozialen Kompetenz, unter anderem durch Training sozialer und kommunikativer Fähigkeiten und im Umgang mit Krisensituationen,
6. Training lebenspraktischer Fähigkeiten,
7. Anleitung und Motivation zur Inanspruchnahme von Leistungen der medizinischen Rehabilitation.

§ 27 Krankenbehandlung und Rehabilitation. Die in § 26 Abs. 1 genannten Ziele sowie § 10 gelten auch bei Leistungen der Krankenbehandlung.

§ 28 Stufenweise Wiedereingliederung. Können arbeitsunfähige Leistungsberechtigte nach ärztlicher Feststellung ihre bisherige Tätigkeit teilweise verrichten und können sie durch eine stufenweise Wiederaufnahme ihrer Tätigkeit voraussichtlich besser wieder in das Erwerbsleben eingegliedert werden, sollen die medizinischen und die sie ergänzenden Leistungen entsprechend dieser Zielsetzung erbracht werden.

§ 29 Förderung der Selbsthilfe. Selbsthilfegruppen, -organisationen und -kontaktstellen, die sich die Prävention, Rehabilitation, Früherkennung, Behandlung und Bewältigung von Krankheiten und Behinderungen zum Ziel gesetzt haben, sollen nach einheitlichen Grundsätzen gefördert werden.

§ 30 Früherkennung und Frühförderung. (1) [1]Die medizinischen Leistungen zur Früherkennung und Frühförderung behinderter und von Behinderung bedrohter Kinder nach § 26 Abs. 2 Nr. 2 umfassen auch
1. die medizinischen Leistungen der mit dieser Zielsetzung fachübergreifend arbeitenden Dienste und Einrichtungen,
2. nichtärztliche sozialpädiatrische, psychologische, heilpädagogische, psychosoziale Leistungen und die Beratung der Erziehungsberechtigten, auch in fachübergreifend arbeitenden Diensten und Einrichtungen, wenn sie unter ärztlicher Verantwortung erbracht werden und erforderlich sind, um eine drohende oder bereits eingetretene Behinderung zum frühestmöglichen Zeitpunkt zu erkennen und einen individuellen Behandlungsplan aufzustellen.
[2]Leistungen nach Satz 1 werden als Komplexleistung in Verbindung mit heilpädagogischen Leistungen (§ 56) erbracht.
(2) Leistungen zur Früherkennung und Frühförderung behinderter und von Behinderung bedrohter Kinder umfassen des Weiteren nichtärztliche therapeutische, psychologische, heilpädagogische, sonderpädagogische, psychosoziale Leistungen und die Beratung der Erziehungsberechtigten durch inter-

disziplinäre Frühförderstellen, wenn sie erforderlich sind, um eine drohende oder bereits eingetretene Behinderung zum frühestmöglichen Zeitpunkt zu erkennen oder die Behinderung durch gezielte Förder- und Behandlungsmaßnahmen auszugleichen oder zu mildern.

(3) ¹Zur Abgrenzung der in den Absätzen 1 und 2 genannten Leistungen und der sonstigen Leistungen dieser Dienste und Einrichtungen, zur Übernahme oder Teilung der Kosten zwischen den beteiligten Rehabilitationsträgern, zur Vereinbarung und Abrechnung der Entgelte sowie zur Finanzierung werden gemeinsame Empfehlungen vereinbart; § 13 Abs. 3, 4 und 6 gilt entsprechend. ²Landesrecht kann vorsehen, dass an der Komplexleistung weitere Stellen, insbesondere die Kultusverwaltung, zu beteiligen sind. ³In diesem Fall ist eine Erweiterung der gemeinsamen Empfehlungen anzustreben.

§ 31 Hilfsmittel. (1) Hilfsmittel (Körperersatzstücke sowie orthopädische und andere Hilfsmittel) nach § 26 Abs. 2 Nr. 6 umfassen die Hilfen, die von den Leistungsempfängern getragen oder mitgeführt oder bei einem Wohnungswechsel mitgenommen werden können und unter Berücksichtigung der Umstände des Einzelfalles erforderlich sind, um

1. einer drohenden Behinderung vorzubeugen,
2. den Erfolg einer Heilbehandlung zu sichern oder
3. eine Behinderung bei der Befriedigung von Grundbedürfnissen des täglichen Lebens auszugleichen, soweit sie nicht allgemeine Gebrauchsgegenstände des täglichen Lebens sind.

(2) Der Anspruch umfasst auch die notwendige Änderung, Instandhaltung, Ersatzbeschaffung sowie die Ausbildung im Gebrauch der Hilfsmittel. Der Rehabilitationsträger soll

1. vor einer Ersatzbeschaffung prüfen, ob eine Änderung oder Instandsetzung von bisher benutzten Hilfsmitteln wirtschaftlicher und gleich wirksam ist,
2. die Bewilligung der Hilfsmittel davon abhängig machen, dass die behinderten Menschen sie sich anpassen oder sich in ihrem Gebrauch ausbilden lassen.

(3) Wählen Leistungsempfänger ein geeignetes Hilfsmittel in einer aufwendigeren Ausführung als notwendig, tragen sie die Mehrkosten selbst.

(4) ¹Hilfsmittel können auch leihweise überlassen werden. ²In diesem Fall gelten die Absätze 2 und 3 entsprechend.

§ 32 Verordnungsermächtigungen. Das Bundesministerium für Gesundheit und Soziale Sicherung wird ermächtigt, durch Rechtsverordnung mit Zustimmung des Bundesrates

1. Näheres zur Abgrenzung der in § 30 Abs. 1 und 2 genannten Leistungen und der sonstigen Leistungen dieser Dienste und Einrichtungen, zur Übernahme oder Teilung der Kosten zwischen den beteiligten Rehabilitationsträgern, zur Vereinbarung und Abrechnung der Entgelte sowie zur Finanzierung zu regeln, wenn gemeinsame Empfehlungen nach § 30 Abs. 3 nicht innerhalb von sechs Monaten, nachdem das Bundesministerium für Gesundheit und Soziale Sicherung dazu aufgefordert haben[1)], vereinbart oder

---

[1)] Richtig wohl: „hat".

unzureichend gewordene Empfehlungen nicht innerhalb dieser Frist geändert worden sind,
2. Näheres zur Auswahl der im Einzelfall geeigneten Hilfsmittel, insbesondere zum Verfahren, zur Eignungsprüfung, Dokumentation und leihweisen Überlassung der Hilfsmittel sowie zur Zusammenarbeit der anderen Rehabilitationsträger mit den orthopädischen Versorgungsstellen zu regeln.

Kapitel 5. Leistungen zur Teilhabe am Arbeitsleben

§ 33 Leistungen zur Teilhabe am Arbeitsleben. (1) Zur Teilhabe am Arbeitsleben werden die erforderlichen Leistungen erbracht, um die Erwerbsfähigkeit behinderter oder von Behinderung bedrohter Menschen entsprechend ihrer Leistungsfähigkeit zu erhalten, zu verbessern, herzustellen oder wiederherzustellen und ihre Teilhabe am Arbeitsleben möglichst auf Dauer zu sichern.

(2) Behinderten Frauen werden gleiche Chancen im Erwerbsleben gesichert, insbesondere durch in der beruflichen Zielsetzung geeignete, wohnortnahe und auch in Teilzeit nutzbare Angebote.

(3) Die Leistungen umfassen insbesondere
1. Hilfen zur Erhaltung oder Erlangung eines Arbeitsplatzes einschließlich Leistungen zur Beratung und Vermittlung, Trainingsmaßnahmen und Mobilitätshilfen,
2. Berufsvorbereitung einschließlich einer wegen der Behinderung erforderlichen Grundausbildung,
3. berufliche Anpassung und Weiterbildung, auch soweit die Leistungen einen zur Teilnahme erforderlichen schulischen Abschluss einschließen,
4. berufliche Ausbildung, auch soweit die Leistungen in einem zeitlich nicht überwiegenden Abschnitt schulisch durchgeführt werden,
5. Überbrückungsgeld entsprechend § 57 des Dritten Buches durch die Rehabilitationsträger nach § 6 Abs. 1 Nr. 2 bis 5,
6. sonstige Hilfen zur Förderung der Teilhabe am Arbeitsleben, um behinderten Menschen eine angemessene und geeignete Beschäftigung oder eine selbständige Tätigkeit zu ermöglichen und zu erhalten.

(4) ¹Bei der Auswahl der Leistungen werden Eignung, Neigung, bisherige Tätigkeit sowie Lage und Entwicklung auf dem Arbeitsmarkt angemessen berücksichtigt. ²Soweit erforderlich, wird dabei die berufliche Eignung abgeklärt oder eine Arbeitserprobung durchgeführt; in diesem Fall werden die Kosten nach Absatz 7, Reisekosten nach § 53 sowie Haushaltshilfe und Kinderbetreuungskosten nach § 54 übernommen.

(5) Die Leistungen werden auch für Zeiten notwendiger Praktika erbracht.

(6) Die Leistungen umfassen auch medizinische, psychologische und pädagogische Hilfen, soweit diese Leistungen im Einzelfall erforderlich sind, um die in Absatz 1 genannten Ziele zu erreichen oder zu sichern und Krankheitsfolgen zu vermeiden, zu überwinden, zu mindern oder ihre Verschlimmerung zu verhüten, insbesondere
1. Hilfen zur Unterstützung bei der Krankheits- und Behinderungsverarbeitung,
2. Aktivierung von Selbsthilfepotentialen,

3. mit Zustimmung der Leistungsberechtigten Information und Beratung von Partnern und Angehörigen sowie von Vorgesetzten und Kollegen,
4. Vermittlung von Kontakten zu örtlichen Selbsthilfe- und Beratungsmöglichkeiten,
5. Hilfen zur seelischen Stabilisierung und zur Förderung der sozialen Kompetenz, unter anderem durch Training sozialer und kommunikativer Fähigkeiten und im Umgang mit Krisensituationen,
6. Training lebenspraktischer Fähigkeiten,
7. Anleitung und Motivation zur Inanspruchnahme von Leistungen zur Teilhabe am Arbeitsleben,
8. Beteiligung von Integrationsfachdiensten im Rahmen ihrer Aufgabenstellung (§ 110).

(7) Zu den Leistungen gehört auch die Übernahme

1. der erforderlichen Kosten für Unterkunft und Verpflegung, wenn für die Ausführung einer Leistung eine Unterbringung außerhalb des eigenen oder des elterlichen Haushalts wegen Art oder Schwere der Behinderung oder zur Sicherung des Erfolges der Teilhabe notwendig ist,
2. der erforderlichen Kosten, die mit der Ausführung einer Leistung in unmittelbarem Zusammenhang stehen, insbesondere für Lehrgangskosten, Prüfungsgebühren, Lernmittel, Arbeitskleidung und Arbeitsgerät.

(8) [1]Leistungen nach Absatz 3 Nr. 1 und 6 umfassen auch

1. Kraftfahrzeughilfe nach der Kraftfahrzeughilfe-Verordnung[1)],
2. den Ausgleich unvermeidbaren Verdienstausfalls des behinderten Menschen oder einer erforderlichen Begleitperson wegen Fahrten der An- und Abreise zu einer Bildungsmaßnahme und zur Vorstellung bei einem Arbeitgeber, einem Träger oder einer Einrichtung für behinderte Menschen durch die Rehabilitationsträger nach § 6 Abs. 1 Nr. 2 bis 5,
3. die Kosten einer notwendigen Arbeitsassistenz für schwerbehinderte Menschen als Hilfe zur Erlangung eines Arbeitsplatzes,
4. Kosten für Hilfsmittel, die wegen Art oder Schwere der Behinderung zur Berufsausübung, zur Teilnahme an einer Leistung zur Teilhabe am Arbeitsleben oder zur Erhöhung der Sicherheit auf dem Weg vom und zum Arbeitsplatz und am Arbeitsplatz erforderlich sind, es sei denn, dass eine Verpflichtung des Arbeitgebers besteht oder solche Leistungen als medizinische Leistung erbracht werden können,
5. Kosten technischer Arbeitshilfen, die wegen Art oder Schwere der Behinderung zur Berufsausübung erforderlich sind und
6. Kosten der Beschaffung, der Ausstattung und der Erhaltung einer behinderungsgerechten Wohnung in angemessenem Umfang.

[2]Die Leistung nach Satz 1 Nr. 3 wird für die Dauer von bis zu drei Jahren erbracht und in Abstimmung mit dem Rehabilitationsträger nach § 6 Abs. 1 Nr. 1 bis 5 durch das Integrationsamt nach § 102 Abs. 4 ausgeführt. [3]Der Rehabilitationsträger erstattet dem Integrationsamt seine Aufwendungen. [4]Der Anspruch nach § 102 Abs. 4 bleibt unberührt.

[1)] Nr. 11.

9. Buch. Rehabilitation u. Teilhabe **§§ 34, 35 SGB IX 6**

§ 34 Leistungen an Arbeitgeber. (1) ¹Die Rehabilitationsträger nach § 6 Abs. 1 Nr. 2 bis 5 können Leistungen zur Teilhabe am Arbeitsleben auch an Arbeitgeber erbringen, insbesondere als
1. Ausbildungszuschüsse zur betrieblichen Ausführung von Bildungsleistungen,
2. Eingliederungszuschüsse,
3. Zuschüsse für Arbeitshilfen im Betrieb,
4. teilweise oder volle Kostenerstattung für eine befristete Probebeschäftigung.
²Die Leistungen können unter Bedingungen und Auflagen erbracht werden.

(2) Ausbildungszuschüsse nach Absatz 1 Satz 1 Nr. 1 können für die gesamte Dauer der Maßnahme geleistet werden und sollen bei Ausbildungsmaßnahmen die von den Arbeitgebern im letzten Ausbildungsjahr zu zahlenden monatlichen Ausbildungsvergütungen nicht übersteigen.

(3) ¹Eingliederungszuschüsse nach Absatz 1 Satz 1 Nr. 2 betragen höchstens 50 vom Hundert der vom Arbeitgeber regelmäßig gezahlten Entgelte, soweit sie die tariflichen Arbeitsentgelte oder, wenn eine tarifliche Regelung nicht besteht, die für vergleichbare Tätigkeiten ortsüblichen Arbeitsentgelte im Rahmen der Beitragsbemessungsgrenze in der Arbeitsförderung nicht übersteigen; die Leistungen sollen im Regelfall für nicht mehr als ein Jahr geleistet werden. ²Soweit es für die Teilhabe am Arbeitsleben erforderlich ist, können die Leistungen um bis zu 20 Prozentpunkte höher festgelegt und bis zu einer Förderungshöchstdauer von zwei Jahren erbracht werden. ³Werden sie für mehr als ein Jahr geleistet, sind sie entsprechend der zu erwartenden Zunahme der Leistungsfähigkeit der Leistungsberechtigten und den abnehmenden Eingliederungserfordernissen gegenüber der bisherigen Förderungshöhe, mindestens um zehn Prozentpunkte, zu vermindern. ⁴Bei der Berechnung nach Satz 1 wird auch der Anteil des Arbeitgebers am Gesamtsozialversicherungsbeitrag berücksichtigt. ⁵Eingliederungszuschüsse werden zurückgezahlt, wenn die Arbeitsverhältnisse während des Förderungszeitraums oder innerhalb eines Zeitraums, der der Förderungsdauer entspricht, längstens jedoch von einem Jahr, nach dem Ende der Leistungen beendet werden; dies gilt nicht, wenn
1. die Leistungsberechtigten die Arbeitsverhältnisse durch Kündigung beenden oder das Mindestalter für den Bezug der gesetzlichen Altersrente erreicht haben oder
2. die Arbeitgeber berechtigt waren, aus wichtigem Grund ohne Einhaltung einer Kündigungsfrist oder aus Gründen, die in der Person oder dem Verhalten des Arbeitnehmers liegen, oder aus dringenden betrieblichen Erfordernissen, die einer Weiterbeschäftigung in diesem Betrieb entgegenstehen, zu kündigen.
⁶Die Rückzahlung ist auf die Hälfte des Förderungsbetrages, höchstens aber den im letzten Jahr vor der Beendigung des Beschäftigungsverhältnisses gewährten Förderungsbetrag begrenzt; ungeförderte Nachbeschäftigungszeiten werden anteilig berücksichtigt.

§ 35 Einrichtungen der beruflichen Rehabilitation. (1) ¹Leistungen werden durch Berufsbildungswerke, Berufsförderungswerke und vergleichbare Einrichtungen der beruflichen Rehabilitation ausgeführt, soweit Art oder Schwere der Behinderung oder die Sicherung des Erfolges die besonderen Hilfen dieser Einrichtungen erforderlich machen. ²Die Einrichtung muss

1. nach Dauer, Inhalt und Gestaltung der Leistungen, Unterrichtsmethode, Ausbildung und Berufserfahrung der Leitung und der Lehrkräfte sowie der Ausgestaltung der Fachdienste eine erfolgreiche Ausführung der Leistung erwarten lassen,
2. angemessene Teilnahmebedingungen bieten und behinderungsgerecht sein, insbesondere auch die Beachtung der Erfordernisse des Arbeitsschutzes und der Unfallverhütung gewährleisten,
3. den Teilnehmenden und den von ihnen zu wählenden Vertretungen angemessene Mitwirkungsmöglichkeiten an der Ausführung der Leistungen bieten sowie
4. die Leistung nach den Grundsätzen der Wirtschaftlichkeit und Sparsamkeit, insbesondere zu angemessenen Vergütungssätzen, ausführen.

[3]Die zuständigen Rehabilitationsträger vereinbaren hierüber gemeinsame Empfehlungen nach den §§ 13 und 20.

(2) [1]Werden Leistungen zur beruflichen Ausbildung in Einrichtungen der beruflichen Rehabilitation ausgeführt, sollen die Einrichtungen bei Eignung der behinderten Menschen darauf hinwirken, dass Teile dieser Ausbildung auch in Betrieben und Dienststellen durchgeführt werden. [2]Die Einrichtungen der beruflichen Rehabilitation unterstützen die Arbeitgeber bei der betrieblichen Ausbildung und bei der Betreuung der auszubildenden behinderten Jugendlichen.

§ 36 Rechtsstellung der Teilnehmenden. [1]Werden Leistungen in Einrichtungen der beruflichen Rehabilitation ausgeführt, werden die Teilnehmenden nicht in den Betrieb der Einrichtungen eingegliedert. [2]Sie sind keine Arbeitnehmer im Sinne des Betriebsverfassungsgesetzes und wählen zu ihrer Mitwirkung besondere Vertreter. [3]Bei der Ausführung werden die arbeitsrechtlichen Grundsätze über den Persönlichkeitsschutz, die Haftungsbeschränkung sowie die gesetzlichen Vorschriften über den Arbeitsschutz, den Erholungsurlaub und die Gleichberechtigung von Männern und Frauen entsprechend angewendet.

§ 37 Dauer von Leistungen. (1) Leistungen werden für die Zeit erbracht, die vorgeschrieben oder allgemein üblich ist, um das angestrebte Teilhabeziel zu erreichen; eine Förderung kann darüber hinaus erfolgen, wenn besondere Umstände dies rechtfertigen.

(2) Leistungen zur beruflichen Weiterbildung sollen in der Regel bei ganztägigem Unterricht nicht länger als zwei Jahre dauern, es sei denn, dass das Teilhabeziel nur über eine länger dauernde Leistung erreicht werden kann oder die Eingliederungsaussichten nur durch eine länger dauernde Leistung wesentlich verbessert werden.

§ 38 Beteiligung der Bundesagentur für Arbeit. [1]Die Bundesagentur für Arbeit nimmt auf Anforderung eines anderen Rehabilitationsträgers zu Notwendigkeit, Art und Umfang von Leistungen unter Berücksichtigung arbeitsmarktlicher Zweckmäßigkeit gutachterlich Stellung. [2]Dies gilt auch, wenn sich die Leistungsberechtigten in einem Krankenhaus oder einer Einrichtung der medizinischen oder der medizinisch-beruflichen Rehabilitation aufhalten.

§ 39 Leistungen in Werkstätten für behinderte Menschen.

Leistungen in anerkannten Werkstätten für behinderte Menschen (§ 136) werden erbracht, um die Leistungs- oder Erwerbsfähigkeit der behinderten Menschen zu erhalten, zu entwickeln, zu verbessern oder wiederherzustellen, die Persönlichkeit dieser Menschen weiterzuentwickeln und ihre Beschäftigung zu ermöglichen oder zu sichern.

§ 40 Leistungen im Eingangsverfahren und im Berufsbildungsbereich.

(1) Leistungen im Eingangsverfahren und im Berufsbildungsbereich einer anerkannten Werkstatt für behinderte Menschen erhalten behinderte Menschen

1. im Eingangsverfahren zur Feststellung, ob die Werkstatt die geeignete Einrichtung für die Teilhabe des behinderten Menschen am Arbeitsleben ist sowie welche Bereiche der Werkstatt und welche Leistungen zur Teilhabe am Arbeitsleben für den behinderten Menschen in Betracht kommen, und um einen Eingliederungsplan zu erstellen,
2. im Berufsbildungsbereich, wenn die Leistungen erforderlich sind, um die Leistungs- oder Erwerbsfähigkeit des behinderten Menschen so weit wie möglich zu entwickeln, zu verbessern oder wiederherzustellen und erwartet werden kann, dass der behinderte Mensch nach Teilnahme an diesen Leistungen in der Lage ist, wenigstens ein Mindestmaß wirtschaftlich verwertbarer Arbeitsleistung im Sinne des § 136 zu erbringen.

(2) ¹Die Leistungen im Eingangsverfahren werden für drei Monate erbracht. ²Die Leistungsdauer kann auf bis zu vier Wochen verkürzt werden, wenn während des Eingangsverfahrens im Einzelfall festgestellt wird, dass eine kürzere Leistungsdauer ausreichend ist.

(3) ¹Die Leistungen im Berufsbildungsbereich werden für zwei Jahre erbracht. ²Sie werden in der Regel für ein Jahr bewilligt. ³Sie werden für ein weiteres Jahr bewilligt, wenn auf Grund einer rechtzeitig vor Ablauf des Förderzeitraums nach Satz 2 abzugebenden fachlichen Stellungnahme die Leistungsfähigkeit des behinderten Menschen weiterentwickelt oder wiedergewonnen werden kann.

§ 41 Leistungen im Arbeitsbereich.

(1) Leistungen im Arbeitsbereich einer anerkannten Werkstatt für behinderte Menschen erhalten behinderte Menschen, bei denen
1. eine Beschäftigung auf dem allgemeinen Arbeitsmarkt oder
2. Berufsvorbereitung, berufliche Anpassung und Weiterbildung oder berufliche Ausbildung (§ 33 Abs. 3 Nr. 2 bis 4)

wegen Art oder Schwere der Behinderung nicht, noch nicht oder noch nicht wieder in Betracht kommen und die in der Lage sind, wenigstens ein Mindestmaß an wirtschaftlich verwertbarer Arbeitsleistung zu erbringen.

(2) Die Leistungen sind gerichtet auf
1. Aufnahme, Ausübung und Sicherung einer der Eignung und Neigung des behinderten Menschen entsprechenden Beschäftigung,
2. Teilnahme an arbeitsbegleitenden Maßnahmen zur Erhaltung und Verbesserung der im Berufsbildungsbereich erworbenen Leistungsfähigkeit und zur Weiterentwicklung der Persönlichkeit sowie

3. Förderung des Übergangs geeigneter behinderter Menschen auf den allgemeinen Arbeitsmarkt durch geeignete Maßnahmen.

(3) [1]Die Werkstätten erhalten für die Leistungen nach Absatz 2 vom zuständigen Rehabilitationsträger angemessene Vergütungen, die den Grundsätzen der Wirtschaftlichkeit, Sparsamkeit und Leistungsfähigkeit entsprechen. [2]Ist der Träger der Sozialhilfe zuständig, sind die Vorschriften nach *Abschnitt 7 des Bundessozialhilfegesetzes* (ab **1. 1. 2005**: dem Zehnten Kapitel des Zwölften Buches) anzuwenden. [3]Die Vergütungen, in den Fällen des Satzes 2 die Pauschalen und Beträge nach *§ 93a Abs. 2 des Bundessozialhilfegesetzes* (ab **1. 1. 2005**: § 76 Abs. 2 des Zwölften Buches), berücksichtigen

1. alle für die Erfüllung der Aufgaben und der fachlichen Anforderungen der Werkstatt notwendigen Kosten sowie
2. die mit der wirtschaftlichen Betätigung der Werkstatt in Zusammenhang stehenden Kosten, soweit diese unter Berücksichtigung der besonderen Verhältnisse in der Werkstatt und der dort beschäftigten behinderten Menschen nach Art und Umfang über die in einem Wirtschaftsunternehmen üblicherweise entstehenden Kosten hinausgehen.

[4]Können die Kosten der Werkstatt nach Satz 3 Nr. 2 im Einzelfall nicht ermittelt werden, kann eine Vergütungspauschale für diese werkstattspezifischen Kosten der wirtschaftlichen Betätigung der Werkstatt vereinbart werden.

(4) [1]Bei der Ermittlung des Arbeitsergebnisses der Werkstatt nach § 12 Abs. 4 der Werkstättenverordnung werden die Auswirkungen der Vergütungen auf die Höhe des Arbeitsergebnisses dargestellt. [2]Dabei wird getrennt ausgewiesen, ob sich durch die Vergütung Verluste oder Gewinne ergeben. [3]Das Arbeitsergebnis der Werkstatt darf nicht zur Minderung der Vergütungen nach Absatz 3 verwendet werden.

§ 42 Zuständigkeit für Leistungen in Werkstätten für behinderte Menschen.

(1) Die Leistungen im Eingangsverfahren und im Berufsbildungsbereich erbringen

1. die Bundesagentur für Arbeit, soweit nicht einer der in den Nummern 2 bis 4 genannten Träger zuständig ist,
2. die Träger der Unfallversicherung im Rahmen ihrer Zuständigkeit für durch Arbeitsunfälle Verletzte und von Berufskrankheiten Betroffene,
3. die Träger der Rentenversicherung unter den Voraussetzungen der §§ 11 bis 13 des Sechsten Buches,
4. die Träger der Kriegsopferfürsorge unter den Voraussetzungen der §§ 26 und 26a des Bundesversorgungsgesetzes.

(2) Die Leistungen im Arbeitsbereich erbringen

1. die Träger der Unfallversicherung im Rahmen ihrer Zuständigkeit für durch Arbeitsunfälle Verletzte und von Berufskrankheiten Betroffene,
2. die Träger der Kriegsopferfürsorge unter den Voraussetzungen des § 27d Abs. 1 Nr. 3 des Bundesversorgungsgesetzes,
3. die Träger der öffentlichen Jugendhilfe unter den Voraussetzungen des § 35a des Achten Buches,
4. im Übrigen die Träger der Sozialhilfe unter den Voraussetzungen des *Bundessozialhilfegesetzes* (ab **1. 1. 2005**: Zwölften Buches).

9. Buch. Rehabilitation u. Teilhabe **§§ 43, 44 SGB IX 6**

§ 43 Arbeitsförderungsgeld. ¹Die Werkstätten für behinderte Menschen erhalten von dem zuständigen Rehabilitationsträger zur Auszahlung an die im Arbeitsbereich beschäftigten behinderten Menschen zusätzlich zu den Vergütungen nach § 41 Abs. 3 ein Arbeitsförderungsgeld. ²Das Arbeitsförderungsgeld beträgt monatlich 26 Euro für jeden im Arbeitsbereich beschäftigten behinderten Menschen, dessen Arbeitsentgelt zusammen mit dem Arbeitsförderungsgeld den Betrag von 325 Euro nicht übersteigt. ³Ist das Arbeitsentgelt höher als 299 Euro, beträgt das Arbeitsförderungsgeld monatlich den Unterschiedsbetrag zwischen dem Arbeitsentgelt und 325 Euro. ⁴Erhöhungen der Arbeitsentgelte auf Grund der Zuordnung der Kosten im Arbeitsbereich der Werkstatt gemäß § 41 Abs. 3 des Bundessozialhilfegesetzes in der ab 1. August 1996 geltenden Fassung oder gemäß § 41 Abs. 3 können auf die Zahlung des Arbeitsförderungsgeldes angerechnet werden.

Kapitel 6. Unterhaltssichernde und andere ergänzende Leistungen

§ 44 Ergänzende Leistungen. (1) Die Leistungen zur medizinischen Rehabilitation und zur Teilhabe am Arbeitsleben der in § 6 Abs. 1 Nr. 1 bis 5 genannten Rehabilitationsträger werden ergänzt durch
1. Krankengeld, Versorgungskrankengeld, Verletztengeld, Übergangsgeld, Ausbildungsgeld oder Unterhaltsbeihilfe,
2. Beiträge und Beitragszuschüsse
   a) zur Krankenversicherung nach Maßgabe des Fünften Buches, des Zweiten Gesetzes über die Krankenversicherung der Landwirte sowie des Künstlersozialversicherungsgesetzes,
   b) zur Unfallversicherung nach Maßgabe des Siebten Buches[1],
   c) zur Rentenversicherung nach Maßgabe des Sechsten Buches sowie des Künstlersozialversicherungsgesetzes,
   d) zur Bundesagentur für Arbeit nach Maßgabe des Dritten Buches,
   e) zur Pflegeversicherung nach Maßgabe des Elften Buches,
3. ärztlich verordneten Rehabilitationssport in Gruppen unter ärztlicher Betreuung und Überwachung, einschließlich Übungen für behinderte oder von Behinderung bedrohte Frauen und Mädchen, die der Stärkung des Selbstbewusstseins dienen,
4. ärztlich verordnetes Funktionstraining in Gruppen unter fachkundiger Anleitung und Überwachung,
5. Reisekosten,
6. Betriebs- oder Haushaltshilfe und Kinderbetreuungskosten.

(2) ¹Ist der Schutz behinderter Menschen bei Krankheit oder Pflege während der Teilnahme an Leistungen zur Teilhabe am Arbeitsleben nicht anderweitig sichergestellt, können die Beiträge für eine freiwillige Krankenversicherung ohne Anspruch auf Krankengeld und zur Pflegeversicherung bei einem Träger der gesetzlichen Kranken- oder Pflegeversicherung oder, wenn dort im Einzelfall ein Schutz nicht gewährleistet ist, die Beiträge zu einem privaten Krankenversicherungsunternehmen erbracht werden. ²Arbeitslose Teilnehmer an Leistungen zur medizinischen Rehabilitation können für die Dauer des Bezuges von Verletztengeld, Versorgungskrankengeld oder Übergangsgeld einen

---

[1] Nr. 1.

Zuschuss zu ihrem Beitrag für eine private Versicherung gegen Krankheit oder für die Pflegeversicherung erhalten. ³Der Zuschuss wird nach § 207a Abs. 2 des Dritten Buches berechnet.

§ 45 Leistungen zum Lebensunterhalt. (1) Im Zusammenhang mit Leistungen zur medizinischen Rehabilitation leisten

1. die gesetzlichen Krankenkassen Krankengeld nach Maßgabe der §§ 44 und 46 bis 51 des Fünften Buches[1] und des § 8 Abs. 2 in Verbindung mit den §§ 12 und 13 des Zweiten Gesetzes über die Krankenversicherung der Landwirte,
2. die Träger der Unfallversicherung Verletztengeld nach Maßgabe der §§ 45 bis 48, 52 und 55 des Siebten Buches[2],
3. die Träger der Rentenversicherung Übergangsgeld nach Maßgabe dieses Buches und der §§ 20 und 21 des Sechsten Buches,
4. die Träger der Kriegsopferversorgung Versorgungskrankengeld nach Maßgabe der §§ 16 bis 16h und 18a des Bundesversorgungsgesetzes.

(2) Im Zusammenhang mit Leistungen zur Teilhabe am Arbeitsleben leisten Übergangsgeld

1. die Träger der Unfallversicherung nach Maßgabe dieses Buches und der §§ 49 bis 52 des Siebten Buches[2],
2. die Träger der Rentenversicherung nach Maßgabe dieses Buches und der §§ 20 und 21 des Sechsten Buches,
3. die Bundesagentur für Arbeit nach Maßgabe dieses Buches und der §§ 160 bis 162 des Dritten Buches,
4. die Träger der Kriegsopferfürsorge nach Maßgabe dieses Buches und des § 26a des Bundesversorgungsgesetzes.

(3) Behinderte oder von Behinderung bedrohte Menschen haben Anspruch auf Übergangsgeld wie bei Leistungen zur Teilhabe am Arbeitsleben für den Zeitraum, in dem die berufliche Eignung abgeklärt oder eine Arbeitserprobung durchgeführt wird (§ 33 Abs. 4 Satz 2) und sie wegen der Teilnahme kein oder ein geringeres Arbeitsentgelt oder Arbeitseinkommen erzielen.

(4) Der Anspruch auf Übergangsgeld ruht, solange die Leistungsempfängerin einen Anspruch auf Mutterschaftsgeld hat; § 52 Nr. 2 des Siebten Buches[2] bleibt unberührt.

(5) Während der Ausführung von Leistungen zur erstmaligen beruflichen Ausbildung behinderter Menschen und berufsvorbereitenden Bildungsmaßnahmen sowie im Eingangsverfahren und im Berufsbildungsbereich von Werkstätten für behinderte Menschen leisten

1. die Bundesagentur für Arbeit Ausbildungsgeld nach Maßgabe der §§ 104 bis 108 des Dritten Buches,
2. die Träger der Kriegsopferfürsorge Unterhaltsbeihilfe unter den Voraussetzungen der §§ 26 und 26a des Bundesversorgungsgesetzes.

(6) Die Träger der Kriegsopferfürsorge leisten in den Fällen des § 27d Abs. 1 Nr. 3 des Bundesversorgungsgesetzes ergänzende Hilfe zum Lebensunterhalt nach § 27a des Bundesversorgungsgesetzes.

---

[1] Nr. 4.
[2] Nr. 1.

(7) Wird bei ambulanter Ausführung von Leistungen zur medizinischen Rehabilitation Verletztengeld, Versorgungskrankengeld oder Übergangsgeld geleistet, kann der Rehabilitationsträger im Rahmen der nach § 13 Abs. 2 Nr. 7 vereinbarten Empfehlung eine Erstattung seiner Aufwendungen für diese Leistungen verlangen.

(8) Das Krankengeld, das Versorgungskrankengeld, das Verletztengeld und das Übergangsgeld werden für Kalendertage gezahlt; wird die Leistung für einen ganzen Kalendermonat gezahlt, so wird dieser mit 30 Tagen angesetzt.

§ 46 Höhe und Berechnung des Übergangsgelds. (1) [1]Der Berechnung des Übergangsgelds werden 80 vom Hundert des erzielten regelmäßigen Arbeitsentgelts und Arbeitseinkommens, soweit es der Beitragsberechnung unterliegt (Regelentgelt) zugrunde gelegt, höchstens jedoch das in entsprechender Anwendung des § 47 berechnete Nettoarbeitsentgelt; hierbei gilt die für den Rehabilitationsträger jeweils geltende Beitragsbemessungsgrenze. [2]Bei der Berechnung des Regelentgelts und des Nettoarbeitsentgelts werden die für die jeweilige Beitragsbemessung und Beitragstragung geltenden Besonderheiten der Gleitzone nach § 20 Abs. 2 des Vierten Buches[1] nicht berücksichtigt.
[3]Das Übergangsgeld beträgt

1. für Leistungsempfänger, die mindestens ein Kind im Sinne des § 32 Abs. 1, 3 bis 5 des Einkommensteuergesetzes haben, oder deren Ehegatten oder Lebenspartner, mit denen sie in häuslicher Gemeinschaft leben, eine Erwerbstätigkeit nicht ausüben können, weil sie die Leistungsempfänger pflegen oder selbst der Pflege bedürfen und keinen Anspruch auf Leistungen aus der Pflegeversicherung haben, 75 vom Hundert,
2. für die übrigen Leistungsempfänger 68 vom Hundert des nach Satz 1 oder § 48 maßgebenden Betrages. Bei Übergangsgeld der Träger der Kriegsopferfürsorge wird unter den Voraussetzungen von Satz 2 Nr. 1 ein Vomhundertsatz von 80, im Übrigen ein Vomhundertsatz von 70 zugrunde gelegt.

(2) [1]Für die Berechnung des Nettoarbeitsentgelts nach Absatz 1 Satz 1 wird der sich aus dem kalendertäglichen Hinzurechnungsbetrag nach § 47 Abs. 1 Satz 6 ergebende Anteil am Nettoarbeitsentgelt mit dem Vomhundertsatz angesetzt, der sich aus dem Verhältnis des kalendertäglichen Regelentgeltbetrages nach § 47 Abs. 1 Satz 1 bis 5 zu dem sich aus diesem Regelentgeltbetrag ergebenden Nettoarbeitsentgelt ergibt. [2]Das kalendertägliche Übergangsgeld darf das sich aus dem Arbeitsentgelt nach § 47 Abs. 1 Satz 1 bis 5 ergebende kalendertägliche Nettoarbeitsentgelt nicht übersteigen.

§ 47 Berechnung des Regelentgelts. (1) [1]Für die Berechnung des Regelentgelts wird das von den Leistungsempfängern im letzten vor Beginn der Leistung oder einer vorangegangenen Arbeitsunfähigkeit abgerechneten Entgeltabrechnungszeitraum, mindestens das während der letzten abgerechneten vier Wochen (Bemessungszeitraum) erzielte und um einmalig gezahltes Arbeitsentgelt verminderte Arbeitsentgelt durch die Zahl der Stunden geteilt, für die es gezahlt wurde. [2]Das Ergebnis wird mit der Zahl der sich aus dem Inhalt des Arbeitsverhältnisses ergebenden regelmäßigen wöchentlichen Arbeitsstunden vervielfacht und durch sieben geteilt. [3]Ist das Arbeitsentgelt nach Mona-

---
[1] Nr. 3.

ten bemessen oder ist eine Berechnung des Regelentgelts nach den Sätzen 1 und 2 nicht möglich, gilt der 30. Teil des in dem letzten vor Beginn der Leistung abgerechneten Kalendermonat erzielten und um einmalig gezahltes Arbeitsentgelt verminderten Arbeitsentgelts als Regelentgelt. ⁴Wird mit einer Arbeitsleistung Arbeitsentgelt erzielt, das für Zeiten einer Freistellung vor oder nach dieser Arbeitsleistung fällig wird (Wertguthaben nach § 7 Abs. 1a des Vierten Buches[1]), ist für die Berechnung des Regelentgelts das im Bemessungszeitraum der Beitragsberechnung zugrunde liegende und um einmalig gezahltes Arbeitsentgelt verminderte Arbeitsentgelt maßgebend; Wertguthaben, die nicht gemäß einer Vereinbarung über flexible Arbeitszeitregelungen verwendet werden (§ 23b Abs. 2 des Vierten Buches[1]), bleiben außer Betracht. ⁵Bei der Anwendung des Satzes 1 gilt als regelmäßige wöchentliche Arbeitszeit die Arbeitszeit, die dem gezahlten Arbeitsentgelt entspricht. ⁶Für die Berechnung des Regelentgelts wird der 360. Teil des einmalig gezahlten Arbeitsentgelts, das in den letzten zwölf Kalendermonaten vor Beginn der Leistung nach § 23a des Vierten Buches[1] der Beitragsberechnung zugrunde gelegen hat, dem nach den Sätzen 1 bis 5 berechneten Arbeitsentgelt hinzugerechnet.

(2) Bei Teilarbeitslosigkeit ist für die Berechnung das Arbeitsentgelt maßgebend, das in der infolge der Teilarbeitslosigkeit nicht mehr ausgeübten Beschäftigung erzielt wurde.

(3) Für Leistungsempfänger, die Kurzarbeiter- oder Winterausfallgeld bezogen haben, wird das regelmäßige Arbeitsentgelt zugrunde gelegt, das zuletzt vor dem Arbeitsausfall erzielt wurde.

(4) Das Regelentgelt wird bis zur Höhe der für den Rehabilitationsträger jeweils geltenden Leistungs- oder Beitragsbemessungsgrenze berücksichtigt, in der Rentenversicherung bis zur Höhe des der Beitragsbemessung zugrunde liegenden Entgelts.

(5) Für Leistungsempfänger, die im Inland nicht einkommensteuerpflichtig sind, werden für die Feststellung des entgangenen Nettoarbeitsentgelts die Steuern berücksichtigt, die bei einer Steuerpflicht im Inland durch Abzug vom Arbeitsentgelt erhoben würden.

§ 48 Berechnungsgrundlage in Sonderfällen. ¹Die Berechnungsgrundlage für das Übergangsgeld während Leistungen zur Teilhabe am Arbeitsleben wird aus 65 vom Hundert des auf ein Jahr bezogenen tariflichen oder, wenn es an einer tariflichen Regelung fehlt, des ortsüblichen Arbeitsentgelts ermittelt, das für den Wohnsitz oder gewöhnlichen Aufenthaltsort der Leistungsempfänger gilt, wenn
1. die Berechnung nach den §§ 46 und 47 zu einem geringeren Betrag führt,
2. Arbeitsentgelt oder Arbeitseinkommen nicht erzielt worden ist oder
3. der letzte Tag des Bemessungszeitraums bei Beginn der Leistungen länger als drei Jahre zurückliegt.

²Maßgebend ist das Arbeitsentgelt in dem letzten Kalendermonat vor dem Beginn der Leistungen bis zur jeweiligen Beitragsbemessungsgrenze für diejenige Beschäftigung, für die Leistungsempfänger ohne die Behinderung nach ihren beruflichen Fähigkeiten, ihrer bisherigen beruflichen Tätigkeit und nach

---

[1] Nr. 3.

ihrem Lebensalter in Betracht kämen. ³Für den Kalendertag wird der 360. Teil dieses Betrages angesetzt.

§ 49 Kontinuität der Bemessungsgrundlage. Haben Leistungsempfänger Krankengeld, Verletztengeld, Versorgungskrankengeld oder Übergangsgeld bezogen und wird im Anschluss daran eine Leistung zur medizinischen Rehabilitation oder zur Teilhabe am Arbeitsleben ausgeführt, so wird bei der Berechnung der diese Leistungen ergänzenden Leistung zum Lebensunterhalt von dem bisher zugrunde gelegten Arbeitsentgelt ausgegangen; es gilt die für den Rehabilitationsträger jeweils geltende Beitragsbemessungsgrenze.

§ 50 Anpassung der Entgeltersatzleistungen. (1) Die dem Krankengeld, Versorgungskrankengeld, Verletztengeld und Übergangsgeld zugrunde liegende Berechnungsgrundlage wird jeweils nach Ablauf eines Jahres seit dem Ende des Bemessungszeitraums entsprechend der Veränderung der Bruttolohn- und -gehaltssumme je durchschnittlich beschäftigten Arbeitnehmer vom vorvergangenen zum vergangenen Kalenderjahr an die Entwicklung der Bruttoarbeitsentgelte angepasst.

(2) Der Anpassungsfaktor errechnet sich, indem die Bruttolohn- und -gehaltssumme je durchschnittlich beschäftigten Arbeitnehmer für das vergangene Kalenderjahr durch die Bruttolohn- und -gehaltssumme für das vorvergangene Kalenderjahr geteilt wird; § 68 Abs. 6 und § 121 Abs. 1 des Sechsten Buches gelten entsprechend.

(3) Das Bundesministerium für Gesundheit und Soziale Sicherung gibt jeweils zum 30. Juni eines Kalenderjahres den Anpassungsfaktor, der für die folgenden zwölf Monate maßgebend ist, im Bundesanzeiger bekannt.

§ 51 Weiterzahlung der Leistungen. (1) Sind nach Abschluss von Leistungen zur medizinischen Rehabilitation oder von Leistungen zur Teilhabe am Arbeitsleben weitere Leistungen zur Teilhabe am Arbeitsleben erforderlich, während derer dem Grunde nach Anspruch auf Übergangsgeld besteht, und können diese aus Gründen, die die Leistungsempfänger nicht zu vertreten haben, nicht unmittelbar anschließend durchgeführt werden, werden das Verletztengeld, das Versorgungskrankengeld oder das Übergangsgeld für diese Zeit weitergezahlt, wenn

1. die Leistungsempfänger arbeitsunfähig sind und keinen Anspruch auf Krankengeld mehr haben oder
2. ihnen eine zumutbare Beschäftigung aus Gründen, die sie nicht zu vertreten haben, nicht vermittelt werden kann.

(2) ¹Leistungsempfänger haben die Verzögerung insbesondere zu vertreten, wenn sie zumutbare Angebote von Leistungen zur Teilhabe am Arbeitsleben in größerer Entfernung zu ihren Wohnorten ablehnen. ²Für die Beurteilung der Zumutbarkeit ist § 121 Abs. 4 des Dritten Buches entsprechend anzuwenden.

(3) Können Leistungsempfänger Leistungen zur Teilhabe am Arbeitsleben allein aus gesundheitlichen Gründen nicht mehr, aber voraussichtlich wieder in Anspruch nehmen, werden Übergangsgeld und Unterhaltsbeihilfe bis zum Ende dieser Leistungen, längstens bis zu sechs Wochen weitergezahlt.

(4) ¹Sind die Leistungsempfänger im Anschluss an eine abgeschlossene Leistung zur Teilhabe am Arbeitsleben arbeitslos, werden Übergangsgeld und Unterhaltsbeihilfe während der Arbeitslosigkeit bis zu drei Monate weitergezahlt, wenn sie sich bei der Agentur für Arbeit arbeitslos gemeldet haben und einen Anspruch auf Arbeitslosengeld von mindestens drei Monaten nicht geltend machen können; die Dauer von drei Monaten vermindert sich um die Anzahl von Tagen, für die Leistungsempfänger im Anschluss an eine abgeschlossene Leistung zur Teilhabe am Arbeitsleben einen Anspruch aus Arbeitslosengeld geltend machen können. ²In diesem Fall beträgt das Übergangsgeld

1. bei Leistungsempfängern, bei denen die Voraussetzungen des erhöhten Bemessungssatzes nach § 46 Abs. 1 Satz 2 Nr. 1 vorliegen, 67 vom Hundert,

2. bei den übrigen Leistungsempfängern 60 vom Hundert

des sich aus § 46 Abs. 1 Satz 1 oder § 48 ergebenden Betrages.

(5) Ist im unmittelbaren Anschluss an Leistungen zur medizinischen Rehabilitation eine stufenweise Wiedereingliederung (§ 28) erforderlich, wird das Übergangsgeld bis zu deren Ende weitergezahlt.

§ 52 Einkommensanrechnung. (1) Auf das Übergangsgeld der Rehabilitationsträger nach § 6 Abs. 1 Nr. 2, 4 und 5 werden angerechnet

1. Erwerbseinkommen aus einer Beschäftigung oder einer während des Anspruchs auf Übergangsgeld ausgeübten Tätigkeit, das bei Beschäftigten um die gesetzlichen Abzüge und um einmalig gezahltes Arbeitsentgelt und bei sonstigen Leistungsempfängern um 20 vom Hundert zu vermindern ist,

2. Leistungen des Arbeitgebers zum Übergangsgeld, soweit sie zusammen mit dem Übergangsgeld das vor Beginn der Leistung erzielte, um die gesetzlichen Abzüge verminderte Arbeitsentgelt übersteigen,

3. Geldleistungen, die eine öffentlich-rechtliche Stelle im Zusammenhang mit einer Leistung zur medizinischen Rehabilitation oder einer Leistung zur Teilhabe am Arbeitsleben erbringt,

4. Renten wegen verminderter Erwerbsfähigkeit oder Verletztenrenten in Höhe des sich aus § 18a Abs. 3 Satz 1 Nr. 4 des Vierten Buches[1)] ergebenden Betrages, wenn sich die Minderung der Erwerbsfähigkeit auf die Höhe der Berechnungsgrundlage für das Übergangsgeld nicht ausgewirkt hat,

5. Renten wegen verminderter Erwerbsfähigkeit, die aus demselben Anlass wie die Leistungen zur Teilhabe erbracht werden, wenn durch die Anrechnung eine unbillige Doppelleistung vermieden wird,

6. Renten wegen Alters, die bei Berechnung des Übergangsgelds aus einem Teilarbeitsentgelt nicht berücksichtigt wurden,

7. Verletztengeld nach den Vorschriften des Siebten Buches[2)],

8. den Nummern 1 bis 7 vergleichbare Leistungen, die von einer Stelle außerhalb des Geltungsbereichs dieses Gesetzbuchs erbracht werden.

(2) Bei der Anrechnung von Verletztenrenten mit Kinderzulage und von Renten wegen verminderter Erwerbsfähigkeit mit Kinderzuschuss auf das Übergangsgeld bleibt ein Betrag in Höhe des Kindergeldes nach § 66 des Einkommensteuergesetzes oder § 6 des Bundeskindergeldgesetzes außer Ansatz.

[1)] Nr. 3.
[2)] Nr. 1.

(3) Wird ein Anspruch auf Leistungen, um die das Übergangsgeld nach Absatz 1 Nr. 3 zu kürzen wäre, nicht erfüllt, geht der Anspruch insoweit mit Zahlung des Übergangsgelds auf den Rehabilitationsträger über; die §§ 104 und 115 des Zehnten Buches bleiben unberührt.

§ 53 Reisekosten. (1) Als Reisekosten werden die im Zusammenhang mit der Ausführung einer Leistung zur medizinischen Rehabilitation oder zur Teilhabe am Arbeitsleben erforderlichen Fahr-, Verpflegungs- und Übernachtungskosten übernommen; hierzu gehören auch die Kosten für besondere Beförderungsmittel, deren Inanspruchnahme wegen Art oder Schwere der Behinderung erforderlich ist, für eine wegen der Behinderung erforderliche Begleitperson einschließlich des für die Zeit der Begleitung entstehenden Verdienstausfalls, für Kinder, deren Mitnahme an den Rehabilitationsort erforderlich ist, weil ihre anderweitige Betreuung nicht sichergestellt ist, sowie für den erforderlichen Gepäcktransport.

(2) [1]Während der Ausführung von Leistungen zur Teilhabe am Arbeitsleben werden Reisekosten auch für im Regelfall zwei Familienheimfahrten je Monat übernommen. [2]Anstelle der Kosten für die Familienheimfahrten können für Fahrten von Angehörigen vom Wohnort zum Aufenthaltsort der Leistungsempfänger und zurück Reisekosten übernommen werden.

(3) Reisekosten nach Absatz 2 werden auch im Zusammenhang mit Leistungen zur medizinischen Rehabilitation übernommen, wenn die Leistungen länger als acht Wochen erbracht werden.

(4) [1]Als Fahrkosten ist für jeden Tag, an dem der behinderte oder von Behinderung bedrohte Mensch den Ort der Ausführung der Leistung aufsucht, eine Entfernungspauschale für jeden vollen Kilometer der Entfernung zwischen Wohnung und Ausführungsort von 0,36 Euro für die ersten zehn Kilometer und 0,40 Euro für jeden weiteren Kilometer anzusetzen. [2]Bei einer erforderlichen auswärtigen Unterbringung ist für die An- und Abreise sowie für Familienheimfahrten nach Absatz 2 eine Entfernungspauschale von 0,40 Euro für jeden vollen Kilometer der Entfernung zwischen dem Ort des eigenen Hausstands und dem Ort der Ausführung der Leistung anzusetzen. [3]Für die Bestimmung der Entfernung ist die kürzeste Straßenverbindung maßgebend. [4]Kosten für Pendelfahrten können nur bis zur Höhe des Betrages übernommen werden, der bei unter Berücksichtigung von Art oder Schwere der Behinderung zumutbarer auswärtiger Unterbringung für Unterbringung und Verpflegung zu leisten wäre.

§ 54 Haushalts- oder Betriebshilfe und Kinderbetreuungskosten.
(1) [1]Haushaltshilfe wird geleistet, wenn
1. den Leistungsempfängern wegen der Ausführung einer Leistung zur medizinischen Rehabilitation oder einer Leistung zur Teilhabe am Arbeitsleben die Weiterführung des Haushalts nicht möglich ist,
2. eine andere im Haushalt lebende Person den Haushalt nicht weiterführen kann und
3. im Haushalt ein Kind lebt, das bei Beginn der Haushaltshilfe das zwölfte Lebensjahr noch nicht vollendet hat oder das behindert und auf Hilfe angewiesen ist.

[2]§ 38 Abs. 4 des Fünften Buches ist sinngemäß anzuwenden.

6 SGB IX §§ 55, 56 Sozialgesetzbuch

(2) Anstelle der Haushaltshilfe werden auf Antrag die Kosten für die Mitnahme oder anderweitige Unterbringung des Kindes bis zur Höhe der Kosten der sonst zu erbringenden Haushaltshilfe übernommen, wenn die Unterbringung und Betreuung des Kindes in dieser Weise sichergestellt ist.

(3) ¹Kosten für die Betreuung der Kinder des Leistungsempfängers können bis zu einem Betrag von 130 Euro je Kind und Monat übernommen werden, wenn sie durch die Ausführung einer Leistung zur medizinischen Rehabilitation oder zur Teilhabe am Arbeitsleben unvermeidbar entstehen. ²Leistungen zur Kinderbetreuung werden nicht neben Leistungen nach den Absätzen 1 und 2 erbracht. ³Der in Satz 1 genannte Betrag erhöht sich entsprechend der Veränderung der Bezugsgröße nach § 18 Abs. 1 des Vierten Buches[1]; § 77 Abs. 3 Satz 2 bis 5 gilt entsprechend.

(4) Abweichend von den Absätzen 1 bis 3 erbringen die landwirtschaftlichen Alterskassen und die landwirtschaftlichen Krankenkassen Betriebs- und Haushaltshilfe nach den §§ 10 und 36 des Gesetzes über die Alterssicherung der Landwirte und nach den §§ 9 und 10 des Zweiten Gesetzes über die Krankenversicherung der Landwirte, die landwirtschaftlichen Berufsgenossenschaften für die bei ihnen versicherten landwirtschaftlichen Unternehmer und im Unternehmen mitarbeitenden Ehegatten nach § 54 des Siebten Buches[2].

Kapitel 7. Leistungen zur Teilhabe am Leben in der Gemeinschaft

§ 55 Leistungen zur Teilhabe am Leben in der Gemeinschaft. (1) Als Leistungen zur Teilhabe am Leben in der Gemeinschaft werden die Leistungen erbracht, die den behinderten Menschen die Teilhabe am Leben in der Gesellschaft ermöglichen oder sichern oder sie so weit wie möglich unabhängig von Pflege machen und nach den Kapiteln 4 bis 6 nicht erbracht werden.

(2) Leistungen nach Absatz 1 sind insbesondere

1. Versorgung mit anderen als den in § 31 genannten Hilfsmitteln oder den in § 33 genannten Hilfen,
2. heilpädagogische Leistungen für Kinder, die noch nicht eingeschult sind,
3. Hilfen zum Erwerb praktischer Kenntnisse und Fähigkeiten, die erforderlich und geeignet sind, behinderten Menschen die für sie erreichbare Teilnahme am Leben in der Gemeinschaft zu ermöglichen,
4. Hilfen zur Förderung der Verständigung mit der Umwelt,
5. Hilfen bei der Beschaffung, dem Umbau, der Ausstattung und der Erhaltung einer Wohnung, die den besonderen Bedürfnissen der behinderten Menschen entspricht,
6. Hilfen zu selbstbestimmtem Leben in betreuten Wohnmöglichkeiten,
7. Hilfen zur Teilhabe am gemeinschaftlichen und kulturellen Leben.

§ 56 Heilpädagogische Leistungen. (1) ¹Heilpädagogische Leistungen nach § 55 Abs. 2 Nr. 2 werden erbracht, wenn nach fachlicher Erkenntnis zu erwarten ist, dass hierdurch

---
[1] Nr. 3.
[2] Nr. 1.

1. eine drohende Behinderung abgewendet oder der fortschreitende Verlauf einer Behinderung verlangsamt oder
2. die Folgen einer Behinderung beseitigt oder gemildert

werden können. ²Sie werden immer an schwerstbehinderte und schwerstmehrfachbehinderte Kinder, die noch nicht eingeschult sind, erbracht.

(2) In Verbindung mit Leistungen zur Früherkennung und Frühförderung (§ 30) und schulvorbereitenden Maßnahmen der Schulträger werden heilpädagogische Leistungen als Komplexleistung erbracht.

§ 57 Förderung der Verständigung. Bedürfen hörbehinderte Menschen oder behinderte Menschen mit besonders starker Beeinträchtigung der Sprachfähigkeit auf Grund ihrer Behinderung zur Verständigung mit der Umwelt aus besonderem Anlass der Hilfe Anderer, werden ihnen die erforderlichen Hilfen zur Verfügung gestellt oder angemessene Aufwendungen hierfür erstattet.

§ 58 Hilfen zur Teilhabe am gemeinschaftlichen und kulturellen Leben. Die Hilfen zur Teilhabe am gemeinschaftlichen und kulturellen Leben (§ 55 Abs. 2 Nr. 7) umfassen vor allem
1. Hilfen zur Förderung der Begegnung und des Umgangs mit nichtbehinderten Menschen,
2. Hilfen zum Besuch von Veranstaltungen oder Einrichtungen, die der Geselligkeit, der Unterhaltung oder kulturellen Zwecken dienen,
3. die Bereitstellung von Hilfsmitteln, die der Unterrichtung über das Zeitgeschehen oder über kulturelle Ereignisse dienen, wenn wegen Art oder Schwere der Behinderung anders eine Teilhabe am Leben in der Gemeinschaft nicht oder nur unzureichend möglich ist.

§ 59 Verordnungsermächtigung. Die Bundesregierung kann durch Rechtsverordnung mit Zustimmung des Bundesrates Näheres über Voraussetzungen, Gegenstand und Umfang der Leistungen zur Teilhabe am Leben in der Gemeinschaft sowie über das Zusammenwirken dieser Leistungen mit anderen Leistungen zur Rehabilitation und Teilhabe behinderter Menschen regeln.

Kapitel 8. Sicherung und Koordinierung der Teilhabe

§§ 60–67 *(vom Abdruck wurde abgesehen)*

Teil 2. Besondere Regelungen zur Teilhabe schwerbehinderter Menschen (Schwerbehindertenrecht)

Kapitel 3. Sonstige Pflichten der Arbeitgeber; Rechte der schwerbehinderten Menschen

§ 80 Zusammenwirken der Arbeitgeber mit der Bundesagentur für Arbeit und den Integrationsämtern. (1) Die Arbeitgeber haben, gesondert für jeden Betrieb und jede Dienststelle, ein Verzeichnis der bei ihnen beschäf-

6 SGB IX § 80

tigten schwerbehinderten, ihnen gleichgestellten behinderten Menschen und sonstigen anrechnungsfähigen Personen laufend zu führen und dieses den Vertretern oder Vertreterinnen der Bundesagentur für Arbeit und des Integrationsamtes, die für den Sitz des Betriebes oder der Dienststelle zuständig sind, auf Verlangen vorzulegen.

(2) ¹Die Arbeitgeber haben der für ihren Sitz zuständigen Agentur für Arbeit einmal jährlich bis spätestens zum 31. März für das vorangegangene Kalenderjahr, aufgegliedert nach Monaten, die Daten anzuzeigen, die zur Berechnung des Umfangs der Beschäftigungspflicht, zur Überwachung ihrer Erfüllung und der Ausgleichsabgabe notwendig sind. ²Der Anzeige sind das nach Absatz 1 geführte Verzeichnis sowie eine Kopie der Anzeige und des Verzeichnisses zur Weiterleitung an das für ihren Sitz zuständige Integrationsamt beizufügen. ³Dem Betriebs-, Personal-, Richter-, Staatsanwalts- und Präsidialrat, der Schwerbehindertenvertretung und dem Beauftragten des Arbeitgebers ist je eine Kopie der Anzeige und des Verzeichnisses zu übermitteln.

(3) Zeigt ein Arbeitgeber die Daten bis zum 30. Juni nicht, nicht richtig oder nicht vollständig an, erlässt die Bundesagentur für Arbeit nach Prüfung in tatsächlicher sowie in rechtlicher Hinsicht einen Feststellungsbescheid über die zur Berechnung der Zahl der Pflichtarbeitsplätze für schwerbehinderte Menschen und der besetzten Arbeitsplätze notwendigen Daten.

(4) Die Arbeitgeber, die Arbeitsplätze für schwerbehinderte Menschen nicht zur Verfügung zu stellen haben, haben die Anzeige nur nach Aufforderung durch die Bundesagentur für Arbeit im Rahmen einer repräsentativen Teilerhebung zu erstatten, die mit dem Ziel der Erfassung der in Absatz 1 genannten Personengruppen, aufgegliedert nach Bundesländern, alle fünf Jahre durchgeführt wird.

(5) Die Arbeitgeber haben der Bundesagentur für Arbeit und dem Integrationsamt auf Verlangen die Auskünfte zu erteilen, die zur Durchführung der besonderen Regelungen zur Teilhabe schwerbehinderter und ihnen gleichgestellter behinderter Menschen am Arbeitsleben notwendig sind.

(6) ¹Für das Verzeichnis und die Anzeige des Arbeitgebers sind die mit der Bundesarbeitsgemeinschaft der Integrationsämter und Hauptfürsorgestellen, abgestimmten Vordrucke der Bundesagentur für Arbeit zu verwenden. ²Die Bundesagentur für Arbeit soll zur Durchführung des Anzeigeverfahrens in Abstimmung mit der Bundesarbeitsgemeinschaft ein elektronisches Übermittlungsverfahren zulassen.

(7) Die Arbeitgeber haben den Beauftragten der Bundesagentur für Arbeit und des Integrationsamtes auf Verlangen Einblick in ihren Betrieb oder ihre Dienststelle zu geben, soweit es im Interesse der schwerbehinderten Menschen erforderlich ist und Betriebs- oder Dienstgeheimnisse nicht gefährdet werden.

(8) Die Arbeitgeber haben die Vertrauenspersonen der schwerbehinderten Menschen (§ 94 Abs. 1 Satz 1 bis 3 und § 97 Abs. 1 bis 5) unverzüglich nach der Wahl und ihren Beauftragten für die Angelegenheiten der schwerbehinderten Menschen (§ 98 Satz 1) unverzüglich nach der Bestellung der für den Sitz des Betriebes oder der Dienststelle zuständigen Agentur für Arbeit und dem Integrationsamt zu benennen.

(9) Die Bundesagentur für Arbeit erstellt und veröffentlicht alljährlich eine Übersicht über die Beschäftigungsquote schwerbehinderter Menschen bei den einzelnen öffentlichen Arbeitgebern.

§ 81 Pflichten des Arbeitgebers und Rechte schwerbehinderter Menschen.

(1) ¹Die Arbeitgeber sind verpflichtet zu prüfen, ob freie Arbeitsplätze mit schwerbehinderten Menschen, insbesondere mit bei der Agentur für Arbeit arbeitslos oder arbeitsuchend gemeldeten schwerbehinderten Menschen, besetzt werden können. ²Sie nehmen frühzeitig Verbindung mit der Agentur für Arbeit auf. ³Die Bundesagentur für Arbeit oder ein *von ihr beauftragter*[1]) Integrationsfachdienst schlägt den Arbeitgebern geeignete schwerbehinderte Menschen vor. ⁴Über die Vermittlungsvorschläge und vorliegende Bewerbungen von schwerbehinderten Menschen haben die Arbeitgeber die Schwerbehindertenvertretung und die in § 93 genannten Vertretungen unmittelbar nach Eingang zu unterrichten. ⁵Bei Bewerbungen schwerbehinderter Richter und Richterinnen wird der Präsidialrat unterrichtet und gehört, soweit dieser an der Ernennung zu beteiligen ist. ⁶Bei der Prüfung nach Satz 1 beteiligen die Arbeitgeber die Schwerbehindertenvertretung nach § 95 Abs. 2 und hören die in § 93 genannten Vertretungen an. ⁷Erfüllt der Arbeitgeber seine Beschäftigungspflicht nicht und ist die Schwerbehindertenvertretung oder eine in § 93 genannte Vertretung mit der beabsichtigten Entscheidung des Arbeitgebers nicht einverstanden, ist diese unter Darlegung der Gründe mit ihnen zu erörtern. ⁸Dabei wird der betroffene schwerbehinderte Mensch angehört. ⁹Alle Beteiligten sind vom Arbeitgeber über die getroffene Entscheidung unter Darlegung der Gründe unverzüglich zu unterrichten. ¹⁰Bei Bewerbungen schwerbehinderter Menschen ist die Schwerbehindertenvertretung nicht zu beteiligen, wenn der schwerbehinderte Mensch die Beteiligung der Schwerbehindertenvertretung ausdrücklich ablehnt.

(2) ¹Arbeitgeber dürfen schwerbehinderte Beschäftigte nicht wegen ihrer Behinderung benachteiligen. ²Im Einzelnen gilt hierzu Folgendes:
1. Ein schwerbehinderter Beschäftigter darf bei einer Vereinbarung oder einer Maßnahme, insbesondere bei der Begründung des Arbeits- oder sonstigen Beschäftigungsverhältnisses, beim beruflichen Aufstieg, bei einer Weisung oder einer Kündigung, nicht wegen seiner Behinderung benachteiligt werden. Eine unterschiedliche Behandlung wegen der Behinderung ist jedoch zulässig, soweit eine Vereinbarung oder eine Maßnahme die Art der von dem schwerbehinderten Beschäftigten auszuübenden Tätigkeit zum Gegenstand hat und eine bestimmte körperliche Funktion, geistige Fähigkeit oder seelische Gesundheit wesentliche und entscheidende Anforderung für diese Tätigkeit ist. Macht im Streitfall der schwerbehinderte Beschäftigte Tatsachen glaubhaft, die eine Benachteiligung wegen der Behinderung vermuten lassen, trägt der Arbeitgeber die Beweislast dafür, dass nicht auf die Behinderung bezogene, sachliche Gründe eine unterschiedliche Behandlung rechtfertigen oder eine bestimmte körperliche Funktion, geistige Fähigkeit oder seelische Gesundheit wesentliche und entscheidende berufliche Anforderung für diese Tätigkeit ist.
2. Wird gegen das in Nummer 1 geregelte Benachteiligungsverbot bei der Begründung eines Arbeits- oder sonstigen Beschäftigungsverhältnisses verstoßen, kann der hierdurch benachteiligte schwerbehinderte Bewerber eine angemessene Entschädigung in Geld verlangen; ein Anspruch auf Begründung eines Arbeits- oder sonstigen Beschäftigungsverhältnisses besteht nicht.

---

[1]) § 211 Satz 1 kursiv gedruckter Wortlaut aufgeh. **mWv 1. 1. 2005** durch G v. 24. 12. 2003 (BGBl. I S. 2954).

3. Wäre der schwerbehinderte Bewerber auch bei benachteiligungsfreier Auswahl nicht eingestellt worden, leistet der Arbeitgeber eine angemessene Entschädigung in Höhe von höchstens drei Monatsverdiensten. Als Monatsverdienst gilt, was dem schwerbehinderten Bewerber bei regelmäßiger Arbeitszeit in dem Monat, in dem das Arbeits- oder sonstige Beschäftigungsverhältnis hätte begründet werden sollen, an Geld- und Sachbezügen zugestanden hätte.
4. Ein Anspruch auf Entschädigung nach den Nummern 2 und 3 muss innerhalb von zwei Monaten nach Zugang der Ablehnung der Bewerbung schriftlich geltend gemacht werden.
5. Die Regelungen über die angemessene Entschädigung gelten beim beruflichen Aufstieg entsprechend, wenn auf den Aufstieg kein Anspruch besteht.

(3) [1]Die Arbeitgeber stellen durch geeignete Maßnahmen sicher, dass in ihren Betrieben und Dienststellen wenigstens die vorgeschriebene Zahl schwerbehinderter Menschen eine möglichst dauerhafte behinderungsgerechte Beschäftigung finden kann. [2]Absatz 4 Satz 2 und 3 gilt entsprechend.

(4) [1]Die schwerbehinderten Menschen haben gegenüber ihren Arbeitgebern Anspruch auf
1. Beschäftigung, bei der sie ihre Fähigkeiten und Kenntnisse möglichst voll verwerten und weiterentwickeln können,
2. bevorzugte Berücksichtigung bei innerbetrieblichen Maßnahmen der beruflichen Bildung zur Förderung ihres beruflichen Fortkommens,
3. Erleichterungen im zumutbaren Umfang zur Teilnahme an außerbetrieblichen Maßnahmen der beruflichen Bildung,
4. behinderungsgerechte Einrichtung und Unterhaltung der Arbeitsstätten einschließlich der Betriebsanlagen, Maschinen und Geräte sowie der Gestaltung der Arbeitsplätze, des Arbeitsumfeldes, der Arbeitsorganisation und der Arbeitszeit, unter besonderer Berücksichtigung der Unfallgefahr,
5. Ausstattung ihres Arbeitsplatzes mit den erforderlichen technischen Arbeitshilfen

unter Berücksichtigung der Behinderung und ihrer Auswirkungen auf die Beschäftigung. [2]Bei der Durchführung der Maßnahmen nach den Nummern 1, 4 und 5 unterstützt die Bundesagentur für Arbeit und die Integrationsämter die Arbeitgeber unter Berücksichtigung der für die Beschäftigung wesentlichen Eigenschaften der schwerbehinderten Menschen. [3]Ein Anspruch nach Satz 1 besteht nicht, soweit seine Erfüllung für den Arbeitgeber nicht zumutbar oder mit unverhältnismäßigen Aufwendungen verbunden wäre oder soweit die staatlichen oder berufsgenossenschaftlichen Arbeitsschutzvorschriften oder beamtenrechtliche Vorschriften entgegenstehen.

(5) [1]Die Arbeitgeber fördern die Einrichtung von Teilzeitarbeitsplätzen. [2]Sie werden dabei von den Integrationsämtern unterstützt. [3]Schwerbehinderte Menschen haben einen Anspruch auf Teilzeitbeschäftigung, wenn die kürzere Arbeitszeit wegen Art oder Schwere der Behinderung notwendig ist; Absatz 4 Satz 3 gilt entsprechend.

§ 82 Besondere Pflichten der öffentlichen Arbeitgeber. [1]Die Dienststellen der öffentlichen Arbeitgeber melden den Agenturen für Arbeit frühzeitig frei werdende und neu zu besetzende sowie neue Arbeitsplätze (§ 73). [2]Haben schwerbehinderte Menschen sich um einen solchen Arbeitsplatz beworben oder sind sie von der Bundesagentur für Arbeit oder einem von dieser beauftragten Integrationsfachdienst vorgeschlagen worden, werden sie zu einem Vorstellungsgespräch eingeladen. ³Eine Einladung ist entbehrlich, wenn die fachliche Eignung offensichtlich fehlt. ⁴Einer Integrationsvereinbarung nach § 83 bedarf es nicht, wenn für die Dienststellen dem § 83 entsprechende Regelungen bereits bestehen und durchgeführt werden.

§ 83 Integrationsvereinbarung. (1) ¹Die Arbeitgeber treffen mit der Schwerbehindertenvertretung und den in § 93 genannten Vertretungen in Zusammenarbeit mit dem Beauftragten des Arbeitgebers (§ 98) eine verbindliche Integrationsvereinbarung. ²Auf Antrag der Schwerbehindertenvertretung wird unter Beteiligung der in § 93 genannten Vertretungen hierüber verhandelt. ³Ist eine Schwerbehindertenvertretung nicht vorhanden, steht das Antragsrecht den in § 93 genannten Vertretungen zu. ⁴Der Arbeitgeber oder die Schwerbehindertenvertretung können das Integrationsamt einladen, sich an den Verhandlungen über die Integrationsvereinbarung zu beteiligen. ⁵Der Agentur für Arbeit und dem Integrationsamt, die für den Sitz des Arbeitgebers zuständig sind, wird die Vereinbarung übermittelt.

(2) ¹Die Vereinbarung enthält Regelungen im Zusammenhang mit der Eingliederung schwerbehinderter Menschen, insbesondere zur Personalplanung, Arbeitsplatzgestaltung, Gestaltung des Arbeitsumfelds, Arbeitsorganisation, Arbeitszeit sowie Regelungen über die Durchführung in den Betrieben und Dienststellen. ²Bei der Personalplanung werden besondere Regelungen zur Beschäftigung eines angemessenen Anteils von schwerbehinderten Frauen vorgesehen.

(2a) In der Vereinbarung können insbesondere auch Regelungen getroffen werden
1. zur angemessenen Berücksichtigung schwerbehinderter Menschen bei der Besetzung freier, frei werdender oder neuer Stellen,
2. zu einer anzustrebenden Beschäftigungsquote, einschließlich eines angemessenen Anteils schwerbehinderter Frauen,
3. zu Teilzeitarbeit,
4. zur Ausbildung behinderter Jugendlicher,
5. zur Durchführung der betrieblichen Prävention (betriebliches Eingliederungsmanagement) und zur Gesundheitsförderung,
6. über die Hinzuziehung des Werks- oder Betriebsarztes auch für Beratungen über Leistungen zur Teilhabe sowie über besondere Hilfen im Arbeitsleben.

(3) In den Versammlungen schwerbehinderter Menschen berichtet der Arbeitgeber über alle Angelegenheiten im Zusammenhang mit der Eingliederung schwerbehinderter Menschen.

§ 84 Prävention. (1) Der Arbeitgeber schaltet bei Eintreten von personen-, verhaltens- oder betriebsbedingten Schwierigkeiten im Arbeits- oder sonstigen Beschäftigungsverhältnis, die zur Gefährdung dieses Verhältnisses führen können, möglichst frühzeitig die Schwerbehindertenvertretung und die in § 93 genannten Vertretungen sowie das Integrationsamt ein, um mit ihnen alle Möglichkeiten und alle zur Verfügung stehenden Hilfen zur Beratung und mögliche finanzielle Leistungen zu erörtern, mit denen die Schwierigkeiten beseitigt werden können und das Arbeits- oder sonstige Beschäftigungsverhältnis möglichst dauerhaft fortgesetzt werden kann.

(2) ¹Sind Beschäftigte innerhalb eines Jahres länger als sechs Wochen ununterbrochen oder wiederholt arbeitsunfähig, klärt der Arbeitgeber mit der zuständigen Interessenvertretung im Sinne des § 93, bei schwerbehinderten Menschen außerdem mit der Schwerbehindertenvertretung, mit Zustimmung und Beteiligung der betroffenen Person die Möglichkeiten, wie die Arbeitsunfähigkeit möglichst überwunden werden und mit welchen Leistungen oder Hilfen erneuter Arbeitsunfähigkeit vorgebeugt und der Arbeitsplatz erhalten werden kann (betriebliches Eingliederungsmanagement). ²Soweit erforderlich wird der Werks- oder Betriebsarzt hinzugezogen. ³Die betroffene Person oder ihr gesetzlicher Vertreter ist zuvor auf die Ziele des betrieblichen Eingliederungsmanagements sowie auf Art und Umfang der hierfür erhobenen und verwendeten Daten hinzuweisen. ⁴Kommen Leistungen zur Teilhabe oder begleitende Hilfen im Arbeitsleben in Betracht, werden vom Arbeitgeber die örtlichen gemeinsamen Servicestellen oder bei schwerbehinderten Beschäftigten das Integrationsamt hinzugezogen. ⁵Diese wirken darauf hin, dass die erforderlichen Leistungen oder Hilfen unverzüglich beantragt und innerhalb der Frist des § 14 Abs. 2 Satz 2 erbracht werden. ⁶Die zuständige Interessenvertretung im Sinne des § 93, bei schwerbehinderten Menschen außerdem die Schwerbehindertenvertretung, können die Klärung verlangen. ⁷Sie wachen darüber, dass der Arbeitgeber die ihm nach dieser Vorschrift obliegenden Verpflichtungen erfüllt.

(4)[1] Die Rehabilitationsträger und die Integrationsämter können Arbeitgeber, die ein betriebliches Eingliederungsmanagement einführen, durch Prämien oder einen Bonus fördern.

---

[1] Absatzzählung amtlich.

7. Zehntes Buch
Sozialgesetzbuch – Sozialverwaltungsverfahren und Sozialdatenschutz – (SGB X)[1)]

In der Fassung der Bekanntmachung vom 18. Januar 2001[2)]

(BGBl. I S. 130)

FNA 860-10-1

zuletzt geänd. durch Art. 10 Nr. 10 ZuwanderungsG v. 30. 7. 2004 (BGBl. I S. 1950)

(Auszug)

Erstes Kapitel. Verwaltungsverfahren

Zweiter Abschnitt. Allgemeine Vorschriften über das Verwaltungsverfahren

Erster Titel. Verfahrensgrundsätze

§§ 8–24 *(vom Abdruck wurde abgesehen)*

§ 25 Akteneinsicht durch Beteiligte. (1) ¹Die Behörde hat den Beteiligten Einsicht in die das Verfahren betreffenden Akten zu gestatten, soweit deren Kenntnis zur Geltendmachung oder Verteidigung ihrer rechtlichen Interessen erforderlich ist. ²Satz 1 gilt bis zum Abschluss des Verwaltungsverfahrens nicht für Entwürfe zu Entscheidungen sowie die Arbeiten zu ihrer unmittelbaren Vorbereitung.

(2) ¹Soweit die Akten Angaben über gesundheitliche Verhältnisse eines Beteiligten enthalten, kann die Behörde statt dessen den Inhalt der Akten dem Beteiligten durch einen Arzt vermitteln lassen. ²Sie soll den Inhalt der Akten durch einen Arzt vermitteln lassen, soweit zu befürchten ist, dass die Akteneinsicht dem Beteiligten einen unverhältnismäßigen Nachteil, insbesondere an der Gesundheit, zufügen würde. ³Soweit die Akten Angaben enthalten, die die Entwicklung und Entfaltung der Persönlichkeit des Beteiligten beeinträchtigen können, gelten die Sätze 1 und 2 mit der Maßgabe entsprechend, dass der Inhalt der Akten auch durch einen Bediensteten der Behörde vermittelt werden kann, der durch Vorbildung sowie Lebens- und Berufserfahrung dazu geeignet und befähigt ist. ⁴Das Recht nach Absatz 1 wird nicht beschränkt.

[1)] Für das Gebiet der ehem. DDR findet das Gesetz für den Bereich der Kranken-, Renten- und Unfallversicherung aufgrund des EVert. v. 31. 8. 1980 (BGBl. II S. 889, 1032) ab dem 1. 1. 1991 Anwendung.

[2)] Neubekanntmachung des SGB X v. 18. 8. 1980 (BGBl. I S. 1469, 2218) in der ab 1. 1. 2001 geltenden Fassung.

(3) Die Behörde ist zur Gestattung der Akteneinsicht nicht verpflichtet, soweit die Vorgänge wegen der berechtigten Interessen der Beteiligten oder dritter Personen geheim gehalten werden müssen.

(4) ¹Die Akteneinsicht erfolgt bei der Behörde, die die Akten führt. ²Im Einzelfall kann die Einsicht auch bei einer anderen Behörde oder bei einer diplomatischen oder berufskonsularischen Vertretung der Bundesrepublik Deutschland im Ausland erfolgen; weitere Ausnahmen kann die Behörde, die die Akten führt, gestatten.

(5) ¹Soweit die Akteneinsicht zu gestatten ist, können die Beteiligten Auszüge oder Abschriften selbst fertigen oder sich Ablichtungen durch die Behörde erteilen lassen. ²Die Behörde kann Ersatz ihrer Aufwendungen in angemessenem Umfang verlangen.

Dritter Abschnitt. Verwaltungsakt

Zweiter Titel. Bestandskraft des Verwaltungsaktes

§§ 39–49 *(vom Abdruck wurde abgesehen)*

§ 50 Erstattung zu Unrecht erbrachter Leistungen. (1) ¹Soweit ein Verwaltungsakt aufgehoben worden ist, sind bereits erbrachte Leistungen zu erstatten. ²Sach- und Dienstleistungen sind in Geld zu erstatten.

(2) ¹Soweit Leistungen ohne Verwaltungsakt zu Unrecht erbracht worden sind, sind sie zu erstatten. ²§§ 45 und 48 gelten entsprechend.

(2a) ¹Der zu erstattende Betrag ist vom Eintritt der Unwirksamkeit eines Verwaltungsaktes, auf Grund dessen Leistungen zur Förderung von Einrichtungen oder ähnliche Leistungen erbracht worden sind, mit fünf Prozentpunkten über dem Basiszinssatz jährlich zu verzinsen. ²Von der Geltendmachung des Zinsanspruchs kann insbesondere dann abgesehen werden, wenn der Begünstigte die Umstände, die zur Rücknahme, zum Widerruf oder zur Unwirksamkeit des Verwaltungsaktes geführt haben, nicht zu vertreten hat und den zu erstattenden Betrag innerhalb der von der Behörde festgesetzten Frist leistet. ³Wird eine Leistung nicht alsbald nach der Auszahlung für den bestimmten Zweck verwendet, können für die Zeit bis zur zweckentsprechenden Verwendung Zinsen nach Satz 1 verlangt werden; Entsprechendes gilt, soweit eine Leistung in Anspruch genommen wird, obwohl andere Mittel anteilig oder vorrangig einzusetzen sind; § 47 Abs. 2 Satz 1 Nr. 1 bleibt unberührt.

(3) ¹Die zu erstattende Leistung ist durch schriftlichen Verwaltungsakt festzusetzen. ²Die Festsetzung soll, sofern die Leistung auf Grund eines Verwaltungsaktes erbracht worden ist, mit der Aufhebung des Verwaltungsaktes verbunden werden.

(4) ¹Der Erstattungsanspruch verjährt in vier Jahren nach Ablauf des Kalenderjahres, in dem der Verwaltungsakt nach Absatz 3 unanfechtbar geworden ist. ²Für die Hemmung, die Ablaufhemmung, den Neubeginn und die Wirkung der Verjährung gelten die Vorschriften des Bürgerlichen Gesetzbuchs sinngemäß. ³§ 52 bleibt unberührt.

(5) Die Absätze 1 bis 4 gelten bei Berichtigungen nach § 38 entsprechend.

§ 51 *(vom Abdruck wurde abgesehen)*

Zweites Kapitel. Schutz der Sozialdaten

Zweiter Abschnitt. Datenerhebung, -verarbeitung und -nutzung

§§ 67a, 67b *(vom Abdruck wurde abgesehen)*

§ 67c Datenspeicherung, -veränderung und -nutzung. (1) ¹Das Speichern, Verändern oder Nutzen von Sozialdaten durch die in § 35 des Ersten Buches[1]) genannten Stellen ist zulässig, wenn es zur Erfüllung der in der Zuständigkeit der verantwortlichen Stelle liegenden gesetzlichen Aufgaben nach diesem Gesetzbuch erforderlich ist und es für die Zwecke erfolgt, für die die Daten erhoben worden sind. ²Ist keine Erhebung vorausgegangen, dürfen die Daten nur für die Zwecke geändert oder genutzt werden, für die sie gespeichert worden sind.

(2) Die nach Absatz 1 gespeicherten Daten dürfen von derselben Stelle für andere Zwecke nur gespeichert, verändert oder genutzt werden, wenn

1. die Daten für die Erfüllung von Aufgaben nach anderen Rechtsvorschriften dieses Gesetzbuches als diejenigen, für die sie erhoben wurden, erforderlich sind,
2. der Betroffene im Einzelfall eingewilligt hat oder
3. es zur Durchführung eines bestimmten Vorhabens der wissenschaftlichen Forschung oder Planung im Sozialleistungsbereich erforderlich ist und die Voraussetzungen des § 75 Abs. 1 vorliegen.

(3) ¹Eine Speicherung, Veränderung oder Nutzung für andere Zwecke liegt nicht vor, wenn sie für die Wahrnehmung von Aufsichts-, Kontroll- und Disziplinarbefugnissen, der Rechnungsprüfung oder der Durchführung von Organisationsuntersuchungen für die verantwortliche Stelle erforderlich ist. ²Das gilt auch für die Veränderung oder Nutzung zu Ausbildungs- und Prüfungszwecken durch die verantwortliche Stelle, soweit nicht überwiegende schutzwürdige Interessen des Betroffenen entgegenstehen.

(4) Sozialdaten, die ausschließlich zu Zwecken der Datenschutzkontrolle, der Datensicherung oder zur Sicherstellung eines ordnungsgemäßen Betriebes einer Datenverarbeitungsanlage gespeichert werden, dürfen nur für diese Zwecke verwendet werden.

(5) ¹Für Zwecke der wissenschaftlichen Forschung oder Planung im Sozialleistungsbereich erhobene oder gespeicherte Sozialdaten dürfen von den in § 35 des Ersten Buches[1]) genannten Stellen nur für ein bestimmtes Vorhaben der wissenschaftlichen Forschung im Sozialleistungsbereich oder der Planung im Sozialleistungsbereich verändert oder genutzt werden. ²Die Sozialdaten sind zu anonymisieren, sobald dies nach dem Forschungs- oder Planungszweck möglich ist. ³Bis dahin sind die Merkmale gesondert zu speichern, mit denen Einzelangaben über persönliche oder sachliche Verhältnisse einer bestimmten oder bestimmbaren Person zugeordnet werden können. ⁴Sie dürfen

---

[1]) Nr. 2.

mit den Einzelangaben nur zusammengeführt werden, soweit der Forschungs- oder Planungszweck dies erfordert.

§§ 67d–75 *(vom Abdruck wurde abgesehen)*

§ 76 Einschränkung der Übermittlungsbefugnis bei besonders schutzwürdigen Sozialdaten. (1) Die Übermittlung von Sozialdaten, die einer in § 35 des Ersten Buches[1] genannten Stelle von einem Arzt oder einer anderen in § 203 Abs. 1 und 3 des Strafgesetzbuches genannten Person zugänglich gemacht worden sind, ist nur unter den Voraussetzungen zulässig, unter denen diese Person selbst übermittlungsbefugt wäre.

(2) Absatz 1 gilt nicht

1. im Rahmen des § 69 Abs. 1 Nr. 1 und 2 für Sozialdaten, die im Zusammenhang mit einer Begutachtung wegen der Erbringung von Sozialleistungen oder wegen der Ausstellung einer Bescheinigung übermittelt worden sind, es sei denn, dass der Betroffene der Übermittlung widerspricht; der Betroffene ist von der verantwortlichen Stelle zu Beginn des Verwaltungsverfahrens in allgemeiner Form schriftlich auf das Widerspruchsrecht hinzuweisen,

2. im Rahmen des § 69 Abs. 4 und 5 und des § 71 Abs. 1 Satz 3.

(3) Ein Widerspruchsrecht besteht nicht in den Fällen des § 279 Abs. 5 in Verbindung mit § 275 Abs. 1 bis 3 des Fünften Buches.

§§ 77, 78 *(vom Abdruck wurde abgesehen)*

Vierter Abschnitt. Rechte des Betroffenen, Datenschutzbeauftragte und Schlussvorschriften

§§ 81, 82 *(vom Abdruck wurde abgesehen)*

§ 83 Auskunft an den Betroffenen. (1) ¹Dem Betroffenen ist auf Antrag Auskunft zu erteilen über

1. die zu seiner Person gespeicherten Sozialdaten, auch soweit sie sich auf die Herkunft dieser Daten beziehen,
2. die Empfänger oder Kategorien von Empfängern, an die Daten weitergegeben werden, und
3. den Zweck der Speicherung.

²In dem Antrag soll die Art der Sozialdaten, über die Auskunft erteilt werden soll, näher bezeichnet werden. ³Sind die Sozialdaten nicht automatisiert oder nicht in nicht automatisierten Dateien gespeichert, wird die Auskunft nur erteilt, soweit der Betroffene Angaben macht, die das Auffinden der Daten ermöglichen, und der für die Erteilung der Auskunft erforderliche Aufwand nicht außer Verhältnis zu dem vom Betroffenen geltend gemachten Informationsinteresse steht. ⁴Die verantwortliche Stelle bestimmt das Verfahren, insbesondere die Form der Auskunftserteilung, nach pflichtgemäßem Ermessen.
⁵§ 25 Abs. 2 gilt entsprechend.

---

[1] Nr. 2.

10. Buch. Verwaltungsverfahren   § 84 SGB X 7

(2) Für Sozialdaten, die nur deshalb gespeichert sind, weil sie auf Grund gesetzlicher, satzungsmäßiger oder vertraglicher Aufbewahrungsvorschriften nicht gelöscht werden dürfen, oder die ausschließlich Zwecken der Datensicherung oder der Datenschutzkontrolle dienen, gilt Absatz 1 nicht, wenn eine Auskunftserteilung einen unverhältnismäßigen Aufwand erfordern würde.

(3) Bezieht sich die Auskunftserteilung auf die Übermittlung von Sozialdaten an Staatsanwaltschaften und Gerichte im Bereich der Strafverfolgung, an Polizeibehörden, Verfassungsschutzbehörden, den Bundesnachrichtendienst und den Militärischen Abschirmdienst, ist sie nur mit Zustimmung dieser Stellen zulässig.

(4) Die Auskunftserteilung unterbleibt, soweit
1. die Auskunft die ordnungsgemäße Erfüllung der in der Zuständigkeit der verantwortlichen Stelle liegenden Aufgaben gefährden würde,
2. die Auskunft die öffentliche Sicherheit gefährden oder sonst dem Wohle des Bundes oder eines Landes Nachteile bereiten würde oder
3. die Daten oder die Tatsache ihrer Speicherung nach einer Rechtsvorschrift oder ihrem Wesen nach, insbesondere wegen der überwiegenden berechtigten Interessen eines Dritten, geheim gehalten werden müssen,
und deswegen das Interesse des Betroffenen an der Auskunftserteilung zurücktreten muss.

(5) ¹Die Ablehnung der Auskunftserteilung bedarf keiner Begründung, soweit durch die Mitteilung der tatsächlichen und rechtlichen Gründe, auf die die Entscheidung gestützt wird, der mit der Auskunftsverweigerung verfolgte Zweck gefährdet würde. ²In diesem Fall ist der Betroffene darauf hinzuweisen, dass er sich, wenn die in § 35 des Ersten Buches[1)] genannten Stellen der Kontrolle des Bundesbeauftragten für den Datenschutz unterliegen, an diesen, sonst an die nach Landesrecht für die Kontrolle des Datenschutzes zuständige Stelle wenden kann.

(6) Wird einem Auskunftsberechtigten keine Auskunft erteilt, so kann, soweit es sich um in § 35 des Ersten Buches[1)] genannte Stellen handelt, die der Kontrolle des Bundesbeauftragten für den Datenschutz unterliegen, dieser, sonst die nach Landesrecht für die Kontrolle des Datenschutzes zuständige Stelle auf Verlangen der Auskunftsberechtigten prüfen, ob die Ablehnung der Auskunftserteilung rechtmäßig war.

(7) Die Auskunft ist unentgeltlich.

§ 84 Berichtigung, Löschung und Sperrung von Daten; Widerspruchsrecht. (1) ¹Sozialdaten sind zu berichtigen, wenn sie unrichtig sind. ²Wird die Richtigkeit von Sozialdaten von dem Betroffenen bestritten und lässt sich weder die Richtigkeit noch die Unrichtigkeit der Daten feststellen, bewirkt dies keine Sperrung, soweit es um die Erfüllung sozialer Aufgaben geht; die ungeklärte Sachlage ist in geeigneter Weise festzuhalten. ³Die bestrittenen Daten dürfen nur mit einem Hinweis hierauf genutzt und übermittelt werden.

(1a) § 20 Abs. 5 des Bundesdatenschutzgesetzes gilt entsprechend.

(2) ¹Sozialdaten sind zu löschen, wenn ihre Speicherung unzulässig ist. ²Sie sind auch zu löschen, wenn ihre Kenntnis für die verantwortliche Stelle zur

---

[1)] Nr. 2.

rechtmäßigen Erfüllung der in ihrer Zuständigkeit liegenden Aufgaben nicht mehr erforderlich ist und kein Grund zu der Annahme besteht, dass durch die Löschung schutzwürdige Interessen des Betroffenen beeinträchtigt werden.

(3) An die Stelle einer Löschung tritt eine Sperrung, soweit
1. einer Löschung gesetzliche, satzungsmäßige oder vertragliche Aufbewahrungsfristen entgegenstehen,
2. Grund zu der Annahme besteht, dass durch eine Löschung schutzwürdige Interessen des Betroffenen beeinträchtigt würden, oder
3. eine Löschung wegen der besonderen Art der Speicherung nicht oder nicht mit angemessenem Aufwand möglich ist.

(4) Gesperrte Sozialdaten dürfen ohne Einwilligung des Betroffenen nur übermittelt oder genutzt werden, wenn
1. es zu wissenschaftlichen Zwecken, zur Behebung einer bestehenden Beweisnot oder aus sonstigen im überwiegenden Interesse der verantwortlichen Stelle oder eines Dritten liegenden Gründen unerlässlich ist und
2. die Sozialdaten hierfür übermittelt oder genutzt werden dürften, wenn sie nicht gesperrt wären.

(5) Von der Tatsache, dass Sozialdaten bestritten oder nicht mehr bestritten sind, von der Berichtigung unrichtiger Daten sowie der Löschung oder Sperrung wegen Unzulässigkeit der Speicherung sind die Stellen zu verständigen, denen im Rahmen einer Datenübermittlung diese Daten zur Speicherung weitergegeben worden sind, wenn wenn dies keinen unverhältnismäßigen Aufwand erfordert und schutzwürdige Interessen des Betroffenen nicht entgegenstehen.

(6) § 71 Abs. 1 Satz 3 bleibt unberührt.

§§ 84a–85a *(vom Abdruck wurde abgesehen)*

Drittes Kapitel. Zusammenarbeit der Leistungsträger und ihre Beziehungen zu Dritten

Erster Abschnitt. Zusammenarbeit der Leistungsträger untereinander und mit Dritten

Dritter Titel. Zusammenarbeit der Leistungsträger mit Dritten

§ 97 *(vom Abdruck wurde abgesehen)*

§ 98[1]** Auskunftspflicht des Arbeitgebers.** (1) ¹Soweit es in der Sozialversicherung einschließlich der Arbeitslosenversicherung im Einzelfall für die Erbringung von Sozialleistungen erforderlich ist, hat der Arbeitgeber auf Verlangen den Leistungsträger oder der zuständigen Einzugsstelle Auskunft über die Art und Dauer der Beschäftigung, den Beschäftigungsort und das Arbeitsentgelt zu erteilen. ²Wegen der Entrichtung von Beiträgen hat der Arbeitgeber auf Verlangen über alle Tatsachen Auskunft zu erteilen, die für die Erhebung

---
[1] Siehe die BeitragsüberwachungsVO idF der Bek. v. 28. 7. 1997 (BGBl. I S. 1930), zuletzt geänd. durch G v. 23. 7. 2004 (BGBl. I S. 1842).

10. Buch. Verwaltungsverfahren §§ 99–101a SGB X 7

der Beiträge notwendig sind. ³Der Arbeitgeber hat auf Verlangen die Geschäftsbücher, Listen oder andere Unterlagen, aus denen die Angaben über die Beschäftigung hervorgehen, während der Betriebszeit nach seiner Wahl den in Satz 1 bezeichneten Stellen entweder in deren oder in seinen eigenen Geschäftsräumen zur Einsicht vorzulegen. ⁴Das Wahlrecht nach Satz 3 entfällt, wenn besondere Gründe eine Prüfung in den Geschäftsräumen des Arbeitgebers gerechtfertigt erscheinen lassen. ⁵Satz 4 gilt nicht gegenüber Arbeitgebern des öffentlichen Dienstes. ⁶Die Sätze 2 bis 5 gelten auch für Stellen im Sinne des § 28p Abs. 6 des Vierten Buches[1)].

(1a) Soweit die Träger der Rentenversicherung nach § 28p des Vierten Buches[1)] prüfberechtigt sind, bestehen die Verpflichtungen nach Absatz 1 Satz 3 bis 6 gegenüber den Einzugsstellen wegen der Entrichtung des Gesamtsozialversicherungsbeitrags nicht; die Verpflichtung nach Absatz 1 Satz 2 besteht gegenüber den Einzugsstellen nur im Einzelfall.

(2) ¹Wird die Auskunft wegen der Erbringung von Sozialleistungen verlangt, gilt § 65 Abs. 1 des Ersten Buches[2)] entsprechend. ²Auskünfte auf Fragen, deren Beantwortung dem Arbeitgeber selbst oder einer ihm nahe stehenden Person (§ 383 Abs. 1 Nr. 1 bis 3 der Zivilprozessordnung) die Gefahr zuziehen würde, wegen einer Straftat oder einer Ordnungswidrigkeit verfolgt zu werden, können verweigert werden; dem Arbeitgeber stehen die in Absatz 1 Satz 6 genannten Stellen gleich.

(3) Hinsichtlich des Absatzes 1 Satz 2 und 3 sowie des Absatzes 2 stehen einem Arbeitgeber die Personen gleich, die wie ein Arbeitgeber Beiträge für eine kraft Gesetzes versicherte Person zu entrichten haben.

(4) Das Bundesministerium für Gesundheit und Soziale Sicherung kann durch Rechtsverordnung mit Zustimmung des Bundesrates das Nähere über die Durchführung der in Absatz 1 genannten Mitwirkung bestimmen.

(5) ¹Ordnungswidrig handelt, wer vorsätzlich oder leichtfertig
1. entgegen Absatz 1 Satz 1 oder
2. entgegen Absatz 1 Satz 2 oder Satz 3, jeweils auch in Verbindung mit Absatz 1 Satz 6 oder Absatz 3,

eine Auskunft nicht, nicht richtig, nicht vollständig oder nicht rechtzeitig erteilt oder eine Unterlage nicht, nicht richtig, nicht vollständig oder nicht rechtzeitig vorlegt. ²Die Ordnungswidrigkeit kann mit einer Geldbuße bis zu fünftausend Euro geahndet werden. ³Die Sätze 1 und 2 gelten nicht für die Leistungsträger, wenn sie wie ein Arbeitgeber Beiträge für eine kraft Gesetzes versicherte Person zu entrichten haben.

§§ 99–101 *(vom Abdruck wurde abgesehen)*

§ 101a Sterbefallmitteilungen der Meldebehörden. (1) ¹Die Meldebehörden haben die von ihnen erfassten Sterbefälle unverzüglich der Deutschen Post AG mitzuteilen (Sterbefallmitteilungen). ²In den Sterbefallmitteilungen sind Familiennamen, Vornamen, Tag der Geburt, Geburtsort, Geschlecht, letzte Anschrift und Sterbetag der Verstorbenen anzugeben.

[1)] Nr. 3.
[2)] Nr. 2.

(2) Die Sterbefallmitteilungen dürfen von der Deutschen Post AG
1. nur dazu verwendet werden, um laufende Geldleistungen der Leistungsträger oder der in § 69 Abs. 2 genannten Stellen einzustellen oder deren Einstellung zu veranlassen, und darüber hinaus
2. nur weiter übermittelt werden, um den Trägern der Rentenversicherung und Unfallversicherung, den landwirtschaftlichen Alterskassen und den in § 69 Abs. 2 genannten Zusatzversorgungseinrichtungen eine Aktualisierung ihrer Versichertenbestände oder Mitgliederbestände zu ermöglichen.

(3) Die Verwendung und Übermittlung der Mitteilungen erfolgt
1. in der Rentenversicherung der Arbeiter und der Angestellten im Rahmen des gesetzlichen Auftrags der Deutschen Post AG nach § 119 Abs. 1 Satz 1 des Sechsten Buches,
2. im Übrigen im Rahmen eines öffentlich-rechtlichen oder privatrechtlichen Vertrages der Deutschen Post AG mit den Leistungsträgern oder den in § 69 Abs. 2 genannten Stellen.

8. Sozialgesetzbuch (SGB) Elftes Buch (XI) – Soziale Pflegeversicherung –[1]

Vom 26. Mai 1994
(BGBl. I S. 1014)

FNA 860-11

zuletzt geänd. durch Art. 10 G zur Einordnung des Sozialhilferechts in das SGB v. 27. 12. 2003 (BGBl. I S. 3022)

(Auszug)

Zweites Kapitel. Leistungsberechtigter Personenkreis

§ 14 Begriff der Pflegebedürftigkeit. (1) ¹Pflegebedürftig im Sinne dieses Buches sind Personen, die wegen einer körperlichen, geistigen oder seelischen Krankheit oder Behinderung für die gewöhnlichen und regelmäßig wiederkehrenden Verrichtungen im Ablauf des täglichen Lebens auf Dauer, voraussichtlich für mindestens sechs Monate, in erheblichem oder höherem Maße (§ 15) der Hilfe bedürfen.

(2) Krankheiten oder Behinderungen im Sinne des Absatzes 1 sind:
1. Verluste, Lähmungen oder andere Funktionsstörungen am Stütz- und Bewegungsapparat,
2. Funktionsstörungen der inneren Organe oder der Sinnesorgane,
3. Störungen des Zentralnervensystems wie Antriebs-, Gedächtnis- oder Orientierungsstörungen sowie endogene Psychosen, Neurosen oder geistige Behinderungen.

(3) Die Hilfe im Sinne des Absatzes 1 besteht in der Unterstützung, in der teilweisen oder vollständigen Übernahme der Verrichtungen im Ablauf des täglichen Lebens oder in Beaufsichtigung oder Anleitung mit dem Ziel der eigenständigen Übernahme dieser Verrichtungen.

(4) Gewöhnliche und regelmäßig wiederkehrende Verrichtungen im Sinne des Absatzes 1 sind:
1. im Bereich der Körperpflege das Waschen, Duschen, Baden, die Zahnpflege, das Kämmen, Rasieren, die Darm- oder Blasenentleerung,
2. im Bereich der Ernährung das mundgerechte Zubereiten oder die Aufnahme der Nahrung,
3. im Bereich der Mobilität das selbständige Aufstehen und Zu-Bett-Gehen, An- und Auskleiden, Gehen, Stehen, Treppensteigen oder das Verlassen und Wiederaufsuchen der Wohnung.

---

[1] Verkündet als Art. 1 Pflege-VersicherungsG v. 26. 5. 1994 (BGBl. I S. 1014); Inkrafttreten gem. Art. 68 Abs. 1 dieses G am 1. 1. 1995, mit Ausnahme der §§ 36 bis 42, 44 und 45, die gem. Abs. 2 am 1. 4. 1995, des § 43, der gem. Abs. 3 am 1 7. 1996, und des § 46 Abs. 1, 2, 5 und 6 sowie der §§ 47, 52, 53, 93 bis 108, die gem. Abs. 4 am 1. 6. 1994 in Kraft getreten sind.

4. im Bereich der hauswirtschaftlichen Versorgung das Einkaufen, Kochen, Reinigen der Wohnung, Spülen, Wechseln und Waschen der Wäsche und Kleidung oder das Beheizen.

§§ 15–18 *(vom Abdruck wurde abgesehen)*

§ 19 Begriff der Pflegepersonen. ¹Pflegepersonen im Sinne dieses Buches sind Personen, die nicht erwerbsmäßig einen Pflegebedürftigen im Sinne des § 14 in seiner häuslichen Umgebung pflegen. ²Leistungen zur sozialen Sicherung nach § 44 erhält eine Pflegeperson nur dann, wenn sie eine pflegebedürftige Person wenigstens 14 Stunden wöchentlich pflegt.

Viertes Kapitel. Leistungen der Pflegeversicherung

Zweiter Abschnitt. Gemeinsame Vorschriften

§§ 29–33 *(vom Abdruck wurde abgesehen)*

§ 34 Ruhen der Leistungsansprüche. (1) Der Anspruch auf Leistungen ruht:
1. solange sich der Versicherte im Ausland aufhält. Bei vorübergehendem Auslandsaufenthalt von bis zu sechs Wochen im Kalenderjahr ist das Pflegegeld nach § 37 oder anteiliges Pflegegeld nach § 38 weiter zu gewähren. Für die Pflegesachleistung gilt dies nur, soweit die Pflegekraft, die ansonsten die Pflegesachleistung erbringt, den Pflegebedürftigen während des Auslandsaufenthaltes begleitet,
2. soweit Versicherte Entschädigungsleistungen wegen Pflegebedürftigkeit unmittelbar nach § 35 des Bundesversorgungsgesetzes oder nach den Gesetzen, die eine entsprechende Anwendung des Bundesversorgungsgesetzes vorsehen, aus der gesetzlichen Unfallversicherung oder aus öffentlichen Kassen auf Grund gesetzlich geregelter Unfallversorgung oder Unfallfürsorge erhalten. Dies gilt auch, wenn vergleichbare Leistungen aus dem Ausland oder von einer zwischenstaatlichen oder überstaatlichen Einrichtung bezogen werden.

(2) ¹Der Anspruch auf Leistungen bei häuslicher Pflege ruht darüber hinaus, soweit im Rahmen des Anspruchs auf häusliche Krankenpflege (§ 37 des Fünften Buches) auch Anspruch auf Grundpflege und hauswirtschaftliche Versorgung besteht, sowie für die Dauer des stationären Aufenthalts in einer Einrichtung im Sinne des § 71 Abs. 4, soweit § 39 nichts Abweichendes bestimmt. ²Pflegegeld nach § 37 oder anteiliges Pflegegeld nach § 38 ist in den ersten vier Wochen einer vollstationären Krankenhausbehandlung oder einer stationären Leistung zur medizinischen Rehabilitation weiter zu zahlen.

(3) Die Leistungen zur sozialen Sicherung nach § 44 ruhen nicht für die Dauer der häuslichen Krankenpflege, bei vorübergehendem Auslandsaufenthalt von bis zu sechs Wochen im Kalenderjahr sowie in den ersten vier Wochen einer vollstationären Krankenhausbehandlung oder einer stationären Leistung zur medizinischen Rehabilitation.

11. Buch. Soziale Pflegeversicherung §§ 35–44 SGB XI 8

§§ 35, 35a *(vom Abdruck wurde abgesehen)*

Vierter Abschnitt. Leistungen für Pflegepersonen

§ 44 Leistungen zur sozialen Sicherung der Pflegepersonen. (1) ¹Zur Verbesserung der sozialen Sicherung der Pflegepersonen im Sinne des § 19 entrichten die Pflegekassen und die privaten Versicherungsunternehmen, bei denen eine private Pflege-Pflichtversicherung durchgeführt wird, sowie die sonstigen in § 170 Abs. 1 Nr. 6 des Sechsten Buches genannten Stellen Beiträge an den zuständigen Träger der gesetzlichen Rentenversicherung, wenn die Pflegeperson regelmäßig nicht mehr als dreißig Stunden wöchentlich erwerbstätig ist. ²Näheres regeln die §§ 3, 141, 166 und 170 des Sechsten Buches. ³Der Medizinische Dienst der Krankenversicherung stellt im Einzelfall fest, ob und in welchem zeitlichen Umfang häusliche Pflege durch eine Pflegeperson erforderlich ist. ⁴Der Pflegebedürftige oder die Pflegeperson haben darzulegen und auf Verlangen glaubhaft zu machen, daß Pflegeleistungen in diesem zeitlichen Umfang auch tatsächlich erbracht werden. ⁵Dies gilt insbesondere, wenn Pflegesachleistungen (§ 36) in Anspruch genommen werden. ⁶Während der pflegerischen Tätigkeit sind die Pflegepersonen nach Maßgabe der §§ 2, 4, 105, 106, 129, 185 des Siebten Buches¹⁾ in den Versicherungsschutz der gesetzlichen Unfallversicherung einbezogen.
Fassung des Satzes 7 bis 31. 12. 2004:
⁷Pflegepersonen, die nach der Pflegetätigkeit ins Erwerbsleben zurückkehren wollen, können bei Teilnahme an Maßnahmen der beruflichen Weiterbildung Unterhaltsgeld nach Maßgabe der §§ 20, 78 und 153 des Dritten Buches erhalten.
Fassung des Satzes 7 ab 1. 1. 2005:
⁷Pflegepersonen, die nach der Pflegetätigkeit in das Erwerbsleben zurückkehren wollen, können bei beruflicher Weiterbildung nach Maßgabe des Dritten Buches bei Vorliegen der dort genannten Voraussetzungen gefördert werden.

(2) Für Pflegepersonen, die wegen einer Pflichtmitgliedschaft in einer berufsständischen Versorgungseinrichtung auch in ihrer Pflegetätigkeit von der Versicherungspflicht in der gesetzlichen Rentenversicherung befreit sind oder befreit wären, wenn sie in der gesetzlichen Rentenversicherung versicherungspflichtig wären und einen Befreiungsantrag gestellt hätten, werden die nach Absatz 1 Satz 1 und 2 zu entrichtenden Beiträge auf Antrag an die berufsständische Versorgungseinrichtung gezahlt.

(3) ¹Die Pflegekasse und das private Versicherungsunternehmen haben die in der Renten- und Unfallversicherung zu versichernde Pflegeperson den zuständigen Renten- und Unfallversicherungsträgern zu melden. ²Die Meldung für die Pflegeperson enthält:
1. ihre Versicherungsnummer, soweit bekannt,
2. ihren Familien- und Vornamen,
3. ihr Geburtsdatum,
4. ihre Staatsangehörigkeit,
5. ihre Anschrift,
6. Beginn und Ende der Pflegetätigkeit,

---
¹⁾ Nr. 1.

7. die Pflegestufe des Pflegebedürftigen und
8. die unter Berücksichtigung des Umfangs der Pflegetätigkeit nach § 166 des Sechsten Buches maßgeblichen beitragspflichtigen Einnahmen.
[3] Die Spitzenverbände der Pflegekassen sowie der Verband der privaten Krankenversicherung e.V. können mit dem Verband Deutscher Rentenversicherungsträger und mit den Trägern der Unfallversicherung Näheres über das Meldeverfahren vereinbaren.

(4) Der Inhalt der Meldung nach Absatz 2 Satz 2 Nr. 1 bis 6 und 8 ist der Pflegeperson, der Inhalt der Meldung nach Absatz 2 Satz 2 Nr. 7 dem Pflegebedürftigen schriftlich mitzuteilen.

§ 45 *(vom Abdruck wurde abgesehen)*

II. Berufskrankheitenrecht

9. Berufskrankheiten-Verordnung (BKV)
Vom 31. Oktober 1997
(BGBl. I S. 2623)

FNA 860-7-2

zuletzt geänd. durch Art. 1 ÄndVO v. 5. 9. 2002 (BGBl. I S. 3541)

Auf Grund des § 9 Abs. 1 und 6 und des § 193 Abs. 8 des Siebten Buches Sozialgesetzbuch − Gesetzliche Unfallversicherung −[1]) (Artikel 1 des Gesetzes vom 7. August 1996, BGBl. I S. 1254) verordnet die Bundesregierung:

§ 1 Berufskrankheiten. Berufskrankheiten sind die in der Anlage bezeichneten Krankheiten, die Versicherte infolge einer den Versicherungsschutz nach § 2, 3 oder 6 des Siebten Buches Sozialgesetzbuch[1]) begründenden Tätigkeit erleiden.

§ 2 Erweiterter Versicherungsschutz in Unternehmen der Seefahrt. Für Versicherte in Unternehmen der Seefahrt erstreckt sich die Versicherung gegen Tropenkrankheiten und Fleckfieber auch auf die Zeit, in der sie an Land beurlaubt sind.

§ 3 Maßnahmen gegen Berufskrankheiten, Übergangsleistung.
(1) ¹Besteht für Versicherte die Gefahr, daß eine Berufskrankheit entsteht, wiederauflebt oder sich verschlimmert, haben die Unfallversicherungsträger dieser Gefahr mit allen geeigneten Mitteln entgegenzuwirken. ²Ist die Gefahr gleichwohl nicht zu beseitigen, haben die Unfallversicherungsträger darauf hinzuwirken, daß die Versicherten die gefährdende Tätigkeit unterlassen. ³Den für den medizinischen Arbeitsschutz zuständigen Stellen ist Gelegenheit zur Äußerung zu geben.

(2) ¹Versicherte, die die gefährdende Tätigkeit unterlassen, weil die Gefahr fortbesteht, haben zum Ausgleich hierdurch verursachter Minderungen des Verdienstes oder sonstiger wirtschaftlicher Nachteile gegen den Unfallversicherungsträger Anspruch auf Übergangsleistungen. ²Als Übergangsleistung wird
1. ein einmaliger Betrag bis zur Höhe der Vollrente oder
2. eine monatlich wiederkehrende Zahlung bis zur Höhe eines Zwölftels der Vollrente längstens für die Dauer von fünf Jahren
gezahlt. ³Renten wegen Minderung der Erwerbsfähigkeit sind nicht zu berücksichtigen.

§ 4 Mitwirkung der für den medizinischen Arbeitsschutz zuständigen Stellen. (1) Die für den medizinischen Arbeitsschutz zuständigen Stellen wirken bei der Feststellung von Berufskrankheiten und von Krankheiten, die nach § 9 Abs. 2 des Siebten Buches Sozialgesetzbuch[1]) wie Berufskrankheiten anzuerkennen sind, nach Maßgabe der Absätze 2 bis 4 mit.

---
[1]) Nr. 1.

(2) ¹Die Unfallversicherungsträger haben die für den medizinischen Arbeitsschutz zuständigen Stellen über die Einleitung eines Feststellungsverfahrens unverzüglich schriftlich zu unterrichten; als Unterrichtung gilt auch die Übersendung der Anzeige nach § 193 Abs. 2 und 7 oder § 202 des Siebten Buches Sozialgesetzbuch[1]). ²Die Unfallversicherungsträger beteiligen die für den medizinischen Arbeitsschutz zuständigen Stellen an dem weiteren Feststellungsverfahren; das nähere Verfahren können die Unfallversicherungsträger mit den für den medizinischen Arbeitsschutz zuständigen Stellen durch Vereinbarung regeln.

(3) ¹In den Fällen der weiteren Beteiligung nach Absatz 2 Satz 2 haben die Unfallversicherungsträger vor der abschließenden Entscheidung die für den medizinischen Arbeitsschutz zuständigen Stellen über die Ergebnisse ihrer Ermittlungen zu unterrichten. ²Soweit die Ermittlungsergebnisse aus Sicht der für den medizinischen Arbeitsschutz zuständigen Stellen nicht vollständig sind, können sie den Unfallversicherungsträger ergänzende Beweiserhebungen vorschlagen; diesen Vorschlägen haben die Unfallversicherungsträger zu folgen.

(4) ¹Nach Vorliegen aller Ermittlungsergebnisse können die für den medizinischen Arbeitsschutz zuständigen Stellen ein Zusammenhangsgutachten erstellen. ²Zur Vorbereitung dieser Gutachten können sie die Versicherten untersuchen oder andere Ärzte auf Kosten der Unfallversicherungsträger mit Untersuchungen beauftragen.

§ 5 Gebühren. (1) ¹Erstellen die für den medizinischen Arbeitsschutz zuständigen Stellen ein Zusammenhangsgutachten nach § 4 Abs. 4, erhalten sie von den Unfallversicherungsträgern jeweils eine Gebühr in Höhe von 200 Euro. ²Mit dieser Gebühr sind alle Personal- und Sachkosten, die bei der Erstellung des Gutachtens entstehen, einschließlich der Kosten für die ärztliche Untersuchung von Versicherten durch die für den medizinischen Arbeitsschutz zuständigen Stellen abgegolten.

(2) Ein Gutachten im Sinne des Absatzes 1 setzt voraus, daß der Gutachter unter Würdigung

1. der Arbeitsanamnese des Versicherten und der festgestellten Einwirkungen am Arbeitsplatz,
2. der Beschwerden, der vorliegenden Befunde und der Diagnose

eine eigenständig begründete schriftliche Bewertung des Ursachenzusammenhangs zwischen der Erkrankung und den tätigkeitsbezogenen Gefährdungen unter Berücksichtigung der besonderen für die gesetzliche Unfallversicherung geltenden Bestimmungen vornimmt.

§ 6 Rückwirkung. (1) ¹Leidet ein Versicherter am 1. Oktober 2002 an einer Krankheit nach Nummer 4112 der Anlage, ist diese auf Antrag als Berufskrankheit anzuerkennen, wenn der Versicherungsfall nach dem 30. November 1997 eingetreten ist. ²Satz 1 gilt auch für eine Krankheit nach Nummer 2106 der Anlage, wenn diese nicht bereits nach der Nummer 2106 der Anlage in der am 1. Dezember 1997 in Kraft getretenen Fassung als Berufskrankheit anerkannt werden kann.

---

[1]) Nr. 1.

BerufskrankheitenVO §§ 7, 8, Anl. BKV 9

(2) Leidet ein Versicherter am 1. Dezember 1997 an einer Krankheit nach Nummer 1316, 1317, 4104 (Kehlkopfkrebs) oder 4111 der Anlage, ist diese auf Antrag als Berufskrankheit anzuerkennen, wenn der Versicherungsfall nach dem 31. Dezember 1992 eingetreten ist.

(3) Hat ein Versicherter am 1. Januar 1993 an einer Krankheit gelitten, die erst auf Grund der Zweiten Verordnung zur Änderung der Berufskrankheiten-Verordnung vom 18. Dezember 1992 (BGBl. I S. 2343) als Berufskrankheit anerkannt werden kann, ist die Krankheit auf Antrag als Berufskrankheit anzuerkennen, wenn der Versicherungsfall nach dem 31. März 1988 eingetreten ist.

(4) Hat ein Versicherter am 1. April 1988 an einer Krankheit gelitten, die erst auf Grund der Verordnung zur Änderung der Berufskrankheiten-Verordnung vom 22. März 1988 (BGBl. I S. 400) als Berufskrankheit anerkannt werden kann, ist die Krankheit auf Antrag als Berufskrankheit anzuerkennen, wenn der Versicherungsfall nach dem 31. Dezember 1976 eingetreten ist.

(5) [1]Bindende Bescheide und rechtskräftige Entscheidungen stehen der Anerkennung als Berufskrankheit nach den Absätzen 1 bis 4 nicht entgegen. [2]Leistungen werden rückwirkend längstens für einen Zeitraum bis zu vier Jahren erbracht; der Zeitraum ist vom Beginn des Jahres an zu rechnen, in dem der Antrag gestellt worden ist.

§ 7 *(aufgehoben)*

§ 8 Inkrafttreten, Außerkrafttreten.
(1) Diese Verordnung tritt am 1. Dezember 1997 in Kraft.

(2) hier nicht wiedergegeben

Anlage

Nr.	Krankheiten
1	**Durch chemische Einwirkungen verursachte Krankheiten**
11	*Metalle und Metalloide*
1101	Erkrankungen durch Blei oder seine Verbindungen
1102	Erkrankungen durch Quecksilber oder seine Verbindungen
1103	Erkrankungen durch Chrom oder seine Verbindungen
1104	Erkrankungen durch Cadmium oder seine Verbindungen
1105	Erkrankungen durch Mangan oder seine Verbindungen
1106	Erkrankungen durch Thallium oder seine Verbindungen
1107	Erkrankungen durch Vanadium oder seine Verbindungen
1108	Erkrankungen durch Arsen oder seine Verbindungen
1109	Erkrankungen durch Phosphor oder seine anorganischen Verbindungen
1110	Erkrankungen durch Beryllium oder seine Verbindungen
12	*Erstickungsgase*
1201	Erkrankungen durch Kohlenmonoxid
1202	Erkrankungen durch Schwefelwasserstoff
13	*Lösemittel, Schädlingsbekämpfungsmittel (Pestizide) und sonstige chemische Stoffe*
1301	Schleimhautveränderungen, Krebs oder andere Neubildungen der Harnwege durch aromatische Amine
1302	Erkrankungen durch Halogenkohlenwasserstoffe

Nr.	Krankheiten
1303	Erkrankungen durch Benzol, seine Homologe oder durch Styrol
1304	Erkrankungen durch Nitro- oder Aminoverbindungen des Benzols oder seiner Homologe oder ihrer Abkömmlinge
1305	Erkrankungen durch Schwefelkohlenstoff
1306	Erkrankungen durch Methylalkohol (Methanol)
1307	Erkrankungen durch organische Phosphorverbindungen
1308	Erkrankungen durch Fluor oder seine Verbindungen
1309	Erkrankungen durch Salpetersäureester
1310	Erkrankungen durch halogenierte Alkyl-, Aryl- oder Alkylaryloxide
1311	Erkrankungen durch halogenierte Alkyl-, Aryl- oder Alkylarylsulfide
1312	Erkrankungen der Zähne durch Säuren
1313	Hornhautschädigungen des Auges durch Benzochinon
1314	Erkrankungen durch para-tertiär-Butylphenol
1315	Erkrankungen durch Isocyanate, die zur Unterlassung aller Tätigkeiten gezwungen haben, die für die Entstehung, die Verschlimmerung oder das Wiederaufleben der Krankheit ursächlich waren oder sein können
1316	Erkrankungen der Leber durch Dimethylformamid
1317	Polyneuropathie oder Enzephalopathie durch organische Lösungsmittel oder deren Gemische
	Zu den Nummern 1101 bis 1110, 1201 und 1202, 1303 bis 1309 und 1315: Ausgenommen sind Hauterkrankungen. Diese gelten als Krankheiten im Sinne dieser Anlage nur insoweit, als sie Erscheinungen einer Allgemeinerkrankung sind, die durch Aufnahme der schädigenden Stoffe in den Körper verursacht werden, oder gemäß Nummer 5101 zu entschädigen sind.
2	**Durch physikalische Einwirkungen verursachte Krankheiten**
21	*Mechanische Einwirkungen*
2101	Erkrankungen der Sehnenscheiden oder des Sehnengleitgewebes sowie der Sehnen- oder Muskelansätze, die zur Unterlassung aller Tätigkeiten gezwungen haben, die für die Entstehung, die Verschlimmerung oder das Wiederaufleben der Krankheit ursächlich waren oder sein können
2102	Meniskusschäden nach mehrjährigen andauernden oder häufig wiederkehrenden, die Kniegelenke überdurchschnittlich belastenden Tätigkeiten
2103	Erkrankungen durch Erschütterung bei Arbeit mit Druckluftwerkzeugen oder gleichartig wirkenden Werkzeugen oder Maschinen
2104	Vibrationsbedingte Durchblutungsstörungen an den Händen, die zur Unterlassung aller Tätigkeiten gezwungen haben, die für die Entstehung, die Verschlimmerung oder das Wiederaufleben der Krankheit ursächlich waren oder sein können
2105	Chronische Erkrankungen der Schleimbeutel durch ständigen Druck
2106	Druckschädigung der Nerven
2107	Abrißbrüche der Wirbelfortsätze
2108	Bandscheibenbedingte Erkrankungen der Lendenwirbelsäule durch langjähriges Heben oder Tragen schwerer Lasten oder durch langjährige Tätigkeiten in extremer Rumpfbeugehaltung, die zur Unterlassung aller Tätigkeiten gezwungen haben, die für die Entstehung, die Verschlimmerung oder das Wiederaufleben der Krankheit ursächlich waren oder sein können
2109	Bandscheibenbedingte Erkrankungen der Halswirbelsäule durch langjähriges Tragen schwerer Lasten auf der Schulter, die zur Unterlassung aller Tätigkeiten gezwungen haben, die für die Entstehung, die Verschlimmerung oder das Wiederaufleben der Krankheit ursächlich waren oder sein können
2110	Bandscheibenbedingte Erkrankungen der Lendenwirbelsäule durch langjährige, vorwiegend vertikale Einwirkung von Ganzkörperschwingungen im Sitzen, die zur Unterlassung aller Tätigkeiten gezwungen haben, die für die Entstehung, die Verschlimmerung oder das Wiederaufleben der Krankheit ursächlich waren oder sein können

Nr.	Krankheiten
2111	Erhöhte Zahnabrasionen durch mehrjährige quarzstaubbelastende Tätigkeit
22	*Druckluft*
2201	Erkrankungen durch Arbeit in Druckluft
23	*Lärm*
2301	Lärmschwerhörigkeit
24	*Strahlen*
2401	Grauer Star durch Wärmestrahlung
2402	Erkrankungen durch ionisierende Strahlen
3	**Durch Infektionserreger oder Parasiten verursachte Krankheiten sowie Tropenkrankheiten**
3101	Infektionskrankheiten, wenn der Versicherte im Gesundheitsdienst, in der Wohlfahrtspflege oder in einem Laboratorium tätig oder durch eine andere Tätigkeit der Infektionsgefahr in ähnlichem Maße besonders ausgesetzt war
3102	Von Tieren auf Menschen übertragbare Krankheiten
3103	Wurmkrankheiten der Bergleute, verursacht durch Ankylostoma duodenale oder Strongyloides stercoralis
3104	Tropenkrankheiten, Fleckfieber
4	**Erkrankungen der Atemwege und der Lungen, des Rippenfells und Bauchfells**
41	*Erkrankungen durch anorganische Stäube*
4101	Quarzstaublungenerkrankung (Silikose)
4102	Quarzstaublungenerkrankung in Verbindung mit aktiver Lungentuberkulose (Siliko-Tuberkulose)
4103	Asbeststaublungenerkrankung (Asbestose) oder durch Asbeststaub verursachte Erkrankungen der Pleura
4104	Lungenkrebs oder Kehlkopfkrebs – in Verbindung mit Asbeststaublungenerkrankung (Asbestose) – in Verbindung mit durch Asbeststaub verursachter Erkrankung der Pleura oder – bei Nachweis der Einwirkung einer kumulativen Asbestfaserstaub-Dosis am Arbeitsplatz von mindestens 25 Faserjahren $\{25 \times 10^6 \:[(Fasern/m^3) \times Jahre]\}$
4105	Durch Asbest verursachtes Mesotheliom des Rippenfells, des Bauchfells oder des Perikards
4106	Erkrankungen der tieferen Atemwege und der Lungen durch Aluminium oder seine Verbindungen
4107	Erkrankungen an Lungenfibrose durch Metallstäube bei der Herstellung oder Verarbeitung von Hartmetallen
4108	Erkrankungen der tieferen Atemwege und der Lungen durch Thomasmehl (Thomasphosphat)
4109	Bösartige Neubildungen der Atemwege und der Lungen durch Nickel oder seine Verbindungen
4110	Bösartige Neubildungen der Atemwege und der Lungen durch Kokereirohgase
4111	Chronische obstruktive Bronchitis oder Emphysem von Bergleuten unter Tage im Steinkohlebergbau bei Nachweis der Einwirkung einer kumulativen Dosis von in der Regel 100 Feinstaubjahren $[(mg/m^3) \times Jahre]$
4112	Lungenkrebs durch die Einwirkung von kristallinem Siliziumdioxid (SiO_2) bei nachgewiesener Quarzstaublungenerkrankung (Silikose oder Siliko-Tuberkulose)
42	*Erkrankungen durch organische Stäube*
4201	Exogen-allergische Alveolitis
4202	Erkrankungen der tieferen Atemwege und der Lungen durch Rohbaumwoll-, Rohflachs- oder Rohhanfstaub (Byssinose)
4203	Adenokarzinome der Nasenhaupt- und Nasennebenhöhlen durch Stäube von Eichen- oder Buchenholz

Nr.	Krankheiten
43	*Obstruktive Atemwegserkrankungen*
4301	Durch allergisierende Stoffe verursachte obstruktive Atemwegserkrankungen (einschließlich Rhinopathie), die zur Unterlassung aller Tätigkeiten gezwungen haben, die für die Entstehung, die Verschlimmerung oder das Wiederaufleben der Krankheit ursächlich waren oder sein können
4302	Durch chemisch-irritativ oder toxisch wirkende Stoffe verursachte obstruktive Atemwegserkrankungen, die zur Unterlassung aller Tätigkeiten gezwungen haben, die für die Entstehung, die Verschlimmerung oder das Wiederaufleben der Krankheit ursächlich waren oder sein können
5	**Hautkrankheiten**
5101	Schwere oder wiederholt rückfällige Hauterkrankungen, die zur Unterlassung aller Tätigkeiten gezwungen haben, die für die Entstehung, die Verschlimmerung oder das Wiederaufleben der Krankheit ursächlich waren oder sein können
5102	Hautkrebs oder zur Krebsbildung neigende Hautveränderungen durch Ruß, Rohparaffin, Teer, Anthrazen, Pech oder ähnliche Stoffe
6	**Krankheiten sonstiger Ursache**
6101	Augenzittern der Bergleute

III. Leistungen

10. Verordnung über die orthopädische Versorgung Unfallverletzter[1]

Vom 18. Juli 1973

(BGBl. I S. 871)

FNA 8231-25

geänd. durch Art. 23 Unfallversicherungs-EinordnungsG v. 7. 8. 1996 (BGBl. I S. 1254)

Auf Grund des § 564 der Reichsversicherungsordnung verordnet die Bundesregierung mit Zustimmung des Bundesrates:

§ 1 [Umfang der orthopädischen Versorgung] (1) Die orthopädische Versorgung der Unfallverletzten umfaßt die Ausstattung mit Körperersatzstücken, orthopädischen und anderen Hilfsmitteln, die geeignet sind, den Erfolg der Heilbehandlung zu sichern, die Folgen der Verletzung zu erleichtern oder die durch den Versicherungsfall geschaffene Lage des Verletzten zu verbessern[2].

(2) Bei der Versorgung sind Art und Schwere der Verletzungsfolgen sowie die beruflichen und persönlichen Verhältnisse des Verletzten zu berücksichtigen.

§ 2 [Körperersatzstücke und Hilfsmittel] (1) Körperersatzstücke und Hilfsmittel sind insbesondere

Kunstglieder, Kunstaugen, Zahnersatz und andere künstliche Körperteile,

Stützapparate,

orthopädisches Schuhwerk,

Stockstützen und andere Gehhilfen,

Krankenfahrzeuge,

Hilfsmittel und Geräte zur Unterstützung oder zum Ersatz von Körperfunktionen,

Perücken,

Gebrauchsgegenstände des täglichen Lebens, die der Überwindung der Verletzungsfolgen dienen,

Zubehör, das dem Zweck des Hilfsmittels dient und ohne das das Hilfsmittel nicht sachgerecht benutzt werden kann,

Blindenführhunde.

(2) Versicherte, die infolge eines Versicherungsfalls erblindet sind, erhalten zum Unterhalt eines Blindenführhundes oder zu den Aufwendungen für fremde Führung einen monatlichen Zuschuß in Höhe des in § 14 des Bundesversorgungsgesetzes[3] jeweils festgesetzten Betrages.

---

[1] Dieses Gesetz trat aufgrund EVertr. v. 31. 8. 1990 (BGBl. II S. 889, 1066) im Gebiet der ehem. DDR am 1. 1. 1991 in Kraft.
[2] Orthopädieverordnung – OrthV v. 4. 10. 1989 (BGBl. I S. 1834), zuletzt geänd. durch VO v. 26. 6. 2001 (BGBl. I S. 1352).
[3] BVG idF der Bek. v. 22. 12. 1982 (BGBl. I S. 21), zuletzt geänd. durch G v. 27. 12. 2003 (BGBl. I S. 3022).

§ 3 [Ausstattung, Instandsetzung und Ersatz] (1) ¹Die Körperersatzstücke und Hilfsmittel sollen dem allgemeinen Stand der technischen Entwicklung entsprechen. ²Sie sind in der erforderlichen Zahl, Kunstbeine, Kunstaugen und orthopädische Schuhe bei der Erstausstattung in der Regel in doppelter Zahl zu liefern.

(2) ¹Einseitige Beinamputierte erhalten bei der Erstausstattung zu jedem Kunstbein kostenfrei je ein Paar Schuhe. ²Auf Antrag kann für den erhaltenen Fuß je ein weiterer Schuh geliefert werden (Dreierausstattung).

(3) ¹Prothesenschuhe werden kostenfrei ersetzt. ²Schuhe für den erhaltenen Fuß werden gegen Erstattung eines Kostenanteils in Höhe des Betrages mitgeliefert, der in § 6 Abs. 4 der Verordnung zur Durchführung des § 11 Abs. 3 und des § 13 des Bundesversorgungsgesetzes, zuletzt geändert durch § 6 der Verordnung zur Durchführung des § 15 des Bundesversorgungsgesetzes vom 31. Januar 1972 (Bundesgesetzbl. I S. 105), in der jeweils geltenden Fassung[1] festgesetzt ist. ³Der Träger der Unfallversicherung kann einem Verletzten mit Rücksicht auf seine wirtschaftlichen Verhältnisse die Erstattung des Kostenanteils auf Antrag ganz oder zum Teil erlassen.

(4) Die Absätze 2 und 3 gelten entsprechend für die Ausstattung mit orthopädischen Schuhen und mit Handschuhen.

(5) ¹Körperersatzstücke und Hilfsmittel sind bei Bedarf instand zu setzen oder zu ersetzen. ²Bei orthopädischen Schuhen und Prothesenschuhen werden die Kosten der infolge gewöhnlicher Abnutzung erforderlichen Besohlung nicht ersetzt. ³Der Träger der Unfallversicherung kann die Instandsetzung oder den Ersatz verweigern, wenn der Verletzte die Unbrauchbarkeit oder den Verlust des Körperersatzstücks oder Hilfsmittels durch Mißbrauch vorsätzlich oder grob fahrlässig herbeigeführt hat.

(6) Wünscht der Verletzte eine besonders kostspielige Ausführung oder Ausstattung des Körperersatzstücks oder Hilfsmittels, die durch die Bedürfnisse seines Berufs nicht gerechtfertigt ist, so hat er die Mehrkosten selbst zu tragen.

§ 4 [Eigentumsvorbehalt] Der Träger der Unfallversicherung kann sich an wertvollen Hilfsmitteln das Eigentum vorbehalten.

§ 5 [Ausbildung für den Gebrauch] Die Lieferung des Körperersatzstücks oder Hilfsmittels kann davon abhängig gemacht werden, daß der Verletzte sich, um mit dem Gebrauch vertraut zu werden, auf Kosten des Trägers der Unfallversicherung einer dazu erforderlichen Ausbildung unterzieht.

§ 6 [Krankenfahrzeuge] (1) Krankenfahrzeuge sind zu gewähren, wenn die Gehfähigkeit des Verletzten durch Unfallfolgen erheblich beeinträchtigt ist und die Behinderung durch Körperersatzstücke oder orthopädische Hilfsmittel nicht genügend behoben werden kann.

(2) Anstelle eines Krankenfahrzeuges soll der Träger der Unfallversicherung einem erheblich gehbehinderten Verletzten auf Antrag einen Zuschuß zur Beschaffung eines Kraftfahrzeuges gewähren, wenn der Verletzte in der Lage ist, ein Kraftfahrzeug zu führen oder wenn ihm ein geeigneter Fahrer zur Verfügung steht.

---

[1] Beachte jetzt § 10 Abs. 2 Orthopädieverordnung v. 4. 10. 1989 (BGBl. I S. 1834), zuletzt geänd. durch VO v. 26. 6. 2001 (BGBl. I S. 1352).

(3) Der Träger der Unfallversicherung kann einem Verletzten auf Antrag einen Zuschuß zur Beschaffung eines Kraftfahrzeuges gewähren, wenn seine Wiedereingliederung dadurch gefördert wird.

(4) Neben einem Zuschuß kann der Träger der Unfallversicherung dem Verletzten ein Darlehen gewähren.

(5) Die Kosten der besonderen Ausrüstung oder des Umbaus eines Kraftfahrzeuges hat der Träger der Unfallversicherung zu übernehmen, soweit diese Einrichtungen wegen der Verletzungsfolgen erforderlich sind.

(6) ^{1}Die Kosten der Haltung des Kraftfahrzeuges sowie die Kosten von Reparaturen hat der Verletzte in der Regel selbst zu tragen. ^{2}Zu notwendigen größeren Reparaturen kann der Träger der Unfallversicherung einen Zuschuß oder ein Darlehen gewähren.

(7) Bei der Gewährung von Zuschüssen und der Übernahme von Kosten ist von den in § 5 Abs. 1 Nr. 1 und Abs. 3 Nr. 2 und 3 der Verordnung zur Durchführung des § 11 Abs. 3 und des § 13 des Bundesversorgungsgesetzes[1]) in der jeweils geltenden Fassung festgesetzten Beträgen auszugehen.

(8) § 4 gilt entsprechend.

§ 7 [Kleider- und Wäscheverschleiß] Für Voraussetzungen und Höhe der Entschädigung für Kleider- und Wäscheverschleiß gelten die Vorschriften des § 15 des Bundesversorgungsgesetzes[2]) und der Verordnung zur Durchführung des § 15 des Bundesversorgungsgesetzes vom 31. Januar 1972 (Bundesgesetzbl. I S. 105) in der jeweils geltenden Fassung entsprechend.

§ 8 [Richtlinien der Träger der Unfallversicherung] Um eine gleichmäßige Versorgung der Unfallverletzten zu sichern, sollen die Träger der Unfallversicherung gemeinsame Richtlinien über Einzelheiten der Gewährung, des Gebrauchs und des Ersatzes von Körperersatzstücken und Hilfsmitteln vereinbaren.

§ 9 *(gegenstandslos)*

§ 10 [Inkrafttreten] (1) Diese Verordnung tritt am ersten Tage des auf die Verkündung[3]) folgenden Kalendermonats in Kraft.

(2) Mit Inkrafttreten dieser Verordnung tritt der Erste Abschnitt der Verordnung über Krankenbehandlung und Berufsfürsorge in der Unfallversicherung vom 14. November 1928 (Reichsgesetzbl. I S. 387) außer Kraft.

---

[1]) Beachte jetzt §§ 23 bis 26 Orthopädieverordnung v. 4. 10. 1989 (BGBl. I S. 1834), zuletzt geänd. durch VO v. 26. 6. 2001 (BGBl. I S. 1352).
[2]) BVG idF der Bek. v. 22. 12. 1982 (BGBl. I S. 21), zuletzt geänd. durch G v. 27. 12. 2003 (BGBl. I S. 3022).
[3]) Verkündet am 25. 7. 1973.

11. Verordnung über Kraftfahrzeughilfe zur beruflichen Rehabilitation (Kraftfahrzeughilfe-Verordnung – KfzHV)

Vom 28. September 1987
(BGBl. I S. 2251)
FNA 870-1-1
zuletzt geänd. durch Art. 117 Drittes G für moderne Dienstleistungen am Arbeitsmarkt v. 23. 12. 2003 (BGBl. I S. 2848)

Auf Grund des § 9 Abs. 2 des Gesetzes über die Angleichung der Leistungen zur Rehabilitation vom 7. August 1974 (BGBl. I S. 1881), der durch Artikel 16 des Gesetzes vom 1. Dezember 1981 (BGBl. I S. 1205) geändert worden ist, auf Grund des § 27f in Verbindung mit § 26 Abs. 6 Satz 1 des Bundesversorgungsgesetzes in der Fassung der Bekanntmachung vom 22. Januar 1982 (BGBl. I S. 21) und auf Grund des § 11 Abs. 3 Satz 3 des Schwerbehindertengesetzes in der Fassung der Bekanntmachung vom 26. August 1986 (BGBl. I S. 1421) verordnet die Bundesregierung mit Zustimmung des Bundesrates:

§ 1 Grundsatz. Kraftfahrzeughilfe zur Teilhabe behinderter Menschen am Arbeitsleben richtet sich bei den Trägern der gesetzlichen Unfallversicherung, der gesetzlichen Rentenversicherung, der Kriegsopferfürsorge und der Bundesagentur für Arbeit sowie den Trägern der begleitenden Hilfe im Arbeits- und Berufsleben nach dieser Verordnung.

§ 2 Leistungen. (1) Die Kraftfahrzeughilfe umfaßt Leistungen
1. zur Beschaffung eines Kraftfahrzeugs,
2. für eine behinderungsbedingte Zusatzausstattung,
3. zur Erlangung einer Fahrerlaubnis.

(2) Die Leistungen werden als Zuschüsse und nach Maßgabe des § 9 als Darlehen erbracht.

§ 3 Persönliche Voraussetzungen. (1) Die Leistungen setzen voraus, daß
1. der behinderte Mensch infolge seiner Behinderung nicht nur vorübergehend auf die Benutzung eines Kraftfahrzeugs angewiesen ist, um seinen Arbeits- oder Ausbildungsort oder den Ort einer sonstigen Leistung der beruflichen Bildung zu erreichen, und
2. der behinderte Mensch ein Kraftfahrzeug führen kann oder gewährleistet ist, daß ein Dritter das Kraftfahrzeug für ihn führt.

(2) Absatz 1 gilt auch für in Heimarbeit Beschäftigte im Sinne des § 12 Abs. 2 des Vierten Buches Sozialgesetzbuch[1]), wenn das Kraftfahrzeug wegen Art oder Schwere der Behinderung notwendig ist, um beim Auftraggeber die Ware abzuholen oder die Arbeitsergebnisse abzuliefern.

---
[1]) Nr. 3.

(3) Ist der behinderte Mensch zur Berufsausübung im Rahmen eines Arbeitsverhältnisses nicht nur vorübergehend auf ein Kraftfahrzeug angewiesen, wird Kraftfahrzeughilfe geleistet, wenn infolge seiner Behinderung nur auf diese Weise die Teilhabe am Arbeitsleben dauerhaft gesichert werden kann und die Übernahme der Kosten durch den Arbeitgeber nicht üblich oder nicht zumutbar ist.

(4) Sofern nach den für den Träger geltenden besonderen Vorschriften Kraftfahrzeughilfe für behinderte Menschen, die nicht Arbeitnehmer sind, in Betracht kommt, sind die Absätze 1 und 3 entsprechend anzuwenden.

§ 4 Hilfe zur Beschaffung eines Kraftfahrzeugs. (1) Hilfe zur Beschaffung eines Kraftfahrzeugs setzt voraus, daß der behinderte Mensch nicht über ein Kraftfahrzeug verfügt, das die Voraussetzungen nach Absatz 2 erfüllt und dessen weitere Benutzung ihm zumutbar ist.

(2) Das Kraftfahrzeug muß nach Größe und Ausstattung den Anforderungen entsprechen, die sich im Einzelfall aus der Behinderung ergeben und, soweit erforderlich, eine behinderungsbedingte Zusatzausstattung ohne unverhältnismäßigen Mehraufwand ermöglichen.

(3) Die Beschaffung eines Gebrauchtwagens kann gefördert werden, wenn er die Voraussetzungen nach Absatz 2 erfüllt und sein Verkehrswert mindestens 50 vom Hundert des seinerzeitigen Neuwagenpreises beträgt.

§ 5 Bemessungsbetrag. (1) [1]Die Beschaffung eines Kraftfahrzeugs wird bis zu einem Betrag in Höhe des Kaufpreises, höchstens jedoch bis zu einem Betrag von 9 500 Euro gefördert. [2]Die Kosten einer behinderungsbedingten Zusatzausstattung bleiben bei der Ermittlung unberücksichtigt.

(2) Abweichend von Absatz 1 Satz 1 wird im Einzelfall ein höherer Betrag zugrundegelegt, wenn Art oder Schwere der Behinderung ein Kraftfahrzeug mit höherem Kaufpreis zwingend erfordert.

(3) Zuschüsse öffentlich-rechtlicher Stellen zu dem Kraftfahrzeug, auf die ein vorrangiger Anspruch besteht oder die vorrangig nach pflichtgemäßem Ermessen zu leisten sind, und der Verkehrswert eines Altwagens sind von dem Betrag nach Absatz 1 oder 2 abzusetzen.

§ 6 Art und Höhe der Förderung. (1) [1]Hilfe zur Beschaffung eines Kraftfahrzeugs wird in der Regel als Zuschuß geleistet. [2]Der Zuschuß richtet sich nach dem Einkommen des behinderten Menschen nach Maßgabe der folgenden Tabelle:

Einkommen	Zuschuß
bis zu v. H. der monatlichen Bezugsgröße nach § 18 Abs. 1 des Vierten Buches Sozialgesetzbuch[1])	in v. H. des Bemessungsbetrags nach § 5
40	100
45	88
50	76

---

[1]) Nr. 3.

Einkommen	Zuschuß
bis zu v. H. der monatlichen Bezugsgröße nach § 18 Abs. 1 des Vierten Buches Sozialgesetzbuch[1)]	in v. H. des Bemessungsbetrags nach § 5
55	64
60	52
65	40
70	28
75	16

[3] Die Beträge nach Satz 2 sind jeweils auf volle 5 Euro aufzurunden.

(2) Von dem Einkommen des behinderten Menschen ist für jeden von ihm unterhaltenen Familienangehörigen ein Betrag von 12 vom Hundert der monatlichen Bezugsgröße nach § 18 Abs. 1 des Vierten Buches Sozialgesetzbuch[1)] abzusetzen; Absatz 1 Satz 3 gilt entsprechend.

(3) [1] Einkommen im Sinne der Absätze 1 und 2 sind das monatliche Netto-Arbeitsentgelt, Netto-Arbeitseinkommen und vergleichbare Lohnersatzleistungen des behinderten Menschen. [2] Die Ermittlung des Einkommens richtet sich nach den für den zuständigen Träger maßgeblichen Regelungen.

(4) [1] Die Absätze 1 bis 3 gelten auch für die Hilfe zur erneuten Beschaffung eines Kraftfahrzeugs. [2] Die Hilfe soll nicht vor Ablauf von fünf Jahren seit der Beschaffung des zuletzt geförderten Fahrzeugs geleistet werden.

§ 7 Behinderungsbedingte Zusatzausstattung. [1] Für eine Zusatzausstattung, die wegen der Behinderung erforderlich ist, ihren Einbau, die technische Überprüfung und die Wiederherstellung ihrer technischen Funktionsfähigkeit werden die Kosten in vollem Umfang übernommen. [2] Dies gilt auch für eine Zusatzausstattung, die wegen der Behinderung eines Dritten erforderlich ist, der für den behinderten Menschen das Kraftfahrzeug führt (§ 3 Abs. 1 Nr. 2). [3] Zuschüsse öffentlich-rechtlicher Stellen, auf die ein vorrangiger Anspruch besteht oder die vorrangig nach pflichtgemäßem Ermessen zu leisten sind, sind anzurechnen.

§ 8 Fahrerlaubnis. (1) [1] Zu den Kosten, die für die Erlangung einer Fahrerlaubnis notwendig sind, wird ein Zuschuß geleistet. [2] Er beläuft sich bei behinderten Menschen mit einem Einkommen (§ 6 Abs. 3)
1. bis 40 vom Hundert der monatlichen Bezugsgröße nach § 18 Abs. 1 des Vierten Buches Sozialgesetzbuch[1)] (monatliche Bezugsgröße) auf die volle Höhe,
2. bis zu 55 vom Hundert der monatlichen Bezugsgröße auf zwei Drittel,
3. bis zu 75 vom Hundert der monatlichen Bezugsgröße auf ein Drittel
der entstehenden notwendigen Kosten; § 6 Abs. 1 Satz 3 und Abs. 2 gilt entsprechend. [3] Zuschüsse öffentlich-rechtlicher Stellen für den Erwerb der Fahrerlaubnis, auf die ein vorrangiger Anspruch besteht oder die vorrangig nach pflichtgemäßem Ermessen zu leisten sind, sind anzurechnen.

[1)] Nr. 3.

(2) Kosten für behinderungsbedingte Untersuchungen, Ergänzungsprüfungen und Eintragungen in vorhandene Führerscheine werden in vollem Umfang übernommen.

§ 9 Leistungen in besonderen Härtefällen. (1) ¹Zur Vermeidung besonderer Härten können Leistungen auch abweichend von § 2 Abs. 1, §§ 6 und 8 Abs. 1 erbracht werden, soweit dies
1. notwendig ist, um Leistungen der Kraftfahrzeughilfe von seiten eines anderen Leistungsträgers nicht erforderlich werden zu lassen, oder
2. unter den Voraussetzungen des § 3 zur Aufnahme oder Fortsetzung einer beruflichen Tätigkeit unumgänglich ist.

²Im Rahmen von Satz 1 Nr. 2 kann auch ein Zuschuß für die Beförderung des behinderten Menschen, insbesondere durch Beförderungsdienste, geleistet werden, wenn
1. der behinderte Mensch ein Kraftfahrzeug nicht selbst führen kann und auch nicht gewährleistet ist, daß ein Dritter das Kraftfahrzeug für ihn führt (§ 3 Abs. 1 Nr. 2), oder
2. die Übernahme der Beförderungskosten anstelle von Kraftfahrzeughilfen wirtschaftlicher und für den behinderten Menschen zumutbar ist;

dabei ist zu berücksichtigen, was der behinderte Mensch als Kraftfahrzeughalter bei Anwendung des § 6 für die Anschaffung und die berufliche Nutzung des Kraftfahrzeugs aus eigenen Mitteln aufzubringen hätte.

(2) ¹Leistungen nach Absatz 1 Satz 1 können als Darlehen erbracht werden, wenn die dort genannten Ziele auch durch ein Darlehen erreicht werden können; das Darlehen darf zusammen mit einem Zuschuß nach § 6 den nach § 5 maßgebenden Bemessungsbetrag nicht übersteigen. ²Das Darlehen ist unverzinslich und spätestens innerhalb von fünf Jahren zu tilgen; es können bis zu zwei tilgungsfreie Jahre eingeräumt werden. ³Auf die Rückzahlung des Darlehens kann unter den in Absatz 1 Satz 1 genannten Voraussetzungen verzichtet werden.

§ 10 Antragstellung. ¹Leistungen sollen vor dem Abschluß eines Kaufvertrages über das Kraftfahrzeug und die behinderungsbedingte Zusatzstattung sowie vor Beginn einer nach § 8 zu fördernden Leistung beantragt werden. ²Leistungen zur technischen Überprüfung und Wiederherstellung der technischen Funktionsfähigkeit einer behinderungsbedingten Zusatzausstattung sind spätestens innerhalb eines Monats nach Rechnungstellung zu beantragen.

§ 11 Änderung der Verordnung zur Kriegsopferfürsorge. *(vom Abdruck wurde abgesehen)*

§ 12 Änderung der Ausgleichsabgabeverordnung Schwerbehindertengesetz. *(vom Abdruck wurde abgesehen)*

§ 13 Übergangsvorschriften. (1) Auf Beschädigte im Sinne des Bundesversorgungsgesetzes und der Gesetze, die das Bundesversorgungsgesetz für entsprechend anwendbar erklären, die vor Inkrafttreten dieser Verordnung Hilfe zur Beschaffung eines Kraftfahrzeugs im Rahmen der Teilhabe am Arbeitsleben erhalten haben, sind die bisher geltenden Bestimmungen weiterhin anzuwenden, wenn sie günstiger sind und der Beschädigte es beantragt.

(2) Über Leistungen, die bei Inkrafttreten dieser Verordnung bereits beantragt sind, ist nach den bisher geltenden Bestimmungen zu entscheiden, wenn sie für den behinderten Menschen günstiger sind.

§ 14 Inkrafttreten. Diese Verordnung tritt am 1. Oktober 1987 in Kraft.

12. Verordnung über die Berechnung des Kapitalwertes bei Abfindung von Leistungen aus der gesetzlichen Unfallversicherung[1)]

Vom 17. August 1965

(BGBl. I S. 894)

BGBl. III/FNA 8231-18

geänd. durch Art. 21 Unfallversicherungs-EinordnungsG v. 7. 8. 1996 (BGBl. I S. 1254)

Auf Grund des § 604 Satz 3 und des § 616 Abs. 1 Satz 2 der Reichsversicherungsordnung verordnet die Bundesregierung mit Zustimmung des Bundesrates:

§ 1 Abfindung nach § 76 Abs. 1 des Siebten Buches Sozialgesetzbuch.[2)] (1) ¹Wird ein Verletzter, der Anspruch auf eine Rente auf unbestimmte Zeit nach § 62 Abs. 2 Satz 1 des Siebten Buches Sozialgesetzbuch[2)] wegen einer Minderung der Erwerbsfähigkeit durch Folgen des Arbeitsunfalls um weniger als 40 vom Hundert hat, innerhalb von 15 Jahren nach dem Unfall abgefunden, so richtet sich der Kapitalwert nach der Anzahl der zur Zeit des Unfalls vollendeten Lebensjahre des Verletzten und nach der seit dem Unfall vergangenen Zeit. ²Das Abfindungskapital ist die mit dem Kapitalwert aus der Tabelle der Anlage 1 vervielfältigte Jahresrente.

(2) ¹Wird der in Absatz 1 bezeichnete Verletzte nach Ablauf von 15 Jahren nach dem Unfall abgefunden, so richtet sich der Kapitalwert nach der Anzahl der zur Zeit der Abfindung vollendeten Lebensjahre. ²Das Abfindungskapital ist die mit dem Kapitalwert aus der Tabelle der Anlage 2 vervielfältigte Jahresrente.

§ 2 *(aufgehoben)*

§ 3 Berlin-Klausel. *(gegenstandslos)*

§ 4 Inkrafttreten. ¹Diese Verordnung tritt am ersten Tage des auf die Verkündung[3)] folgenden Monats in Kraft. ²Gleichzeitig tritt die Verordnung über die Abfindungen für Unfallrenten vom 14. Juni 1926 (Reichsgesetzbl. I S. 269), geändert durch die Verordnung vom 1. September 1941 (Reichsgesetzbl. I S. 555), außer Kraft.

[1)] Dieses Gesetz findet aufgrund EVertr. v. 31. 8. 1990 (BGBl. II S. 889, 1066) im Gebiet der ehem. DDR ab 1. 1. 1992 Anwendung.

[2)] Nr. 1.

[3)] Verkündet am 25. August 1965.

Anlage 1

Kapitalwerte bei Abfindung von Renten auf unbestimmte Zeit nach § 62 Abs. 2 Satz 1 des Siebten Buches Sozialgesetzbuch[1]) wegen einer Minderung der Erwerbsfähigkeit um weniger als 40 vom Hundert innerhalb von 15 Jahren nach dem Unfall

Alter des Verletzten zur Zeit des Unfalls	Kapitalwert														
	Seit dem Unfall vergangene Zeit: Mehr als … Jahre														
	0	1	2	3	4	5	6	7	8	9	10	11	12	13	14
unter 25	20,5	20,4	20,2	20,1	19,9	19,7	19,6	19,4	19,2	19,0	18,8	18,6	18,4	18,2	18,0
25 bis unter 30	19,7	19,6	19,4	19,2	19,0	18,8	18,6	18,4	18,2	18,0	17,7	17,5	17,3	17,0	16,8
30 bis unter 35	18,8	18,6	18,4	18,2	18,0	17,7	17,5	17,3	17,0	16,8	16,5	16,2	15,9	15,7	15,4
35 bis unter 40	17,7	17,5	17,3	17,0	16,8	16,5	16,2	15,9	15,7	15,4	15,1	14,8	14,5	14,1	13,8
40 bis unter 45	16,5	16,2	15,9	15,7	15,4	15,1	14,8	14,5	14,1	13,8	13,5	13,2	12,8	12,5	12,2
45 bis unter 50	15,1	14,8	14,5	14,1	13,8	13,5	13,2	12,8	12,5	12,2	11,8	11,5	11,1	10,7	10,4
50 bis unter 55	13,5	13,2	12,8	12,5	12,2	11,8	11,5	11,1	10,7	10,4	10,0	9,7	9,3	9,0	8,6
55 bis unter 60	12,2	11,8	11,5	11,1	10,7	10,4	10,0	9,7	9,3	9,0	8,6	8,2	7,9	7,6	7,2
60 und mehr	10,7	10,4	10,0	9,7	9,3	9,0	8,6	8,2	7,9	7,6	7,2	6,9	6,5	6,2	5,9

[1]) Nr. **1**.

Anlage 2

Kapitalwerte bei Abfindung von Renten auf unbestimmte Zeit nach § 62 Abs. 2 Satz 1 des Siebten Buches Sozialgesetzbuch[1] wegen einer Minderung der Erwerbsfähigkeit um weniger als 40 vom Hundert nach Ablauf von 15 Jahren nach dem Unfall

Alter des Verletzten zur Zeit der Abfindung	Kapitalwert
unter 25	20,5
25 bis unter 30	19,7
30 bis unter 35	18,8
35 bis unter 40	17,7
40 bis unter 45	16,5
45 bis unter 50	15,1
50 bis unter 55	13,5
55 bis unter 60	11,8
60 bis unter 65	10,0
65 bis unter 70	8,2
70 bis unter 75	6,5
75 bis unter 80	5,0
80 bis unter 85	3,8
85 bis unter 90	2,9
90 bis unter 95	2,2
95 und mehr	1,6

Anlagen 3 bis 9
(aufgehoben)

---

[1] Nr. 1.

IV. Fremdrentenrecht

13. Fremdrentengesetz (FRG)[1)]
Vom 25. Februar 1960[2)]
(BGBl. I S. 93)

BGBl. III/FNA 824-2

zuletzt geänd. durch Art. 9 RV-NachhaltigkeitsG v. 21. 7. 2004 (BGBl. I S. 1791)

(Auszug)

Inhaltsübersicht

	§§
I. Gemeinsame Vorschriften	1–4
II. Gesetzliche Unfallversicherung	5–13
III. Gesetzliche Rentenversicherungen *(vom Abdruck wurde abgesehen)*	14–31
Anlagen (Tabellen) *(vom Abdruck wurde abgesehen)*	

I. Gemeinsame Vorschriften

§ 1 [Personenkreis] Dieses Gesetz findet unbeschadet des § 5 Abs. 4 und des § 17 Anwendung auf

a) Vertriebene im Sinne des § 1 des Bundesvertriebenengesetzes sowie Spätaussiedler im Sinne des § 4 des Bundesvertriebenengesetzes, die als solche in der Bundesrepublik Deutschland anerkannt sind,

b) Deutsche im Sinne des Artikels 116 Abs. 1 des Grundgesetzes und frühere deutsche Staatsangehörige im Sinne des Artikels 116 Abs. 2 Satz 1 des Grundgesetzes, wenn sie unabhängig von den Kriegsauswirkungen ihren gewöhnlichen Aufenthalt in der Bundesrepublik Deutschland genommen haben, jedoch infolge der Kriegsauswirkungen den früher für sie zuständigen Versicherungsträger eines auswärtigen Staates nicht mehr in Anspruch nehmen können,

c) Deutsche im Sinne des Artikels 116 Abs. 1 des Grundgesetzes und frühere deutsche Staatsangehörige im Sinne des Artikels 116 Abs. 2 Satz 1 des Grundgesetzes, die nach dem 8. Mai 1945 in ein ausländisches Staatsgebiet zur Arbeitsleistung verbracht wurden,

d) heimatlose Ausländer im Sinne des Gesetzes über die Rechtsstellung heimatloser Ausländer im Bundesgebiet vom 25. April 1951 (Bundesgesetzbl. I S. 269), auch wenn sie die deutsche Staatsangehörigkeit erworben haben oder erwerben,

---

[1)] Das Fremdrentengesetz trat gem. Art. 35 Abs. 1 Nr. 3 Renten-ÜberleitungsG v. 25. 7. 1991 (BGBl. I S. 1606) mWv 1. 1. 1992 im Beitrittsgebiet in Kraft.

[2)] Neubekanntmachung des Gesetzes über Fremdrenten der Sozialversicherung an Berechtigte im Bundesgebiet und im Land Berlin, über Leistungen der Sozialversicherung an Berechtigte im Ausland sowie über freiwillige Sozialversicherung (Fremdrenten- und Auslandsrentengesetz) v. 7. 8. 1953 (BGBl. I S. 848) als Art. 1 Fremdrenten- und Auslandsrenten-Neuregelungsgesetz v. 25. 2. 1969 (BGBl. I S. 93) unter der neuen Bezeichnung „Fremdrentengesetz"; Inkrafttreten gem. Art. 7 dieses G am 1. 1. 1959.

e) Hinterbliebene der in Buchstaben a bis d genannten Personen bezüglich der Gewährung von Leistungen an Hinterbliebene.

§ 2 [Einschränkung des Anwendungsbereichs] ¹Dieses Gesetz gilt nicht für
a) Arbeitsunfälle und Berufskrankheiten, wenn
   nach einer von einer europäischen Gemeinschaft erlassenen Rechtsvorschrift, die in der Bundesrepublik Deutschland verbindlich ist und unmittelbar gilt,
   nach einem für die Bundesrepublik Deutschland wirksamen zwischenstaatlichen Abkommen über Sozialversicherung oder
   nach innerstaatlichen Rechtsvorschriften eines Staates, für den ein auch für die Bundesrepublik Deutschland verbindliches allgemeines Abkommen über Sozialversicherung wirksam ist,
   für die Entscheidung über die Entschädigung eine Stelle außerhalb des Geltungsbereichs dieses Gesetzes zuständig ist,
b) Versicherungszeiten und Beschäftigungszeiten, die
   nach einer von einer europäischen Gemeinschaft erlassenen Rechtsvorschrift, die in der Bundesrepublik Deutschland verbindlich ist und unmittelbar gilt,
   nach einem für die Bundesrepublik Deutschland wirksamen zwischenstaatlichen Abkommen über Sozialversicherung oder
   nach innerstaatlichen Rechtsvorschriften eines Staates, für den auch ein für die Bundesrepublik Deutschland verbindliches allgemeines Abkommen über Sozialversicherung wirksam ist,
   in einer Rentenversicherung des anderen Staates, ohne Rücksicht darauf, ob sie im Einzelfall der Berechnung der Leistungen zugrunde gelegt werden, anrechnungsfähig sind oder nur deshalb nicht anrechnungsfähig sind, weil es Beschäftigungszeiten sind.
²Satz 1 gilt nicht, soweit nach einem zwischenstaatlichen Abkommen die Rechtsvorschriften über Leistungen für nach diesem Gesetz anrechenbare Versicherungszeiten oder zu entschädigende Arbeitsunfälle und Berufskrankheiten unberührt bleiben.

§ 3 [Deutsche Versicherungsträger] (1) Als deutsche Versicherungsträger im Sinne dieses Gesetzes sind alle Versicherungsträger anzusehen, die ihren Sitz innerhalb des Gebiets der Bundesrepublik Deutschland haben oder hatten oder außerhalb dieses Gebiets die Sozialversicherung nach den Vorschriften der Reichsversicherungsgesetze durchgeführt haben.

(2) Als Bundesrecht im Sinne dieses Gesetzes gilt das bis zum 31. Dezember 1991 im Gebiet der Bundesrepublik Deutschland ohne das Beitrittsgebiet (§ 18 Abs. 3 Viertes Buch Sozialgesetzbuch[1])) geltende Recht und ab 1. Januar 1992 das Recht der Bundesrepublik Deutschland.

§ 4 [Glaubhaftmachung von Tatsachen] (1) ¹Für die Feststellung der nach diesem Gesetz erheblichen Tatsachen genügt es, wenn sie glaubhaft gemacht sind. ²Eine Tatsache ist glaubhaft gemacht, wenn ihr Vorliegen nach

---

[1]) Nr. 3.

Fremdrentengesetz §§ 5–7 FRG 13

dem Ergebnis der Ermittlungen, die sich auf sämtliche erreichbaren Beweismittel erstrecken sollen, überwiegend wahrscheinlich ist.

(2) Absatz 1 gilt auch für außerhalb der Bundesrepublik Deutschland eingetretene Tatsachen, die nach den allgemeinen Vorschriften erheblich sind.

(3) ¹Als Mittel der Glaubhaftmachung können auch eidesstattliche Versicherungen zugelassen werden. ²Der mit der Durchführung des Verfahrens befaßte Versicherungsträger ist für die Abnahme eidesstattlicher Versicherungen zuständig; er gilt als Behörde im Sinne des § 156 des Strafgesetzbuchs.

II. Gesetzliche Unfallversicherung

§ 5 [Zu entschädigende Arbeitsunfälle und Berufskrankheiten]

(1) Nach den für die gesetzliche Unfallversicherung maßgebenden bundesrechtlichen Vorschriften wird auch entschädigt

1. ein außerhalb des Gebiets der Bundesrepublik Deutschland eingetretener Arbeitsunfall, wenn der Verletzte im Zeitpunkt des Unfalls bei einem deutschen Träger der gesetzlichen Unfallversicherung versichert war;
2. ein Arbeitsunfall, wenn

   a) der Verletzte im Zeitpunkt des Unfalls bei einem nichtdeutschen Träger der gesetzlichen Unfallversicherung versichert war oder

   b) sich der Unfall nach dem 30. Juni 1944 in einem Gebiet ereignet hat, aus dem der Berechtigte vertrieben ist, und der Verletzte, weil eine ordnungsmäßig geregelte Unfallversicherung nicht durchgeführt worden ist, nicht versichert war.

(2) Unfälle, gegen die der Verletzte an dem für das anzuwendende Recht maßgeblichen Ort (§ 7) nicht versichert gewesen wäre, gelten nicht als Arbeitsunfälle im Sinne des Absatzes 1, es sei denn, der Verletzte hätte sich an diesem Ort gegen Unfälle dieser Art freiwillig versichern können.

(3) ¹Auf Berufskrankheiten sind Absätze 1 und 2 entsprechend anzuwenden. ²Als Zeitpunkt des Unfalls gilt der letzte Tag, an dem der Versicherte in einem Unternehmen Arbeiten verrichtet hat, die ihrer Art nach geeignet sind, die Berufskrankheit zu verursachen.

(4) ¹Die Leistungen für Arbeitsunfälle und Berufskrankheiten, auf die Absatz 1 Nr. 1 anzuwenden ist, sind auch Personen zu gewähren, die nicht zu dem Personenkreis des § 1 Buchstaben a bis d gehören. ²Dies gilt auch für Arbeitsunfälle und Berufskrankheiten, auf die Absatz 1 Nr. 2 Buchstabe a anzuwenden ist, wenn die durch den Arbeitsunfall oder die Berufskrankheit entstandenen Verpflichtungen nach den Vorschriften der Reichsversicherungsgesetze auf einen deutschen Träger der gesetzlichen Unfallversicherung übergegangen sind.

§ 6 [Begriff der gesetzlichen Unfallversicherung] Als gesetzliche Unfallversicherung gelten auf Gesetz beruhende Versicherungen gegen Arbeitsunfälle und Berufskrankheiten oder eines dieser Wagnisse.

§ 7 [Anzuwendendes Recht] Für Voraussetzungen, Art, Dauer und Höhe der Leistungen gelten die Vorschriften der gesetzlichen Unfallversicherung, die anzuwenden wären, wenn sich der Unfall an dem Ort ereignet hätte, an

dem der zuständige Träger der Unfallversicherung (§ 9) am 1. Januar 1992 seinen Sitz hat.

§ 8 [Jahresarbeitsverdienst] (1) ¹Als Jahresarbeitsverdienst im Sinne des § 82 Abs. 1 und 2 Satz 1 des Siebten Buches Sozialgesetzbuch¹⁾ gilt der Betrag, der sich dadurch ergibt, daß

1. der Berechtigte in eine der in der zum Anlage 13Sechsten Buch Sozialgesetzbuch genannten Qualifikationsgruppen eingestuft,
2. die Tätigkeit einem der in der Anlage 14 zum Sechsten Buch Sozialgesetzbuch genannten Bereiche zugeordnet und danach
3. der sich aus den Tabellen in der Anlage 14 zum Anlage 14 zum Sechsten Buch Sozialgesetzbuch ergebende Durchschnittsverdienst ermittelt und
4. dieser Durchschnittsverdienst um ein Fünftel erhöht wird.

²Für jeden Teilzeitraum eines Kalenderjahres wird der entsprechende Anteil des für dieses Kalenderjahr in der Anlage 14 zum Sechsten Buch Sozialgesetzbuch festgelegten Durchschnittsverdienstes zugrunde gelegt. ³Für eine Teilzeitbeschäftigung werden die Beträge berücksichtigt, die dem Verhältnis der Teilzeitbeschäftigung zu einer Vollzeitbeschäftigung entsprechen. ⁴Für Arbeitsunfälle und Berufskrankheiten, die vor dem 1. Januar 1951 eingetreten sind, gilt der Arbeitsunfall oder die Berufskrankheit für die Ermittlung des Durchschnittsverdienstes als an diesem Tage eingetreten. ⁵Für Kalenderjahre, für die in der Anlage 14 zum Sechsten Buch Sozialgesetzbuch im Zeitpunkt der Anmeldung des Anspruchs noch kein Durchschnittsverdienst festgelegt worden ist, wird der entsprechende Durchschnittsverdienst ermittelt, in dem der für das zuletzt aufgeführte Kalenderjahr festgesetzte Durchschnittsverdienst mit den Anpassungsfaktoren vervielfältigt wird, mit denen die Geldleistungen nach § 95 des Siebten Buches Sozialgesetzbuch¹⁾ anzupassen sind. ⁶§ 22 Abs. 1 Satz 3 bis 7 in der am 1. Januar 1992 gültigen Fassung gilt.

(2) ¹Soweit § 82 Abs. 1 des Siebten Buches Sozialgesetzbuch¹⁾ nicht anzuwenden ist, gilt als Jahresarbeitsverdienst der Betrag, der für einen vergleichbaren Versicherten im Zeitpunkt des Unfalls an dem für das anzuwendende Recht maßgeblichen Ort (§ 7) festzusetzen gewesen wäre. ²Befand sich der Verletzte zum Zeitpunkt des Arbeitsunfalls oder der Berufskrankheit noch in einer Schul- oder Berufsausbildung, ist unabhängig vom erzielten Entgelt der Jahresarbeitsverdienst nach § 85 oder 86 des Siebten Buches Sozialgesetzbuch¹⁾ festzusetzen; § 90 Abs. 1 des Siebten Buches Sozialgesetzbuch¹⁾ findet mit der Maßgabe Anwendung, daß für die Zeit nach der voraussichtlichen Beendigung der Ausbildung der Jahresarbeitsverdienst nach Absatz 1 festzulegen ist. ³§ 90 Abs. 2 und 3 des Siebten Buches Sozialgesetzbuch¹⁾ findet keine Anwendung.

(3) Der nach den Absätzen 1 und 2 ermittelte Jahresarbeitsverdienst ist mit dem Faktor 0,5 zu vervielfältigen.

§ 8a [Jahresarbeitsverdienst bei Arbeitsunfall] (1) ¹Bei Berechtigten nach diesem Gesetz, die

1. im Beitrittsgebiet während der Zeit, in der sie eine Tätigkeit ausgeübt haben, wegen der sie einem in Anlage 1 oder Anlage 2 Nr. 1 bis 3 des An-

---

¹⁾ Nr. 1.

spruchs- und Anwartschaftsüberführungsgesetzes genannten Zusatz- oder Sonderversorgungssystem angehörten, oder

2. außerhalb des Gebiets der Bundesrepublik Deutschland während der Zeit, in der sie eine Tätigkeit ausgeübt haben, die zu einer Mitgliedschaft in einem der in Nummer 1 genannten Zusatz- oder Sonderversorgungssysteme geführt hätte, wenn die Tätigkeit zum Zeitpunkt ihrer Ausübung im Beitrittsgebiet verrichtet worden wäre,

einen Arbeitsunfall erlitten haben oder bei denen auf Grund einer während dieser Zeit ausgeübten versicherten Tätigkeit eine Berufskrankheit eingetreten ist, wird als Jahresarbeitsverdienst höchstens der Betrag festgelegt, der sich für das Kalenderjahr, in dem der Arbeitsunfall eingetreten ist oder nach § 5 Abs. 3 Satz 2 als eingetreten gilt, dadurch ergibt, daß das Entgelt, welches nach § 6 des Anspruchs- und Anwartschaftsüberführungsgesetzes für die dort jeweils genannten Personengruppen in diesem Kalenderjahr höchstens zugrunde zu legen ist, mit den Faktoren nach Anlage 10 des Sechsten Buches Sozialgesetzbuch vervielfältigt wird; für Teilzeitbeschäftigte findet § 8 Abs. 1 Satz 3 entsprechende Anwendung. ²Bei Personen, auf die § 8 Abs. 3 Anwendung findet, ist der nach Satz 1 ermittelte Betrag mit dem Faktor 0,5 zu vervielfältigen.

(2) ¹Bei Berechtigten nach diesem Gesetz, die hauptamtlich als Mitarbeiter in einem Staatssicherheitsdienst beschäftigt oder dem in § 7 Abs. 1 Satz 2 des Anspruchs- und Anwartschaftsüberführungsgesetzes genannten Personenkreis entsprachen oder vergleichbar waren und während der Zeit ihrer Tätigkeit für diesen Staatssicherheitsdienst einen Arbeitsunfall erlitten haben oder bei denen eine Berufskrankheit auf Grund einer während dieser Zeit ausgeübten versicherten Tätigkeit eingetreten ist, wird als Jahresarbeitsverdienst höchstens der Betrag festgelegt, der 70 vom Hundert des Durchschnittsentgelts entspricht, welches sich aus der Anlage 1 zum Sechsten Buch Sozialgesetzbuch für das Kalenderjahr ergibt, in dem der Arbeitsunfall eingetreten ist oder nach § 5 Abs. 3 Satz 2 als eingetreten gilt. ²Absatz 1 Satz 2 findet entsprechend Anwendung. ³Die Vorschriften über den Mindestjahresarbeitsverdienst sind nicht anzuwenden.

(3) Absätze 1 und 2 gelten nicht für Berechtigte, bei denen am 1. August 1991 eine Rente bereits festgestellt ist, es sei denn, es wird im Einzelfall festgestellt, daß die Rente aufgrund von Arbeitsunfällen und Berufskrankheiten nach Absätzen 1 und 2 gezahlt wird.

§ 9 [Zuständigkeit für Feststellung und Gewährung von Leistungen]

(1) ¹Zuständig für die Feststellung und Gewährung der Leistungen ist der Träger der Unfallversicherung, der nach der Art des Unternehmens, in dem sich der Arbeitsunfall ereignet hat, zuständig wäre, wenn sich der Arbeitsunfall dort, wo sich der Berechtigte in der Bundesrepublik Deutschland zur Zeit der Anmeldung des Anspruchs gewöhnlich aufhält, ereignet hätte. ²Sind mehrere Hinterbliebene vorhanden, so bestimmt sich die Zuständigkeit nach dem gewöhnlichen Aufenthaltsort des hinterbliebenen Ehegatten. ³Ist ein solcher nicht vorhanden, so ist der gewöhnliche Aufenthaltsort der jüngsten Waise maßgebend. ⁴Im übrigen bestimmt sich die Zuständigkeit nach dem gewöhnlichen Aufenthaltsort des Hinterbliebenen, der zuerst einen Anspruch anmeldet.

(2) Ergibt sich nach Absatz 1 die Zuständigkeit einer landwirtschaftlichen Berufsgenossenschaft oder eines Unfallversicherungsträgers der öffentlichen Hand, so ist die Unfallkasse des Bundes zuständig.

(3) Die Unfallkasse des Bundes ist zuständig für die Feststellung und Gewährung von Leistungen an Umsiedler im Sinne des § 1 Abs. 2 Nr. 2 des Bundesvertriebenengesetzes, die einen Anspruch auf Zahlung einer Rente aus der gesetzlichen Unfallversicherung ihres Herkunftslandes haben.

§ 10 *(aufgehoben)*

§ 11 [Ruhen der Rente bei Zusammentreffen mit Leistungen aus dem Ausland] (1) Wird dem Berechtigten von einem Träger der Sozialversicherung oder einer anderen Stelle außerhalb der Bundesrepublik Deutschland für denselben Versicherungsfall eine Rente aus der gesetzlichen Unfallversicherung oder an Stelle einer solchen eine andere Leistung gewährt, so ruht die Rente in Höhe des in Euro umgerechneten Betrages, der als Leistung des Trägers der Sozialversicherung oder der anderen Stelle außerhalb der Bundesrepublik Deutschland ausgezahlt wird.

(2) Der Berechtigte hat dem zuständigen Träger der gesetzlichen Unfallversicherung unverzüglich anzuzeigen, wenn ihm eine der in Absatz 1 genannten Stellen eine Rente oder eine andere Leistung gewährt.

§ 12 [Ruhen der Rente bei Auslandsaufenthalt] (1) [1]Die Rente, die für einen Arbeitsunfall oder eine Berufskrankheit nach § 5 zu gewähren ist, ruht, solange sich der Berechtigte außerhalb der Bundesrepublik Deutschland gewöhnlich aufhält. [2]Die Gewährung von Sachleistungen in Gebiete außerhalb der Bundesrepublik Deutschland ist ausgeschlossen.

(2) [1]Wird der Antrag auf Rente während des gewöhnlichen Aufenthalts des Berechtigten außerhalb der Bundesrepublik Deutschland gestellt, so ist für die Feststellung der Rente und die Entscheidung über das Ruhen der ursprünglich verpflichtete Versicherungsträger zuständig. [2]Ist dieser nicht mehr vorhanden, so richtet sich die Zuständigkeit nach der Art des Unternehmens, in dem sich der Arbeitsunfall ereignet hat; § 9 Abs. 2 und 3 gilt entsprechend. [3]Mehrere sachlich zuständige Versicherungsträger bestimmen durch Vereinbarung, welcher von ihnen örtlich zuständig ist.

§ 13 [Zahlung von Renten an Berechtigte im Ausland] (1) [1]Ist der Arbeitsunfall oder die Berufskrankheit vor dem 9. Mai 1945 außerhalb des Gebiets der Bundesrepublik Deutschland eingetreten und war der Berechtigte hierfür von einem deutschen Träger der gesetzlichen Unfallversicherung zu entschädigen, so kann die Rente einem Deutschen im Sinne des Artikels 116 Abs. 1 des Grundgesetzes oder einem früheren deutschen Staatsangehörigen im Sinne des Artikels 116 Abs. 2 Satz 1 des Grundgesetzes, der sich im Gebiet eines auswärtigen Staates aufhält, in dem die Bundesrepublik Deutschland eine amtliche Vertretung hat, gezahlt werden. [2]Eine solche Rente gilt nicht als Leistung der sozialen Sicherheit.

(2) [1]Geht der Rentenzahlung nach Absatz 1 keine Leistung für Zeiten des Aufenthalts im Gebiet der Bundesrepublik Deutschland voraus, so ist für die Feststellung und Zahlung der Rente der ursprünglich verpflichtete Versicherungsträger zuständig. [2]§ 12 Abs. 2 Satz 2 und 3 gilt entsprechend.

(3) Früheren deutschen Staatsangehörigen im Sinne des Artikels 116 Abs. 2 Satz 1 des Grundgesetzes stehen Personen gleich, die zwischen dem 30. Januar 1933 und dem 8. Mai 1945 das Gebiet des Deutschen Reiches oder das Gebiet der Freien Stadt Danzig verlassen haben, um sich einer von ihnen nicht zu vertretenden und durch die politischen Verhältnisse bedingten besonderen Zwangslage zu entziehen, oder aus den gleichen Gründen nicht in das Gebiet des Deutschen Reiches oder in das Gebiet der Freien Stadt Danzig zurückkehren konnten.

(4) Die Bundesregierung kann durch Rechtsverordnung mit Zustimmung des Bundesrates bestimmen, daß der gewöhnliche Aufenthalt in einem sonstigen Gebiet außerhalb des Gebiets der Bundesrepublik Deutschland dem gewöhnlichen Aufenthalt im Gebiet eines auswärtigen Staates gleichsteht, in dem die Bundesrepublik Deutschland eine amtliche Vertretung hat.

14. Gesetz zur Neuregelung des Fremdrenten- und Auslandsrentenrechts und zur Anpassung der Berliner Rentenversicherung an die Vorschriften des Arbeiterrentenversicherungs-Neuregelungsgesetzes und des Angestelltenversicherungs-Neuregelungsgesetzes (Fremdrenten- und Auslandsrenten-Neuregelungsgesetz − FANG)[1]

Vom 25. Februar 1960
(BGBl. I S. 93)

BGBl. III/FNA 824-3

zuletzt geänd. durch Art. 10 RV-NachhaltigkeitsG v. 21. 7. 2004 (BGBl. I S. 1791)

(Auszug)

Inhaltsverzeichnis

Art. 1	Fremdrentengesetz	
Art. 2	Änderung der Reichsversicherungsordnung und des Arbeiterrentenversicherungs-Neuregelungsgesetzes	
Art. 3	Änderung des Angestelltenversicherungsgesetzes und des Angestelltenversicherungs-Neuregelungsgesetzes	
Art. 4	Änderung des Reichsknappschaftsgesetzes	
Art. 5	Änderung des Gesetzes zu dem Vertrag vom 10. März 1956 zwischen der Bundesrepublik Deutschland und der Föderativen Volksrepublik Jugoslawien über die Regelung gewisser Forderungen aus der Sozialversicherung	
Art. 6	Übergangsvorschriften	
	I. Gesetzliche Unfallversicherung	§§ 1– 3
	II. Gesetzliche Rentenversicherungen	§§ 4–16
	III. Anpassung der Berliner Rentenversicherung	§ 17
	IV. Nachversicherung	§§ 18–23
	V. Wirksamwerden der Verbesserungen	§ 24
Art. 7	Schlußvorschriften	

Art. 1–5. *(vom Abdruck wurde abgesehen)*

---

[1] Das Fremdrenten- und Auslandsrenten-NeuregelungsG trat gem. Art. 35 Abs. 1 Nr. 4 Renten-ÜberleitungsG v. 25. 7. 1991, BGBl. I S. 1606) mWv 1. 1. 1992 im Beitrittsgebiet in Kraft.

Art. 6. Übergangsvorschriften

I. Gesetzliche Unfallversicherung

§ 1 [Eigenunfallversicherung der NSDAP] (1) ¹Auf Grund der Satzung der früheren Eigenunfallversicherung der Nationalsozialistischen Deutschen Arbeiterpartei werden keine Leistungen gewährt. ²Für Unfälle bei einer Tätigkeit, die die Erweiterung oder Festigung der Macht des Nationalsozialismus bezweckte, werden ebenfalls keine Leistungen gewährt.

(2) Soweit bis zum 8. Mai 1945 die Eigenunfallversicherung der Nationalsozialistischen Deutschen Arbeiterpartei für die Entschädigung von Arbeitsunfällen zuständig war, werden die Leistungen von der Bundesausführungsbehörde für Unfallversicherung gewährt.

§ 2 [Anwendung des § 8 des Fremdrentengesetzes] (1) ¹§ 8 des Fremdrentengesetzes in der vor dem 1. August 1991 geltenden Fassung findet weiter Anwendung auf Berechtigte, die

a) vor dem 1. Januar 1991 ihren gewöhnlichen Aufenthalt im Gebiet der Bundesrepublik Deutschland ohne das Beitrittsgebiet genommen haben oder

b) nach Maßgabe des Abkommens vom 8. Dezember 1990 zwischen der Bundesrepublik Deutschland und der Republik Polen über Soziale Sicherheit Ansprüche auf der Grundlage des Abkommens vom 9. Oktober 1975 zwischen der Bundesrepublik Deutschland und der Volksrepublik Polen über Renten- und Unfallversicherung haben oder

c) nach dem 31. Dezember 1990 ihren gewöhnlichen Aufenthalt im Gebiet der Bundesrepublik Deutschland ohne das Beitrittsgebiet genommen haben und vor dem 1. August 1991 bereits einen Anspruch auf Zahlung einer Rente nach dem Fremdrentengesetz erworben haben.

²Für Berechtigte nach Satz 1 Buchstabe b findet § 8a des Fremdrentengesetzes[1]) keine Anwendung.

(1a) § 2 Satz 1 Buchstabe a des Fremdrentengesetzes[1]) gilt nicht für Arbeitsunfälle und Berufskrankheiten, wenn für die Entscheidung über die Entschädigung eine Stelle in Estland, Lettland oder Litauen nach dem 30. April 2004 zuständig ist.

(2) ¹Bis die verfügbare Standardrente (§ 68 Abs. 3 Sechstes Buch Sozialgesetzbuch) im Beitrittsgebiet 70 vom Hundert der verfügbaren Standardrente im Gebiet der Bundesrepublik Deutschland ohne das Beitrittsgebiet erreicht hat, ist bei Berechtigten nach dem Fremdrentengesetz, die

a) ihren gewöhnlichen Aufenthalt im Beitrittsgebiet haben, oder

b) nach dem 31. Dezember 1990 ihren gewöhnlichen Aufenthalt aus dem Beitrittsgebiet in das Gebiet der Bundesrepublik Deutschland ohne das Beitrittsgebiet verlegen,

und jeweils dort nach dem 31. Dezember 1991 einen Anspruch auf Zahlung einer Rente nach dem Fremdrentengesetz erwerben, für nach dem Fremdrentengesetz zu entschädigende Arbeitsunfälle und Berufskrankheiten die Rente

---

[1]) Nr. 13.

festzusetzen, indem der sich ohne Anwendung des § 8 Abs. 3 Fremdrentengesetz[1]) ergebende Rentenzahlbetrag mit dem Vomhundertsatz vervielfältigt wird, der dem jeweiligen Verhältnis der verfügbaren Standardrente im Beitrittsgebiet zur verfügbaren Standardrente im Gebiet der Bundesrepublik Deutschland ohne das Beitrittsgebiet entspricht. ²Bei Berechtigten nach dem Fremdrentengesetz, die nach dem 31. Dezember 1991 ihren gewöhnlichen Aufenthalt aus dem Gebiet der Bundesrepublik Deutschland ohne das Beitrittsgebiet in das Beitrittsgebiet verlegen und bereits vor der Verlegung des gewöhnlichen Aufenthalts einen Anspruch auf Zahlung einer Rente nach dem Fremdrentengesetz für Arbeitsunfälle und Berufskrankheiten haben, die außerhalb des Gebiets der Bundesrepublik Deutschland eingetreten sind, ist diese Rente entsprechend Satz 1 neu festzusetzen. ³Bei Berechtigten nach Satz 1 Buchstabe a und nach Satz 2, die ihren gewöhnlichen Aufenthalt aus dem Beitrittsgebiet in das Gebiet der Bundesrepublik Deutschland ohne das Beitrittsgebiet verlegen, verbleibt es für nach dem Fremdrentengesetz zu entschädigende Arbeitsunfälle und Berufskrankheiten bei dem nach den Sätzen 1 oder 2 festgesetzten Rentenzahlbetrag.

(3) ¹Renten, deren Zahlbeträge nach Absatz 3 mit dem dort bezeichneten Vomhundertsatz vervielfältigt wurden, werden zu dem Zeitpunkt und um den Vomhundertsatz erhöht, um den die Renten im Beitrittsgebiet aufgrund allgemeiner Rentenanpassung erhöht werden, bis die verfügbare Standardrente im Beitrittsgebiet 70 vom Hundert der verfügbaren Standardrente im Gebiet der Bundesrepublik Deutschland ohne das Beitrittsgebiet erreicht; ab diesem Zeitpunkt werden die Renten zu dem Zeitpunkt und um den Vomhundertsatz erhöht, um den die Renten im Gebiet der Bundesrepublik Deutschland ohne das Beitrittsgebiet erhöht werden. ²Bei Personen, die vor dem 1. Januar 1991 ihren gewöhnlichen Aufenthalt im Gebiet der Bundesrepublik Deutschland einschließlich des Beitrittsgebiets genommen haben, sowie bei Personen nach Absatz 1 Buchstabe b und c werden Renten nach Satz 1 auch nach dem in Satz 1 genannten Zeitpunkt zu dem Zeitpunkt und um den Vomhundertsatz erhöht, um den die Renten im Beitrittsgebiet aufgrund allgemeiner Rentenanpassungen erhöht werden.

(4) ¹Auf Berechtigte nach dem Fremdrentengesetz mit einer Rente, die auf einem Arbeitsunfall oder einer Berufskrankheit in dem in Artikel 3 des Einigungsvertrages genannten Gebiet beruht, ist § 12 des Fremdrentengesetzes[1]) nicht anzuwenden, wenn sie ihren gewöhnlichen Aufenthalt vor dem 19. Mai 1990 im Gebiet der Bundesrepublik Deutschland ohne das in Artikel 3 des Einigungsvertrages genannte Gebiet genommen haben. ²Während einer Zeit, in der Berechtigte nach Satz 1 ihren gewöhnlichen Aufenthalt außerhalb der Bundesrepublik Deutschland haben, ist die Rente entsprechend Absatz 2 Satz 1 neu festzusetzen und auf diese der Absatz 3 entsprechend anzuwenden.

(5) § 8 Abs. 3 und § 8a Abs. 1 des Fremdrentengesetzes[1]) in der am 6. Mai 1996 geltenden Fassung finden weiter Anwendung auf solche Berechtigte, deren Rente vor dem 7. Mai 1996 beginnt.

§ 3 [Anwendung von Vorschriften des Fremdrentengesetzes] §§ 1 bis 13 des Fremdrentengesetzes[1]) finden auf Arbeitsunfälle und Berufskrankheiten der in § 5 des Fremdrentengesetzes[1]) genannten Art auch dann Anwen-

---

[1]) Nr. 13.

dung, wenn auf diese Fälle das Fremdrenten- und Auslandsrentengesetz nicht angewendet worden ist.

§§ 4–24 *(vom Abdruck wurde abgesehen)*

Art. 7. Schlußvorschriften

§ 1 *(gegenstandslos)*

§ 2[1] *(gegenstandslos)*

§ 3. (1) [1]Dieses Gesetz tritt mit Wirkung vom 1. Januar 1959 in Kraft. [2]Mit dem gleichen Zeitpunkt treten unbeschadet der Absätze 2 und 3 alle ihm entgegenstehenden und inhaltsgleichen Vorschriften außer Kraft, insbesondere folgende Verordnungen und Bekanntmachungen mit den zu ihrer Änderung, Ergänzung und Durchführung erlassenen Verordnungen, Erlassen und Bekanntmachungen:
a)–p) *(gegenstandslose Aufhebungsvorschriften)*
q) Verordnung über die Eingliederung von Umsiedlern in die Reichsversicherung vom 19. Juni 1943 (Reichsgesetzbl. I S. 375),
r)–u) *(gegenstandslose Aufhebungsvorschriften)*

Fassung des Abs. 2 bis 31. 12. 2004:
(2) Bis zur Neuregelung des Rechts der gesetzlichen Krankenversicherung gilt § 10 des Fremdrenten- und Auslandsrentengesetzes weiter.

Fassung des Abs. 2 ab 1. 1. 2005:
(2) *(aufgehoben)*
(3) *(gegenstandslos)*[2]

---

[1] Art. 7 § 2 Saarklausel gegenstandslos mWv 1. 1. 1959 durch §§ 18 und 19 Sozialversicherungs-Angleichungsgesetz Saar vom 15. 6. 1963 (BGBl. I S. 402). Das Gesetz gilt mit Abweichungen auch im Saarland.
[2] Art. 7 § 3 Abs. 3 gegenstandslos durch Zeitablauf.

V. Übergangsrecht

15. Gesetz zur Einordnung des Rechts der gesetzlichen Unfallversicherung in das Sozialgesetzbuch (Unfallversicherungs-Einordnungsgesetz – UVEG)
Vom 7. August 1996
(BGBl. I S. 1254)

FNA 860-7/1

(Auszug)

Dritter Teil. Schlußvorschriften

Art. 35 Aufhebung von Vorschriften. Es werden aufgehoben:
1. die §§ 537 bis 1160 (Drittes Buch), §§ 1501 bis 1543e (Fünftes Buch) und §§ 1546 bis 1772 (Sechstes Buch) der Reichsversicherungsordnung in der im Bundesgesetzblatt Teil III, Gliederungsnummer 820-1, veröffentlichten bereinigten Fassung, die zuletzt durch Artikel 15 Abs. 3 des Gesetzes vom 23. Juli 1996 (BGBl. I S. 1088) geändert worden ist,
2.–5. *(vom Abdruck wurde abgesehen)*
6. die Bestimmungen des Reichsversicherungsamts über die Unterstützungspflicht der Krankenkassen und Unternehmer gegenüber den Trägern der Unfallversicherung und über Ersatzleistungen zwischen Krankenkassen, Ersatzkassen und Trägern der Unfallversicherung (§§ 1504 bis 1510 der Reichsversicherungsordnung) sowie im Falle des § 1543b der Reichsversicherungsordnung vom 19. Juni 1936 (Reichsarbeitsblatt IV S. 195).

Art. 36 Inkrafttreten. [1]Dieses Gesetz tritt am 1. Januar 1997 in Kraft, soweit in Satz 2 nichts anderes bestimmt ist. [2]Artikel 1 § 1 Nr. 1 und §§ 14 bis 25 treten am Tage nach der Verkündung in Kraft; Artikel 33 tritt am 1. Oktober 1996 in Kraft.

Anhang

Anschriften der gewerblichen Berufsgenossenschaften und der Bundesverbände

Stand: Oktober 2004

Hauptverband der gewerblichen Berufsgenossenschaften (HVBG)
Postanschrift: 53754 Sankt Augustin[1)]
Hausanschrift: Alte Heerstraße 111, 53757 Sankt Augustin
Tel.: (02241) 231-01, Fax: (02241) 231-1333
http://www.hvbg.de
e-mail: info@hvbg.de

1. Bergbau-Berufsgenossenschaft
Postanschrift: Postfach 100429, 44704 Bochum
Hausanschrift: Hunscheidtstraße 18, 44789 Bochum
Tel.: (0234) 316-0, Fax: (0234) 316-300
http://www.bergbau-bg.de
e-mail: pr@bergbau.de

2. Steinbruchs-Berufsgenossenschaft
Postanschrift: Postfach 101540, 30836 Langenhagen
Hausanschrift: Theodor-Heuss-Straße 160, 30853 Langenhagen
Tel.: (0511) 7257-0, Fax: (0511) 7257-100 oder 790
http://www.stbg.de
e-mail: bg02@aol.com

3. Berufsgenossenschaft der keramischen und Glas-Industrie
Postanschrift: 97064 Würzburg
Hausanschrift: Riemenschneiderstraße 2, 97072 Würzburg
Tel.: (0931) 7943-0, Fax: (0931) 7943-800
http://www.bgglaskeramik.de
e-mail: post@bgglaskeramik.de

4. Berufsgenossenschaft der Gas-, Fernwärme- und Wasserwirtschaft
Postanschrift: Postfach 101562, 40006 Düsseldorf
Hausanschrift: Auf'm Hennekamp 74, 40225 Düsseldorf
Tel.: (0211) 9335-0, Fax: (0211) 9335-199
http://www.bgfw.de
e-mail: info@bgfw.de

5. Hütten- und Walzwerks-Berufsgenossenschaft
Postanschrift: Postfach 101015, 40001 Düsseldorf
Hausanschrift: Kreuzstraße 45, 40210 Düsseldorf
Tel.: (0211) 8224-0, Fax: (0211) 8224-444 oder -545
http://www.hwbg.de

[1)] Großkunden-Postleitzahl; bei Verwendung dieser Postleitzahl entfällt bei Anschriften die Angabe von Postfach oder Straßenname.

Anhang

6. Maschinenbau- und Metall-Berufsgenossenschaft
Postanschrift: Postfach 10 10 15, 40001 Düsseldorf
Hausanschrift: Kreuzstraße 45, 40210 Düsseldorf
Tel.: (02 11) 82 24-0, Fax: (02 11) 82 24-4 44 oder -545
http://www.mmbg.de

7. Norddeutsche Metall-Berufsgenossenschaft
Postanschrift: Postfach 45 29, 30045 Hannover
Hausanschrift: Seligmannallee 4, 30173 Hannover
Tel.: (05 11) 81 18-0, Fax: (05 11) 81 18-3 73
http://www.nmbg.de

8. Süddeutsche Metall-Berufsgenossenschaft
Postanschrift: Postfach 37 80, 55027 Mainz
Hausanschrift: Wilhelm-Theodor-Römheld-Straße 15, 55130 Mainz
Tel.: (0 61 31) 8 02-0, Fax: (0 61 31) 8 02-2 32 oder -133
http://www.smbg.de
e-mail: service@smbg.de

9. Edel- und Unedelmetall-Berufsgenossenschaft
Postanschrift: Postfach 80 08 40, 70508 Stuttgart
Hausanschrift: Vollmoellerstraße 11, 70563 Stuttgart
Tel.: (07 11) 13 34-0, Fax: (07 11) 13 34-5 00
http://www.embg.de

10. Berufsgenossenschaft der Feinmechanik und Elektrotechnik
50962 Köln[1])
Postanschrift: Postfach 51 05 80, 50941 Köln
Hausanschrift: Gustav-Heinemann-Ufer 130, 50968 Köln
Tel.: (02 21) 37 78-0, Fax: (02 21) 34 25-03
http://www.bgfe.de
e-mail: hv@bgfe.de

11. Berufsgenossenschaft der chemischen Industrie
Postanschrift: Postfach 10 14 80, 69004 Heidelberg
Hausanschrift: BG-Chemie-Haus, Kurfürsten-Anlage 62, 69115 Heidelberg
Tel.: (0 62 21) 5 23-0, Fax: (0 62 21) 5 23-3 23
http://www.bgchemie.de
e-mail: info@bgchemie.de

12. Holz-Berufsgenossenschaft
Postanschrift: 81236 München
Hausanschrift: Am Knie 8, 81241 München
Tel.: (0 89) 820 03-0, Fax: (0 89) 820 030-199
http://www.holz-bg.de
e-mail: hbg@holz-bg.de

---

[1]) Großkunden-Postleitzahl; bei Verwendung dieser Postleitzahl entfällt bei Anschriften die Angabe von Postfach oder Straßenname.

Anschriften **Anhang**

13. Papiermacher-Berufsgenossenschaft
Postanschrift: Postfach 31 01 80, 55062 Mainz
Hausanschrift: Lortzingstraße 2, 55127 Mainz
Tel.: (0 61 31) 7 85-1, Fax: (0 61 31) 7 85-2 71
http://www.pmbg.de
e-mail: pbg@lpz-bg.de

14. Berufsgenossenschaft Druck und Papierverarbeitung
Postanschrift: 65173 Wiesbaden
Hausanschrift: Rheinstraße 6–8, 65185 Wiesbaden
Tel.: (06 11) 1 31-0, Fax: (06 11) 1 31-1 00
http://www.bgdp.de
e-mail: info@bgdp.de

15. Lederindustrie-Berufsgenossenschaft
Postfach 31 01 80, 55062 Mainz
Hausanschrift: Lortzingstraße 2, 55127 Mainz
Tel.: (0 61 31) 7 85-1, Fax: (0 61 31) 7 85-2 71
http://www.libg.de

16. Textil- und Bekleidungs-Berufsgenossenschaft
Postanschrift: 86132 Augsburg
Hausanschrift: Oblatterwallstraße 18, 86153 Augsburg
Tel.: (08 21) 31 59-0, Fax: (08 21) 31 59-2 01
http://www.textil-bg.de

17. Berufsgenossenschaft Nahrungsmittel und Gaststätten (BGN)
68136 Mannheim[1)]
Hausanschrift: Dynamostraße 7–11, 68165 Mannheim
Tel.: (06 21) 44 56-0, Fax: (06 21) 44 56-15 54
http://www.bgn.de
e-mail: info@bgn.de

18. Fleischerei-Berufsgenossenschaft
Postanschrift: Postfach 31 01 20, 55062 Mainz
Hausanschrift: Lortzingstraße 2, 55127 Mainz
Tel.: (0 61 31) 7 85-1, Fax: (0 61 31) 7 85-3 40
http://www.fleischerei-bg.de
e-mail: info@fleischerei-bg.de

19. Zucker-Berufsgenossenschaft
Postanschrift: Postfach 31 01 80, 55062 Mainz
Hausanschrift: Lortzingstraße 2, 55127 Mainz
Tel.: (0 61 31) 7 85-1, Fax: (0 61 31) 7 85-2 71
http://www.zuckerbg.de

[1)] Großkunden-Postleitzahl; bei Verwendung dieser Postleitzahl entfällt bei Anschriften die Angabe von Postfach oder Straßenname.

Anhang

20. Bau-Berufsgenossenschaft Hamburg
Holstenwall 8–9, 20355 Hamburg
Tel.: (040) 35000-0, Fax: (040) 35000-397
http://www.bg21.de

21. Bau-Berufsgenossenschaft Hannover
Postanschrift: 30141 Hannover
Hausanschrift: Hildesheimer Straße 309, 30519 Hannover
Tel.: (0511) 987-0, Fax: (0511) 987-2440
http://www.bg22.de
e-mail: info@bg22.bgnet.de

22. Bau-Berufsgenossenschaft Rheinland und Westfalen
Postanschrift: 42095 Wuppertal
Hausanschrift: Viktoriastraße 21, 42115 Wuppertal
Tel.: (0202) 398-0, Fax: (0202) 398-1404
http://www.bg23.de
e-mail: info@bg23.bgnet.de

23. Bau-Berufsgenossenschaft Frankfurt am Main
Postanschrift: Postfach 60 01 12, 60331 Frankfurt
Hausanschrift: An der Festeburg 27–29, 60389 Frankfurt
Tel.: (069) 4705-0, Fax: (069) 4705-888
http://www.bg24.de
e-mail: info@bg24.bgnet.de

24. Südwestliche Bau-Berufsgenossenschaft
Postanschrift: 76123 Karlsruhe
Hausanschrift: Steinhäuserstraße 10, 76135 Karlsruhe
Tel.: (0721) 8102-0, Fax: (0721) 8102-345
http://www.bg25.de
e-mail: info@bg25.bgnet.de

25. Württembergische Bau-Berufsgenossenschaft
Postanschrift: 71029 Böblingen
Hausanschrift: Friedrich-Gerstlacher-Straße 15, 71032 Böblingen
Tel.: (07031) 625-0, Fax: (07031) 625-100
http://www.bg26.de
e-mail: info@bg26.bgnet.de

26. Bau-Berufsgenossenschaft Bayern und Sachsen
80267 München[1]
Loristraße 8, 80335 München
Tel.: (089) 12179-0, Fax: (089) 12179-555
http://www.bg27.de
e-mail: info@bg27.bgnet.de

---

[1] Großkunden-Postleitzahl; bei Verwendung dieser Postleitzahl entfällt bei Anschriften die Angabe von Postfach oder Straßenname.

Anschriften **Anhang**

27. Tiefbau-Berufsgenossenschaft
Postanschrift: 81237 München
Am Knie 6, 81241 München
Tel.: (089) 8897-0, Fax: (089) 8897-600 oder -590
http://www.tiefbaubg.de

28. Großhandels- und Lagerei-Berufsgenossenschaft
Postanschrift: 68145 Mannheim
M 5, 7, 68161 Mannheim
Tel.: (0621) 183-0, Fax: (0621) 183-300
http://www.grolabg.de
e-mail: info@grolabg.de

29. Berufsgenossenschaft für den Einzelhandel
Postanschrift: 53102 Bonn
Hausanschrift: Niebuhrstraße 5, 53113 Bonn
Tel.: (0228) 5406-0, Fax: (0228) 5406-220
http://www.bge.de

30. Verwaltungs-Berufsgenossenschaft, Berufsgenossenschaft der Banken, Versicherungen, Verwaltungen, freien Berufe und besonderer Unternehmen
Postanschrift: 22281 Hamburg
Hausanschrift: Deelbögenkamp 4, 22297 Hamburg
Tel.: (040) 5146-0, Fax: (040) 5146-2146
http://www.vbg.de
e-mail: HV.Hamburg@vbg.de

31. Berufsgenossenschaft der Straßen-, U-Bahnen und Eisenbahnen
Fontenay 1a, 20354 Hamburg
Tel.: (040) 44118-0, Fax: (040) 44118-140
http://www.bg-bahnen.de
e-mail: info@bg-bahnen.de

32. Berufsgenossenschaft für Fahrzeughaltungen
Postanschrift: 22757 Hamburg
Hausanschrift: Ottenser Hauptstraße 54, 22765 Hamburg
Tel.: (040) 3980-0, Fax: (040) 3980-1666
http://www.bgf.de
e-mail: info@bgf.de

33. See-Berufsgenossenschaft
Postfach 11 04 89, 20404 Hamburg
Reimerstwiete 2, 20457 Hamburg
Tel.: (040) 36137-0, Fax: (040) 36137-770
http://www.see-bg.de

Anhang Anschriften

34. Binnenschifffahrts-Berufsgenossenschaft
Postanschrift: Postfach 21 01 54, 47023 Duisburg
Hausanschrift: Düsseldorfer Straße 193, 47053 Duisburg
Tel.: (0203) 2952-0, Fax: (0203) 2952-166
http://www.bsbg.de
e-mail: info@bsbg.de

35. Berufsgenossenschaft für Gesundheitsdienst und Wohlfahrtspflege
Postanschrift: Postfach 76 02 24, 22052 Hamburg
Hausanschrift: Pappelallee 35/37, 22089 Hamburg
Tel.: (040) 20207-0, Fax: (040) 20207-525
http://www.bgw-online.de
e-mail: online-redaktion@bgw-online.de

Bundesverband der Unfallkassen (BUK)
Postfach 90 02 62, 81502 München
Fockensteinstraße 1, 81539 München
Tel.: (089) 62272-163, Fax: (089) 62272-200
http://www.unfallkassen.de
e-mail: buk@unfallkassen.de

Bundesverband der landwirtschaftlichen Berufsgenossenschaft e. V.
34114 Kassel,[1]
Postfach 41 03 56, 34065 Kassel
Weißensteinstraße 70–72, 34131 Kassel
Tel.: (0561) 9359-0, Fax: (0561) 9359-414
http://www.bv.lsv.de
e-mail: info@bv.lsv.de

---

[1] Großkunden-Postleitzahl; bei Verwendung dieser Postleitzahl entfällt bei Anschriften die Angabe von Postfach oder Straßenname.

Sachverzeichnis

Die fetten Zahlen bezeichnen die Gesetze, die mageren Zahlen bezeichnen deren Paragraphen. Die Buchstaben ä, ö und ü sind wie a, o und u in das Alphabet eingeordnet.

Abfindung, Bewilligungsvoraussetzung **1** 76; bei Erwerbsfähigkeit ab 40 vom Hundert **1** 78; bei Erwerbsfähigkeit unter 40 vom Hundert **1** 76; mit einer Gesamtvergütung **1** 75; Schriftform **1** 102; Umfang **1** 79; Verschlimmerung nach einer **1** 76; VO über Berechnung der – **12;** Wiederauflebung der abgefundenen Rente **1** 77; bei Wiederheirat **1** 80

Abkommen, Internationale – über SozVers **2** 30; Rechtsstellung der Flüchtlinge **2** 30; zwischenstaatliche – über Soziale Sicherheit **2** 30

Abstimmung bei Selbstverwaltungsorgan **3** 65

Akteneinsicht durch Beteiligte **7** 25

Amtsdauer der Mitglieder der Selbstverwaltungsorgane **3** 58

Amtspflichtverletzung, Haftung **3** 42

Anfechtung der Wahl **3** 57

Angabe von Tatsachen **2** 60

Anhörung, Beteiligter **2** 34

Anlegung der Rücklage **3** 83

Anordnungen, sofort vollziehbare **1** 19

Anpassung, Anpassungsfaktor **1** 95; durch die Deutsche Post AG **1** 99; Geldleistungen **1** 95; Jahresarbeitsverdienst **1** 89; Pflegegeld **1** 44; Verletztengeld **1** 47

Ansprüche, Entstehen **2** 40

Anstalten des öffentlichen Rechts 1 2

Antrag auf Sozialleistungen **2** 16

Antragstellung 2 16

Anzeigepflicht bei Versicherungsfällen **1** 193

Anzeigeverfahren bei Arbeitsverhältnissen mit schwerbehinderten Menschen **6** 80

Apotheker 1 4

Arbeitgeber, Ausstellung einer Einkommensbescheinigung **3** 18 c; Haftung **1** 104; der Hausgewerbetreibenden oder Heimarbeiter **3** 12; Pflichten gegenüber schwerbehinderten Menschen **6** 81; Zusammenwirken mit Bundesagentur für Arbeit **6** 80; Zusammenwirken mit Integrationsämtern **6** 80

Arbeitnehmer, Ausstrahlung **3** 4; Beschäftigungsort **3** 9 ff.; Einstrahlung **3** 5; Feststellungsberechtigung **1** 109; Haftung **1** 105; Sozialversicherung **3** 2

Arbeitnehmervereinigungen, Vorschlagsrecht **3** 48 a

Arbeitseinkommen 3 15

Arbeitsentgelt 3 14

Arbeitsförderung 2 3; Leistungen **2** 19

Arbeitslosigkeit, Rente **1** 58

Arbeitsmittel, Prüfung **1** 19

Arbeitsschutz, Datenerhebung und -verarbeitung **1** 201; Einschaltung der Stellen des medizinischen **9** 7; Gebühr für Ärzte **9** 8; medizinischer **1** 9; zuständige Landesbehörden **1** 20

Arbeitssicherheit, Fachkräfte für **1** 15

Arbeitsstätte, Weg zur **1** 8

Arbeitstherapie 1 26

Arbeitsunfähigkeit, Verletztengeld **1** 45 f.

Arbeitsunfall, Anzeigepflicht **1** 193; auf dem Arbeitsweg **1** 8; Begriff **1** 8; statistischer Bericht **1** 25; Entschädigung **1** 1; Hilfsmittel **1** 8; mittelbare Folgen **1** 11; Prävention **1** 1, 14 ff.; Rehabilitation **1** 1; in der Schifffahrt **1** 10; Unfalluntersuchung **1** 103; Versicherungsfall **1** 7

Artisten, Sozialversicherung **3** 2

Arznei- und Verbandmittel, Festbetrag **4** 35

Arzneimittel 1 26, 29, 33; Abgabe durch Krankenhausapotheke **4** 129 a; Bewertung des Nutzens von **4** 35 b; Festbetrag **4** 35

Arzneimittelabgabepreis, Festbetrag **4** 130; Rabatt **4** 130

Ärzte 1 4; Anzeigepflicht bei Berufskrankheiten **1** 202; **9** 5; Auskunftspflicht **1** 203; Behandlung durch **1** 28; Betriebsärzte **1** 15, 23; Datenerhebung **1** 201; Datenübermittlung **1** 206; Datenverarbeitung **1** 201; Einschränkung der freien Arztwahl **1** 28; Gebühr für im medizinischen Arbeitsschutz tätige **9** 8; Tierärzte **1** 4; Zahnärzte **1** 4

Aufbringung der Mittel **3** 20

Aufgaben 3 30; des Sozialgesetzbuches **2** 1; der Versicherungsämter **3** 93; der Vertreterversammlung **3** 33

Sachverzeichnis

fette Zahlen = Gesetze

Aufklärung durch Leistungsträger **2** 13
Aufrechnung 2 51
Aufsicht über Versicherungsträger **3** 87–90
Aufsichtsbehörde der Versicherungsträger **3** 90, Zuständigkeitsbereich **3** 90 a
Aufsichtspersonen 1 18; Befugnisse **1** 19; für die Unfallverhütung **1** 17
Aus- und Fortbildung, Arbeitsentgelt **1** 23; berufsfördernde Leistung zur Rehabilitation **1** 35; Betriebsärzte **1** 23; Fachkräfte für Arbeitssicherheit **1** 23; Gebrauch von Hilfsmitteln **1** 31; Kosten **1** 23; Sicherheitsingeneure **1** 23; durch die Unfallversicherungsträger **1** 23
Ausbildungsförderung, Leistungen **2** 18
Ausgestaltung sozialer Rechte **2** 33
Ausgleichspflicht zwischen Berufsgenossenschaften **1** 175 ff.
Auskunft durch Sozialleistungsträger **2** 15
Auskunfts- und Vorlagepflicht des Beschäftigten **3** 28 o
Auskunftspflicht der Versicherungsämter **3** 93
Auslagen bei ehrenamtlicher Tätigkeit **3** 41
Ausland, Deutsche im **1** 2; Geldleistungen aus dem **1** 98; Geldleistungen ins **1** 97; Unfallverhütungsvorschriften für ausländische Unternehmen **1** 16
Ausländische Versicherungsträger 13 15
Ausländisches Einkommen, Umrechnung **3** 17 a
Auslandsversicherung 1 140; Aufsicht **1** 141; gemeinsame Einrichtungen **1** 142; Träger **1** 141
Ausschluss der Rechtsnachfolge **2** 59
Ausschüsse, besondere – **3** 36 a
Außergerichtliche Verhandlungen, Vertretung der Versicherungsträger **3** 33, 35, 36
Außerplanmäßige Ausgaben von Versicherungsträgern **3** 73
Ausstrahlung, Kostenerstattungspflicht der KK **3** 4
Auszahlung von Geldleistungen **2** 47; bei Unterbringung **2** 49; bei Verletzung der Unterhaltspflicht **2** 48

Beamte 1 4; Rente **1** 61
Beamtengesetze 1 56
Beanstandung von Rechtsverstößen **3** 38
Behandlung, stationäre **1** 2; teilstationäre **1** 2
Behinderte Menschen, Anspruch auf Übergangsgeld **6** 45; Ausbildung **6** 45; Eingliederung **2** 10, 29; Haushaltshilfe **1** 42; Kraftfahrzeughilfe **1** 40; Leistungen zur Teilhabe am Arbeitsleben **6** 45; Sozialversicherung **3** 2; Unfallversicherung **1** 2; Wohnungshilfe **1** 41
Beihilfe für Hinterbliebene **1** 63; Witwen-, Witwer- und Waisenbeihilfe **1** 71
Beinersatz in der UV **10** 2
Beiträge, Aufbringung der Mittel **3** 20; Beanstandung von Pflichtbeiträgen **3** 26; beitragspflichtige Einnahmen bei flexiblen Arbeitszeitregelungen **3** 23 b; Bemessung **3** 21; einmalig gezahltes Arbeitsentgelt als beitragspflichtige Einnahmen **3** 23 a; Erstattung zu Unrecht entrichteter – **3** 26; Fälligkeit **3** 23; Säumniszuschlag **3** 24; Transfergenehmigung **2** 30; Verjährung **3** 25
Beitragsabzug, Anspruch des Arbeitgebers gegen Beschäftigten **3** 28 g
Beitragsansprüche, Entstehen **3** 22; Zusammentreffen mehrerer Beschäftigungen **3** 22
Beitragsbescheid 1 168
Beitragseinzug in der See-Berufsgenossenschaft **1** 169
Beitragserhebung bei überbetrieblichen arbeitsmedizinischen und sicherheitstechnischen Diensten **1** 151
Beitragshöhe, Arbeitsentgelte **1** 153; nach Arbeitsstunden **1** 156; Berechnung **1** 167; Berechnungsgrundlagen **1** 153; Berechnungsgrundlagen in der Landwirtschaft **1** 182; Bescheid **1** 168; Gefahrklassen **1** 153; bei Küstenfischern **1** 163; Mindestbeitrag **1** 161; Nachlässe **1** 162; Prämien **1** 162; Satzung **1** 153, 167, 183; Umlage **1** 152; Umlageverfahren **1** 165 ff.; nach der Zahl der Versicherten **1** 155; Zuschläge **1** 162
Beitragspflicht, Beitragspflichtige **1** 150
Beitragsüberwachung 1 166
Beitragsvorschüsse 1 164; Säumniszuschlag **3** 24
Beitragszahlung 1 170
Beitragszuschüsse als ergänzende Leistung der beruflichen Rehabilitation **6** 44
Beitrittsgebiet, Übergangsregelung **1** 215
Beleihung von Grundstücken **3** 84
Belgien, Abkommen über Soziale Sicherheit **2** 30 Anm.
Bemessung der Beiträge **3** 21
Benachteiligungsverbot schwerbehinderter Menschen **6** 81
Beratung, Anspruch auf – **2** 14; bei Selbstverwaltungsorganen **3** 63
Berechnungsgrundsätze 1 187
Bergaufsicht 1 20
Bericht der Bundesregierung **1** 25
Berufliche Rehabilitation, Beteiligung der Bundesagentur für Arbeit **6** 38; Dauer

magere Zahlen = Paragraphen

Sachverzeichnis

6 37; Einrichtungen 6 35; Rechtsstellung der Leistungsberechtigten 6 36
Berufsausbildung, Sozialversicherung 3 2
Berufsfördernde Maßnahmen 1 2; 2 64
Berufsgenossenschaften, Altrentenquote 1 177; Ausgleich unter den gewerblichen − 1 220; Durchführung des Ausgleichs 1 181; Höhe des Ausgleichsanteils 1 178; Umlegung des Ausgleichsanteils 1 179; Ausgleichspflicht 1 176; Auslandsversicherung 1 140; Betriebsmittel 1 171; Datenerhebung 1 199, 206 f.; Datennutzung 1 199, 206 f.; Datenübermittlung 1 205; Datenverarbeitung 1 199, 205, 206 f.; Entschädigungslastsatz 1 177; Erstattungsansprüche 1 175; Freibeträge 1 180; gewerbliche 1 121 f., 173 ff.; Haftpflichtversicherung 1 140; Hauptverband 1 181; landwirtschaftliche 1 123, 173 ff., 182, 205; Rentenlastsatz 1 177; Rücklage 1 172; See-Berufsgenossenschaft 1 121, 154, 157, 169, 194; Seemannskasse 1 143; Teilung der Entschädigungslast bei Berufskrankheiten 1 174; Unfallversicherungsträger 1 114; Vereinigung von 1 118 f.; Zusammenlegung der Last und Teilung 1 173; Zuständigkeit 1 121 f.; Zutritt des Bundes 1 125
Berufskrankheit, Anerkennung 1 9; Anzeige 9 4 ff.; Anzeigepflicht 1 193, 202; Begriff 1 9; 9 1; statistischer Bericht 1 25; besondere Behandlung 1 34; Daten 1 9; Datenübermittlung zur Bekämpfung 1 206; Forschung 1 9; Jahresarbeitsverdienst 1 84; maßgeblicher Zeitpunkt 1 9; mittelbare Folgen 1 11; Prävention 1 14 ff.; Rechtsverordnungen der Bundesregierung 1 9; in der Schifffahrt 1 10; in der See-Unfallversicherung 9 2; Spezialprävention 9 3; Teilung der Entschädigungslast 1 174; Übergangskrankheit 9 3; Übergangsregelungen 9 9; Vermutung für eine 1 9; Versicherungsfall 1 7; zuständiger Unfallversicherungsträger 1 134
Berufskrankheiten-Verordnung 9 1 ff.
Besatzungsmitglieder von Seeschiffen, Reeder und Seeleute 3 13
Beschäftigte 1 2; Begriff 1 22
Beschäftigung, Begriff und Antragsverfahren 3 7 ff.; geringfügige − 3 8
Beschäftigungsort, Begriff 3 9 ff.
Beschäftigungsquote, jährliche Übersicht 6 80
Beschäftigungstherapie 1 30
Beschlussfassung eines Selbstverwaltungsorgans 3 64
Bestattungskosten 1 63; Anspruchsberechtigter 1 64; Höhe 1 64

Beteiligte, Anhörung 2 34
Betriebs- und Haushaltshilfe, Dauer 1 54; Ersatzkraft 1 54; Fahrkosten 1 54; Satzung 1 54; Verwandte 1 54; Voraussetzungen 1 54
Betriebsärzte 1 23
Betriebsführung des Versicherungsträgers, Prüfung 3 88
Betriebshilfe als ergänzende Leistung der beruflichen Rehabilitation 6 44; bei medizinischer Rehabilitation 6 54
Betriebsmittel, Höhe 1 171; Satzung 1 171; der Versicherungsträger 3 81
Betriebsrat 1 20; Unterzeichnung der Anzeige eines Versicherungsfalles 1 193; Zusammenarbeit 6 80
Betriebstätte, Zutrittsrecht für Aufsichtspersonen 1 19
Bezirksverwaltungen der Versicherungsträger, Selbstverwaltungsorgane 3 31
Bezugsgröße in der Sozialversicherung 3 18
Bildungsförderung 2 3
Binnenfischerei 1 3, 6
Blindenführhunde 10 2
Blutspender 1 2
Bonn, Sitz des Bundesversicherungsamtes 3 94
Bund, Anzeigepflicht bei Versicherungsfällen 1 193; Aufwendungen als Unfallversicherungsträger 1 186; Bundesausführungsbehörde für Unfallversicherung 1 115; Satzungen 1 115; Unfallverhütungsvorschriften 1 115; Unfallversicherungsträger 1 114 f.; Garantie für Unfallversicherungsträger 1 120; Zuständigkeit als Unfallversicherungsträger 1 125; Zentralstelle für Arbeitsschutz 1 115; Zutritt zur Berufsgenossenschaft 1 125
Bundesagentur für Arbeit 1 2, 125; Eingliederungsrücklage 3 71 c; Geltung von Haushaltsvorschriften des Bundes 3 77 a; Haushaltsplan 3 71 a; Veranschlagung der Arbeitsmarktmittel 3 71 b; Vorprüfung 3 77 b; Zusammenwirken mit Arbeitgebern 6 80
Bundesamt für Seeschifffahrt und Hydrographie 1 196
Bundesdruckerei 1 127
Bundesknappschaft, Haushaltsplan 3 71
Bundesministerium des Innern, Rechtsverordnungen 1 115; Satzungen 1 115; Verwaltungsvorschriften 1 115; Zentralstelle für Arbeitsschutz 1 115
Bundesministerium für Gesundheit und Soziale Sicherung, Aufsicht über Bundesversicherungsamt 3 94; Aufsicht über Schiedsämter 1 34; Genehmigung der

Sachverzeichnis

fette Zahlen = Gesetze

Seemannskasse **1** 143; statistisches Material **1** 99; Verordnung zur Übertragung von Aufgaben auf die Deutsche Post AG **1** 100; Regelung der Zuständigkeit der Berufsgenossenschaften **1** 122 f.

Bundesministerium für Verkehr, Bau- und Wohnungswesen 1 115, 148

Bundesministerium für Wirtschaft und Arbeit, Aufsichtsbehörde bei Unfallverhütung **3** 90; Bericht der Unfallversicherungsträger **1** 25; Rechtsverordnungen **1** 115; Satzungen **1** 115; Unfallverhütungsvorschriften **1** 15; Verwaltungsvorschriften **1** 115

Bundesregierung, Bericht gegenüber dem Bundestag **1** 25; Rechtsverordnungen zu Berufskrankheiten **1** 9

Bundesschiedsamt 4 89

Bundessozialhilfegesetz 1 2, 125

Bundesunmittelbare Versicherungsträger, Aufsichtsbehörden **3** 90; Zuständigkeitsbereich **3** 90 a

Bundesversicherungsamt, Aufsicht über Versicherungsträger **3** 90; Aufsichtsbehörden **3** 90; Versicherungsbehörde **3** 91, 94

Bundesversorgungsgesetz 1 4, 56

Bürgerliches Gesetzbuch, entsprechende Anwendung von Vorschriften **2** 45

Bußgeldvorschriften 1 209 ff.; Sozialversicherung **3** 111, zuständige Behörden **3** 112

Daten, Erhebung **1** 9

Datenerhebung bei Berufskrankheiten **1** 9; zur Prävention **1** 15

Datennutzung, Zulässigkeit der – **7** 67 c

Datenschutz, Bundesbeauftragter **1** 34; Datenerhebung **1** 199, 201, 206 f.; Datennutzung **1** 199, 206 f.; Datenübermittlung **1** 205, 206; Datenverarbeitung **1** 199, 201, 205, 206 f.; Errichtung einer Datei **1** 204

Datenspeicherung 7 67 c

Datenübermittlung, arbeitsmedizinischer und sicherheitsmedizinischer Dienste **1** 24

Datenübermittlungspflicht weiterer Behörden **1** 197

Datenveränderung 7 67 c

Datenverarbeitung bei Berufskrankheiten **1** 9

Deutsche Bahn AG, Zuständigkeit der Eisenbahn-Unfallkasse **1** 126

Deutsche Post AG, Anpassung von Geldleistungen **1** 99; Auskünfte **1** 208; Auszahlung von Geldleistungen **1** 99; statistisches Material **1** 99; Unfallkasse **1** 114; Vergütung **1** 99; Vorschüsse **1** 99; Zuständigkeit der Unfallkasse Post und Telekom **1** 127

Deutsches Rotes Kreuz 1 125

Diakonissen 1 4

Dienste, arbeitsmedizinische und sicherheitstechnische **1** 24

Dienstordnung, Änderung **1** 147; Anhörungsrecht der Personalvertretung **1** 147; Aufstellung **1** 147; Genehmigung **1** 147; Inhalt **1** 145; der Unfallversicherungsträger **1** 144; Verletzung **1** 146

Dienstsiegel des Versicherungsträgers **3** 31

Durchführung der Wahl **3** 54

Ehrenämter, Entschädigung **3** 41; bei Versicherungsträgern **3** 40

Ehrenamtliche Tätigkeit 1 2; Entschädigung **3** 41, bei Vers.-Trägern **3** 40

Eigene Aufgaben der Versicherungsträger **3** 30

Einberufung von Selbstverwaltungsorganen **3** 63

Eingliederung, Behinderter **2** 10; Leistungen **2** 29

Einkommen, beitragspflichtige, Anrechnung **1** 65, 68; Anrechnung beim Verletzten- und Übergangsgeld **1** 52; Art des zu berücksichtigenden – **3** 18 a; Berücksichtigung von Änderungen **3** 18 d; Ermittlung von Änderungen **3** 18 e; erstmalige Ermittlung des – **3** 18 c; Höhe des zu berücksichtigenden – **3** 18 b; i. S. der Sozialversicherung **3** 14 ff.

Einnahmen, beitragspflichtige, Erhebung durch Versicherungsträger **3** 76

Einrichtungen, Pflegegeld **1** 44; Verletztengeld **1** 45

Einstrahlung 3 5

Einzugsstelle, -n 3 28 a ff.; Beitragsüberwachung, Prüfung bei den Arbeitgebern **3** 28 p; gemeinsame Grundsätze **3** 28 b; Krankenkassen **3** 28 h; Meldepflicht des Arbeitgebers an – **3** 28 a; Prüfung bei den Arbeitgebern, durch RV-Träger **3** 28 p; Prüfung bei den – und den Trägern der RV **3** 28 q; Schadensersatzpflicht, Verzinsung **3** 28 r; Sonderregelungen für bestimmte Personengruppen **3** 28 m; Überwachung, der Meldungen **3** 28 b; Vergütung **3** 28 l; Weiterleitung von Beiträgen **3** 28 k; Widerspruchsbescheid **3** 28 h; Zahlung des Gesamtsozialversicherungsbeitrags **3** 28 h; zuständige – **3** 28 i

Eisenbahn-Unfallkasse, dienstrechtliche Vorschriften **1** 148; Unfallversicherungsträger **1** 114; Zuständigkeit **1** 126

Eltern, Rente **1** 69

Enkel, Waisenrente **1** 67

magere Zahlen = Paragraphen **Sachverzeichnis**

Entgeltersatzleistungen, Anpassung **6** 50
Entschädigung nach Arbeitsunfällen **1** 1; der ehrenamtlich Tätigen **3** 41; wegen Nichteinstellung schwerbehinderter Menschen **6** 81; Rente als vorläufige **1** 62
Entstehen der Beitragsansprüche **3** 22
Entwicklungshelfer 1 2, 82; Beschäftigungsort **3** 10; Bund als Unfallversicherungsträger **1** 125; Verletztengeld **1** 47
Ergänzende Leistungen 1 39; zur Unterhaltssicherung **6** 44
Ergänzung von Selbstverwaltungsorganen bei Ausscheiden von Mitgliedern **3** 60
Erhebung der Einnahmen durch Versicherungsträger **3** 76
Erledigungsausschüsse bei Selbstverwaltungsorgan **3** 66
Ermessen beim Jahresarbeitsverdienst **1** 87
Ermessensleistungen 2 39
Erstattung erbrachter Leistungen **7** 50; zu Unrecht entrichteter Beiträge **3** 26
Erstattungsansprüche, Verrechnung **3** 28; Verzinsung und Verjährung **3** 27; bei zu Unrecht entrichteten Beiträgen **3** 26
Erste Hilfe 1 14f., 17, 19, 21, 23
Erwerbsfähigkeit, Abfindung **1** 76, 78; Änderungen **1** 73; Bemessung **1** 56; Jugendliche **1** 56; Verlust **1** 56
Euro, Einführung des – **3** 18h

Fahrgemeinschaften 1 8
Fahrkosten bei Betriebs- und Haushaltshilfe **1** 54; Haushaltshilfe **1** 42; Reisekosten **1** 43
Fälligkeit der Ansprüche auf Sozialleistungen **2** 41; der Beiträge ArV **3** 23
Familienangehörige, Verschwägerte **1** 2; Verwandte **1** 2
Familienaufwand 2 6
Festbeträge für Arznei- und Verbandmittel **4** 35; Bekanntmachung **4** 35; Festsetzung **4** 35, 36; Gruppeneinteilung **4** 35, 36; für Hilfsmittel **4** 36; Klage gegen – **4** 35; Preiswettbewerb **4** 35; Rechtsverordnung **4** 35a; Richtlinien des Gemeinsamen Bundesausschusses **4** 35; Stellungnahme von Sachverständigen **4** 35
Festnahme 1 2
Feststellungsverfahren 3 48b
Feuerwehr-Unfallkasse 1 117, 185; Unfallversicherungsträger **1** 114
Finanzbehörden, Datenübermittlungspflicht **1** 197
Fischerei 1 4; See-Berufsgenossenschaft **1** 121
Förderung der Teilhabe am Arbeitsleben **1** 35

Formulare für die Anzeige von Berufskrankheiten **9** 6
Forschung über Berufskrankheiten **1** 9; Datenübermittlung **1** 206
Freiheitsentziehung 1 2; Heilbehandlung **1** 26; Teilhabe am Arbeitsleben **1** 35; Verletztengeld **1** 47
Freistellung, Anspruch auf Arbeitsentgelt **1** 7
Freiwillige Krankenversicherung als ergänzende Leistung der beruflichen Rehabilitation **6** 44
Freiwillige Versicherung, Binnenfischerei **1** 6; Ehegatte **1** 6; Imkereien **1** 6; Jagd **1** 6; Unternehmer **1** 6
Freiwilliges ökologisches Jahr, Beschäftigungsort **3** 10
Freiwilliges soziales Jahr, Beschäftigungsort **3** 10
Fremdrenten, Anwendungsbereich **13** 2; deutsche Versicherungsträger **13** 3; Glaubhaftmachung von Tatsachen **13** 4; Leistungen in UV **13** 5–13; Personenkreis **13** 1
Fremdrentengesetz, Anmeldefrist für Unfälle **13** 10; Arbeitsunfälle und Berufskrankheiten **13** 5; deutsche Versicherungsträger **13** 3; eidestattliche Versicherung **13** 4; Einschränkung des Anwendungsbereichs **13** 2; Glaubhaftmachung von Tatsachen **13** 4; Jahresarbeitsverdienst **13** 8, bei Arbeitsunfall **13** 8a; Personen des deutschen Sprach- und Kulturkreises **13** 17a; Personenkreis **13** 1; Rentenzahlung an Berechtigte im Ausland **13** 13; Ruhen der UV-Rente **13** 11; zuständiger Versicherungsträger in UV **13** 9
Fremdrenten-Neuregelungsgesetz, gesetzliche Rentenversicherungen **14** Art. 6 §§ 4–6; gesetzliche Unfallversicherung **14** Art. 6 §§ 1, 3; Übergangsvorschriften **14** Art. 6 §§ 1–24
Früherkennung und Frühförderung 6 30
Führhund für Blinde **10** 2
Funktionstraining als ergänzende Leistung der beruflichen Rehabilitation **6** 44

Gebühr für die Anzeige von Berufskrankheiten **9** 5; für die im medizinischen Arbeitsschutz tätigen Ärzte **9** 8; für den medizinischen Arbeitsschutz **1** 9
Gefahr im Verzug **1** 19
Gefahrtarif, Festsetzung **1** 157; fremdartige Nebenunternehmungen **1** 157; Gefahrklassen **1** 157; Geltungsdauer **1** 157; Genehmigung **1** 158; Gliederung **1** 157; der See-Berufsgenossenschaft **1** 157
Geheimhaltung von Sozialdaten **2** 35

325

Sachverzeichnis

fette Zahlen = Gesetze

Geldleistungen, Anpassung **1** 95; ins Ausland **1** 97; aus dem Ausland **1** 98; Auszahlung **1** 96; Auszahlung laufender – bei Beginn vor dem 1. April 2004 **1** 218 c; Berechnungsgrundsätze **1** 96; Bestandsschutz **1** 217; Fälligkeit **1** 96; Rücküberweisung **1** 96; Vorbehalt **1** 96

Geltungsbereich des Sozialgesetzbuchs **2** 30

Gemeinde, Datenübermittlungspflicht **1** 197; kommunale Unfallversicherungsträger **1** 117, 129; Übergangsregelung **1** 218; Unfallversicherungsverbände **1** 185; Unfallversicherungsverbände und -kassen **1** 114

Genehmigung der Unfallverhütungsvorschriften **1** 15

Genehmigungsbedürftige Vermögensanlagen 3 84

Genossenschaften, Mitglieder **1** 4

Gerichte, Bindung **1** 108, 112

Geringfügige Beschäftigung, Begriff **3** 8; in Privathaushalten **3** 8 a

Geringfügige selbstständige Beschäftigung, Begriff **3** 8

Gesamteinkommen 3 16

Gesamtsozialversicherungsbeitrag, Arbeitgeber mit zentraler Lohn- und Gehaltsabrechnung **3** 28 f; Aufgaben der Einzugsstelle **3** 28 f, 28 h; Aufzeichnungspflicht **3** 28 f; Begriff **3** 28 d; Beitragsabzug **3** 28 g; Beitragsnachweis **3** 28 f; Zahlungspflicht des Arbeitgebers, Vorschuss, Haftung **3** 28 e

Geschäftsführer des Versicherungsträgers **3** 31, 36

Geschäftsführung des Versicherungsträgers, Prüfung **3** 88

Geschäftsordnung, Selbstverwaltungsorgane **3** 63

Geschäftsübersichten und Statistiken der Sozialversicherung **3** 79

Geschwister, Waisenrente **1** 67

Gesetzliche Rentenversicherung, Fremdrenten- und Auslandsrenten **14** Art. 6 §§ 4–6; Fremdrentenrecht **13** 14–31, Anrechnung von Beitragszeiten **13** 19, anzuwendende Vorschriften **13** 14, Beitrags- und Beschäftigungszeiten bei deutschem Versicherungsträger im Ausland **13** 17, Beitragszeiten bei nichtdeutscher RV **13** 15, Beschäftigungszeiten vor der Vertreibung oder in früher deutschen Ostgebieten **13** 16, Personen des deutschen Sprach- und Kulturkreises **13** 17 a, Zusatzversicherung **13** 18

Gesetzliche Unfallversicherung 1; Fremdrentenrecht **13** 5–13; **14** Art. 6 §§ 1–3, anzuwendendes Recht **13** 7, Arbeitsunfälle und Berufskrankheiten **13** 5, Begriff der gesetzlichen UV **13** 6, Frist für Anmeldung von Unfällen **13** 10, Jahresarbeitsverdienst **13** 8, Jahresarbeitsverdienst von Berechtigten im Beitrittsgebiet **13** 8 a, Rentenzahlung an Berechtigte im Ausland **13** 13, Ruhen der Rente **13** 11, 12, Zuständigkeit für Feststellung und Gewährung von Leistungen **13** 9

Gesundheitsgefahren, Prävention **1** 1, 14 ff.; sofort vollziehbare Anordnungen **1** 19

Gesundheitswesen, Ehrenamtliche **1** 2

Gleitzone 3 20

Grenzen der Mitwirkung **2** 65

Grundsicherung, Leistungen **2** 28 a

Grundstücke, Beleihung **3** 84

Grundstückseigentümer, Auskunftspflicht **1** 198

Gruppenzugehörigkeit für Sozialversicherungswahlen **3** 47

Hafen, Gefahren **1** 10

Häftlingshilfegesetz 1 56

Haftpflichtversicherung 1 140; Aufsicht **1** 141; Träger **1** 141

Haftung der Arbeitnehmer **1** 105; der Arbeitskollegen **1** 105; der Mitglieder der Selbstverwaltungsorgane **3** 42; anderer Personen **1** 106; bei der Pflege **1** 106; in der Seefahrt **1** 107; des Sonderrechtsnachfolgers **2** 57; gegenüber den Sozialversicherungsträgern **1** 110 ff.; des Unternehmers **1** 104

Handlungsfähigkeit 2 36

Hausgewerbetreibende 1 2; **3** 12; Sozialversicherung **3** 2

Haushaltsführende 1 3

Haushaltshilfe, bei medizinischer Rehabilitation **6** 54; als ergänzende Leistung der beruflichen Rehabilitation **6** 44

Haushaltshilfe und Kinderbetreuung, Fahrkosten **1** 42; bei Verschwägerten **1** 42; bei Verwandten **1** 42; Voraussetzungen **1** 42

Haushaltsplan der Versicherungsträger **3** 67 ff.

Haushaltswesen der Versicherungsträger **3** 67 ff.

Häusliche Krankenpflege, Richtlinien **1** 32; Umfang **1** 31

Heilbehandlung 2 63; Anspruch auf **1** 26; Arbeitstherapie **1** 26; Arzneimittel **1** 26, 29, 33; ärztliche Behandlung **1** 28; Belastungserprobung **1** 26; besondere Verfahren **1** 34; Durchführung **1** 34; Erstversorgung **1** 26; bei Freiheitsentziehung

magere Zahlen = Paragraphen **Sachverzeichnis**

1 26; frühzeitige **1** 34; Geldleistungen **1** 45 ff.; häusliche Krankenpflege **1** 26, 32; Heil- und Hilfsmittel **1** 26, 33; Kassenärztliche Bundesvereinigungen **1** 34; im Krankenhaus **1** 32; in Krankenhäusern **1** 26; lege artis **1** 28; Mehrkosten **1** 29; in Rehabilitationseinrichtungen **1** 26; Umfang **1** 26; Umfang der – **1** 27; Verbandmittel **1** 26, 29, 33; Verletztengeld **1** 45; Verträge zur **1** 34; zahnärztliche Behandlung **1** 26, 28
Heilmittel 1 26, 33; Begriff **1** 30; physikalische Therapie **1** 30; Sprach- und Beschäftigungstherapie **1** 30
Heilpraktiker 1 4
Heimarbeiter, Begriff **3** 12
Heimpflege 1 44; Minderung einer Rente **1** 60
Hemmung der Verjährung **3** 25
Hilfeleistungen, Sachschäden bei – **1** 13
Hilfsmittel 1 26, 33; **10** 2–4; Anspruch **6** 31; Begriff **1** 31; **6** 31; Beschädigung **1** 8; Erneuerung **1** 31; Festbetrag **1** 31; **4** 36; Körperersatzstücke **1** 31; Richtlinien **1** 31; Tod bei der Wiederherstellung **1** 11; Verlust **1** 8; Versorgung zur Teilhabe am Leben in der Gemeinschaft **6** 55
Hinterbliebene, Beihilfe **1** 63; Jahresarbeitsverdienst **1** 88; Leistungen **1** 63 ff.; Rente **1** 63
Hochschulen 1 2
Höherwertige Tätigkeit 1 35

Imkerei 1 6, 123
Integrationsämter, Zusammenwirken mit Arbeitgebern **6** 80
Integrationsvereinbarung zwischen Arbeitgeber und Schwerbehindertenvertretung **6** 83

Jagd 1 3, 4, 6, 123
Jahresarbeitsverdienst bei der Anpassung von Geldleistungen **1** 95; bei Anpassungen **1** 89; als Berechnungsgrundlage **1** 81; bei Berufskrankheiten **1** 84; Entwicklungshelfer **1** 82; Erhöhung für Hinterbliebene **1** 88; nach billigem Ermessen **1** 87; erstmalige Festsetzung **1** 82; Fremdrentenrecht **13** 8; für Kinder **1** 86; in der Landwirtschaft **1** 93; Mindest- und Höchstverdienst **1** 85, 91; Neufestsetzung nach voraussichtlicher Schul- oder Berufsausbildung oder Altersstufen **1** 90; Regelberechnung **1** 82; kraft Satzung **1** 83; für Seeleute **1** 92; Soldaten **1** 82
Jahresrechnung der Versicherungsträger **3** 77
Jugendhilfe, Leistungen **2** 27

Jugendliche, Erwerbsfähigkeit **1** 56

Kammern, Unterstützung der Unfallversicherungsträger **1** 195
Kapitalwert, VO über Berechnung des Abfindungskapitalwerts **12**
Kassenärztliche Bundesvereinigungen, Durchführung der Heilbehandlung **1** 34; Schiedsamt für die medizinische und zahnmedizinische Versorgung **1** 34
Kinder 1 2; Betreuungskosten bei medizinischer Rehabilitation **6** 54; Früherkennung und -förderung **6** 30; heilpädagogische Leistungen **6** 55; Jahresarbeitsverdienst **1** 86; Pflegekinder **1** 2, 4; Verletztengeld **1** 45; Waisenrente **1** 67
Kinder- und Jugendhilfe 2 8; Leistungen der – **2** 27
Kinderbetreuung, Haushaltshilfe **1** 42
Kindergeld 2 25
Kinderpflege, Sozialversicherung von selbstständig tätigen Personen **3** 2
Kleider, Verschleiß **1** 31; **10** 7
Kontenpfändung 2 55
Körperersatzstücke 1 31
Körperschaften, Leistungsträger **2** 12; Versicherungsträger **3** 29
Körperschaften des öffentlichen Rechts 1 2
Kraftfahrzeughilfe 1 39, 40; Richtlinien **1** 40; Umfang **1** 40; Voraussetzungen **1** 40; Zuschuss **1** 40
Krankenfahrzeuge 10 2, 6
Krankengeld, Ausschluss **4** 50; Entgeltfunktion **4** 47; als ergänzende Leistung der beruflichen Rehabilitation **6** 44; Höhe und Berechnung **4** 47; Höhe und Berechnung bei Beziehern von Alg u. a. **4** 47 b; Kalendertage, Kalendermonat **4** 47; Kürzung **4** 50; als Leistung zum Lebensunterhalt **6** 45; Regelentgelt **4** 47; Seeleute **4** 47; Übergangsregelung **4** 47 a; überschießender Betrag **4** 50
Krankenhaus, Begriff **4** 107; Behandlung **1** 26, 33
Krankenhausapotheke, Abgabe von Arzneimitteln **4** 129 a
Krankenkassen, Aufklärung **4** 20; Auskunftspflicht **1** 188; Beauftragung **1** 188; Beratung **4** 20; Berufskrankheit **4** 20; Ermessensleistungen **4** 20; Prävention **1** 14; Prävention und Selbsthilfe **4** 20; Zusammenarbeit mit anderen Einrichtungen des Gesundheitswesens **4** 20; Zuständigkeit bei Schwangerschaftsabbrüchen **2** 21 b
Krankenpflege, Sozialversicherung von selbstständig tätigen Personen **3** 2

Sachverzeichnis

fette Zahlen = Gesetze

Krankenversicherung, Leistungen 2 21; Versicherungszweig der Sozialversicherung 3 1
Krankheit 1 9
Krankheitsverhütung, Krankenkassen 4 20
Kunstglieder 10 2
Kurzarbeitergeld, Berechnung des Übergangsgeldes 6 47
Küstenfischer, Beitragshöhe 1 163
Küstenschiffer 1 2

Länder, Aufsichtsbehörden für Versicherungsträger 3 90; Garantie für Unfallversicherungsträger 1 120; Übergangsregelung 1 218; Unfallkassen 1 114; Unfallversicherungsträger 1 116
Landesgeschäftsstellen der Versicherungsträger, Selbstverwaltungsorgane 3 31
Landesschiedsamt 4 89
Landesunmittelbare Versicherungsträger, Aufsichtsbehörden 3 90
Landwirte, Sozialversicherung 3 2
Landwirtschaft 1 2, 4, 5; Berufsgenossenschaften 1 123; Betriebs- und Haushaltshilfe 1 54; Jahresarbeitsverdienst 1 93; Leistungen bei medizinischer Rehabilitation 6 54
Landwirtschaftliche Alterskasse, gemeinsame Organe 3 32
Landwirtschaftliche Berufsgenossenschaften, Organe 3 32
Landwirtschaftliche Krankenkassen, gemeinsame Organe 3 32
Landwirtschaftliche Sozialversicherung, Haushaltspläne 3 71 d
Landwirtschaftliche Unternehmen, Bestandteile 1 124
Lebenspartner 1 2, 3, 4, 8, 46, 54, 55, 72, 92, 93, 135, 154; 2 56; 5 93
Lebenspartnerschaften 2 33 b
Leibesfrucht 1 12
Leistungen, Abfindung 1 75 ff.; Anspruch auf – 4 11; auf Antrag oder von Amts wegen 3 19; Arten 4 11; Ausschluss 1 101; Bestimmung durch die Unfallversicherungsträger 1 26; Betriebs- und Haushaltshilfe 1 54; zur Eingliederung Behinderter 2 29; ergänzende 1 26; Folgenbeseitigung nach einem Versicherungsfall 1 26; Geldleistungen 1 26, 95 ff.; der gesetzlichen KV 2 21; der gesetzlichen RV und Alterssicherung der Landwirte 2 23; der gesetzlichen UV 2 22; Grundsatz 1 26; der Grundsicherung 2 28a; an Hinterbliebene 1 63 ff.; der Jugendhilfe 2 27; zur medizinischen Rehabilitation 1 2; Mehrleistungen 1 94; bei Pflegebedürftigkeit 1 44; Qualität 1 26; bei Schwangerschaftsabbrüchen 2 21b; der Sozialhilfe 2 28; zur Teilhabe, Anspruch auf – 1 26, Tod 1 11; zur Teilhabe am Arbeitsleben 1 2, 26, 35, Übergangsgeld 1 50, Verletztengeld 1 45; zur Teilhabe am Leben in der Gemeinschaft 1 26, 39; Übergangsgeld 1 49 ff.; Umfang 4 11; Verletztengeld 1 45 ff., 55; Vorrang vor Rentenleistungen 1 26; Wirksamkeit 1 26
Leistungen an Hinterbliebene, Übergangsregelung 1 218 a
Leistungen zum Lebensunterhalt im Zusammenhang mit Leistungen zur medizinischen Rehabilitation 6 45
Leistungen zur Teilhabe, Ausführung 6 17; Leistungsort 6 18; Persönliches Budget 6 17; Qualitätssicherung 6 20; Verordnungsermächtigung 6 21 a
Leistungen zur Teilhabe am Arbeitsleben an den Arbeitgeber 6 34; im Arbeitsbereich 6 41; im Berufsbildungsbereich 6 40; im Eingangsverfahren 6 40; an den Leistungsberechtigten 6 33
Leistungen zur Teilhabe am Leben in der Gemeinschaft, Begriff 6 55; Förderung der Verständigung 6 57; heilpädagogische Leistungen 6 56; Hilfen zur Teilhabe am gesellschaftlichen und kulturellen Leben 6 58; Verordnungsermächtigung 6 59
Leistungsarten im Sozialgesetzbuch 2 11
Leistungsträger 2 12
Lernende 1 2
Lohn während einer Aus- und Fortbildung 1 23; entgangener 1 43

Medizinische Rehabilitation, Begriff 6 26; Betriebshilfe 6 54; Förderung der Selbsthilfe 6 29; Haushaltshilfe 6 54; Kinderbetreuungskosten 6 54; Krankenbehandlung 6 27; Reisekostenerstattung 6 53; Verordnungsermächtigung 6 32; Ziel stufenweiser Wiedereingliederung 6 28
Medizinischer Arbeitsschutz 1 9
Mehrere Rentenansprüche, Einkommensanrechnung auf Renten wegen Todes, Rangfolge 5 97; Rente und Leistungen aus UV, Anwendung auf vergleichbare Leistungen 5 93, Grenzbetrag 5 93
Mehrleistungen 1 94
Mehrverbrauch an Kleidern 10 7
Meldepflicht des Arbeitgebers, an Einzugsstelle 3 28a; Entleiher 3 28a; Inhalt 3 28a; Jahresmeldung 3 28a; Personenkreis 3 28a; Prüfung der RV-Träger bei Arbeitgebern 3 28p; Zeitpunkt der – 3 28a

magere Zahlen = Paragraphen **Sachverzeichnis**

Mitglieder der Selbstverwaltungsorgane **3** 43
Mitgliedschaft in Selbstverwaltungsorganen, Verlust **3** 59
Mittel der Versicherungsträger, Verwaltung **3** 80
Mitwirkung, Folgen fehlender − **2** 66; Grenzer der − **2** 65; Nachholung der − **2** 67
Mitwirkungspflicht 2 60–64

Nachfolger für Vertreterversammlung **3** 60
Nachtragshaushalt von Versicherungsträgern **3** 74
Nettoarbeitsentgelt und Arbeitsentgelt **3** 14
Neuregelung der Fremdrenten **14**
Notwehr 1 2
Nutzen von Arzneimitteln **4** 35 b

Öffentliche Arbeitgeber, besondere Pflichten **6** 82
Ordnungswidrigkeiten 1 209 ff.; Sozialversicherung **3** 111; Zusammenarbeit bei der Verfolgung **1** 211
Organe, Amtsdauer **3** 58; der Selbstverwaltung **3** 31; der Versicherungsträger **3** 31
Orthopädische Hilfsmittel in UV **10** 2, 3
Orthopädische Schuhe, Bewilligung von − **10** 2, 3
Orthopädische Versorgung, VO über die − Unfallverletzter **10**

Pauschalbetrag für ehrenamtlich Tätige **3** 41
Personalrat, Unterzeichnung der Anzeige eines Versicherungsfalles **1** 193; Zusammenarbeit **6** 80
Personalräte 1 20
Personalvertretung, Anhörungsrecht zur Dienstordnung **1** 147
Personenkreis, Ausnahmen **13** 1
Persönliches Erscheinen 2 61
Perücken 10 2
Pfändung 2 54; von Bargeld **2** 55; von Guthaben auf Konten **2** 55
Pflege, Haftung **1** 106
Pflegebedürftige 8 14
Pflegebedürftigkeit, Begriff **8** 14; Behinderungen **8** 14; Heimpflege **1** 44; Krankheiten **8** 14; Leistungen **1** 26; Leistungen bei **1** 44; Pflegegeld **1** 44; Pflegekraft **1** 31, 44; Vermeidung **1** 26
Pflegegeld, Anpassung **1** 44; Höhe **1** 44; bei stationärer Behandlung **1** 44
Pflegekassen, Inhalt der Meldung für Pflegeperson **8** 44; Meldung von Pflegepersonen, an RV-Träger und UV-Träger **8** 44; Zuständigkeit **2** 21 a
Pflegekinder 1 2, 4; Waisenrente **1** 67
Pflegeperson, -en 1 2; Begriff der − **8** 19; Leistungen zur sozialen Sicherung der − **8** 44
Pflegeversicherung, Beitragsentrichtung an Träger der RV **8** 44; Leistungen **2** 21 a; Ruhen der Leistungsansprüche **8** 34
Pharmazeutische Unternehmen, Rabatte **4** 130 a
Präsidialrat, Überprüfung der Zusammenarbeit **6** 80
Prävention 1 1, 9, 14 ff.; Arbeitsunfall, Gesundheitsgefahren **1** 1; Beratung **1** 17; Grundsatz **1** 14; und Selbsthilfe **4** 20; Sicherheitsbeauftragte **1** 22; Überwachung **1** 17; zur Vermeidung von Schwierigkeiten in Arbeitsverhältnissen **6** 84; Zentralstelle für Arbeitsschutz **1** 115
Private Krankenversicherung als ergänzende Leistung der beruflichen Rehabilitation **6** 44
Proben 1 19
Prothesen 1 31
Prüfungen 1 2; für Aufsichtspersonen **1** 17
Psychotherapeuten, Eintragung im Arztregister **1** 95 c; vertragsärztliche Versorgung **1** 95

Qualitätsmanagement bei Leistungen zur Teilhabe **6** 20

Rabatte für pharmazeutische Unternehmen **4** 130 a
Rahmenverträge, Rabatt **4** 130
Rechnungsabschluss, Versicherungsträger **3** 77
Rechnungsführung des Versicherungsträgers, Prüfung **3** 88
Rechtsanspruch auf Sozialleistungen **2** 38
Rechtsfähigkeit der Versicherungsträger **3** 29
Rechtsnachfolge, Ausschluss **2** 59
Rechtsstellung der Versicherungsträger **3** 29
Rechtsverletzungen durch Versicherungsbehörden **3** 89
Rechtsverstöße eines Selbstverwaltungsorgans, Beanstandung **3** 38
Reeder 1 150; Krankenfürsorge **1** 53
Regelentgelt 4 47
Regress der Sozialversicherungsträger **1** 110 ff.; Verjährung **1** 113
Rehabilitation 1 1; Anspruch auf **1** 26; nach Arbeitsunfällen **1** 1; Kraftfahrzeughilfe **11**; Leistungen zur medizinischen − **1** 2

329

Sachverzeichnis

fette Zahlen = Gesetze

Rehabilitationsdienste, Grundsatz **6** 19; Verträge mit Leistungserbringern **6** 21
Rehabilitationseinrichtungen, Begriff **4** 107; Grundsatz **6** 19
Rehabilitationssport als ergänzende Leistung der beruflichen Rehabilitation **6** 44
Reisekosten für Angehörige **1** 43; entgangener Arbeitsverdienst **1** 43; als ergänzende Leistung der beruflichen Rehabilitation **6** 44; Erstattung bei medizinischer Rehabilitation **6** 53; Fahrkosten **1** 43; Familienheimfahrten **1** 43; Gepäcktransport **1** 43; Mitnahmeentschädigung **1** 43; Richtlinien **1** 43; Übernachtungskosten **1** 43; Umfang **1** 43; Voraussetzungen **1** 43; Wegstreckenentschädigung **1** 43
Religionsgemeinschaften 1 2
Rente, Änderung **1** 73; Änderung zuungunsten des Berechtigten **1** 74; bei Arbeitslosigkeit **1** 58; für Beamten **1** 61; Befristung **1** 73; Beginn **1** 72; für Berufssoldaten **1** 61; an Eltern **1** 69; Ende **1** 73; bei geminderter Erwerbsfähigkeit **1** 56; bei Heimpflege **1** 60; Hinterbliebenenrente **1** 63; Höchstbetrag **1** 70; Höchstbetrag bei mehreren Renten **1** 59; Höhe **1** 56; Rentenlastsatz **1** 177; Schriftform **1** 102; bei Schwerverletzten **1** 57; bei Verletztengeld **1** 74; an Verwandte **1** 69; Voraussetzungen **1** 56 ff.; als vorläufige Entschädigung **1** 62; Waisenrente **1** 67 f.; Wiederaufleben der abgefundenen **1** 77; Witwen- und Witwerrente **1** 65 f.; Zusammentreffen **1** 190; Zwischenbescheid **1** 103
Renten wegen Todes, Einkommensanrechnung **3** 18 a, 18 e
Rentenberechnung, Reihenfolge bei Anwendung der Berechnungsvorschriften **5** 98
Rentenversicherung, Versicherungszweig der Sozialversicherung **3** 1
Rentenversicherungsträger, Prüfung der Meldepflicht bei Arbeitgebern **3** 28 p
Reparaturen von Körperersatzstücken **10** 3
Richterrat, Überprüfung der Zusammenarbeit **6** 80
Richtlinien über häusliche Krankenpflege **1** 32; über Hilfsmittel **1** 31; zur Kraftfahrzeughilfe **1** 40; zu Reisekosten **1** 43; zur Wohnungshilfe **1** 41
Rücklage, Anlegung der − **3** 83; Bildung **1** 172; Entnahme von Mitteln **1** 172; Genehmigung einer geringeren Höhe **1** 172; landwirtschaftlicher Berufsgenossenschaften **1** 184; der Versicherungsträger **3** 82, 86; Zinsen **1** 172

Sachschäden bei Hilfeleistungen 1 13
Satzung für arbeitsmedizinische und sicherheitstechnische Dienste **1** 24; Beitragsberechnung **1** 167; Beitragshöhe **1** 183; über Betriebs- und Haushaltshilfe **1** 54; Jahresarbeitsverdienst **1** 83; Mindestbeitrag **1** 161; Unfallversicherungskraft **1** 2; des Unfallversicherungsträgers **1** 114; über Verletztengeld **1** 46; bei Verletztengeld **1** 55; Versicherungsbefreiung **1** 5; des Versicherungsträgers **3** 34
Säumniszuschlag für Beiträge und Beitragsvorschüsse **3** 24
Schadensersatz bei Pflichtverletzung durch Mitglieder der Selbstverwaltungsorgane **3** 42
Schiedsamt, Amtsdauer **4** 89; Aufsicht über die Geschäftsführung **4** 89; Bundesschiedsamt **4** 89; Ehrenamt **4** 89; Klage gegen Festsetzung des − **4** 89; Kündigung eines Vertrages **4** 89; Landesschiedsamt **4** 89; Los **4** 89; Schiedsamtsverordnung **4** 89; Vertrag über die kassenärztliche Versorgung **4** 89; Vertragsinhalt **4** 89
Schiedsamt für die medizinische und zahnmedizinische Versorgung 1 34
Schifffahrt, Arbeitsunfall **1** 10; Berufskrankheit **1** 10; Seeschiffe **1** 17
Schuhwerk, Lieferung und Reparatur **10** 2, 3
Schulbildung, angemessene **1** 35; Vorbereitung zur − **1** 35
Schulen, berufsbildende **1** 2; Hochschulen **1** 2; Schulhoheitsträger **1** 21
Schutzausrüstungen 1 22
Schwangerschaft, Versicherungsfall **1** 12
Schwangerschaftsabbruch, Leistungen bei − **2** 21 b
Schwerbehinderte, zusätzliche Leistungen **2** 20
Schwerbehinderung, Arbeitgeberpflichten **6** 81; Rechte am Arbeitsplatz **6** 81
Schwerverletzte, Rentenhöhe **1** 57
See-Berufsgenossenschaft, Geschäftsführer **3** 32
Seefahrt, Begriff **1** 121; Berufskrankheiten **9** 2; Bundesamt für Seeschifffahrt **1** 196; Haftung **1** 107; Jahresarbeitsverdienst **1** 92; Meldepflicht bei Versicherungsfällen **1** 194; See-Berufsgenossenschaft **1** 121, 154, 157, 169, 194; Seemannskasse **1** 143; Überbrückungsgeld **1** 143; zuständiger Unfallversicherungsträger **1** 130
Seekasse, Geschäftsführer **3** 32
Seeleute, Begriff **3** 13; Beschäftigungsort **3** 10; Sozialversicherung **3** 2
Seemannsgesetz 1 10, 53
Seeschiffe, Begriff **3** 13

magere Zahlen = Paragraphen

Sachverzeichnis

Sektionen der Versicherungsträger, Selbstverwaltungsorgane 3 31
Selbständige Tätigkeit, Begriff 3 8; Tätigkeitsort 3 11
Selbsthilfe, Förderung 6 29; Rehabilitationsdienste 6 19
Selbstverwaltung, Geschäftsführer 3 36; Haftung der Organe 3 42; der Versicherungsträger 3 29; Wahlen in –, Wählbarkeit 3 51; Wahlrecht 3 50; Wahlverfahren 3 43 ff.; Wahlvorschläge 3 48; Zusammensetzung der Organe 3 44
Selbstverwaltungsorgane, Amtsdauer der Mitglieder 3 58; Beratung 3 63; Beschlussfassung 3 64; Bußgeldvorschriften 3 111; Ergänzung bei Ausscheiden von Mitgliedern 3 60; Verlust der Mitgliedschaft 3 59; der Versicherungsträger 3 31; Vorsitzender 3 62; Wahl und Verfahren 3 43–66
Sicherheitsbeauftragte 1 22; Aufgaben 1 22; Diskriminierungsverbot 1 22; Zahl 1 15
Sicherheitsingeneure 1 15; Aus- und Fortbildung 1 23
Sicherheitsleistungen für Beiträge 1 164
Sitzung eines Selbstverwaltungsorgans 3 63
Soldaten, Jahresarbeitsverdienst 1 82; Rente 1 61
Soldatenversorgungsgesetz 1 56
Sonderrechtsnachfolge 2 56, 57
Sonstige Leistungen 1 39
Sozialdaten, Verstorbener 2 35
Soziale Entschädigung bei Gesundheitsschäden 2 5
Soziale Pflegeversicherung, Versicherungszweig der Sozialversicherung 3 1; Zuständigkeit 2 21 a
Soziale Rechte 2 2
Sozialgeheimnis, Anspruch auf – 2 35
Sozialgesetzbuch, Allgemeiner Teil **2**; Allgemeines über Sozialleistungen und Leistungsträger 2 11–17; Aufgaben und soziale Rechte 2 1–10; Besondere Teile des SGB 2 68; einzelne Sozialleistungen und zuständige Leistungsträger 2 18–29; gemeinsame Vorschriften für alle Sozialleistungsbereiche, allgemeine Grundsätze 2 30–37; gemeinsame Vorschriften für die Sozialversicherung **3;** Grundsätze des Leistungsrechts 2 38–59; Mitwirkung des Leistungsberechtigten 2 60–67; Übergangs- und Schlussvorschriften 2 68, 69
Sozialhilfe 2 9; Leistungen 2 28
Sozialleistungen 2 11
Sozialversicherung, Bezugsgröße 3 18; Recht auf Zugang zur – 2 4; Träger 3 29–90

Sozialversicherungsausweis, Arbeitgeberpflichten 3 98; Ausnahmen 3 109; Ausstellung des – 3 18 a, 96; Beschäftigtenpflichten 3 99; Bußgeldvorschriften 3 111, 112; geringfügig Beschäftigte 3 96; Grundsatz 3 95; Inhalt 3 97; Prüfungen 3 107; Versicherungsnummer 3 95
Sozialversicherungsträger, Regressansprüche 1 110 ff.
Spitzenverbände der Krankenkassen, Festsetzung der Festbeträge 4 35, 36
Sprachtherapie 1 30
Staatsanwaltsrat, Überprüfung der Zusammenarbeit 6 80
Sterbegeld 1 63; Anspruchsberechtigter 1 64; Höhe 1 64
Stiefkinder, Waisenrente 1 67
Stiftungen des öffentlichen Rechts 1 2
Stimmenzahl bei Wahlen 3 49
Strafvollzugsgesetz 1 82
Studenten 1 2

Tageseinrichtungen 1 2
Tätigkeitsort 3 11
Tatsachen, Angabe von – 2 60
Teilarbeitslosigkeit, Berechnung des Übergangsgeldes 6 47
Teilhabe am Arbeitsleben 1 35
Telekom, Unfallkasse 1 114; Zuständigkeit der Unfallkasse Post und Telekom 1 127
Therapie, Sprach- und Beschäftigungstherapie 1 30
Tierärzte 1 4
Tod, Bestattungskosten 1 63; Blutprobe 1 63; Sterbegeld 1 63; infolge eines Versicherungsfalls 1 11
Träger der Sozialversicherung 3 29–90

Überbrückungsgeld bei frühzeitigem Ausscheiden aus der Seefahrt 1 143
Überführungskosten 1 64
Übergangsgeld 1 49; Anrechnung von Einkommen 1 52; Berechnung des Regelentgelts 6 47; Einkommensanrechnung 6 52; Höhe und Berechnung 1 50; Kontinuität der Bemessungsgrundlage 6 49; als Leistung zum Lebensunterhalt 6 45; Regelentgelt 6 46; Ruhen des Anspruchs 6 45; Sonderfälle 6 48; Weiterzahlung 6 51
Überleitung von Sozialleistungen 2 50
Übermittlungsbefugnis, Einschränkung der – 1 200
Überplanmäßige Ausgaben von Versicherungsträgern 3 73
Übertragene Aufgaben der Versicherungsträger 3 30
Übertragung von Ansprüchen 2 53

331

Sachverzeichnis

fette Zahlen = Gesetze

Umfang der Aufsicht über Versicherungsträger **3** 87

Umlage, Nachweise **1** 165; Verfahren **1** 165 ff.; Verfahren bei landwirtschaftlichen Berufsgenossenschaften **1** 183

Unfallkasse, Eisenbahn-Unfallkasse **1** 126, 148; Feuerwehr-Unfallkasse **1** 117, 185; gemeinsame **1** 116; Post und Telekom **1** 127; Unfallkasse Post und Telekom **1** 149

Unfallkasse des Bundes, dienstrechtliche Vorschriften **1** 149 a; Errichtung der – **1** 218 b

Unfallkasse Post und Telekommunikation 1 127

Unfallverhütung, Aufsichtsbehörden **3** 90

Unfallverhütungsvorschriften, Aufsichtspersonen **1** 17; Bekanntmachung **1** 15; Beratung **1** 17; des Bundes **1** 115; Erlass **1** 15; Geltung für ausländische Unternehmen **1** 16; Genehmigung **1** 15; auf Seeschiffen **1** 17; Überwachung **1** 17

Unfallversicherung, Anstalten des öffentlichen Rechts **1** 2; Apotheker **1** 4; Arbeitsunfall **1** 7 f.; Ärzte **1** 4; Aufbringung der Mittel **1** 219; Aufgaben **1** 1; Beamten **1** 4; behinderte Menschen **1** 2; Beitragspflicht **1** 150 ff.; berufsbildende Schulen **1** 2; Berufskrankheit **1** 9; Berufskrankheiten **1** 7; Beschäftigte **1** 2; Binnenfischerei **1** 3, 6; Blutspender **1** 2; Diakonissen **1** 2; Ehegatte **1** 2, 3, 4, 6; Ehrenamtliche **1** 2; Entschädigung **1** 1; Entwicklungshelfer **1** 2; Erste Hilfe **1** 14; Familienangehörige **1** 2; Festnahme einer verdächtigen Person **1** 2; bei Freiheitsentziehung **1** 2; freiwillige **1** 6; Hausgewerbetreibende **1** 2; Haushaltsführende **1** 3; Heilpraktiker **1** 4; Hochschulen **1** 2; bei der Jagd **1** 4; Jagd **1** 4, 6; Kinder **1** 2; Körperschaften des öffentlichen Rechts **1** 2; Küstenschiffer **1** 2; Landwirtschaft **1** 2, 4, 5; Lebenspartner **1** 2, 3, 4, 6; Lernende **1** 2; mittelbare Folgen des Versicherungsfalls **1** 11; Notwehr **1** 2; Pflegekinder **1** 2; Prävention **1** 1, 14 ff.; Prüfungen **1** 2; Rehabilitation **1** 1; Religionsgemeinschaften **1** 2; kraft Satzung **1** 2; stationäre, teilstationäre oder ambulante Behandlung **1** 2; Stiftungen des öffentlichen Rechts **1** 2; Studenten **1** 2; Tageseinrichtungen **1** 2; Tierärzte **1** 4; Übergangsrecht **1** 212 ff.; Unfallverhütung **1** 15; Unglücksfälle **1** 2; Unternehmer **1** 2, 3, 4, 5, 6; Untersuchungen **1** 2; Verschwägerte **1** 2, 4; Versicherte **1** 2; Versicherungsbefreiung **1** 5; Versicherungsfall **1** 7 ff.; Versicherungsfall einer Leibesfrucht **1** 12; Versicherungsfall in der Schifffahrt **1** 10; Versicherungsfreiheit **1** 4; Versicherungszweig der Sozialversicherung **3** 1; Verwandte **1** 2, 4; nach mehreren Vorschriften **1** 135; Zahnärzte **1** 4; Zeugen **1** 2

Unfallversicherungsträger, Anerkennung von Berufskrankheiten **1** 9; arbeitsmedizinische und sicherheitstechnische Dienste **1** 24; Auflösung **1** 120; Aus- und Fortbildung **1** 23; Auszahlung von Geldleistungen **1** 99; Beitragsüberwachung **1** 166; Benachrichtigung der Rentenversicherungsträger beim Zusammentreffen von Renten **1** 190; Berufsgenossenschaften **1** 114; Bestimmung der Leistungen **1** 26; Beziehungen zu Dritten **1** 191 ff.; Bund **1** 114; Bund als **1** 186; Datei für mehrere **1** 204; Datenerhebung **1** 15, 206 f.; Datennutzung **1** 206 f.; Datenschutz **1** 199; Datenverarbeitung **1** 206 f.; Dienstordnung **1** 144; Eingliederung in die Unfallkasse **1** 116; Einschaltung der Stellen des medizinischen Arbeitsschutzes **9** 7; Eisenbahn-Unfallkasse **1** 114; Gefahrtarif **1** 157; Gewinnung neuer medizinisch-wissenschaftlicher Erkenntnisse **1** 9; im kommunalen Bereich **1** 117, 129; im Landesbereich **1** 116, 128; Maßnahmen zur frühzeitigen Durchführung der Heilbehandlung **1** 34; Prävention **1** 14 ff.; Richtlinien über häusliche Krankenpflege **1** 32; Richtlinien über Hilfsmittel **1** 31; Richtlinien zu Reisekosten **1** 43; Richtlinien zur Kraftfahrzeughilfe **1** 40; Richtlinien zur Wohnungshilfe **1** 41; Satzungen **1** 114; Überwachung der Prävention **1** 17; Unfallkassen **1** 114; Unfallverhütungsvorschriften **1** 15; Unterrichtung der Versicherten **1** 138; Unterstützung durch Kammern **1** 195; Veranlagung nach Gefahrklassen **1** 159 f.; Verbände **1** 34; vorläufige Zuständigkeit **1** 139; Zusammenarbeit mit anderen Leistungsträgern **1** 188 ff.; Zusammenarbeit mit Dritten **1** 20; Zuschuss zur Kraftfahrzeughilfe **1** 40; Zuständigkeit **1** 130 ff.; Zuständigkeitsänderungen **1** 137

Unglücksfälle 1 2

Unterbrechung der Verjährung **3** 25

Unterbringung, Auszahlung und Überleitung von Sozialleistungen bei – **2** 49, 50

Untere Verwaltungsbehörde, Versicherungsamt **3** 92

Unterlagen, Vorlegungspflicht **3** 28 o; für die Wahl **3** 55

Unternehmen, Sicherheitsbeauftragte **1** 22

Unternehmer 1 2, 3, 4, 5, 6, 15, 19, 21, 46, 93; Anzeigepflicht **1** 193; Auskunftspflicht **1** 166; Begriff **1** 136; Beitrags-

magere Zahlen = Paragraphen

Sachverzeichnis

pflicht **1** 150; Feststellungsberechtigung **1** 109; Haftung **1** 104, 111; Mitteilungs- und Auskunftspflichten **1** 192; Nachweise im Umlageverfahren **1** 165; Übergangsregelung **1** 213; Unterstützung der Unfallversicherungsträger **1** 191
Untersuchungen 1 2; Arbeitsabläufe **1** 19; arbeitsmedizinische **1** 15; von Arbeitsmitteln **1** 19; ärztliche und psychologische – **2** 62; Proben **1** 19; des Versicherten **9** 7; über den Versicherungsfall **1** 103

Veranlagung der Unternehmen zu den Gefahrklassen **1** 159 f.
Verbände der Unfallversicherungsträger **1** 34
Verbandmittel 1 26, 29, 33; Festbetrag **4** 35
Verdienstausfall bei ehrenamtlicher Tätigkeit **3** 41
Vereinbarungen, Verbot nachteiliger – **2** 32
Vererbung 2 58
Verhinderung von Selbstverwaltungsorganen **3** 37
Verjährung der Ansprüche auf Sozialleistungen **2** 45; Beiträge **3** 25; des Erstattungsanspruchs für Beiträge **3** 27; von Regressansprüchen **1** 113
Verletztengeld, Anrechnung von Einkommen **1** 52; Beginn **1** 46; Ende **1** 46; für Entwicklungshelfer **1** 47; bei Freiheitsentziehung **1** 47; Höhe **1** 47, 55; als Leistung zum Lebensunterhalt **6** 45; bei Leistungen zur Rehabilitation **1** 45; Neufestsetzung der Rente **1** 74; Satzung **1** 55; Voraussetzungen **1** 45, 55; bei Wiedererkrankung **1** 48
Verlust der Mitgliedschaft in Selbstverwaltungsorgan **3** 59
Vermögen der Versicherungsträger **3** 80–86
Vermögensanlagen, genehmigungsbedürftige **3** 84
Vermutung für eine Berufskrankheit **1** 9
Verpfändung 2 53
Verpflegung, Kosten **1** 43
Verrechnung von Ansprüchen zwischen Leistungsträgern **2** 52; des Erstattungsanspruchs für Beiträge **3** 28
Verschwägerte 1 2, 4; als Betriebs- und Haushaltshilfe **1** 54; Haushaltshilfe **1** 42
Versicherte in der Sozialversicherung **3** 2
Versichertenälteste, Ehrenamt **3** 40; Haftung **3** 42; Wahl **3** 61, und Aufgaben **3** 39
Versicherungsamt, Auskunftspflicht **3** 93

Versicherungsbefreiung durch Satzung **1** 5
Versicherungsbehörden 3 91–94
Versicherungsberechtigung in der Sozialversicherung **3** 2 ff.
Versicherungsfall, Anzeigepflicht **1** 193; Begriff **1** 7; einer Leibesfrucht **1** 12; Leistungen **1** 26 ff.; mittelbare Folgen **1** 11; in der Schifffahrt **1** 10; Übergangsregelung **1** 213 ff.; Ursache **1** 19; verbotswidriges Handeln **1** 7
Versicherungsfreiheit 1 4
Versicherungsnummer, Angabe der – **3** 18 g; Erhebung, Verarbeitung und Nutzung **3** 18 f
Versicherungspflicht in der Sozialversicherung **3** 2 ff.
Versicherungsträger, Aufsicht **3** 87–90; Aufsichtsbehörden **3** 90; Ehrenämter **3** 40; für eigene und übertragene Aufgaben **3** 30; Geschäftsführer **3** 36; Haushalts- und Rechnungswesen **3** 67–79; Organe **3** 31; Rücklagen **3** 82, 86; Satzung **3** 34; Selbstverwaltung **3** 29; Verhinderung von Organen **3** 37; Vermögen **3** 80–86; Vorstand **3** 35, bei Orts, Betriebs- und InnungsKKen sowie Ersatzkassen **3** 35 a
Versicherungszweige der Sozialversicherung **3** 1
Versorgungskrankengeld als Leistung zum Lebensunterhalt **6** 45; Weiterzahlung **6** 51
Versorgungsleistungen bei Gesundheitsschäden **2** 24
Verträge über die Heilbehandlung **1** 34
Vertrauensmänner, Aufgaben **3** 39; Ehrenamt **3** 40; Entschädigung der – **3** 41; Haftung **3** 42
Vertrauenspersonen der schwerbehinderten Menschen **6** 80; Wahl **3** 61
Vertreterversammlung, Aufgaben **3** 33; Ergänzung **3** 60; Nachfolger **3** 60; als Organ des Versicherungsträgers **3** 31; Wahl **3** 46
Vertretungen im Ausland **1** 2
Verwaltung der Mittel der Versicherungsträger **3** 80
Verwaltungsverfahren, Akteneinsicht **7** 25
Verwaltungsvorschriften 1 115
Verwandte 1 2, 4; als Betriebs- und Haushaltshilfe **1** 54; Haushaltshilfe **1** 42; Reisekosten **1** 43; Rente **1** 69
Verzinsung 2 44; des Erstattungsanspruchs für Beiträge **3** 27
Vorläufige Haushaltsführung von Versicherungsträgern **3** 72
Vorläufige Leistungen 2 43

Sachverzeichnis

fette Zahlen = Gesetze

Vorschlagsberechtigung, Feststellung der allgemeinen – **3** 48 c
Vorschlagslisten für Wahlen **3** 48
Vorschlagsrecht der Arbeitnehmervereinigungen **3** 48 a
Vorschüsse auf Geldleistungen **2** 42
Vorsitzende der Selbstverwaltungsorgane **3** 62
Vorsorgeeinrichtungen, Begriff **4** 107
Vorstand, Aufgaben **3** 35; als Organ des Versicherungsträgers **3** 31; Wahl **3** 52

Wahl, -en, Durchführung **3** 54; in der Sozialversicherung **3** 45; der Versichertenältesten und Vertrauensmänner **3** 39; der Versichertenältesten und Vertrauenspersonen **3** 61; der Vertreterversammlung **3** 46; des Vorstandes **3** 52; Wahlanfechtung **3** 57; Wahlordnung **3** 56; Wahlunterlagen und Mitwirkungspflicht **3** 55
Wählbarkeit 3 51
Wahlorgane 3 53
Wahlrecht 3 50
Waisenbeihilfe 1 71
Waisenrente, Anrechnung von Einkommen **1** 65, 68; Enkel **1** 67; Geschwister **1** 67; Halbwaisenrente **1** 67; Höchstbetrag **1** 70; Höhe **1** 68; mehrere **1** 68; Pflegekinder **1** 67; Stiefkinder **1** 67; Vollwaisenrente **1** 67; Voraussetzungen **1** 67
Wäsche, Verschleiß **1** 31
Wäscheverschleiß, Entschädigung **10** 7
Weg zur Arbeitsstätte **1** 8
Weisungsrecht der Aufsichtsbehörden **3** 89
Werkstätten für behinderte Menschen 1 2; Arbeitsförderungsgeld **6** 43; Leistungen **6** 39; Pflegegeld **1** 44; Zuständigkeit **6** 42
Winterausfallgeld, Berechnung des Übergangsgeldes **6** 47
Witwen-, Witwerrente 1 71; Abfindung bei Wiederheirat **1** 80; Anrechnung von Einkommen **1** 65; Ausschluss **1** 65; Befristung **1** 73; an frühere Ehegatten **1** 66; Höchstbetrag **1** 70; Höhe **1** 65; an mehrere Berechtigte **1** 66; Voraussetzungen **1** 65
Wohlfahrtspflege, Ehrenamtliche **1** 2
Wohngeld 2 26
Wohnung, Unverletzlichkeit **1** 19
Wohnungsbaugesetz 1 2
Wohnungshilfe, Richtlinien **1** 41; Umzugskosten **1** 41; Voraussetzungen **1** 41

Zahnärzte 1 4; Anzeigepflicht bei Berufskrankheiten **1** 202; **9** 5; Auskunftspflicht **1** 203; Behandlung **1** 26; Behandlung durch **1** 28; Datenerhebung **1** 201; Datenübermittlung **1** 206; Datenverarbeitung **1** 201; Gebühr für im medizinischen Arbeitsschutz tätige **9** 8
Zahnersatz 1 26; in der UV **10** 2
Zentralstelle für Arbeitsschutz 1 115
Zeugen 1 2
Zusammenarbeit der Unfallversicherungsträger mit Dritten **1** 20
Zusammensetzung der Selbstverwaltungsorgane **3** 44
Zuschuss für angemessene Wohnung **2** 7
Zuständigkeit, Änderungen **1** 137; der gewerblichen Berufsgenossenschaften **1** 121 f.; der landwirtschaftlichen Berufsgenossenschaften **1** 123; bei Berufskrankheiten **1** 134; Bescheid **1** 136; der Eisenbahn-Unfallkasse **1** 126; bei Ordnungswidrigkeiten **1** 210; örtliche **1** 130 ff.; der Unfallkasse Post und Telekom **1** 127; der Unfallversicherungsträger im kommunalen Bereich **1** 129; der Unfallversicherungsträger im Landesbereich **1** 128; vorläufige **1** 139
Zutrittsrecht für Aufsichtspersonen **1** 19
Zwischenbescheid 1 103
Zwischenmeister, Begriff **3** 12

Buchanzeigen

Finanzen, Vermögen, Altersvorsorge

GELD GEZIELT EINSETZEN

Mein Recht als Verbraucher

Niebling
Geschäftsbedingungen von A–Z

Neues Schuldrecht – Neue AGB.
Architektenverträge, Banken-AGB, Einkaufsbedingungen, Gewährleistung, Kreditkarten, Leasing, Maklerverträge, Reiseverträge, Verbraucherverbände, Wertstellungsklausel.
Arten, Gestaltung, Geltung, Nachprüfung.
....
5.A. 2002. 474 S.
€ 13,50. dtv 5066 §

Sangenstedt/Metzler
Meine Rechte als Verbraucher

Warenkauf, Haustürgeschäfte, Verbraucherkredite, Kleingedrucktes.
....
3.A. 2005. Rd. 270 S.
Ca. € 13,–. dtv 5220 §

In Vorbereitung für Dezember 2004

Zimmermann
Das Recht des Schuldners von A–Z

Verbraucher- und Schuldnerschutz.
....
2.A. 2003. 313 S.
€ 12,–. dtv 5657 §

Messner/Hofmeister
Endlich schuldenfrei

Ratgeber für Selbständige und Verbraucher. Mit Hinweisen, Tipps, Beispielen und Formularmustern.
....
3.A. 2005. Rd. 380 S.
Ca. € 12,–. dtv 5667 §

In Vorbereitung für Frühjahr 2005

Geldanlage und Banken

BankR · Bankrecht

KreditwesenG, GeldwäscheG, BörsenG, BörsenzulassungsV, WertpapierhandelsG, AGB-Banken/Sparkassen, FinDAG, InvestmentG, Bedingungen für Wertpapier- und Termingeschäfte sowie für den Überweisungsverkehr.
Textausgabe.
....
32.A. 2004. 837 S.
€ 10,–. dtv 5021

Finanzen, Vermögen, Altersvorsorge: Geld gezielt einsetzen

Geldanlage und Banken

Gerke/Kölbl
Alles über Bankgeschäfte

Mehr Kompetenz im Umgang mit Kreditinstituten. Ein schneller und sachkundiger Einblick in die Grundlagen des Bankgeschäfts.
3.A. 2004. 399 S.
€ 12,50. dtv 5825

Wimmer
So rechnen Banken

Entscheidungshilfen für Geldanlage und Kreditaufnahme.
1.A. 2000. 343 S.
€ 12,63. dtv 50822

Eller/Riechert
Geld verdienen mit kalkuliertem Risiko

Alles über innovative Geldanlagen.
Optionen, Futures, Equivity-Linked-Bonds, Index-Zertifikate. Wie funktionieren diese Anlageprodukte und wann ist ihr Einsatz sinnvoll?
2.A. 2000. 344 S.
€ 10,99. dtv 5874

Siebers/Siebers
Anleihen

Geld verdienen mit festverzinslichen Wertpapieren.
Das Buch gibt einen Überblick über die Vielfalt der festverzinslichen Wertpapiere, erklärt Zusammenhänge und zeigt, wie eine möglichst hohe und sichere Rendite erzielt werden kann.
2.A. 2004. 229 S.
€ 11,–. dtv 5824

Aehling
Investmentclubs

Gemeinsam den Schritt an die Börse gehen.
1.A. 1998. 209 S.
€ 8,64. dtv 50817

Aehling
Investmentfonds

Klug und sinnvoll anlegen. Anleger, die selbständig in Fonds investieren wollen, finden hier neben einem Überblick auch konkrete Hilfestellung für eine sinnvolle und individuell passende Investmentanlage.
1.A. 2004. 334 S.
€ 13,–. dtv 50865

Uszczapowski
Optionen und Futures verstehen

Grundlagen und neuere Entwicklungen.
4.A.1999. 362 S.
€ 10,–. dtv 5808

Finanzen, Vermögen, Altersvorsorge: Geld gezielt einsetzen

Geldanlage und Banken

Beike/Potthoff
Optionsscheine
Grundlagen für den gezielten Einsatz an der Börse.
3.A. 2000. 281 S.
€ 9,97. dtv 50812

Schäfer
Financial Dictionary
Fachwörterbuch Finanzen, Banken, Börse.
Englisch-Deutsch/Deutsch-Englisch.
Das bewährte Nachschlagewerk für Studium, Ausbildung und Praxis – jetzt mit 30 000 Stichwörtern in einem Band.
4.A. 2004. 895 S.
€ 22,–. dtv 50886

Aschoff
Aktienanalyse für jedermann
Praktische Tipps für Ihre Anlageentscheidungen.
Ein Streifzug durch die Welt der technischen Analyse mit konkreten Beispielen aus der Praxis.
1.A. 2005. Rd. 200 S.
Ca. € 11,–. dtv 50880
In Vorbereitung für Dezember 2004

Bestmann
Finanz- und Börsenlexikon
Über 3500 Begriffe für Studium und Praxis.
4.A. 2000. 1001 S.
€ 17,64. dtv 5803

Kiehling
Kursstürze am Aktienmarkt
Crashs in der Vergangenheit und was wir daraus lernen können.
2.A. 2000. 304 S.
€ 12,53. dtv 5826

Bergdolt
Meine Rechte als Aktionär
Praktisches Know-how für Neu- und Kleinaktionäre. Das Buch erläutert leicht verständlich alle Vorgänge vom Aktienkauf bis zum Verkauf, z.B. Dividendenzahlung, Kapitalerhöhung, Kapitalschnitt, Hauptversammlung u.v.a.m.
1.A. 2002. 252 S.
€ 9,50. dtv 5619

Finanzen, Vermögen, Altersvorsorge: Geld gezielt einsetzen

Sozialversicherung, sonstige Versicherungen und Altersvorsorge

SGB · Sozialgesetzbuch

U.a. mit SGB I, III, IV, V, VI, VII, VIII, IX, X und XI sowie SGB III-LeistungsentgeltVO, Renten-ÜberleitungsG (Auszug) und Anspruchs- und AnwartschaftsüberführungsG.

Textausgabe.
31.A.2004. 1468 S.
€ 14,50. dtv 5024

Winkler
Sozialrecht von A–Z

Über 800 Stichworterläuterungen zum aktuellen Recht.
Dieser gut verständliche Ratgeber berücksichtigt die vielfältigen Fragen des Sozialrechts in ihrer ganzen Bandbreite.

1.A. 2001. 430 S.
€ 11,50. dtv 5671 §

SGB V · Gesetzliche Krankenversicherung

mit SGB I und IV und EntgeltfortzahlungsG.
Berücksichtigt: Gesetz zur Modernisierung der gesetzlichen Krankenversicherung.

Textausgabe.
12.A. 2004. 456 S.
€ 8,50. dtv 5559

Jürgensen
Ratgeber Künstlersozialversicherung

Vorteile, Voraussetzungen, Verfahren.
Umfassende Information über alle Aspekte der Künstlersozialversicherung, z.B. Versicherungspflicht, Voraussetzungen und Gang des Verfahrens.

1.A. 2002. 218 S.
€ 10,–. dtv 5683 §

SGB VI · Gesetzliche Rentenversicherung

U.a. mit VersorgungsruhensG, FremdrentenG, Fremdrenten- und Auslandsrenten-NeuregelungsG.

Textausgabe.
7.A. 2004. 451 S.
€ 10,–. dtv 5561

VersR · Privatversicherungsrecht

mit VersicherungsaufsichtsG, AltersvorsorgezertifizierungsG, VersicherungsvertragsG, EinführungsG zum VVG, PflichtversicherungsG, Kraftfahrzeug-PflichtversicherungsVO, Wettbewerbsrichtlinien der Versicherungswirtschaft und Auszügen aus BGB, HGB.

Textausgabe.
9.A. 2004. 317 S.
€ 7,–. dtv 5579

Neu im Oktober 2004

Zeichenerklärung: § Rechtsberater   € Wirtschaftsberater

Sozialversicherung, sonstige Versicherungen und Altersvorsorge

Köstler
Die neue Altersvorsorge

Staatlich geförderte Anlageformen auf dem Prüfstand. Mit zahlreichen Grafiken und Tabellen zu allen Möglichkeiten der staatlichen Förderung und der geförderten Geldanlagen zur privaten Vorsorge.

1.A. 2005. Rd. 190 S.
Ca. € 9,50. dtv 50862

In Vorbereitung für 2005

Birk
Altersvorsorge

Arbeitnehmer - Beamte - Rentenreform 2001/2002 - Private Altersvorsorge.
Der Rechtsberater beantwortet anhand praxisnaher Beispiele alle wichtigen Fragen der betrieblichen und privaten Altersversorgung.

2.A. 2002. 510 S.
€ 14,–. dtv 5646

SGB XI · Soziale Pflegeversicherung

mit SGB I, SGB IV, Pflege-VersicherungsG (Auszug).
Textausgabe.
6.A. 2004. 511 S.
€ 11,50. dtv 5581

Schmidt
Guter Rat zur Pflegeversicherung

Alle wichtigen Rechtsfragen zu Versicherungspflicht, Beitragsbemessung, Pflegeleistungen.
Mit einem umfangreichen Adressteil im Anhang.

3.A. 2000. 223 S.
€ 7,41. dtv 50619

Neuhaus/Schwane
Berufs- und Erwerbsunfähigkeitsversicherungen

Ratgeber für Verbraucher, der dabei hilft, Lücken in der privaten Risikovorsorge zu erkennen und die richtige Versicherungslösung auszuwählen.

1.A. 2003. 188 S.
€ 9,50. dtv 5698

SGB VII · Gesetzliche Unfallversicherung

mit Nebenbestimmungen, Berufskrankheiten-VO, LeistungsR und FremdrentenR.
Textausgabe.
4.A. 2005. 370 S.
€ 9,50. dtv 5578

Neu im Dezember 2004

Becker
Gesetzliche Unfallversicherung

Arbeits- und Wegeunfälle, Berufskrankheiten.
Versicherter Personenkreis, Aufgaben und Leistungen, Organisation, Zuständigkeit, Beiträge, Verwaltungsverfahren. Service-Teil mit Adressen.

1.A. 2004. 279 S.
€ 13,–. dtv 50628

Neu im November 2004

Wagener
Produkthaftpflicht international von A–Z

Deutsches und US-Produkthaftpflichtrecht.
Eine Orientierungshilfe für Praktiker: Die wichtigsten Rechtstermini der deutschen und englischen Fachsprache zum Produkthaftpflichtrecht sind in diesem Lexikon erläutert.

1.A. 2005. Rd. 160 S.
Ca. € 12,–. dtv 50632

In Vorbereitung für Anfang 2005

— Finanzen, Vermögen, Altersvorsorge: Geld gezielt einsetzen —

Vereine und Stiftungen

Ott
Vereine gründen und erfolgreich führen
Satzung · Versammlungen · Haftung · Gemeinnützigkeit.
In diesem Ratgeber erfährt der Leser alles, was er wissen muss, wenn er einen Verein gründen oder leiten, wenn er einem Verein beitreten oder sich darin betätigen will. Mit zahlreichen Mustern für die Vereinsarbeit im Anhang.

9.A. 2002. 297 S.
€ 8,50. dtv 5231 §

Menges
Gemeinnützige Einrichtungen
Nonprofit-Organisationen gründen, führen und optimieren.
Eine umfassende Darstellung der rechtlichen, steuerlichen und betriebswirtschaftlichen Grundlagen.

1.A. 2004. 326 S.
€ 12,50. dtv 5296 § →

Sauer/Luger
Vereine und Steuern
Umfang der Steuerpflicht · Steuerabzugspflichten · Rechnungslegung · ABC der Satzungszwecke und ihre steuerliche Behandlung · Besteuerungsverfahren · Spendenabzug · Sponsoring · Aufwendungen der Mitglieder · Ehrenamtliche Tätigkeit · Besondere Anforderungen an gemeinnützige Vereine · Praxis-ABC · Gesetzesanhang.
Mit Mini-CD-ROM „VEREIN".

5.A. 2004. 307 S.
€ 10,–. dtv 5264 §

Hof/Hartmann/Richter
Stiftungen
Errichtung - Gestaltung - Geschäftstätigkeit.
Das Buch erschließt jedem Interessierten die Möglichkeiten und Vorteile einer attraktiven Rechtsform.

1.A. 2004. 508 S.
€ 15,–. dtv 5621 §

Fabisch
Fundraising
Spenden, Sponsoring und mehr ...
Vom Spendenbrief bis zum Sponsoringkonzept, von Stiftungsgeldern bis zur Bindung von Spendern, Mitgliedern und Ehrenamtlichen.
Mit vielen Fallbeispielen, Checklisten und Arbeitsbögen.

1.A. 2002. 371 S.
€ 14,–. dtv 50859 €

Modernes Leben

SO VIELFÄLTIG SIND IHRE RECHTE

Freizeit und Gesundheit

Führich
Mein Recht auf Reisen

Guter Rat bei Urlaubsärger mit Reiseveranstaltern, Fluglinien und Hotels.
Wie Sie typische Gefahrenquellen erkennen und vorbeugen können, zeigt dieser Rechtsberater. Mit Musterbriefen, Checkliste für Reisemängel, Urteilen, wichtigen Gesetzen und Frankfurter Tabelle zur Reisepreisminderung.

2.A. 2003. 316 S.
€ 12,–. dtv 5656

Führich
Reiserecht von A–Z

Verbraucherschutz bei Pauschal- und Individualreisen. Mit Gesetzen, AGB für Reiseverträge und Tabelle zur Reisepreisminderung.

2.A. 2000. 344 S.
€ 10,99. dtv 5643

Schmid/Tonner
Meine Rechte als Fluggast

Luftverkehrs- und Reiserecht, Verbraucherschutz. Nicht nur Großschäden wie der Concorde-Absturz, sondern auch harmlosere Probleme wie beispielsweise Flugausfälle durch Streik, Verspätungen oder Gepäckverluste beschäftigen immer öfter die Gerichte.
Das Buch beantwortet alle wichtigen reise- und verbraucherrechtlichen Fragen praxisnah und leicht verständlich.

1.A. 2003. 237 S.
€ 10,–. dtv 5694

Markmann
Rechte und Pflichten rund ums Haustier

Erwerb, Haltung, Haftung. Dieser Ratgeber gibt umfassend und in leicht verständlicher Form Antwort auf die vielen Rechtsfragen, mit denen sich Erwerber und Halter von Haustieren konfrontiert sehen.

1.A. 2003. 195 S.
€ 10,–. dtv 5679

— Modernes Leben: So vielfältig sind Ihre Rechte —

Freizeit und Gesundheit

GesundheitsR · Gesundheitsrecht

InfektionsschutzG, BetäubungsmittelG, HIV-HilfeG, EmbryonenschutzG, HeilpraktikerG, RöntgenVO, MedizinprodukteG, PsychotherapeutenG, HeilmittelwerbeG u.a.

Textausgabe.
5.A. 2003. 732 S.
€ 17,–. dtv 5555

LMR · Lebensmittelrecht

Lebensmittel-RahmenVO (EG) 178/2002, Lebensmittel- und BedarfsgegenständeG mit Entwurf zu einem neuen Lebensmittel- und Futtermittelgesetzbuch, Lebensmittel-KennzeichnungsVO, Nährwert-KennzeichnungsVO, DiätVO, Nahrungsergänzungsmittel-RL 2002/46/EG, Öko-LandbauVO (EWG) 2092/91.

Textausgabe.
1.A. 2004. 467 S.
€ 12,50. dtv 5766

Koch
Wein und Recht von A–Z

Vom Weinberg zur Weinprobe.
Auskunft über Herstellung, Bezeichnung, Vermarktung und Überwachung.

1.A. 1999. 304 S.
€ 10,17. dtv 5637 §

GOÄ · Gebührenordnungen für Ärzte und Zahnärzte

mit Gebührenverzeichnissen für ärztliche und zahnärztliche Leistungen.

Textausgabe.
7.A. 2003. 396 S.
€ 9,–. dtv 5551

KrankHR

Krankenhausrecht.
Mit den Fallpauschalen für 2004.

Textausgabe.
2.A. 2004. 405 S.
€ 14,–. dtv 5763

Rehborn
Arzt – Patient – Krankenhaus

Rechte und Pflichten.
Vertragsärztliche Versorgung, Behandlungsvertrag, Privatliquidation, Aufklärungspflicht, Haftung für Behandlungsfehler, Schweigepflicht, Sterbehilfe, Schwangerschaftsabbruch.

3.A. 2000. 439 S.
€ 13,–. dtv 5091 §

Zeichenerklärung: § Rechtsberater € Wirtschaftsberater

Straße und Auto

Straßenverkehrsrecht
StVG, StVO, StVZO
Fahrerlaubnis-VO
PflichtversicherungsG
Verkehrszeichen
Bußgeldkatalog

43. Auflage 2004
Toptitel
Beck-Texte im dtv

StVR ·
Straßenverkehrsrecht

StraßenverkehrsG, Straßenverkehrs-Ordnung mit farbiger Wiedergabe der Verkehrszeichen, Straßenverkehrs-Zulassungs-Ordnung, Fahrerlaubnis-Verordnung, PflichtversicherungsG und Bußgeldkatalog-Verordnung.
Textausgabe.
43.A. 2004. 549 S.
€ 8,50. dtv 5015

Spreng/Kimmeskamp
Das neue Straßenverkehrsrecht

Ein praktischer Ratgeber mit Hinweisen und Anregungen zum Verhalten in Konfliktsituationen, wie z.B. Unfall, Versicherungsfragen, Alkoholkontrollen, Fahrerflucht, Radarmessungen, Bußgeldbescheid, Fahrverbot, Fahrtenbuch und MPU.
Empfohlen vom Automobilclub von Deutschland (AvD)
1.A. 2004. 474 S.
€ 14,50. dtv 50633

Burmann/Gebhardt
Bußgeldkatalog von A–Z

Geldbußen, Verfahrensablauf, Rechtsschutz.
Der neue Ratgeber für alle Verkehrsteilnehmer gibt leicht verständliche Information zu den Voraussetzungen und der Höhe der aktuellen Bußgeldsätze bei Verkehrsverstößen und zu den Rechtsmitteln gegen den Bußgeldbescheid.
Mit den Änderungen zum 1.4.2004.
2.A. 2004. 174 S.
€ 8,50. dtv 5681

Meine Führerscheinprüfung

Prüfungsrichtlinie mit Anlagen und allen Prüfungsfragen nebst richtigen Antworten für die Fahrerlaubnisprüfung (Klassen A, A1, B, M) und die Prüfung zum Führen von Mofas.
Die Neuauflage enthält den umfangreich geänderten und erweiterten Fragenkatalog in der seit dem 1.7.2004 geltenden Fassung.
27.A. 2004. 395 S.
€ 10,–. dtv 5666
Neu im Oktober 2004

Natur und Umwelt

NatSchR ·
Naturschutzrecht

BundesnaturschutzG, FFH-Richtlinie, Vogelschutzrichtlinie, Washingtoner Artenschutzübereinkommen, EG-ArtenschutzVO, BundesartenschutzVO.
Textausgabe.
9.A. 2002. 409 S.
€ 9,50. dtv 5528

— Modernes Leben: So vielfältig sind Ihre Rechte —

Natur und Umwelt

Tierschutzrecht
Tierhaltung, Tiertransport, Schlachttiere, Versuchstiere.
Textausgabe.
1.A. 2003. 302 S.
€ 10,–. dtv 5576

UmwR · Umweltrecht
Wichtige Gesetze und Verordnungen zum Schutz der Umwelt.
Textausgabe.
16.A. 2004. 1145 S.
€ 13,50. dtv 5533
Neu im November 2004

BImSchG · Bundes-Immissionsschutzgesetz
mit Durchführungsverordnungen, Emissionshandelsrecht, TA Luft und TA Lärm.
Textausgabe.
7.A. 2005. Rd. 700 S.
Ca. € 12,50. dtv 5575
In Vorbereitung für Dezember 2004

AbfR · Abfallrecht
Kreislaufwirtschafts- und AbfallG mit Verordnungen, AbfallverbringungsR, TA Abfall, TA Siedlungsabfall.
Textausgabe.
9.A. 2004. 835 S.
€ 13,–. dtv 5569
Neu im Oktober 2004

EnergieR · Energierecht

Energiewirtschaftsgesetz, Erneuerbare-Energien-Gesetz, Kraft-Wärme-Kopplungs-Gesetz, Tarifkunden-Verordnungen, Verbändevereinbarungen.
Textausgabe.
2.A. 2004. 695 S.
€ 17,50. dtv 5753

Schnutenhaus/Reimann/Oeter/Hollender
Energierecht von A–Z
Für Kunden, Lieferanten, Händler, Techniker und Ingenieure.
1.A. 2005. Rd. 430 S.
Ca. € 12,50. dtv 5680
In Vorbereitung für Anfang 2005

Versteyl
Abfall und Altlasten
Abfallvermeidung - Wiederverwertung - Beseitigung - Bodensanierung - Haftung.
2.A. 2002. 445 S.
€ 13,–. dtv 5603

Informationsrecht

**TeleMediaR ·
Telekommunikations-
und Multimediarecht**

Telekommunikationsgesetz,
Telekommunikations-KundenschutzVO, Netzzugangs-VO, Teledienstegesetz, Teledienstedatenschutzgesetz, Signaturgesetz, SignaturVO, Mediendienste-Staatsvertrag u.a.m.

Textausgabe.
5.A. 2004. 610 S.
€ 16,50. dtv 5598

Lelley/Leclaire
Internet, Hyperlinks, ISP & Co.

Recht und Praxis.
Das Werk verschafft dem Leser durch seine leicht verständliche und umfassende Darstellung einen schnellen Einstieg in den Bereich Unternehmen und Internet.

1.A. 2003. 141 S.
€ 9,–. dtv 5692 §

Pierson/Seiler
**Internet-Recht
im Unternehmen**

Webpräsentation, B2B, B2C in der Praxis.
Das Werk bereitet die komplexen Probleme der wirtschaftlichen Betätigung von Unternehmen im Internet für den interessierten, juristisch nicht vorgebildeten Praktiker auf.

1.A. 2002. 528 S.
€ 16,–. dtv 5686 §

**CompR ·
IT- und Computerrecht**

Zivilrecht, Strafrecht, Urheberrecht, Bundesdatenschutzgesetz, Halbleiterschutzgesetz, Ergänzende Vertragsbedingungen.

Textausgabe.
6.A. 2004. 566 S.
€ 13,50. dtv 5562

Neu im Oktober 2004

Boehme-Neßler
Internetrecht.com

Strukturen, Zusammenhänge, Regelungen.
Das Werk zeigt, welche gesetzlichen Regelungen sowohl private Internet-User als auch Unternehmen beachten müssen und hilft bei der Lösung von Rechtsproblemen.

1.A. 2001. 265 S.
€ 10,–. dtv 5689 §

Uelzen/Burmester
**Internet-Auktionen
bei ebay & Co**

Rechtsfragen bei online-Kauf und online-Verkauf.
Der Handel auf einem virtuellen Marktplatz birgt zahlreiche Risiken. Der Ratgeber vermittelt Käufern wie Verkäufern das notwendige technische und juristische Wissen, um Internetauktionen sicher nutzen zu können.

1.A. 2005. Rd. 160 S.
Ca. € 11,50. dtv 50636 §

In Vorbereitung für
Anfang 2005

Zeichenerklärung: § Rechtsberater € Wirtschaftsberater